図解・日本の中世遺跡

[編集代表]
小野正敏

[編集委員]
浅野晴樹　飯村 均　河野眞知郎
佐久間貴士　堀内明博　松井 章

東京大学出版会

The Archaeology of Medieval Japan: An Illustrated Handbook

Masatoshi ONO (ed.)

University of Tokyo Press, 2001
ISBN978-4-13-026058-9

序　文

　本書は，中世の日本列島を考古学資料を用いて語ろうと企画したものである．

　この企画には，先行したモデルがある．1992年に刊行された『図解・日本の人類遺跡』がそれであり，本書はその姉妹編ともいえるものである．

　『図解・日本の人類遺跡』は，日本列島とその周辺地域の旧石器時代から奈良時代までの考古学の成果を，テーマ別に分布図と補足図によって集成したもので，本書においてもそのコンセプトを踏襲した．

　本書の構成は，中世という時代の特徴を意識して，都市，村と町，城と館，生産と技術，生活の諸相，流通と消費，祭祀と葬送という大テーマにより基本的な章立てをし，さらに，中世の北と南の世界，自然を含む環境史や自然科学からの成果を盛り込んで，北と南，中世の景観の2章を立てている．また，表現的には，各テーマの考古学情報を列島規模で分布論的に集成，ビジュアルに図版化することに力点をおき，中世という枠内での，時間的な変化や地域性などを表現することを心がけた．

　また，中世史は，考古学と他分野の学問の学際的研究がもっとも活発な分野のひとつでもある．そうした研究環境のなか，資料(史料)については，われわれ執筆者も，学際的な視点や資料の総合的な扱いの必要性を大変強くもつものであり，いうまでもないことである．しかし，本書のコンセプトは，考古学資料から記述する中世史であり，そのため，あえて文献史料や絵画資料など他分野の資料の利用を，必要最少限に自制した．

　本書は，日本考古学や中世史に興味をもつ多くの方々に読んでもらうことを目指して，概括的，平易に執筆したものである．一方で，周知のように，毎年数万件の考古学発掘が行われている現在を考える時，その情報の洪水の中で，今一度立ち止まって，中世の考古学研究がどこまでたどりついたのかを見直すために，われわれ考古学を研究する者自身にも開いていただきたいと念願する．

　最後に，膨大な情報の中から，適切な資料を選択し，それをわかりやすい図版にするという地味で基礎的な作業に多大の努力と情熱を傾けていただいた執筆者の皆さんと，大量の図面をレイアウトする煩瑣な仕事を担当された編集担当の増田三男氏，そして高橋朋彦氏をはじめとする東京大学出版会の皆様に厚く感謝申し上げる次第である．

2001年2月1日

編集委員一同

編集代表

小野　正敏

編集委員

浅野　晴樹／飯村　　均／河野眞知郎
佐久間貴士／堀内　明博／松井　　章

執筆者

浅野　晴樹	荒川　正夫	飯村　　均	井上　智博
今尾　文昭	大庭　康時	荻野　繁春	小野　正敏
垣内光次郎	金原　正明	河野眞知郎	金田　章裕
久保　純子	久保　和士	越田賢一郎	小林　康幸
齋藤　慎一	狭川　真一	佐久間貴士	佐藤　仁彦
寒川　　旭	汐見　一夫	志田原重人	嶋谷　和彦
下津間康夫	鋤柄　俊夫	竹広　文明	谷口　　榮
續　伸一郎	樋泉　岳二	中山　雅弘	馬場　悠男
堀内　明博	本沢　慎輔	松井　　章	水口由紀子
本中　　眞	森　　達也	四柳　嘉章	

目　次

序　文
凡　例

総論
中世と考古学 …………………………… 2

I　都市
概説 ……………………………………… 8
1　政権都市 …………………………… 10
　1) 京都／11
　2) 平泉／14
　3) 鎌倉／16
　4) 多賀城／18
　5) 大宰府／19
2　城下町 ……………………………… 20
　1) 一乗谷／21
　2) 大坂／24
3　港湾都市 …………………………… 26
　1) 博多／27
　2) 堺／29
4　宗教都市 …………………………… 30
　1) 寺院を中核とした地割／31
　2) 根来寺／32
　3) 平泉寺／33
5　都市の機能と住人 ………………… 34
　1) 収納坑／35
　2) 井戸／36
　3) はかり／37

II　村と町
概説 ……………………………………… 40
1　西国の集落 ………………………… 42
2　東国の集落 ………………………… 50
3　職能集落 …………………………… 58
4　街道集落 …………………………… 62

III　城と館
概説 ……………………………………… 68
1　平安期・鎌倉期の城館 …………… 70
2　南北朝・室町期の城館 …………… 74
3　戦国期・織豊期の城館 …………… 78

IV　生産と技術
概説 ……………………………………… 84
1　焼物の生産 ………………………… 86
　1) 陶器の生産／86
　2) 瓦器・かわらけの生産／92
　3) 瓦の生産／96
　4) 奈良火鉢の生産と粘土採掘／100
2　さまざまな生産 …………………… 102
　1) 金属の生産／102
　2) 漆器の生産／108
　3) 石や木の加工／112
　4) 食料の生産／116
　5) 角・骨・皮に関する生産／122
3　生産の用具 ………………………… 126

V　生活の諸相
概説 ……………………………………… 130
1　生活用具の組合せ ………………… 132
　1) 東国の生活用具／132
　2) 西国の生活用具／136
　3) 貯蔵具／140
　4) 住まいの用具／144
2　明かりと暖房 ……………………… 146
3　茶・花・香・座敷飾り …………… 150
4　遊戯具 ……………………………… 154
5　化粧と装身 ………………………… 158
6　武器と武具 ………………………… 160
7　食物 ………………………………… 162

VI　流通と消費
概説 ……………………………………… 166
1　焼物の流通・消費 ………………… 168
2　石製品の流通 ……………………… 174
3　銭貨の流布 ………………………… 176

VII　祭祀と葬送
概説 ……………………………………… 182
1　さまざまな祭祀・呪術 …………… 184
2　動物祭祀 …………………………… 192
3　中世寺院の様態 …………………… 194

4　墓葬と供養 …………………………………… 200
　　　　1）墓の諸形態／200
　　　　2）供養の諸形態／204

Ⅷ　北と南
　　1　北方の世界 …………………………………… 210
　　2　南方の島々 …………………………………… 218

Ⅸ　中世の景観
　　概説 …………………………………………………… 226
　　1　自然科学分析と中世考古学 ……………… 228
　　2　歴史地理学と中世考古学 ………………… 230
　　3　中世的景観の変遷 ………………………… 232
　　　　1）山陰砂丘の形成と人間活動／232
　　　　2）河内平野の水田開発／234
　　　　3）東京低地の開発／236
　　　　4）多摩川中流域の開発／238
　　　　5）地震と遺跡／240
　　　　6）発掘された荘園／242
　　4　発掘された庭園 …………………………… 244
　　5　トイレの変遷 ……………………………… 246
　　6　人骨からの人相復元 ……………………… 248

引用文献／251

遺跡索引／267

執筆分担／272

凡　例

1．本書で扱った時代は，原則的に 12 世紀から 16 世紀とし，一部テーマによっては，適宜必要に応じて，その前後の時期の資料を含んでいる．

2．図版の引用や，原データの依拠については，巻末に各図毎に明記したが，図版作成にあたって，本書の趣旨や執筆者の意図により改変が加わっている場合が多い．使用について感謝するとともに，ご理解をいただきたい．また，読者は必要におうじて，原データを参照していただければ幸いである．

　なお，遺物，遺構の縮尺は図上に明記したが，特に明記しないものについては，図の構成を優先して，縮尺不同とした．方位については，必要に応じて付した．

3．日本列島以外の地域の遺跡を扱う場合，国の表記は，中華人民共和国は「中国」，大韓民国は「韓国」，朝鮮民主主義人民共和国は「朝鮮」，タイ王国は「タイ」，ベトナム社会主義共和国を「ベトナム」とした．

　また，地理的な表現では，中国大陸，朝鮮半島などと表記した．

　国内でも，南西諸島については，現在は沖縄県と鹿児島県に含まれるが，時代と地域を意識して「琉球」「宮古」「八重山」「奄美」とした場合と「沖縄」「奄美」などと表記した場合がある．

4．遺跡名については，通常使われている遺跡名に県名を冠する表記を原則としたが，鎌倉のような大規模な都市遺跡に関しては，県名を冠せず「(都市名)・(遺跡名)」として，都市内の地点名を表記した場合もある．なお，都市名については，例えば，「一乗谷朝倉氏遺跡」を「一乗谷」，「堺環濠都市遺跡」を「堺」のように表記した．

5．巻末索引は，図示した遺跡の索引である．また，図示した遺跡は，それぞれのテーマを表現するにあたって必要，適切な遺跡を選択したものであり，網羅的に示したものではない．

6．日本列島の中世を考古学的に図解し，統一的に解説した本書の性格にかんがみ，原稿段階で各執筆者が用いた語句・用語の一部を，全体との関連で編集委員が統一した部分がある．

総論

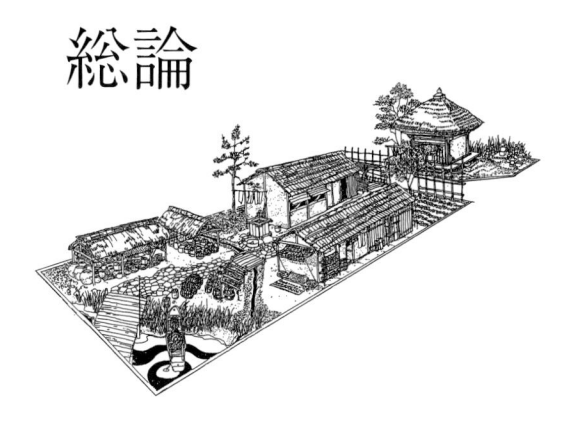

中世と考古学

中世と考古学

中世考古学 考古学が中世の遺跡を対象としたのは長い研究史をもつ．しかし，初期には窯や墓などの限られたジャンルの発掘が多く，それが総合的に展開するのは，そうした特殊な遺跡ではなく，都市・町・村などの人々の生活の主舞台が調査される1960年代からといえる．その代表例が初めて中世の町を発掘した広島県草戸千軒町であった．そこには具体的な生活空間と人々の多様な生活痕跡があふれ，考古学のみならず，中世史の多くの問題点が広がる可能性があった．そして，80年代には，全国的に中世考古の諸分野の成果が蓄積され，時間的，空間的に偏在しない中世資料として特徴ある歴史情報となっていった．

中世は，学際的研究が盛んな分野といわれるが，特に都市や城館研究に具体的な接点があった．80年代より中世史をめぐる諸学においても，問題を共有する段階がきていた．例えば，文献史学では，無縁・公界など新たな都市原理による都市構造や景観復元といった空間への関心が高まっており，また中世史の潮流となっていた社会史，生活史への傾斜をうけて，偏在する文献史料による列島一律の中世像への見直しがあった．歴史地理学でも，城下町や在郷町の構造復元についての成果があがる一方で，時間軸をもたない地理的土地情報の限界を克服するために，文献・絵画・考古資料などを必要としていた．考古学においては，開発に伴う調査の拡大という外的要因が，それまでの大学中心の目的的な学術発掘では少数であった中世や近世の遺跡調査を質，量共に拡大し，成果を上げていた．そうした中世史をめぐる状況が，テーマや資料を共有し，学問ジャンルと方法の規定を超えた中世史研究を指向する動きを加速させ，90年代の学際的協業へと結実したのである．

時代と空間の枠組み 空間的枠組みで日本列島をみるとき，もっとも大きな規定要因は，宋の東アジア的システム世界への組み込みに始まる中国との関係である．それは単なる中華世界という建前の同心円構造だけではなく，東アジアの海を共有の場とした人・モノ・文化の往来する国境を超えた世界の成立でもある．考古学的な具体現象では，12世紀よりその機構の中に入り，列島各地で中国陶磁の出土が普遍化し，量的にも前時代に比べると急増する．それを指標にすれば，諸場面に大きな影響が浸透したことが明らかである．南の地域では，島嶼地帯の沖縄にも中国との交易利権を軸にして国家が成立し，北の地域では，国家成立には至らなかったが，元のサハリンや北海道への北進政策の刺激の中で，「毛皮の道」ともいえる豊かな北の産物を軸に中世アイヌの大陸との活発な交流が確認される．その枠組みが，列島内の中の地域，中世日本国の北や南への積極的な拡大指向や交易となって現れるのである．

時代的枠組みは，視点により一概にはいえないが，大きくは，院政期がその画期にふさわしい多方面で大きな変化があった時期と位置付けられよう．何よりも，律令時代の都城平安京をすて，白河，鳥羽というそれまでの都と外の世界との結節点，流通拠点にできた，院の御所や御堂を核に家政機関を集中させた新たな原理の都市に象徴される．この流れは，平泉や鎌倉，戦国城下町など，政庁型の居館を核としたイエ論理の政権都市へと継承されてゆく．農村においても，西国では，集落遺跡が急激に増加し，その背景に条里水田の開発や溜池，用水管理など農業や土木技術の革新があり，大開発時代の姿が明らかになりつつある．さらに，湊・津・泊などの港湾都市や宿・市などの流通に関連する町場も，12世紀頃から確認され，13世紀には各地で本格的に展開した様子がうかがわれる．こうした流通ネットワークの整備を背景に，中世の膨大な消費財が，生産され，消費されていくようになるのである．

一方，考古学調査が列島各地に及ぶと，こうした一連の動きが一様ではなく，特に西国と東国，太平洋側と日本海側といった顕著な地域的特徴が確認されるようになった．それは，生活文化の最も基礎的な椀皿や煮炊きの道具などをみても，西は前時代を継承し，東では断絶したあり方を示すというように，根源的な問題も含まれる．この違いは，集落の変遷画期や居館の出現などにも，時間的なずれや異なる様相となり，多くの場面で確認される．ここには考古学的な認識が，京都を核とする西国と鎌倉を核とする東国から成る中世日本の東西二国論，特に遠江・信濃・越後の境界ゾーンとの関わりなど，重要な課題が潜んでいる．

次の大きな画期は，14世紀後半～15世紀である．村は再編成されて集村化し，常住が始まった城が各地の権力拠点となり政治・経済のセンターとして都市化していった．中世後期はまさに城下町をはじめとする都市と都市住民，そして商品流通の時代でもあった．

中世は，律令国家の崩壊から再び統一政権ができるまでの混沌と再統合への変化の時代であり，国家体制や地域の分立をはじめ，政治，社会，身分など，極めて多様で流動的な時代であったといえる．織豊政権の天下統一を経て，近世への過程の中で，三都や城下町への人や経済・富の集中，町と村の明確な分離，人々の土地への固定化などが進められ，中世的特徴のひとつであった多様性・流動性が弱まり，変質し，時代は変わっていった．　　　　（小野正敏）

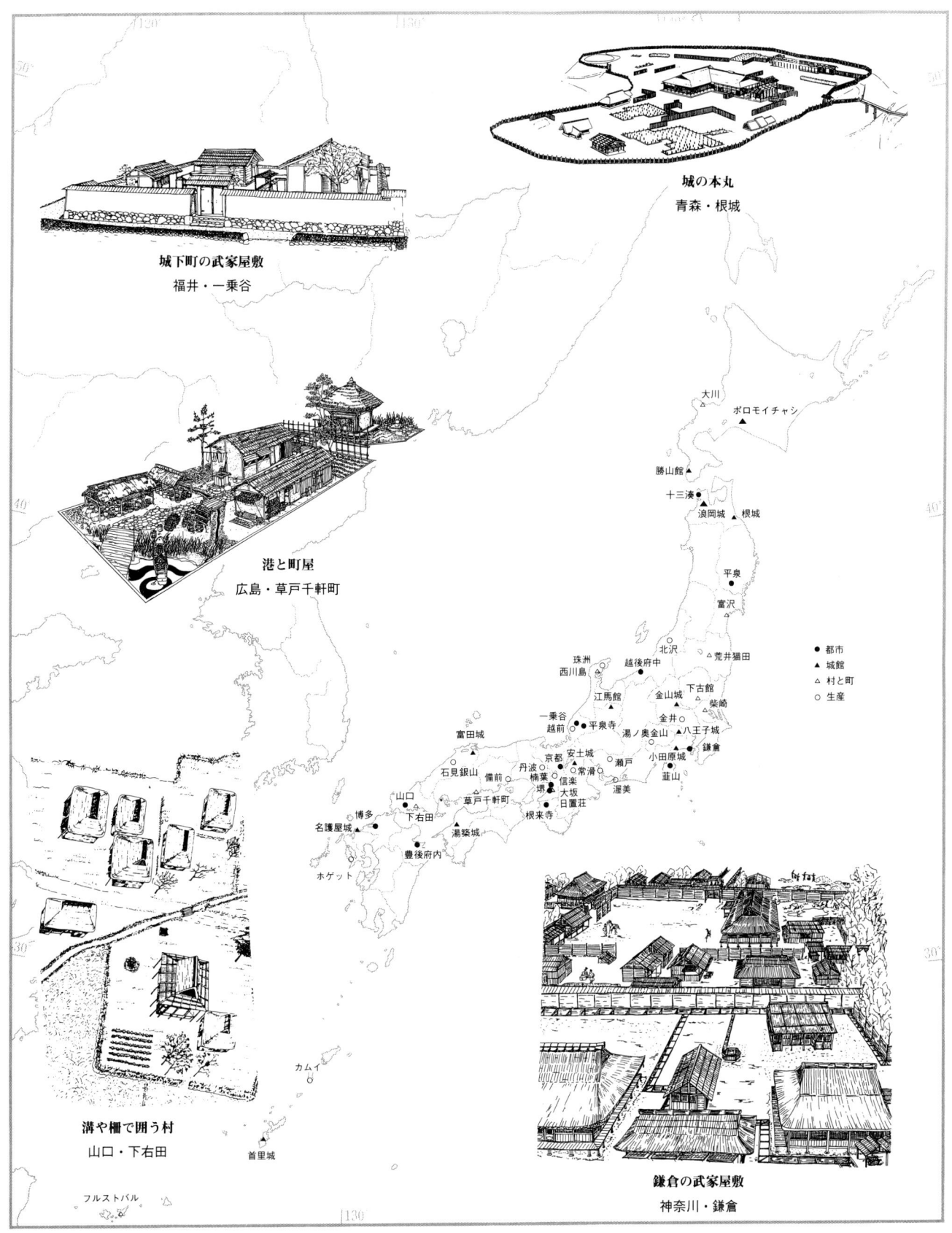

城の本丸
青森・根城

城下町の武家屋敷
福井・一乗谷

港と町屋
広島・草戸千軒町

溝や柵で囲う村
山口・下右田

鎌倉の武家屋敷
神奈川・鎌倉

● 都市
▲ 城館
△ 村と町
○ 生産

総論

中世と考古学　3

時代区分					主な出来事		都市・町
11世紀	金	北宋	遼	平安時代	国風文化	1086 院政の開始	中世前葉
12世紀						1156 保元の乱 1159 平治の乱 1180 福原遷都 1189 奥州合戦，平泉滅亡 1192 鎌倉幕府開所	政権都市 鎌倉
13世紀		南宋	高麗	鎌倉時代	鎌倉文化	1206 チンギス・ハン蒙古統一 1221 承久の変 1274 文永の役 1281 弘安の役	
14世紀		元		南北朝		1323 新安沈没船 1333 鎌倉幕府滅亡 1338 足利尊氏征夷大将軍となる 1341 幕府，天竜寺船を元へ派遣 1368 明の建国 1392 南北朝合一，高麗滅亡	中世中葉 流通の町 草戸千軒町
15世紀	タタール・オイラート	明	朝鮮	室町時代	北山文化 東山文化	1404 勘合貿易始まる 1419 応永の外寇 1429 琉球，三山統一 1457 コシャマインの乱 1477 応仁の乱終わる	
16世紀				戦国 桃山安土	桃山文化	1500 幕府，撰銭令 1523 寧波の乱 1536 天文法華の乱 1549 ザビエル，鹿児島上陸 1573 一乗谷滅亡，室町幕府滅亡 1576 安土城築城 1583 大坂城築城 1587 豊臣秀吉，バテレン追放 1590 小田原，奥州平定 1592 文禄の役 1597 慶長の役	中世後葉 戦国城下町 一乗谷
17世紀	清			江戸時代		1600 関ヶ原の合戦 1603 徳川家康征夷大将軍となる 1609 島津氏，琉球侵入 1614 大坂冬の陣 1615 大坂夏の陣	

4　総論

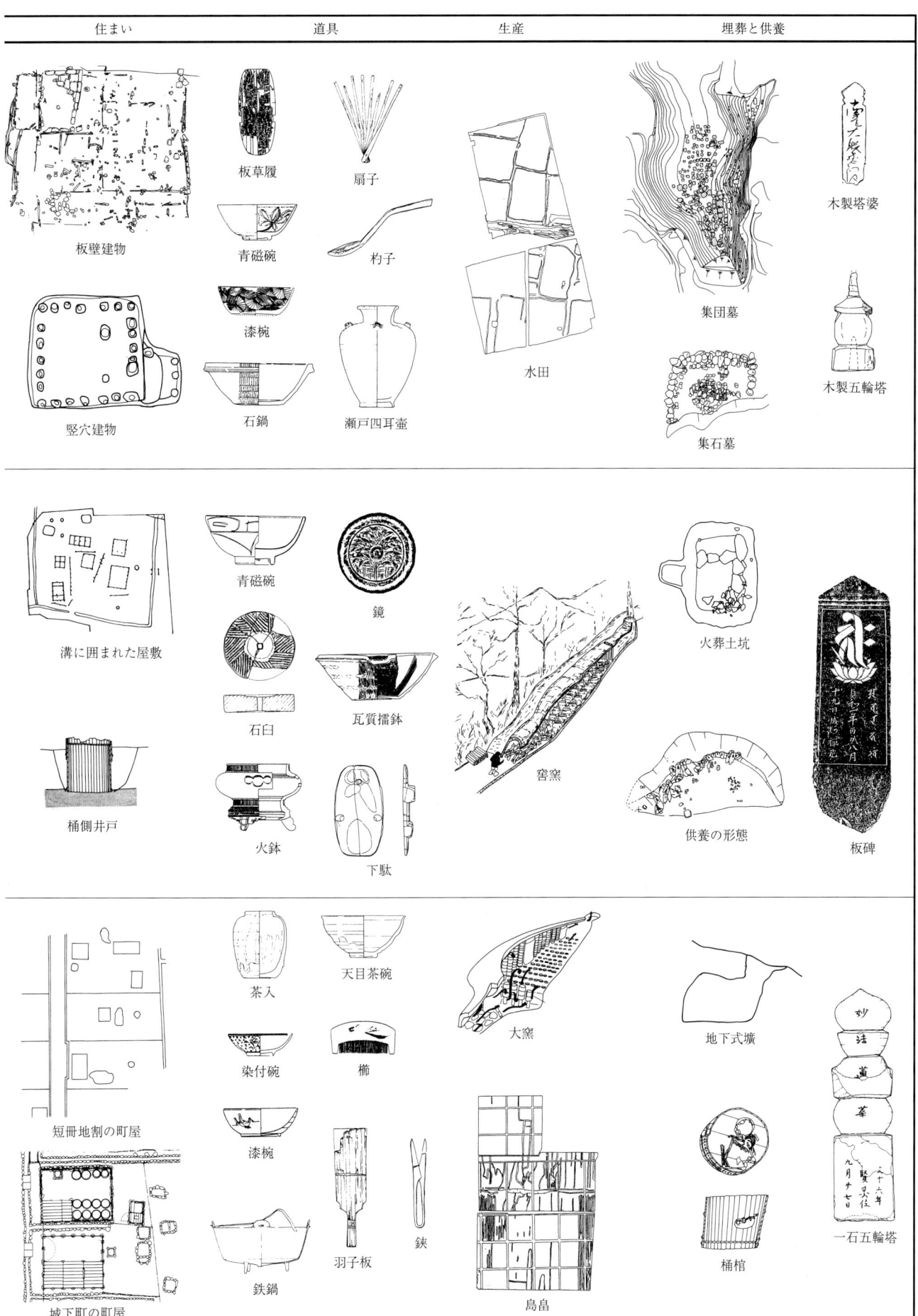

I 都市

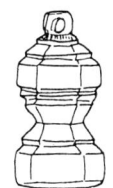

概説

1 政権都市
- 1) 京都
- 2) 平泉
- 3) 鎌倉
- 4) 多賀城
- 5) 大宰府

2 城下町
- 1) 一乗谷
- 2) 大坂

3 港湾都市
- 1) 博多
- 2) 堺

4 宗教都市
- 1) 寺院を中核とした地割
- 2) 根来寺
- 3) 平泉寺

5 都市の機能と住人
- 1) 収納坑
- 2) 井戸
- 3) はかり

概 説

　東アジア海域を制圧し海上帝国を築いた時代が宋代であった．その華北と華南を繋ぐ大動脈となった大運河の両端に人口百万を越える北宋の都開封と，南宋の都臨安（杭州）が位置した．それは曹魏鄴城以来の北闕型都城ではなく，皇帝権力の中枢機能を中核とした同心円構造をとり，内部に自治色を強め同業者組合を編成した都市商工業者が，道沿いに屋並を形成する街区空間を創出する都市形成の一大転換だった．更に海上交通の要衝寧波，福州，泉州や大運河の中継地蘇州，揚州などに商業都市の成立と発展をみ，類い希な商業革命の時代を迎え，それは列島にも波及した．

　律令制最後の平安京は，王権を中心に同心円構造を有し，京内を等質な空間で構成した極めて中央集権的な都城だった．10世紀を迎え右京や西市の衰退，左京の繁栄と一条以北の街区拡大など左右対称を原理とする都城制が解体していく．寛仁2年（1019）藤原道長が発願した法成寺は平安京の北東隅東京極大路と鴨川に挟まれた方二町に占地し，その西に土御門第や摂関家の邸宅群と宿所・厨・収納施設の機能をもつ屋敷型の御倉町が付属する形態が見られる．即ち東西基軸である土御門大路の東端に中核施設を置く街区構成は，浄土教による阿弥陀堂寺院と院を背景とし，天皇による支配・被支配の関係と全く異なった空間構造であった．藤原頼道は永承7年（1052）宇治別業を平等院と号して街区群の東端に配置し，西方に摂関家の別業群が分布し，院政期白河天皇により造営された白河の六勝寺や洛南鳥羽離宮は，法勝寺や東殿の中核施設を東端に配し，西方に院・堂を配置した形態で，法成寺の街区構成と共通した特徴があり王朝都市型と呼ぶ．ただこれらは平安京と地方を結ぶ交通の結節地点にあり，東西道のみならず主要幹線道をも取り込んだ形態が特徴で，収納機能を担う御倉町の存在も知られる．特に白河・鳥羽の都市的形態は復権した王権の新たな権威の象徴ともいえ，鳥羽にみる王権の墳墓堂を方形区画群の一郭に配置したことは以後の都市形成に少なからず影響を与え，王朝都市型の展開といえよう．左京には王権を中核とする同心円構造が依然存在し，周縁にあたる東市の東七条大路沿いに七条町と呼ばれる銅細工師や富裕商人の自然発生的な職人町が形成される．街区の道寄りは細分された短冊形地割りを呈し，各戸毎の裏に井戸が分布する町屋形住居形態がみられるが宅地境界や背割りが不明瞭で，奥の土地利用は工房や墓などがみられる．更にこの町の周囲には武家の宿所が設けられる．このように院政期京都には王朝都市型の街区だけでなく，同心円構造の左京内に御倉町と七条町の2種類の異なった町類型が存在していた．

　一方筑後国府や下野国府など各地に国庁と機能的に関連する幾つかの「院」，「所」，「館」と文献に散見する方形館群が形成され始める．王朝都市型は，北条氏の静岡県御所之内遺跡群のような有力在地領主の館町の様々な集合形態の成立に一程度影響を及ぼした．その内藤原清衡・基衡の平泉に王朝都市型をみるが，3代秀衡が陸奥鎮守府将軍就任前後から平泉は街区群の北端に武家の政庁である平泉館と無量光院を中核に南に街区が形成され，南端に七条町に類似した鋳造工房を中心とした御倉町が展開し，再び南北軸が強調される．これを初期武家型都市と呼び，王朝都市型に武家のイエを中核に再編したものといえる．また源氏三代の鎌倉に王朝都市型がみられるが，承久の変後幕府の政治的地位の上昇と全国に及ぶ新たな流通体制がもたらす富を背景に，北条得宗により八幡宮と脇の宇都宮幕府を中核として北端中央に，若宮大路を南北基軸にその両側に有力御家人の屋敷地街を配し，交通の要衝には町や禅宗寺院，海側に職人地と墓域からなる浜地が存在する同心円構造をとる武家型都市の典型が成立する．しかし外縁には囲繞する施設はなく，都市内は規格化されない不揃いな地割りで形成される．町は寺や有力御家人の邸宅の門前に一定度集住するが大規模化せず点在すると共に，浜地は面的広がりがあり院政期京都の左京同様二種の町類型を包摂する．

　南北朝の動乱後足利将軍3代義満の京都は，室町殿と相国寺を中核とした武家の同心円構造を保持しながら，囲繞施設を伴う様々な権門諸家の境内が分布する複雑な多核的混住形態を取り込む巨大武家型都市となった．そして応仁の乱前後から上京に有力守護大名を中核とする集住や七条町・八条院町が衰微する中，幕府の庇護のもと三条・四条町に中心が移行し，町の再編成がなされ，本格的に都市内部に諸社会が並立した形態が誕生した．このような動向は，列島各地の守護系城下町の形成に影響を与え，福井県一乗谷朝倉氏のような真正城下町の典型をみ，また交易による富に支えられた堺・博多などの港湾都市や，和歌山県根来寺・福井県平泉寺・大阪府本願寺寺内町など独自のイエ論理に基づく同心円構造を形成し，外縁を囲繞する惣構えを持った様々な都市が成立した．それが明確なヒエラルキーをもつ織豊系城下町の展開を経て編成・統合され，天下統一という新たな中央集権のもと近世城下町としての京都，大坂，江戸の巨大都市が誕生した．

　[文献] 高橋康夫他編1993『図集日本都市史』東京大学出版会．
　　　　　　　　　　　　　　　　　　　　　　（堀内明博）

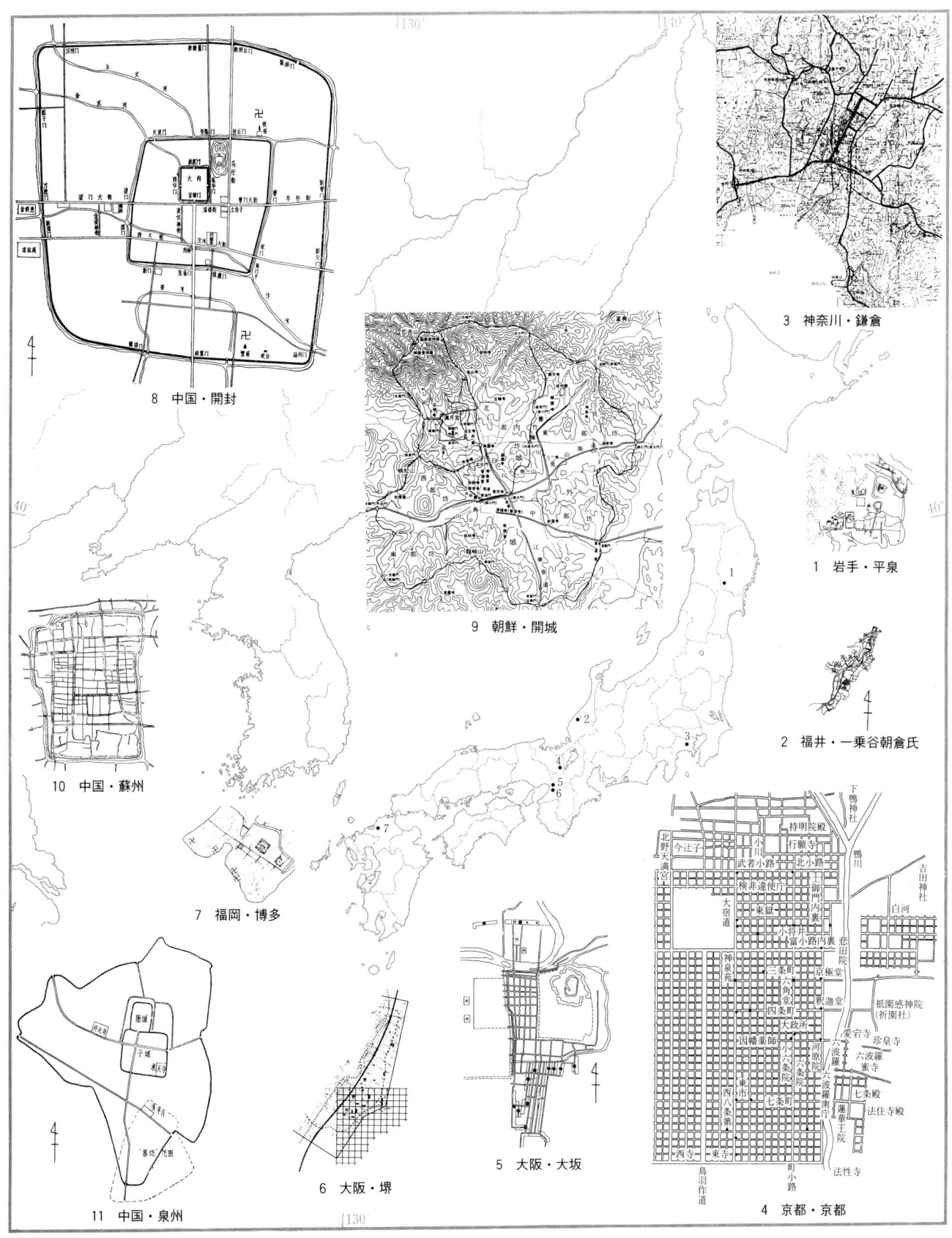

1 岩手・平泉
2 福井・一乗谷朝倉氏
3 神奈川・鎌倉
4 京都・京都
5 大阪・大坂
6 大阪・堺
7 福岡・博多
8 中国・開封
9 朝鮮・開城
10 中国・蘇州
11 中国・泉州

都市

1　政権都市

京都　天皇退位後も院として国政に絶大な権力を有し院政を行使した白河天皇は，その象徴として洛東白河に法勝寺を始めとする「勝」の字を有する六勝寺と洛南鳥羽の地に寺院と御所を一体化した広大な離宮を造営した．その地割りは，東西を基軸とした王朝都市型の典型といえる．洛中の景観を大きく変えたのは，足利将軍3代義満の時代である．それは武家のイエの論理による方形館を規範としながらも室町小路を南北基軸とし，その北端に室町殿と足利家菩提寺である京都五山第2の相国寺を，その近辺に日野殿や奉公衆の屋敷地を配置たことは，武家の王権の形態とみれる．個別の屋敷や寺院には堀や溝での囲繞施設は確認できるが，洛中全域を囲繞することはなかった．ただ洛中縁辺部・交通の要衝には，五山系寺院が配置され，出入りの防備を規制する側面も備えていた．応仁の乱以後将軍権威の失墜と共に戦国期の動乱を迎え，上京では武家の集住が再編され，下京は寺院を基軸としながら町衆の結束もより強固になるに従い，天文法華の乱時には町衆による惣構えを構築するなど従来の混住した形態から新たなヒエラルキーを創出する都市へ変貌を遂げた．

平泉　11世紀末岩手県豊田館から当地に藤原清衡が居を移して以降，文治5年(1189)源頼朝軍の前に焼亡するまで奥州の中心として繁栄した．1988年以降の調査で北上川西岸で柳之御所が発見され，それが藤原氏の政庁である平泉館に比定された．遺跡は巨大な堀で不整形に囲繞された内部に，前面に池を配した建物群と柵，井戸などが数度の建て替えを伴って分布し，一定期間存続したことが判明した．しかも3ヵ所の出入口と考えられる門や橋脚の跡があり，道が取り付き，特に北西の出入口の外側の道沿いには3区画以上の屋敷地が連続して配置されている．これらの主軸は毛越寺や観自在王院周辺で従来確認された一辺150mの方格地割り群とは異なり，南北軸が東に振っている．同様なものは，無量光院やその南の白山神社前面南北道，現在の平泉駅周辺でも確認され，平泉東半部の広範囲に分布することが判明した．このことから平泉の都市的形成は，一程度統一的な地割りに基づくものではなく，初代清衡が中尊寺とその周辺を，2代基衡が毛越寺とその周辺を，3代秀衡が柳之御所から志羅山遺跡東半までの広域に方形区画群を施行していった変遷が考えられ，その一郭志羅山遺跡が鍛冶工房を始めとする御倉町的な性格を保有した．

鎌倉　治承4年(1180)源頼朝は大倉郷に新邸を，御家人達も宿館を建て幕府の体裁が整備され，八幡宮前から朝比奈切り通しを抜ける東西の横大路を主要区域としていた．嘉禄元年(1225)新造の宇都宮辻子幕府の開設に伴い，若宮大路周辺の整備も行われたようで，調査で大路は幅約3m(1丈)，深さ約1.5m(5尺)の木枠組のある溝が両側にあり，内々間は約30m(10丈)と平安京の大路並だったことが判明した．それを中心に東の小町大路と，西の今大路の範囲には方形区画が確認できるが，各々規模が異なり，統一した計画尺に基づく割付でなかった．ただ二の鳥居を境に北を屋敷地，南を町屋地区に区分したり，建物群の基本寸法を統一間尺として7尺を規範とする寸法が採用されている．町屋地区では収納施設と考えられる方形竪穴建築址が顕著に発見されるが，大倉辻，気和飛坂上では発見例がなく，その分布が注目される．また浜の大鳥居以南は浜地と呼ばれ，方形竪穴建築址や土壙墓が集中し，由比ヶ浜まで広がる特殊な景観を構成している．

多賀城　9世紀以降宮城県多賀城政庁域の南と西南にかけて広範囲にほぼ一町四方の方格地割りが施行された．その中心軸は政庁南面から続く幅23mの南北道とそれに交差する幅12mの東西道である．建物や宅地の規模などから東西道沿いに国司クラスの高級官僚の屋敷地とあり，道から離れるに従い中級以下の官人の邸宅となり，階層毎に宅地を配置していた．それが10世紀後半には衰退し，消滅する．12世紀には代わって政庁南面道路部，政庁東の作貫地区や仙台東部の自然堤防上に新田遺跡，山王遺跡などに溝・土塁・堀で囲まれた屋敷地が新たに出現し，時代とともに主要な遺跡の立地場所が転遷していったことが伺える．

大宰府　都城と同様の形態で知られる福岡県大宰府は，政庁中央から南に朱雀大路に類似する南北大路が右郭と左郭に分けている．各々の郭内には大尺で250尺の方格地割りが施行されていたようである．11世紀後半になると安楽寺(太宰府天満宮)の境内が大規模に拡張されたり，学校院東限付近でも多量の遺構遺物が発見され始める．12世紀前半には政庁機能は衰退する中，観世音寺の前面でも13世紀頃から伽藍に規制されない小規模な区画溝がみられ，中には小さな建物や鋳造工房の存在も伺える．このように天満宮から観世音寺前面の東西道に至る道筋と榎社に至る道筋が幹線道に変化し，屋並を構成したことが伺える．

[文献] 堀内明博 1996「室町期の京都」『ヒストリア』153．中世都市研究会編 1995『中世都市研究2』新人物往来社．鎌倉考古学研究所編 1994『中世都市鎌倉を掘る』日本エディタスクール．河野眞知郎 1995『中世都市鎌倉』講談社．

（堀内明博）

1) 京都

　院政期の京都は，10世紀における都城の解体期を経て，右京の衰微，左京の一条から四条における貴賤の密集，東市から七条大路周辺の繁栄，鴨川を越えた鴨東地区の開発など，従来の平安京の枠を越えた都市域の拡大が見られ，王朝都市としての景観が形成される．それは，東西軸を基本とした新たな街区構成が白河，鳥羽，法住寺殿でみられ，院政期の王権の象徴となっている．それらはいずれも交通の要衝でもあり，諸国とを結ぶ結接点ともなっている．一方六波羅や東市周辺には新たな都市住民としての武士の宿館や商工業者の町屋が建ち並び，町を形成していく．

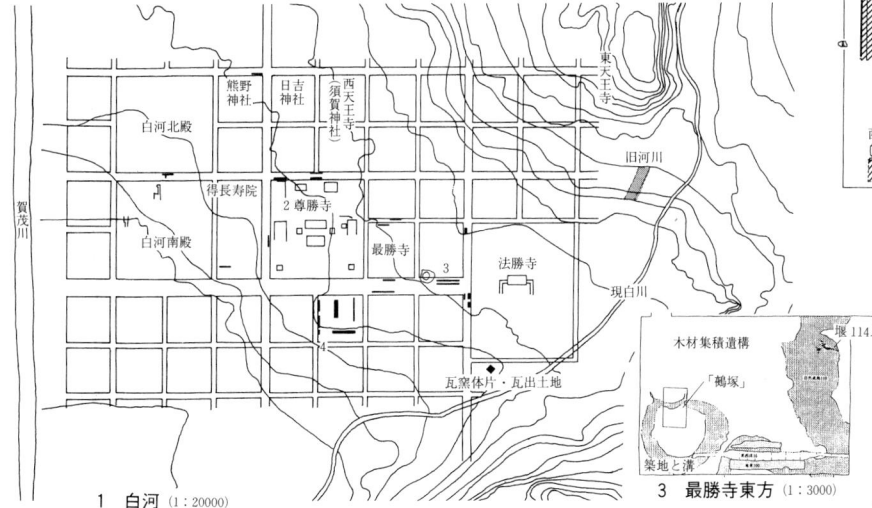
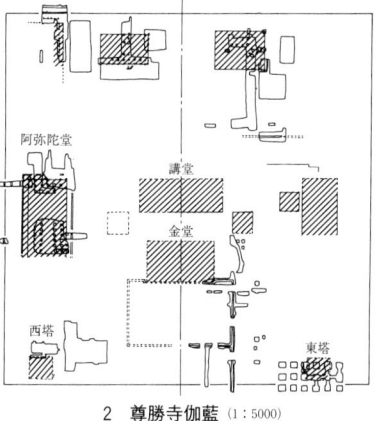

1 白河 (1:20000)
2 尊勝寺伽藍 (1:5000)
3 最勝寺東方 (1:3000)

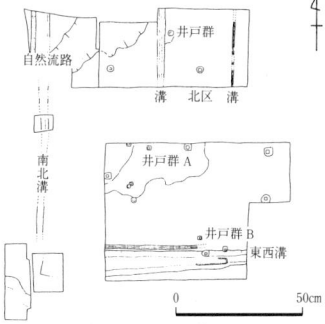
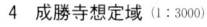

4 成勝寺想定域 (1:3000)

① 白河　東西十町，南北六町の街区は40丈四方を基本とするが，長方形の街区もある．幅17丈の二条大路末の東端に法勝寺が位置し，金堂基壇は2mを越える壮大なものであった．尊勝寺はその西方にあり，主要伽藍を左右対称に配置し極めて規格性が強い．最勝寺と法勝寺二条大路間は古墳と低湿地が残り，一部に築地が築かれていた．成勝寺想定域には，溝と堀の間に井戸が密集するにすぎない．

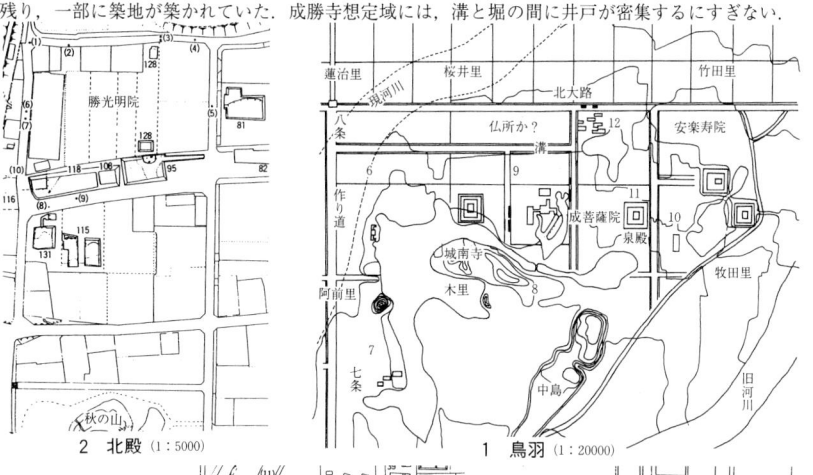
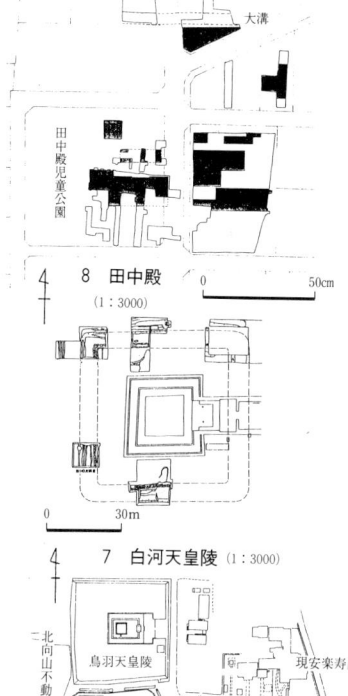

2 北殿 (1:5000)
1 鳥羽 (1:20000)
8 田中殿 (1:3000)
7 白河天皇陵 (1:3000)

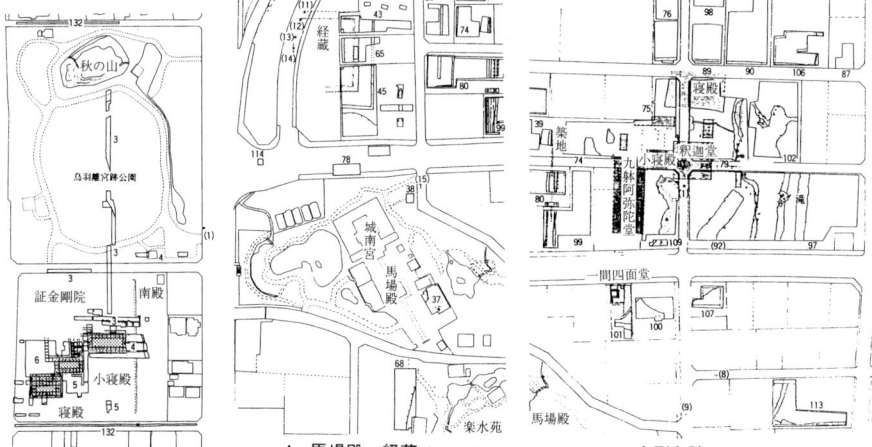
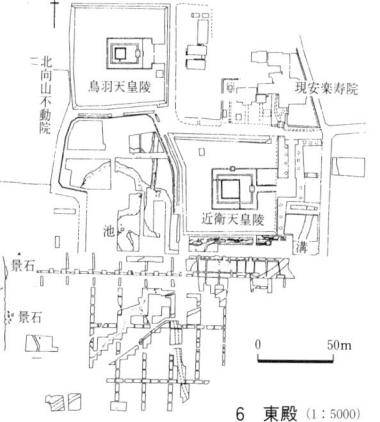

3 南殿 (1:5000)
4 馬場殿・経蔵 (1:5000)
5 金剛心院 (1:5000)
6 東殿 (1:5000)

② 鳥羽　東西十一坪，南北八坪の条里地割りをもとに鳥羽殿が造営され，北大路，田中殿南大路，中大路に想定される幅24mの道が確認される．その東端に東殿があり，一辺76mの方形の白河・鳥羽・近衛の各陵墓が内包される．田中殿や金剛心院の釈迦堂・阿弥陀堂で河原石積みの掘り込み地業がみられ，その造営技法と広大な園池が鳥羽殿の特徴となっている．

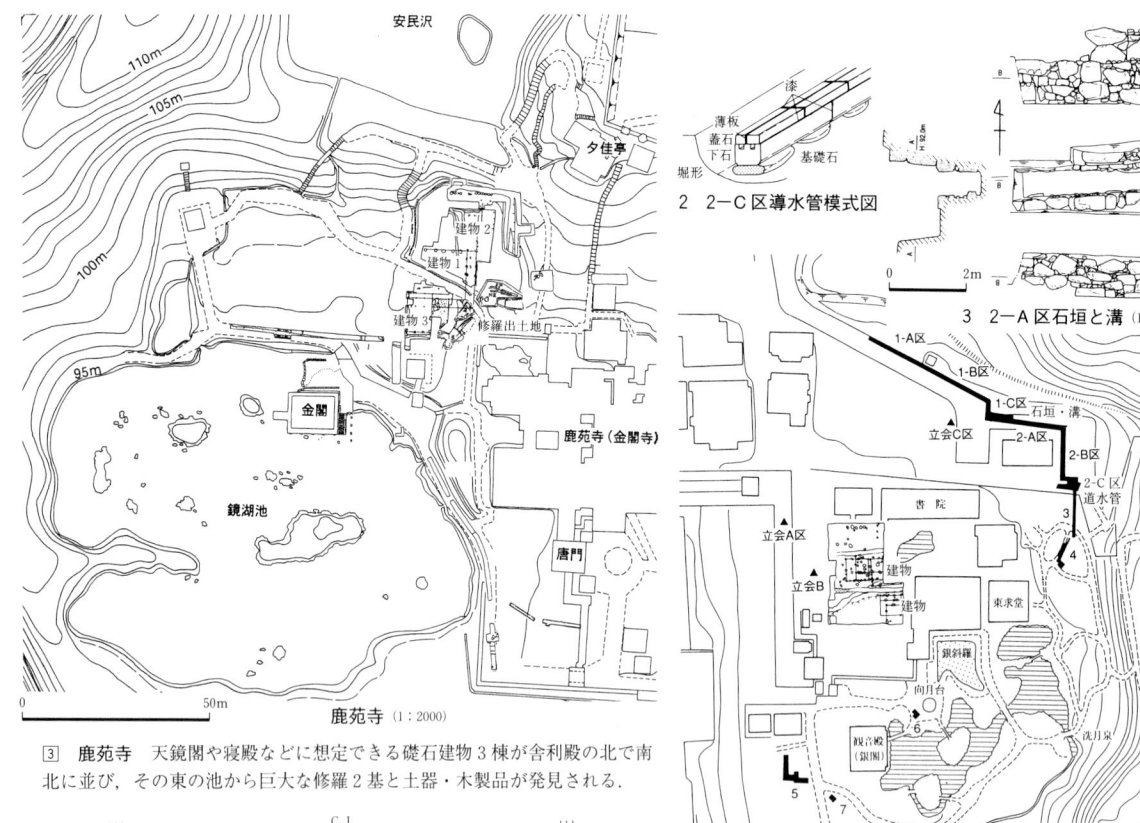

3 鹿苑寺 (1:2000)

③ 鹿苑寺 天鏡閣や寝殿などに想定できる礎石建物3棟が舎利殿の北で南北に並び，その東の池から巨大な修羅2基と土器・木製品が発見される．

2 2-C区導水管模式図

3 2-A区石垣と溝 (1:400)

1 慈照寺 (1:2000)

④ 慈照寺 東求堂の北，山裾で東西に石垣と石組み溝があり，そのやや南で石製導水管施設が発見され，義政時の土木技術の粋が伺える．応永4年 (1397) 父義詮の別業北山荘と西園寺公経の山荘に義満による室町殿，北山第は堀と築地で囲繞され，巨大な運搬施設を備えた雄大な園池がある．文明14年 (1482) 義政による東山殿には，山裾に平場を形成し，方形館に類似した形態で，義満とは趣きが異なる殿閣の様相がみられる．

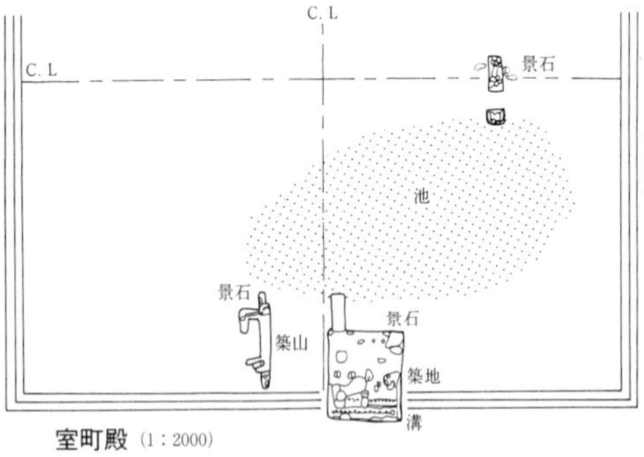

室町殿 (1:2000)

⑤ 室町殿 敷地南側には，広大な園池があり，その北と南に巨大な景石や築山，南限を画する築地と堀が確認されている．

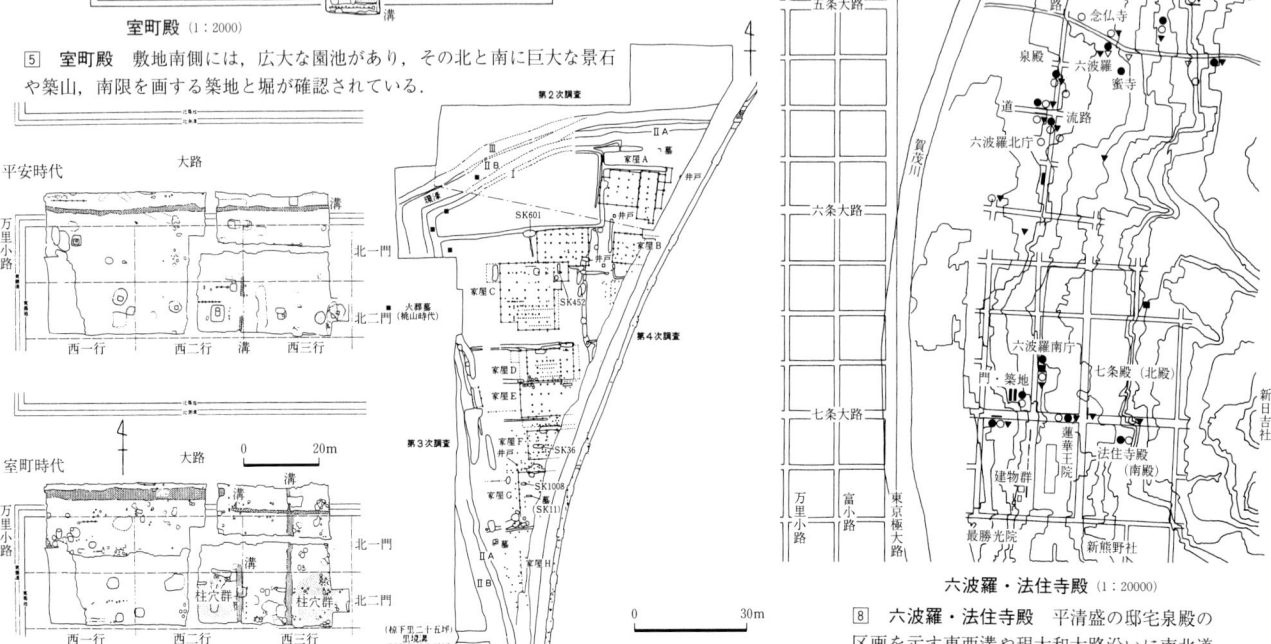

左京二条四坊十一町 (1:2000)

久我東町 (1:2000)

六波羅・法住寺殿 (1:20000)

⑥ 左京二条四坊十一町 大路の一部を取り込み堀や塀を巡らした室町期の館である．

⑦ 久我東町 桂川西に位置する室町時代の環濠遺跡で，南北に建物群，墓，溝，井戸が並ぶ．

⑧ 六波羅・法住寺殿 平清盛の邸宅泉殿の区画を示す東西溝や現大和大路沿いに南北道と流路があり，街区の一部が知られる．蓮華蔵院の西で南北の道と溝，礎石建物群が，その北西で南北築地，溝，門が確認される．

12 都市

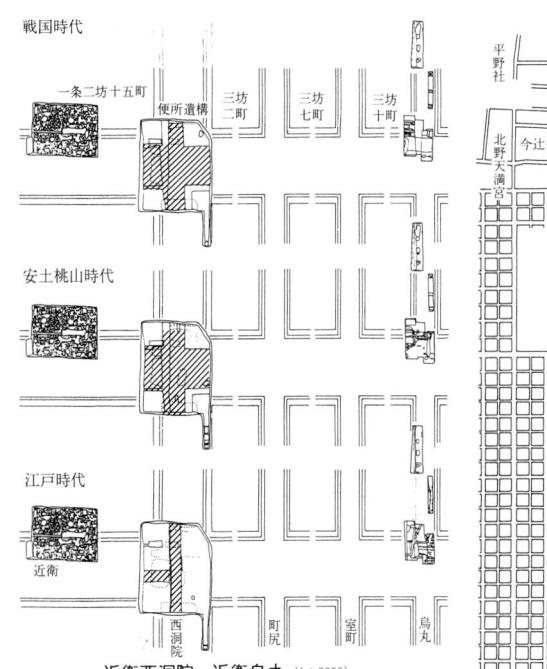

近衛西洞院，近衛烏丸 (1：3000)

⑨ **近衛・西洞院辻**　13世紀まで平安京造営時の形態が維持された路が，15世紀末以降変化が見られ西洞院西側溝が拡張される反面，道幅は狭くなる．しかも交差点内には便所と考えられる遺構があり，洛中洛外図屏風にみるトイレの状況に類似する．

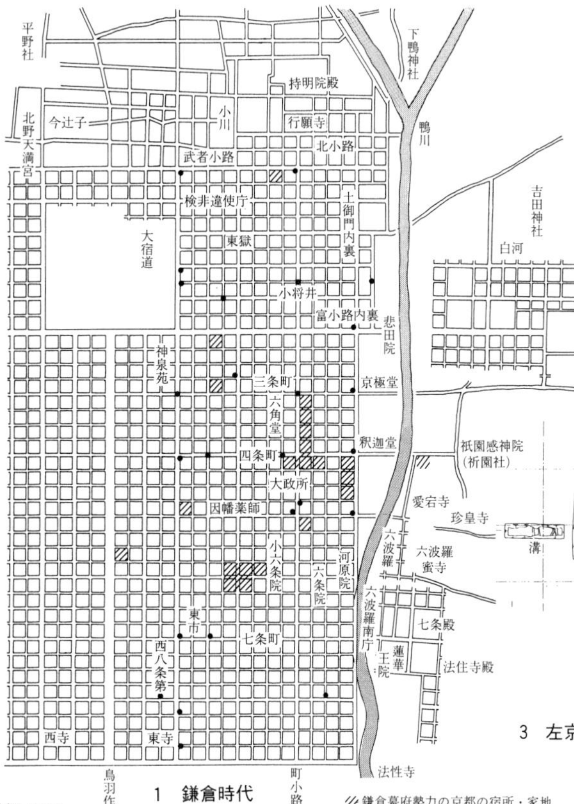

1　鎌倉時代　　▨ 鎌倉幕府勢力の京都の宿所・家地

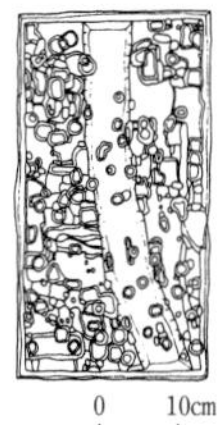

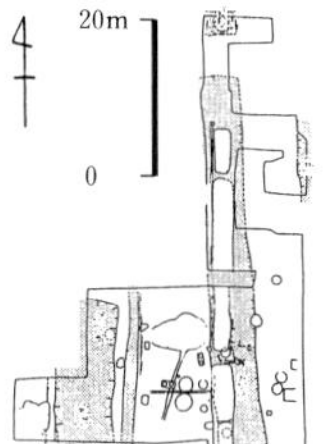

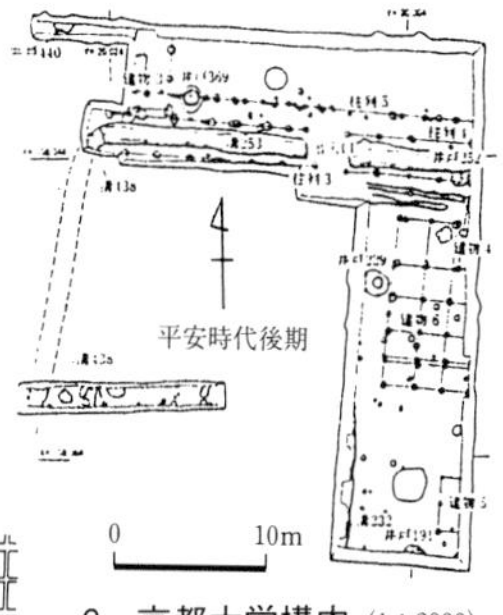

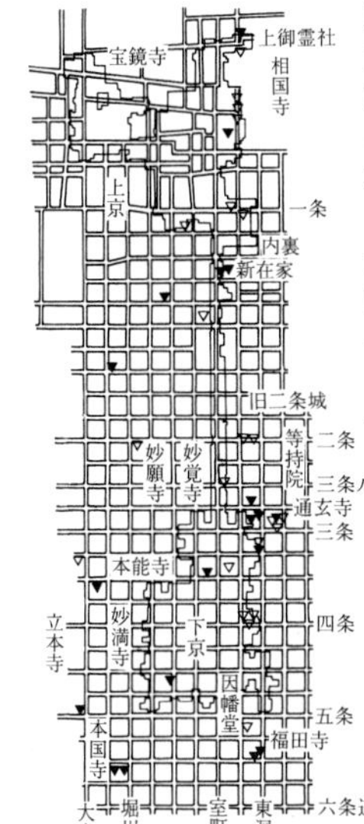

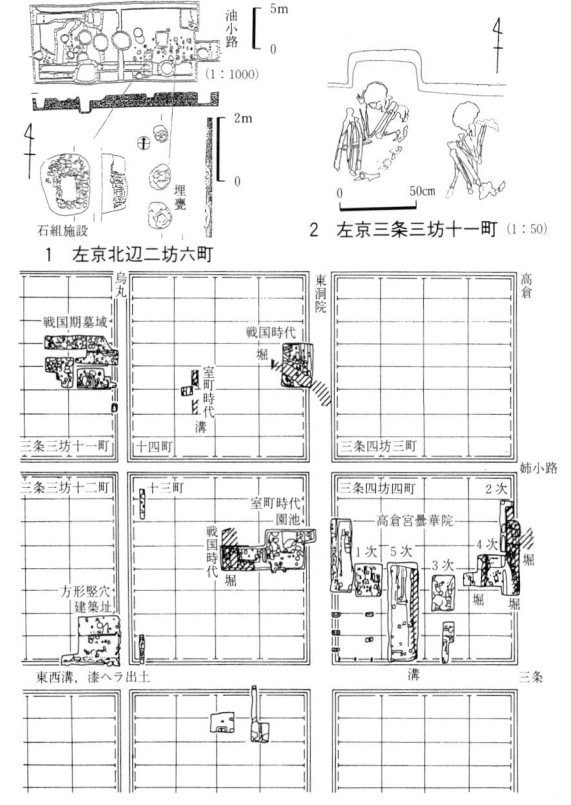

2　京都大学構内 (1：2000)

3　左京一条三坊九町 (1：2000)

⑩ **鎌倉・室町期の京都**　院政期の京都をもとに，さらに周辺に禅宗寺院などが交通の要衝に造営され，拡大する．洛中でも室町殿が北小路に占地し武士の宿館が広く分布し，町小路沿いの辻に穴蔵や井戸を有する屋並が形成されていく．

戦国時代
(▽：室町時代後半堀　▼：戦国時代堀)

⑪ **戦国期の京都**　洛中総堀や下京惣構に関連した堀や土塀が至る所で確認される．しかもその内部は堀で更に囲繞された寺院や町屋，墓地が宅地奥まで形成され，巷所により道幅も狭く，高密度な都市景観を構成している．

⑫ **戦国期の堀**　下京惣構えに関連した堀の一部は幅約8m，深さ2m以上を測る．曇華院でも幾つかの堀が確認され，惣構えと同様大規模で，土塁も一部確認されている．

1　左京五条四坊二町 (1：2000)

2　曇華院4次 (1：2000)

1　左京北辺二坊六町

2　左京三条三坊十一町 (1：50)

3　左京三条三坊東南部・同四坊西南部 (1：5000)

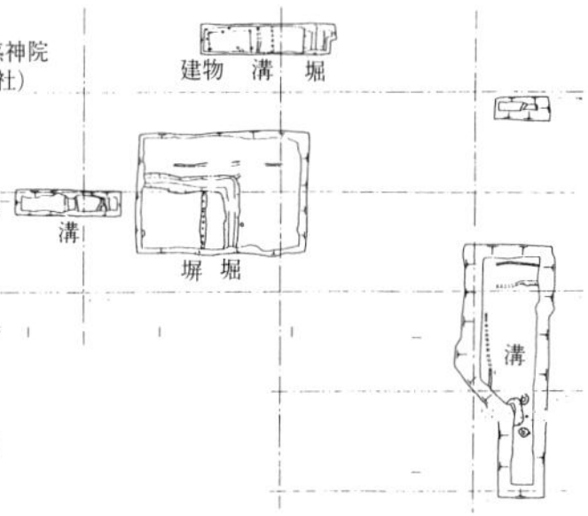

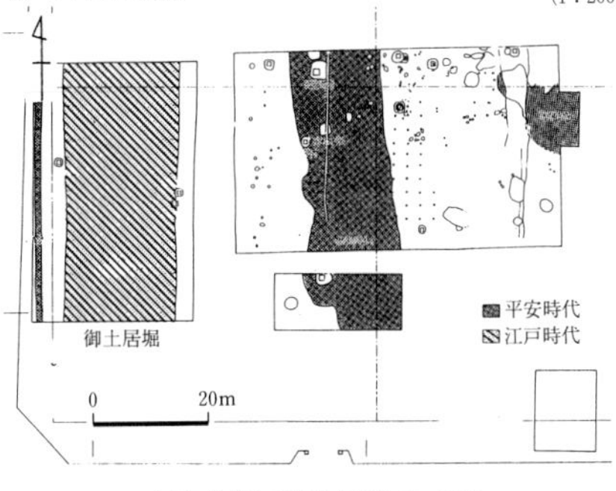

左京九条二坊十三町 (1：2000)

⑬ **秀吉による御土居**　史跡保存されている以外3カ所で確認され，堀は幅約20m，深さ1.5〜5mの逆台形を呈し，それに伴う土塁も幅約15m，残存高2mをとどめる．17世紀には大量の塵廃棄場所となる．

⑭ **左京三条三・四坊界隈と上京の町屋**　室町時代曇華院の西に石敷きと滝組のある方形の池と屋敷があった．戦国期になると下京の北西妙覚寺の南に六文銭が入った町衆の土坑墓が形成される．上京の北辺二坊六町では，埋め甕のある町屋がみられる．

2) 平泉

平泉は，12世紀の約百年間にわたって，東北地方を支配した奥州藤原氏4代が拠点を置いた所で，その跡は現在の平泉町並と同じ広がりで地下に埋蔵されている．遺構は良好に保存され，また現地表に見られる起伏は往時の土塁や堀跡等である．発掘によって，多数の掘立柱建物跡や井戸跡が見つかり，寺社や屋敷を囲む区画溝や道路跡が検出され，12世紀後半期の平泉の地割りが復元されつつある．

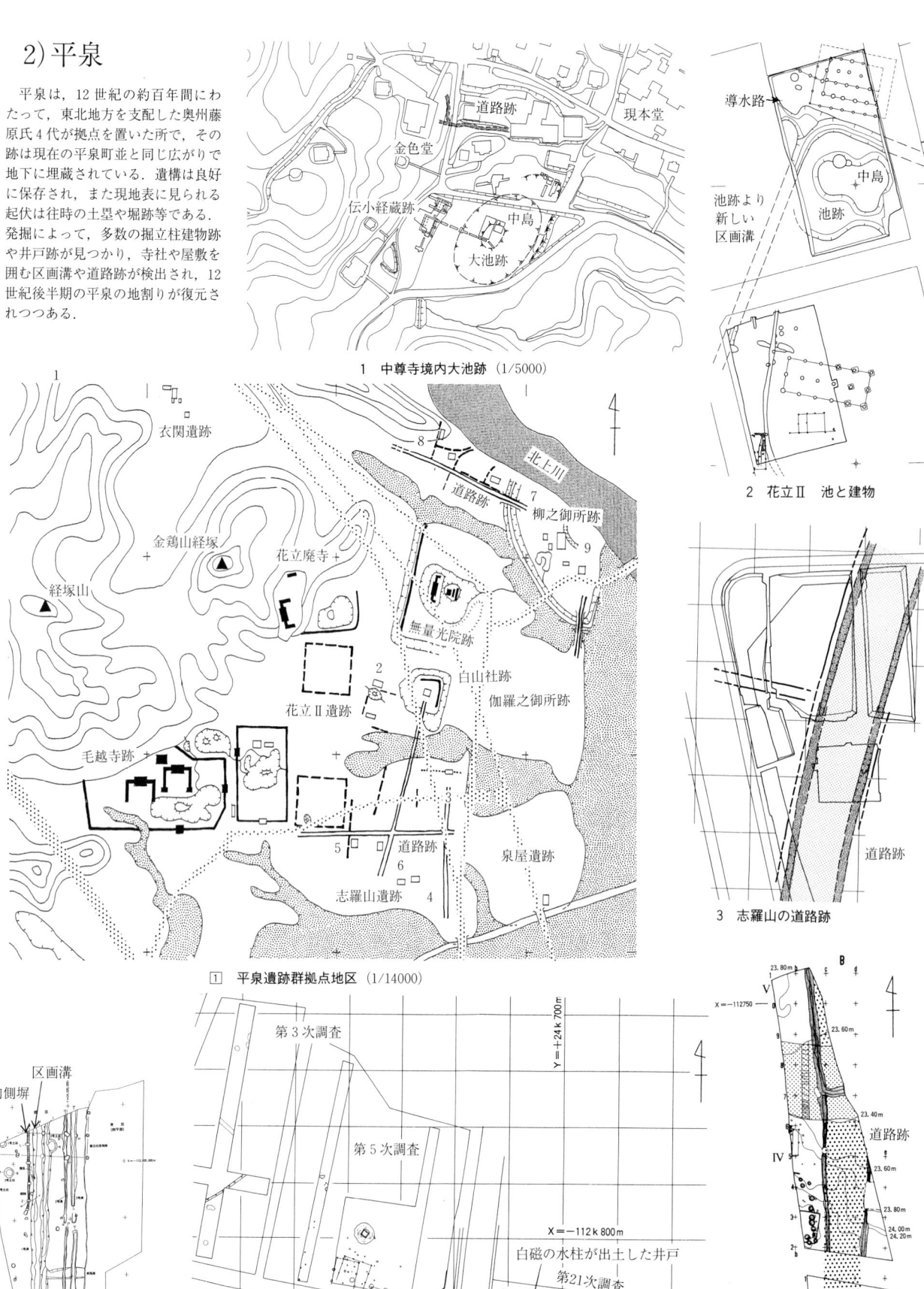

1 中尊寺境内大池跡 (1/5000)

2 花立Ⅱ 池と建物

3 志羅山の道路跡

1 平泉遺跡群拠点地区 (1/14000)

5 志羅山の区画溝 (1/1000)

6 志羅山

4 志羅山の道路跡

14　都市

平泉遺跡群拠点地区の北東端に位置する柳之御所は北側に北上川，南西側に自然の低地を部分的に掘削している猫間が淵跡があって，自然の要害を呈している．北西－南東方向に細長く約112,000m²の面積を持つ当地は，発掘調査の結果多数の遺構が発見されて，保存状態が良好なことから国の史跡に指定されている．遺跡は大きく堀で囲まれている地区とその外側の地区に分けられる．堀に伴う土塁の存在は不明であるが，二重の大型堀が遺跡の半分を占めた形で不整形に巡っている．東の堀は密集する遺構群の台地と海抜20mの低地との中間に走り，南から南西にかけては猫間が淵に接して走り，西では堀の外側地区を区切っている．北東側は北上川に削られて，堀は不明である．堀の中の3ヵ所に橋脚が見つかり，外部との出入口となる．堀で囲まれている地区の中央からは，馬蹄形を呈した池跡とその北東に隣接して塀跡や大型の掘立柱建物跡が群をなして見つかった．その中でも4×9間（7間四面）の掘立柱建物跡は平泉遺跡群内一番の大きさで，円形柱穴の掘形の直径は1m，1間の間隔は2.9mである．堀の外側では，北西－南東方向に走る道路跡を中央にして，両外側に広い土地を区切る区画溝が発見され，少なくとも4ヵ所の屋敷割が認められる．堀の内側では区画溝はなく，塀で敷地が区切られている．堀の内側と外側は上記のように遺構構成の違いを見せても，12世紀後半期の同時期に存在しながら場の使用を異にしている．

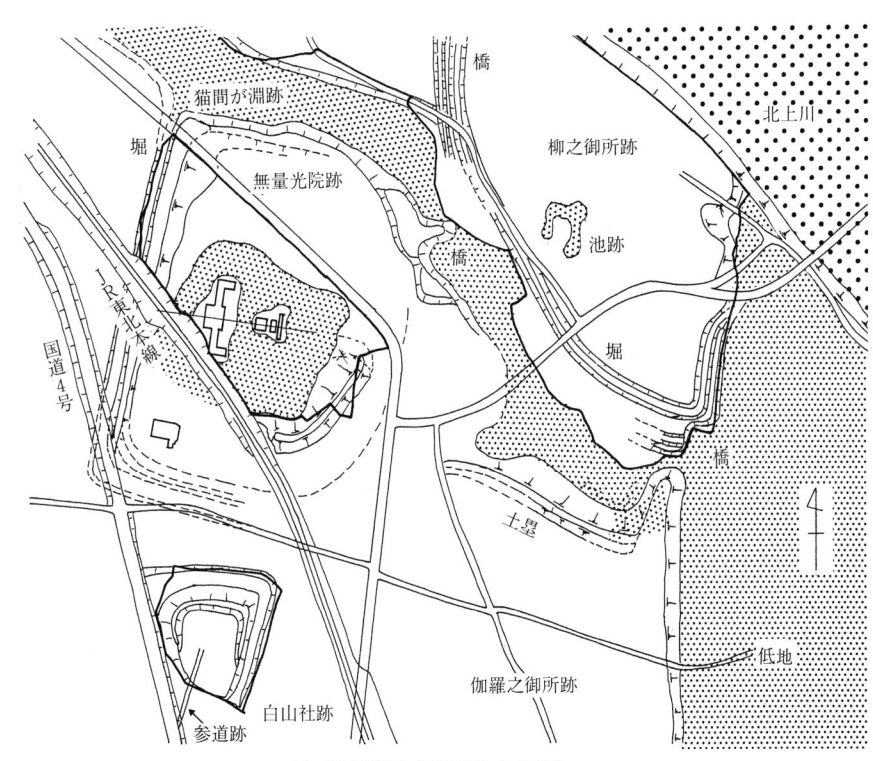

2　柳之御所と無量光院（1/6000）

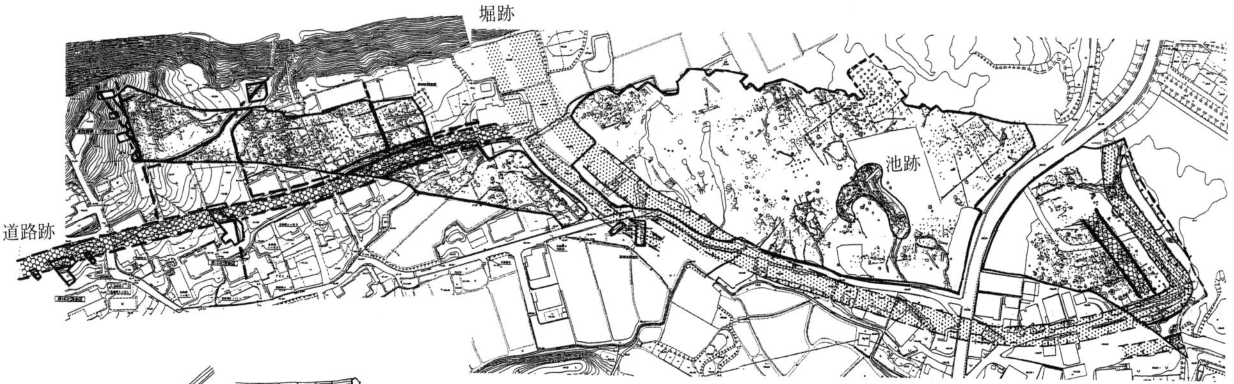

7　柳之御所（1/4000）

10　折敷に描かれた寝殿造の模写
（図　川本重雄による）

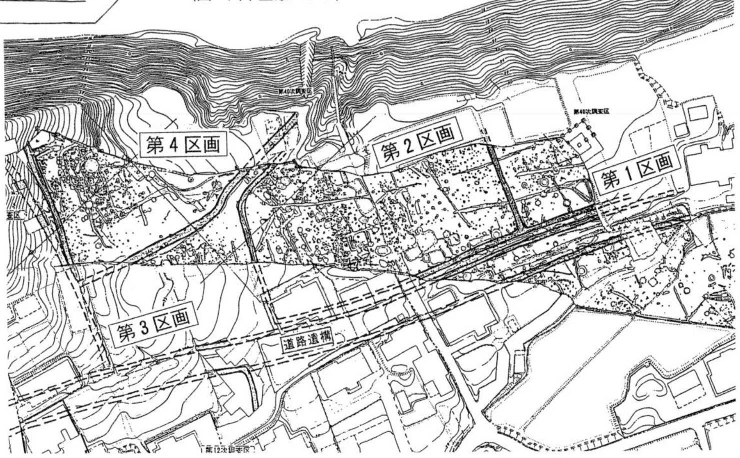

8　柳之御所　堀外部の道路跡と区画溝（1/2000）

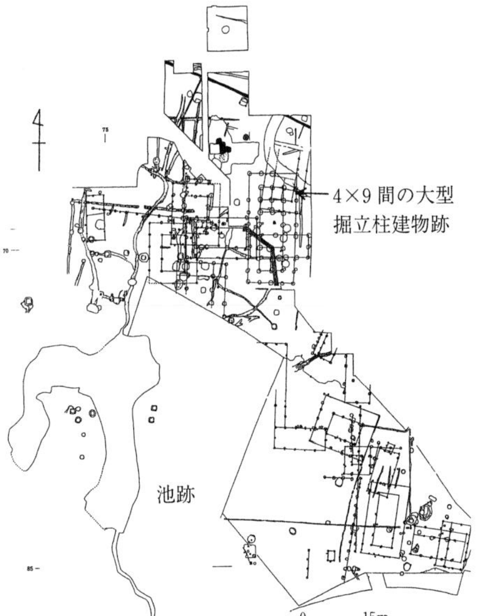

9　柳之御所　堀内部の中心建物跡と池跡（1/2000）

3）鎌倉——政治・軍事都市から経済・宗教都市へ

　鎌倉は三方を山に囲まれ南を海で限られた，せいぜい数平方kmの狭い海岸平野である．これまでの発掘調査では，10世紀後半の郡衙衰微以降12世紀後半に至る間の，明確な資料が把握できていない．また源氏三代の間の遺構・遺物は，鶴岡八幡宮より東方の谷内にのみ濃密で，鎌倉平野部の都市整備は北条氏政権下の13世紀中葉から確実になると考えられる．最盛は幕府滅亡直前の14世紀前葉で，新田義貞軍の兵火跡は明瞭ではない．都市の衰微は，遺物の上から15世紀中葉の鎌倉公方の逃亡の頃に求められそうである．

○＝寺院跡
△＝主な発掘地点

1　鎌倉研究の現状　鎌倉には多数の寺院跡があるが多くは未調査．発掘地点数は200を越えるが，面積的には都市のごく一部にすぎない．

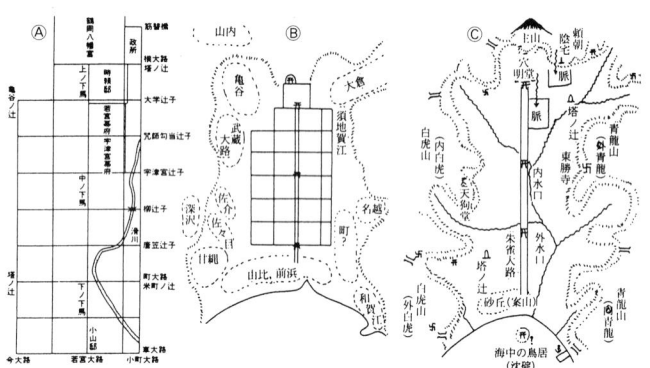

2　都市鎌倉の形を考える　Ⓐは若宮大路を軸に方五十丈の方眼地割を想定，Ⓑはその周囲に号（郷？）名の地域を配す地誌学的考え，Ⓒは陰陽道・風水思想をあてはめた見立て．いずれも考古学上の検出遺構を包括的にまとめきれない．都市の成立と変遷を，ひとつの理念で割り切ることは無理といえる．

3　市街中心部での検出遺構の方向性　道路・側溝，区画溝，建築遺構配列などの向きを概略示した．現在の道筋に沿うものが多く，条坊的でないことがわかる．

4　都市鎌倉の可住人口を計算する　可住面積を屋地一戸当り面積で割り，世帯人員を掛けてみた．鎌倉時代末期には5〜15万の人口を収容しうることになる．

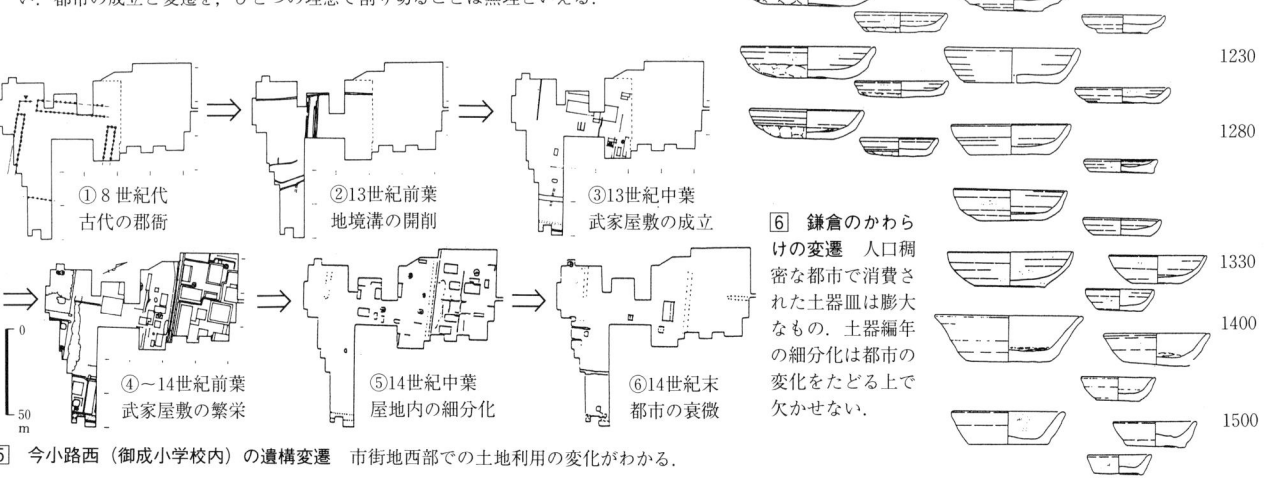

5　今小路西（御成小学校内）の遺構変遷　市街地西部での土地利用の変化がわかる．

①8世紀代 古代の郡衙
②13世紀前葉 地境溝の開削
③13世紀中葉 武家屋敷の成立
④〜14世紀前葉 武家屋敷の繁栄
⑤14世紀中葉 屋地内の細分化
⑥14世紀末 都市の衰微

6　鎌倉のかわらけの変遷　人口稠密な都市で消費された土器皿は膨大なもの．土器編年の細分化は都市の変化をたどる上で欠かせない．

1180
1230
1280
1330
1400
1500

7 都市鎌倉を構成する諸要素

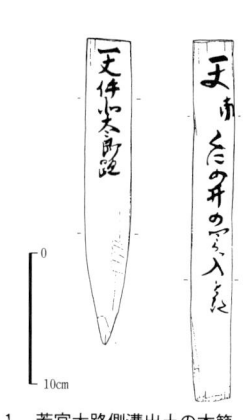

1 若宮大路側溝出土の木簡 大路は公道として維持管理され、側溝の改修は御家人らに課役されていたことがわかる。

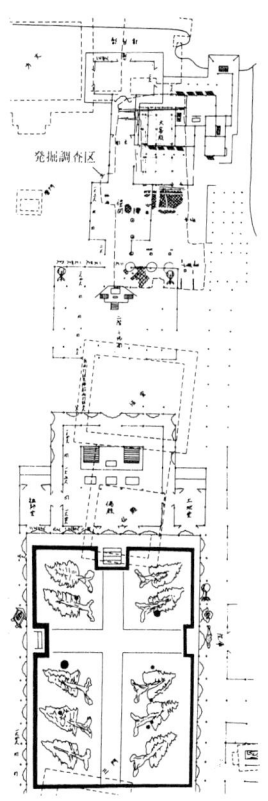

4 建長寺の元弘元年(1331)指図と遺構 鎌倉北方の山内には、鎌倉時代中期より北条氏発願の円覚、建長などの寺が成立する。その門前は鎌倉の町と連接して栄え、『一遍上人絵伝』にも描かれている。

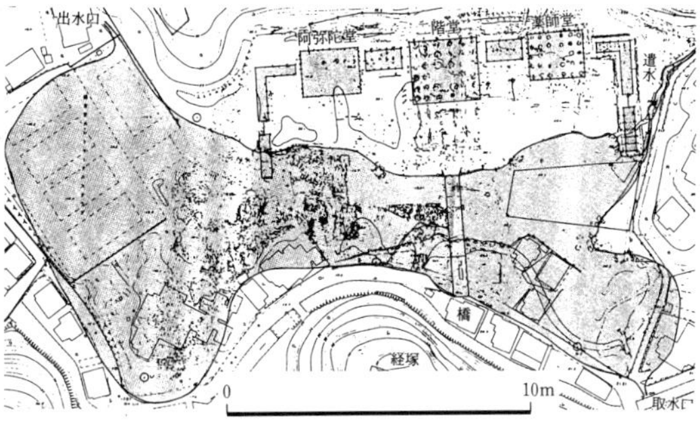

3 谷戸を占める大寺院、二階堂永福寺 浄土式庭園を前にして三堂が並び立ち、翼廊や橋をそなえる。源頼朝の建立後、鎌倉時代を通じて栄えるが、15世紀には衰微し廃絶する。

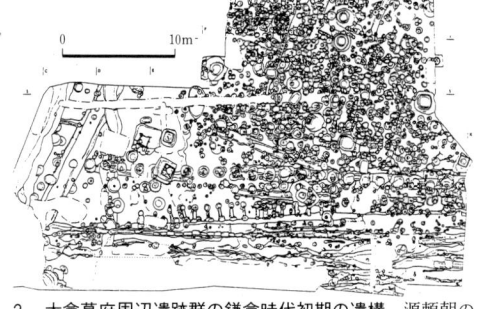

2 大倉幕府周辺遺跡群の鎌倉時代初期の遺構 源頼朝の大倉御所の東隣、12世紀末頃の遺構面。柱間寸法は7尺ほどの大型掘立柱建物が密集し、建て直しも多い。南側の二階堂大路沿いには築地が設けられていた。

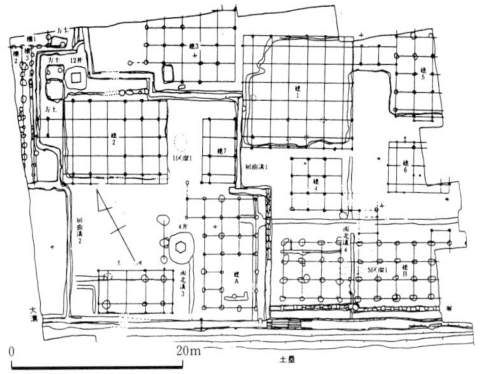

5 今小路西(御成小学校内)の高級武家屋敷 鎌倉時代末の武家屋敷の主屋は礎石建物となり、納殿、井戸、庭が伴う。

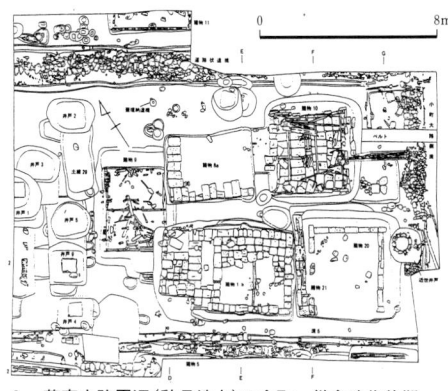

6 若宮大路周辺(秋月地点)の倉町 鎌倉時代後期には、市街地にも地下倉が密集する一角が成立し、切石を床や壁に貼ったものが目だつ。

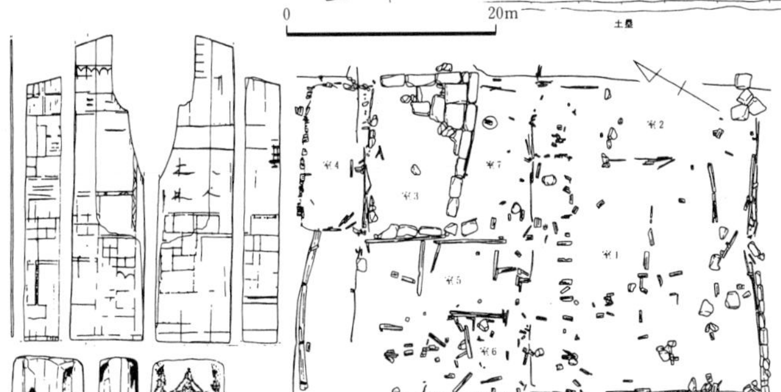

7 佐助ヶ谷の板壁建物 広い土地を占めた寺院や武家屋敷では、手工業者などを敷地内の一画に集住させたようだ。建物は板壁が上屋を支える粗末な作りで、周囲から工具類が多数出土した。

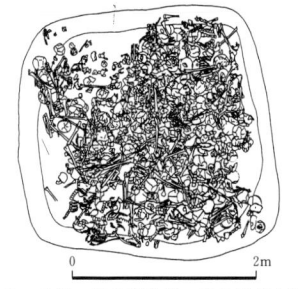

8 由比ヶ浜の葬地化 鎌倉時代末頃には、前浜は倉の集中と共に、庶民層の葬地となる。単体の埋葬よりも多数の遺体を納めた土壙が注目される。

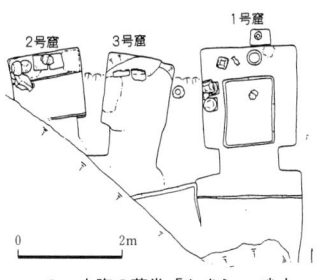

9 山腹の墓堂「やぐら」 武士・僧侶階層は横穴式の火葬納骨墓堂を山腹に穿つ。鎌倉時代末〜南北朝期に多く、都市の衰微と共に減少する。

政権都市

4) 多賀城——古代都市から中世都市へ

　陸奥国府多賀城跡にはその前面に方格地割が展開する．多賀城跡が作られる8世紀前半には南門から直進する南北大路のみ成立するが，8世紀後半から9世紀初には東西大路を始めとする道路が一斉に整備され，方格地割の都市が成立する．東西大路沿いの南・北の区画は国司を始めとする上級官人の館が展開し，9世紀から10世紀前半へ西から東へその中心が移動する．10世紀代には多賀城跡・方格地割がともに廃絶し，12世紀後半から14世紀には山王遺跡西側の新田遺跡で溝に囲まれた館が展開する．中世陸奥府中の在庁官人層の館である．11世紀は不明だが，西から東へ古代都市から中世府中都市が展開する．

8世紀後半～9世紀初
国分寺

9世紀前半
館前遺跡
祭祀
国分寺

10世紀前半
万燈会
国分寺
万燈会

12～15世紀
新田遺跡
旧七北田川

陸奥府中と聖地・霊地
東光寺
瑞巌寺
松島
多賀城跡
新田
洞ノ口
名取熊野三山

東西大路
西1道路
西2道路
南1道路
西ob道路
南2道路
辻の祓
D区
辻の祓
律令祭祀
山王 多賀前地区

館前
1 国司の館　館前遺跡では9世紀の国司館が，山王遺跡千刈田地区では10世紀前半の国司館が発見されている．後者では，大型建物跡や高級陶磁器が多数出土，「右大臣殿饌馬収文」の題籤軸が出土している．

SX543
SK161
東西大路
題籤軸
山王 千刈田地区

2 上級官人の館　山王遺跡多賀前地区では，多くの建物跡や遣水を伴う池が発見され，高級陶磁器も多数出土し，9世紀から10世紀前半の上級官人の館である．

「観音寺」＝陸奥国分寺
山王 東町浦地区

3 万燈会　山王遺跡東町浦地区では，東西大路の北側に約200個体の油煙の付着した土器が出土し，約2割に墨書がある．

溝
井戸
大溝推定ライン

新田
洞ノ口
利府街道
堀跡
土塁跡

4 中世の陸奥府中　12世紀後半には山王遺跡西の新田遺跡が成立し，14世紀中頃に一時廃絶するが，15世紀まで存続する．溝に囲まれた屋敷群で，大型の建物群や質の高い陶磁器が出土し，留守氏などの在庁官人層の屋敷群である．洞ノ口遺跡では16世紀を中心とする土塁と堀で囲まれた曲輪と，下層から鎌倉時代の建物跡・井戸・溝跡も調査されている．旧七北田川の自然堤防上を西から東へ陸奥府中域は展開する．

18　都市

5) 大宰府

7世紀後半に成立した大宰府は，8世紀に入って政庁の南側に朱雀大路を中心とした大規模な都市を形成する．平安時代後期に入るとそれを基盤として新たな区画が作られ，町並みは東西に大きく拡大される．中世に入ると随所で新たな区画が出現するとともに，平安期の区画も部分的に活用されていたようで，12世紀初頭に始められ今日まで続いている．太宰府天満宮の神幸祭で練り歩く「どんかん道」がその面影を伝えている．

中世の遺構は図に配置した井戸の分布状況からも分かるように，観世音寺から東側に集中して展開するようになり，安楽寺（現在の太宰府天満宮）までの範囲内は多くの人々が集住し賑わっていたようである．特に観世音寺東側の御所ノ内地区には，当時の権力者が在住したことを思わせる建物配置や出土遺物がみられるが，大宰府全体では手工業者を中心とした町が展開し，周囲には観世音寺及びその子院，原山無量寺，横岳崇福寺，安楽寺などの寺院があって，生産と宗教の町として古代とは大きく様変わりした都市が形成されたようである．

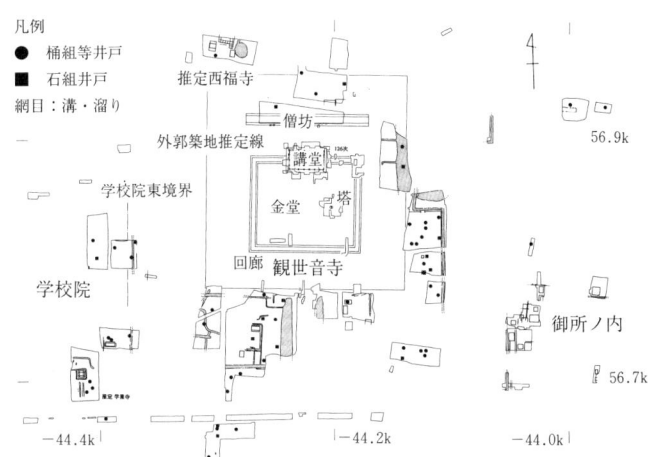

1 観世音寺と御所ノ内地区　観世音寺の南側と東側では，当初寺地であったと思われる空間にいくつかの区画が出現し，鋳造をはじめとする手工業者が集住するようになる．東側に隣接する御所ノ内地区では概ね南北方向に制約を受けた掘立柱建物や石敷の倉庫様建物が建ち並ぶが，井戸は検出されておらず生活空間とは異なった機能を考えておく必要があろう（13世紀～14世紀）．

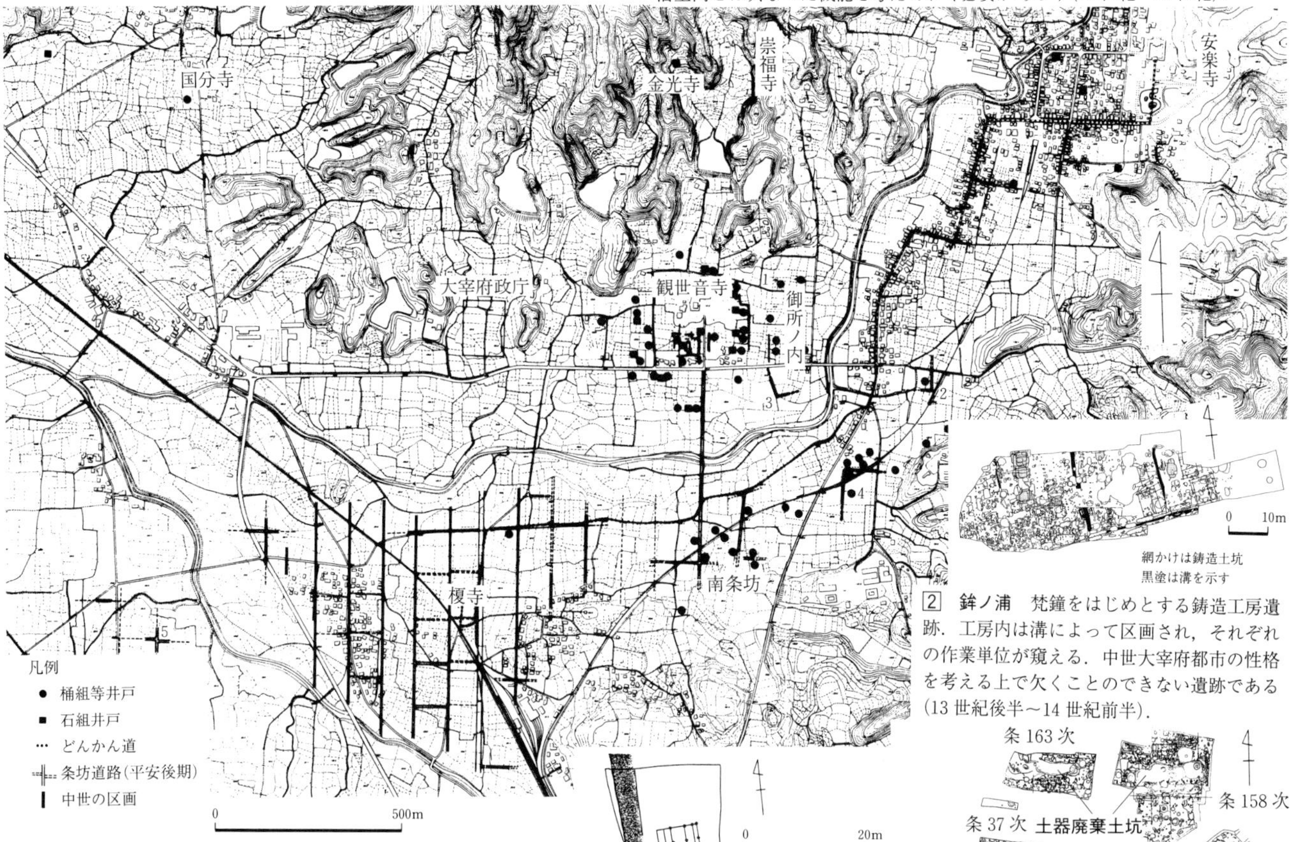

2 鉾ノ浦　梵鐘をはじめとする鋳造工房遺跡．工房内は溝によって区画され，それぞれの作業単位が窺える．中世大宰府都市の性格を考える上で欠くことのできない遺跡である（13世紀後半～14世紀前半）．

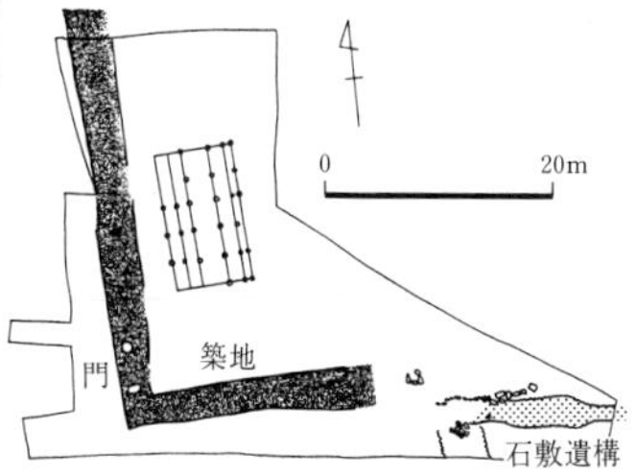

3 大宰府条坊跡　築地の角には礎石建ちの門があり，南側には石敷遺構（道路）がある．古代とは異なり遺構の主軸は大きく西に振っている（15世紀）．

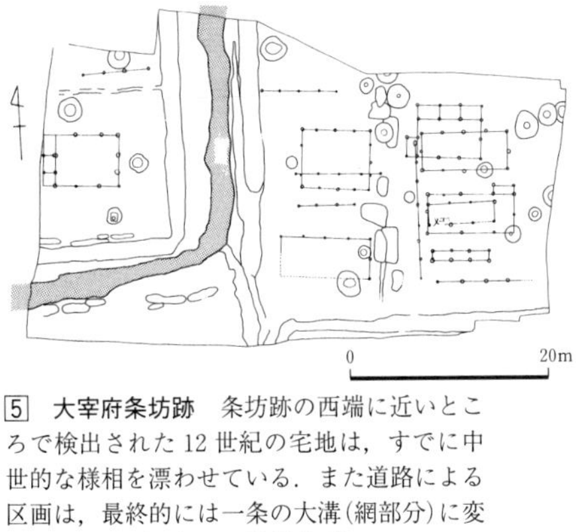

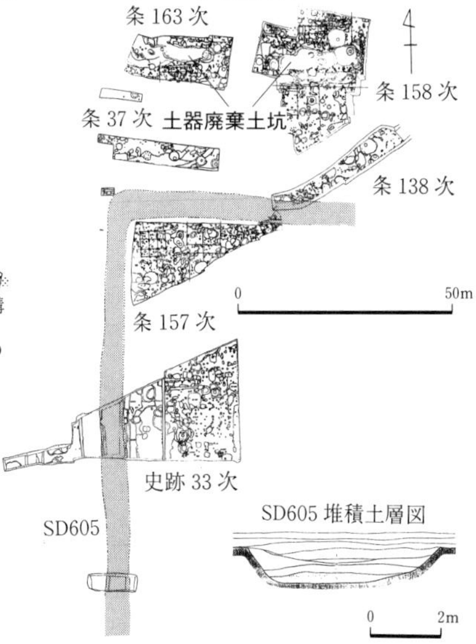

4 五条地区　大規模な濠を持つ居館とみられる．濠の内側には複数の建物が想定されるが，外側にも遺構が密集し多量の土器を廃棄した土坑が並ぶ（13～14世紀）．

5 大宰府条坊跡　条坊跡の西端に近いところで検出された12世紀の宅地は，すでに中世的な様相を漂わせている．また道路による区画は，最終的には一条の大溝（網部分）に変化する（11世紀末～12世紀中頃）．

2　城下町

一乗谷　文明3年(1471)朝倉氏7代孝景は越前国守護職補任となり，越前の実質的支配者となった頃に一乗谷の建設が開始され始め，天正元年(1573)織田信長による浅井・朝倉攻めの兵火により，灰燼に帰すまでの百余年間繁栄を極めた．越前平野から足羽川を遡って山間部に入った最初の谷間，南北約1.8kmの範囲に城下町が形成された．川側の入口を下城戸，谷の奥を上城戸として土塁と堀を構築して出入口を設けた．この中を「城戸の内」と称し，それを囲む両城戸と周囲の山稜を結んだ範囲を惣構えとした．さらに下城戸の外の阿波賀，中島，足羽川対岸の前波，上城戸の外の東新町，西新町，鹿俣などの町と稜線に囲まれた範囲までを一乗谷として捉えられている．

城戸の内ほぼ中央に，濠と土塁で区画された朝倉館・湯殿跡庭園・観音山など当主の公私に直接関わる施設と南に朝倉宗家の区域，犬の馬場・柳の馬場と呼ばれる館前面の公用の広場から成る中核部がある．前面には幅7.7~8mの谷を縦貫したり，一乗谷川の東西を結ぶ幹線道があり，それに直行する武家屋敷や寺院に通じる幅6m，5~5.5m，3mの道があり，計画的に街区を構成している．また幅3mの道が下城戸の矩折や山道にみられ，袋小路や武家屋敷の通路として幅1.5~2mの私的な道も存在する．この内赤淵・奥間野・吉野本地区は，町屋・武家屋敷・寺院などの性格や規模が類似した屋敷群が帯状に配置され，最も整然とした屋並を形成している．また館の対岸の河合殿・平井・斉藤地区では道に面して土塁と塀が続き，有力な内衆やそれに準じる武将などの大区画の武家地となっている．これらの屋敷は京間15間(約29.5m)を基本単位とした町割りを施行する．八地谷入口付近には有力国人クラスが，館から下城戸方面には同名衆と，城戸内の各地区ごとに，身分や階層，構成に準じた配置が採られていた．

また赤淵・奥間野・吉野本地区の幹線道に面して間口の小さな町屋が連続した景観を形成している．その地口は4.3~16.4mと幅があるが6~6.5m前後のものが全体の3割を占め最も多い．奥行きも6.5~13.5mほどで短冊形の地割りを呈する．建物は，礎石建てで間口が地口いっぱいに建ち，片側通り庭の土間に部屋が付き，裏庭には各々井戸や便所を有する．そこには坩堝や鞴の羽口，漆の入った椀，各種の秤，大甕を並べて埋めた遺構などがあり，生産に従事したり，それを販売した商人達の家屋と考えられる．一方城戸の外には，阿波賀・東郷・毘沙門では北国街道や日本海に繋がる要衝で物資の集散地としての市町が形成され，供養堂や墓場もあり，無縁・公界の地でもあった．

大坂　蓮如が明応5年(1496)東成郡生玉之庄内大坂に真宗の坊舎を建立し寺容を整えた石山本願寺は，天正8年(1580)織田信長の本願寺攻撃の際火災により炎上消失した．その上に天正11年(1583)豊臣秀吉により大坂築城と城下町建設が開始され，慶長19年(1614)大坂冬の陣と翌年の夏の陣による大坂落城まで35年間豊臣氏の居城として存続した．その間大坂城本丸・二の丸築城と上町から四天王寺に接する平野町間の城下町建設に加え，内裏や五山系寺院移転に伴う天満の開発が豊臣前期である．慶長元年(1596)の伏見大地震によりかなりの被害を受けその復興に着手し，慶長3年(1598)大坂城三の丸建設と大名屋敷の移転建設，船場の市街地開発，堀の開削が豊臣後期である．大坂夏の陣後徳川家康の孫松平忠明が新たな城主となって以後，三の丸の解放，平野町を村とし，市街地を縮小し町割りを再編し，その様相が大きく変化した．

豊臣前期には，府立大手前高校内で南北道とそれに地口を開く町屋跡がある．道は側溝を含めて幅2間(3.8m)と3間(5.7m)の規模で，それに接して地口幅は確定しないが奥行き約13間(24~25m)の短冊形の地割りが復元できる．隣地境には幅1間(1.8m)の小道があり排水用の水管を伴うものがある．道に面し建物内に竈が取り付く場合もあり，奥に井戸や塵穴が確認される．道の中には南北軸に揃わないものもあり，町割りが単純に碁盤目状でなかった可能性がある．ただ全体には上町筋を中心に南北の縦町と，大川に近い地区では東西を縦町とする町割りが施行された．そして北は大川，南は空堀，東は猫間川，西は東横堀川に囲まれた約2km四方の範囲に文禄3年(1594)と翌年大坂城の惣構えが築造された．東横堀川近くには町屋と異なる大きな建物群と柵，郭状の区画があり，砦跡と考えられ，同様なものが本町筋にも知られる．

豊臣後期のものに惣構え北西隅の大坂夏の陣で消失した武家屋敷がある．屋敷地は東西40m以上，南北50m以上の範囲で9棟の建物が検出された．これらは1棟を除き，礎石建てで一部土壁が残存し，竈を有する土間と床から構成されるもの，土間内に埋め甕を備えたもの，排水用の土管を敷いた土間と床からなるもの，炭化米が集中して出土するもの，礎石抜き取りから地鎮跡を伴うものがある．このことから屋敷は豊臣政権の奉行か有力大名クラスのものと考えられ，豊臣期の屋敷配置の特徴をみることができる．

[文献] 小野正敏 1997『戦国城下町の考古学』講談社．佐久間貴士編 1989『よみがえる中世2』平凡社．

(堀内明博)

1) 一乗谷

戦国大名朝倉氏の領国越前の首都．30年に及ぶ発掘で都市の全体像が解明され，町割や建物，生活道具などの良好な保存や年代の明確さなど，戦国城下町のモデルとなる．

1 一乗谷と領国

2 一乗谷の空間構造　朝倉館を核とする同心円構造をなす．土塁と堀で視覚的に結界する城戸の内は，1)館と馬場，近親屋敷の朝倉宗家の空間，2)武家屋敷と商人職人の町屋，3)寺院など，朝倉氏と主従関係をもつ集住者による「イエ」論理の空間であり，城戸の外は，都市の周縁として，美濃街道，三国湊に繋がる川湊，市場などを核とする流通拠点であり，また火葬場や人質，足利義秋など客分が住む，無縁公界の論理の空間である．それらを自然の稜線を利用した山城を中心とする防御施設が囲み込んでいる．広義には，この外側の衛星的集落も含んで一乗谷と認識された．

3 赤渕・奥間野・吉野本地区の町割　骨格の街路は，4間，3間と2間半，1間半の3ランクからなり，裏屋敷などへは1間以下の通路がこれをつなぐ．南北の大通り8に面して両側に町屋が軒を連ね，山裾には大きな寺院群が並ぶ．その間に武家屋敷や大工棟梁と推定する中間サイズの屋敷があり，道路を軸とする帯状構成をとる．道路8,9の表店と寺院2の間の網がけ部は，8軒で共同の井戸・便所を使う借家と推定される裏店である．職種のわかる町屋の分布や地名からは，同職同町集住はまだ未完成である．

4 字図　明治8年の地籍図そのままの畑や水田の地割，水路，字名，通称地名などが土地情報として残され，重要な資料となる．字境は幹線道路で区画された大街区を，大きな水田は大型武家屋敷の地割を踏襲していた．

5 西新町の町屋　上城戸の外では，幅1.2mの南北道路に面して，間口6～7mの各戸に井戸と便所をもつ町屋が並ぶ．

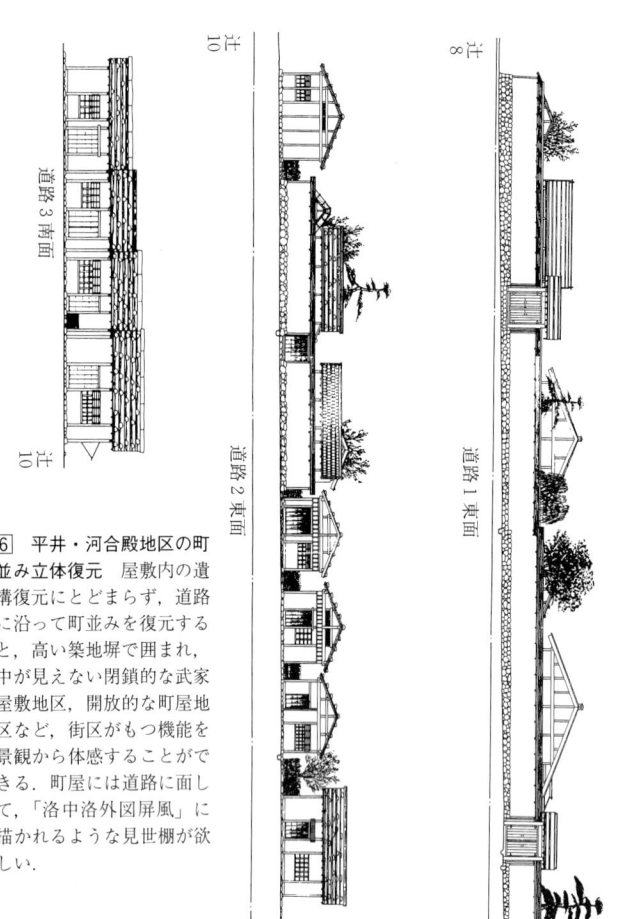

[6] 平井・河合殿地区の町並み立体復元　屋敷内の遺構復元にとどまらず，道路に沿って町並みを復元すると，高い築地塀で囲まれ，中が見えない閉鎖的な武家屋敷地区，開放的な町屋地区など，街区がもつ機能を景観から体感することができる．町屋には道路に面して，「洛中洛外図屏風」に描かれるような見世棚が欲しい．

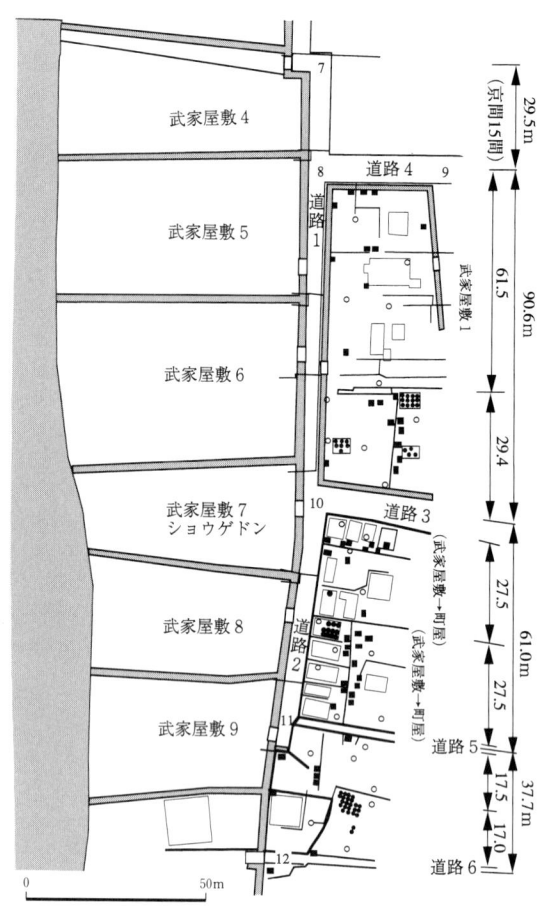

[7] 平井・河合殿の町割　谷地形で規制された折れ線状の南北道路を基準軸とし，土塁で区画する大型武家屋敷が並ぶ地区．10地点で軸の変換を吸収する．道路の辻から辻を京間（6尺5寸）15間を基準に設計する．道路3と5の間は，武家屋敷から町屋へ細分割され，町屋が背中合わせに並ぶ．

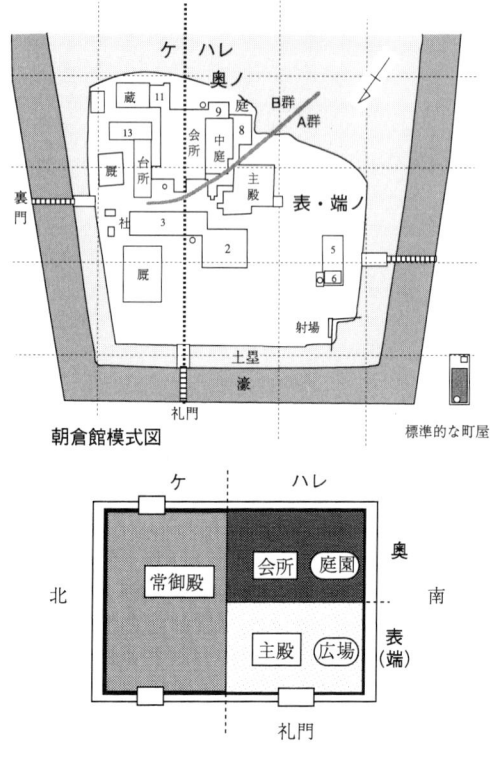

[8] 朝倉館の空間概念　将軍邸などをモデルとする規範に則る．西の表門を軸に南側がハレ，北側がケ空間となる．ハレは，主殿・広場からなる儀式空間の表と，会所・庭園を主とする連歌，花茶香などの遊芸の寄合などに使う奥に二分される．ケは，当主の日常空間である常御殿を主に，台所など日常的，裏方機能の空間である．

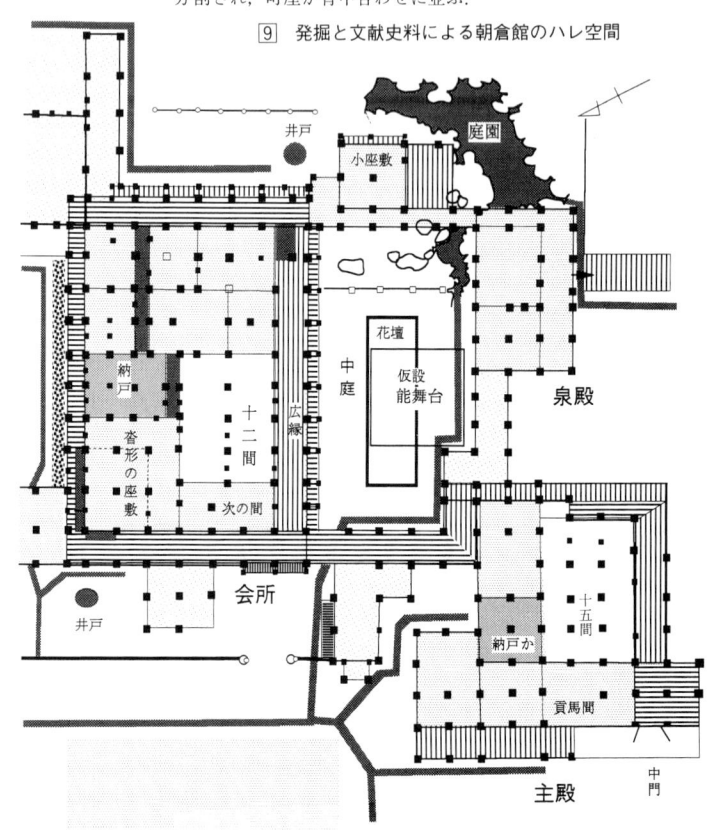

[9] 発掘と文献史料による朝倉館のハレ空間

22　都市

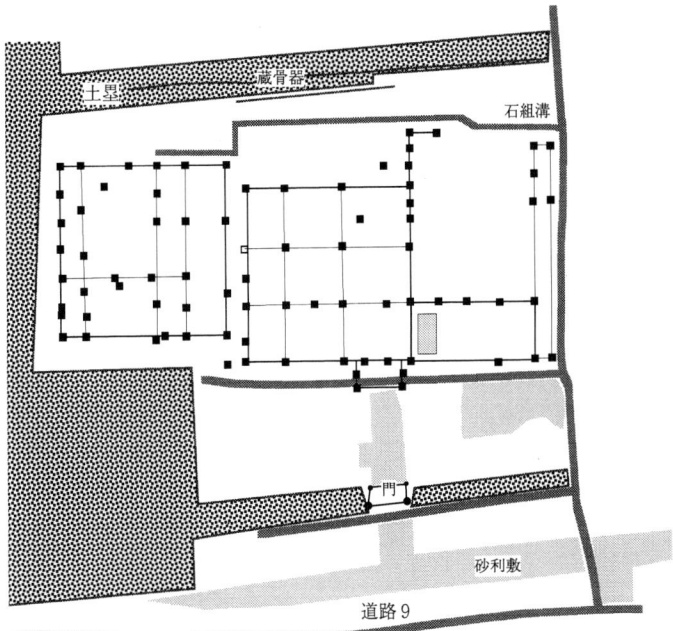
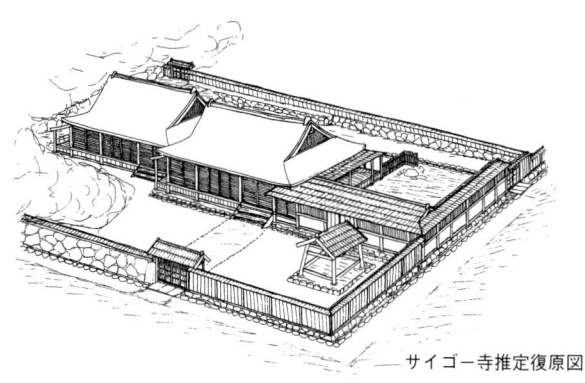

10 サイゴー寺 赤渕・奥間野地区の山裾に並ぶ寺院群のひとつで，水田の呼称と江戸期に描かれた絵図の書き込みにより寺名がわかる．南北を土塁で区画し，南側の枝道に門を開く，南北が約30mの基本地割りの寺院で，遺物から日蓮宗または法華宗と推定される．向拝をもつ本堂と庫裡，本堂に付属する廊状の建物からなる．北土塁の内面は階段状になっており，ここに石塔がならび，下層から数個の蔵骨器が発見されている．

11 町屋の間取り 道路に面した町屋は，溝で区画された短冊形地割りを基本とし，地口いっぱいに建物が建ち，裏庭をもつ例と持たない例がある．礎石建ちの建物内は，片側に土間が通り，裏への通路や台所となり，鋳物師や数珠師など職人の場合は，作業場を兼ねる．反対側に2,3部屋をもつ．井戸，便所は各戸毎に裏庭か屋内にもつ．

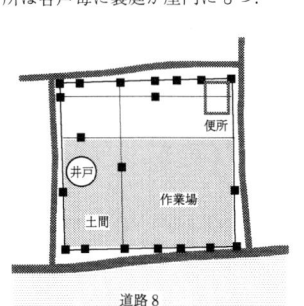
道路8
数珠師

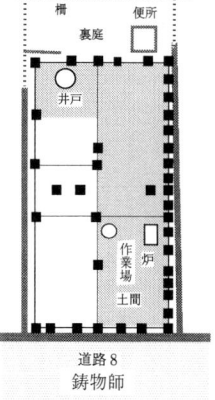
道路8
鋳物師

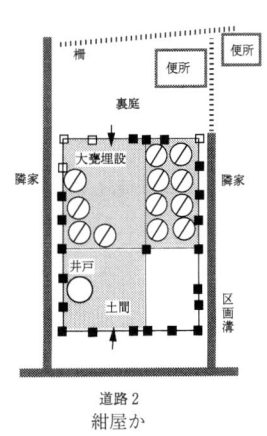
道路2
紺屋か

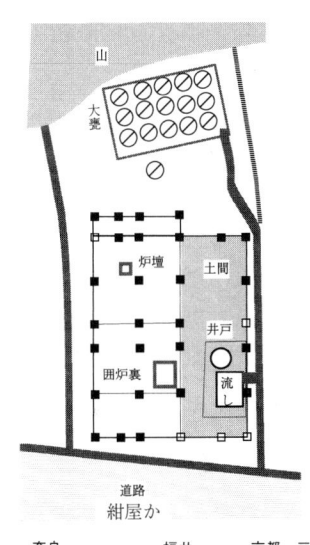
道路
紺屋か

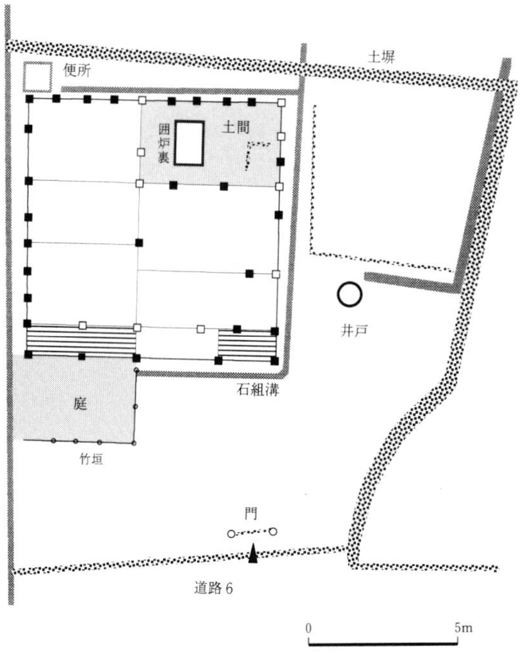

12 土塁を持たない屋敷 塀で囲まれた町屋と武家屋敷の中間ランクの屋敷．建物は1棟だが，簡単な門をもち，敷地に広い空間が残る．建物南西隅には，広縁に面して竹垣で囲んだ坪庭があり，接客空間をもつ．赤渕の同ランクからは墨壺が出土し，大工棟梁の屋敷と推定された．

13 町屋間口規模 一乗谷町屋間口は，6〜6.5m（京間3間相当）が約3割を占め，次いで5m（2.5間），9.5m（5間）である．尺換算で比較すると京都や奈良などの古くからの町では，20尺，25尺までで8割となり，零細な間口が多い．一乗谷では12尺以下はなく，住居には恵まれていた．これが城下町への誘因策ともいえる．

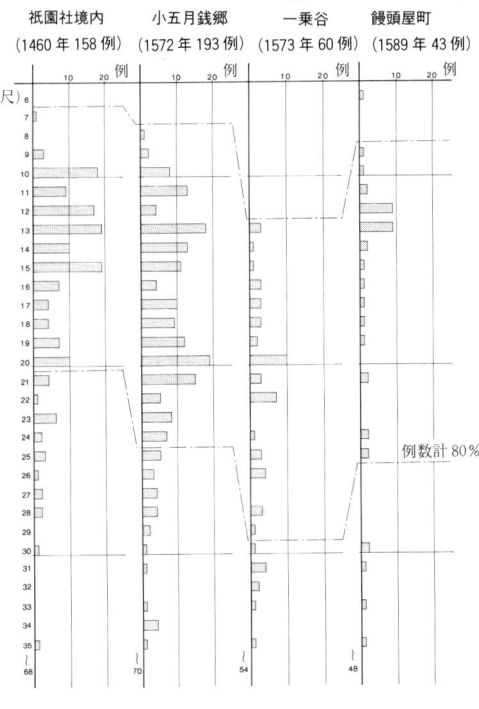

2) 大坂

大坂は大坂寺内(後に石山本願寺寺内と呼ばれた)に始まる．その場所は，現在の大阪城の場所が有力である．豊臣秀吉は，天正 11 年(1583) 寺内跡地に城と城下町の建設を開始．当初の城下町は城の西と南を中心に，北に天満，南に四天王寺まで続く平野町筋が作られた．城下町は南北通りをメインとした，南北に細長い町であった．文禄 3 年(1594) 中央部約 2 km 四方を囲む惣構を建設．慶長元年(1596) 大地震に見舞われたが，すぐに復興．慶長 3 年(1598)，城の西と南の町屋などを取り払い，三の丸を造り，城下町の西に船場を建設．船場は東西がメイン通りであった．この年を境に豊臣期を前期・後期と区分している．

大坂三郷 市街図 明暦元年(1655)

凡例：太線は豊臣期の大坂の範囲．

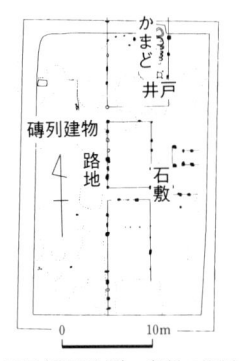

[1] 町屋(豊臣後期) 船場の町屋で，北が表．東西通りに面している．中央の三棟の建物と石敷きを挟んで土蔵がある．これが町屋敷の一単位と考えられる．西側の隣地境に路地が通っている．

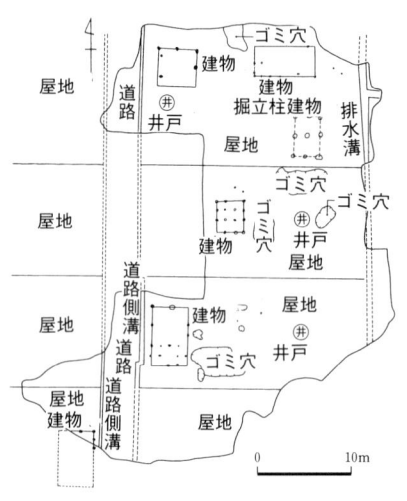

[2] 道と町屋(豊臣前期) 東横堀の西にある．板留側溝のある道の両側に短冊形の敷地が復元できる．敷地奥にも板留の排水溝がある．小規模な建物がまばらに建ち，大坂城下町では珍しい掘立柱建物もある．各屋敷には屋外に井戸がある．この一帯は惣構建設の時に取り壊された．

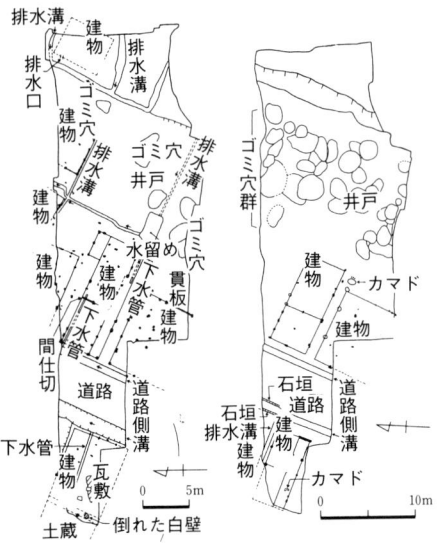

[3] 道と町屋(豊臣前期) 大坂城二の丸の西にあった町屋である．南北軸に対して斜めの道が発見された．道の両側に間口の狭い建物が軒を接して並んでいる．右図が初期の建物群で，慶長元年の大地震で火災にあっている．左図はその後すぐに復興された建物群だが，敷地の境が同じであることがわかる．

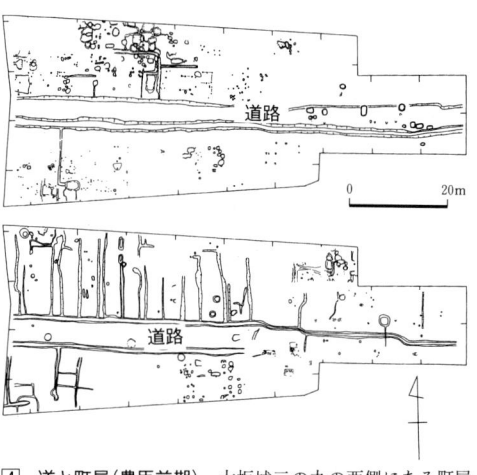

[4] 道と町屋(豊臣前期) 大坂城二の丸の西側にある町屋である．当初道の両側に礎石建ちの建物が並んでいる(上図)．建替え後は各敷地の境に排水溝が設けられ，狭い間口の町屋が密集して並んでいる区画と，やや大型の建物が確認される区画がある．当時は道の両側で一つの町を形成していたと思われるが，間口の広い敷地と狭い敷地が混在していたようである．

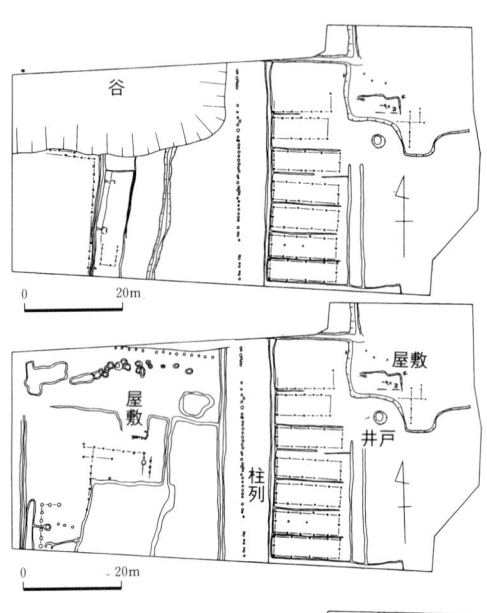

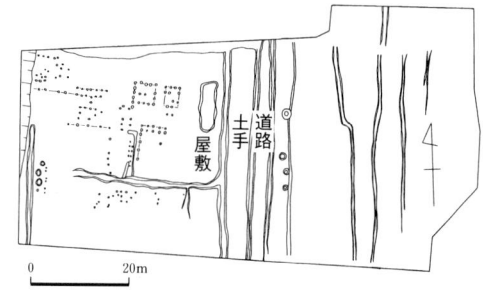

[5] 道と大名屋敷(豊臣前期) 大坂は上町台地から海に向かった傾斜地に造られた．台地にはいくつかの谷が入り込んでいた．二の丸の西側にも大きな谷があり，その谷際に大名屋敷が造られた．上図は谷がまだ埋められていない．中央に道があり，左に長屋が多数造られた．ここから佐竹と書かれた木簡と，家紋入り瓦が出土したことから，佐竹家の屋敷の一角であることが分かった．道の西には板塀と思われる柱列あり，別の屋敷地がある．谷はやがて埋められ(中図)，やがて柱列は土手にかわっていった(下図)．

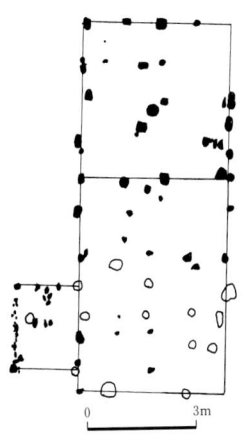

6 大坂寺内の町屋（石山本願寺期） 礎石と礎石の抜取穴（白抜きの穴）から二間どりの長方形の建物を，引用文献から復元した．報告書の復元とは異なる．北室は石が少なく，石臼があり，土間と考えられる．南室は礎石と抜取穴が多く，板敷と考えられる．張出しがあり，西に小石が並べられている．土間の入口と思われる．

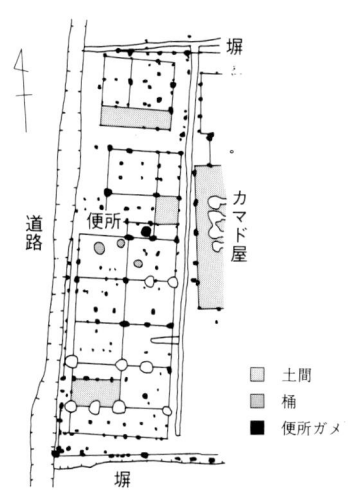

7 大屋敷（豊臣前期） 大川の南にあった大きな屋敷である．側溝のある南北道に面して，母屋（瓦葺き）と付属建物二棟があり，奥にかまど屋と付属建物がある．母屋の前と，南北の敷地境に板塀がある．武家屋敷か有力町人の屋敷である．

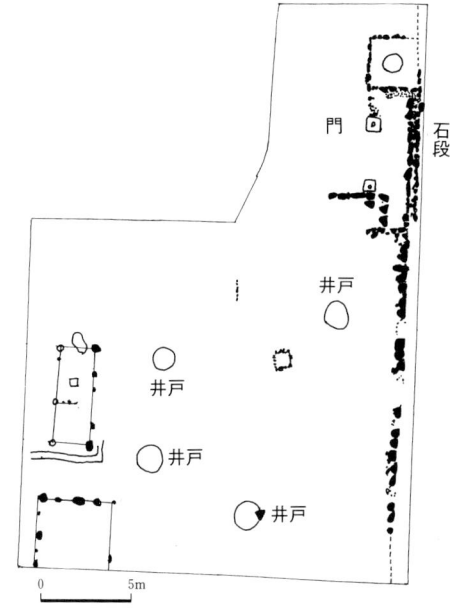

9 大名屋敷（豊臣後期） 惣構の内側で発見された大名屋敷である．南北通りに面して築地塀跡の石列と石段付の門跡が発見された．門柱は築地塀よりやや奥にあり，切石の大きな礎石が残っていた．屋敷内には，幾つかの井戸と小規模な建物があり，この門は脇門と考えられる．

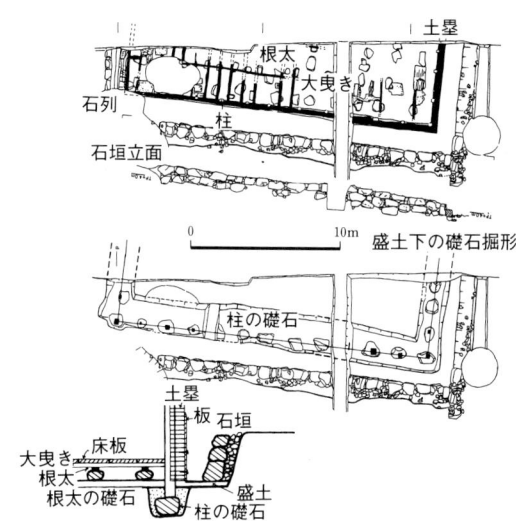

8 土蔵（豊臣前期） 上図が建物の床下の木材の残存状況を示す．下図は木材を取り去った後の柱穴の配列を示す．建物の周囲には，土留めの低い石垣がある．建物全体を支える礎石は溝掘りをしてその中に据え，その上に柱を建てて埋め戻す形式である．地上には床を支える礎石が並び，その上に平行する木材（根太）がよく残っていた．

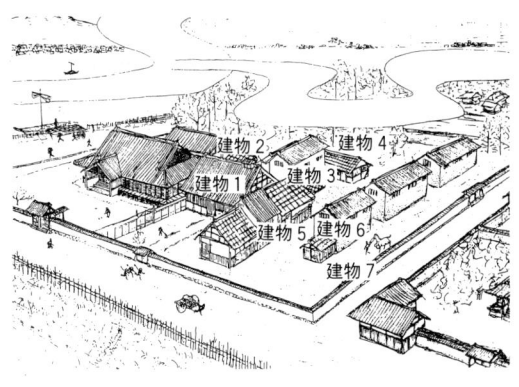

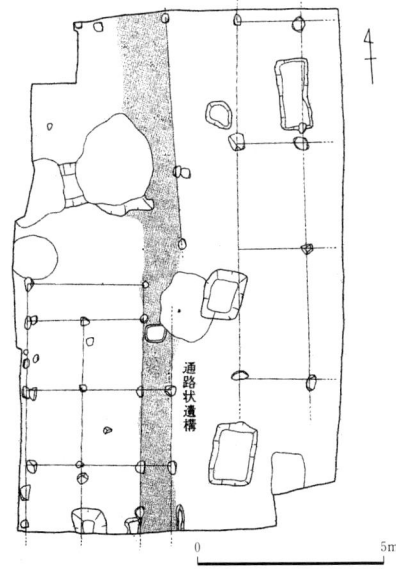

10 通り土間のある建物（豊臣後期） 船場の二つの屋敷地で南側が入口である．南北を長軸とした長方形の建物が2棟復元されている．西の敷地の建物は東西2間で東に庇が付いている．庇の部分から敷地の奥まで，地面に黄色粘土が細長く敷かれ，硬く締まっている．これは東西の表通りから敷地に入る通路を建物に取り込んだもので，通り土間となっている．このタイプの建物は豊臣期の大坂城下町で時々みられる．東の敷地は通路を境に約30cm高くなっており，敷地境に塀跡と思われる柱穴がある．

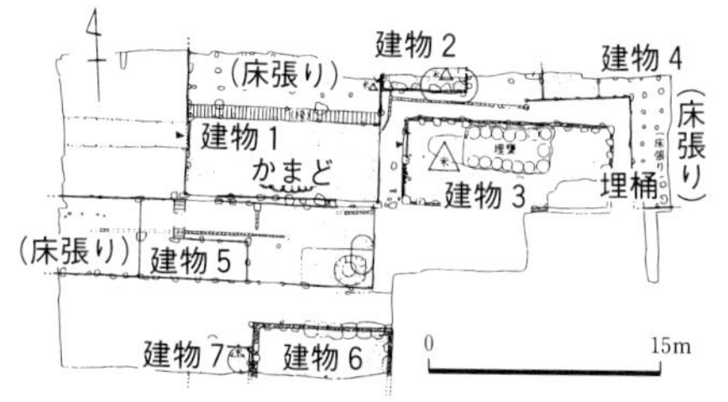

11 大名屋敷（豊臣後期） 高麗橋の東橋詰で発見された大名屋敷で，西に東横堀川がある．北側が表で母屋があり，南側が奥にあたる．図では奥の建物配置を示した．多数のかまどが付いた床張りの大型建物1と付属建物2・4・5がある．いずれも礎石が大きく，多量の瓦が出土したことから，瓦葺き建物と推定されている．建物5は床下から丸瓦を利用した排水管が発見されている．建物3・6は四周に礎石が並ぶ瓦葺きの土蔵である．土蔵3の中には多数の埋甕が並べられて，床からは焼けた米が発見された．この屋敷は大坂夏の陣で焼失した．

城下町 25

3 港湾都市

博多 天正14年(1586)薩摩島津が筑前侵攻の際博多を焼き討ちで廃墟となり,翌年島津討伐で九州を平定した豊臣秀吉が新たに町割りを施行した結果,かつての痕跡をとどめなかった.1977年以降の調査成果の蓄積により,その姿は聖福寺・承天寺・櫛田神社などの神社仏閣を中核として,周囲に町屋が形成される複合体を形成していたと考えられた.しかし近年地割りの統一性に対し疑問視されたり,町屋の成立が神社仏閣より早い場合があり,必ずしもそれを契機として町屋群が整備されたのではないと指摘され,その成立過程や変遷が複雑であると推測される.

福岡県博多は,湾岸に形成された3つの大きな砂丘群から成り,内陸側と中央部は連結するが,海岸部は川で分断され繋がっていなかった.8世紀頃内陸側と中央部間のくびれた東南に官衙関連施設が設置され,13世紀頃までその周辺に官衙に規制された溝や建物が出現し区域を形成して14世紀前半頃廃絶する.その間12世紀後半に方位の異なる溝が約450mに渡って砂丘間を横断して開削され,13世紀末頃それに重複して基幹道路が設置され,軸線が設定される.そして14世紀初頭にはこれに平行並びに直行する道路が施設され,街区が形成されていく.内陸側でも基幹道路の延長や支線が設置され,博多の広範囲に街路が敷設されるが統一性はなく,各砂丘ごとの地形に制約され方位も異なり,交差も明瞭に直行していない.道幅は3.5~5.4mと小規模で,聖福寺前面の道路と櫛田神社に向かう道路間では不揃いながらも,長軸160~176m,短軸65~80mと歪な長方形街区が並列する.当地は11世紀後半から13世紀前半の遺構・遺物の量が極めて多く,屋敷毎に井戸の作り替えも著しく,高密度な様相を呈していた.その上屋敷墓のような土坑墓・木棺墓が認められることも特徴的である.13世紀以降になると井戸の数が減少して共同井戸的な性格を有するようになり,町屋の性格に変化が伺える.そして新街区が形成される14世紀前半には路地などがみられ街区幅の半分を奥行きとした町屋が建始め,15世紀以降密集して,短冊形地割りのような状況が創出される.それまで井戸の位置が道路に対し法則性がなく無秩序な状況を呈していたのが,道沿いのものがなくなり,宅地奥だけに立地するようになる.ただ街区幅の半分が屋敷地の奥とどの場合も意識されたのではなく,モザイク状の区画もあり,一様ではなく雑然とした状況が考えられる.しかも街区内の地割り規模は間口1間から様々な規模のものが建ち並んでいたことから,大商人から零細商人・職人が混住していた町と考えられる.そのような状況に大きな変化を迎えたのが秀吉による地割り施行であった.

堺 摂津・和泉・河内の国境で,紀州街道と竹内街道が交差する所に,13世紀中頃河内丹南鋳物師惣官広階家に統率された右方灯篭供御人の交易や堺浦の春日神人の存在などにより「堺津」が形成されていった.応永の乱(1399)後,室町幕府は管領細川氏の一族を守護職に任じ,和泉国守護所の設置により「堺津」は権力機構との結束が強まり,集積港の機能が強化される.この頃竹内街道を挟んで南北二分され,北庄に菅原神社と神宮寺としての常楽寺が,南庄に開口神社と神宮寺としての念仏寺と住吉神社の神幸所である宿院が各々核として町並みが形成されていった.文明元年(1469)遣明船入港以降一層経済的機能が増加し,織田信長の脅威が強まる永禄期頃(1558~1570)惣構えの構築で,防御機能が飛躍的に増強された.それが天正14年(1586)豊臣秀吉により環濠が縮小され,慶長20年(1615)大阪夏の陣前夜の焼き討ちにより壊滅した.元和元年(1615)新たな地割り施行により,町が一変する.

14世紀後半から遺構が顕著となり,自然地形である砂堆と同じ方位の幹線道が出現し,それに面して小規模な礎石建物が建てられ始め,裏地は自然地形のままであった.15世紀中頃~後半に幹線道から裏地へ通じる路地が営まれ,これに接して裏長屋のような小規模な礎石建物があり,共同の井戸と便所を備えていた.裏地の開発に伴い盛土や整地が行われ,15世紀後半~16世紀前半には3~5mほどの長方形の掘形の壁際に30cmほどの方形の磚を3段ほどに縦に積んだ後整地をして土間を作り,礎石を敷き並べた磚列建物がみられる.これは物資貯蔵用の蔵と考えられ,裏借家があった裏地に建設される場合が多い.また周辺部の道際に埋め甕と木枠で作った便所を配した礎石建物が見られ,間口幅が小さく連続した長屋的な形態をとる.このような建物出現の背景として,遣明船の発着港となった堺が以前よりも増して商業活動が活発となり,それまで裏地に形成された「裏借家」の居住者達が磚列建物の出現で移住を余儀なくされ,周辺で新たに開発された町に移住したためと考えられている.そこは借家人と都市に流入する職能民などの居住域として機能分化がなされた結果であろう.一方移住した跡地の裏借家を取り除き,磚列建物を建設,保有する上層町衆の誕生を見,商工民の階層格差を促進する結果となり,新たな景観を形成した.

[文献] 中世都市研究会編1994『中世都市研究1』新人物往来社.中世都市研究会編1997『中世都市研究4』新人物往来社.
(堀内明博)

1) 博多

「博多」は，古代の対外貿易の窓口であった大宰府鴻臚館が，律令体制の崩壊とともに維持されなくなった後，鴻臚館とは入海を隔てて東に位置する砂丘上に中国人商人(宋商＝博多綱首)が住みつくことによって成立した国際貿易都市である．

1 中世都市「博多」の成立　遺跡としての起源は弥生時代にさかのぼるが，都市としての遺構は，11世紀後半，内陸側の数列の砂丘からなる博多浜に始まる．12世紀初めには海側の「沖浜」砂丘との間を埋め立て，早くも都市域は拡大していく．不良品や火災にあった輸入陶磁器を大量に廃棄した土坑が見つかっており，荷揚げされた商品が蓄えられていたことが知れる．これら輸入陶磁器に限らず，11世紀末には見られるようになる結い桶など，宋商がもたらした遺産は数多く出土する．13世紀後半，中国の元の襲来を受け，博多湾岸には防衛のための石塁(元寇防塁)が築かれた．同時に博多綱首の時代も終わりをつげる．

博多と鴻臚館・大宰府

第68次調査 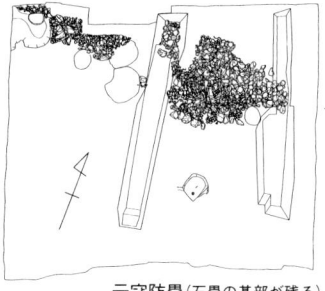
元寇防塁(石塁の基部が残る)

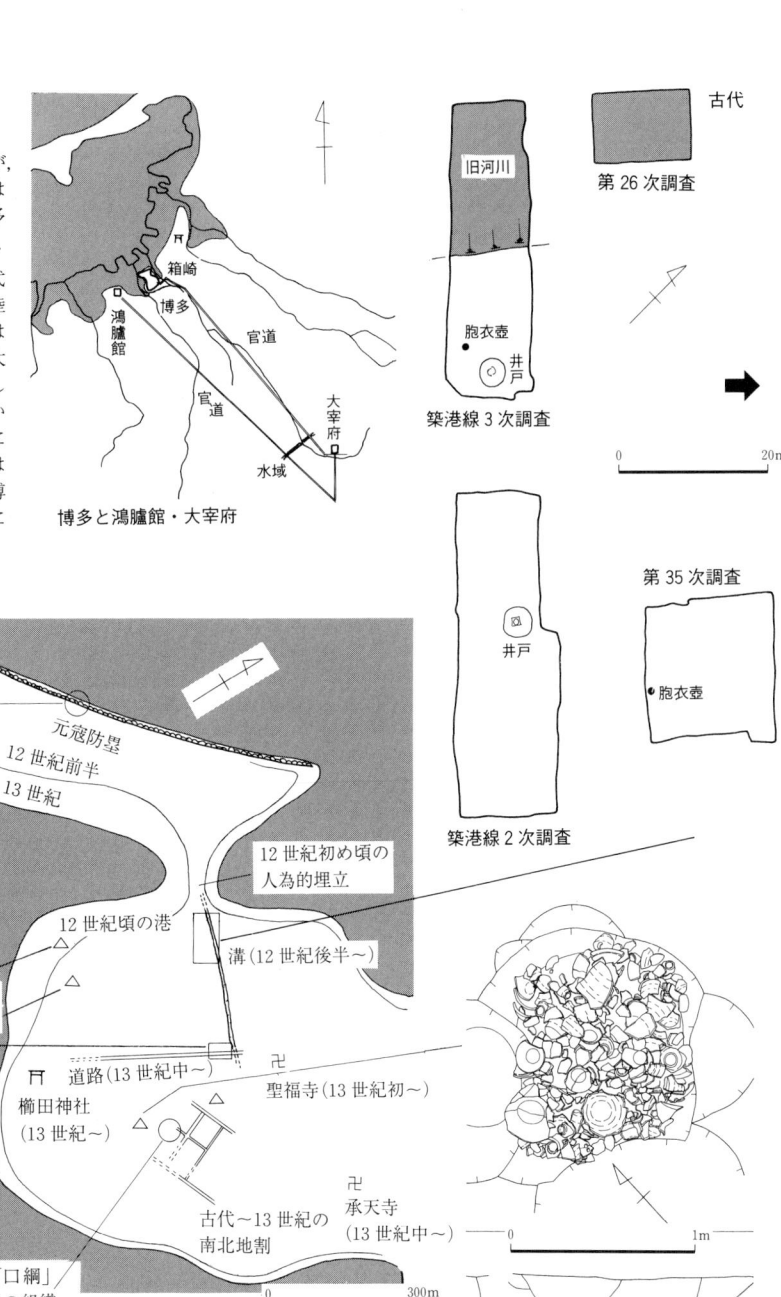

第62次調査 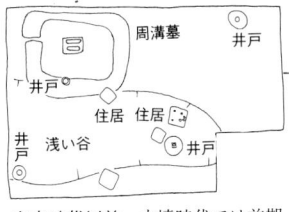
奈良時代以前　古墳時代では前期の方形周溝墓・甕棺，奈良時代では竪穴住居址・井戸等を調査した．

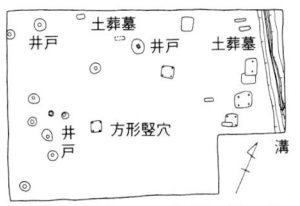

11世紀後半～13世紀　溝・井戸・方形竪穴遺構，多数の柱穴の他，土葬墓なども見られる．

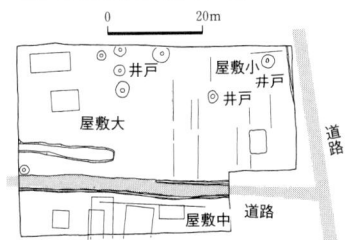

14世紀頃　交差する道路が出土．これに面して，大・中・小の屋敷地が配される．

築港線3次調査

第26次調査

築港線2次調査

第35次調査

元寇防塁　12世紀前半　13世紀　12世紀初め頃の人為的埋立　12世紀頃の港　溝(12世紀後半～)　輸入陶磁器大量廃棄遺構　道路(13世紀中～)　聖福寺(13世紀初～)　櫛田神社(13世紀～)　古代～13世紀の南北地割　承天寺(13世紀中～)

墨書陶磁器　「口綱」は商品の発注元の組織を示す．

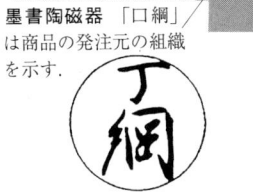

「丁綱」は第4次調査地点付近に集中する．

この他，周・劉・王・陳・張など多数の姓が見られる．

一括廃棄土坑出土の墨書．

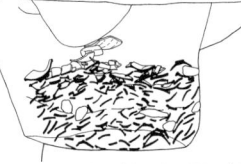

12世紀前半の輸入陶磁器一括廃棄土坑　火災に遭った商品を，一辺100cm，深さ50cm程度の箱に入れて捨てたもの．

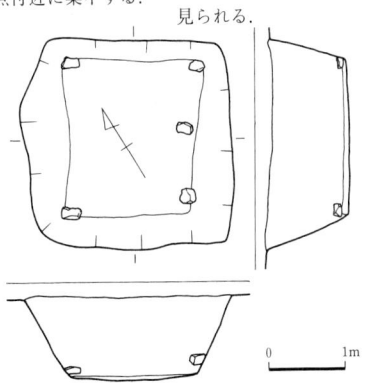

方形竪穴遺構　半地下式の倉庫か．11世紀後半から見られるようになる．

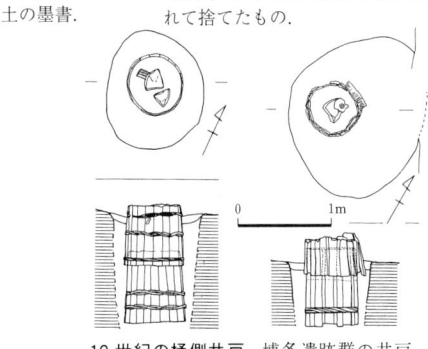

12世紀の桶側井戸　博多遺跡群の井戸は，中世の全期間を通じて例外なく井戸側に結い桶を用いている．

港湾都市

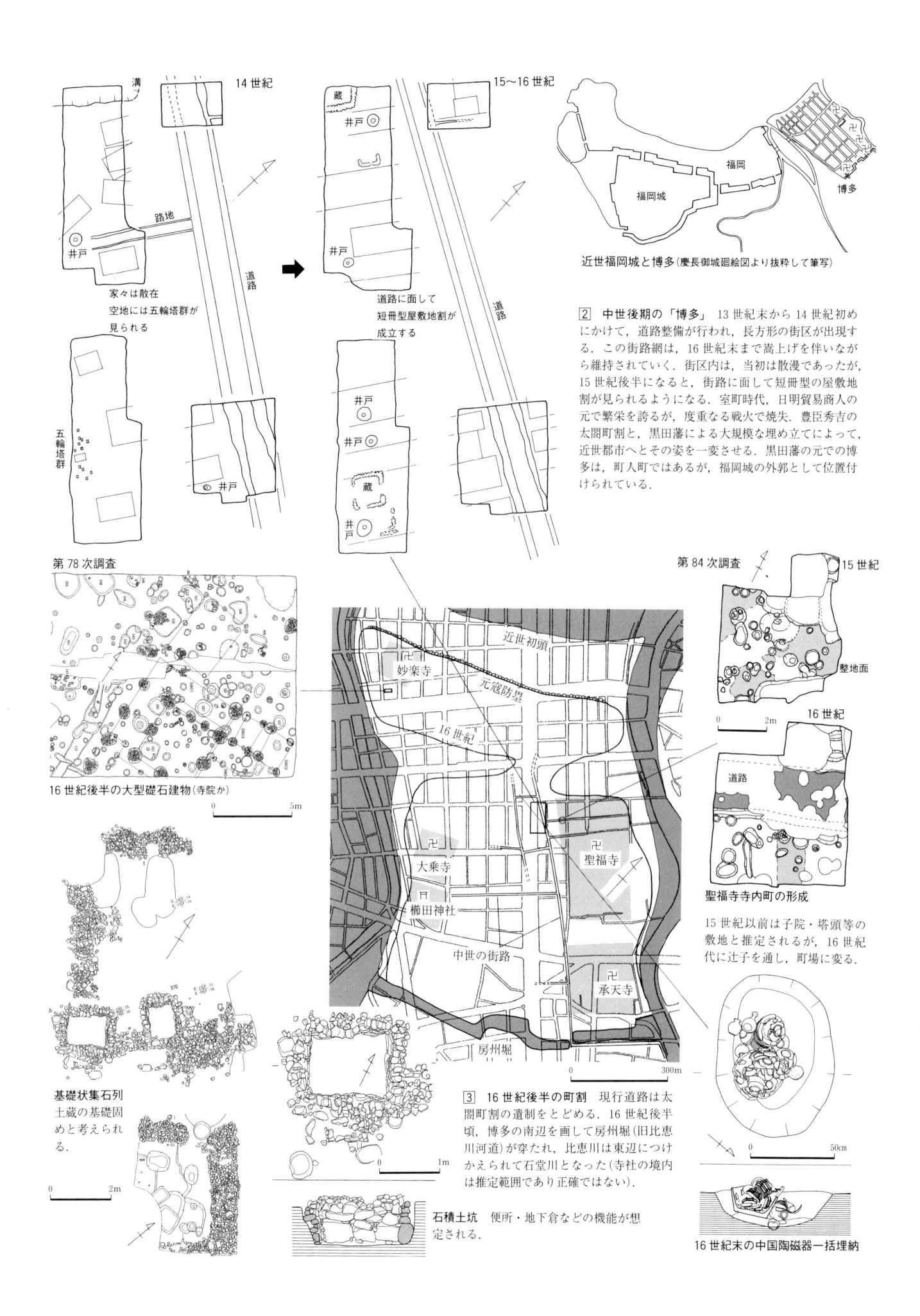

14世紀 → 15〜16世紀

溝　蔵
井戸　井戸
路地
井戸
家々は散在　道路に面して
空地には五輪塔群が　短冊型屋敷地割が
見られる　成立する

井戸
井戸
蔵
五輪塔群　井戸
道路

近世福岡城と博多（慶長御城廻絵図より抜粋して筆写）
福岡城　福岡　博多

② 中世後期の「博多」 13世紀末から14世紀初めにかけて，道路整備が行われ，長方形の街区が出現する．この街路網は，16世紀末まで嵩上げを伴いながら維持されていく．街区内は，当初は散漫であったが，15世紀後半になると，街路に面して短冊型の屋敷地割が見られるようになる．室町時代，日明貿易商人の元で繁栄を誇るが，度重なる戦火で焼失．豊臣秀吉の太閤町割と，黒田藩による大規模な埋め立てによって，近世都市へとその姿を一変させる．黒田藩の元での博多は，町人町ではあるが，福岡城の外郭として位置付けられている．

第78次調査
16世紀後半の大型礎石建物（寺院か）

第84次調査　15世紀
整地面

16世紀
道路

聖福寺寺内町の形成

15世紀以前は子院・塔頭等の敷地と推定されるが，16世紀代に辻子を通し，町場に変る．

基礎状集石列
土蔵の基礎固めと考えられる．

妙楽寺　近世初頭
元寇防塁
16世紀
大乗寺　聖福寺
櫛田神社
中世の街路
承天寺
房州堀

③ 16世紀後半の町割　現行道路は太閤町割の遺制をとどめる．16世紀後半頃，博多の南辺を画して房州堀（旧比恵川河道）が穿たれ，比恵川は東辺につけかえられて石堂川となった（寺社の境内は推定範囲であり正確ではない）．

石積土坑　便所・地下倉などの機能が想定される．

16世紀末の中国陶磁器一括埋納

28　都市

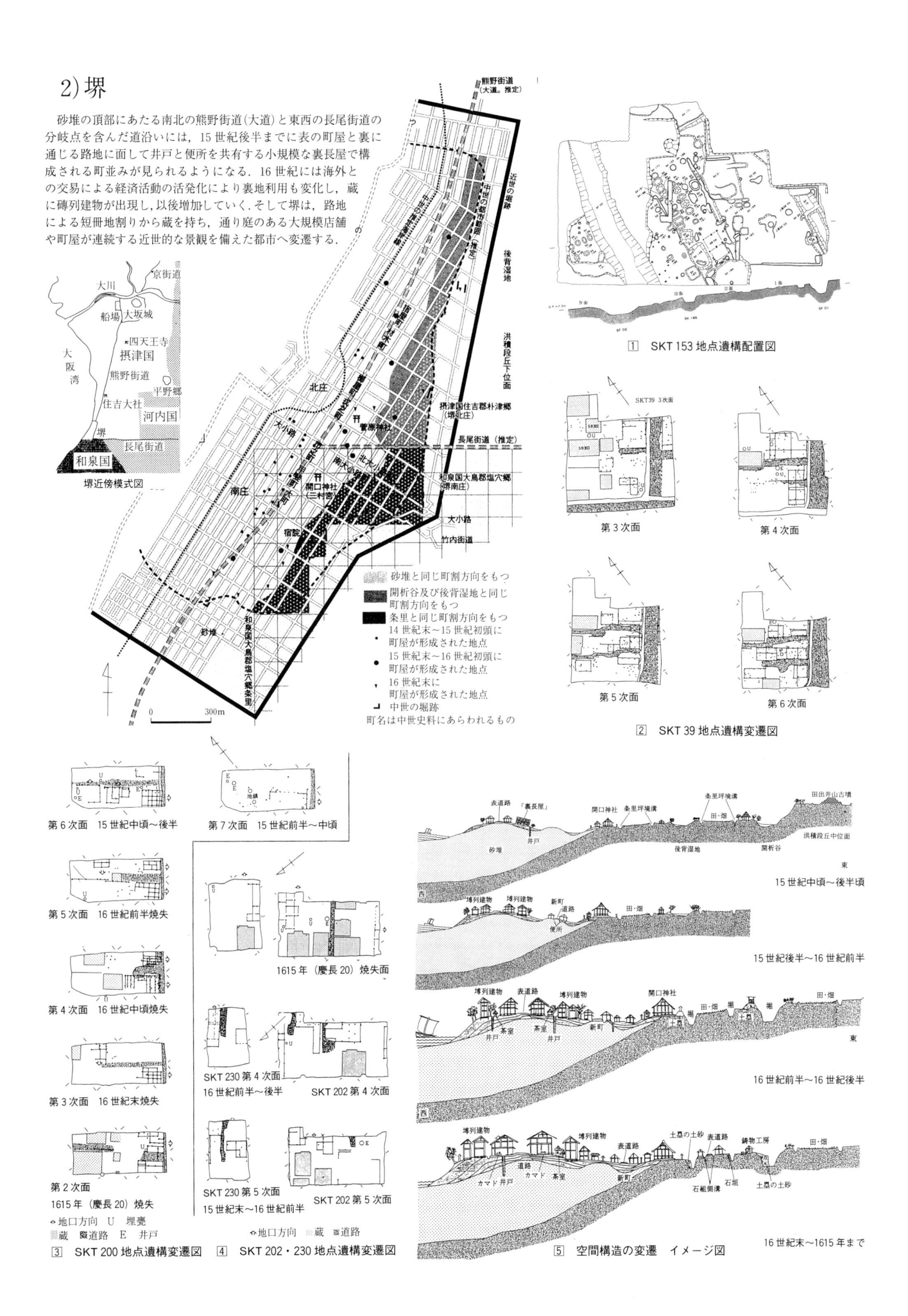

2) 堺

　砂堆の頂部にあたる南北の熊野街道(大道)と東西の長尾街道の分岐点を含んだ道沿いには，15世紀後半までに表の町屋と裏に通じる路地に面して井戸と便所を共有する小規模な裏長屋で構成される町並みが見られるようになる．16世紀には海外との交易による経済活動の活発化により裏地利用も変化し，蔵に礎列建物が出現し，以後増加していく．そして堺は，路地による短冊地割りから蔵を持ち，通り庭のある大規模店舗や町屋が連続する近世的な景観を備えた都市へ変遷する．

① SKT153地点遺構配置図

② SKT39地点遺構変遷図

③ SKT200地点遺構変遷図

④ SKT202・230地点遺構変遷図

⑤ 空間構造の変遷 イメージ図

港湾都市　29

4 宗教都市

寺院を中核とした地割り 京都府平等院周辺　永承7年(1052)藤原頼道は宇治別業を寺とし平等院と号してより，没する(1074)まで法華堂，多宝塔，五大堂，不動堂，経蔵，宝蔵，鐘楼，僧坊などを相次いで建立した．この時宇治橋や平等院西限の南北道と東西道が同時に整備される．周辺には池殿，泉殿，冨家殿，小川殿，小松殿，西殿などの藤原摂関家の別業も造営された．平等院を中心にその西一帯には一辺100m前後の方形地割り群があり，方形区画の延長では道跡も発見され，これらの敷地ごとに各種の別業があったことが知られる．

京都府嵯峨亀山殿近辺屋敷　嵯峨亀山の山麓を西に，南を桂川，東を瀬戸川，北を檀林寺道に画された地域の指図である．そこには亀山の麓に亀山殿，北殿御所，淨金剛院の中核施設が南北に接して建ち並び，東端に接して幅の広い南北の惣門前路があって区画し，その一筋東に南北の主要な朱雀大路が走る．その間に芹川殿，各種の宿所，西禅寺の中核に付属する施設が分布する．更に朱雀大路と外縁の瀬戸川の間には萱殿，宿所，土蔵，武家人地，川端殿御所があり，亀山殿を中心とした3郭から成る同心円構造の街区構成となり，武士のイエと類似する都市形態を呈する．

静岡県御所之内遺跡群　狩野川沿いの独立丘陵の裾に北条時政が建立した願成就院や北条氏の館，北条高時の母による円成寺，室町時代の堀越御所が一辺126m(60間)の方形区画毎に分布し，区画は12認められる．円成寺遺跡は，北条氏の初期の屋敷と考えられ，軸線が御所之内遺跡と方位が違い，成立年代が異なると考えられる．願成就院は山麓の東に立地し，全体に寺院と館，関連施設が街区の東端を限る旧下田街道に接してブロックを形成し，それに繋がる東西道の西端に円成寺遺跡がある．

京都府山科本願寺　宇治郡山科郷内野村に蓮如が文明10年(1478)本願寺を再建し，寝殿と庭の造営にかかり，その後御影堂，寝殿大門，阿弥陀堂などの堂宇を建立し，文明14年に坊舎や土塁・堀が作られほぼ威容が整備された．そして天文元年(1532)近江守護六角定頼と日蓮宗徒の攻撃で炎上した．その形態については光照寺蔵「野村本願寺古屋敷之図」や西宗寺蔵図により伺える．調査により土塁規模は幅15m，残存高6m，堀の幅約12m，深さ3.7mにも及ぶ巨大な施設で，その縄張りは土塁が発達した反面，虎口の発達は大きく抑制されているが慶長・元和段階の城郭の輪郭式プランに匹敵する寺内であった．

根来寺　平安時代後期覚鑁上人により開創され，正応元年(1288)高野山大伝法院方の諸寺が当地に移籍されて以降，伽藍整備が進み急速に発展した．そして15〜16世紀最盛期には勢力圏は泉南にも及んだが，天正13年(1585)豊臣秀吉による焼き討ちで灰燼に帰した．和歌山県根来寺伽藍古絵図などによると，東西・南北約2kmの範囲に三条の谷川で区画された範囲に円明寺，豊福寺，伝法院，密厳院の大伽藍が主要な核となり，脇に堂や神社も点在し，周囲に450を越える坊院が稠密に分布する．これらは大門から延びる東西道を基幹とし各大伽藍に至る南北道で大区画を構成し，更にそれに接続する支道で不整形な小区画を形成している．その多くは石垣で敷地を区画し，特に蓮華川東では斜面を切り谷を造成し，高石垣を築いて敷地を拡充し，幅2mの石組み溝を伴う道が確認された．また北側谷筋では山裾を切り開き敷地を段状に造成して奥まで坊を設置する．盆地内と谷地は敷地の間口だけでなく，建物の規模や形状まで異なっている．南の前山の尾根上には稜線に沿って土塁や櫓，堀切も確認され惣構えの観を呈する．

白山平泉寺　福井県平泉寺は泰澄台師により開創された白山信仰の出入口，越前馬場と呼ばれ，白山宗徒として豊原寺と共に繁栄し，16世紀には48社，36堂，6000坊が分布したといわれる．天正2年(1574)一向宗徒との争いで全山焼き討ちになった．平泉寺は白山三所権現を中心とした堂社がある宗教施設の空間と，その両側の北谷，南谷に坊院地区があり，範囲は南谷54ha，北谷29haに及び，坊院は土塁と堀で囲まれ，坊中と呼ばれる街区もある．地割りは正確な方眼ではなく，幅4mの石敷きの南北道と幅2mの東西道で区画され，門は東西道に開いて，等間隔に配置する．南谷の西端街道に取り付く所には，南北に土塁と堀が築かれ，構口門の城戸口もみられる．このような施設は他の街道に取り付く所にも存在したことが知られる．その外には安ヶ市，徳市，鬼ヶ市などの市場地名があり，徳市のすぐ北砦のある松尾山には火葬場や墓地の存在が伺え，一乗谷朝倉氏の城戸の外と同様な空間特性であったと思われる．

[文献] 杉本宏1994「宇治橋架橋位置変更と宇治街区の成立」『平等院旧境内多宝塔推定址第1次発掘調査概報』宇治市教育委員会．原田正俊1997「中世嵯峨と天竜寺」『講座蓮如第4巻』，平凡社．原茂光他1995『伊豆韮山円成寺遺跡』韮山町教育委員会．山科本願寺・寺内町研究会編1998『戦国の寺・城・まち』法蔵館．和歌山県教育委員会編1991『根来寺坊院跡』．勝山市教育委員会編1994『よみがえる平泉寺』．

(堀内明博)

1) 寺院を中核とした地割

　列島各地に都市的形成を主体的に担った一つに寺社の存在がある．それは領主としての寺家を中核にして，周縁に従属的な空間としての町場を付属させるという同心円的構造を有し，全体としては有機的な連関を取っていることが指摘される．即ちその空間構成の特性は，中世的領主支配を典型的に投影したもので，戦国城下町と相通ずるものといえる．形態は院政期にまで遡る可能性が考えられ，この時期浄土系寺院は，天皇や権門と結びつき，その門前に町が形成された．それが鎌倉期以降禅宗寺院が隆盛するなか，寺内に塔頭，寮舎などを包摂し，また伽藍の周囲にも寺家，院家及び在家が発達し，「寺内」，「境内」と称するようになった．更に中世後期一向宗中興の祖蓮如の登場により，本願寺教団は北陸・畿内に勢力を拡大し，各地に一向宗寺院を中核とする拠点「寺内町」を建設し，宗教的連帯をもとに強力な寺内を形成した．

京都・亀山殿近辺屋敷

1 京都・平等院周辺

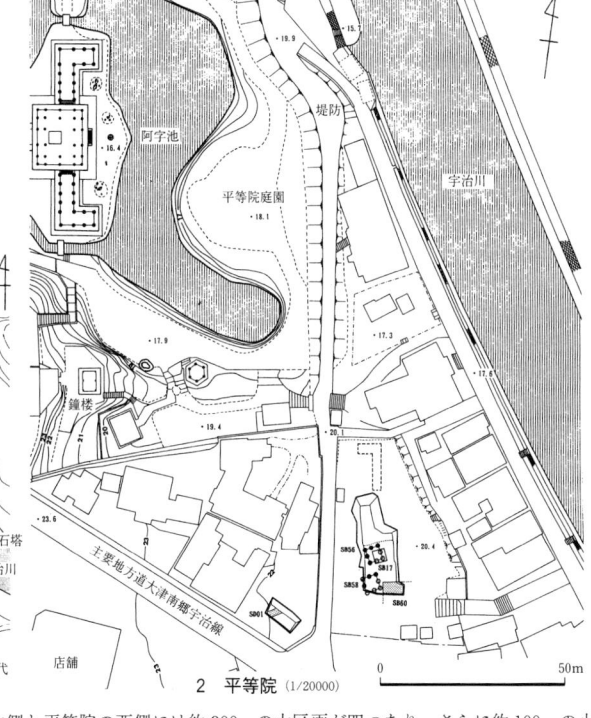

2 平等院 (1/20000)

① **亀山殿近辺屋敷**　3区郭を画する一つ朱雀大路には幅3mの大溝があり，郭内を構成する殿舎にも大溝が巡り，方形館を呈する．また在家の存在を知る井戸など，境内の特徴をもつ．

② **平等院周辺**　大和大路の北側と平等院の西側には約300mの大区画が四つあり，さらに約100mの小区画がみられそれに関連した道や溝が確認されている．それらは別業群で占められ，大和大路沿いや区画の縁辺で，11世紀から15世紀の遺構が確認され，埋め甕を持つ町屋の遺構が発見された．『中右記』には寛治7年(1094)多数の民家の焼失が記録され，遺跡の存在はそれを裏付けるものといえる．

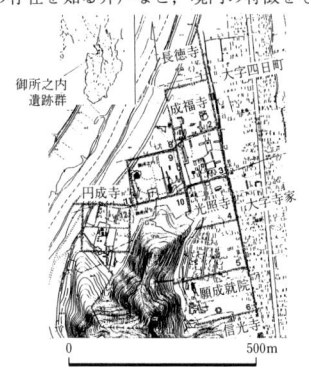

1 静岡・御所之内

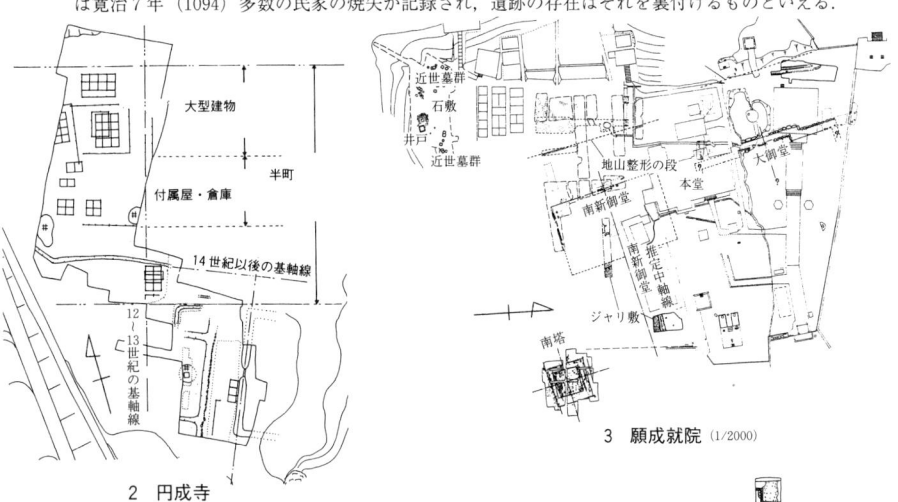

2 円成寺

3 願成就院 (1/2000)

③ **御所之内遺跡群**　円成寺遺跡には半町に塀で区画され，その中に掘建柱建物12棟，井戸，溝があり，土塁などで囲繞され，北条氏初期の屋敷に想定されている．ただ周辺条里の方向とは違い，成立時期が異なる．

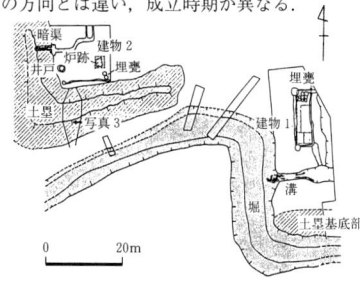

2 X地点 (1/2000)

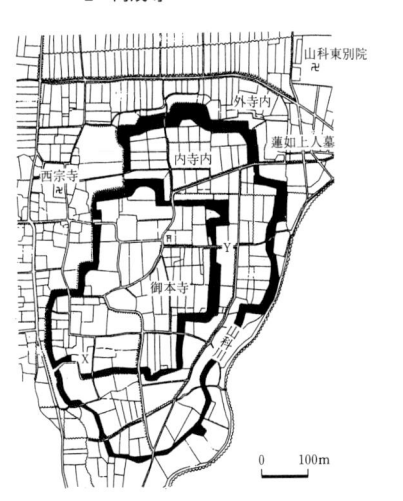

1 京都・山科本願寺寺内町

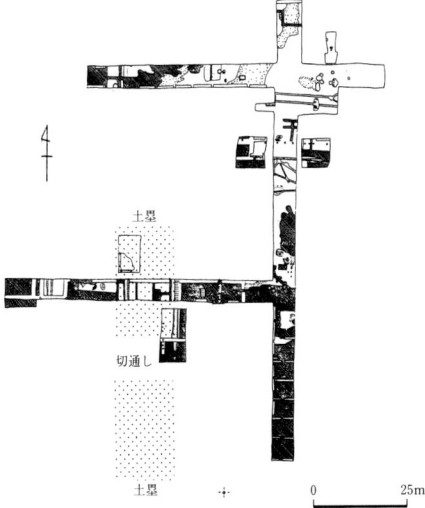

3 Y地点 (1/2000) (斜線部分は，撹乱または未掘を示す)

④ **山科本願寺**　御本寺を取り巻く土塁は幅約15m，残存高6m，堀は幅約12m，深さ3.7mを測る巨大な施設であった．その脇には通り庭があり，奥に埋め甕施設を持つ町屋や炉跡を伴う工房，井戸などがあり，寺内町の具体的な内部の様相を知ることができる．

宗教都市 31

2) 根来寺

　東西2km, 南北約2kmの範囲を山内として，その中の盆地から谷間奥間で坊院が建ち並ぶ．当初は正応元年(1288)の大伝法院と密厳院が移り住んだ中央部分にしか遺構がなく，この部分に限られたと考えられる．それが15世紀以降急激に範囲が拡大し450にものぼる子院群が建設され，一大伽藍群を形成した．中心伽藍の一つ円明寺では基壇施設や東西の土塀，懸け仏，鏡，土器など多様な遺物が出土している．塔頭子院は山麓部の傾斜地に造営され，石垣を築き，大規模なものは石材も大きく城郭の石垣を想起させる．塔頭子院の多くは，敷地の一辺を道に接するため出入口は石垣を切り開き，石段を設けて門を開く．石垣の上は土塀となっている．盆地の坊院は間口30mと大規模で，瓦葺き仏堂と住坊を並列し，付属屋，半地下式倉庫，社，井戸，便所，配水施設が完備している．一方谷間の坊院は間口が20mと狭く，草葺きか板葺きの主屋，付属屋が混然と建てられ，掘立柱建物が目立つ．両地区は規模や構造に全く異なった様相が見られ，階層差が伺える．

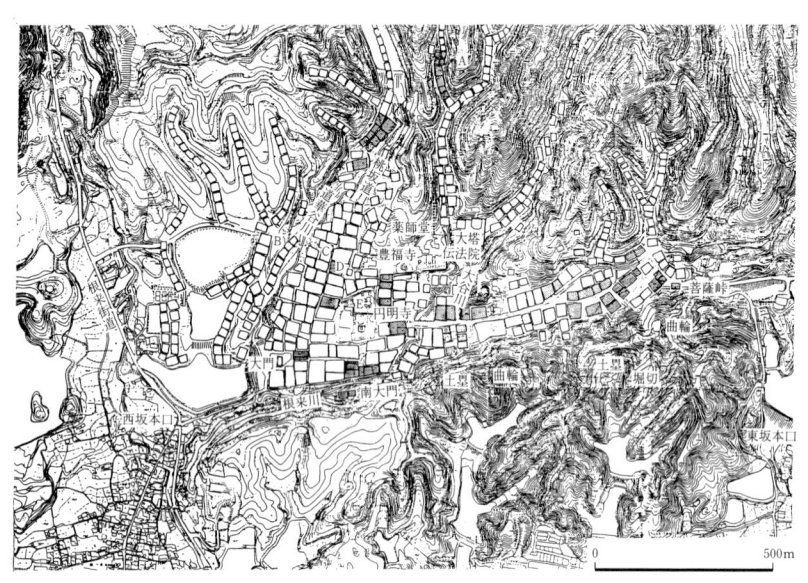

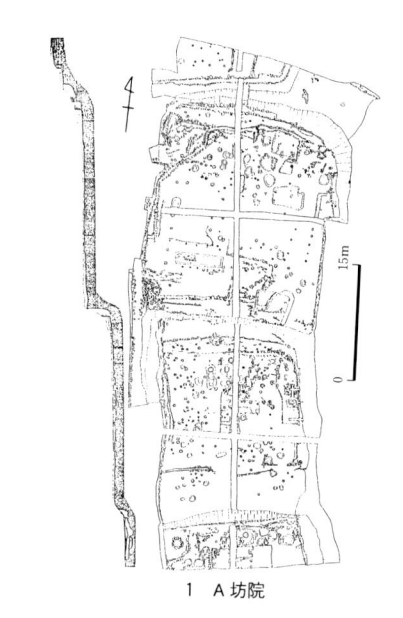

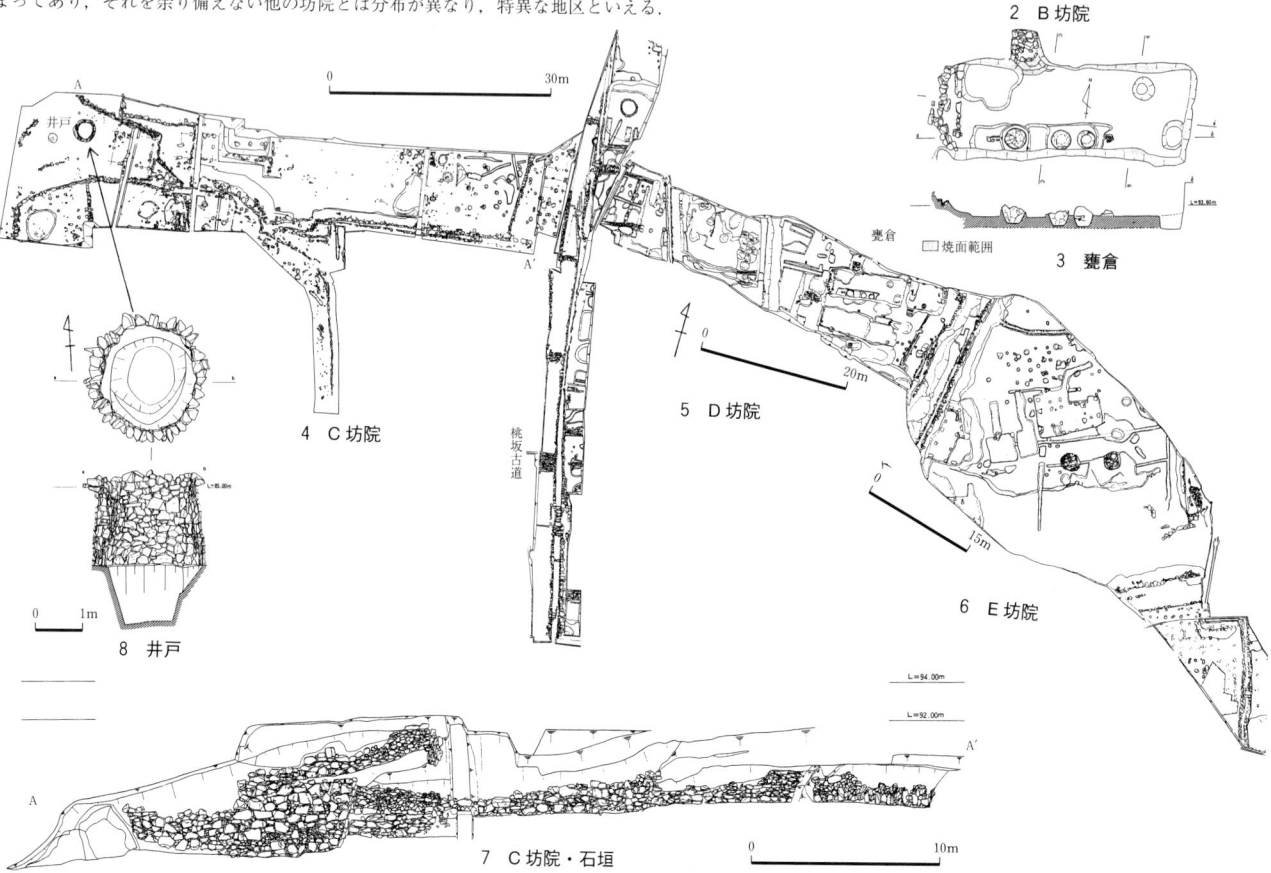

1　桃谷坂周辺の坊院　15世紀以降建立された塔頭群で，深い谷間を大規模造成し，高さ4mにもなる高石垣を築き，敷地を確保している．ここは根来寺僧兵の一将である泉識坊と推定され，城塞の機能を備えていたと考えられる．またその脇の坊院内から半地下式倉庫が数基まとまってあり，それを余り備えない他の坊院とは分布が異なり，特異な地区といえる．

1　A坊院
2　B坊院
3　甕倉
4　C坊院
5　D坊院
6　E坊院
7　C坊院・石垣
8　井戸

32　都市

3) 平泉寺

　白山平泉寺は，泰澄の開山と伝える白山の越前からの登拝道，越前馬場である．白山衆徒の拠点として栄えた宗教都市で，最盛時の 15, 16 世紀には，48 社，36 堂，6 千坊が立ち並んだと伝えられる．1573 年には一向衆徒との戦いに敗れ，全山焼き討ちにあい，以後衰退した．

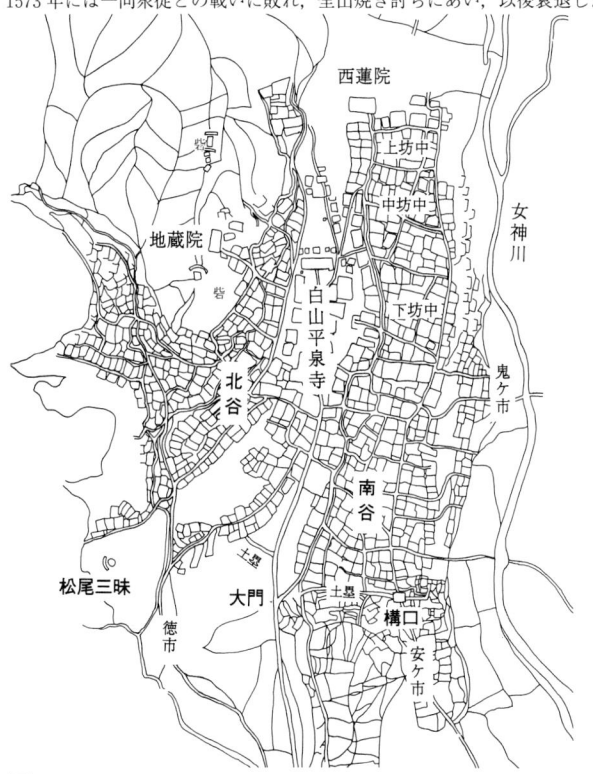

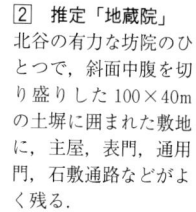

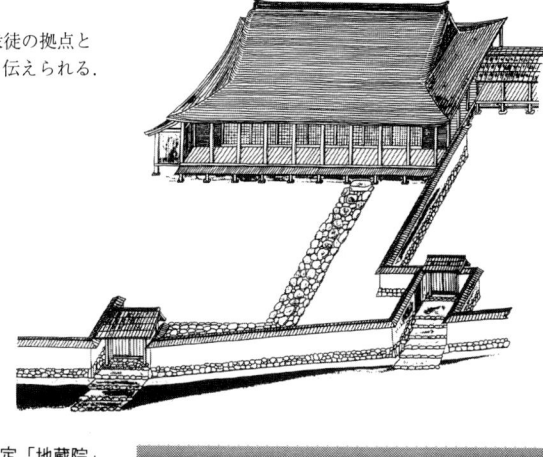

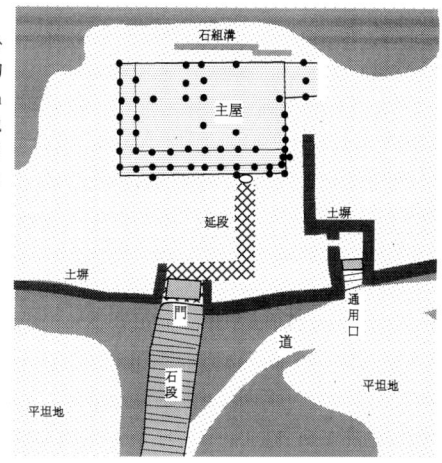

[1] **都市構造**　白山三所権現を核とする堂社からなる宗教空間と北谷，南谷の多数の坊院から構成され，外界とは土塁，堀と城戸で遮断される．3 ヵ所の城戸の外には各々に市場地名が残り，周縁には火葬場や墓地があり，核となる求心力は宗教勢力で異なるが，城下町一乗谷に共通する二元的な都市構造である．

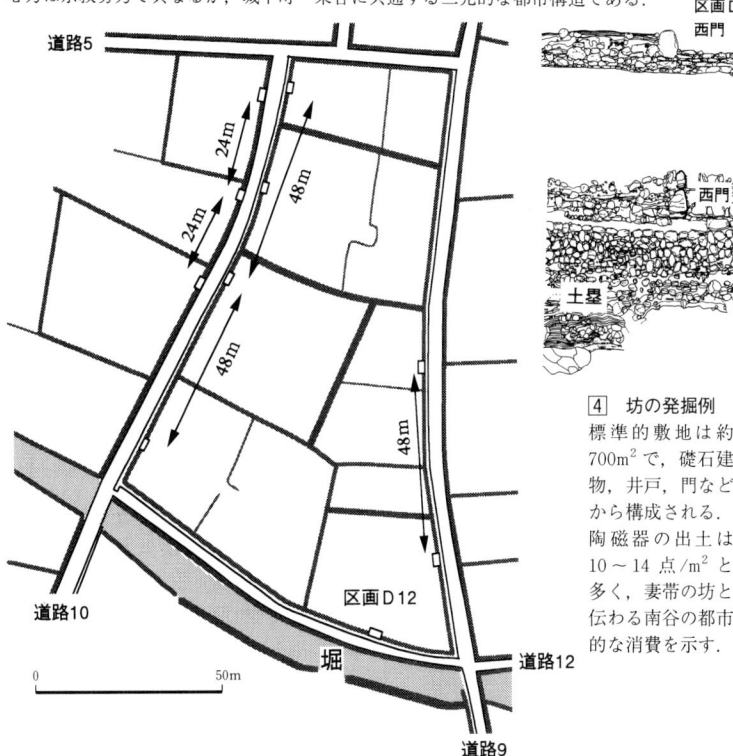

[2] **推定「地蔵院」**　北谷の有力な坊院のひとつで，斜面中腹を切り盛りした 100×40m の土塀に囲まれた敷地に，主屋，表門，通用門，石敷通路などがよく残る．

[3] **町割**　側溝付きの石敷街路と石垣をもつ土塁による計画的な屋敷割りがあり，南谷では，地形の制約をうけるものの，4m 幅の南北道と 2m 幅の東西道による街区の単位や 24m を基準とする屋敷配置がみられる．

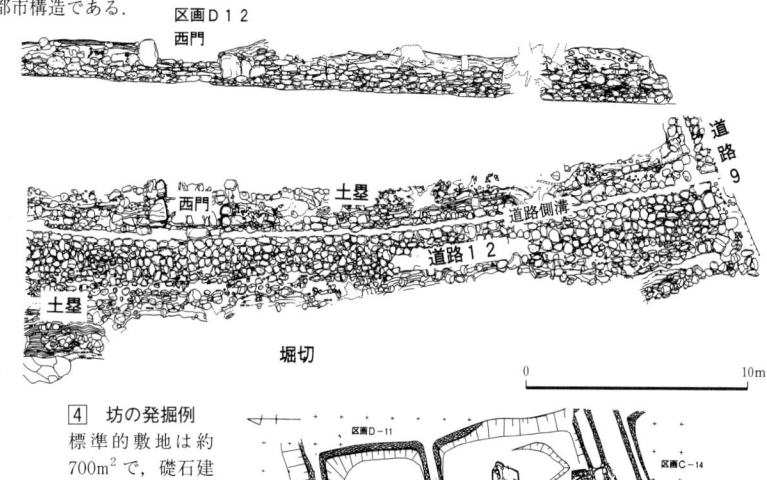

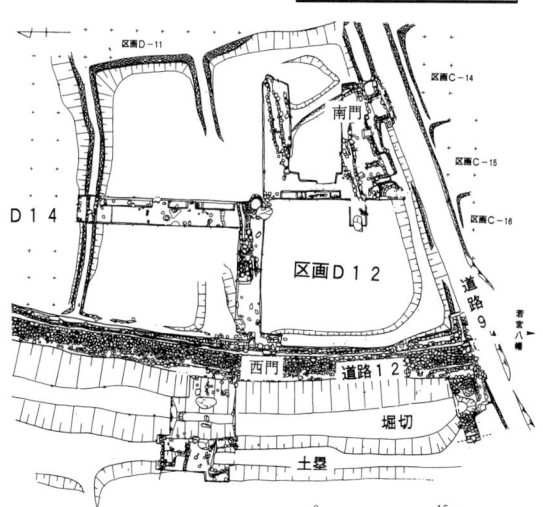

[4] **坊の発掘例**　標準的敷地は約 700m² で，礎石建物，井戸，門などから構成される．陶磁器の出土は 10～14 点/m² と多く，妻帯の坊と伝わる南谷の都市的な消費を示す．

宗教都市　33

5　都市の機能と住人

　都市を構成する重要なものとして「町屋」や「小屋」があり，その形態や居住民の職業や職種を明らかにする必要がある．律令制都城では官制の市では，小屋架けしただけの臨時的，仮設的な施設があったことが予想されている．それが道に面して向かい合い恒常的，常設的なものへと大きく変化し町場化し，列島各地で都市的景観を形成するようになる．そこでその存在を示すものに収納坑と井戸を取り上げる．また居住者の職業や職種を明らかにするものの例としてはかりを取り上げた．

　収納坑　主要な遺跡には，内部施設を伴う地下式の土坑群がある．これと関連するものに江戸で確認される「穴蔵」に想定する遺構がある．そのため形態や構造が類似するものは何らかの収納的な機能を有するものと位置付けられる．特に鎌倉では堀形壁際四周に凝灰岩切石を並べたもの，底面に杭を打ち横積みの壁板を支えたもの，柄柱で壁板をさせるものがあり，方形土坑，竪穴状遺構と区別するため特に「方形竪穴建築址」と称している．この内大型の方形竪穴建築址は有徳人と呼ばれた「土倉」を営む富裕商人の物資を収納する倉庫に比定される．鎌倉と類似した形態・構造のあるものに堺の「磚列建物」と称する遺構がある．それは浅い堀形の壁際に方形の磚を3段ほど立て並べ，粘土により貼床した土間に礎石を敷き並べたもので，物資貯蔵用の蔵ないし蔵座敷と考えられている．一方，京都や博多では鎌倉同様大規模な方形の堀形の壁際に礎石を並べたものも見られるが壁際に杭を打ち壁板を支える簡素で小規模なものが目立つ．その中には蛆などが有機質の堆積層から出土し，汚水槽と考えられている．また大規模でも床面に小さな穴があるものが広島県草戸千軒町などにみられ，水溜の機能を想定するものもある．また14世紀以降京都では堀形の壁際に河原石を積み上げたものが主流となり，小規模なものは福井県一乗谷朝倉氏でも確認され，便所遺構とされている．特に内部施設のある小型のものは，同じ構造であっても建物との位置関係，遺物や堆積層の違いから様々な用途の使用が考えられる．

　井戸　井側の形態や材質の違いから列島内では種々のものが知られ，更に時代や地域に差がみられる．

　岩手県平泉では大部分漏斗状の素掘り井戸で，柳之御所には縦板組隅柱横桟型があり，鎌倉の有力御家人の屋敷地でも同形態がみられる．特に神奈川県今小路西では造形が非常に丁寧な縦板組六角形井戸がある．京都では古代から縦板組横桟四柱型ないし隅柱横桟型が採用され，井筒には曲げ物を用いる．そして院政期に造営された寺院や殿舎に石組みや一部瓦を併用した石組みがみられ，列島内でもその使用例は極めて早い．そしてこの時期以降京都七条町や八条院町でもみられ始め富裕商人の町屋にも採用されたことが伺える．草戸千軒町では全体の90％が木組井戸で占め，縦板組多角形型もあり，石組み・桶側が15世紀後半と採用される時期が遅れる．博多遺跡群では通常桶側が主流であるのに対し，福岡県大宰府では縦板組横桟型や石組みがみられ，同じ北部九州でも井側の形態に地域差がみられる．ただ博多での井戸の立地に定位置化せず，15世紀以降道路際のものがなくなり共同使用が増え，後半には井側に桶が主流となり，堺でも同様な傾向が確認できる．

　はかり　重さを量る方法に棹の片方に計りたいもの，もう一方にそれに見合う重さを載せ釣り合いを計る天秤と，吊した錘を前後にずらして釣り合いを計る棹秤とがあることが知られ，天秤の方が古いと一般にいわれている．天秤，棹秤，分銅，錘の出土は100例を越える．その形状には種々あり，球形は東京都八王子城や一乗谷朝倉氏より以西に主に，一乗谷や青森県の城館，堺から束腰型が，青森県浪岡城から円柱型もしくは円錐型がみられる．鎌倉や堺から皿の付いた棹が出土し，後者には「御秤屋　天下一　尾張屋」の打刻のあるものや「角目」と呼ばれる間借り尺が出土し，最古のものとして知られる．博多遺跡群では16世紀中頃の繭型の鋳型と分銅，太鼓型が出土し，その重さの単位をしるした打刻がある．物差しは，扁平な細板に刻線ないしは墨線で目盛りを打ち，1分，5分，1寸の刻みのものもある．1寸の長さは時代が下がるにつれ僅かずつ大きくなる傾向にある．鎌倉では骨製品を転用してはかりにしたものや，柳之御所では1寸が3.75cmと長く多数の糸巻きと供反することから鯨尺目盛り相当で，裁衣尺の可能性が考えられる．このように中世前期までの主要遺跡から物差しが後期の遺跡から権衡に関わる遺物が出土し，対照的な出土傾向は中世における度量衡の有り方を示す大きな特徴といえる．

［文献］堀内明博 1992「穴蔵に関する遺構群を巡って」『関西近世考古学研究』Ⅲ．斎木秀雄 1989「方形竪穴建築址の構造」『よみがえる中世3』平凡社．岩本正二「井戸」『草戸千軒遺跡発掘調査報告Ⅴ』広島県草戸千軒遺跡調査研究所．岩田重雄 1988「SKT 47地点SB 04出土の錘，分銅，皿計量報告」『堺市文化財調査報告』第35集．宮本佐知子 1994「国内出土の権衡資料」『大阪市文化財論集』．

（堀内明博）

1）収納坑

　平面形態が方形もしくは長方形を呈し，掘り形の壁面がほぼ垂直で，床面が平坦で，何らかの施設を有し，方形竪穴遺構とも呼ばれる．それらは床面の四隅に礎石，掘立柱，杭を打つもの，施設のないものなどがあり，時代や地域により様々である．その中でも，鎌倉の凝灰岩を敷き並べたものや堺の甎を壁際に立て並べた甎列建物が特殊である．

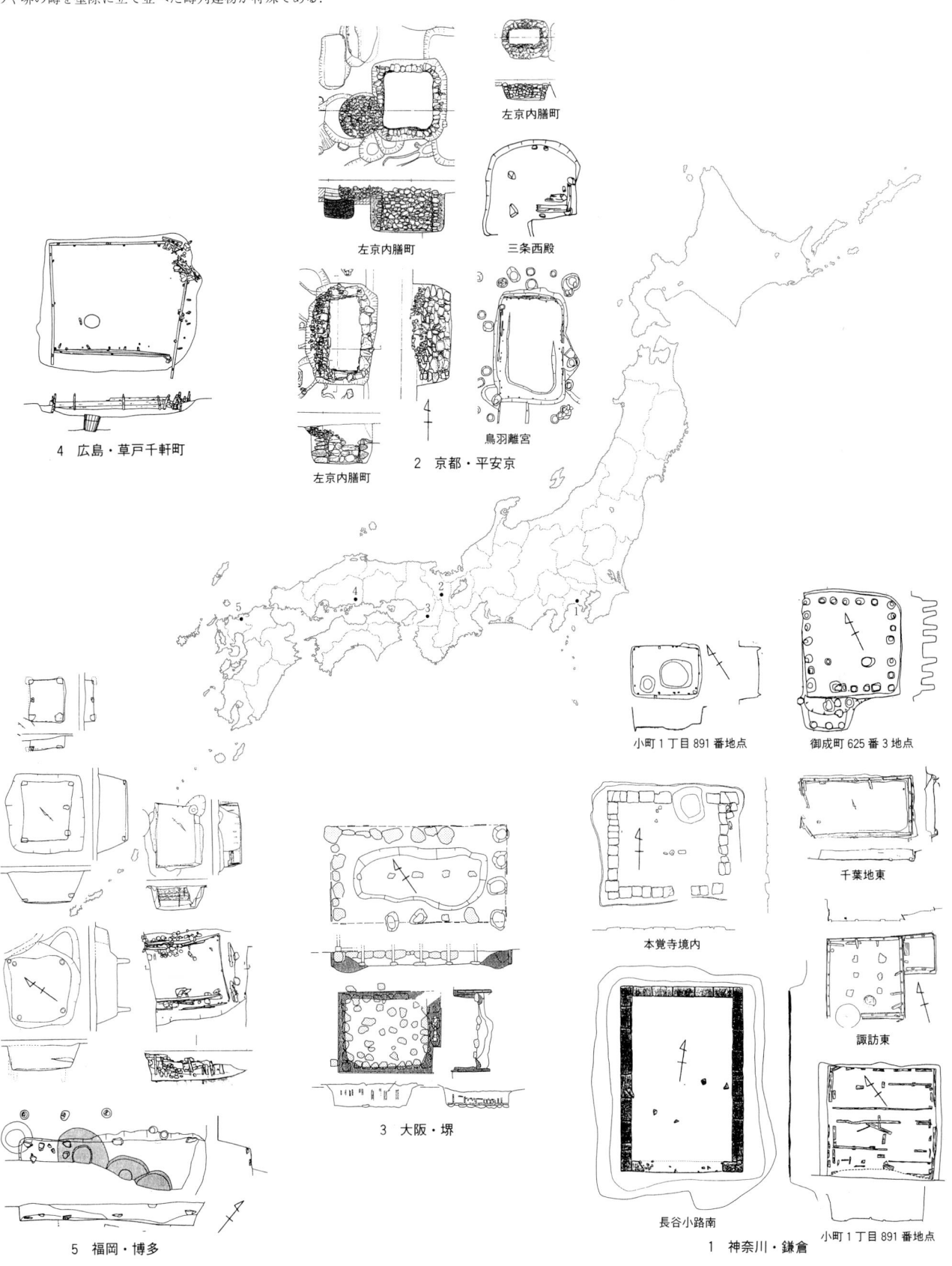

左京内膳町

左京内膳町

三条西殿

4　広島・草戸千軒町

左京内膳町

鳥羽離宮

2　京都・平安京

小町1丁目891番地点

御成町625番3地点

本覚寺境内

千葉地東

3　大阪・堺

諏訪東

長谷小路南

小町1丁目891番地点

5　福岡・博多

1　神奈川・鎌倉

都市の機能と住人

2) 井戸

井桁(地上部分), 井側(井戸本体), 井筒(井側の底に埋める取水・水溜・浄化施設)から構成される. そして井側の材質, 構造, 平面形から素掘り, 木組, 石組み, 土器・土製品があり, さらに構法や材質の形状, 積み方などから細分でき, またその変容型や各種の型を組み合わせた複合型までみられる. 木組横桟型や隅柱型は身分階層の高さを示す傾向があるほか, 時代や地域により様々な分布が見られる.

鳥羽離宮

左京内膳町 六勝寺

左京内膳町

4 京都・平安京

6 広島・草戸千軒町

1 岩手・柳之御所

2 福井・一乗谷朝倉氏

5 大阪・堺

8 福岡・博多 7 福岡・大宰府

今小路西 若宮大路周辺

3 神奈川・鎌倉

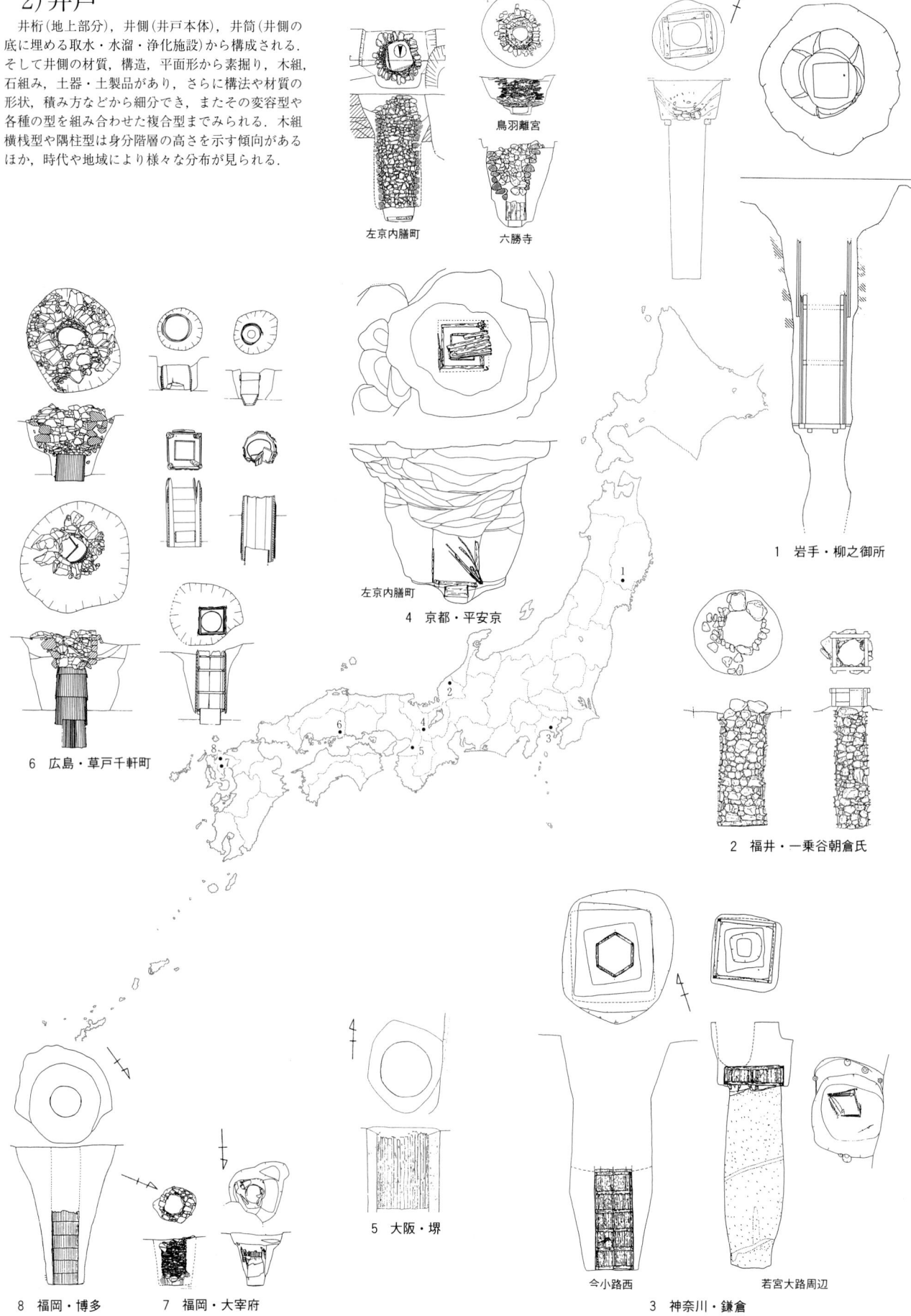

36 都市

3) はかり

列島内での度量衡の制は，銭の流通と共に室町時代には開元通宝を基準とした銭(匁)・分・厘が一般化したといわれる．江戸時代にはさし銭の呼称である貫が重量の単位として加わった．匁・貫への移行は，貨幣とともに商品の流通が盛んになり始めた時代と関連し，江戸時代の東西両秤座の設置により匁・貫単位の棹秤が急速に庶民まで普及して，単位が定着した．この天秤の目盛りに欠かせなかったのが分銅である．その秤に刻まれた目盛りは，古代の物差しにつながり1寸の長さは平安時代が3cm前後であったのが，時代を経るに従い3cmを越え大きくなっていく．

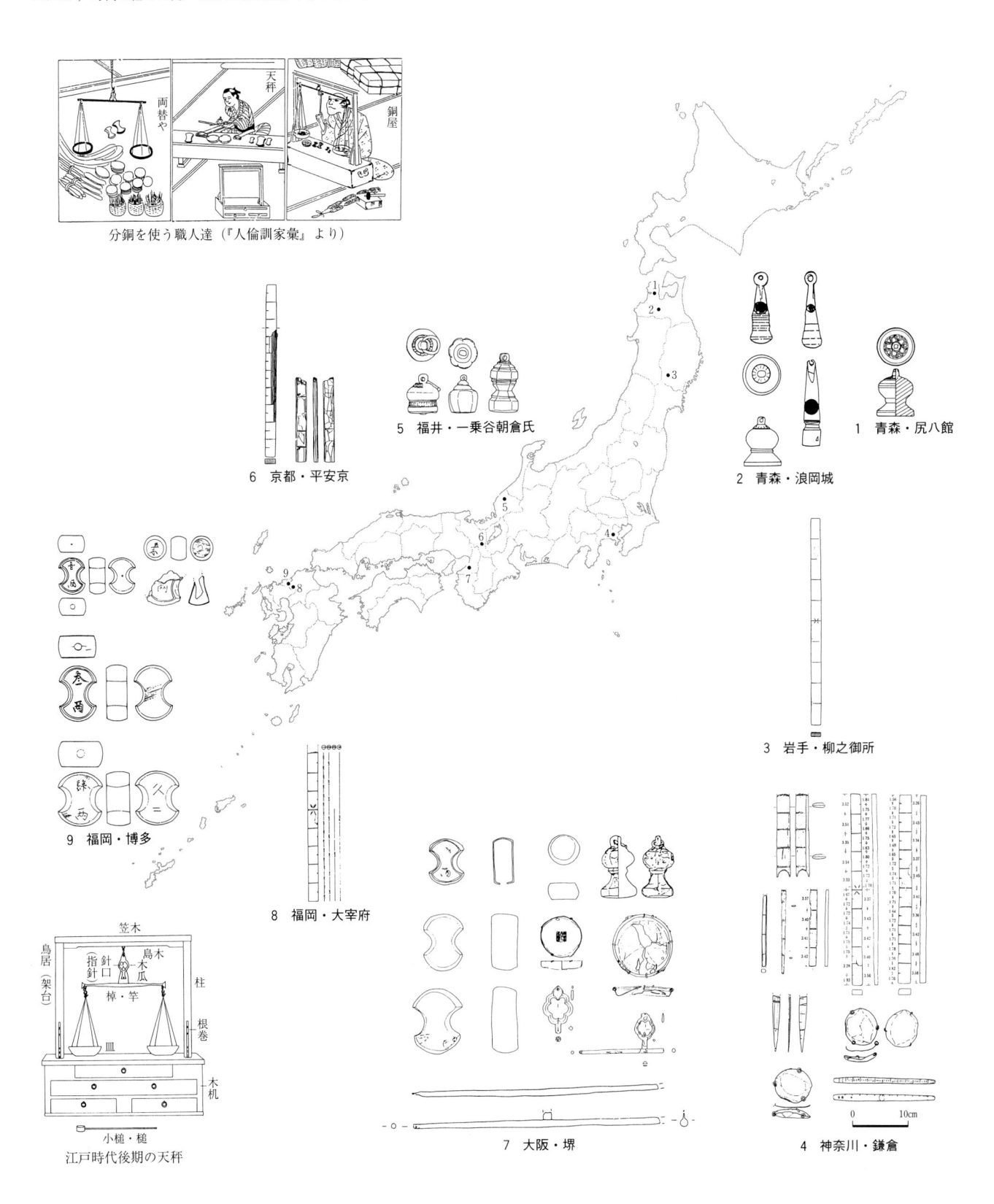

分銅を使う職人達(『人倫訓家彙』より)

5 福井・一乗谷朝倉氏

1 青森・尻八館

2 青森・浪岡城

6 京都・平安京

3 岩手・柳之御所

9 福岡・博多

8 福岡・大宰府

江戸時代後期の天秤

7 大阪・堺

4 神奈川・鎌倉

都市の機能と住人 37

Ⅱ 村と町

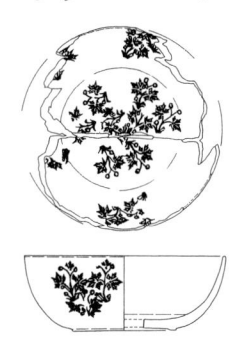

概説
1 西国の集落
2 東国の集落
3 職能集落
4 街道集落

概　説

　日本の中世には，荘園や公領に多数の村とよばれた集落があった．また海岸や湖岸には浜や浦があり，津・泊・湊とよばれた港町があった．街道には宿が設けら，市から発達した市町があった．戦国時代には戦国大名の城の周囲に城下町が形成されはじめ，山下とか城下とよばれた．また寺社の門前の町や，浄土真宗・日蓮宗の寺院を中心に寺内とよばれた寺内町が形成された．そして政治の中心地である京・鎌倉や国府の所在地である府中があった．

　このように中世に様々な呼称でよばれた集落は，江戸時代になると，行政的に村と町に分けられた．近代にはある程度の面積に，人口が多く，人口密度が高く，商工業者が集住するところを都市とよぶようになった．中世の集落も村・町・都市と分類しているが，近世・近代の村・町・都市とはかなり異なっている．

　本書では京都・鎌倉などを政権都市，朝倉氏の一乗谷などを城下町，博多・堺を港湾都市，根来寺などを宗教都市として都市の章で解説している．また権力者の住む場所は城館の章で解説している．それ以外の中世集落はこの章でとりあげている．この中には村と町，そして中世都市とよんでもよい集落が取り上げられている．

　中世の集落は一般的には掘立柱建物で構成される．西国では11世紀後半から集落の数が増加するが，東国では11・12世紀の発見例が少なく，この時期の実態はまだよくわかっていない．集落は大阪府長原遺跡のように散村か小村が多い．13世紀からさらに集落数は増加する．周囲を溝で区画した屋敷地が全国でみられるようになる．集村は13世紀中頃から滋賀県西田井遺跡や横江遺跡のように一部の地域で見られるようになるが全国的にはまだ数が少ない．西国では山口県下右田遺跡のように14世紀中頃から15世紀にかけて散村・小村から疎塊村・集村へと変化し，また大阪府上町遺跡のように新しい集村が出現する．その多くは屋敷地の周囲に周溝がめぐり，畿内では村全体を濠で囲んだ環濠集落も出現した．東国でもこの時期に集落の構造や立地に変化がある．南北朝の内乱期とその直後が日本の中世集落の大きな画期と考えられる．しかし東国は西国と同じように大多数の集落が集村化したわけではない．集村化の度合は西国と東国で違いがあり，そうした景観の違いは江戸時代までつながっていく．

　また西国の集落はほとんどが掘立柱建物で構成されるのに対し，東国では同様な傾向を示しつつも，茨城県柴崎遺跡のように古代以来の竪穴建物だけで構成される平安時代後期から鎌倉時代の集落が残存する．とりわけ竪穴建物を主体とし，中央に街道を取り込み，周囲を土塁と長方形の堀で囲った栃木県下古館遺跡や福島県古館遺跡のような集落形態は西国では発見されていない．下古館遺跡は一般的な村とは異なる集落と考えられている．また発見例は少ないが新潟県馬場屋敷遺跡のように壁支建物を主体とする集落があることなどの違いがある．壁支建物は都市鎌倉で多く発見されており，中世建物の一形態である．

　中世集落の構成員には農民・海民の他に商工業者をはじめとして様々な職能を持った人々がいた．職能集落の項ではこうした人々のありかたをとりあげている．大阪府日置荘遺跡や真福寺遺跡は12・13世紀に活躍した河内鋳物師の居住地のひとつである．鋳物師の屋敷地は周辺の幾つかの遺跡からも発見されており，この地域に鋳物師が多数居住していたことが判明した．瓦器碗造りを行っていた大阪府平井遺跡や櫛職人のいた上町遺跡など，形態からは村と考えられる集落に多くの職能民がいた．

　一方，町と考えられる集落に広島県草戸千軒町遺跡がある．流通・金融関係の木簡や鍛冶・漆・大工道具から多数の商職人が居住しいることがわかった．芦田川沿いの津と考えられる．集落の中央に南北道が通り，それに直行する東西道がある．集落の南には地口が狭く，奥行きの長い短冊形地割がみられる．短冊形地割は近世の町に普遍的にみられるもので，集落を町と判定するひとつの要素である．滋賀県妙楽寺遺跡は道とともに縦横に水路がめぐり，やはり短冊形の地割がみられる．宇曽川沿いの津と考えられる．

　街道沿いにも多くの町や町的な集落が形成された．街道集落の項はそうした可能性のある集落をとりあげたものである．埼玉県堂山下遺跡は，鎌倉街道に面して間口の狭い掘立柱建物が3棟並んでいる．苦林宿の地名が残り，宿の可能性がある．広島県三日市遺跡は街道の両側に間口の狭い小規模の掘立柱建物が多数並んでいる．市町と推定される．大分県釘野千軒遺跡も同様で市町か宿と推定されている．福島県荒井猫田遺跡は街道に木戸が設けられ，その両側に地口が20mから40mと広い屋敷地が並んでいる．西国の集落で示した徳島県中島田遺跡も同様な形態を持ち，木戸はないが，出土遺物などから市町の様相をもっているとされている．

　こうした中世の町の大部分は，16世紀に廃絶する．その多くは戦国時代の城下町や他の大きな町へ，さらには近世の城下町へと吸収されていった．　　　　　（佐久間貴士）

4 滋賀・西田井

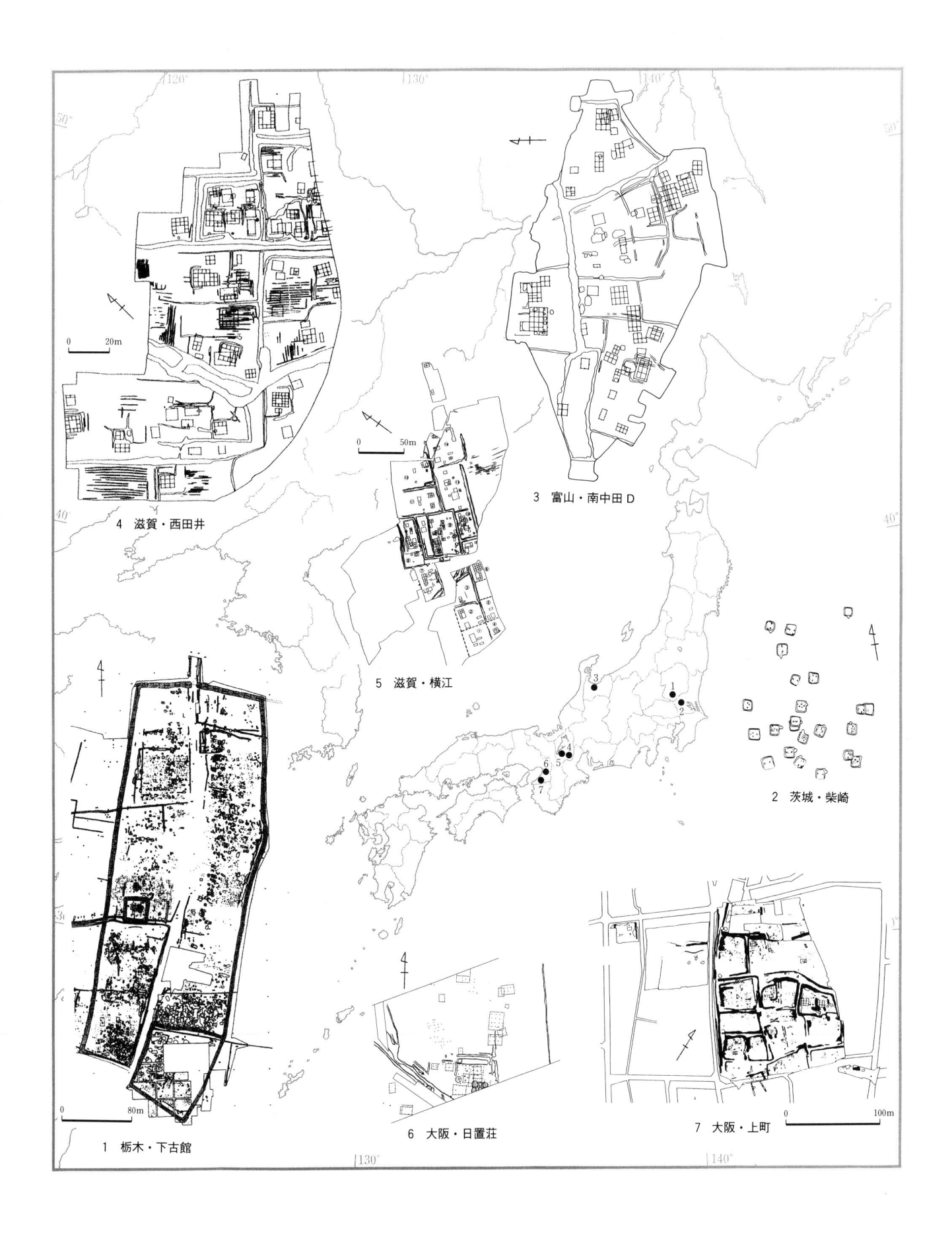

3 富山・南中田D

5 滋賀・横江

2 茨城・柴崎

1 栃木・下古館

6 大阪・日置荘

7 大阪・上町

村と町

概説 41

1　西国の集落

　一般に現在の西日本の集落は集村であるが，東日本は耕地を屋敷地の間にはさんでゆるやかなまとまりをもつ疎塊村か，散村が多くみられる．こうした傾向は歴史地理学者や民俗学者が，これまで西国と東国の風景の違いとしてたびたび指摘してきた．近年はどこでも宅地化が進み，風景の違いがわかりにくくなっているが，明治時代の地図をみると集落形態の違いがはっきりする．また江戸時代の村絵図からもそうした傾向を読み取ることができる．

　こうした集落形態は近年の中世集落の発掘調査から，中世に成立することが分かってきた．中世には日本の集落の原風景ができたと考えてよい．しかし中世集落がどのようにして近世集落につながっていくのかはまだわからないことも多い．

　西国では奈良時代から平安時代の初めまで，集落は集村であった．1ヵ所に多数の家屋が建ち並び，村をつくっていた．家によっては主屋と小屋で構成されていたが，屋敷地と屋敷地の境は明瞭でなかった．こうした集村は平安時代前期(9世紀)になると衰退し，ほとんど消滅してしまう．かわって，各地に主屋と小屋で構成された屋敷地が単独で，あるいは2〜3ヵ所ほどの小さなまとまりで発見される．西国では集村が崩壊し，散村や小村になったのである．しかしその数は，奈良時代までの集落の発見数に比べてかなり少ない．集村の崩壊とともに村落と人口の減少がおこったと考えたい．

　10世紀後半になると集落の数がようやく増加する．集落形態は相変わらず散村・小村であるが耕地の開発と人口増加が進んだ時代である．西国は古代の条里地割が残る地域が多いが，大阪府長原遺跡のように屋敷地が点々と発見される．

　11世紀後半から12世紀は集落の数が飛躍的に増加する．単独の屋敷地は少なくなり，数ヵ所の屋敷地が集合した屋敷地10ヵ所未満の小村が多くなる．この時期から屋敷地と屋敷地の境に小さな溝が掘られるようになる．水が流れていく先がないので，雨水の排水用としては不十分である．これは屋敷地が近接するので，土地の所有関係を明示するために掘られたものと考えたい．しかし溝に伴って小さな土塁や垣根，植栽などがあったかどうかは明らかになっていない．この時代は在地領主が成長してくる時期である．1町四方の堀で囲まれた「館」が出現した．また有力な武士の中には寺を造営するものもあらわれた．河内源氏の祖源頼信が長久4年(1043)大阪府河南町に建立した通法寺はその早い例で，頼信・頼義・義家の三代が祀られている．大阪府菱木下遺跡の釈尊寺も鎌倉時代に御家人となった菱木氏がかかわったと考えられる．畿内ではこの時期に続々と寺院が建立された．

　鎌倉時代になると未墾地の多かった条里地割の中もかなりの部分が耕地となり，開発がさらにすすめられた．散在していた屋敷地が集まり，集落はより大きくなった．山口県下右田遺跡は，平安時代中期に6ヵ所，後期に4ヵ所の小村が，13世紀には2ヵ所の疎塊村となった．また13世紀にだけ屋敷地があり，その後耕地となる短期間の集落もあった．大阪府総持寺遺跡や余部遺跡はあちらこちらで集落がみつかる大きな遺跡であるが，一部は13世紀にしか屋敷地が継続しない．開発に伴う集落の成長と，集落の再編が絶えず進められた．そして畿内で中世の集村が出現し始めるのがこの時期である．滋賀県西田井遺跡や横江遺跡は13世紀代には集村となっていた．集村の時期としては西国でも早い例で，西国の集落の大部分はまだ小村か疎塊村であった．集落の中には屋敷地の四周に溝をめぐらすものがいくつか見られるようになり，屋敷地の境がよりはっきりと明示されるようになった．

　14世紀中頃から後半は，南北朝の内乱の時期である．各地で戦乱が断続的に行われた．中世集落も大きな転機を迎えた．鎌倉時代までの集落が再編され，少なくない集落が廃絶したり，規模を縮小した．そして新しい集村が14世紀後半から15世紀にかけて出現した．この時期の集落は疎塊村か集村が多くなる．下右田遺跡は室町時代に1ヵ所の集村と1ヵ所の疎塊村となった．西国の集村の原風景この時期に成立したと言ってよい．鎌倉時代から室町時代まで存続した横江遺跡や奈良県法貴寺遺跡は深い堀に囲まれ，防御性の高い屋敷地群がある．15世紀には集落全体を深い環濠で囲む環濠集落も出現した．一方，14世紀に始まり，15世紀に集村となった大阪府上町遺跡は，四周を浅くてやや幅の広い溝で囲まれた屋敷地が密集する集村である．このような防御性の低い集落も同時に存在した．

　中世の集落は戦国時代にまた再編の時期を迎えた．その場で近世まで継続した集落もあったが，多くの集落が16世紀に終焉を迎えた．その多くは現在の村の位置に移転し，都市的機能をもった集落の多くは戦国時代から近世初頭の城下町へ吸収されたと考えられる．

[文献] 佐久間貴士 1994「発掘された中世の村と町」『岩波講座　日本通史　第9巻』岩波書店．　　　（佐久間貴士）

7 山口・下右田

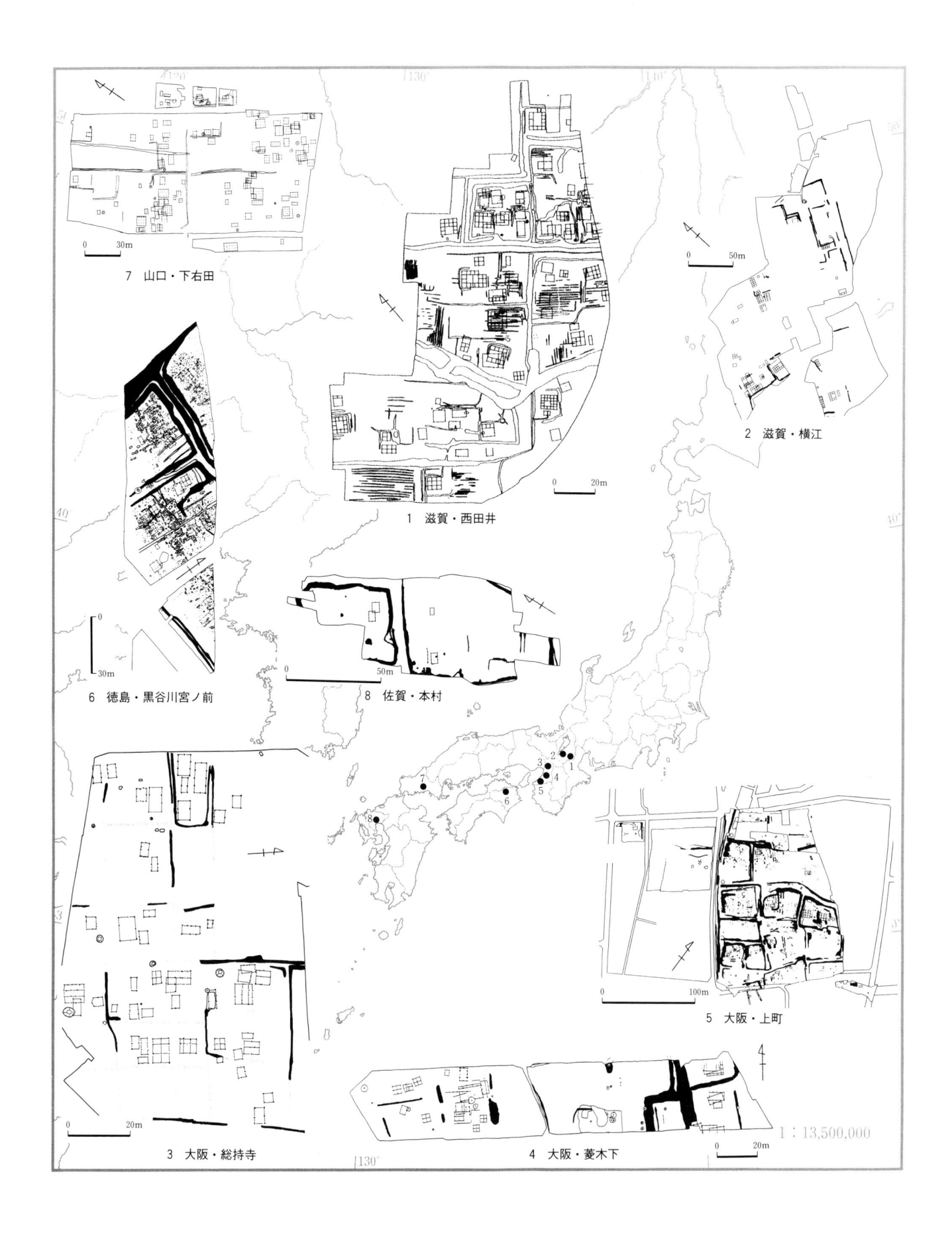

1 滋賀・西田井

2 滋賀・横江

6 徳島・黒谷川宮ノ前

8 佐賀・本村

5 大阪・上町

3 大阪・総持寺

4 大阪・菱木下

1：13,500,000

西国の集落 43

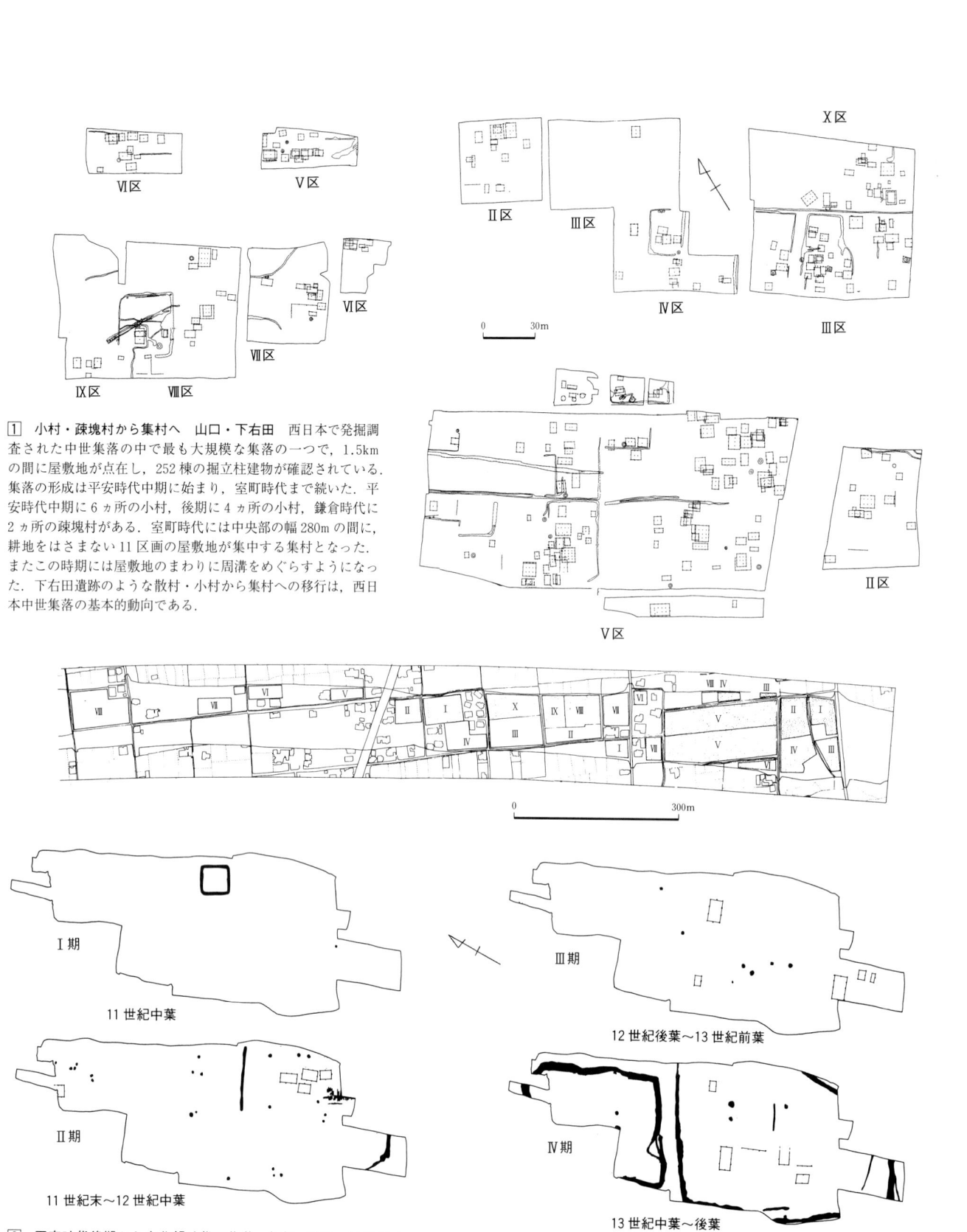

1　小村・疎塊村から集村へ　山口・下右田　西日本で発掘調査された中世集落の中で最も大規模な集落の一つで，1.5kmの間に屋敷地が点在し，252棟の掘立柱建物が確認されている．集落の形成は平安時代中期に始まり，室町時代まで続いた．平安時代中期に6ヵ所の小村，後期に4ヵ所の小村，鎌倉時代に2ヵ所の疎塊村がある．室町時代には中央部の幅280mの間に，耕地をはさまない11区画の屋敷地が集中する集村となった．またこの時期には屋敷地のまわりに周溝をめぐらすようになった．下右田遺跡のような散村・小村から集村への移行は，西日本中世集落の基本的動向である．

2　平安時代後期から南北朝時代の集落　佐賀・本村　11世紀中頃に方形の塚墓が造られた場所に，11世紀末から集落が形成され始めた．13世紀前葉までは，調査地の南側が屋敷地であった．13世紀中葉にこの屋敷地の変遷の画期があり，方形の周溝で囲まれた南北二つの屋敷地に分かれた．南北の屋敷地の地境は，11世紀末にはすでにあらわれており，開発当初の地割りが踏襲されている．南の屋敷地は東西約80m，南北は推定60mあり，在地の有力者のものと思われる．集落が平安時代後期に始まり，南北朝時代に終わるのは西日本中世前期集落の基本的な動向である．

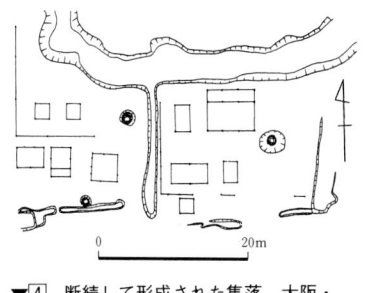

◀3 畿内の典型的な屋敷地 大阪・宮田 12世紀 小規模の主屋と1〜3棟の小屋と井戸で構成される下層農民の典型的な屋敷地である．周囲の一部を浅い溝や柵・塀で囲まれている．宮田遺跡は数ヵ所の屋敷地が集合した小村で，南に水田があった．

▼4 断続して形成された集落 大阪・総持寺 10世紀から13世紀 10世紀後半に起源を持つが，この地点では一旦断絶．13世紀に再び小村が造られた．

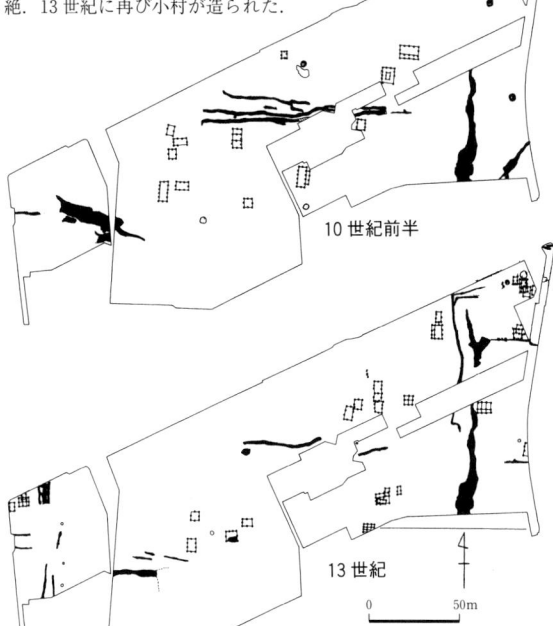

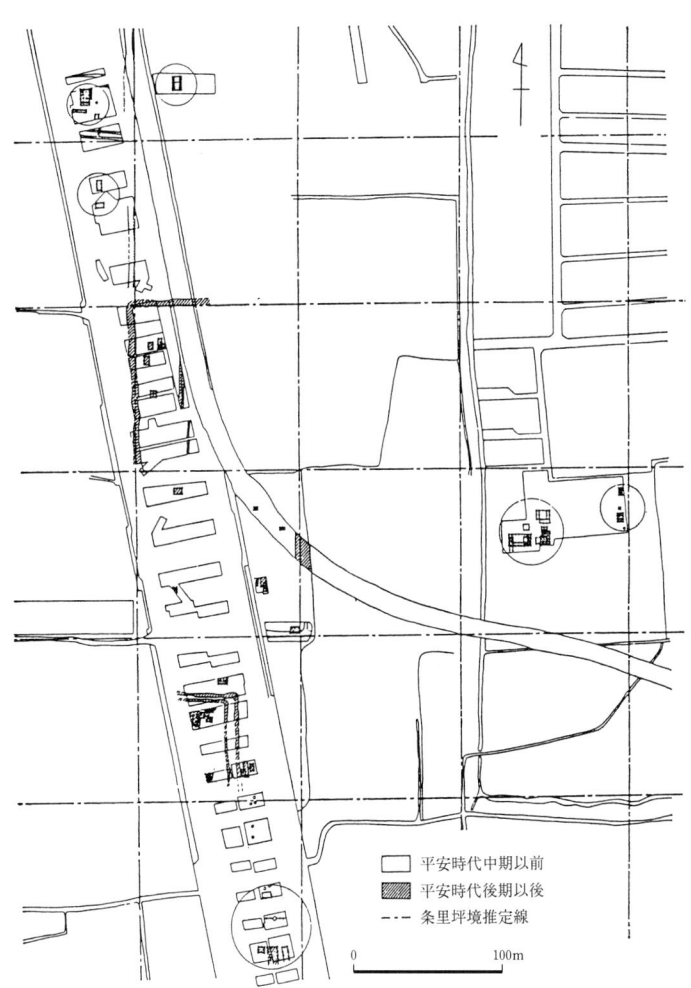

10世紀前半

13世紀

☐ 平安時代中期以前
▨ 平安時代後期以後
--- 条里坪境推定線

▲6 散村から疎塊村へ 大阪・長原 10世紀から13世紀
平安時代中期以前の畿内の屋敷地は一般に散村が多い．長原遺跡では10世紀から11世紀前半の屋敷地5ヵ所が条里地割内に散在している．11世紀後半から13世紀にかけて中央の3ヵ所の坪に屋敷地が集ってくる．屋敷地の間に耕地を挟んだゆるやかなまとまりをもつ集落で，疎塊村となっている．

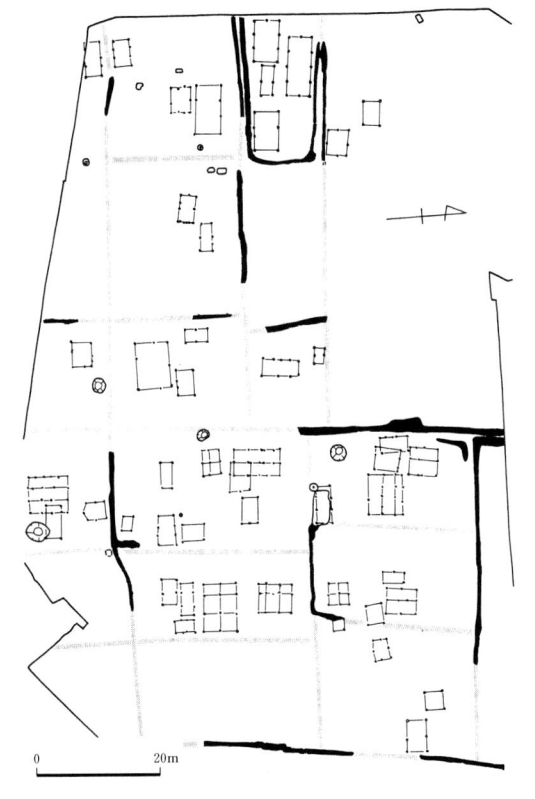

◀5 区画溝に囲まれた集村 大阪・総持寺 13世紀から14世紀 この遺跡は数ヵ所の屋敷地が集合する小村部分（左中図）と10ヵ所以上の屋敷地が集合する集村部分（左下図）とで形成されている．溝で区画された中には小規模の主屋と数棟の小屋からなる屋敷地がある．屋敷地には井戸を持つものと持たないものがある．

▶7 短期間の集落 大阪・余部 13世紀 13世紀前半に川沿いに成立し，中頃に廃絶する短期間の集落である．集落の跡地は耕地となった．平安時代には未開地が多く残る条里地割内は，13世紀に開発が進み，かなりの部分が耕地となった．それに伴う屋敷地の移動があった．畿内にはこうした短期間の集落が時々みられる．

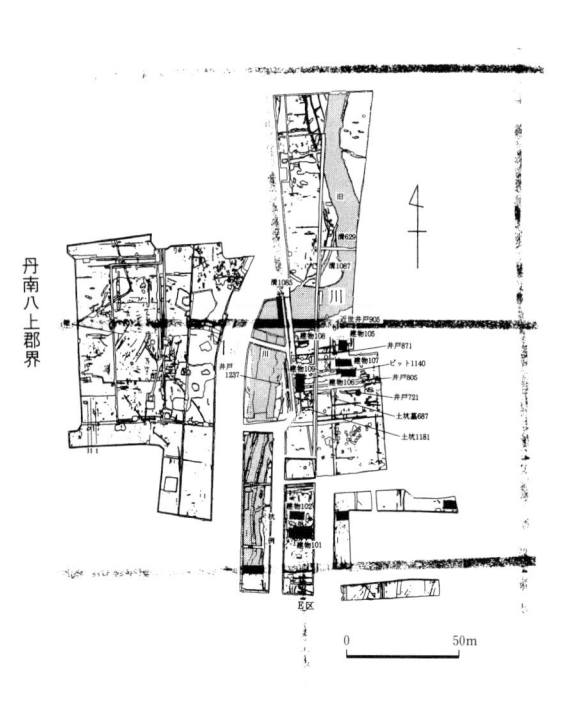

丹南八上郡界

西国の集落 45

⑧ **鎌倉時代の集村 滋賀・西田井** 12世紀から14世紀の集落．川の自然堤防上にある．条里地割に規制された方1町の大区画の溝があり，中央に川が流れている．屋敷地は更に小溝で仕切られ，18区画が確認できる．北側には道に面して四周を溝で囲まれた30m四方の区画があり，有力者の屋敷地と考えられている．屋敷地の周りから帯状の空間が続いており，これも道路と考えられる．道路に面していない屋敷地も多数ある．畿内の集村は，14世紀後半以降に一般化するが，早くは西田井遺跡のように13世紀に集村となる．

⑩ **室町時代の集村 愛知・阿弥陀寺** 遺構は鎌倉時代からあるが，図で示した集落は14世紀から15世紀前半である．中央のコの字形の周溝は南北1町，東西半町あり，内側に二重の区画溝がある．在地の有力者の屋敷地と考えられる．周囲にも比較的大きな屋敷地が集まっている．

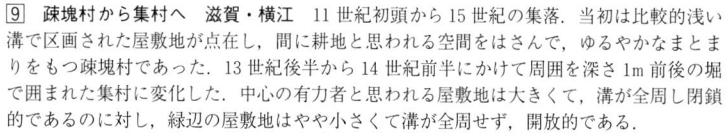

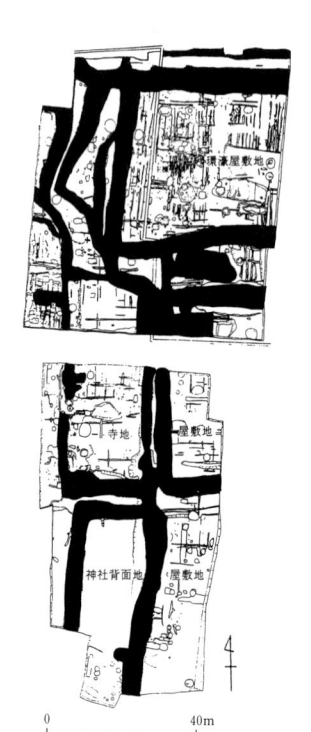

⑨ **疎塊村から集村へ 滋賀・横江** 11世紀初頭から15世紀の集落．当初は比較的浅い溝で区画された屋敷地が点在し，間に耕地と思われる空間をはさんで，ゆるやかなまとまりをもつ疎塊村であった．13世紀後半から14世紀前半にかけて周囲を深さ1m前後の堀で囲まれた集村に変化した．中心の有力者と思われる屋敷地は大きくて，溝が全周し閉鎖的であるのに対し，縁辺の屋敷地はやや小さくて溝が全周せず，開放的である．

⑪ **室町時代の集村 奈良・法貴寺** 13世紀後葉から15世紀の集落．幅約5m，深さ1.3mほどの大溝で区画されている．東側の3区画が屋敷地で，北端の屋敷地は半町四方．西側の長方形の区画は絵図などから中央が法貴寺の寺地，南側が法貴寺天満宮の神社背面地と推定されている．

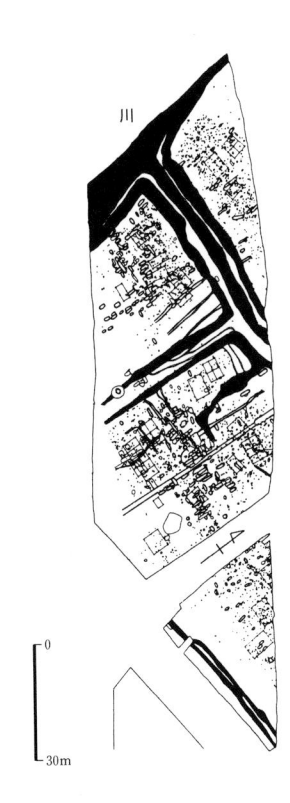

12　川と水路沿いの集落　徳島・黒谷川宮ノ前　集落は標高5mの川沿いの微高地に造られた．西側に川があり，集落の中を東から西に向けて幅3.5～4m，深さ1.6mほどの水路が川に直交して掘られている．集落の始まりは，9ないしは10世紀で，水路の掘削もその時期と推定されている．屋敷地は水路の両岸に造られ，水路との方位の方位にあった建物群が発見されている．13世紀初めまで，屋敷地内の建物群は1から3棟の母屋と小屋からなり，屋敷地の境は短い直線的な溝で分けられている．13世紀半ば以降には，図で示したような川とT字形に交わる水路に対して，周囲を連続した溝で囲まれた屋敷地が成立し，16世紀前半まで続く．屋敷地内から積石墓・甕棺墓が発見されている．

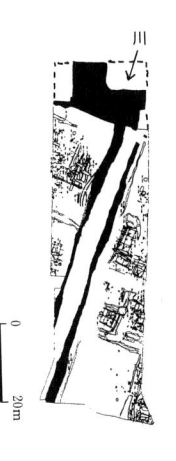

13　川にはさまれた低地集落　徳島・中島田　13世紀後半から14世紀中頃に標高約2mの吉野川下流域に造られた低地の集落．集落は東西を鮎喰川水系の川によってはさまれ，集落幅は400mと大規模である．中央に道があって，両側に側溝をもつ溝があり，内部がさらに溝によって方形に区画されている．近隣に倉本下市があり，大量の銅銭や他地域産の土器・陶磁器が出土したことから，市町の様相を呈する集落と考えられている．

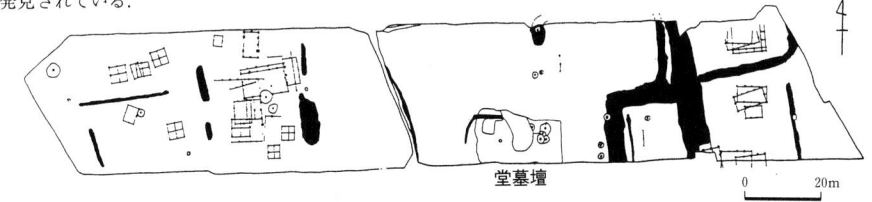

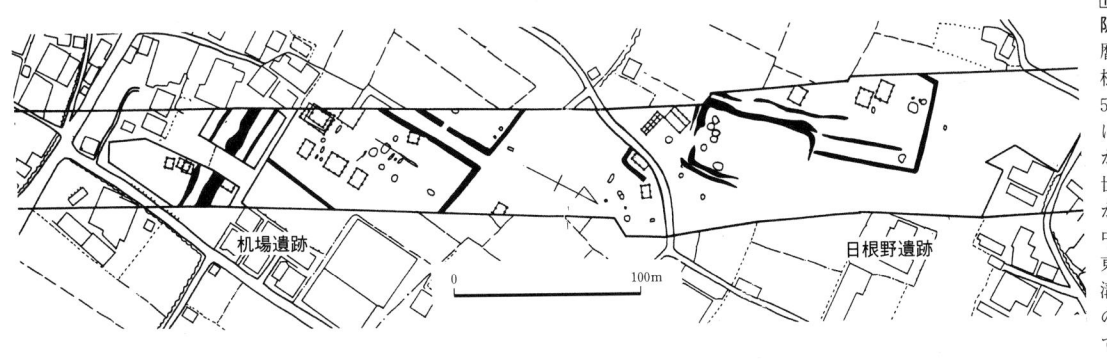

14　寺のある集落　大阪・菱木下　11世紀から15世紀の集落．中央部東側に高台を方形に成形した基壇があり，堂跡と推定されている．瓦のヘラ描き文字と字名から10世紀後半ないしは12世紀に建立され，15世紀まで続いた釈尊寺と判明した．堂の周囲に屋敷地が集中しているのが特徴で，7ヵ所の屋敷地が確認されている．図の範囲が集落の東西を示し，集落幅約200m．小規模な集村で，堂はほぼその中央にある．

15　荘園の集落　大阪・日根野・机場　文暦元年(1234)立荘の日根野荘内の集落．正和5年(1316)銘の村絵図には点在する集落が描かれている．図は10世紀1ヵ所と13世紀から15世紀の屋敷地．中央南よりに南北1町，東西半町の長方形の周溝をめぐらした番頭級の屋敷地が向かい合って並んでいる．

16　商人・職人のいた集落　大阪・上町　14世紀に始まり，15世紀に栄えた集落．日根野荘に隣接する佐野郷にあり，東南に佐野市と推定される市場遺跡がある．屋敷地は浅い区画溝で周囲を囲まれている．米の荷札や櫛の未製品の出土から商人・櫛職人の存在がうかがわれるが，町的な地割りがない．集落内には短い道が1本あるが，基本的には屋敷地の溝と溝の間が通路になっている．商職人もいた佐野郷内の村と考えておきたい．

17　大型建物で構成される集落　大阪・陶器南　12世紀末から13世紀の集落で，長方形の大型掘立柱建物のある屋敷地が点在する．南の建物は桁行6間，梁行2間の本体に庇柱がめぐり，8間・4間の大型建物となっている．建物の南端に大型のカマドがあり，一般的な農村の建物と異なっている．今のところその職種は不明である．

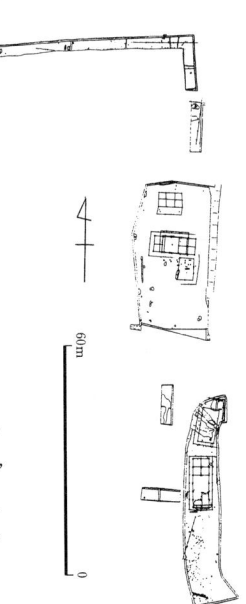

西国の集落　47

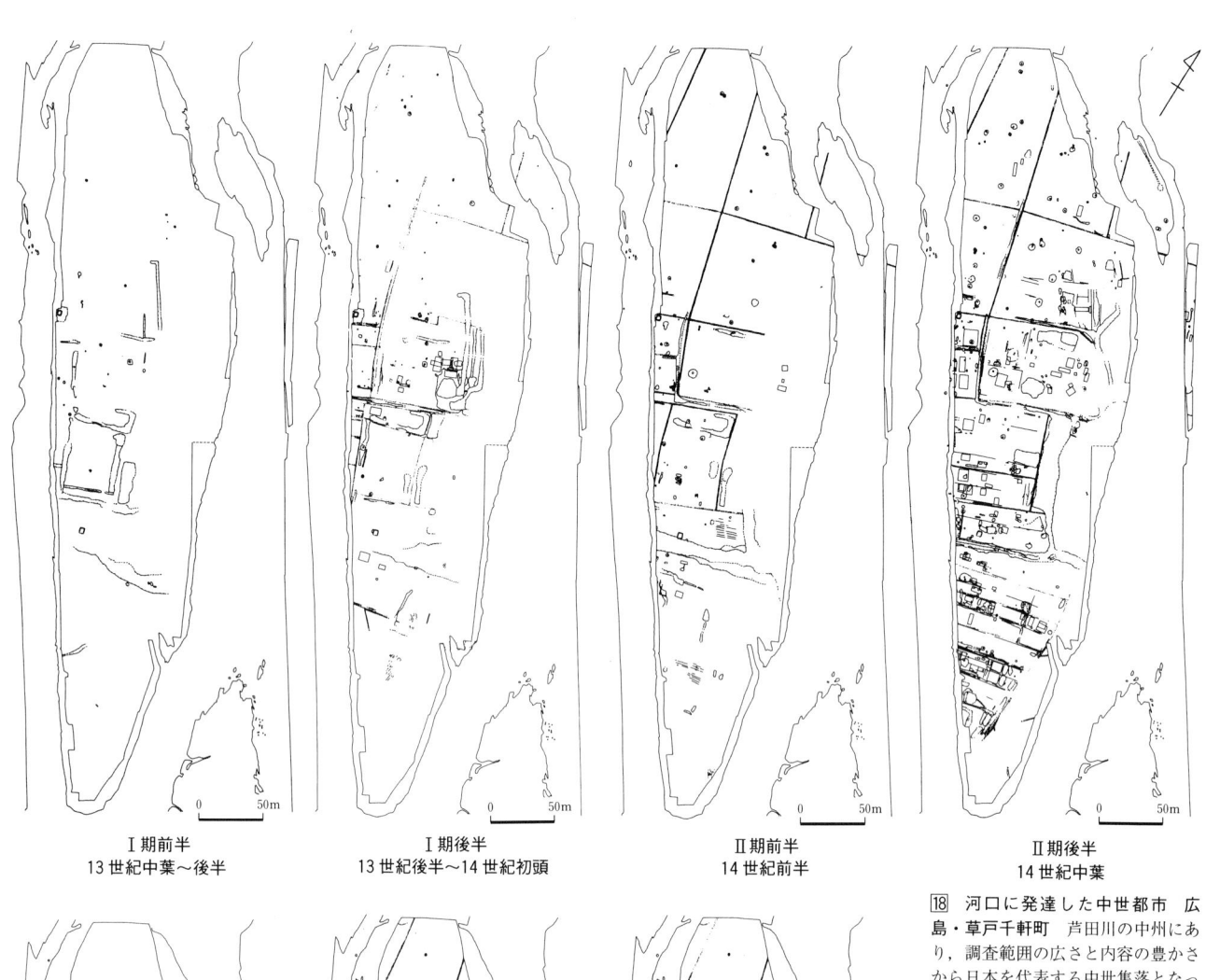

Ⅰ期前半
13世紀中葉〜後半

Ⅰ期後半
13世紀後半〜14世紀初頭

Ⅱ期前半
14世紀前半

Ⅱ期後半
14世紀中葉

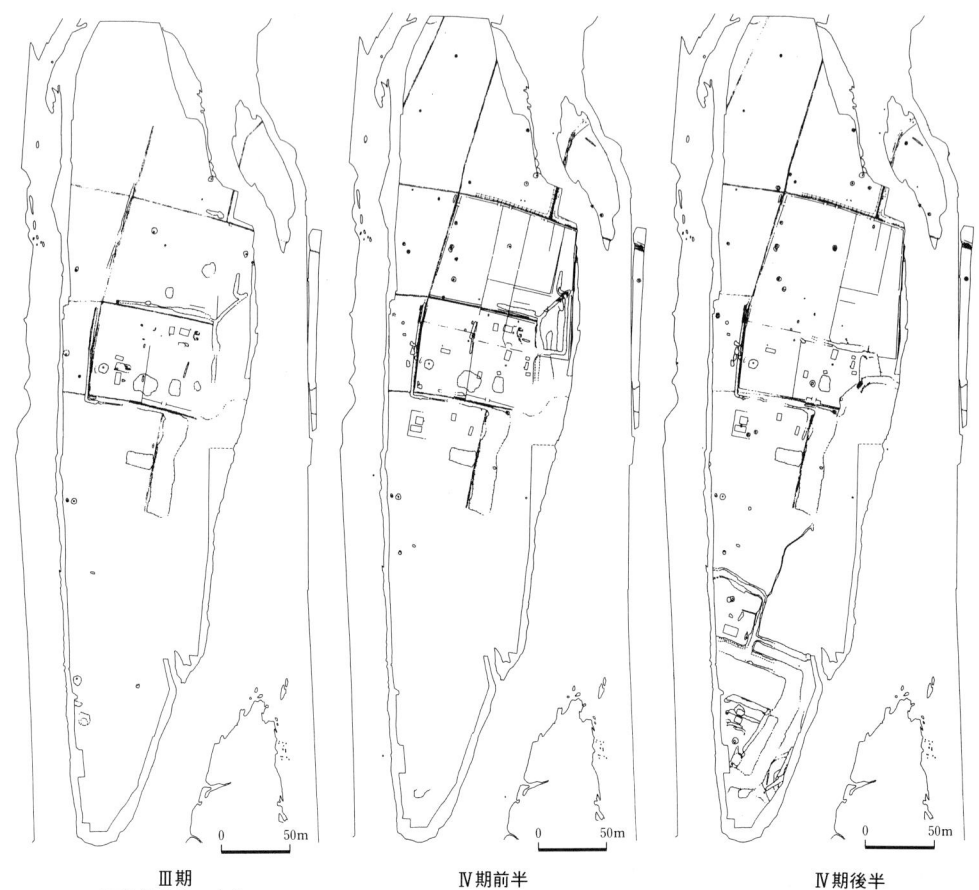

Ⅲ期
15世紀前半〜中葉

Ⅳ期前半
15世紀後半

Ⅳ期後半
15世紀末〜16世紀初頭

18 河口に発達した中世都市 広島・草戸千軒町 芦田川の中州にあり，調査範囲の広さと内容の豊かさから日本を代表する中世集落となっている．芦田川はかつては集落の東を流れており，集落は海に近い河口近くに形成された．東には常福寺（現明王院）がある．本堂は元応3年（1321）建立だが，前身の建物があったことが確認されている．明徳2年（1391）の『西大寺末寺帳』には「クサイツ草出常福寺」とあり，この集落は寺の門前町と港町（津）の両方の性格をもっていたと考えられる．集落の始まりは，13世紀中葉．中央に溝で方形に囲まれた屋敷地があり，東に石積墳墓があった．鍛冶炉や木札（荷札）が出土しており，集落形成当初から商人・職人が居住する集落であった．Ⅰ期後半に町が拡大し，南北に道が通り，西へ行く横道が何本かできた．Ⅱ期後半には南部に柵で区画された短冊形の屋敷地が多数出現する．南北道と交差する東西道や併行する道もある．また年貢・租税の収納，物品の流通，金融・醸造・食品加工関連などの木簡や鍛冶・漆などの職人の道具類が出土し，中世都市として最も発展した時期である．Ⅲ期には屋敷地の数が少なくなるが，Ⅳ期前半には北半分の道路と屋敷地が復活し，Ⅳ期後半には再度南に方形区画溝を持つ屋敷地が形成されるが，16世紀前半に急激に衰退する．

19 川沿いの屋敷地と川港　宇曽川の川岸に15世紀から16世紀にかけて，ほぼ同時代に存在した古屋敷遺跡と妙楽寺遺跡がある．西岸の古屋敷遺跡からは中規模の屋敷地が多数発見されているが，東岸の妙楽寺遺跡は水路が縦横にめぐり，小さな短冊形の屋敷地が密集して発見された．妙楽寺遺跡は川港と考えられる中世都市である．

20 川沿いの屋敷群　滋賀・古屋敷　15世紀から16世紀　中央に溝と土塁で囲まれたやや大きな屋敷地があり，内法で東西28m，南北30mある．内部に礎石建物と掘立柱建物があったと推定され，カマドや石組みの階段が発見されている．周囲にはやや小規模の屋敷地が7ヵ所以上あり，屋敷地の周囲から道路も見つかっている．妙楽寺遺跡と密接な関係のある集落と推定される．

15世紀

15世紀末から16世紀中頃

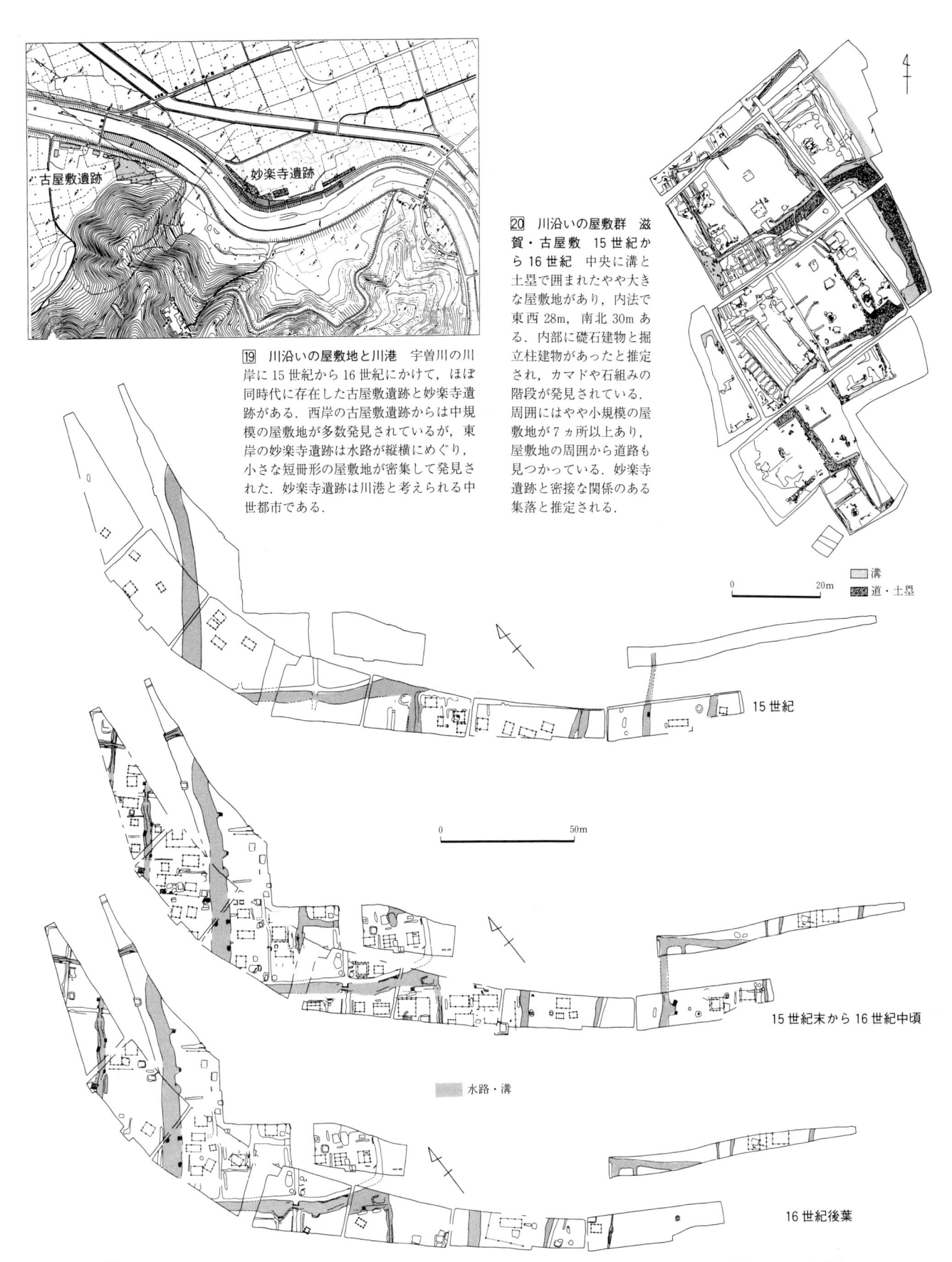

16世紀後葉

21 水路のめぐる川港　滋賀・妙楽寺　12世紀から16世紀　集落は古屋敷遺跡より早くからあり，12世紀後半から14世紀前半には南部に3ヵ所の屋敷地しかない小さな村であった．15世紀になると条里の坪境にあわせて縦横に水路が掘られ，水路に面して間口の狭い短冊形の屋敷地が多数形成された．家はいずれも小規模で，古屋敷遺跡の屋敷地と対照的である．水路には各屋敷地毎に石の階段が造られ，小舟による水運が発達していたことがわかる．水路に沿って道もあり，一部には橋がかけられていた．宇曽川沿いに発達した川港の町である．

西国の集落　49

2 東国の集落

　東国では11世紀までカマドを持つ竪穴住居が残存する一方で，平安時代から次第に掘立柱建物が主たる居住形態になると通説的に考えられてきた．しかし，11〜12世紀の遺跡の発見例が少なく，しかも東京都落川遺跡群や岩手県平泉遺跡群などのような，開発領主の館や政治拠点の遺跡しか発見されない．現状で民衆の集落は，考古学的に発見困難な居住形態を想定せざる得ない．ここでは，まだ発見例の少ない「壁支建物」も積極的に評価して概観する．

　集落の類型　東国における集落は，主体となる建物の形態から，3類型に分けて考えることができる．「掘立柱建物を主体とする集落」「竪穴建物を主体とする集落」「壁支建物を主体とする集落」である．竪穴建物とは1辺2〜4mの方形を基調とした竪穴の遺構で，「住居」「倉庫」「工房」などの可能性が考えられる．基本的に「倉庫」と考えて良い．「壁支建物」とは，都市鎌倉で「(仮称)板壁掘立柱建物跡」とされる建物で，浅く竪穴に掘り込んだ地中から板壁を立ち上げていく構造で，主に壁によって上屋を支える．平地ないしは低い床貼の建物が想定できる．竪穴建物も基本的には壁支えの建物ではあるが，構造的にやや異なる．考古学的には発見が難しい建物である．

　掘立柱建物を主体とする集落　東国でも畿内と同様に，掘立柱建物を溝や塀・生け垣，段切りで区画した屋敷地が存在し，掘立柱建物の母屋・付属屋・倉庫・工房・井戸などのほかに，竪穴建物の倉庫・工房が伴う．空間地には園地(畑・庭・作業場)が推定できる．階層によって屋敷地の規模や，建物の規模や数が異なる．前述の場合は独立自営的な階層が想定できる．比較的隷属的な下層民であれば，1×2，2×3間程度の小規模な住居のみで，複数の建物を持たない場合が想定できる．単独で散居したり，数軒で集住したりする．東国の中世前期の集落は，畿内と同じ散村的な景観が想定できる．しかし，「竪穴建物」の存在や，段切り整形のよる丘陵斜面での屋敷の造成など，いくつかの特質も指摘できる．そして，14世紀以降になると館や寺院，街道などに関連した集村的，都市的な集落が出現する．この集村的な集落は，計画性は少ないが，一定の規格性を有する．

　竪穴建物を主体とする集落　東国特有の集落であり，少数の掘立柱建物と竪穴建物・井戸などで構成され，集村的な景観を営む．栃木県下古館遺跡や福島県古館・古宿遺跡などは，堀・土塁で区画されている．竪穴建物はすべて「蔵」「倉庫」とすると，住居がほとんどないことになるが，発見できない「壁支建物」などの存在を想定したい．竪穴建物は道や区画などに規制された配置をとるものもあるが，規則性は稀薄である．交通の結節点や宗教的な空間に隣接して発見されることから，「宿」「市」「津」といった都市的な場を想定する意見もある．一般に出土遺物が少なく，竪穴建物はすべて意図的に埋め戻されている．陸奥南部では，13〜14世紀には出入り口施設を有し柱穴を持つものから，出入り口施設を持たない無柱穴のものへ変化する．14〜15世紀の福島県古宿遺跡以降は，15世紀後半から16世紀の青森県浪岡城跡や根城跡などの，東北地方北部の城館跡で多く見られる．現在，信濃・上野・下野・北武蔵・上総・常陸・陸奥などで発見例が多く，その地域的な展開過程が注目される．都市鎌倉の「前浜」と呼ばれる庶民居住地・商工業地で，竪穴建物が密集して多数発見され，その系譜関係が課題である．

　壁支建物を主体とする集落　発見例は少ないが，新潟県馬場屋敷遺跡下層遺構を挙げることができる．萱を束ねて編んだような敷物と細い柱，地中から立ち上げた萱壁で構成され，いくつかの部屋に分かれる．部屋の中央には，掘り込みのある囲炉裏がある．檜垣の一部も発見され，檜垣の塀や溝で区画されていたことが分かっている．空間構成までは不明であるが，14世紀初頭の集落例として注目される．都市鎌倉では斎木秀雄が佐助ヶ谷遺跡の調査から「(仮称)板壁掘立柱建物跡」を提唱し，これまで調査された竪穴建物の中に，壁支建物があることを指摘している．14世紀代を中心とする．

　以上のように，建物遺構の存在形態を中心に，3類型の集落を提示したが，視点を変えればさらに多様な集落の類型が存在する．中世前期には掘立柱建物跡＋竪穴建物で，段切・溝・塀で区画され，散村的な景観を営む集落が普遍的にある．一方，13世紀中頃には街道や河川に隣接して，竪穴建物＋掘立柱建物＋(壁支建物)で，集村的な集落が出現する．遅くとも14世紀には壁支建物が出現し，散村的な集落と予測される．そして，14世紀後半には館や寺院・街道に隣接する都市的な集落が目立ってくる．中世後期には集村化すると一般的に考えられてきた．しかし，集落の立地や構造に変化があることは確実であるが，集村・都市化という同じ方向にのみ集約化されるかは不明である．そして，遅くとも16世紀後葉には短冊形地割のある城下集落の成立を確認できる．

［文献］飯村均　1994「中世の『宿』『市』『津』」『中世都市研究第3号』中世都市研究会同人会．佐久間貴士　1994「発掘された中世の村と町」『岩波講座　日本通史　第9巻』岩波書店．　　　　　　　　　　(飯村　均)

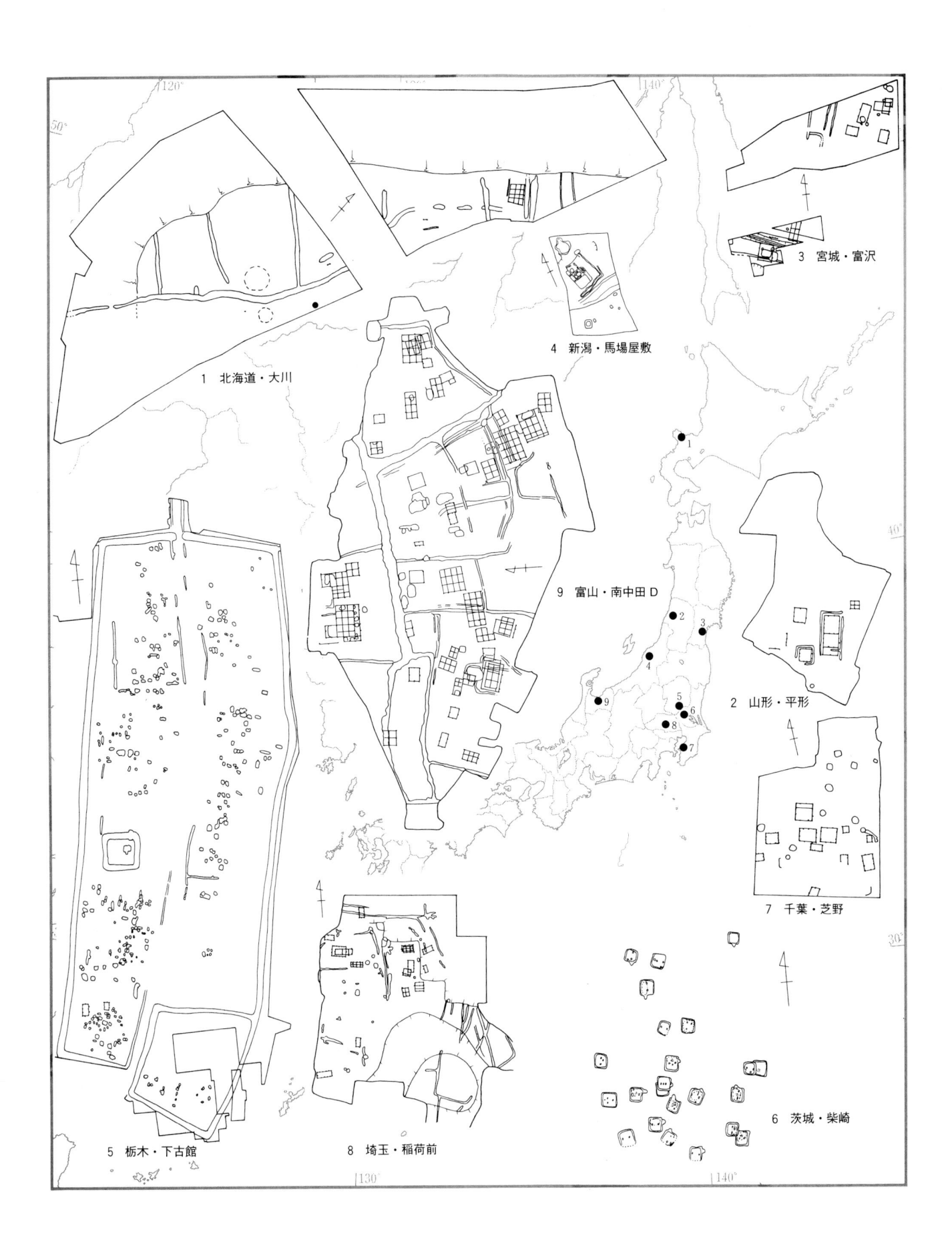

1 北海道・大川
2 山形・平形
3 宮城・富沢
4 新潟・馬場屋敷
5 栃木・下古館
6 茨城・柴崎
7 千葉・芝野
8 埼玉・稲荷前
9 富山・南中田D

東国の集落 51

14 世紀前半

14 世紀後半

15 世紀前半

15 世紀前半の東田遺跡

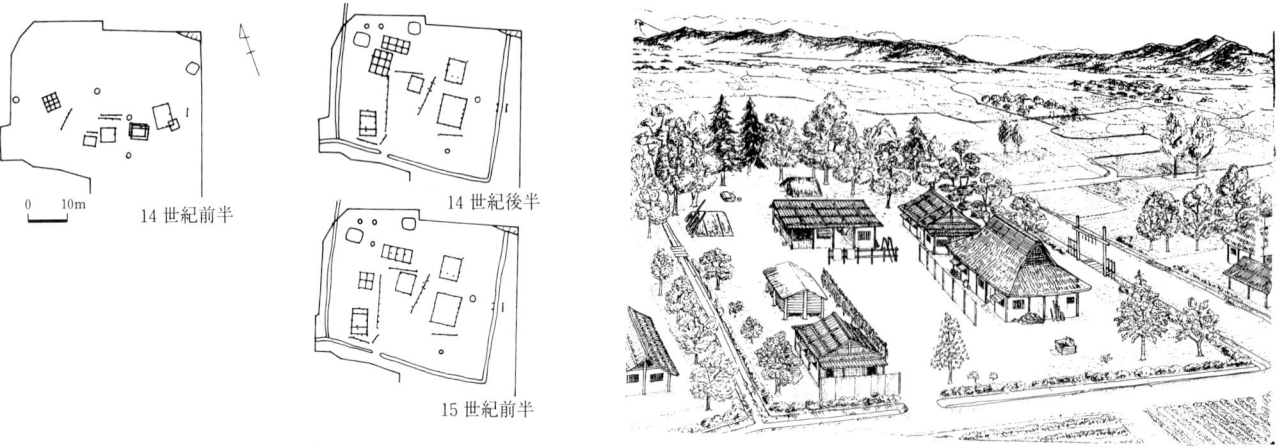

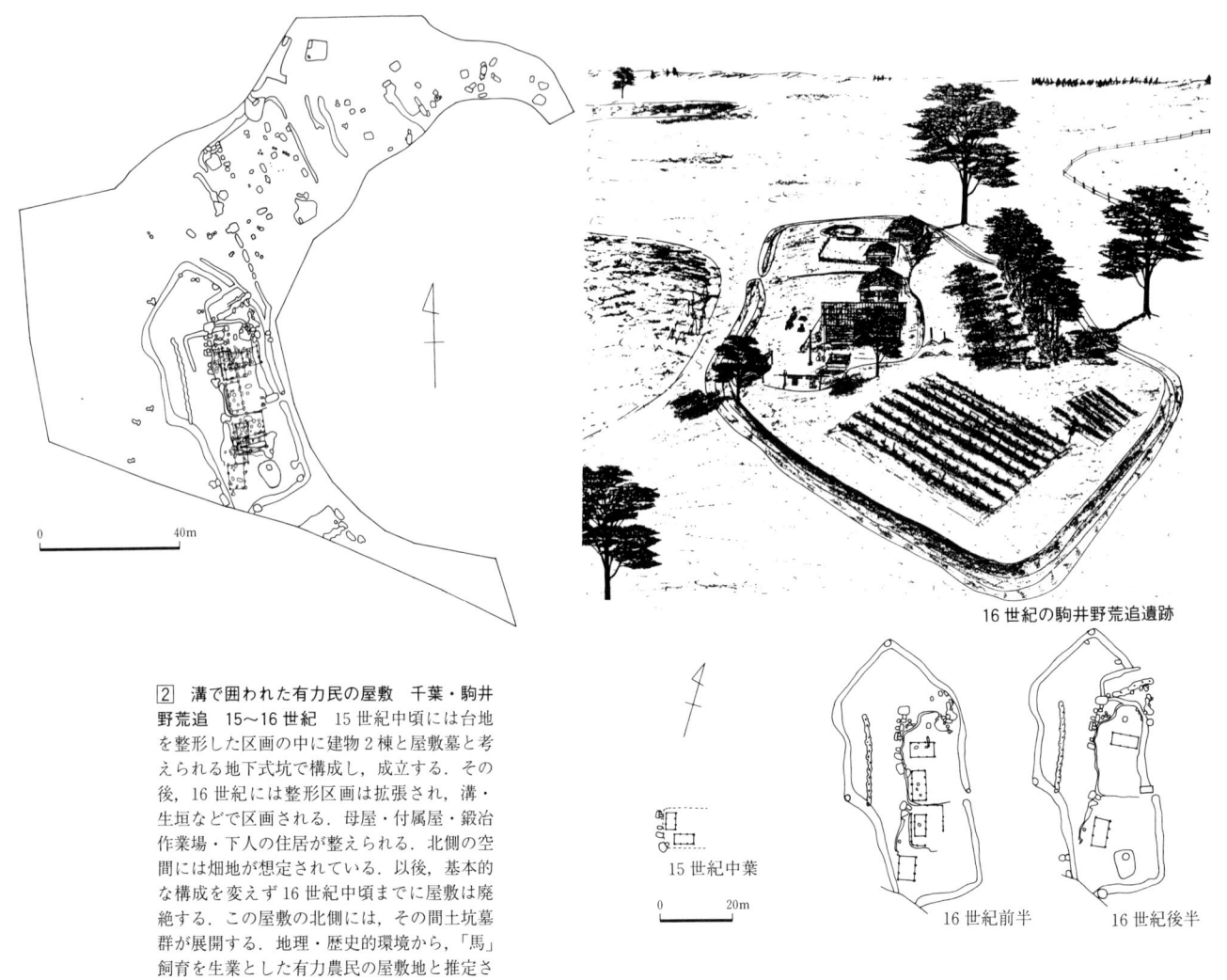

① 溝で囲われた有力民の屋敷　群馬・東田　14〜15 世紀　新田郡上江田郷に位置する．14 世紀前半には母屋 1 ＋付属屋 3 ＋倉 1 ＋竪穴建物 1 ＋井戸 4 の構成で，建物規模が小さい．14 世紀後半になると，屋敷は環溝で区画され大型の母屋 1 ＋大型の副屋 1 ＋倉庫 2 ＋納屋 1 ＋下人の居所 1 ＋竪穴建物 2 ＋井戸 5 となり，建物の規模・数が優り，構成も整然とする．出入り口は東・南に付く．この屋敷は 15 世紀前半まで継続し，廃絶する．1 辺約 40m と半町に満たない規模で，出土遺物も貧弱であることから，新田荘の「在家」と呼ばれる有力農民の屋敷と想定されている．

16 世紀の駒井野荒追遺跡

② 溝で囲われた有力民の屋敷　千葉・駒井野荒追　15〜16 世紀　15 世紀中頃には台地を整形した区画の中に建物 2 棟と屋敷墓と考えられる地下式坑で構成し，成立する．その後，16 世紀には整形区画は拡張され，溝・生垣などで区画される．母屋・付属屋・鍛冶作業場・下人の住居が整えられる．北側の空間には畑地が想定されている．以後，基本的な構成を変えず 16 世紀中頃までに屋敷は廃絶する．この屋敷の北側には，その間土坑墓群が展開する．地理・歴史的環境から，「馬」飼育を生業とした有力農民の屋敷地と推定されている．

15 世紀中葉

16 世紀前半

16 世紀後半

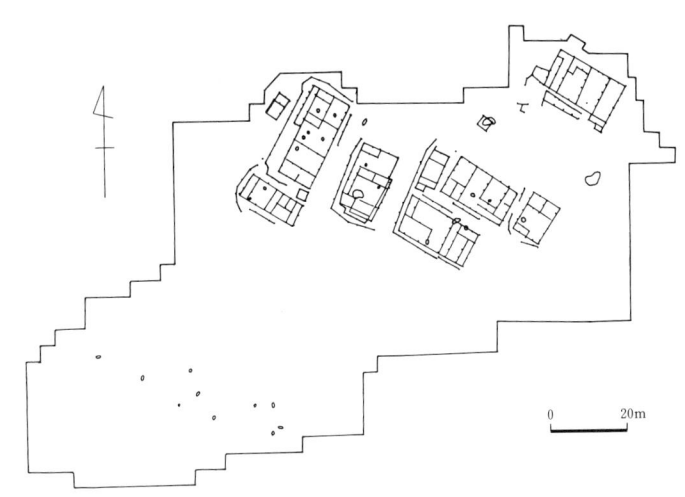

③ **中世末の上層民の屋敷　青森・浜通　16～17世紀**　16世紀第4四半期から17世紀第1四半期に限定できる屋敷跡．根城南部氏の代官所の可能性も示唆．塀・囲炉裏を持つ大規模な掘立柱建物5棟，小規模な掘立柱建物跡6棟，鍛冶遺構1基，竪穴建物1棟，火葬土坑墓8基で構成される．間仕切りや塀の在り方は，既に近世初期の民家と共通する構造である．竪穴建物が伴うことは，東北地方北部の特徴とも言える．南西側丘陵には火葬の墓地が展開し，西には太平洋が広がる．中世から近世への移行期の屋敷として，東北地方北部の典型となる．

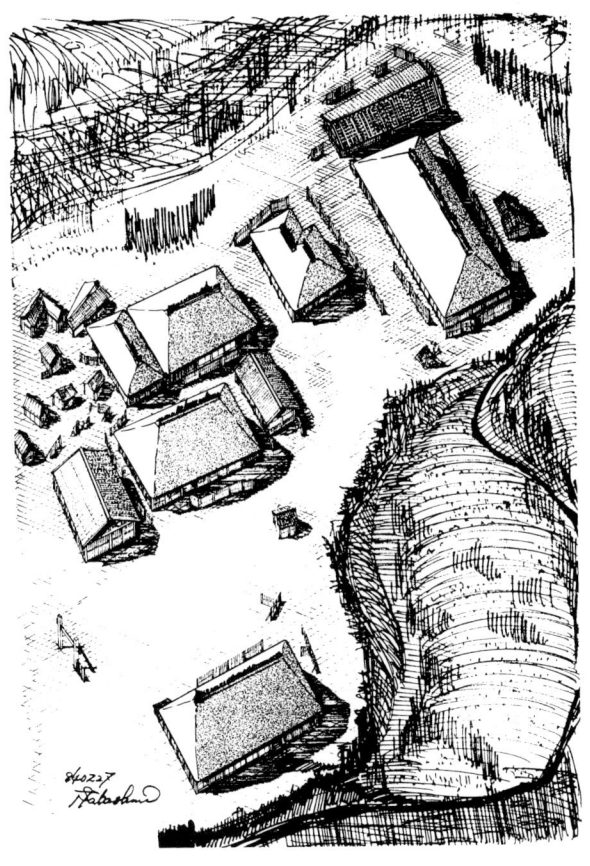

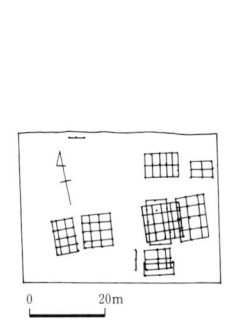

④ **出羽の総柱建物の集落　山形・升川　12世紀**　総柱建物で構成され，「コ」字形の整然とした配置をとる．東の礎石建物が主屋で，掘立柱建物の付属屋が伴う．総柱建物が主であることからは，北陸地方との関連が考えられる．礎石建物の存在や出土遺物から，上層民の屋敷と推定されている．

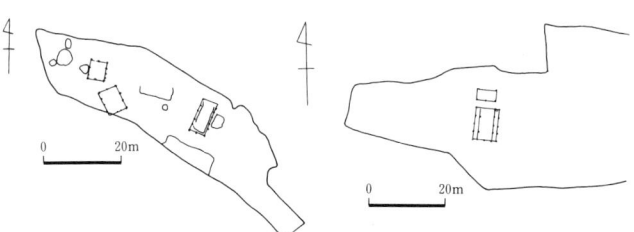

⑤ **陸奥の段切整形の集落　福島・荒小路　13～14世紀**　丘陵斜面や段丘面を段切りして，屋敷地を形成し，掘立柱建物・竪穴建物・井戸などで構成される．2×3間程度の建物を主屋として，小規模な掘立柱建物が伴う．必ずしも規則的な配置をとらないが，主屋と倉・倉庫と考えられる付属屋で構成され，決して階層が高いとは言えないが，独立自営な階層と考えられる．斜面を段切して屋敷を形成することが特徴的で，密集して建物が見つからないことから，散村的な景観を想定する必要がある．

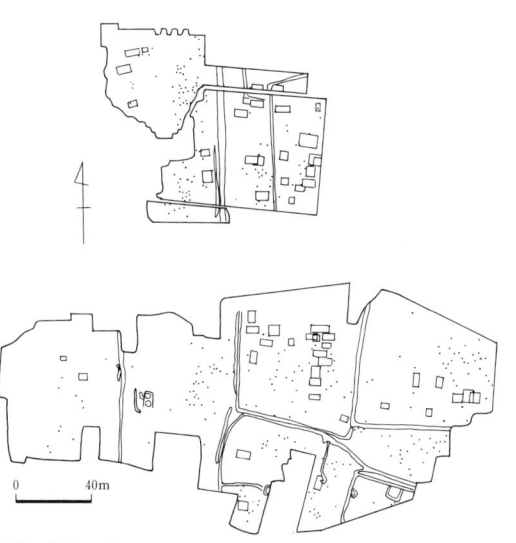

⑥ **越後の溝で区画された集落　新潟・樋田　13～14世紀**　沖積平野の微高地上に立地し，潟湖を望む村である．掘立柱建物69棟以上，井戸367基，土坑225基，溝69条などが検出されている．幅1～3.4mの溝で10以上の区画に分割され，各区画は溝で小分割されたり，宗教施設と考えられる方形周溝も確認されている．掘立柱建物には総柱建物もあり，北側に集中する傾向がある．区画間の階層差や集落の性格も検討する必要はあるが，中世前期の集落の代表例となろう．

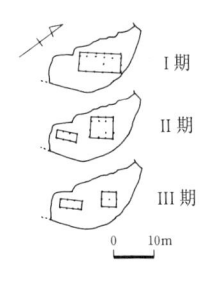

⑦ **南武蔵の段切整形の集落　東京・多摩ニュータウン No.405　13・14世紀**　丘陵裾部の斜面を段切整形して，屋敷地を形成している．I期は主屋と考えられ廂付大型建物で，北に付属屋の可能性が考えられる．II期は主屋と考えられる廂付大型建物と倉庫建物で構成され，III期も同じ構成であるが，建物規模が縮小する．以上のような構造は，南武蔵で一般的な集落と考えられている．また，14世紀後半の画期も指摘されている．

東国の集落　53

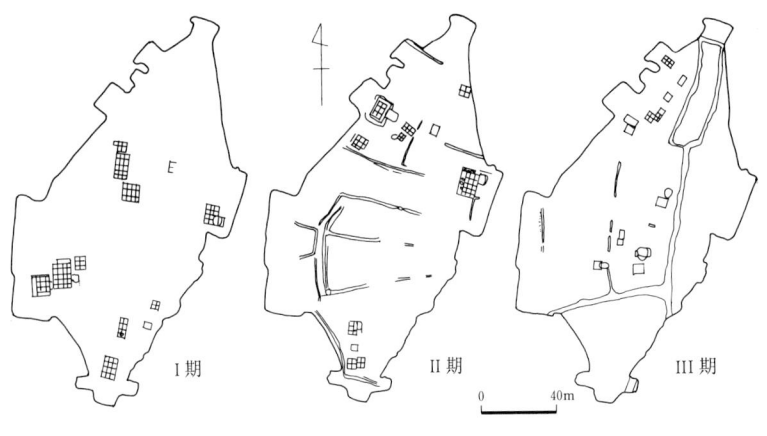

⑧ **北陸の典型的な集落 富山・南中田D 12〜15世紀** 溝で区画され，総柱建物を主体とする集落で，北陸の中世前期の集落を代表する．集落はⅠ〜Ⅲ期に分かれ，Ⅰ期は区画溝出現以前で，総柱建物を主体として1〜4棟で構成され，大型の建物には竪穴状土坑（土間）が伴う．Ⅱ期は溝による区画が成立し，比較的小規模な総柱建物1〜4棟で構成され，竪穴状土坑が伴う．Ⅱ期とⅢ期の間に断絶があり，Ⅲ期には溝による大きな区画はあるが，集住的な傾向が強まり，側柱建物が主体となり，建物規模・柱間・柱穴いずれも小型化する．Ⅰ・Ⅱ期は12世紀後半から13世紀，Ⅲ期を15世紀である．

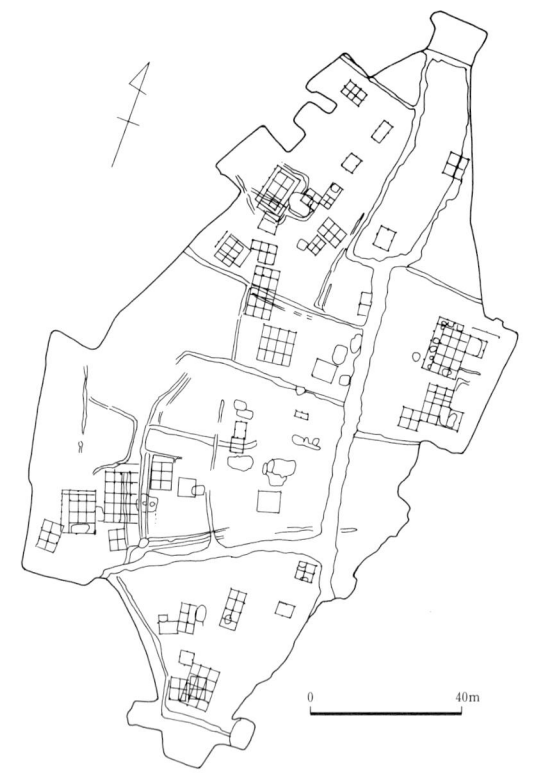

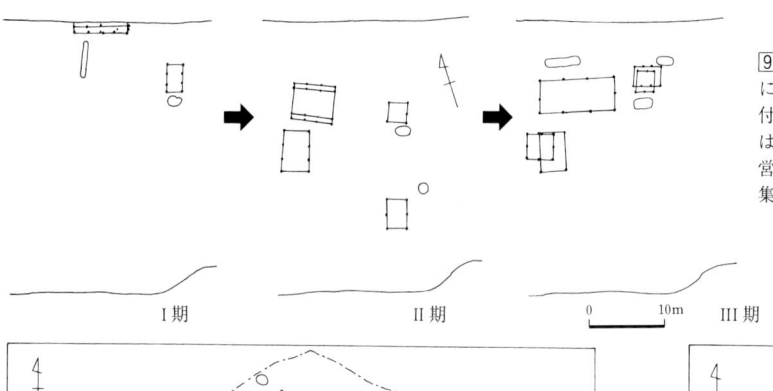

⑨ **南陸奥の典型的な集落 福島・三貫地 13世紀** 段丘上に立地する集落で，同じ屋敷地の3時期の変遷がわかった．庇付の主屋に付属屋・倉庫・井戸が伴う構成で変遷し，基本的には屋敷規模・建物規模が増大，建物数が増加するなど，独立自営的な階層が成長していく姿を描くことができる．陸奥南部の集落の1類型と言える．

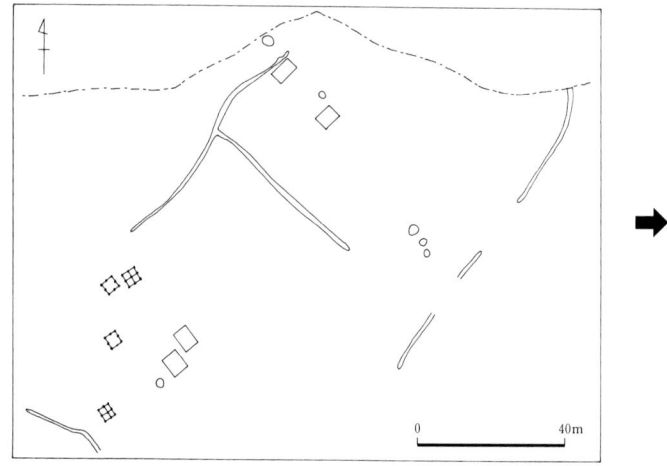

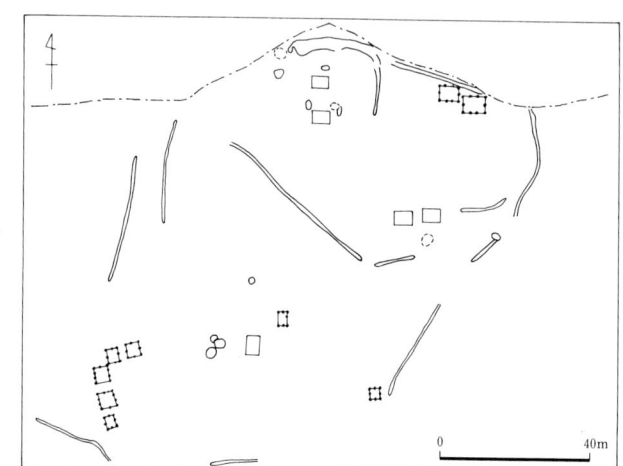

⑩ **北武蔵の中世後期の集落 埼玉・桑原 15・16世紀** 低い台地上に立地し，溝で区画された40〜80mの不整方形の空間に，2〜5棟を単位とする小規模な掘立柱建物が整然と並び，井戸が伴う．基本的には主屋＋(付属屋)＋倉庫＋井戸の構成で，空間地は園地・広場と考えられる．館に隣接した，館に関連の強い集落である．

54 村と町

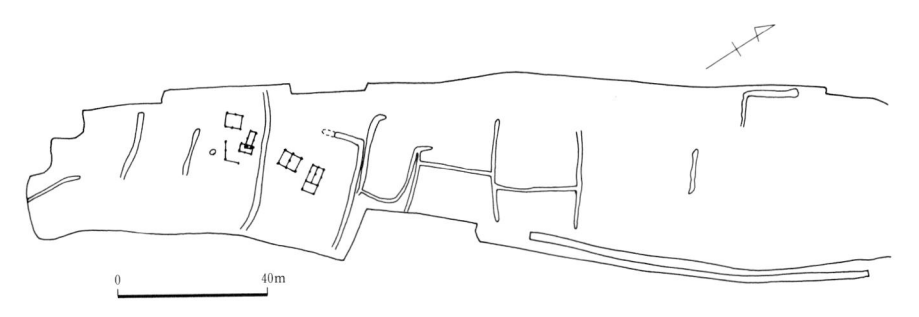

[11] **北武蔵の中世前期の集落　埼玉・石田　13世紀**　丘陵裾部の緩斜面に立地し，浅い溝で区画され，掘立柱建物の主屋＋付属屋＋(井戸)の構成で，13世紀前半の一時期のみである．空間地は園地ないしは別の屋敷地と考えられる．独立自営的な階層が想定され，北武蔵で普遍的な集落の類型の一つである．

13世紀前葉

13世紀中葉～14世紀前半

14世紀中葉～後半

[12] **信濃の典型的な集落　長野・北栗　13～14世紀**　松本平の扇状地に立地する遺跡で，周囲には条里的地割が残る．古代とやや断絶を持って，13世紀前葉に周溝をもつ掘立柱建物を中心に数棟の竪穴建物が伴う構成で，立地・配置は古代的である．13世紀中葉から14世紀前半には，溝で区画され，整然とした配置となる大小の総柱掘立柱建物で構成される．大小2棟で単位となり，まとまりを持って展開する．総柱建物には土坑(土間)が伴い，北陸地方と類似した建物構造になる．竪穴建物は次第に消滅し，墓域が継続的に形成される．14世紀末頃には衰退し，小規模な掘立柱建物の3群がわかるが，区画などもあいまいになる．竪穴建物も再び出現し，墓域も重複する．そして，14世紀末からには廃絶し，耕地となる．13世紀中頃以降の集落は条里地割の方向と一致する．

[13] **東国における城下集落の出現　宮城・本屋敷　16世紀**　伊達氏の家臣砂金氏の居城前川本城の城下集落である．堀で区画された「惣構え」の中に，幅6～8mの東西道路があり，間口11～12m×約30mの短冊形地割が並ぶ．地割内は道路に面して1×4間程度の妻入りの掘立柱建物があり，奥まった場所には掘立柱建物・竪穴建物・焼土跡などの工房や倉庫がある．16世紀後半には，陸奥南部でもこうした「惣構え」の中に短冊形地割をもつ城下集落が出現したことが確実で，17世紀以降の仙台藩領の城下町とも類似した近世的な構造である．しかし，依然として掘立柱建物を主体とする点や竪穴建物を伴う点では，前代の集落の系譜を引くものといえる．

東国の集落

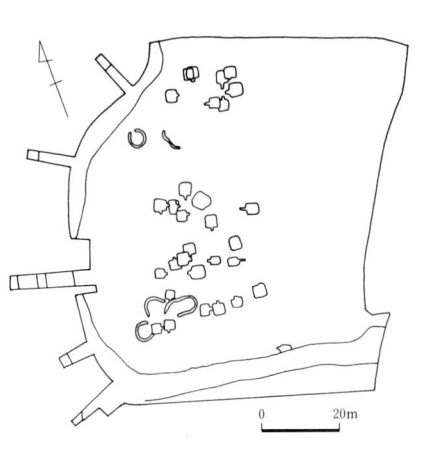

福島・古館

[14] **竪穴建物を主体とする集落** 13世紀中葉には成立し，15世紀後半には廃絶する集落で，陸奥・下野・上野・北武蔵・常陸・信濃などで，発見されている．13世紀には整然とした区画を伴わない形態で，出入り口の張り出しを持ち，4m四方の方形を基調とする竪穴建物が主体である．出土遺物が少なく，人為的に埋め戻されている特徴がある．14世紀後半になると，土塁と堀で長方形に整然と区画された中に，2〜4mの方形の無柱穴の竪穴建物が配置される．区画内には栃木県下古館遺跡のように，街道を取り込んで構成されているものもある．ほかに御堂や墳墓などの宗教的な施設が必ず伴い，街道や河川に隣接して位置する．竪穴建物を主体する遺跡は，都市鎌倉の「前浜」と呼ばれる商・職人居住区で特徴的に確認できる．鎌倉では竪穴建物を「倉」と考えられる場合が多く，物資の集積地であったと想定できる．竪穴建物を「倉」と想定すると，物資の集積地と考えられ，「宿」「市」「津」といったやや特殊な集落の可能性も考えられる．

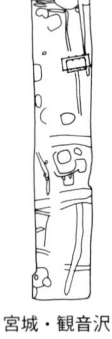

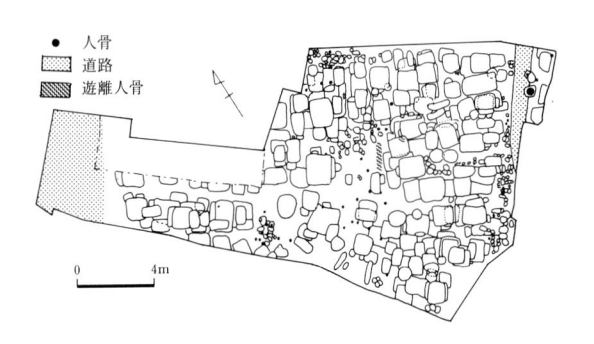

宮城・観音沢

栃木・下古館

● 人骨
道路
遊離人骨

神奈川・由比ヶ浜中世集団墓地

神奈川・若宮大路周辺

[15] **都市鎌倉の町屋・倉庫街** 長谷小路から由比ヶ浜にかけて，二ノ鳥居の南の「浜地」には竪穴建物群が展開する．道路などで一定の区画をもち，竪穴建物・墓坑・井戸・土坑などで構成される．小町口では，道に区画されて整然と並び，竪穴建物や井戸などで構成される遺跡が調査された．13世紀の木組み竪穴建物から，14世紀に石組みの竪穴建物へ変化することが分かった．幕府関連の倉と考えられている．

56 村と町

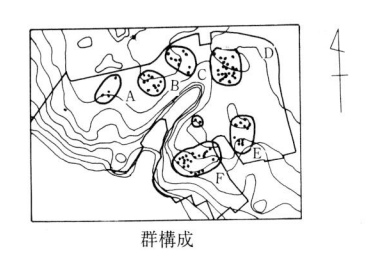

16 常陸の竪穴建物集落　茨城・柴崎　12・13世紀　台地上に立地し，約90軒が大きく6群に分かれて，3時期程度に変遷する．竪穴建物は2本柱穴で出入り口を有するものが多く，囲炉裏が伴う構造で，住居と推定されている．出土遺物は少ない．鎌倉時代の集落の一例とされている．

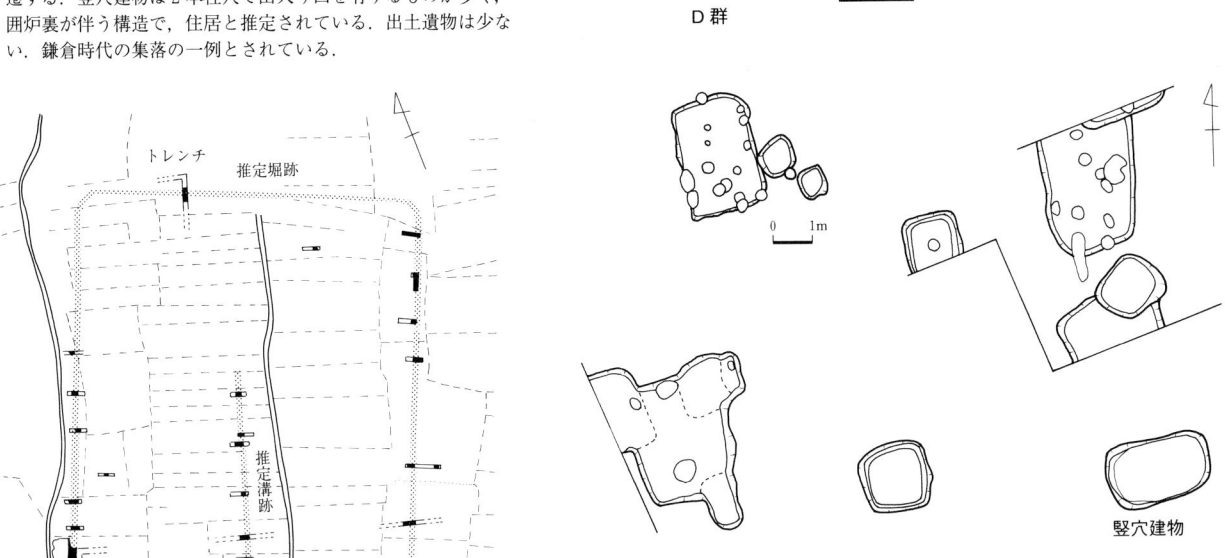

17 土塁と堀で囲まれた竪穴建物集落　福島・古宿　14・15世紀　河岸段丘上に立地し，東西約95m，南北約155mを土塁と堀で囲繞した集落で，内部も溝で区画されている．竪穴建物・井戸・柱穴などが多数検出された．現状で短冊型の地割が残り，それが堀・溝の方向と一致することから，「町割り」のあった「宿」の可能性が推定されている．

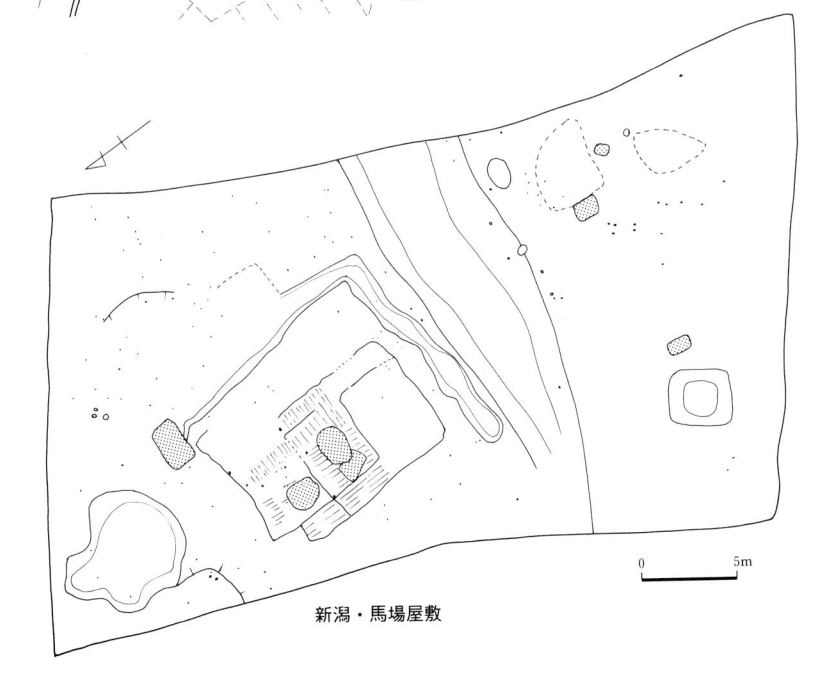

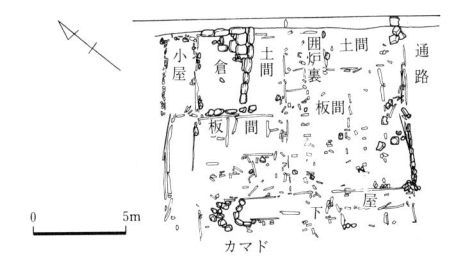

18 壁支建物　新潟・馬場屋敷；神奈川・佐助ヶ谷　13・14世紀　地中から壁を立ち上げて上屋を支える構造の建物で，細い柱や礎板を間仕切りや床束としている．囲炉裏が遺存している場合が多いことから，低い床貼りか土座などを想定できる．発見例は少ないが，中世では普遍的な建物であったと考えられる．13世紀には遅くとも成立している．

東国の集落

3 職能集落

　これまで集落遺跡研究の多くは，検出される様々な遺構群を農耕民の生活に必要な要素として扱ってきた．しかし中世の村落・都市を構成した人々の中には，職人・商人などといった，一般の農民とは異なる再生産構造と帰属関係のなかで生活していた人々もいたのである．これまでの集落遺跡研究では，農耕を中心とした視点によって，彼らの遺跡も一般の農民たちの構造の中で整理してきた場合が多かったことになるが，それはこの意味において本来の中世村落の構造を物語ってはいなかったのである．

　そこでここでは職能民の中でも特に手工業者を代表にして，あらためてそれらの集落の特徴を整理してみたい．

　種類　考古学が対象にできる手工業者の集落は，一義的にはその作業に関わる何らかの特徴を地表面に残したものが主流となる．例えば窯・粘土採掘坑・ロクロピットなどを有する窯業，炉・炭窯・集石・粘土貼り施設・不定形土坑などを有する製鉄・鋳造・鍛冶業，特殊な竈をもつ製塩業などがその代表である．一方これに加えて，遺構は不明でも炉壁・鋳型・坩堝・滓・漆篦・工作具など，作業道具や作業工程で派生する遺物の出土によってその集落の職種の推定できる場合がある．またこれら以外にも立地などから，農耕以外の生業を考えざるを得ない集落遺跡の場合もこの例に含まれるであろう．例えば杉の木平遺跡では標高1000mの山地緩斜面から一辺2mほどの竪穴址が検出されている．同様な視点で考えられていた群馬県熊倉遺跡の性格が，その後見直されている状況も考慮する必要はあるが，木地師などの住居の可能性が示唆されるところである．

　変遷　古代では埼玉県中堀遺跡（9世紀後半〜10世紀）を始めとして，一般に官または有力豪族および寺院に付属する工房として金属・漆など複数の職能民の混在する姿がみられた．ところが中世の遺跡は多様な様相を見せてくる．山間部では，北沢遺跡（12世紀後半〜13世紀前半）で同一と考えられる集団が杣工・製鉄・窯業を行い，窯業生産工人の集落と推定されるウスガイト遺跡は領主クラスの屋敷地とその周辺に鋳造・製鉄の工房を伴っている．一方平野部は村落と都市に分離される．この内前者では平井遺跡・金井遺跡・日置荘遺跡（13世紀）などを代表として，一般の村落と並立する自立的な窯業または鋳造の村落を形成する．また後者では草戸千軒町遺跡・鎌倉遺跡群・鉾ノ浦遺跡（13世紀）などでみられるように，多様な工人が都市民として取り込まれる場合，あるいは同業の街区を形成する様子がみられる．しかし15世紀から遅くとも16世紀代には，村落で自立的な集落を形成していた職能民達も再び特定の居館またはその支配下の村落および都市に付属する存在となり，その姿は都市民の中に埋没する．

　河内丹南の鋳造村落　このように職能民の集落遺跡の最も特徴的な姿は中世前期に見られる自立的な村落の様相であったと言える．そこでここではそれを代表する遺跡として，河内鋳物師の本拠地として有名な日置荘遺跡をみていきたい．集落の範囲は東西・南北共に約90mで，遺構は溶解炉・鋳造土坑および井戸・溝・掘立柱建物が，南北の2群に分かれて展開する．北群には廂を持つ大型建物が，南群には建て替え回数の多い小型建物がみられる．鋳造関連遺構は炉基底部が1ヵ所，鋳造土坑が3ヵ所でその分布は南に偏る．したがって北群を生活空間，南群を作業空間と考えることができよう．鋳造作業は継続的ではあるがおそらくそれほど大規模なものではなかったであろう．ただし遺物には関東および原材の主要産地である中国地方との関わりを窺わせる陶器がみられ，さらに隣接地で鉾ノ浦遺跡出土の撞座文様と同文様の瓦が出土しているなど，広範な流通のネットワークを持っていたことがわかる．また中心建物の規模と形態および中国製白磁四耳壺の出土から，この集落が中世集落の中でも上位にあった可能性は高く，その結果この集落では，大工であり名主層に比定される可能性の高い家長を中心に，その一族および小百姓または下人などが，鋳造の生産と広範なその流通に携わっていたものと推定される．その人数を推定することは難しいが，1時期当り3家族程度を家長以外の構成員と考えたい．

　以上考古学の対象として扱いやすい鋳造工人の集落遺跡を例に整理を進めてきたが，周知のように職能民の形態には専業・兼業あるいは副業などがあり，また専業であっても作業場が離れていた場合などは，調査範囲との関係で農耕集落との識別が困難な場合も生じ，問題は安易な普遍化を寄せつけない内容をもっている．しかし本研究の重要な点は，これまで農耕的性格により均質にあつかわれていた村落の再検討に所在するのであり，手続きは煩雑であるが，この視点によって村落の構造を整理し，それぞれの特質を抽出することができれば，それは地域における村・町・都市などの相対的な社会的関係を顕在化させ，新しい社会史を構築する有効な方法になるものと考えている．

［文献］藤澤良祐 1992「大窯期工人集団の史的考察」『国立歴史民俗博物館研究報告第46集』．鋤柄俊夫 1993「中世丹南における職能民の集落遺跡」『国立歴史民俗博物館研究報告第48集』．吉岡康暢 1994『中世須恵器の研究』吉川弘文館．

（鋤柄俊夫）

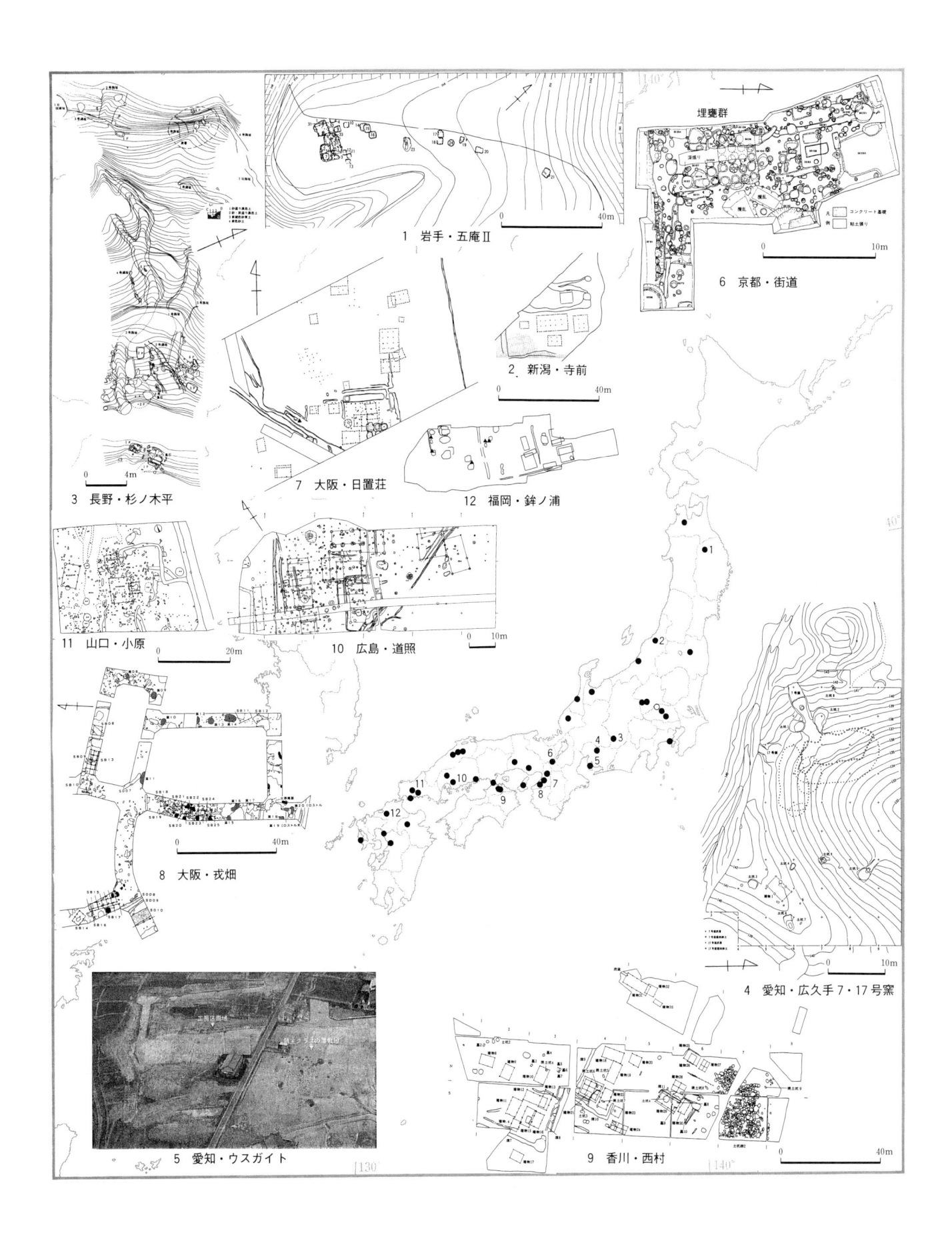

1 岩手・五庵Ⅱ
2 新潟・寺前
3 長野・杉ノ木平
6 京都・街道
7 大阪・日置荘
12 福岡・鉾ノ浦
11 山口・小原
10 広島・道照
8 大阪・戎畑
5 愛知・ウスガイト
9 香川・西村
4 愛知・広久手7・17号窯

職能集落 59

1 **河内鋳物師の里** 河内鋳物師が最も活躍していた12・13世紀，その本拠地であった現在の大阪府堺市から美原町と松原市にかけての一帯では，平均的な規模と構造をもつ集落が点在していた．これらの村は，いずれも農耕を基盤とした同様な支配体制と再生産原理によって存在していたかに思われていた．しかし実際にはその景観の中から鋳物師の痕跡が，文献と金石文そして考古学的調査から証明され，中世の地域社会の多様な構造を明らかにする手がかりとなったのである．なお文献によれば，河内鋳物師の集団は，大きく右方と左方（廻船鋳物師）に分かれており，日置荘遺跡Ⅰ調査区の建物群は，その規模と定住性および出土遺物の特徴などから，右方を代表する丹治姓鋳物師の家と考えられている．

日置荘 Ⅰトレンチの推定復原

日置荘 Ⅰトレンチの構造モデル

大阪・日置荘 11世紀を中心として13世紀までの井戸・溝・建物および多量の鉄滓・焼土と鉄鍋鋳型の出土した不定型土坑SD08（1辺10m以上）が検出された．日置荘遺跡は大規模で継続性の高い鋳造工人の村落であった．

大阪・岡2丁目所在 13・14世紀を中心とし，溶解炉2基と多くの鋳造土坑および被熱痕跡の著しい作業場跡が発見された．建物との関連は明確ではないが，平安時代末期に遡る蓮華文瓦の出土とあわせて日置荘遺跡と共通する要素をもつ．12〜14世紀．

大阪・真福寺 13世紀．梵鐘または湯釜などの大型品を鋳造した土坑が発見された．建物はやや離れた位置にあり，独立的である．日置荘遺跡Ⅰトレンチの集落と対照的な点で左方鋳物師の村の可能性がある．

日置荘（12・13世紀）の条里地割りと集落配置
（○…建物，▲…鋳造遺構・遺物）

60 村と町

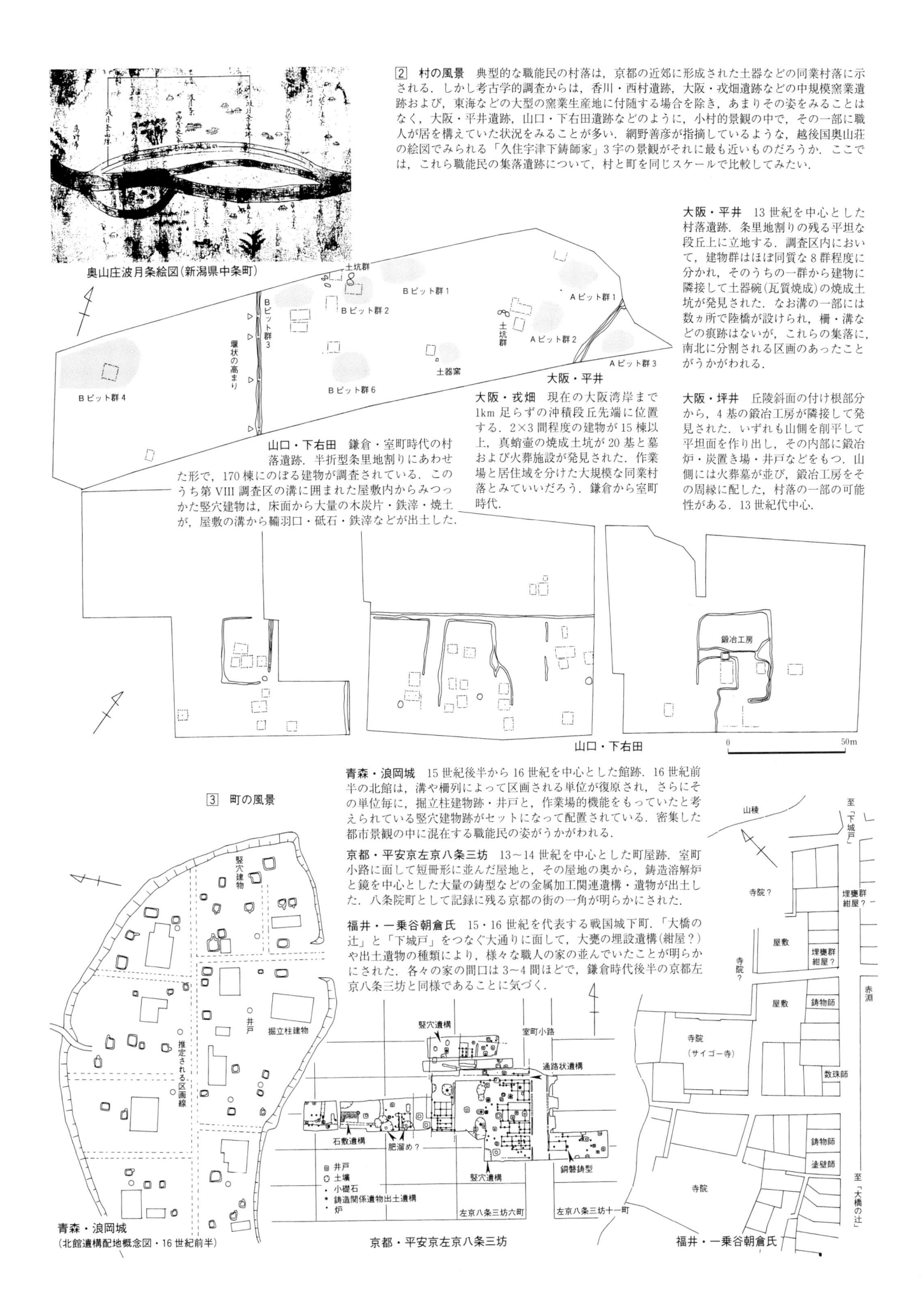

2 **村の風景** 典型的な職能民の村落は，京都の近郊に形成された土器などの同業村落に示される．しかし考古学的調査からは，香川・西村遺跡，大阪・戎畑遺跡などの中規模窯業遺跡および，東海などの大型の窯業生産地に付随する場合を除き，あまりその姿をみることはなく，大阪・平井遺跡，山口・下右田遺跡などのように，小村的景観の中で，その一部に職人が居を構えていた状況をみることが多い．網野善彦が指摘しているような，越後国奥山荘の絵図でみられる「久住宇津下鋳師家」3宇の景観がそれに最も近いものだろうか．ここでは，これら職能民の集落遺跡について，村と町を同じスケールで比較してみたい．

奥山荘波月条絵図（新潟県中条町）

大阪・平井 13世紀を中心とした村落遺跡．条里地割りの残る平坦な段丘上に立地する．調査区内において，建物群はほぼ同質な8群程度に分かれ，そのうちの一群から建物に隣接して土器碗（瓦質焼成）の焼成土坑が発見された．なお溝の一部には数ヵ所で陸橋が設けられ，柵・溝などの痕跡はないが，これらの集落に，南北に分割される区画のあったことがうかがわれる．

大阪・戎畑 現在の大阪湾岸まで1km足らずの沖積段丘先端に位置する．2×3間程度の建物が15棟以上，真蛸壺の焼成土坑が20基および火葬施設が発見された．作業場と居住域を分けた大規模な同業村落とみていいだろう．鎌倉から室町時代．

大阪・坪井 丘陵斜面の付け根部分から，4基の鍛冶工房が隣接して発見された．いずれも山側を削平して平坦面を作り出し，その内部に鍛冶炉・炭置き場・井戸などをもつ．山側には火葬墓が並び，鍛冶工房をその周縁に配した，村落の一部の可能性がある．13世紀代中心．

山口・下右田 鎌倉・室町時代の村落遺跡．半折型条里地割りにあわせた形で，170棟にのぼる建物が調査されている．このうち第VIII調査区の溝に囲まれた屋敷内からみつかった竪穴建物は，床面から大量の木炭片・鉄滓・焼土が，屋敷の溝から鞴羽口・砥石・鉄滓などが出土した．

山口・下右田

3 **町の風景**

青森・浪岡城 15世紀後半から16世紀を中心とした館跡．16世紀前半の北館は，溝や柵列によって区画される単位が復原され，さらにその単位毎に，掘立柱建物跡・井戸と，作業場的機能をもっていたと考えられている竪穴建物跡がセットになって配置されている．密集した都市景観の中に混在する職能民の姿がうかがわれる．

京都・平安京左京八条三坊 13～14世紀を中心とした町屋跡．室町小路に面して短冊形に並んだ屋地と，その屋地の奥から，鋳造溶解炉と鏡を中心とした大量の鋳型などの金属加工関連遺構・遺物が出土した．八条院町として記録に残る京都の街の一角が明らかにされた．

福井・一乗谷朝倉氏 15・16世紀を代表する戦国城下町．「大橋の辻」と「下城戸」をつなぐ大通りに面して，大甕の埋設遺構（紺屋？）や出土遺物の種類により，様々な職人の家の並んでいたことが明らかにされた．各々の家の間口は3～4間ほどで，鎌倉時代後半の京都左京八条三坊と同様であることに気づく．

青森・浪岡城（北館遺構配置概念図・16世紀前半）

京都・平安京左京八条三坊

福井・一乗谷朝倉氏

職能集落 61

4 街道集落

　道に面した集落は，時代・地域等によって多様な形態となり，一律に論じることはできない．しかし，京・鎌倉・平泉などの政治都市や，福井県一乗谷や大阪などの城下町や博多・堺などの港湾都市などは，明確な都市性が指摘できる遺跡以外に，道に面して周辺の集落とは異なる景観の都市的な遺跡があることは確実である．

　東国では中世前期に「荒井猫田型」と「下古館型」という二類型が出現する．福島県荒井猫田遺跡は南北道路である「奥大道」と目される道跡を核に，溝で区画された奥行き20～25m，間口20～40m程度の屋地が道路に面して密集する．屋地内はピット群，土坑，井戸跡で構成される．南と北に木戸跡があり，堀で区画された空間（「館」）が隣接する．12世紀後葉には出現するが，その主たる機能時期は13～14世紀で，15世紀前葉には廃絶する．荒井猫田遺跡に類似した遺跡としては，山形県塔の腰遺跡，新潟県馬場・天神腰・子安遺跡，千葉県山谷遺跡，埼玉県堂山下遺跡，山梨県石橋北屋敷遺跡などがある．馬場・天神腰遺跡は溝・堀跡で区画された内部にピット群・井戸跡などが分布し，その濃淡から，市などの存在も推定されている．堂山下遺跡は14世紀後半には在家が散在する景観であるが，15世紀には遺構数が増加し，鎌倉街道沿いに小建物跡が密集する．室町時代に在家から宿への発展が想定される．

　西国でも，「荒井猫田型」類似の遺跡はあり，一本の道跡に沿って建物跡が立ち並ぶ遺跡として，広島県三日市遺跡がある．西流する川と南北の道跡の結接点にあり，道跡の両側に間口が狭く奥行きが長い小規模な建物跡が密集する．鎌倉～室町時代にあり，地名などから「市」から「市町」に発展した遺跡と考えられている．また，大分県釘野千軒遺跡は道（遺構の空白空間）を挟んで両側に，妻側を連ねた建物跡が短冊形に計画的に並び，15世紀後半から16世紀の「宿誘」あるいは宿町・市町などの可能性がある．一方，京都府街道遺跡は「推定・中山道」に隣接して，12～13世紀に形成された集落で，溝や塀で区画された屋敷地が密集し，都市的な雰囲気を有する．

　また「荒井猫田型」とやや異なる，必ずしも道跡を核としない都市的な遺跡がある．中世前期の陸奥府中の一部と考えられる宮城県山王遺跡のように道跡・堀跡に区画されて屋敷群が密集する事例があり，こうした遺跡は，宮城県一本柳・南小泉遺跡のように大崎平野の政治的な拠点遺跡の一類型となっている．こうした遺跡の系譜・成立と，普遍性及び展開が課題となっている．

　複数の道跡や水路で区画された屋敷地でとしては，滋賀県妙楽寺遺跡があり，川岸に発達した遺跡で，15世紀には条里地割に合った方形の屋敷地と短冊形の街区が形成される．兵庫県福田片岡遺跡は筑紫大道と目される道跡に近接して，溝跡で区画された屋敷地があり，12～16世紀の荘園遺跡の一部である．道跡は13世紀後半に整備されている．大阪府上町遺跡は熊野大道に近接した遺跡であり，道跡や溝跡に区画された屋敷群があり，区画内はピット群・土坑・井戸跡で構成される．14世紀中頃～16世紀初頭の遺跡であり，周辺の遺跡や地名などから，都市的な遺跡の可能性が考えられる．

　東国と特有の道に面した遺跡として，栃木県下古館遺跡がある．道跡を核に，堀跡で囲繞される．堀跡内は道跡と溝跡で区画され，方形竪穴建物跡・井戸跡・土坑・ピット群を中心に構成されている．13～15世紀を中心とした遺跡である．方形竪穴建物跡を主体とする「下古館型」の遺跡としては，千葉県文脇遺跡，福島県古館遺跡，福島県古宿遺跡，宮城県観音沢遺跡，山梨県西田町遺跡などが挙げられる．西田町遺跡は街道に面した屋敷地であり，中央に大型の方形竪穴建物跡があり，流通に直接関わる可能性が考えられる．以上のように「荒井猫田型」「下古館型」の各遺跡は，「宿」「市」「津」「泊」などといった「都市的な場」の可能性がある．

　道があっても必ずしも集落は成立しない．山形県高瀬山遺跡は河岸段丘上を河川と並行する道跡があり，溝跡で方形に区画された宗教施設や墓地のみが存在する．同じく，埼玉県赤浜天神沢・六大塚遺跡も道に面して宗教施設のみがある．神奈川県野津田上の原遺跡は丘陵地の道跡のみが存在し，佐賀県吉野ヶ里遺跡では両側側溝の道跡があるが，周辺に中世の遺構がほとんど存在しない．道の成立・維持に宗教勢力との関係が不可分でることがわかると同時に，道に面して都市的な集落が成立する要件として，陸上交通あるいは内水面交通の結節点でることが不可欠であることがわかる．

[文献] 飯村均 1994「中世の『宿』『市』『津』」『中世都市研究第3号』中世都市研究同人会．佐久間貴士 1994「発掘された中世の村と町」『岩波講座 日本通史第9巻』岩波書店．飯村均 1999 「遺跡のかたち 都市のかたち」『中世都市研究6』新人物往来社．藤原良章・村井章介編 1999 『中世のみちと物流』山川出版社．前川要 1999「日本中世集落における短冊形地割の考古学的研究」『国立歴史民俗博物館研究報告第78集』．
　　　　　　　　　　　　　　　　　（飯村　均）

1 福島・荒井猫田

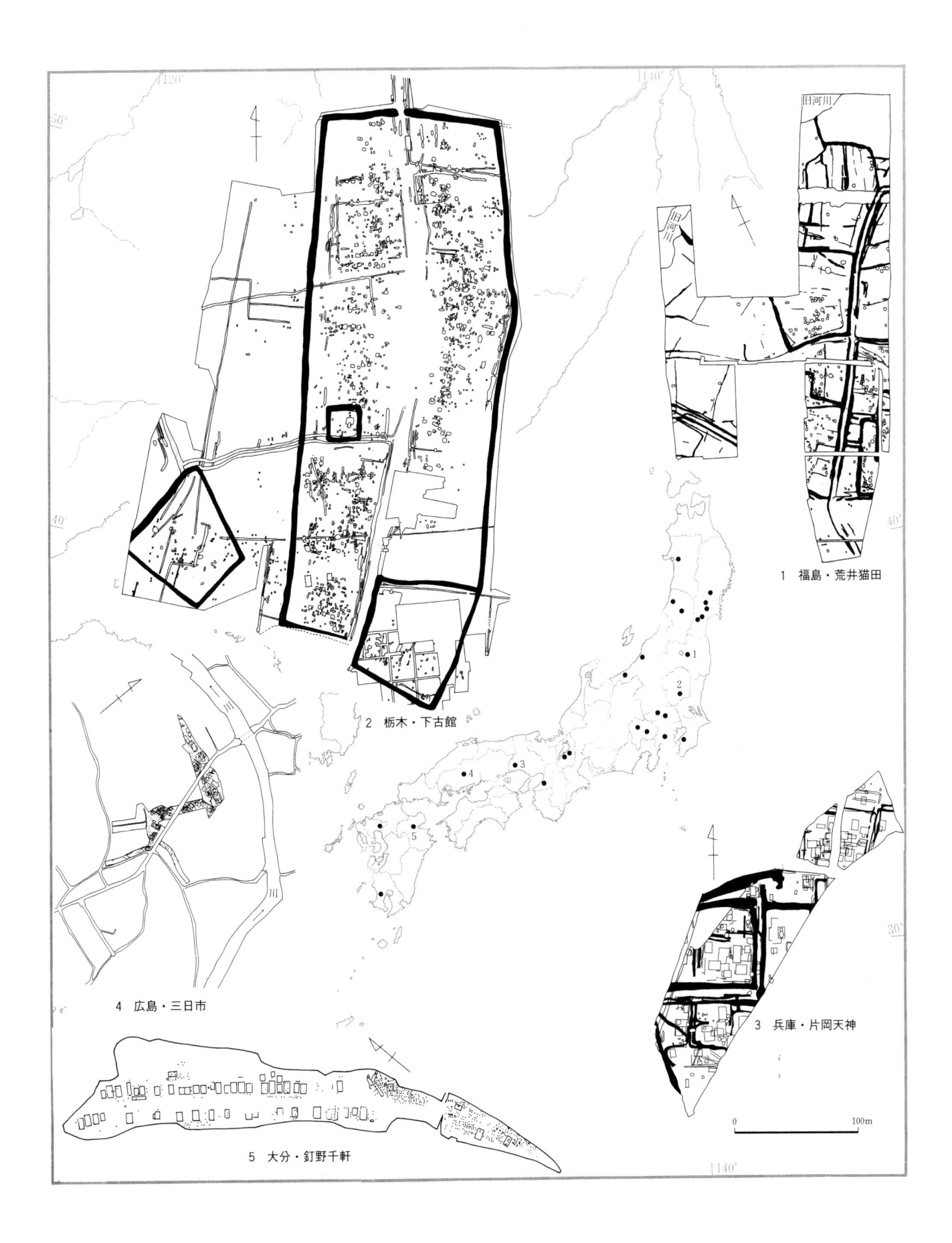

2 栃木・下古館

3 兵庫・片岡天神

4 広島・三日市

5 大分・釘野千軒

街道集落 63

1　**陸奥・出羽の街道集落**　道に面した集落は多様である．陸奥では，「奥大道」と目される道を核に集落が形成された荒井猫田遺跡例は中世前期の街道集落の代表例である．大野田・王ノ壇遺跡では道の成立に伴い集落や館が道にすり寄る状況が良くわかる．観音沢遺跡例は街道に隣接した竪穴建物跡を主体とした集落であり，高瀬山遺跡例は道に伴う宗教施設の在り方がわかる．洲崎・平泉・山王遺跡例は道を核に構成される都市的な遺跡である．

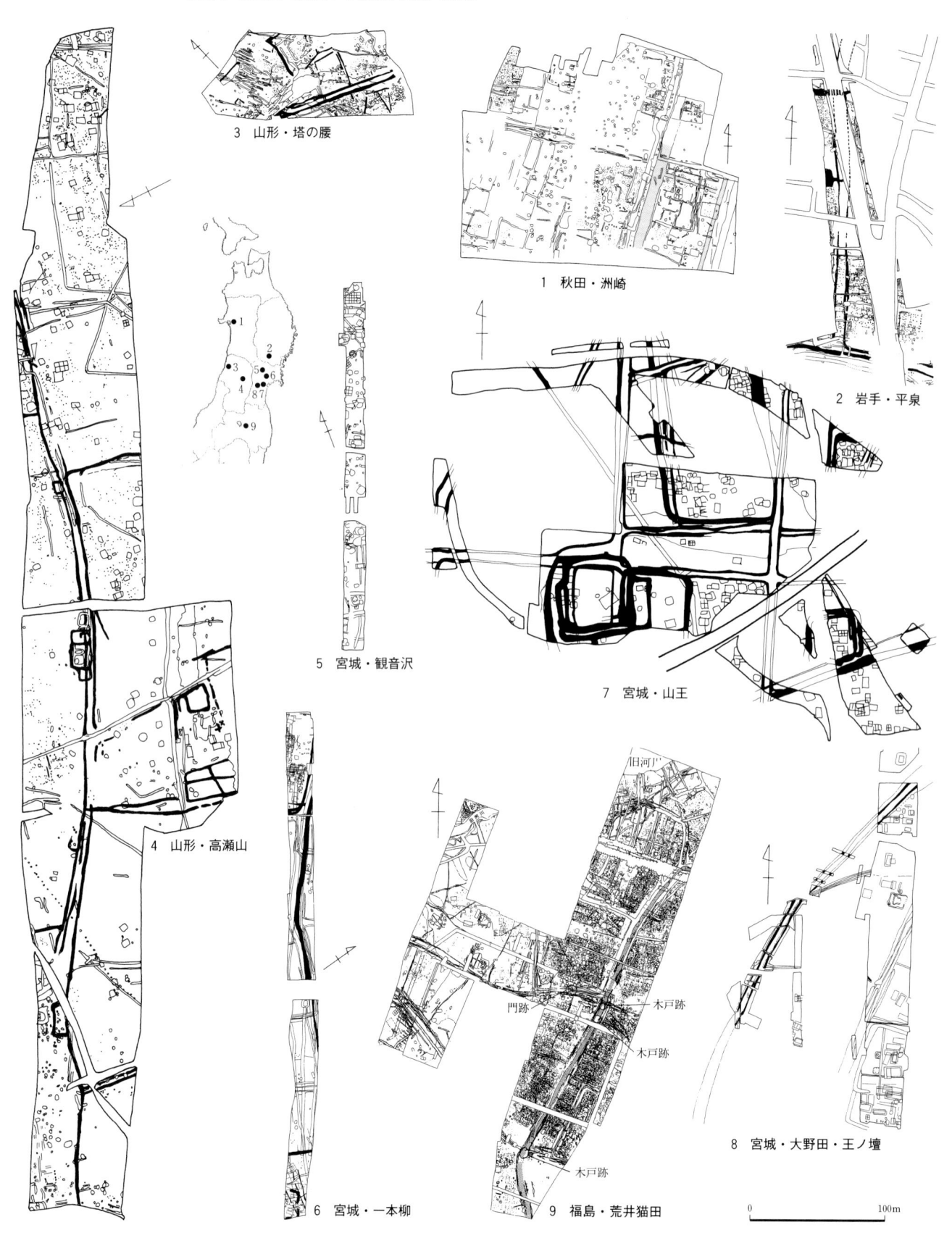

3　山形・塔の腰

1　秋田・洲崎

2　岩手・平泉

5　宮城・観音沢

7　宮城・山王

4　山形・高瀬山

6　宮城・一本柳

9　福島・荒井猫田

8　宮城・大野田・王ノ壇

0　　　　100m

64　村と町

2　**東国の街道集落**　東国の中世前期の街道集落に一類型として，下古館遺跡がある．道を核に環壕で囲繞された竪穴建物跡を主体とした集落がある．荒久・文脇遺跡も竪穴建物跡を主体とする街道集落である．堂山下遺跡は鎌倉道に面した短冊形の屋地を有する街道集落であり，子安・馬場・天神腰・石橋北屋敷遺跡は道面して屋敷割りがされ，都市的な遺跡と言える．山谷遺跡は鎌倉道に面して，宗教施設や墓地，柱穴群が空間を分けて密集し，「市」の可能性が指摘され，西田町遺跡は道に面した屋敷地であり，その空間構成は特殊で，流通業者の屋敷地とも考えられる．ほかに，赤浜天神沢・六大塚，野津田上の原は鎌倉道の多様な形態を示している．

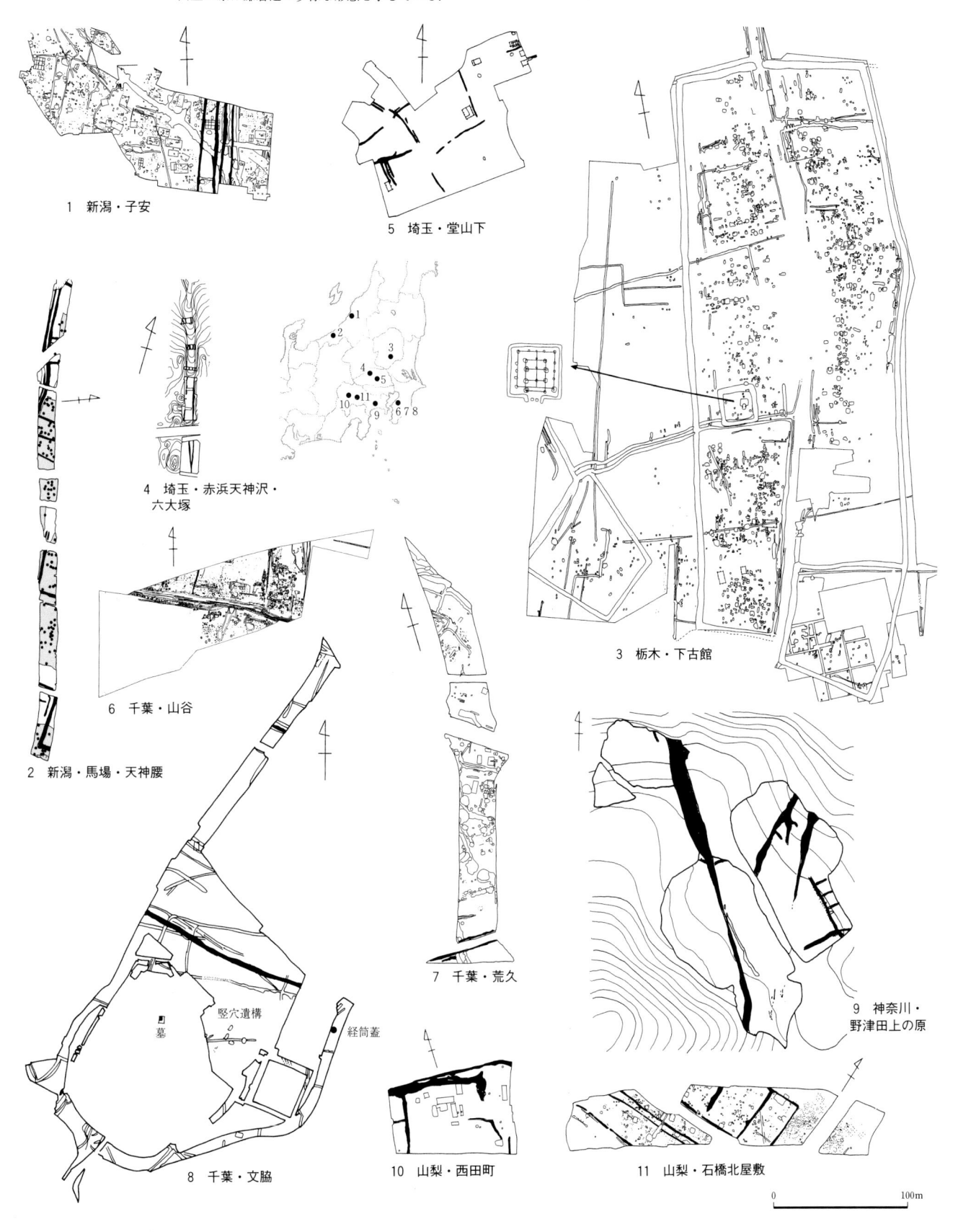

1　新潟・子安

5　埼玉・堂山下

4　埼玉・赤浜天神沢・六大塚

3　栃木・下古館

6　千葉・山谷

2　新潟・馬場・天神腰

7　千葉・荒久

8　千葉・文脇

10　山梨・西田町

9　神奈川・野津田上の原

11　山梨・石橋北屋敷

0　　　　　100m

街道集落　65

Ⅲ 城と館

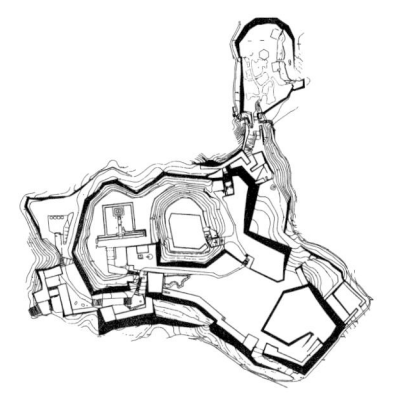

概説
1 平安期・鎌倉期の城館
2 南北朝・室町期の城館
3 戦国期・織豊期の城館

概　説

　城館は中世全般を通して，列島の各所に存在する．中世の地域社会を考える上で重要な遺跡である．

　中世城館が本格的に調査され始めてから，まだそれほどの時間を経ているわけではない．福井県一乗谷朝倉氏の館跡が調査されたのが1968年，東京都葛西城の確認調査が行われたのが1972年．これらの調査が城館の考古学調査の草分けであることから，まだ30年強という時間しか経ていないことになる．確実に調査の規模や数は拡大・増加していき，従来，文献資料やフィールドワークによって描かれていた通説を大きく書きかえることにもなった．

　本拠の変遷　主として城館は武士の遺跡である．戦後，文献史学の基本的な概念である「領主制」の影響を強く受け，中世の城館は領主制の発展段階に照応して変化すると考えられていた．平安・鎌倉期の武士は方形居館に住み，南北朝・室町時代には山城が築かれ，戦国時代には平山城へ，近世には平城へという図式が長く影響を与えていた．

　しかし方形居館は武士の発生期には存在しないことなどが指摘され，図式はもはや成り立たなくなっている．しかし本拠の変遷について具体像が描かれているわけでもない．また個々の城館遺跡においては，中世初頭から近世にかけて連綿と継続することはまずなく，断絶を持ち，中世の一時期のみに存在した場合が多い．遺物から推測すると，主として13世紀前半，15世紀中頃，15世紀末〜16世紀初頭に画期があるようで，その時点を境に遺跡が発生・廃絶することが多い．何らかの理由を背景として領主の本拠が遷り変わっているのである．現状は，この動向を説明する理論が模索されていると言い得るのではなかろうか．

　このような状況下，静岡県横地氏関連遺跡群は注目に価する．横地氏は在庁官人の出身と考えられ，鎌倉幕府御家人・足利将軍家近習・室町幕府奉公衆を経て，応仁・文明の乱の末期に滅亡する武家である．平安時代より13世紀前半まで続く静岡県土橋遺跡（花押墨書土器出土）が周辺にあり，本拠の地となった横地の谷には13世紀から15世紀まで続く静岡県殿谷遺跡・伊平遺跡，15世紀中頃に成立して文明8年（1476）に落城する横地城が存在し，寺院や墓所も営まれている．谷の中で居館・寺・墓所がブロックを構成して存在しており，最後には山城が加わる．武家の本拠を一定の空間の中で，相互に連関させ動的な存在として示している遺跡が横地氏関連遺跡群である．

　今後，各地で類似の調査が行われ，空間の中で武家の本拠が把握されることが望まれる．

　城館的な中世遺跡　遺跡が城館として理解される場合，その遺跡の経営主体は武家とは限らない．自力救済の中世社会にあっては村落が城郭化することがしばしば存在した．滋賀県の分布調査では村が惣構えを持つことが想定されて調査されている．また寺院も要塞化していたのである．

　北海道勝山館は丘陵に築かれた館で，近年整備に関わる調査が進展している．二本の堀切で区切られた空間に，屋敷群が中央の通路に面して計画的に配置されている．空間の東北部には館主の屋敷らしき建物が，西南部の最高所には八幡宮が建立されていた．計画的に建てられた屋敷に注目したとき，館と集落の切り分けをどう考えるかという疑問が生じてくる．

　群馬県杣瀬III遺跡は実に評価の難しい遺跡である．東西方向に連なる尾根を選地し，二本の堀切で区画した内部を利用している．おおよそ天正10年代（1582〜91）の遺跡としている．しかし，虎口が明確でなく，両堀切間も郭を普請することはない．中心部の建物も大きな建物で武家の屋敷らしくない．選地した地形や堀切の存在は城館を考えさせるが全体として異質な存在を想起させる遺跡である．

　このように城館の内容は多様である．中世はあらゆる階層が多様な城館を築いた時代であり，いわゆる武家が築いた城館とは峻別されるべき遺跡が実際に存在する．

　移行期の城館　中近世移行期の城館と言えば織豊系城館が主役である．しかし，在地レベルでも様々な城館が存続していた．群馬県花蔵寺館も移行期に機能した城館である．戦国時代に成立し，その後17世紀初頭から中頃迄存続する．近世初頭の「地方知行」との関連が考えられる．このような事例は他にも散見でき，移行期城館の問題は織豊系城郭に限定されないことが解り始めている．

　城館は実は多様な存在であった．安易に（狭義の）城館とはいえない（広義の）城館は非常に多く，最近の調査事例は評価の難しさを如実に語っている．

　一方で武家に視点を合わせた研究も必要性を増している．その中で文献史学と考古学の城館像のズレを指摘しなければならない．身分・階級を前提として城館像をイメージする文献史学の城館像と，遺跡の分析をとおして身分・階級を想定する考古学の城館像とは，議論に微妙なズレを生じさせている．統一的な理解には今しばらくの時間を要する．

[文献]　別冊歴史読本1999『最新研究日本の城 世界の城』新人物往来社．菊川町教育委員会1999『静岡県指定史跡横地城跡―総合調査報告書―』．　　　　　（齋藤慎一）

集住と城館
1 北海道・勝山館

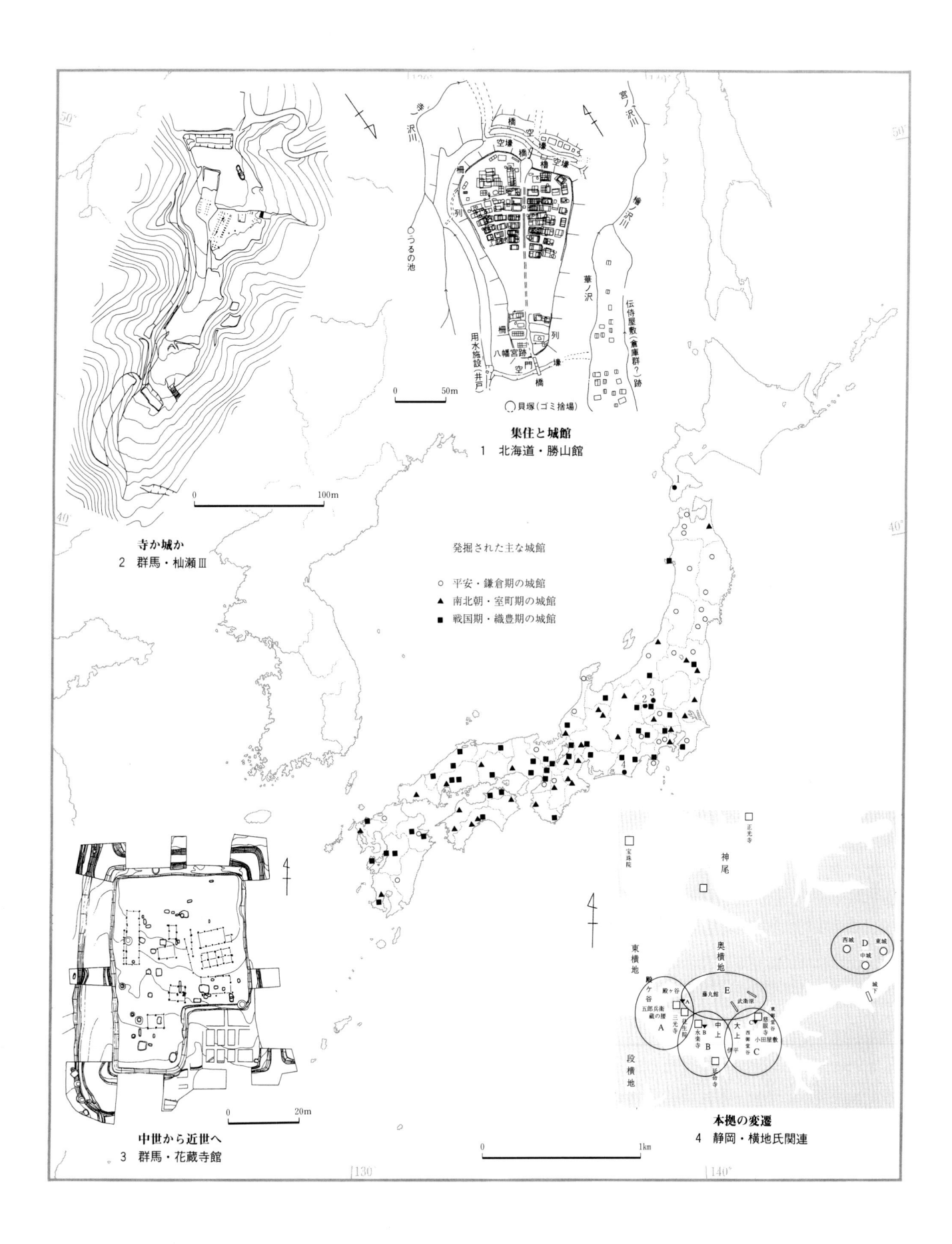

寺か城か
2 群馬・杣瀬Ⅲ

発掘された主な城館
○ 平安・鎌倉期の城館
▲ 南北朝・室町期の城館
■ 戦国期・織豊期の城館

中世から近世へ
3 群馬・花蔵寺館

本拠の変遷
4 静岡・横地氏関連

城と館

概説 69

1 平安期・鎌倉期の城館

　中世城館の成立については，弥生時代の環濠集落や古墳時代の豪族居館との系譜関係が指摘されている．しかし，直接的な系譜関係が立証できない現在，階層的な身分関係，あるいは社会的な緊張関係を有する，類似した社会状況から発生する，人類史に普遍的な遺跡とも評価できる．つまり，身分表徴や領域・境界表示，あるいは社会的緊張関係の中での共同体の標識——軍事的な意味を含めて——として，結果的に類似した遺構を営んでいると考えることもできる．したがって，現段階では中世城館と時間的・構造的により直接的な系譜関係が指摘できる，古代の遺跡にその発生を考える必要がある．

　古代の城館　8・9世紀には，大型の掘立柱建物跡と倉庫建物で構成され，広場等を持ち，方形の屋敷地を有する「村落首長」の「居宅」が普遍的に成立する．この「村落首長」の「居宅」は，東国では明確な区画施設を持たないが，畿内では身分標識としての区画施設を有する例があり，また「官衙風建物配置」をとる事例も各地でみられ，「村落首長」が地方官人としての性格も合わせ持っていたと考えられる．したがって，集落から発生してきた首長層の居宅が，「城館」の一つの系譜となりうる．

　10世紀以降，律令国家体制の衰退とともに地方官人の系譜を引く「村落首長」は，在地開発領主として，その階層性・政治性を強めていくと予測されるが，遺跡の調査例が少なく，その変遷過程を明確にはできない．その後，沖積地に立地する11世紀の東京都落川遺跡や，大溝で区画された11世紀の長野県吉田川西遺跡，石川県田尻シンペイダン遺跡などが出現する．

　一方，律令国家の直接的な支配を受けなかった陸奥北部・出羽北部では，10・11世紀に，丘陵上や台地上に堀や土塁で囲郭された，カマドを持つ竪穴建物を主体とする集落が成立する．この集落は「防御性集落」と呼ばれている．その特有の土器様式と豊かな漆器・木器・金属器の文化をみると，律令国家の東北経営の結果もたらされた技術を受容して，高度な手工業生産技術を導入して発展した結果，成立した集落と評価できる．

　この「防御性集落」は，11・12世紀の安倍・清原氏関連の城柵と，堀・土塁で囲郭される構造の点で共通ではあるが，城柵のほうが大規模である点や複雑な構造である点，掘立柱建物を主体とする構成となる点で異なる．そして，奥州藤原氏の岩手県柳之御所遺跡や比爪館遺跡，青森県中崎館遺跡へと発展し，その政治的中枢としての「城館」の性格が遺構・遺物から明確に読み取れるようになる．また，丘陵上にある「防御性集落」の系譜を引く，秋田県大鳥井山遺跡や岩手県高館跡は，中世山城の祖形となりうる構造である．一方，畿内では12世紀には，堀で明確に方形に区画され，複郭の構造となり，機能分担も明確な大阪府和気遺跡などの「城館」が成立する．明確な階層差を持った開発領主の「城館」である．

　鎌倉時代の城館　鎌倉時代になると，東国・西国では，方半町から一町規模に堀(溝)で区画された「城館」が普遍的に成立する．西国では条里地割に一致した整然とした方形の区画であり，堀の規模も大きい．東国では小規模な溝や塀で区画された，不整な方形となる特徴がある．立地としては，丘陵・台地上，丘陵・段丘斜面部，谷部，沖積地などがあり，丘陵斜面の段切面に立地する事例や谷部に立地する事例は，東国特有といっても過言ではない．

　内部の空間構成は一定の規則性は推測できるものの，細部をみると多様性は否定できず，こうした「城館」の性格や階層によって異なることが指摘できる．千葉県岩川館跡，福岡県柏原K遺跡のように空間構成が不明瞭な例があり，また神奈川県宮久保・上浜田遺跡，大阪府和気遺跡のように堀・溝・塀で区画され複郭となり，その空間構成や機能分担が推測できる例もある．また，荘園や郡規模の開発領主か，あるいは村落規模の開発領主かでも規模・構造が異なり，石川県寺家遺跡，大分県岡ノ前遺跡のような宗教的な社家の「城館」もある．

　8・9世紀に発生する村落領主の居宅は，10世紀以降政治性・経済性を強く帯びつつ「城館」としての構造を整えていく．一方，列島の北(や南)では律令国家の影響を受けつつ，独自の展開を遂げ，「防御性集落」→「安倍・清原氏城柵」→「藤原氏関連城館」へと変遷する．その構造的な影響は「中世山城」にも確認できる．一方，鎌倉時代以降の城館は前代に比して斉一性が高いが，東国と西国などの地域性やその性格によって，多様性がある．これが，14世紀以降，地域支配の表徴である土塁と堀を備えた，空間構成の明確な中世城館へ，普遍的な発展をしていく．

[文献] 国立歴史民俗博物館 1995『国立歴史民俗博物館研究報告第64集』．佐藤信・五味文彦編 1994『城と館を掘る・読む』山川出版社．広瀬和雄 1986「中世への胎動」『岩波講座　日本考古学6』岩波書店．橋口定志 1990「中世東国の居館とその周辺」『日本史研究』330号．中井均 1991「中世の居館・寺そして村落」『中世の城と考古学』新人物往来社．千田嘉博・小島道裕・前川要 1993『城館調査ハンドブック』新人物往来社．　　　　(飯村　均)

[1] **東北地方北部の平安時代後期の城館跡**　律令国家の直接支配が稀薄であった陸奥北部，出羽北部地域には，10～12世紀に防御性・高地性集落と呼ばれる，堀や土塁で不整形に囲まれた，カマドを伴う竪穴建物跡を主体とする集落が成立する．一方，11世紀には，前九年・後三年の役に関わり，数百m規模で堀に区画された，掘立柱建物跡を主体とする安倍・清原氏関連の柵跡が出現する．12世紀には，岩手県柳之御所跡に代表されるような，大規模な堀・土塁で囲まれた奥州藤原氏に関わる館跡が多数確認されつつある．こうした遺跡が中世城館の一つの系譜であることは確実であり，大規模な土塁・堀で囲まれた青森県福島城跡を含めて，その形成過程の解明が課題となっている．

1　青森・蓬田大館

2　青森・中崎館

3　青森・高屋敷

土塁

堀（検出・推定）

堀（完掘）

4　岩手・稲荷町

5　秋田・大鳥井山

6　岩手・柳之御所

平安期・鎌倉期の城館　71

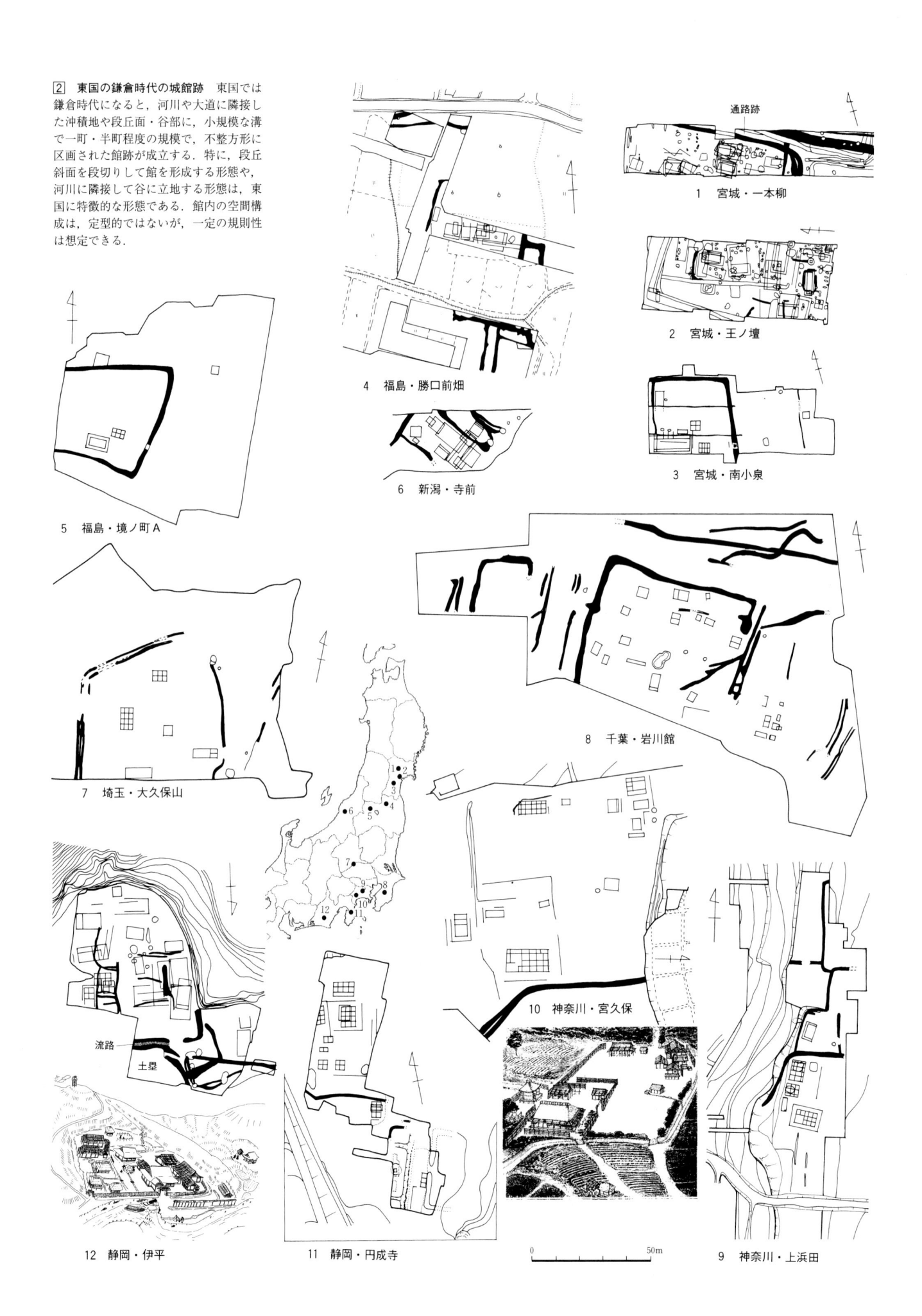

2 **東国の鎌倉時代の城館跡** 東国では鎌倉時代になると，河川や大道に隣接した沖積地や段丘面・谷部に，小規模な溝で一町・半町程度の規模で，不整方形に区画された館跡が成立する．特に，段丘斜面を段切りして館を形成する形態や，河川に隣接して谷に立地する形態は，東国に特徴的な形態である．館内の空間構成は，定型的ではないが，一定の規則性は想定できる．

1 宮城・一本柳
2 宮城・王ノ壇
3 宮城・南小泉
4 福島・勝口前畑
5 福島・境ノ町A
6 新潟・寺前
7 埼玉・大久保山
8 千葉・岩川館
9 神奈川・上浜田
10 神奈川・宮久保
11 静岡・円成寺
12 静岡・伊平

72 城と館

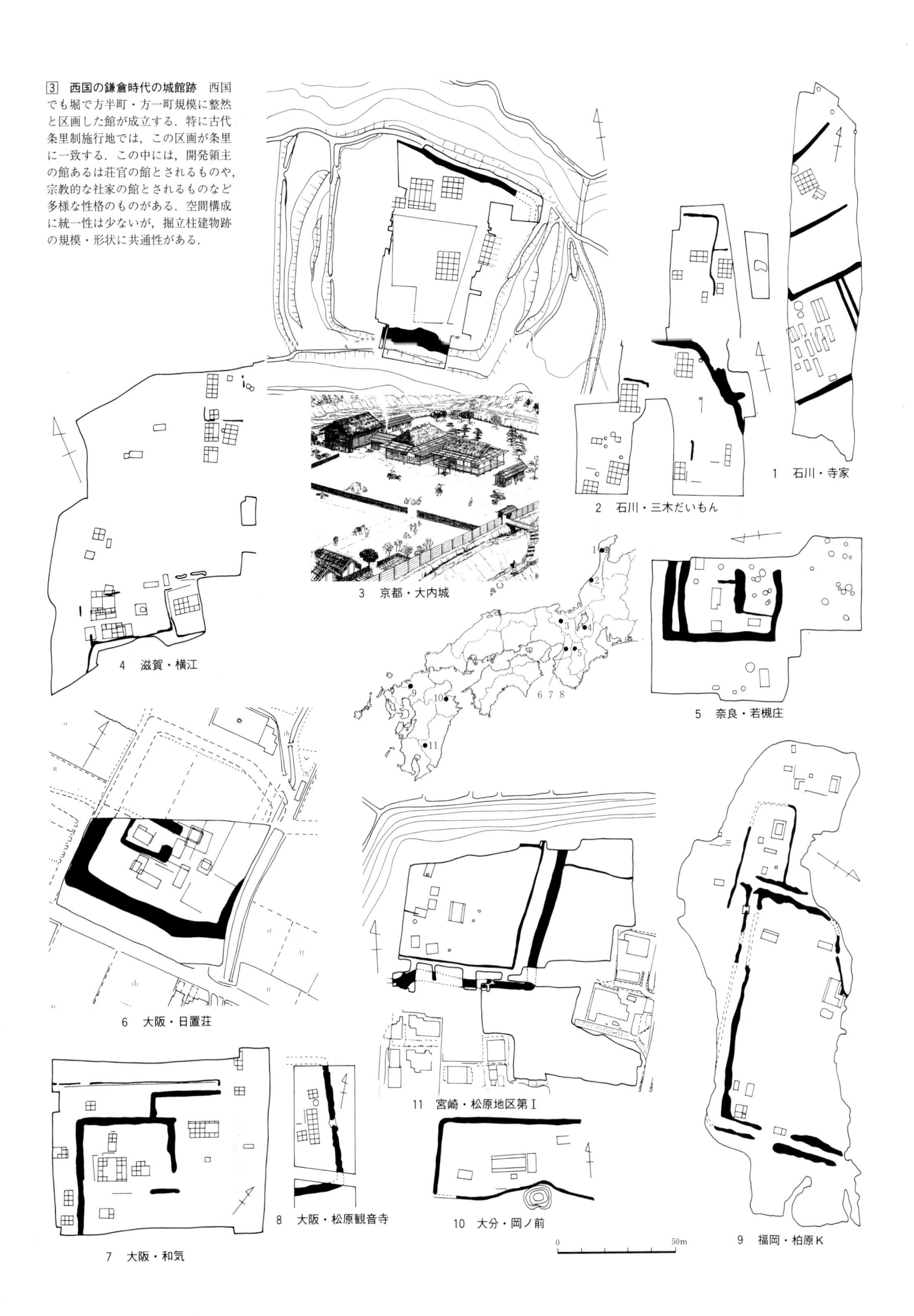

3 **西国の鎌倉時代の城館跡** 西国でも堀で方半町・方一町規模に整然と区画した館が成立する．特に古代条里制施行地では，この区画が条里に一致する．この中には，開発領主の館あるは荘官の館とされるものや，宗教的な社家の館とされるものなど多様な性格のものがある．空間構成に統一性は少ないが，掘立柱建物跡の規模・形状に共通性がある．

1　石川・寺家
2　石川・三木だいもん
3　京都・大内城
4　滋賀・横江
5　奈良・若槻庄
6　大阪・日置荘
7　大阪・和気
8　大阪・松原観音寺
9　福岡・柏原K
10　大分・岡ノ前
11　宮崎・松原地区第Ⅰ

平安期・鎌倉期の城館　73

2　南北朝・室町期の城館

　鎌倉幕府の倒壊によって，列島規模での戦乱が一気に加速した．その過程において各地に城館が営まれたことが文献資料より明らかである．しかし文献資料で得られる城館の具体像は考古学的には十分に検証されてはいない．

　例えば14世紀の山城について具体的な事例を提示することは極めて困難である．当該期の軍事的な施設としての城館は，多くは臨時に設定され，軍事的な緊張関係の消滅とともに廃城となったと考えられる．本格的な軍事機能を持つ城館は15世紀の中頃以降に成立すると考えられることから，当該期の軍事機能を主目的とした城館を考古学的に検証することは極めて難しいのである．

　当該期の城館は，日常的な空間としての城館が検出され，支配の拠点という政治的な側面が理解の中心といえる．

　守護・国人の居館　文献史学の概念と遺跡の実体との微妙なズレの一事例として「守護所」がある．現在確認されている代表的な「守護所」関連遺跡として，大内氏の山口県大内氏館，河野氏の愛媛県湯築城がある．近年では大友氏の大分県豊後府内や細川氏の徳島県勝瑞城遺跡の調査が進んでいる．また部分的な調査であるが六角氏の滋賀県小脇館が，東国では宇都宮氏の栃木県宇都宮城がある．このように主として西国を中心として事例が検出されている．

　構造としては方一町半ないしは二町の方形居館が考えられている．大内氏館では方形区画の拡張が確認されており興味深い．多くの守護所が16世紀代まで存続しており，14・15世紀代の「守護所」を解明できないのが現状である．

　一方，国人クラスの拠点も各地で確認されている．代表的なものとして中条氏の新潟県江上館，江馬氏の岐阜県江馬氏館，伊東氏の福島県安子島城のほか，高梨氏の長野県高梨氏館，小田氏の茨城県小田城などがあげられる．これらの城館は主に15世紀に遺跡の年代的中心がある．構造的には中心部に方形の郭を据え，周囲に副郭等を配する．国人クラスの本拠地では，15世紀頃に方形の主郭を中心とした城館を構える傾向がある．

　守護・国人ともに面積の広狭の差はあるものの，中心に方形の区画を持っている．この内部には主殿・会所・庭園などがあり，領主のハレとケの生活空間が営まれていた．この方形の区画は京都の影響によると考えられており，系譜的には戦国時代の福井県朝倉館や山梨県武田氏館にまで繋がる．

　大規模な方形区画堀　14・15世紀には広大な空間を大規模な方形区画を堀で囲い込む城館が存在する．

　埼玉県阿保境館が代表的事例とある．中心部に密集して掘立建物，井戸等が溝で囲まれる．そのさら外側に広大な空間を囲い込んだ方形の区画堀が存在する．空白域の用途は不明であるが，生活空間とは隔てられており，何らかの別の機能が想定される必要がある．

　この構造の系譜は不明であるが，広域な空間を堀で囲い込むことから，「堀ノ内」との連続を考える必要があろう．また『太平記』に描かれる「赤坂城」は，類似の構造を持つ城館であったかもしれない．

　阿保境館に類似する城館として茨城県白石遺跡，屋代B遺跡ほか，真壁氏の茨城県亀熊城がある．16世紀まで存続する事例も含み，内部の構造も複雑に変化するが，基本的に外構えとしての方形区画堀を意識した城館である．また東京都石神井城も関連が考えられ，丘陵に築かれる戦国期城館への過渡期を考えさせる．

　山城の発生　15世紀中頃を中心とした時期に恒常的な山城が発生することは文献史学および考古学の両サイドから指摘されている．戦国期の城館の調査事例においても三重県山田城や和歌山県平須賀城のように15世紀後半からの遺物を含む事例は数多く紹介されており，戦国期城郭に至る画期がこの時期であることは間違いない．

　また福島県猪久保城，静岡県横地城，勝間田城などは16世紀まで存続しない山城であり，複雑な虎口を持たないものの連続堀切や横堀を普請するなどの優れた構造を持つことが確認されている．従来，戦国時代の改修と考えられた遺構が15世紀の遺構であることが指摘されつつある．個々の山城の年代は再検討が必要となっている．

　群郭式の城館　千葉県篠本城は，丘陵上に普請され，縦横に堀が巡るものの，郭間の主従関係が明確でない同城について，村型の城館，一揆の城などと様々な評価があった．議論の最終的な決着を見ていないものの，主従の関係が明確でない郭群で構成される城館は類似例が存在する．千葉県高品城，青森県根城，浪岡城などが代表的事例である．神奈川県茅ヶ崎城も構造的に類似が認められ，構造上の継承関係があると思われる．群郭の城館について地域的特徴が述べられたことがあるが，加えて現在は権力体の構造を示すという意見がある．15世紀代にかかる城館にこの類型の城館がみられることから，領主制の一段階を示す可能性も考えられよう．

［文献］金子拓男・前川要編1994『守護所から戦国城下』名著出版．石井進・萩原三雄編1991『中世の城と考古学』新人物往来社．帝京大学山梨文化財研究所1999『紀要』第9号．
　　　　　　　　　　　　　　　　　　　（齋藤慎一）

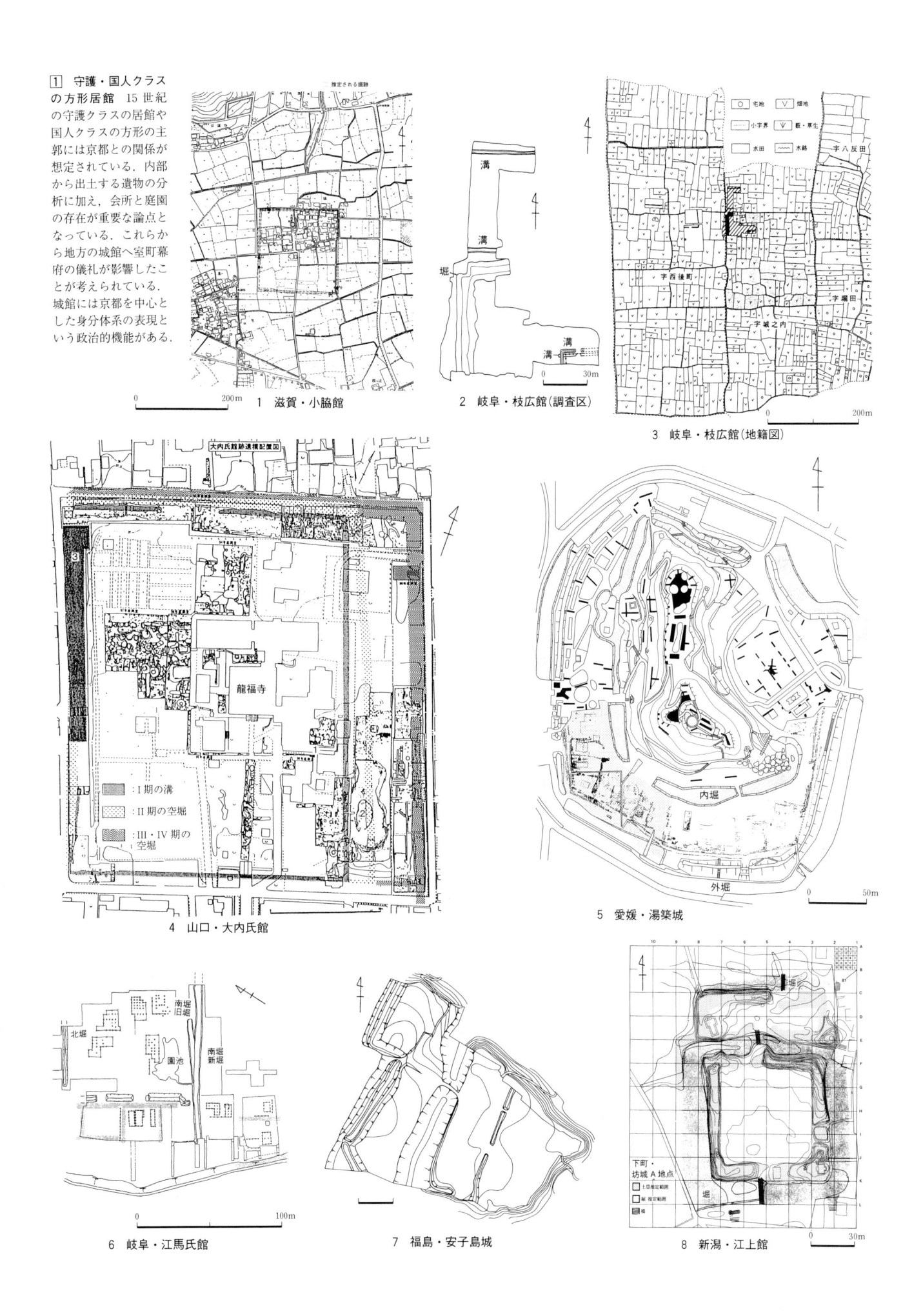

1 **守護・国人クラスの方形居館** 15世紀の守護クラスの居館や国人クラスの方形の主郭には京都との関係が想定されている．内部から出土する遺物の分析に加え，会所と庭園の存在が重要な論点となっている．これらから地方の城館へ室町幕府の儀礼が影響したことが考えられている．城館には京都を中心とした身分体系の表現という政治的機能がある．

1 滋賀・小脇館

2 岐阜・枝広館（調査区）

3 岐阜・枝広館（地籍図）

4 山口・大内氏館

5 愛媛・湯築城

6 岐阜・江馬氏館

7 福島・安子島城

8 新潟・江上館

南北朝・室町期の城館

② 方形区画　14・15世紀頃に起源を持つ城館の中で，方形を意図した外郭堀を持つ城館が散見される．典型事例としては埼玉・阿保境館であるが，広大な区域を堀で方形に囲い込んでいる．中世前期の「堀ノ内」との関係があるのではなかろうか．また東京・石神井城や茨城・屋代Bは戦国期との橋渡しをするタイプであろう．

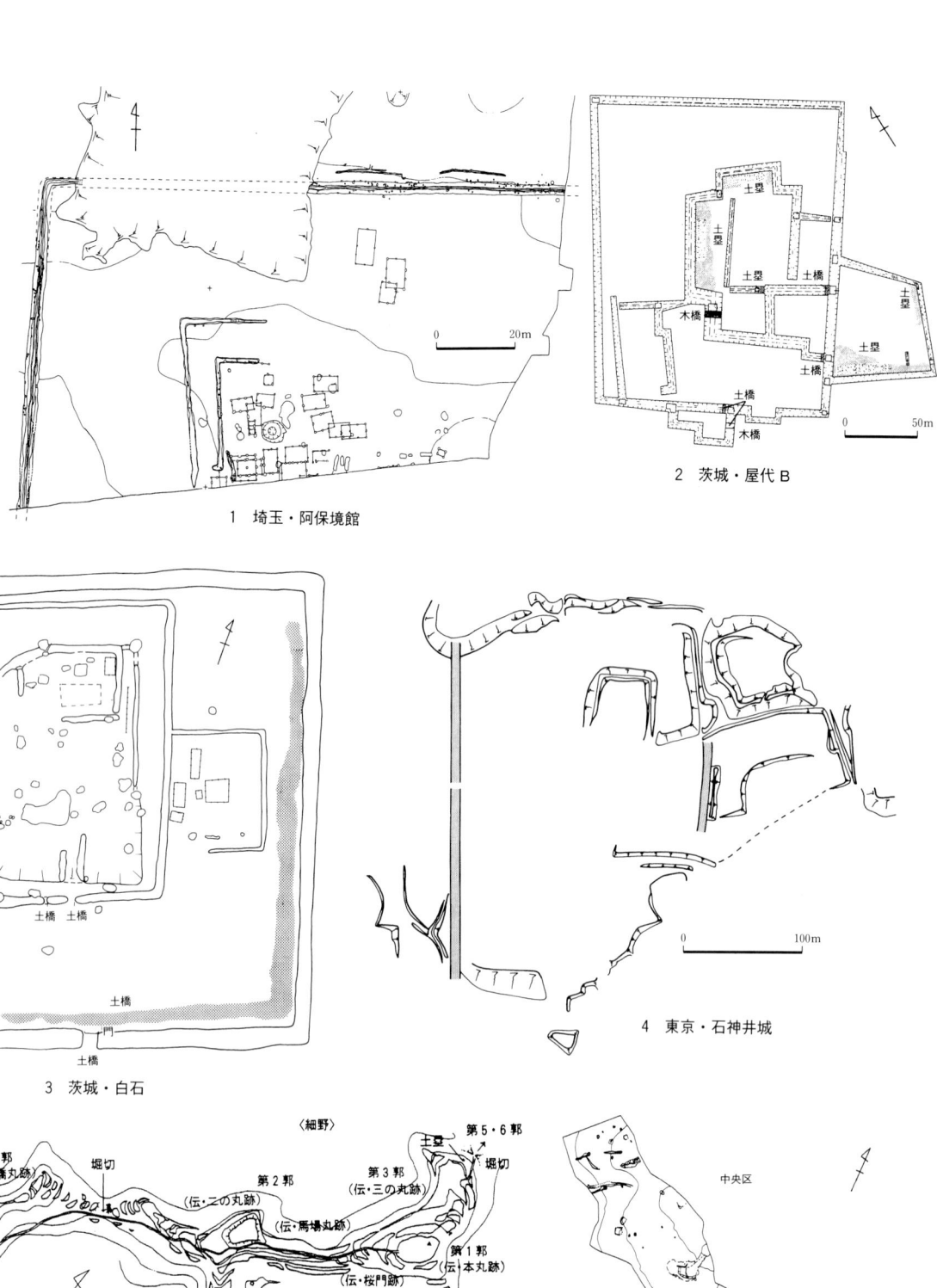

1　埼玉・阿保境館

2　茨城・屋代B

3　茨城・白石

4　東京・石神井城

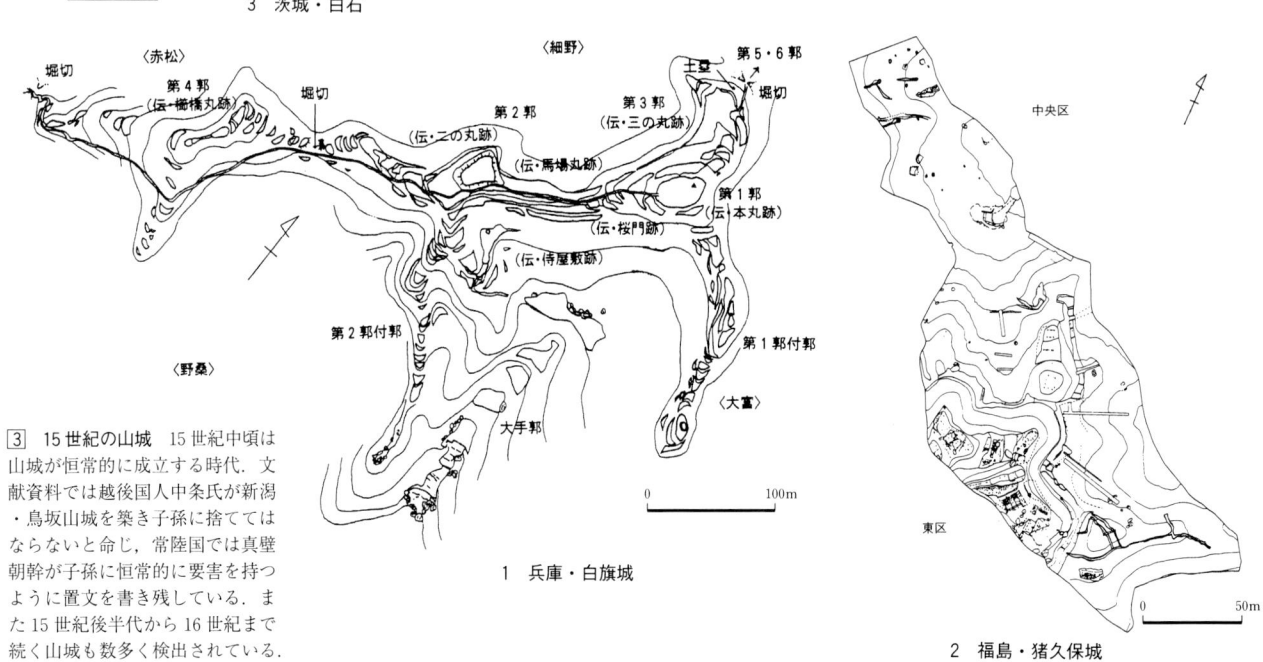

③ 15世紀の山城　15世紀中頃は山城が恒常的に成立する時代．文献資料では越後国人中条氏が新潟・鳥坂山城を築き子孫に捨ててはならないと命じ，常陸国では真壁朝幹が子孫に恒常的に要害を持つように置文を書き残している．また15世紀後半代から16世紀まで続く山城も数多く検出されている．本格的な城館はこの頃に登場する．

1　兵庫・白旗城

2　福島・猪久保城

76　城と館

3 和歌山・平須賀城

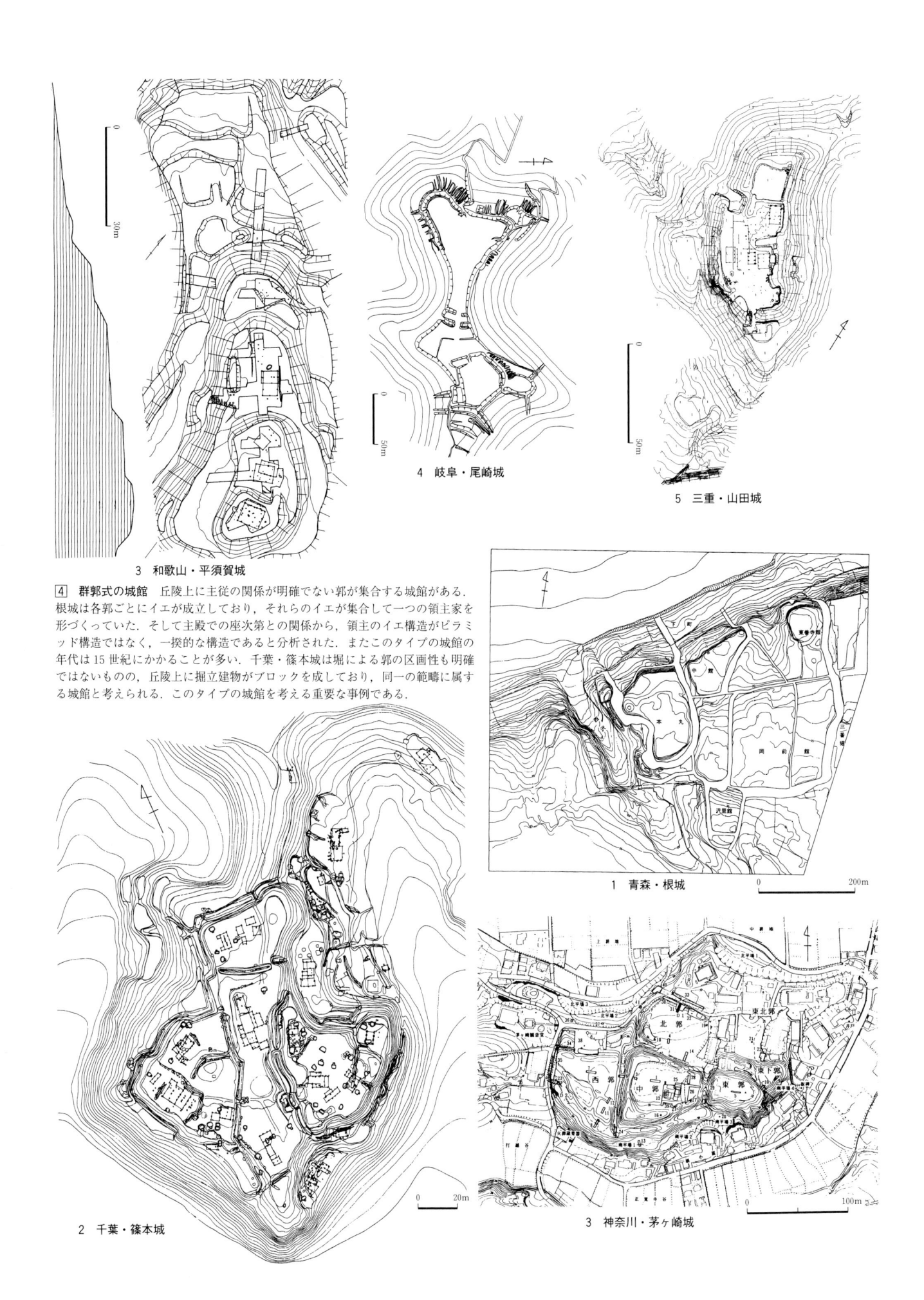

4 岐阜・尾崎城

5 三重・山田城

[4] **群郭式の城館**　丘陵上に主従の関係が明確でない郭が集合する城館がある．根城は各郭ごとにイエが成立しており，それらのイエが集合して一つの領主家を形づくっていた．そして主殿での座次第との関係から，領主のイエ構造がピラミッド構造ではなく，一揆的な構造であると分析された．またこのタイプの城館の年代は15世紀にかかることが多い．千葉・篠本城は堀による郭の区画性も明確ではないものの，丘陵上に掘立建物がブロックを成しており，同一の範疇に属する城館と考えられる．このタイプの城館を考える重要な事例である．

1 青森・根城

2 千葉・篠本城

3 神奈川・茅ヶ崎城

南北朝・室町期の城館　77

3 戦国期・織豊期の城館

　16世紀は日本に中世城館の発展が頂点を迎えた時期である．構造的に優れた城館が各地に築かれ，軍事的機能は著しく発展した．同時に城館は政治的な装置としても充実し，織豊期を経て近世に繋がっていく．加えて，16世紀は多様な城館が出現した時期でもある．本拠となる城館に加えて，様々な城館が築かれている．

　無数に出現した中世城館は16世紀の時期に統廃合が繰り返された．17世紀初頭迄に残す城館と廃城にされる城館が区分けされ，江戸幕府の統制下で大名の居城のみが存続することになる．16世紀は中世城館の最盛期であると同時に，衰退期でもある．

　このような時代背景があるため，この時期に存続し，廃城となった城館は，遺跡に「破城(はじょう)」の痕跡を留めている．虎口や石垣の隅角部が著しく破壊されるが，全体としては良好に遺構を残す場合がこれに当たる．福島県木村館の虎口はこの典型例とされている．一般に「破城」は廃城を象徴的に表現し，かつ再生可能な状況に留めることとされる．政治的に存廃を明確にしつつ，有事に備えるという戦国時代の時代背景を如実に示している．

　大名の本城　戦国時代，大名は自らの拠点に巨大な城館を構えた．西国では毛利氏の広島県郡山城が，畿内近国では朝倉氏の福井県一乗谷，浅井氏の滋賀県小谷城が，東国では上杉氏の新潟県春日山城や山梨県武田氏の甲斐・武田氏館(躑躅ケ崎館)が著名である．立地は多くの城館が山に中心となる郭を置くが，武田氏館(永正16年築城)や静岡県今川氏館のように平地の居館を基本にする場合もあった．立地の違いは大名権力の形成(守護出身か，国人出身か)とも関連しており，興味深い視点を提供している．また戦国大名の領国は随所に支城が築かれている．東国の後北条氏では各支城ごとの調査が進展しつつある．北条氏照の東京都八王子城，滝山城，北条氏邦の埼玉県鉢形城を始め，群馬県金山城，静岡県山中城などが調査され，大名領国の構成について考古学的に検討する道筋を開きつつある．

　中世城館は織田信長の登場，とりわけ滋賀県安土城の築城で大きな変化を迎える．いわゆる織豊系城郭(織田氏・豊臣氏・徳川氏系の城郭)の成立である．この織豊系城郭は高石垣・礎石建物・瓦葺きがメルクマールとなり，従前の城館と一線を画すとされる．織豊政権の全国的な展開とともに織豊系城郭は日本列島全域に向けて展開する．

　多様な城館　本城となる城館以外に，戦国時代には様々な城館が築かれた．

　新潟県浅貝寄居城は上杉謙信によって使用された境界の城館である．越後国と上野国を結ぶ三国街道の山間部で，街道に接する斜面に築かれている．交通の要所を固める城館であったことが構造や文献資料から理解されるこのタイプの城館は近世の関所に繋がることになる．同様な事例は碓氷峠麓の群馬県愛宕山城，会津・下野国境の栃木県鶴ケ淵城がある．分国境に築かれた「境目の城」の一類型で日常の交通の統制を行った．

　戦争に際して臨時に築かれる城館も存在した．古くは『真如堂縁起絵巻』に応仁の乱に際しての陣所が描かれているが，16世紀には堅固な陣城が築かれるようになる．兵庫県加佐山城は羽柴秀吉の兵庫県三木城攻めに際して築かれた陣城と考えられる．概して陣城は臨時性が強く，日常的な居住性が低いことから出土する遺物が少ない．16世紀末には小田原城攻めの神奈川県石垣山城や文禄・慶長の役の佐賀県名護屋城のような巨大な陣城も出現した．

　繋ぎの城，「村の城」などあらゆる階層で多様な城館が築かれた．戦国期という社会の城館への影響を考えさせる．

　城館の構成要素　16世紀の城館の発達を示す具体的なポイントとして，城館を構成する個々の要素の発達がある．

　例えば近年では石積み・石垣の変遷が注目されている．従来は織豊系城郭以降に石垣が出現すると考えられていたが，織豊系城郭に先行して，15世紀から石積み・石垣が存在し，地域的展開を遂げていたことが明らかになってきた．石垣の問題を織豊系城郭のみの問題とすることなく，広い視野で検討することが求められ始めている．

　また堀についても多様な堀が存在することが明らかになってきた．静岡県山中城や埼玉県花崎城では堀内部に障壁を設け，堀内部での敵方による軍事行動の障害とする畝堀が検出された．また竪堀や堀切を連続して普請される遺構も各地で検出されている．

　特に注目される遺構として虎口がある．城館の出入り口に当たり，戦時の攻防の焦点となることから軍事的に工夫されており，かつ政治的にも重要な場であることから象徴的な構造が施された．基本的に単純な虎口から複雑な構造へと発展したと考えられ，年代を考える重要な遺構とされている．また戦国大名による城館の虎口には，外に馬出が普請されこともあった．北条氏の角馬出，武田氏の丸馬出の使用が特に知られている．

[文献] 村田修三編1990『中世城郭研究論集』新人物往来社．千田嘉博2000『織豊系城郭の形成』東京大学出版会．織豊期城郭研究会1994〜99『織豊城郭』創刊号〜第6号．

(齋藤慎一)

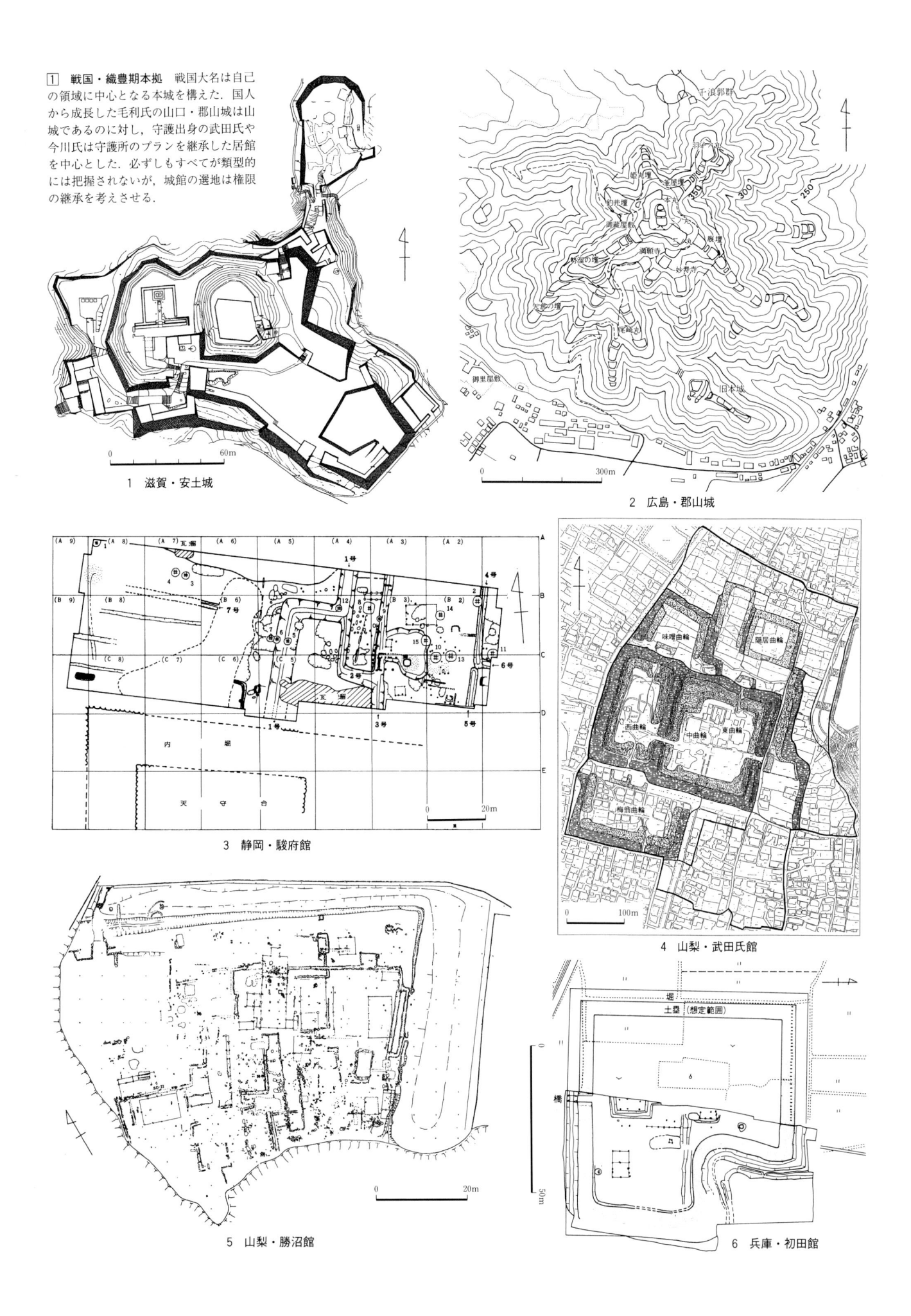

1 戦国・織豊期本拠 戦国大名は自己の領域に中心となる本城を構えた．国人から成長した毛利氏の山口・郡山城は山城であるのに対し，守護出身の武田氏や今川氏は守護所のプランを継承した居館を中心とした．必ずしもすべてが類型的には把握されないが，城館の選地は権限の継承を考えさせる．

1 滋賀・安土城

2 広島・郡山城

3 静岡・駿府館

4 山梨・武田氏館

5 山梨・勝沼館

6 兵庫・初田館

戦国期・織豊期の城館　79

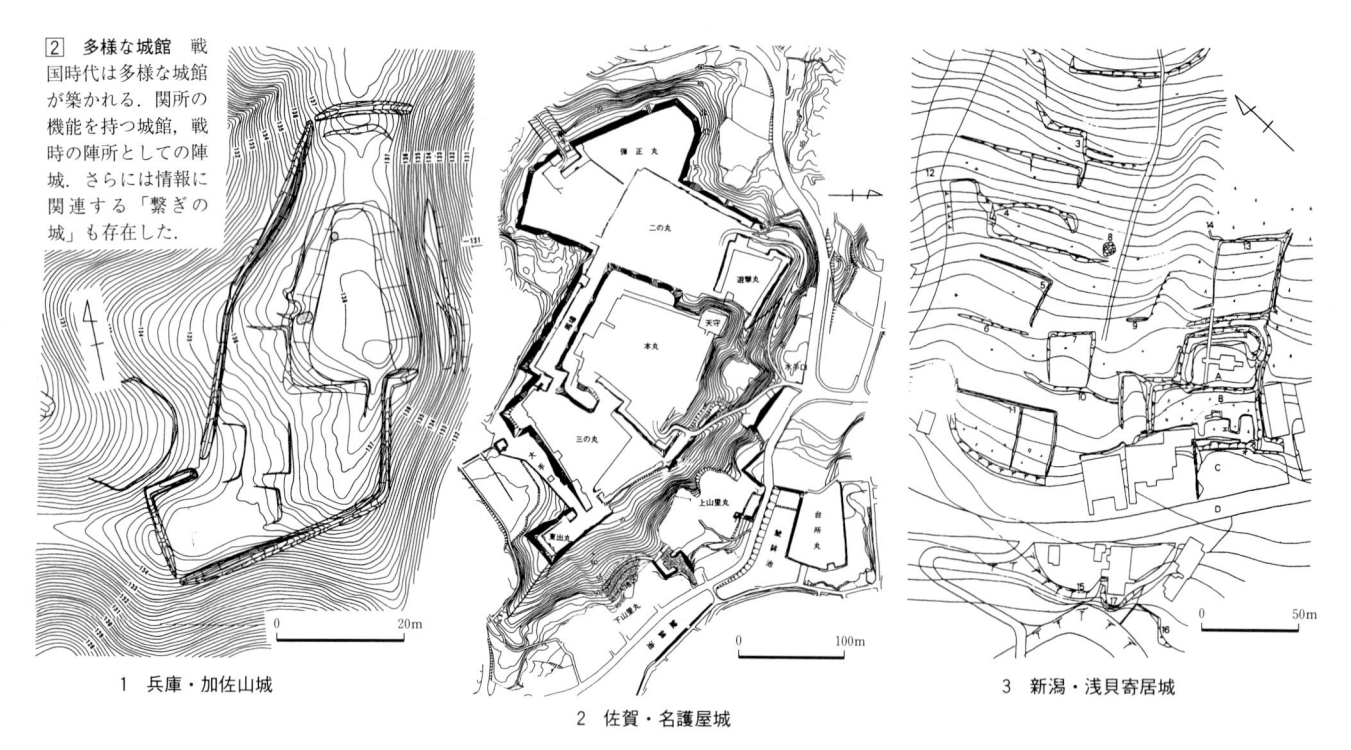

2 **多様な城館** 戦国時代は多様な城館が築かれる．関所の機能を持つ城館，戦時の関所としての陣城，さらには情報に関連する「繋ぎの城」も存在した．

1 兵庫・加佐山城

2 佐賀・名護屋城

3 新潟・浅貝寄居城

3 城館の構成要素

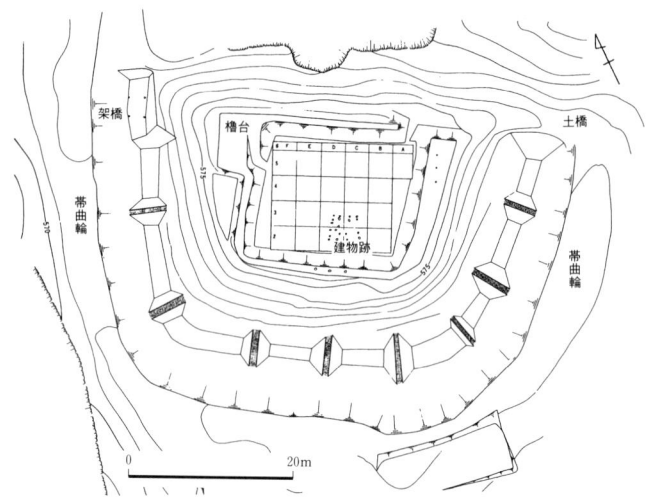

1 畝堀　静岡・山中城　秀吉の小田原攻めで落城．畝堀が廻らされる．

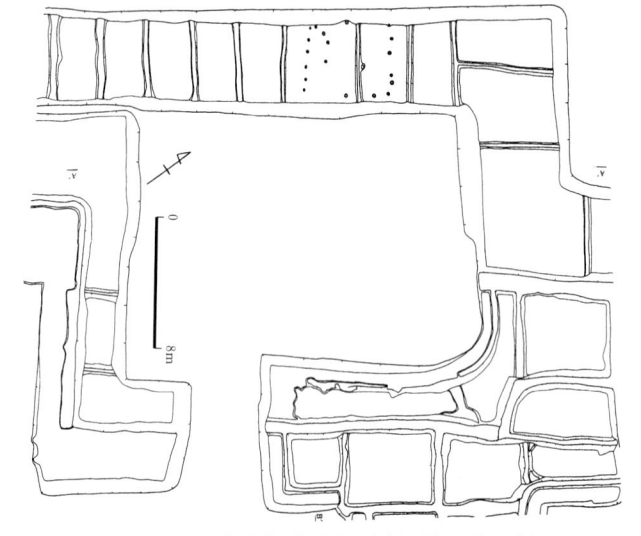

2 角馬出　埼玉・花崎城　角馬出の事例で周囲の堀は畝堀となる．

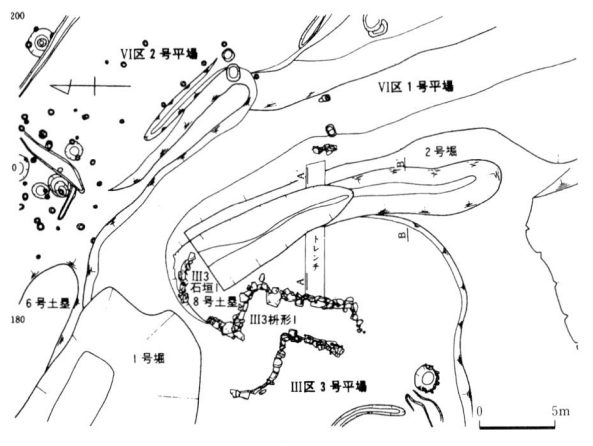

3 虎口　福島・木村館　図の右側が城内で石積みの虎口に「破城」の痕跡がある．

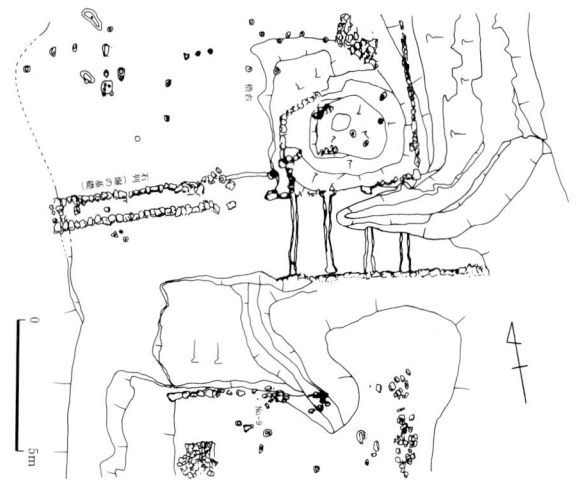

4 虎口　群馬・平井金山城　関東管領山内上杉氏の本城．図の右上から左下に登城する．

80　城と館

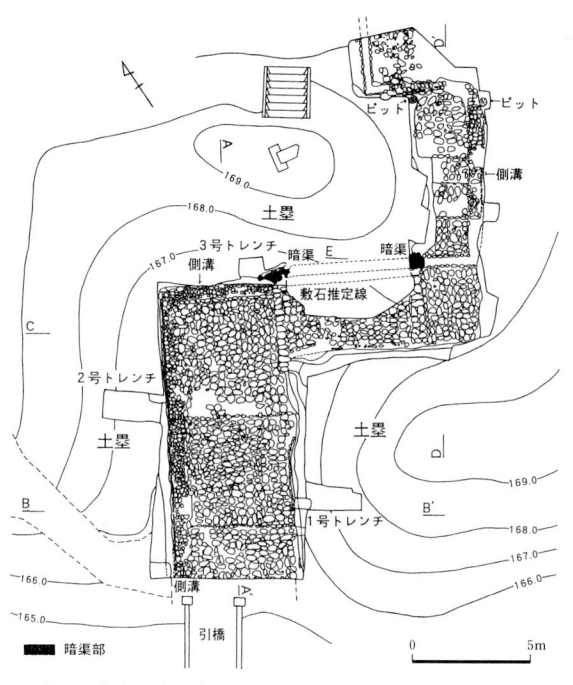

5 虎口 東京・滝山城 北条氏の支城.本丸の二折れ門には川原石が敷き詰められる.図の下は堀を隔てて外の郭に繋がる.

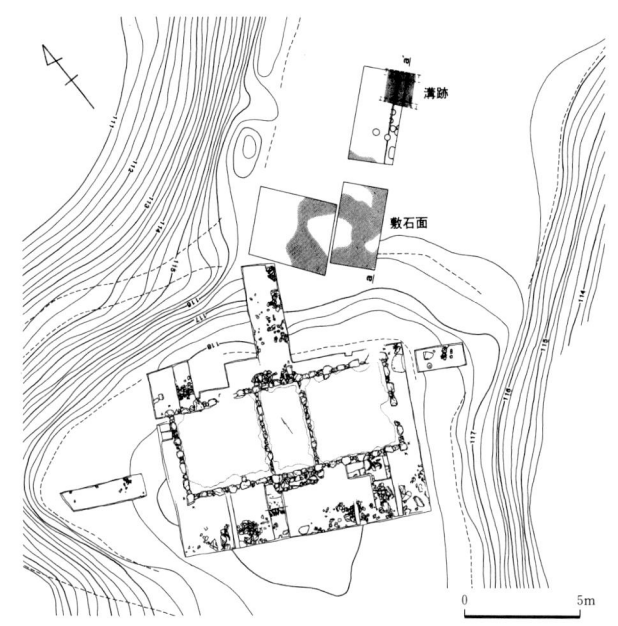

6 虎口 島根・七尾城 石見の国人益田氏の本城で図は本丸の北端の門跡で,南側が本丸にあたる.門の構造は中央部に通路を持つ櫓門が想定される.

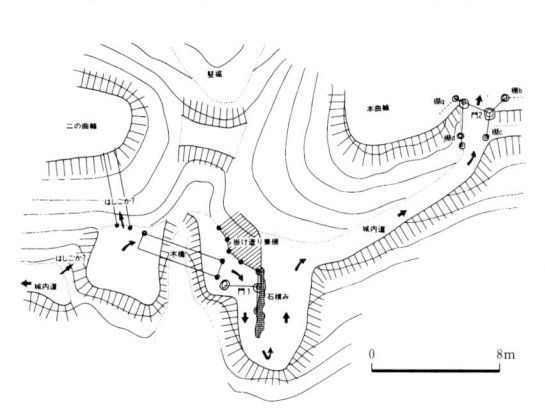

7 虎口 静岡・高根城 武田氏が改修した山城.矢印の通りに登城路が設定される.石積みの壁を持つ虎口がある.

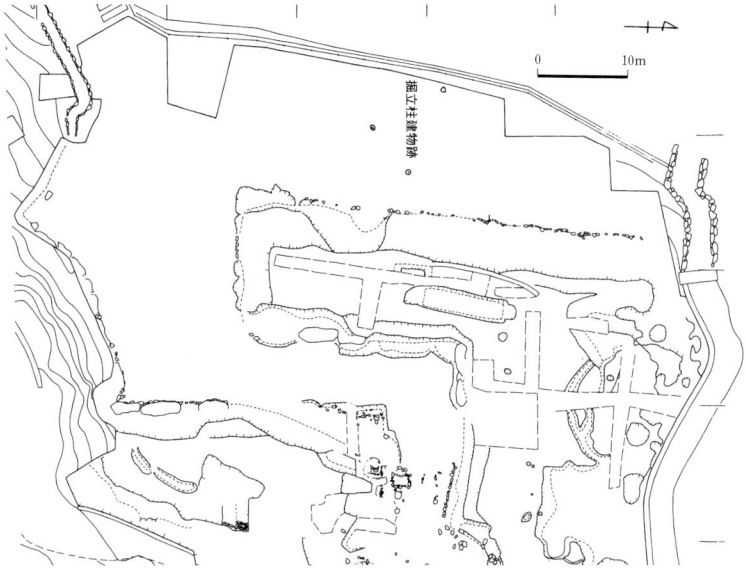

8 虎口 岐阜・岐阜城 山麓部分にある巨大な虎口.二折れして内部に至る構造の虎口.通路に沿って壁面両側に巨石列を普請する.象徴的な意味を持たせた虎口と考えられる.

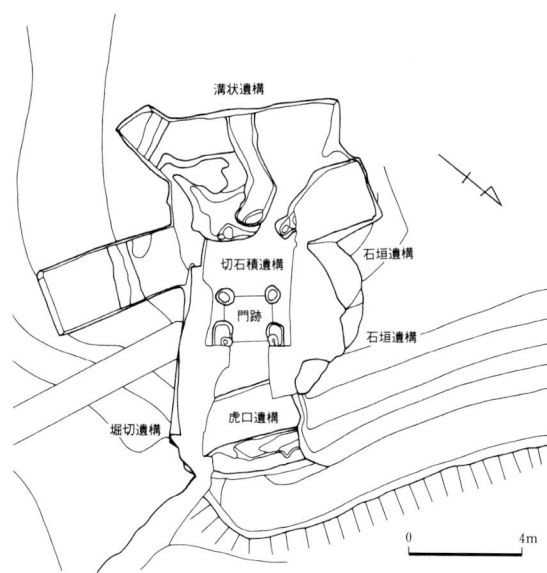

9 虎口 千葉・金谷城 軟質な岩盤を切り抜いて虎口を普請する.南面にはブロック状の切石積みがある.門は薬医門か.

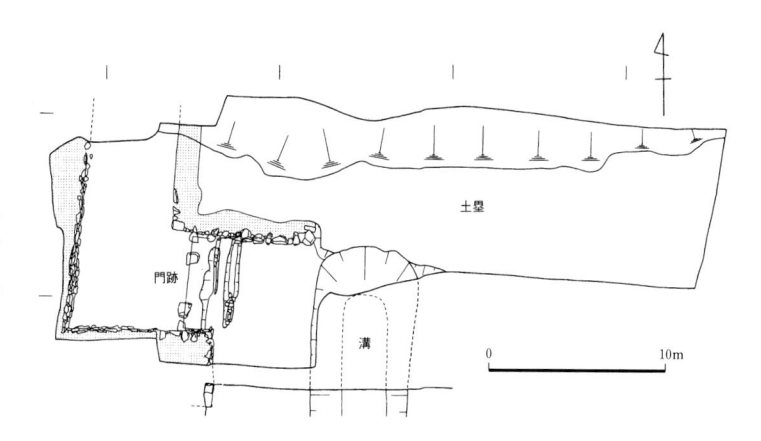

10 虎口 京都・勝龍寺城 本丸裏口に当たる門で図の下が本丸内部に当たる.二折れの構造の虎口で,一折れした地点に門の礎石が残る.通路壁面には石垣が積まれる.

戦国期・織豊期の城館 81

Ⅳ 生産と技術

概説

1 焼物の生産

　1）陶器の生産

　2）瓦器・かわらけの生産

　3）瓦の生産

　4）奈良火針の生産と粘土採掘

2 さまざまな生産

　1）金属の生産

　2）漆器の生産

　3）石や木の加工

　4）食料の生産

　5）角・骨・皮に関する生産

3 生産の用具

概　説

　中世の生産技術は基本的に，古代に完成された技術，あるいは古代に淵源を持つ技術を母体に，新たな集約的な大規模生産地が成立するなど，経営形態の変化に最大の特徴がある．それは群馬県女堀の開削に象徴される新田開発や，大阪府池島・福万寺に代表される沖積作用の進化に伴う商品的畑作の成立である．また，海運など流通手段・経路の確保を前提とした，窯業における瀬戸・常滑・神出・魚住・珠洲であったり，製鉄における能登半島南半，中国山地であったりする．これらは，山林・原野の計画的利用を前提に，原料立地と輸送交通の利便を前提に，列島を数地域—東国と西国など—に大別する規模で，成立する．

　集約型生産　東海地方の諸窯では，古代灰釉陶器生産の技術を前提に，中世前期には広域流通品である壺・甕生産と，地域の需要を賄う山茶碗生産が，二重構造的に展開する．これは神出・魚住などの西国諸窯も同様である．唯一の施釉陶器窯である瀬戸・美濃窯も，中世前期は四耳壺・水注・瓶子などに非日常品が中心で都市・鎌倉を中心とする東国の需要に応えるが，14世紀中葉からは，椀・皿などの日常品生産に転換する．また，広域流通生産地の技術が移転して生産される地域窯も，中世前期に列島規模で成立し，14世紀には廃絶する．中世前期は「陶器」という「装いの新たな焼物」に代表される時代ともいえる．

　中世の製錬遺跡は，律令国家がもたらした技術を前提に，既に12世紀後半には集約的・分業的生産体制が確立していることは，石川県給分クイナ谷遺跡の事例でも明らかである．可耕地の少ない能登では，半島北半で珠洲(陶器)，半島南半で製鉄・鋳造，海岸で揚浜式製塩などを行い，半島の山の資源を有効利用した，国規模で手生産体制が確立したといえる．その前提には，北東日本海域の需要と，海運・港など流通機構の整備があったものと考えられる．新潟県北沢遺跡では，杣工→鉄工→陶工という順で，山林資源の利用が，計画的かつ効率的に行われている．北沢遺跡のある阿賀北地域は，潟と山の広がる地域であり，内水面交通を前提に，手工業生産の計画的な経営が看取される．

　鋳造についても遅くとも13世紀には，列島各地で集約的な生産地が確認できる．丹南鋳物師の本拠とされる大阪府日置荘遺跡はもちろんであるが，大宰府・観世音寺に寄生して存在する福岡県鉾ノ浦遺跡や，埼玉県金井遺跡に代表される北武蔵の地域などである．鉾ノ浦，金井遺跡では，梵鐘などの大型仏具を生産する一方で，鍋・釜・農具を計画的に生産している．北武蔵地域は鎌倉・永福寺への瓦の供給に代表されるように，当初から都市・鎌倉と密接な関係にあり，都市・鎌倉の日常の鋳鉄鋳物の供給を担った可能性がある．

　都市型生産　博多・京都・鎌倉などに代表され中世都市の成長により，都市の周縁や社寺に集住する職人もいた．それは，銅細工や骨細工・硯職人・轆轤師・塗師，皮革工人・機織職人などであり，原料である銅や原石・木地・漆などは，都市外から常時流通することを前提としなければ不可能である．土師器(かわらけ)生産も，京都の洛北地域に生産地が推定されるように，大量消費する都市の近郊に生産地を求める必要がある．

　中世都市・鎌倉では13世紀後半から都市的に発展し，「前浜」と呼ばれる地域に，商・職人が集住する姿が知られる．京都・七条周辺でも同様であるが，都市内に集住するのは13世紀後半以降である．また，鎌倉では都市内の社寺に従属する職人もあり，寺院工務所とされる神奈川県佐助ヶ谷遺跡では機織・塗師・番匠などの存在がわかる．都市・鎌倉でわかるように，都市を支えるために，手工業品やその原材料を供給する体制が中世前期には確立していたといえる．古代後期以降発展してきた伊豆の鉄生産もまた，都市・鎌倉を支える鉄原料あるいは，鉄製利器の生産地といえる．

　移動する職人　需要に応じて出職するする職人の姿も知ることができる．例えば瓦生産でも，神出や常滑・渥美などの広域流通陶器生産地に注文する京都府六勝寺や奈良県東大寺の場合もあるが，工人が移動して生産した北武蔵や常陸・極楽寺の事例は，律宗系の新たな宗教勢力の教線拡大のための寺院造営を行う時に，大和に系譜を持つ大工・石工といったさまざまな職人の一分野として，瓦工がいたことを物語っている．いずれの場合でも，「笵」が移動する場合があり，生産用具を工人が携帯した姿を知る．

　大型鋳物の鋳造もまた出職によることが多い．大型の青銅鋳物や鋳鉄鋳物は，土坑内に固定した大型の鋳型に，溶解炉から直接鋳込む．したがって，鋳型の製作から鋳込みの湯流しまで，高度に熟練した鋳物師の存在は不可欠である．平泉遺跡群などに代表されるように，明らかに和泉・河内周辺の鋳物師の出職による梵鐘鋳造が行われている．金井遺跡例から考えると，在来の鋳物師と出職の鋳物師の協業の姿を描くことができる．

　中世的生産とは，古代以来の技術基盤の上に成立した集約的生産と，都市を媒介とした広域的流通を特徴とする．その技術移転や，生産・流通の各場面に，宗教勢力の関与が十分予測される．

(飯村　均)

13 長崎・ホゲット製作跡

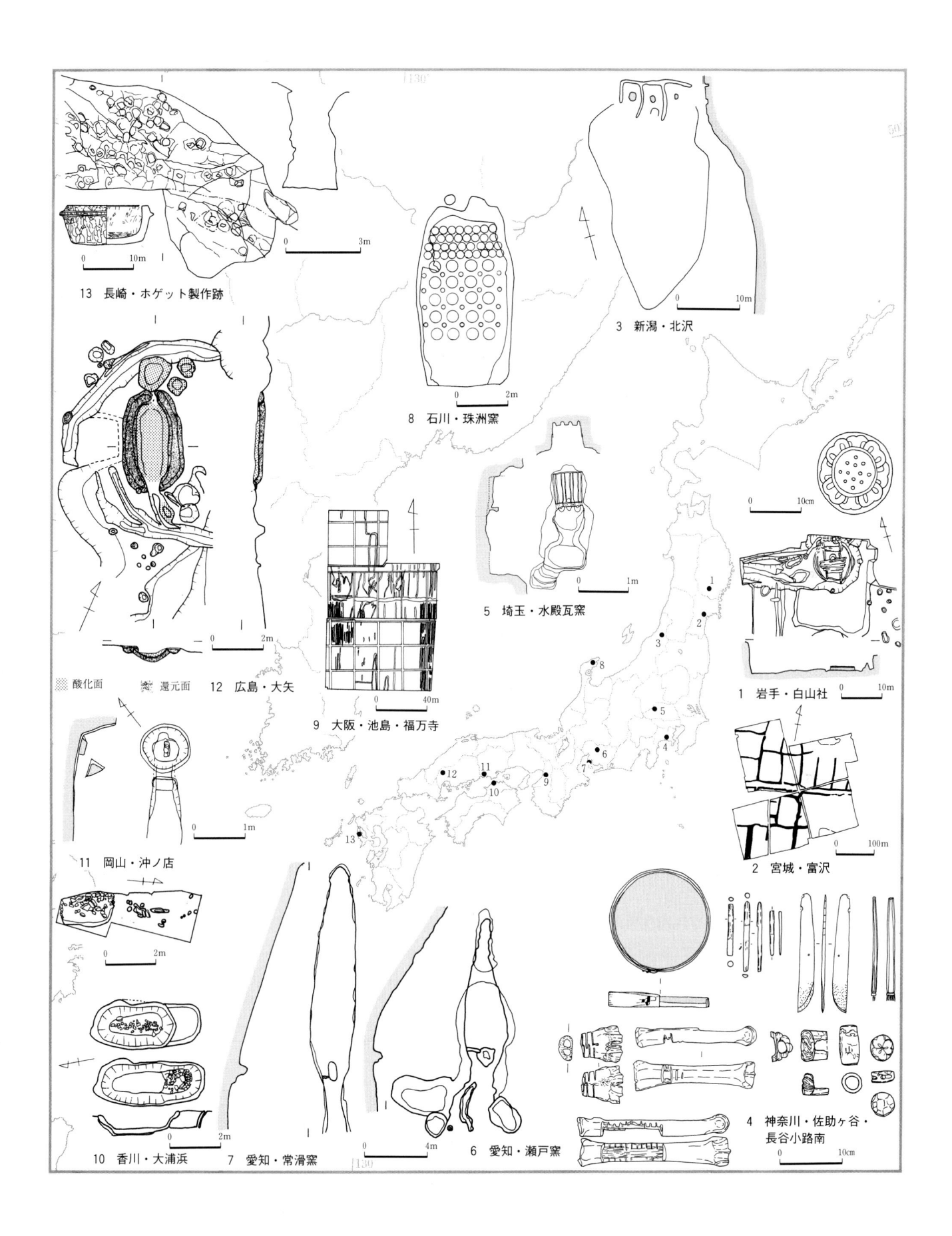

3 新潟・北沢

8 石川・珠洲窯

5 埼玉・水殿瓦窯

■ 酸化面　▨ 還元面　12 広島・大矢

9 大阪・池島・福万寺

1 岩手・白山社

2 宮城・富沢

11 岡山・沖ノ店

10 香川・大浦浜

7 愛知・常滑窯

6 愛知・瀬戸窯

4 神奈川・佐助ヶ谷・長谷小路南

生産と技術

概説 85

1 焼物の生産
1) 陶器の生産

　陶器は古代からの技術系譜により，古代灰釉陶器の系譜を引く瓷器系中世陶器，古代須恵器の系譜を引く須恵器系中世陶器，古代土師器の系譜を引く土師器系中世土器に分類される．

　瓷器系中世陶器　瓷器系中世陶器には，施釉陶器を生産した瀬戸・美濃窯，古代灰釉陶器の伝統があって鉢・椀・皿などを中心にの無釉の陶器を生産した猿投や北伊勢の岡山，東遠江の皿山窯など東海地方の諸窯，壺・甕・擂鉢を中心に生産した常滑・渥美，古代灰釉陶器の伝統がなく東海地方の技術を導入して壺・甕・擂鉢を中心に生産した北陸・東北地方の諸窯などに大きく分けられる．瓷器系陶器生産の最大の共通項は，基本的に分炎柱を持つ地下式窖窯で焼成されていることである．

　瀬戸・美濃の施釉陶器生産は窖窯で焼成される段階を「古瀬戸」と称し，大窯で焼成された段階を「大窯期」と称される．古瀬戸は全面施釉された灰釉四耳壺の出現を持って成立とし，12世紀末には開始されるが，既に12世紀中葉には無釉の四耳壺が出現していることから，これを古瀬戸草創期とする見解もある．古瀬戸は大きく3様式に分けられ，灰釉のみが使用された「前期様式」，鉄釉の使用が始まり，印花・画花など盛行する「中期様式」，平椀・天目茶碗などの日用品の量産期を「後期様式」となる．後期様式の終末は15世紀中頃であり，15世紀後葉から16世紀が大窯期となり，I～V期に区分されている．

　常滑・渥美窯については，12世紀初から16世紀後半まで，12型式の分類・編年が行われ，壺・甕・片口鉢・山茶椀・皿などを中心に生産している．常滑は壺・甕・片口鉢生産を継続するが，渥美窯は壺・甕に施釉が行われる特徴があり，5型式(13世紀第2四半期)には山茶椀・皿専焼となる．12～14世紀には壺・甕・片口鉢を中心に広域に流通するが，15・16世紀は東海・関東を中心に流通し，山茶椀は東海西部に限定して流通する．粘土紐巻き上げによる成形を基本として，小型品は回転台で整形を行う．分焔柱を持つ地下式窖窯で焼成されるが，常滑と渥美で窯構造が異なり，常滑でも甕焼成窯と山茶椀焼成窯で規模・構造がやや異なる．

　東海地方の技術が移植して壺・甕・擂鉢生産を行った窯跡は，西は山口県から北は宮城県まで確認されている．山口県上七重窯は13世紀後半，兵庫県緑風台窯は12世紀末には生産が行われている．一方，福井県越前窯では12世紀後半，宮城県水沼窯では渥美系の技術で12世紀前半，福島県梁川窯では12世紀末には生産が行われている．基本的には東海地方と同じ製作・焼成技術である．越前や信楽など除いて，この生産地は遅くとも14世紀後半には終焉を迎える．中世前期に特徴的に行われる生産である．

　須恵器系中世陶器　須恵器系中世陶器には伝統的な片口鉢と底部叩き出し整形による丸底の甕に代表される東播磨の神出・魚住窯などと，平底と丸底の甕を併焼した備前の亀山窯，平底で独自の甕を生産した香川県の十瓶山窯，熊本県の下り山窯，奄美諸島のカムイ窯などの西日本諸窯がある．東播磨では11世紀後半に生産が開始され，平安京の六勝寺などへ瓦の供給が契機となっている．初期は瓦陶兼業であるが，次第に片口鉢を主体とする生産になり，丹波・備前の流通とともに，14世紀には生産を終了する．西日本の須恵器系陶器は一部，土師質・瓦質の狭域流通品を除いて，この頃までには生産を終了する．

　ほかに，珠洲窯やその技術伝播による新潟県の北沢窯や秋田県のエビバチ長根窯などがある．珠洲窯は東播磨や東海地方の影響下に成立し，ロクロ整形への依存度が高く，独特の半地上式の大型の窯で焼成する．中世前期には宗教具などの特殊品を生産し，後期は片口鉢を中心に生産する．また，珠洲・常滑の両者の影響下にある福島県の大戸窯・飯坂窯は，東日本独特であり，12世紀末から13世紀初の短期間で瓷器系へ転換する窯業地である．珠洲は12世紀中葉～15世紀，ほかの東日本各地の須恵器系陶器生産も，瓦質・土師質の製品を除いて，14世紀に生産を終了する．

　土師器系中世土器　土師器系中世土器には素焼きの土器である中世土師器(かわらけ)と，炭素を器面に吸着させて黒色にした瓦質土器(瓦器)である．土師器には大きく粘土紐積み上げ後ロクロ(回転台)で整形したものと，手づくね(左手手法)や切り込み円盤技法・型づくりなどで成形したものがあり，器形は椀・杯・皿がある．

　瓦質土器には西日本—畿内とその周辺，四国・北部九州など—に分布する瓦器椀と，そのほかには壺・甕・鍋・釜・茶釜・火鉢・片口鉢・仏具灯火具・文房具などの生産がある．後者は基本的に，広域流通陶器や金属製品などの上物を模倣している．京都では12世紀から，和泉・河内や奈良火鉢の産地である大和でも13世紀には生産を開始し，14世紀には汎日本的に生産が行われる．16世紀後半には次第に生産が衰退する．

[文献]　楢崎彰一他　1977『世界陶磁全集　3　日本中世』小学館．吉岡康暢　1994『中世須恵器の研究』吉川弘文館．中世土器研究会　1995『概説　中世の土器・陶磁器』真陽社．
　　　　　　　　　　　　　　　　　　　　　　　　(飯村　均)

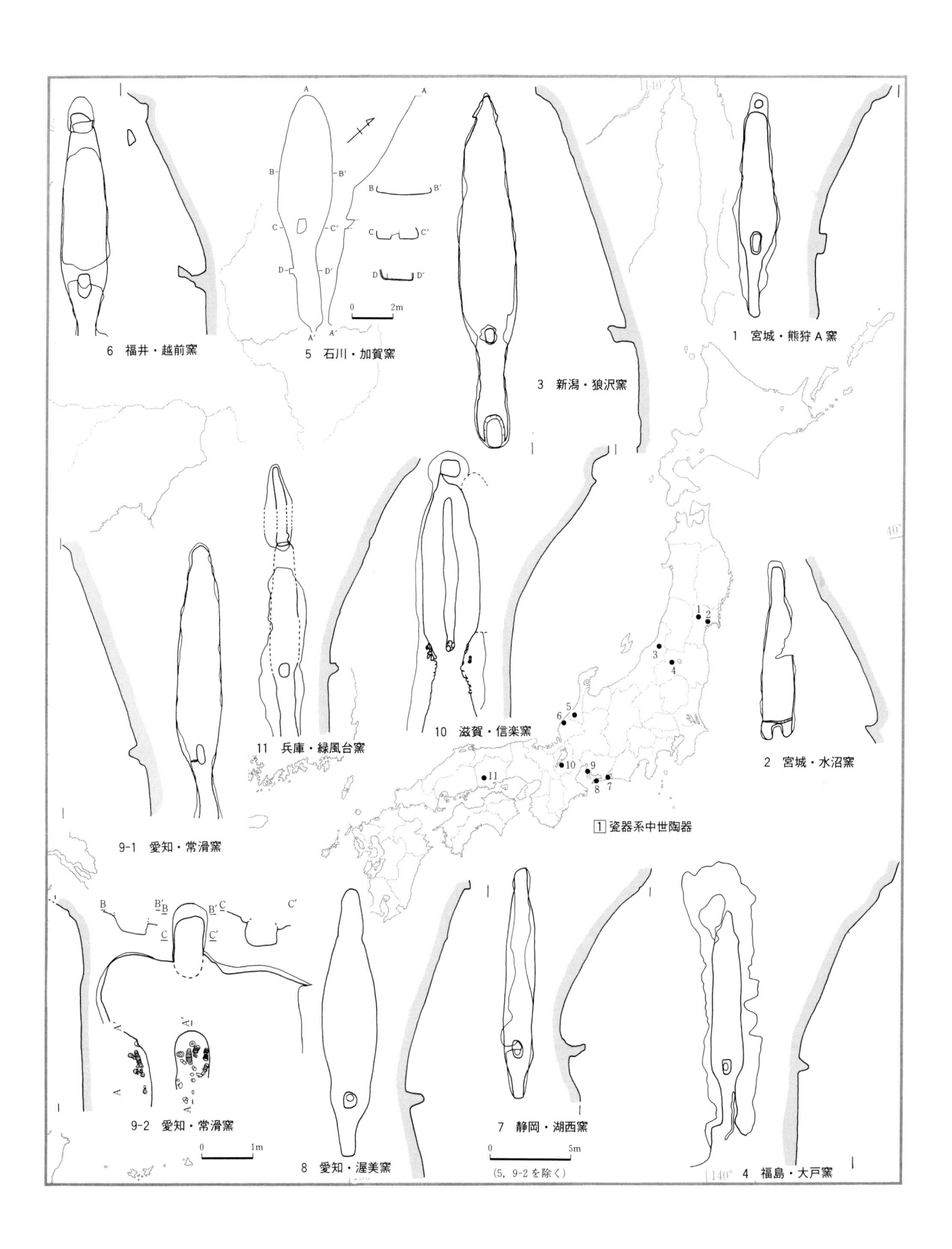

6 福井・越前窯
5 石川・加賀窯
3 新潟・狼沢窯
1 宮城・熊狩A窯
9-1 愛知・常滑窯
11 兵庫・緑風台窯
10 滋賀・信楽窯
2 宮城・水沼窯
1 瓷器系中世陶器
9-2 愛知・常滑窯
8 愛知・渥美窯
7 静岡・湖西窯
4 福島・大戸窯

焼物の生産　87

4 石川・珠洲窯

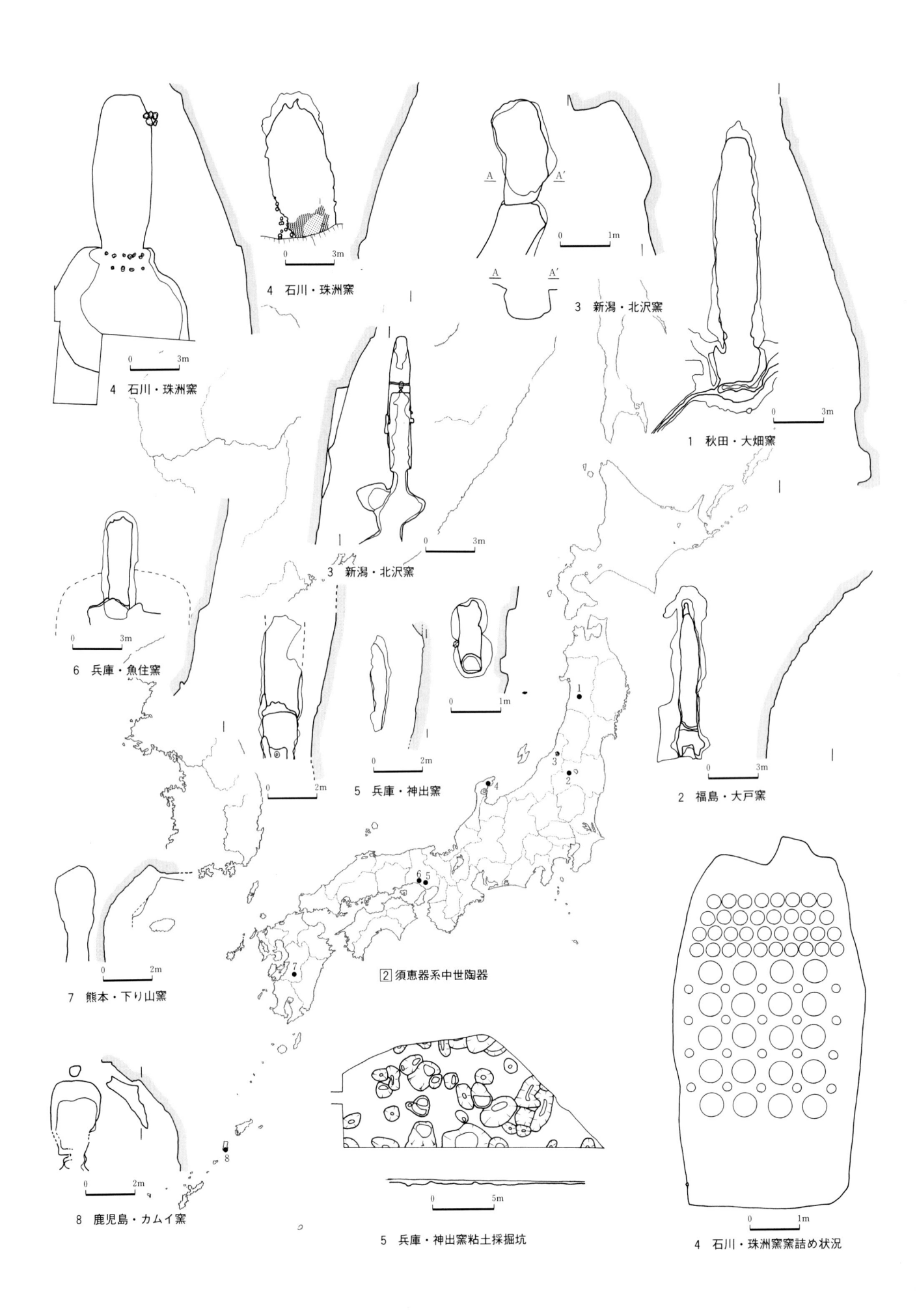

4 石川・珠洲窯

3 新潟・北沢窯

1 秋田・大畑窯

3 新潟・北沢窯

6 兵庫・魚住窯

5 兵庫・神出窯

2 福島・大戸窯

7 熊本・下り山窯

2 須恵器系中世陶器

8 鹿児島・カムイ窯

5 兵庫・神出窯粘土採掘坑

4 石川・珠洲窯窯詰め状況

88　生産と技術

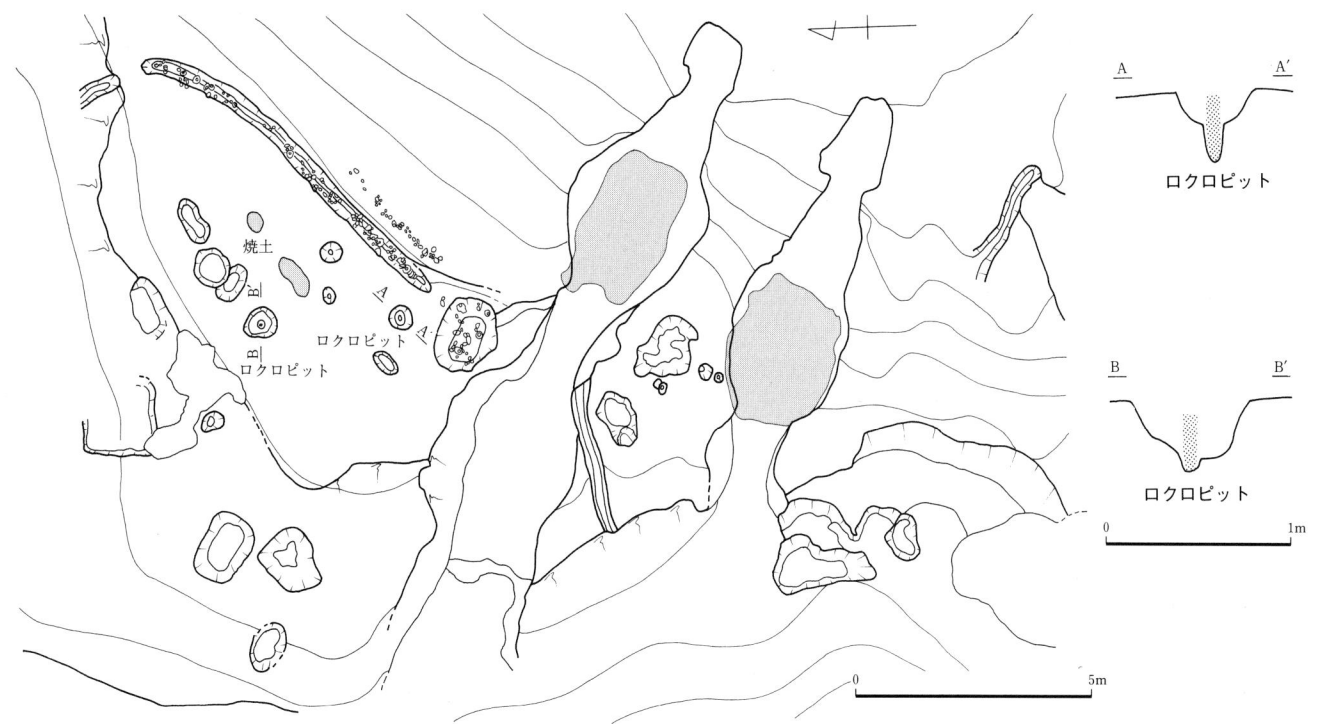

③ **陶器製作工房跡　愛知・暁窯**　製作工房跡は基本的に，ロクロの軸を据えたピット，粘土を蓄えた土坑などで構成される．窯跡に隣接して斜面に作られた，14世紀の山茶碗の製作工房跡である．斜面を階段状に削平した平坦面にロクロの軸を据えたピットが2基や，粘土を蓄えた土坑群などが検出された．また，隣接する窯跡の焼成室を再利用して，焼成前の製品の乾燥・貯蔵が行われたものと考えられている．平坦面の中央には焼土面が2ヵ所検出され，暖房・明かり・煮炊のための土間囲炉裏と考えられ，土師器鍋(釜)などが出土することもある．斜面上位の斜面と平坦面の境には溝があり，焼成失敗品や陶丸・匣鉢・焼台などが出土し，焼成品の窯出し・選択も行われていたことがわかる．上屋の柱穴は不明であるが，壁支え建物で低い床貼りないしは土間の可能性が高い．窯跡の周辺に製作工房が検出される場合が多く，ロクロを携帯して出作り的に窯場周辺で製作した．

④ **陶器製作技術**　①カメ板の上で，底部となる円盤状粘土板を作る．②その底径に合わせて直径約5cmの粘土紐を断面が長方形になるように，親指と人差し指で底部に垂直に押し付ける．③垂直に二段目を積み上げる．④継目の外側に左手を当て，右手の親指で内側の継目を上から下までこすり下げ，厚さと高さを整える．⑤「はがたな」と呼ばれる長さ30cmの木製コテを使って，下から上へ薄く伸ばしながら整形する．⑥陰干し半乾きになったら，もう一段粘土紐を積み上げて，引き伸ばす．⑦この作業を5～6回繰り返して，次第に大きくしていく．⑧口を狭くし，口縁部となる部分の粘土紐を積み上げ，形を整える．⑨最後に濡らした布で横に土を伸ばして口縁部を整える．⑩良く乾燥して窯詰めする．この技法で大甕は1日約4個できる．

焼物の生産

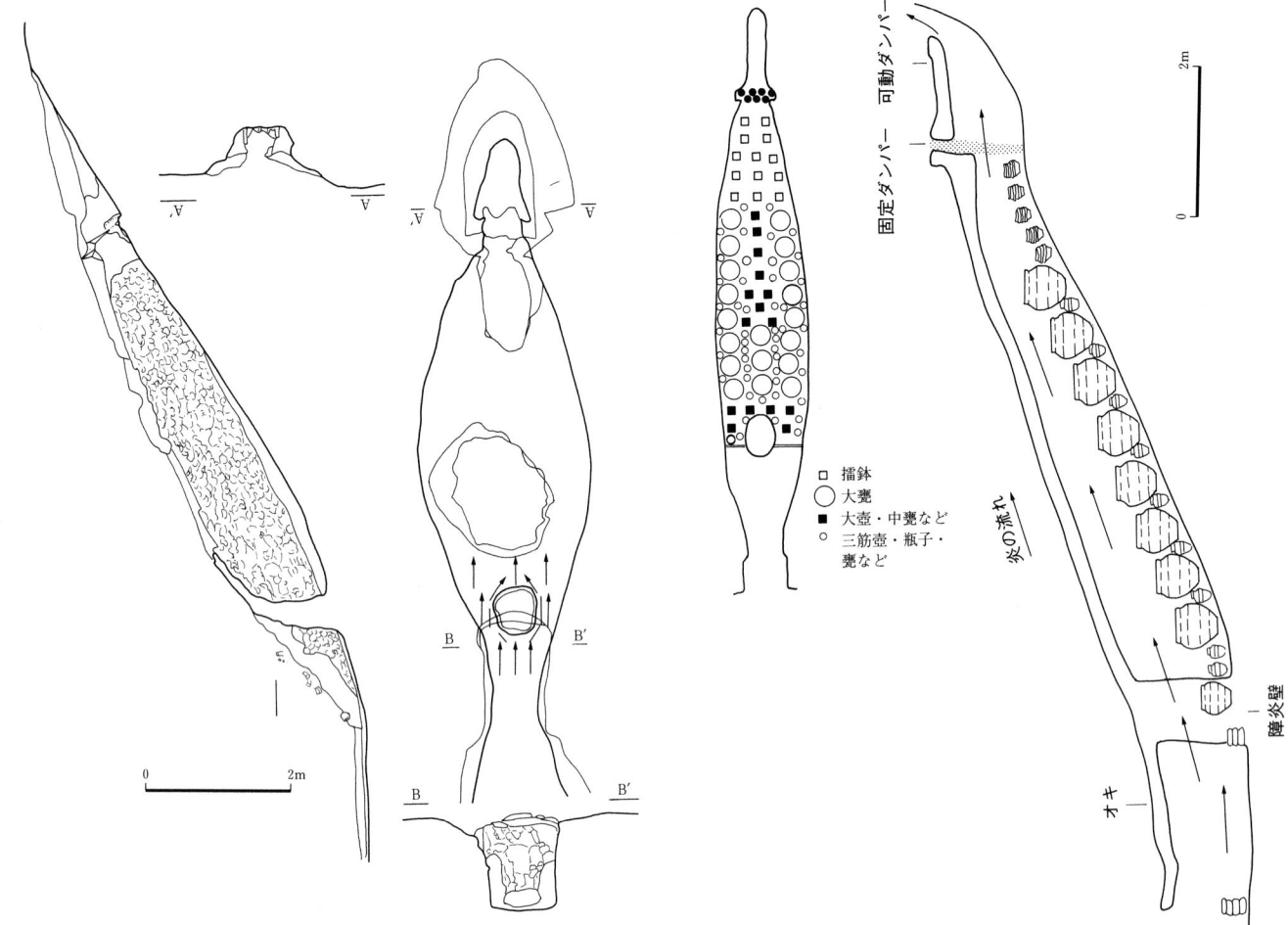

5 **焼成技術　愛知・水南中窯**　左は鎌倉時代の陶器窯跡で，ダンパーは木製の芯が炭化し，その天井部はなく，固定されていた．火炎の引きを押えて，窯全体の温度を上げる役割である．この窯で1回に生産された山茶碗数を推計すると約5,265個で，歩留りは90％以上である．右は「九衛門窯」の焼成実験による，窯詰めと炎の流れである．「焙り」から徐々に温度を上げ，薪を投入し，煙道孔を塞いで微調整を行う．薪は長さ1mの雑木の原木で，乾燥しない．約149時間で1,280度に達し，薪は約4,300束を要した．焼成終了後すぐに焚口を通気性を持たせて塞ぎ，煙道は全開．分炎柱は均等に炎を分けず，一旦凝縮した熱エネルギーを焼成室の奥に強力に吹き出させる効果があり，障害物のない天井を走る炎が良く届き，床方向への熱の伝導も良くし，焼成室内の温度差を少なくしている．

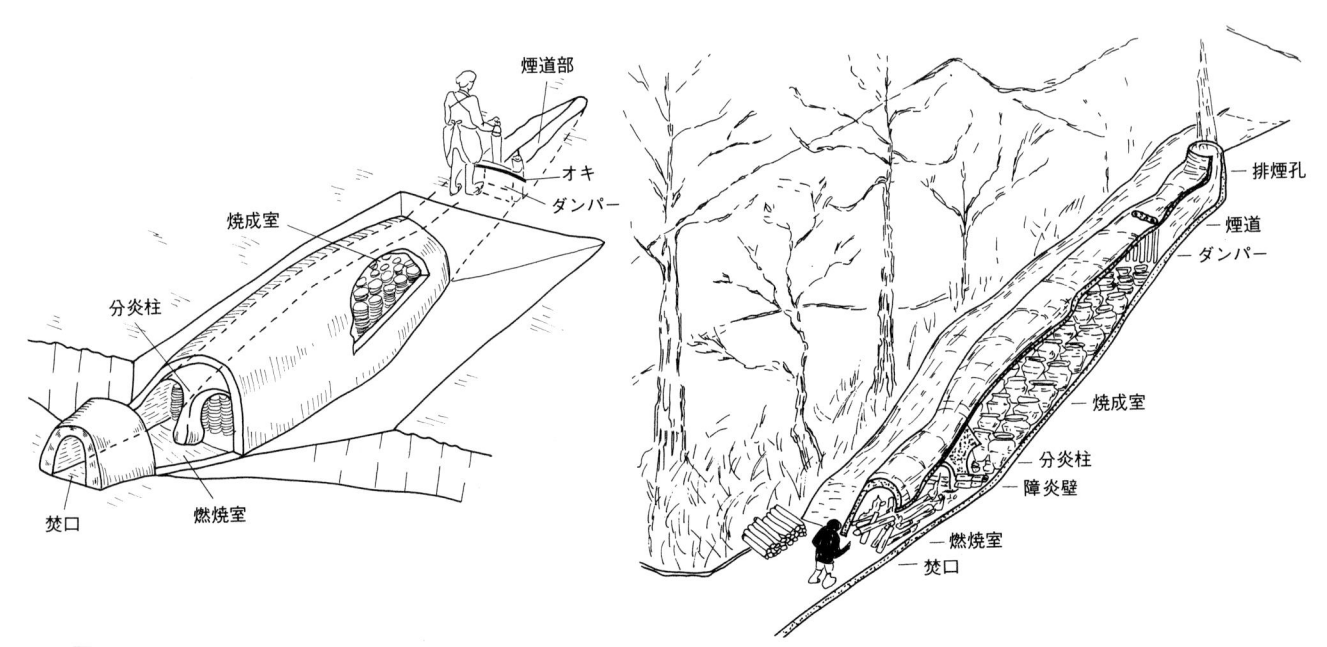

6 **窯詰め・窯出し**　左は山茶碗・皿の窯詰め，ダンパーの装着状況．全長約9.9m，最大幅1.9mの窯で，焼台は28列×5〜16個並び，1個の焼台15〜17点直接重ねて焼成．右は瓷器系陶器窯の復元．焼成室奥には鉢を約5個重ねて3〜5列，重ねる底部に籾殻を付着，焼台で水平に置く．その下位には壁寄りに大甕，中央や分炎柱前面に中・小型の壺・甕，鉢を置く．窯出しは約10日閉塞冷却後，燃焼室のオキを除いて，焚口から行う．大甕の窯詰めには最低7人は必要．

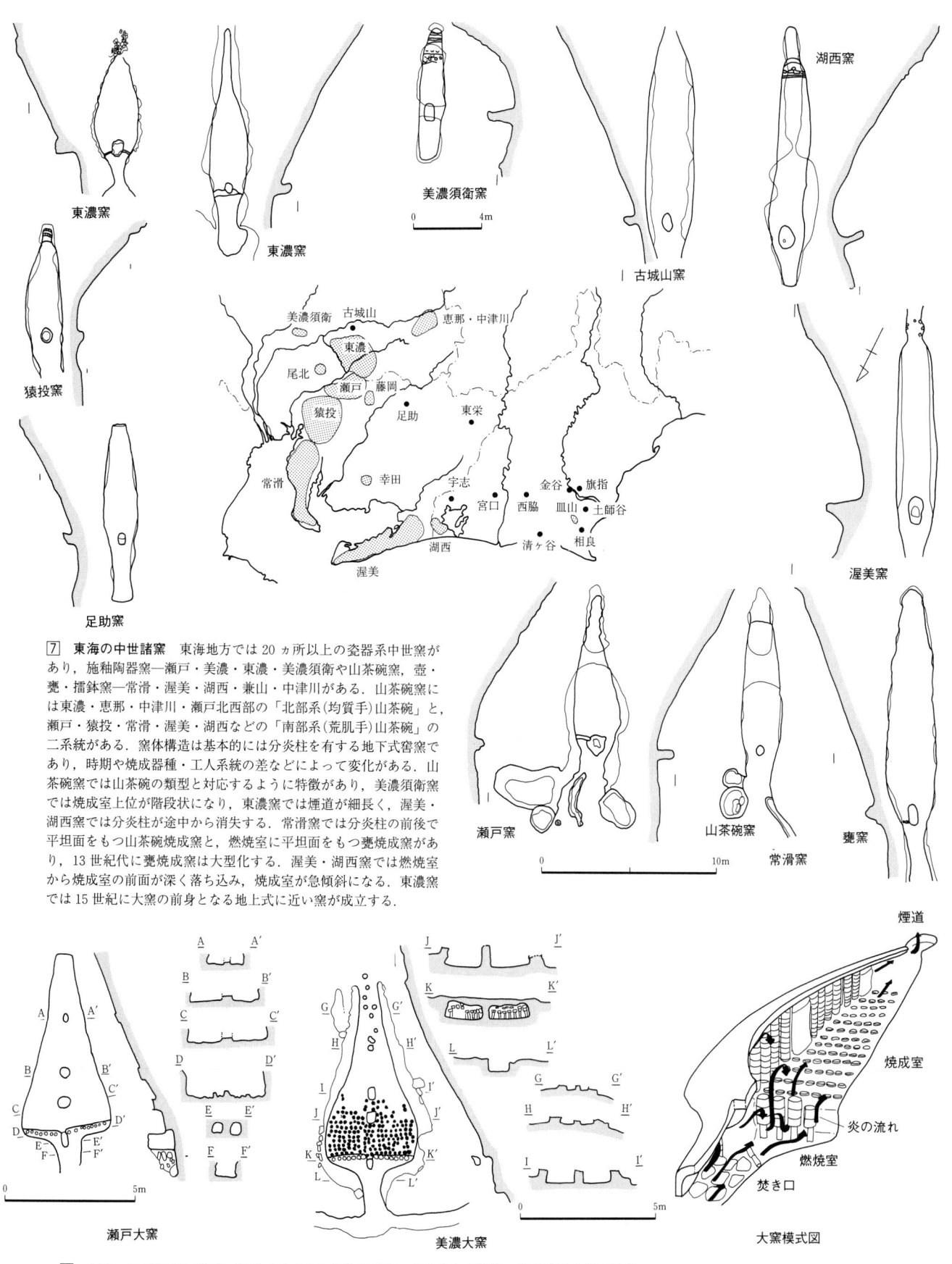

7　東海の中世諸窯　東海地方では 20 ヵ所以上の瓷器系中世窯があり，施釉陶器窯―瀬戸・美濃・東濃・美濃須衛窯や山茶碗窯，壺・甕・擂鉢窯―常滑・渥美・湖西・兼山・中津川窯がある．山茶碗窯には東濃・恵那・中津川・瀬戸北西部の「北部系（均質手）山茶碗」と，瀬戸・猿投・常滑・渥美・湖西などの「南部系（荒肌手）山茶碗」の二系統がある．窯体構造は基本的には分炎柱を有する地下式窖窯であり，時期や焼成器種・工人系統の差などによって変化がある．山茶碗窯では山茶碗の類型と対応するように特徴があり，美濃須衛窯では焼成室上位が階段状になり，東濃窯では煙道が細長く，渥美・湖西窯では分炎柱が途中から消失する．常滑窯では分炎柱の前後で平坦面をもつ山茶碗焼成窯と，燃焼室に平坦面をもつ甕焼成窯があり，13 世紀代に甕焼成窯は大型化する．渥美・湖西窯では燃焼室から焼成室の前面が深く落ち込み，焼成室が急傾斜になる．東濃窯では 15 世紀に大窯の前身となる地上式に近い窯が成立する．

8　大窯　15 世紀末に瀬戸・美濃で成立する施釉陶器窯．基本的な窯構造・平面形は古瀬戸施釉陶器窯と大差ないが，最大の特徴は大分炎柱の両脇に複数の小分炎柱・昇炎壁を設けて，炎のムラの無い供給を可能にしたこと．窯体が支柱で天井を支える地上式で，熱効率が良く，窯詰め・窯出しも効率的になったことである．天井まで匣鉢に入れて積み上げ，円錐ピンで重ね焼きすることで，全面施釉の食膳具の大量生産を可能とした．

焼物の生産

1 焼物の生産
2) 瓦器・かわらけの生産

瓦器とかわらけ 瓦器とかわらけは，食器や儀式・祭祀に使用された中世の土器である．瓦器は灰色～黒色の軟質土器で椀・皿があり主に西日本から出土する．かわらけは橙褐色～灰白色の軟質土器で椀・皿があり北海道南部・本州・四国・九州から出土する．各地域で編年が組立てられ，遺構の年代決定，流通や消費の把握に利用されている．

瓦器椀の分布と生産遺跡 瓦器椀は畿内と北部九州に2大生産地がある．畿内では楠葉型・和泉型・大和型・紀伊型・伊賀型・丹波型・近江型があり旧国郡ごとにまとまりがある．このうち楠葉型・和泉型は瀬戸内沿岸から北部九州まで広域に出土する．九州では筑紫型を中心に豊前型・肥後型・肥前南部型などの地域色がある．楠葉型瓦器椀の生産地とされる大阪府楠葉東遺跡をはじめ各地で生産関連遺跡が見つかっているが，焼成遺構が検出されているのは大阪府平井遺跡，大分県小部遺跡などで，いずれも集落に付属した小規模な生産体制が想定されるものである．

平井遺跡・小部遺跡の窯はいずれも長軸1.5m程の円形の土坑で，瓦器椀などがスサ入り粘土塊・焼土・木炭とともに出土している．平井遺跡では床面やや上から焼壁の立ち上がりが見られ，小部遺跡は上層に壁の崩落と思われるスサ入り粘土塊が大量に出土しており構造窯と考えられる．

瓦器の製作技術 成形の素材は粘土紐や粘土板で，これを手びねりして形を作る．その際，a内型を利用するものとb しないもの，c回転台を利用するものとd しないものがある．abdは畿内の，cは北部九州の一般的な特徴である．成形後，ナデやミガキの調整が施される．

瓦器の焼成技術 平井遺跡の事例を見ると，瓦器椀は口縁部を上にして数個体ずつ，ややずらしながら直重ねされ窯詰めされる．最下層から炭層が検出されており，水分を飛ばすための空焚きか，着火のための燃料が詰められたと考えられる．製品はその上に並べられている．焼成は直炎式であり，焚口から直接，燃料(薪・藁・木炭など)を差し込む．700～800℃程度に温度を上昇させ煤切れを起こさない還元焔焼成のうちに，薪やモミ・松葉などを投入し，天井・焚口を閉塞し窯内を還元冷却状態にし，器表に炭素を吸着させる．800℃では炭素の吸着がよく銀化するが500℃での還元冷却では薄茶～漆黒色となる．平井遺跡や小部遺跡の事例では一回の焼成で200～300個生産したらしい．

かわらけの生産遺跡 かわらけの生産遺跡は，関東東北・東海・畿内・瀬戸内(中国・四国・北部九州)の4地域に整理できる．東北は12世紀に古代的な平窯が残るが，後葉には平地式の煙管窯となる．1遺跡4～6基で構成され，遺跡の性格として領主権力との関連が指摘されている．製品は手づくねとロクロの二者がある．関東は事例が少ない．東海はかわらけ専用の傾斜地煙管窯とともに陶器窯・山茶碗窯でのロクロかわらけの併焼が目立つ地域である．窯業先進地でのかわらけ生産の特殊性が窺われる．畿内では京都洛外での生産が知られる．権門に従属した洛内向けの産業として成立していた．滋賀県錦織遺跡の手づくねかわらけ窯は土坑状のもので，京都府木野のかわらけ窯のような形態を呈していたと思われる．瀬戸内地域は傾斜地煙管窯でロクロかわらけを焼成する．1遺跡1基程度の操業であり製品は集落内での消費以上のものではなく，東北との生産形態の質の違いが認められる．

かわらけの製作技術 かわらけの成形は粘土紐か粘土板素材が基本で，ロクロ使用と不使用の二者がある．不使用のもの(手づくね)は粘土紐巻き上げ法と粘土板結合法などが想定されている．14世紀の京都かわらけのへそ皿や鎌倉の白かわらけの一部には木目が残り，木型による内型成形と考えられている．中世後期になると京都産手づくねかわらけに，肘やあて板を利用し粘土塊から手づくねで成形する技法が出現する．ロクロのものは底部の粘土塊に粘土紐を巻き上げるもので，所謂水挽き技法ではない．

かわらけの焼成技術 かわらけ窯は地下式・地上式の違いはあるものの，横方向の焚口から燃料が補給される直炎式煙管窯という共通点がある．焼成部は鍋底状にややくぼむものが多い．木野の窯では土製の棚の上に製品が置かれ下方からの炎で焼成されており，煙管窯の場合も製品を乗せるなんらかの棚状施設や支柱の存在が想定される．幡枝の事例では以下の工程で焼成が行われる．①製品の湿気を取るために藁を焚口付近で4時間燃やす．②松の割木を窯の奥深く入れさらに4時間燃やす．この際，窯上面には生灰を厚くかけておく．③火を消して一昼夜して取り出す．1回で千個生産できたという．

瓦器とかわらけ生産の展開 瓦器とかわらけの窯構造は，直炎の古代土師器焼成土坑に出自を持ちながらも，平安時代後期の須恵器窯・緑釉陶器窯の小型化(生産体制の変化・燃料効率の改良)と連動し，遅くとも11世紀後半代には直炎式構造窯(地下式・地上式)となり，12世紀には各地に伝播する．

[文献] 橋本久和 1992『中世土器研究序論』真陽社．森隆 1994「中世土器の焼成窯」『中近世土器の基礎研究X』．

(中山雅弘)

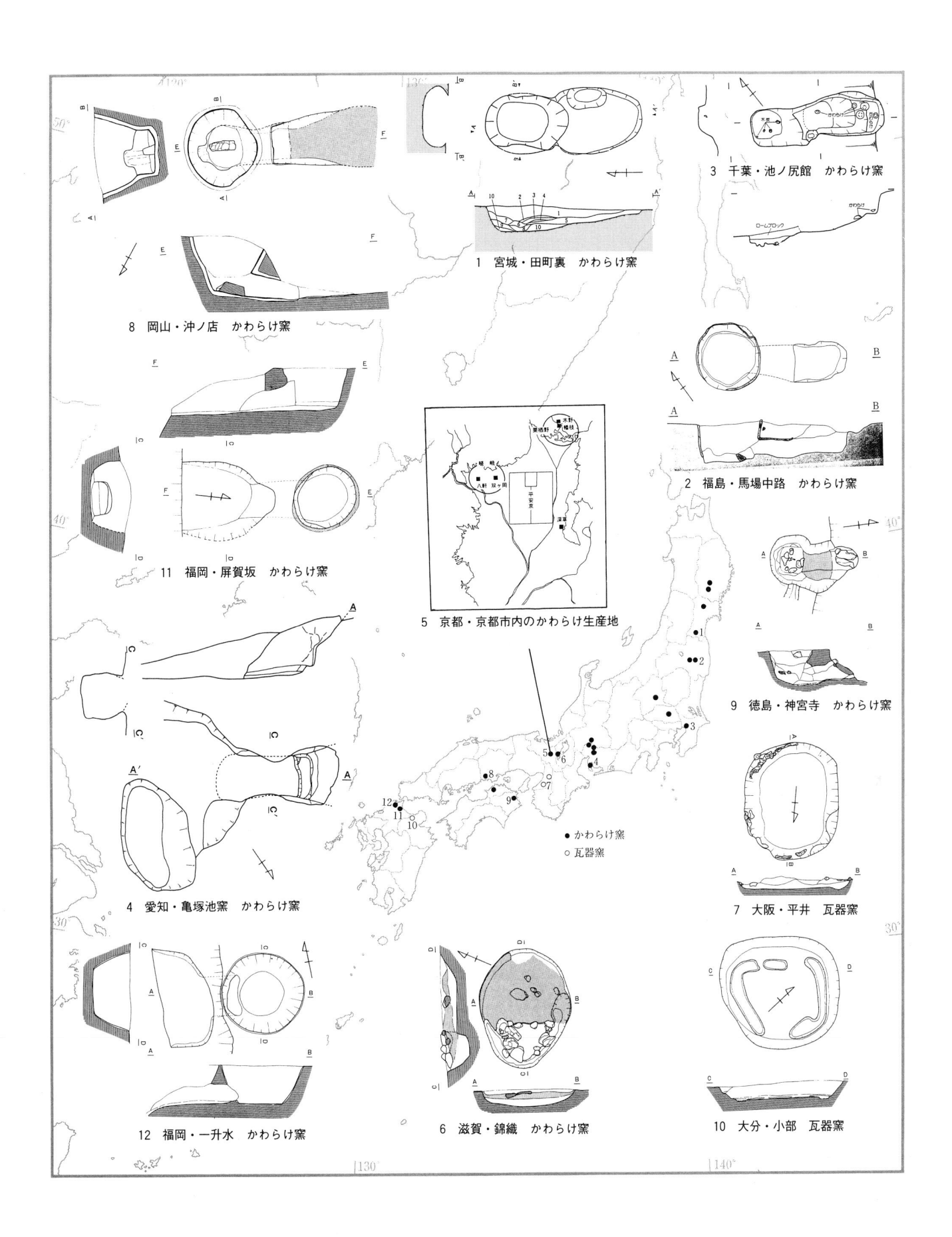

1 宮城・田町裏 かわらけ窯
2 福島・馬場中路 かわらけ窯
3 千葉・池ノ尻館 かわらけ窯
4 愛知・亀塚池窯 かわらけ窯
5 京都・京都市内のかわらけ生産地
6 滋賀・錦織 かわらけ窯
7 大阪・平井 瓦器窯
8 岡山・沖ノ店 かわらけ窯
9 徳島・神宮寺 かわらけ窯
10 大分・小部 瓦器窯
11 福岡・屏賀坂 かわらけ窯
12 福岡・一升水 かわらけ窯

● かわらけ窯
○ 瓦器窯

焼物の生産 93

1 福島・馬場中路

● 窯の位置

B地区

A地区

2 宮城・田町裏

3 大分・小部

4 千葉・池ノ尻館

5 福岡・屏賀坂

6 滋賀・錦織

[1] **生産地集落** 東日本ではかわらけ出土遺跡は，館跡や寺社・都市（鎌倉・多賀城周辺など）・宿などに集中し，一般庶民の集落にはほとんどみられない．生産のあり方もこうした使用の状況に規定されている．在地領主との結びつきが深い馬場中路遺跡，田町裏遺跡，城の中で生産された池ノ尻館などである．西日本では地場産業として洛内に供給される京都を除き，窯をもつ集落は総じて村落内小規模生産の色合いが強い．

1 福島・桜木　　2 大阪・ツゲノ

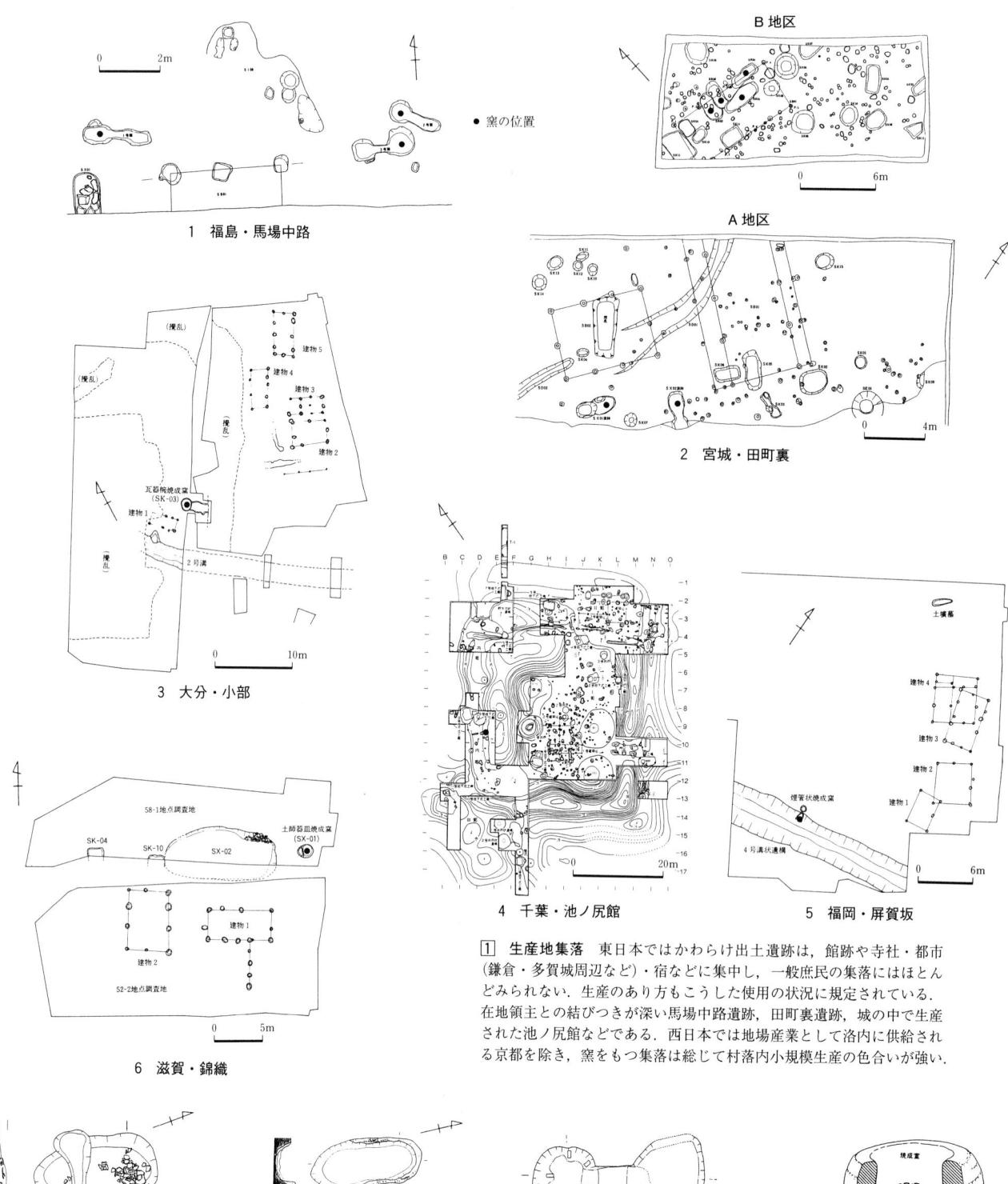

[2] **煙管窯以前の焼成遺構** 煙管窯が出現する前の土師器を焼成した遺構は楕円形の焼成坑である．東日本では遅くとも，8世紀中葉までには出現し，おもにロクロ土師器が焼成されている．大阪府高槻市ツゲノ遺跡では10世紀後半のロクロ土師器焼成坑がみつかっている．畿内から北部九州では11世紀代には煙管窯（地上式・地下式がある）が出現しているが，東北地方では12世紀前半の桜木遺跡ではまだ土師器焼成坑を踏襲した遺構でかわらけを焼成しており，煙管窯の出現は12世紀後半から13世紀初頭を待たねばならない．

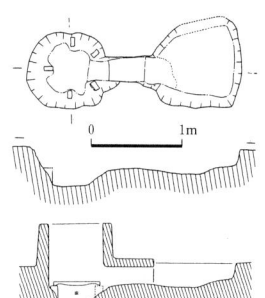

[3] **近世の煙管窯** 兵庫県伊丹市でみつかった近世のほうろく窯．横方向からの直炎で製品を焼成する．

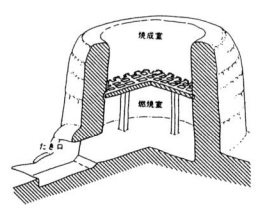

[4] **京都に現存するかわらけ窯模式図** 窯壁の中位に多数の通孔を有する棚を設け，上下に焼成室と燃焼室とを作る．天井のない開放窯である．

94　生産と技術

1 大分・小部　　2 大阪・平井

1 宮城・名生館　　3 福島・馬場中路　　4 福島・桜木

8 岡山・沖ノ店

2 宮城・田町裏　　5 千葉・池ノ尻館　　9 徳島・神宮寺

6 滋賀・錦織

7 京都・双ヶ岡

10 福岡・屏賀坂　　11 福岡・一升水

九州系瓦器椀　　畿内系瓦器椀

5 瓦器椀の分布　畿内と北九州に2大生産地がある．畿内では楠葉型・和泉型・大和型・紀伊型・伊賀型・丹波型・近江型があり，旧国郡ごとにまとまりがある．九州では筑紫型を中心に豊前型・肥後型・肥前南部型などの地域色がある．

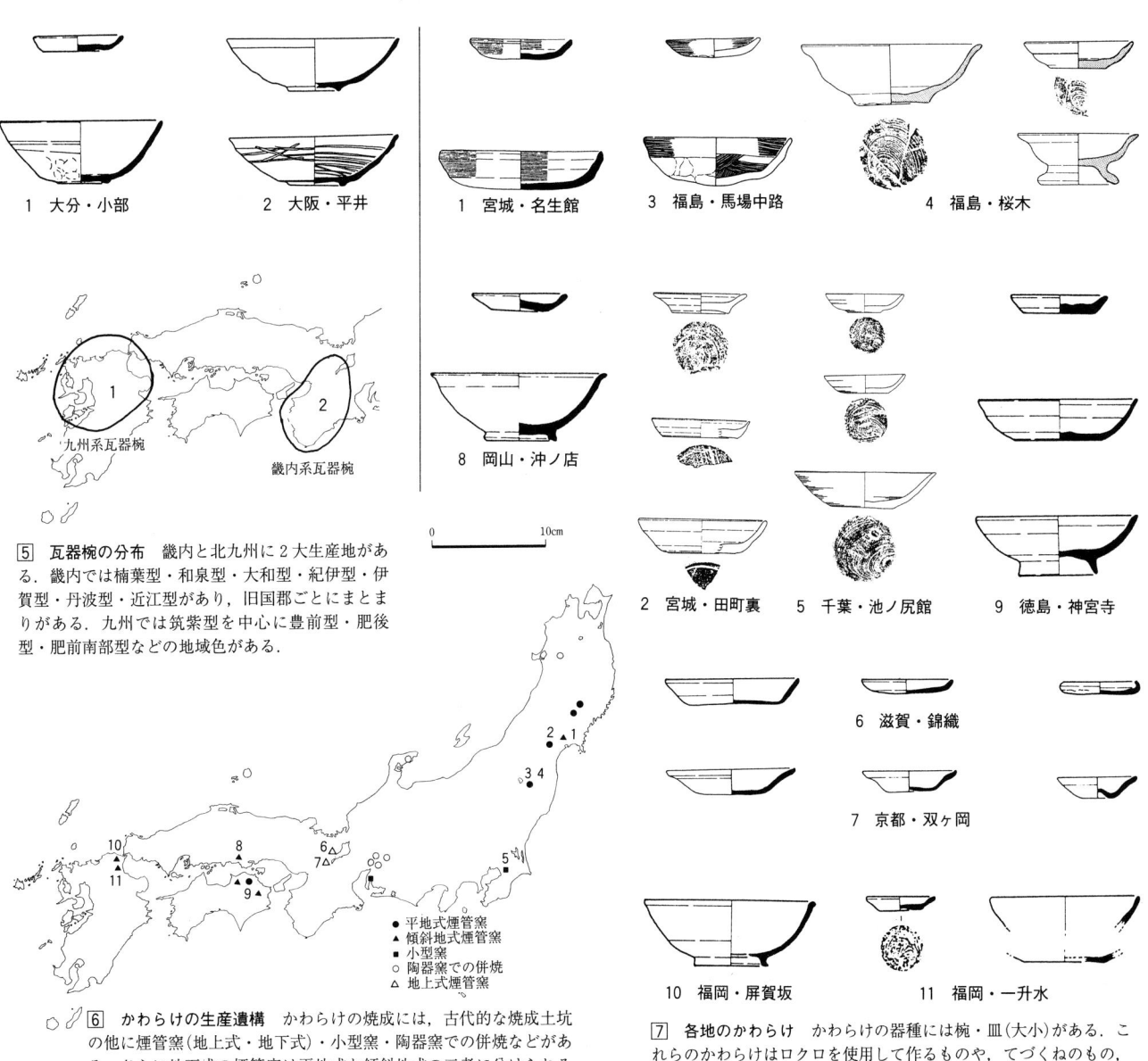

● 平地式煙管窯
▲ 傾斜地式煙管窯
■ 小型窯
○ 陶器窯での併焼
△ 地上式煙管窯

6 かわらけの生産遺構　かわらけの焼成には，古代的な焼成土坑の他に煙管窯（地上式・地下式）・小型窯・陶器窯での併焼などがある．さらに地下式の煙管窯は平地式と傾斜地式の二者に分けられる．窯業先進地の北陸・東海では陶器窯での併焼や陶器窯の横に作った小型窯での生産がみられる．

7 各地のかわらけ　かわらけの器種には椀・皿（大小）がある．これらのかわらけはロクロを使用して作るものや，てづくねのもの，型作りのものなどがある．

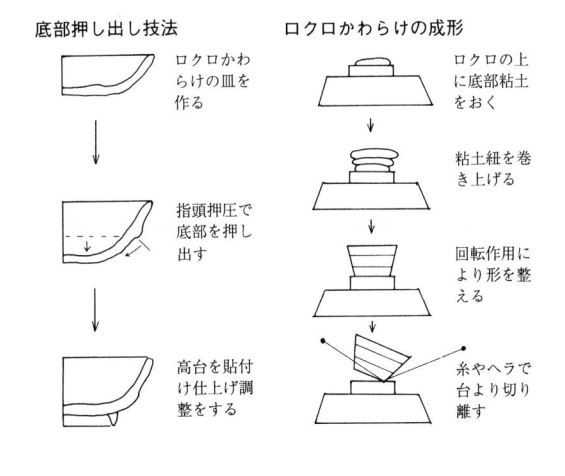

底部押し出し技法
- ロクロかわらけの皿を作る
- 指頭押圧で底部を押し出す
- 高台を貼付け仕上げ調整をする

ロクロかわらけの成形
- ロクロの上に底部粘土をおく
- 粘土紐を巻き上げる
- 回転作用により形を整える
- 糸やヘラで台より切り離す

瓦器・かわらけの成形技法

9 粘土紐巻き上げ法　左手の上で，右手に握った粘土紐を中心から左回りに巻き上げる手法で，古代の土師器の技法を踏襲したものである．左手手法と呼ばれる．

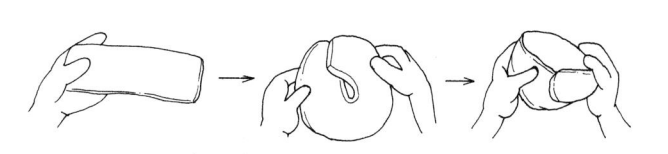

8 ロクロかわらけ　うつわの形を整えたり，成形台から製品を切り離す際に遠心力を利用する技法により作られるかわらけである．岡山県を中心に分布する吉備系の椀はロクロかわらけ皿の底部を外側に押し出して椀形を作ったと考えられている．

10 粘土板結合法　粘土板（帯）の左端の上に右端を重ね合わせて成形する技法で，口縁部から底部にかけて粘土板の結合痕が残るのが特徴である．

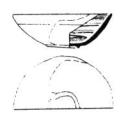

焼物の生産

1 焼物の生産
3) 瓦の生産

窯跡の分布　中世において瓦の生産を行っていた窯跡は，これまでのところ全国で120遺跡240基程度が確認されている．これら窯跡の分布をみると，東海地方以西の西日本においては讃岐陶邑，備前，東播磨，瀬戸，知多，渥美・湖西などの大規模窯跡群に包括されるなかで，拠点的に集中するような状況で分布している．これとは対照的に東日本においては窯跡の発見例そのものがきわめて少なく，現段階では個別分散的な状況での分布が確認されるにとどまっている．

大規模な窯業生産地はどこでもほとんどが壺・甕・鉢・皿などの貯蔵具や食膳具を主要製品としており，瓦はあくまでも特定需要に応えた副次的な製品であるといわざるをえない．例えば，汎日本的に流通圏を有する常滑窯を中心とする知多古窯跡群を例にみると，2000～3000基といわれる窯跡のなかでも，瓦窯と呼ぶにふさわしい専業窯的な性格にあるとみられるのは，社山古窯跡(3基)など僅かの窯跡にすぎない．あるいはまた，時代的な生産器種の変遷のなかで，特定の時期だけに限って瓦を生産し，それ以外の時期には瓦を生産しない生産地もある．備前窯はその代表的な例であり，備前焼が成立する初期の窯跡には瓦の生産が認められるものの，それ以後の発展期，隆盛期にほとんど瓦が生産されていた様子は知られていない．

東日本のみならず個別分散的な状況で分布する瓦窯跡の多くは，寺院の境内地あるいはその近傍などにあって，遠距離流通を必要としない比較的近隣の需要にだけ応えた在地的な生産を行っていたようである．

窯跡の構造　瓦を生産していた窯跡の構造は，半地下式分炎柱登窯と有牀式(ロストル式)平窯の二つに大別される．前者は陶器と瓦を同一の窯で焼く，いわゆる瓦陶兼業窯で，後者は一部に瓦器を併焼する事例があるものの，もっぱら瓦だけを専門に焼く瓦専業窯であり，窯構造の相違がそれぞれの窯の生産形態の違いを如実に示していると考えられる．なお兵庫県神出・魚住などの東播磨諸窯は基本的に瓦陶兼業窯であるが，登窯(窖窯)，小型平窯，煙管状窯(ダルマ窯)といった構造的に異なる何種類かの窯跡が確認されており，小型の平窯では牀(ロストル)の存在が認められないなど特徴的な様相を示している．

生産形態　丹波，讃岐，尾張，播磨，南都など地方の諸窯は，古代末期に平安京で活発化する造寺活動にともなって，平安京に瓦を供給する過程で生産能力の発展をみたものであるが，平安京周辺域での瓦の需要が激減した後には在地(生産地近隣)の寺院などへ販路の転換を求めるなどさまざまに変化を遂げたようである．さきに窯跡の分布や構造でみたように，寺院などの近傍で有牀式平窯によって瓦を専門に生産するものと大規模窯跡群で登窯や窖窯によって陶器生産を専門としながら時折，必要に応じて瓦を生産するものとに分化したとみることもできる．

生産地編年と瓦の年代　窯跡で発見された瓦の供給先が明らかになることによって，生産地と消費地との需要関係を把握することが可能になり，さらに消費地遺跡が建物の造営年代が明らかな寺院などの場合には，瓦の実年代(暦年代)を確定することも可能になる．奈良東大寺に供給された静岡県山口第17地点窯および愛知県上白田1号窯の瓦，そして鳥羽東殿や鎌倉に供給された愛知県八事裏山窯の瓦は，それぞれ渥美・湖西窯，常滑窯，そして猿投窯の生産地編年における実年代の基準となっている．このように各地の中世窯における生産地編年の構築作業のなかで，瓦は少なからず実年代の定点資料という重要な役割をになっている．

瓦の製作技法　鐙瓦(軒丸瓦)，宇瓦(軒平瓦)，丸瓦，平瓦という主要4種類の瓦のうち，その製作技法の点からみて，年代差，時期差，地域差，あるいは瓦工人(瓦工房)の系統差を比較的よく示すものと考えられるのが宇瓦瓦当部の製作技法である．現段階においては，折り曲げ技法，顎貼り付け技法，瓦当貼り付け技法，そして包み込み技法のおおむね4種類の特徴的な技法が確認されている．なお顎貼り付け技法と瓦当貼り付け技法とは，必ずしも時期的に差のあるものではなく，両者の技法が併存する地域もある．

平瓦は九州北部と沖縄を除いて全国的に古代以来，一貫して一枚作りの技法で製作されている．中世平瓦の一枚作りは一部に例外もあるが，凸型台で基本となる1次成形を行い，その後の2次成形及び調整の際に凹型台を併用した凸型台一枚作りであったと考えられる．丸瓦も基本的な製作技法は，筒状の粘土円筒を二分割する古代以来の技法とほぼ同様であったとみられるが，丸瓦凹面に確認され俗に「吊り紐」痕とよばれるループ状を呈する紐状圧痕を手掛りに成形・製作技法の中世的特徴が模索されている．このほか鐙瓦の製作技法については，まだまだ未知の部分が多く，今後ともさらなる研究が必要とされている．

[文献] 上原真人 1990「平瓦製作法の変遷」『今里幾次先生古稀記念播磨考古学論叢』．上原真人 1995「京都における鎌倉時代の造瓦体制」『文化財論叢』II．小林康幸 1996「東日本における中世瓦生産」『考古学の諸相』．

(小林康幸)

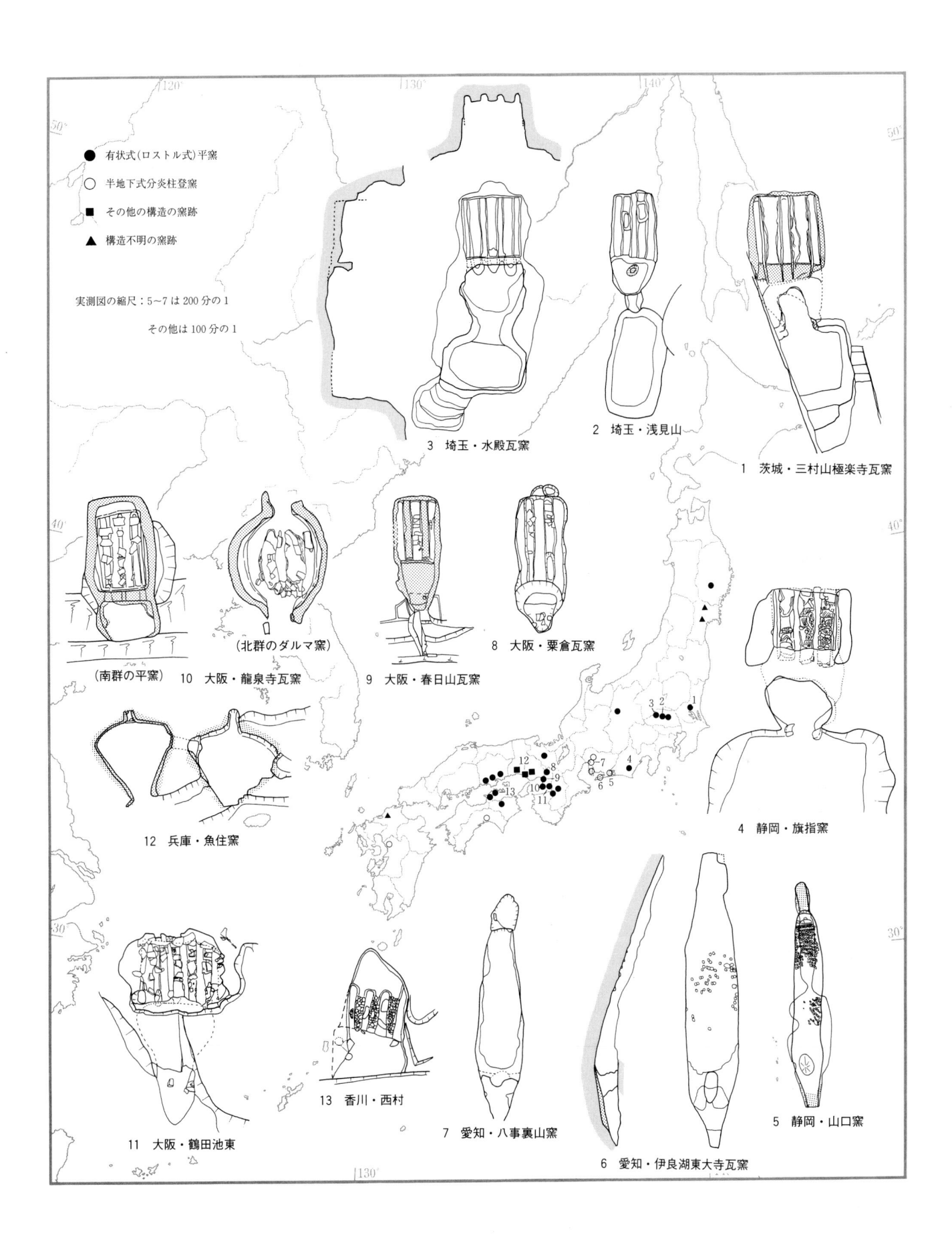

● 有状式(ロストル式)平窯
○ 半地下式分炎柱登窯
■ その他の構造の窯跡
▲ 構造不明の窯跡

実測図の縮尺：5〜7は200分の1
その他は100分の1

3 埼玉・水殿瓦窯
2 埼玉・浅見山
1 茨城・三村山極楽寺瓦窯

(南群の平窯)
10 大阪・龍泉寺瓦窯
(北群のダルマ窯)
9 大阪・春日山瓦窯
8 大阪・粟倉瓦窯
4 静岡・旗指窯

12 兵庫・魚住窯

11 大阪・鶴田池東
13 香川・西村
7 愛知・八事裏山窯
6 愛知・伊良湖東大寺瓦窯
5 静岡・山口窯

焼物の生産

「アラガタ」と呼ばれる凸型成形台

1 平瓦の製作技法　中世の平瓦の多くは凸型成形台一枚作り（ないしは四枚作り）によって製作されている．タタラと呼ばれる粘土塊からコビキによって切り出された平瓦一枚分の粘土は，アラガタと呼ばれる凸型成形台の上に置かれ，叩き板で叩き締められ，半乾燥後に成形台からはずされ，凹面などに調整が加えられてできあがる．

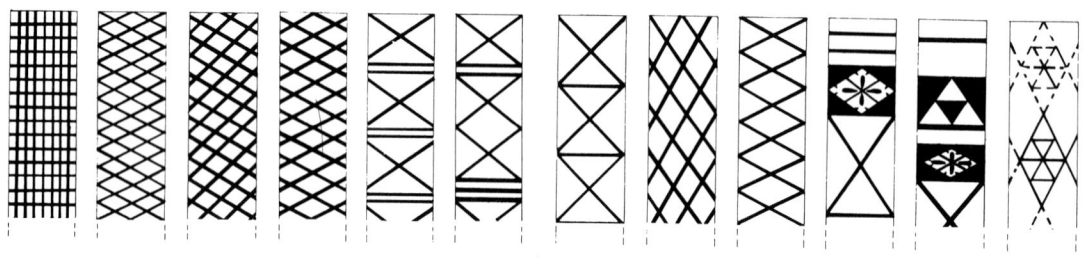

韓国の民俗例にみられるＴ字形の叩き板「パーテ」

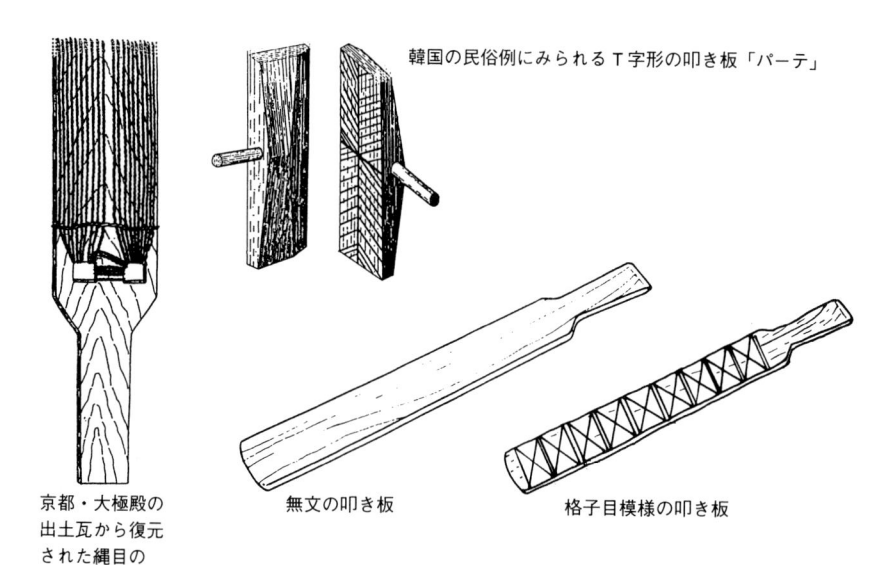

京都・大極殿の出土瓦から復元された縄目の叩き板

無文の叩き板

格子目模様の叩き板

さまざまな叩き板の模様（神奈川・鶴岡八幡宮境内出土の平瓦から復元）

2 宇瓦（軒平瓦）の製作技法

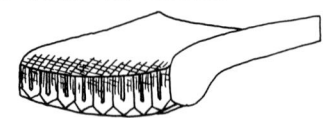

① 折り曲げ技法　あらかじめ瓦当部となる分の粘土を別に用意せずに，平瓦広端部を凸面側に折り曲げて瓦当部とする技法．この際，敷かれている布も平瓦広端部と一緒に折り曲げるため，瓦当面に布目の痕跡が残る．

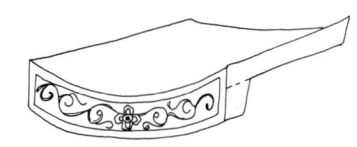

② 顎貼り付け技法　平瓦凸面の広端部に平瓦とほぼ同じ厚さの別粘土を貼って瓦当部とする技法．

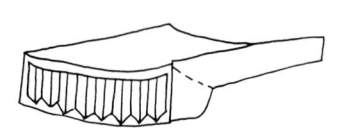

③ 瓦当貼り付け技法　平瓦広端縁をあらかじめ斜めに切り落とし，そこに瓦当部となる粘土を接合する技法．

④ 包み込み技法　平瓦広端部の凹凸両面にほぼ同量の粘土を付けて，瓦当部が平瓦を包み込むように接合する技法で，瓦当部の断面形態が撥状を呈する．この技法は東播磨産の瓦に特徴的な技法である．接合する粘土の量や平瓦との接合面積の変化によって3段階程度に細分が可能とされる．

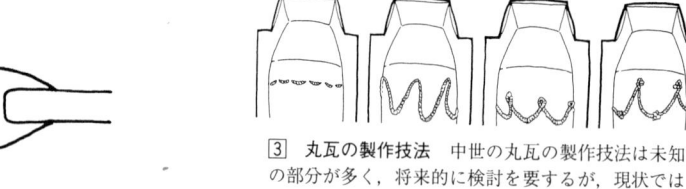

3 丸瓦の製作技法　中世の丸瓦の製作技法は未知の部分が多く，将来的に検討を要するが，現状では瓦の凹面に残る抜き取り縄（吊り紐）の痕跡がそうした検討に際しての特徴として注目される．

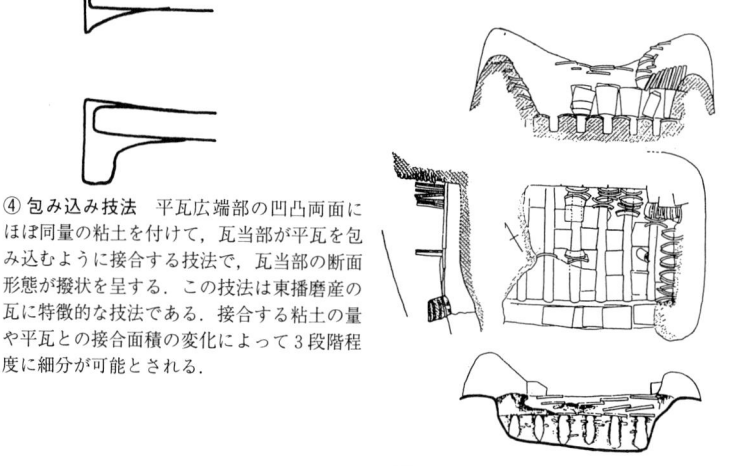

4 平窯における瓦の窯詰状態（京都・福枝1号瓦窯）　平窯ではまず牀の上に牀を覆うかたちで平瓦が敷かれ，つぎに火道となる溝をまたぐように平瓦が2枚1組で交互に立てて置かれ窯詰めされたものとみられる．

埼玉県比企地方における中世瓦の分布と同文関係（左：鐙瓦，右：宇瓦）

5 **中世瓦の瓦当文様** 全国各地で出土する中世瓦の瓦当文様は図示したように多種多様であるが，寺院名などの文字を瓦当文様に採用することなどが中世における新たな風潮とみられる．また，遺跡の遠近を問わず同文関係が確認されている事例も見受けられる．
(縮尺：8分の1)

1 岩手・柳之御所

3 宮城・東光寺

2 宮城・瑞巌寺境内

14 岡山・万富東大寺瓦窯

5 茨城・三村山極楽寺瓦窯

13 愛知・伊良湖東大寺瓦窯

6 群馬・上野国分僧寺・尼寺中間地域

7 群馬・浜川北

4 福島・下万正寺

8 東京・百草園内

15 大分・臼杵石仏群地域

12 愛知・八事裏山窯

11 静岡・旗指窯

10 静岡・願成就院

9 神奈川・永福寺

9 神奈川・永福寺

9 神奈川・永福寺

焼物の生産 99

1 焼物の生産
4) 奈良火鉢の生産と粘土採掘

　中世大和の特産品の一つに奈良火鉢がある．瓦質焼成品で円形，角形，また輪花形に成形したり，口縁部近くに菊花文や巴文，花菱文，雷文，桜花文などの印文を押す．大量に出土した奈良県法貴寺遺跡の例では，やや厚く直線的に外開きでたちあがる体部，丸みのある口縁端部，輪花形の成形などを出現当初の形態上の特徴とする．次いで内弯した丸みのある体部と，内側へ水平気味に張りでた口縁部を示す形態へと変化し，15世紀前半には数量，種類も増加する．さらに15世紀末葉までには角形の製品も出現する．出土分布は河内，山城，紀伊，瀬戸内の都市など周辺地域にとどまらず日本海沿岸や北部九州まで拡がる．

　出現の経緯は必ずしも明らかでないが，低火度焼成の大形成形品である．内外面ともに緻密な炭化処理がなされたのち，ていねいなヘラミガキが施される．底部にハナレ砂が使用される印文を採用する（これは加飾性とともに商標的要素も考慮される）などの技法上の特徴が，出現期の製品からすでに備わっていることから南都の造瓦技術や集団と関係した可能性が高い．そしてなによりも当初から広域流通の販路が確保されていたものとみられる．当時の大和の諸勢力の事情を考えると，興福寺勢力がなんらかの形で関与していたことは確実であろう．

　史料によると奈良火鉢の生産，販売組織は，二つの火鉢座に分かれていた．西京に興福寺大乗院門跡下の奈良座，山城国木津の有力者の下に京座があった．京座は平安京への販売を専門とする座組織である．西京の座では，薬師寺境内から粘土採掘を行ったことを示す記録もある．いまのところ生産工房址や窯跡の資料には恵まれていないが，薬師寺西方の平城京右京七条二坊十四坪の調査では多くの瓦質製品の出土があり，付近で生産が行われたものとみられる．また平城京域の発掘調査では，水田下にしばしば粘土採掘坑の検出がある．その一例の平城京右京八条三坊三坪の調査では，長径1.5m，短径75cm，深さ1m，ほぼ垂直に掘削され，底面が水平の土坑SK06の埋土内に使用痕跡のないほぼ完形の14世紀後半の瓦質擂鉢が出土した．埋土に地山と同一の粘土塊を多く含むことから，採掘後ほどなく埋め戻されたようで，その際に焼成後の不良品を処分したのではないかと報告された．西の京丘陵周辺での粘土採掘と瓦質製品の生産を推測させる資料である．

　奈良火鉢は，各地に流通したが，平安京では法住寺殿，平安京左京八条三坊，高倉宮・曇華院跡をはじめ数多くの地点で出土しており，京の暖房具のなかでも占有率の高いものといえよう．絵画史料では15世紀末に成立したといわれる『三十二番職人歌合』に「八重さくら名におふ京のものなれは　花かたにやくなら火ばちかな」，「風呂火鉢瓦灯ぬり桶みづこぼし　よきあきなひとならの土かな…(略)…奈良の土たいらの京へもいかばかりかのぼり待らむ」の歌詞とともに，京の市中での情景であろうか天秤棒の前後に振り分けられた荷を担ぐ「火鉢売り」の姿が描かれている．

　興味深いことに，韓国新安沖沈船の引き揚げ資料にも出現期の奈良火鉢の特徴を示す瓦質製品が含まれている．口径37.7cm，器高12.0cm，輪花形で三連一組の菊花文の印文をもつ．花弁端が丸く，均等な幅で割り付けられた陽刻の菊花文（Ⅰ型）と思われる．船は，積荷の荷札木簡や中国陶磁の年代観から1323年（至治3）に，当時，元で唯一の外国貿易港慶元（現在の浙江省寧波）から博多へ向かう途中，朝鮮半島西南岸の新安沖で沈没した．二本のマスト，方形の船尾，九つの船倉を備えた外洋帆船で，貿易目的のうちに京五山の一つの東福寺の再建費用の調達があったとされる．東福寺関係者も乗船していたとみられており，火鉢は愛用の携行品として船室の一室で使われていたものであろうか．資料は流通の問題とともに，その出現年代を示す有効な手がかりとなった．大和では阿部丘陵遺跡群，沢ノ坊2号墳北側で終末段階の大和型瓦器椀に，出現期の奈良火鉢が伴出した例もある．少なくとも14世紀第1四半期以前には出現しており，広く流通したと考えられる．

　奈良火鉢をもとに究明される課題は，ここにふれた生産，流通という経済史上の問題にとどまらない．火鉢の普及とすまいの変化といった建築史の問題にも波及する．もちろん興福寺勢力の盛衰を計る指標にもなろう．また大型耐久財である火鉢の出土は，環境変化にともなう廃棄行為などに原因することが多かったものと思われる．ついては，出土遺構の性格を知る手がかりともなる．

　奈良火鉢の出現期は，畿内の中世前期を代表した日用雑器の瓦器椀の終末の時期に重なっている．そして，近世には「土風炉」としてその命脈を細々と永らえた可能性がある．14世紀前後から約300年間，奈良火鉢は生産された．大和の中世後期を象徴する考古遺物である．

[文献] 今尾文昭 1992「花かたにやくなら火鉢・考」『考古学と生活文化』同志社大学考古学シリーズⅤ．佐藤亜聖 1996「大和における瓦質土器の展開と画期」『中近世土器の基礎研究ⅩⅠ』．

（今尾文昭）

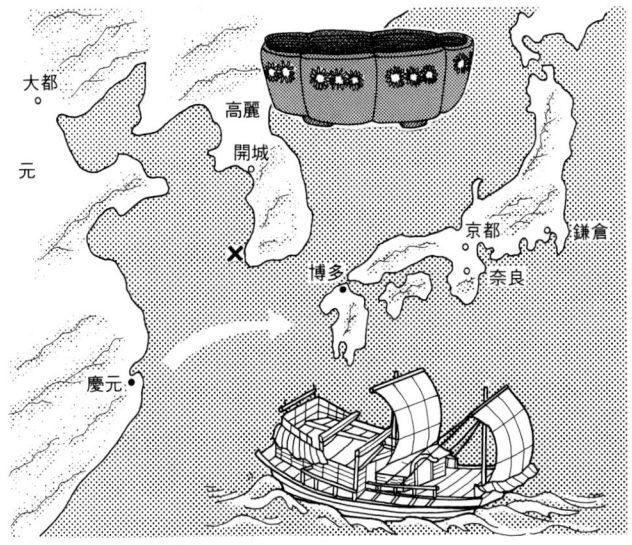

1 新安沖沈船 ―1323年― と瓦質火鉢（X印が沈没地点．
　船の図は『真如堂縁起絵巻』―1524年成立―による．）

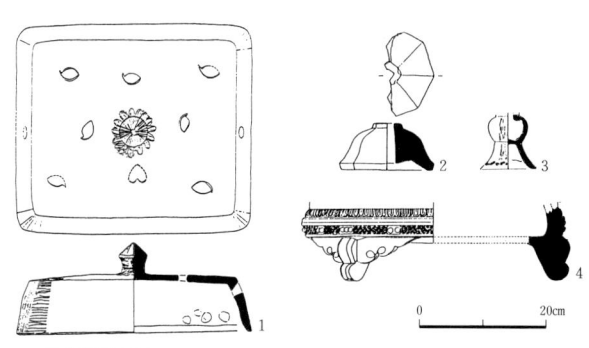

2 瓦質製品各種　1 蓋　2 燈台　3 花瓶　4 風炉

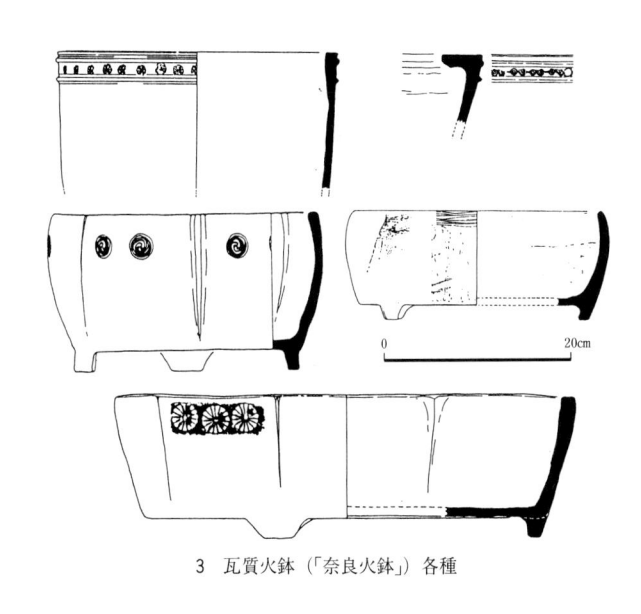

3 瓦質火鉢（「奈良火鉢」）各種

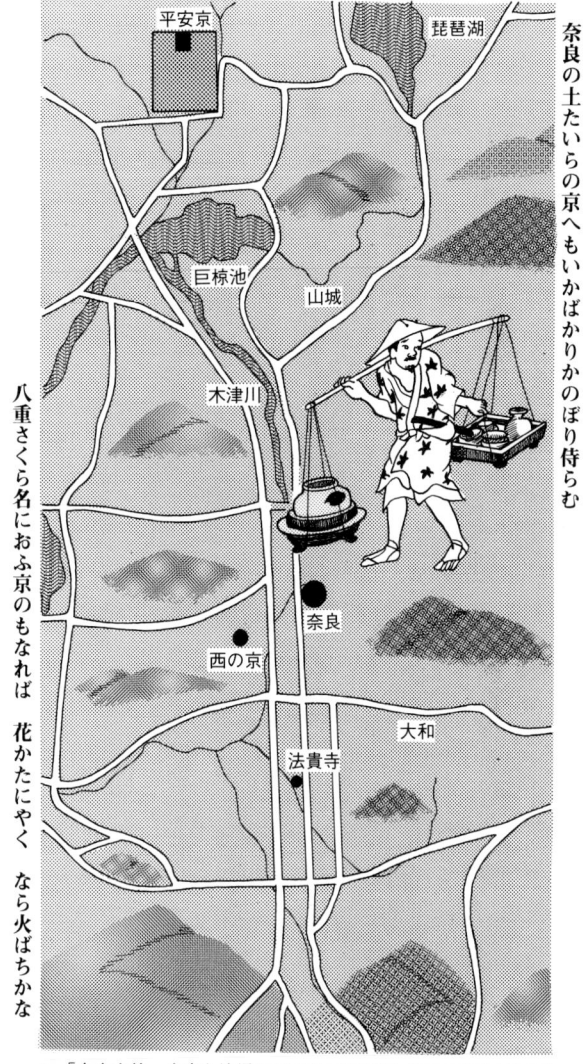

4 「奈良火鉢」生産と流通（火鉢売りと詞書きは『三十二番職人歌合』
―15世紀末成立―による）

奈良の土たいらの京へもいかばかりかのぼり侍らむ

八重さくら名におふ京のものなれば　花かたにやく　なら火ばちかな

5 土起こしの図は『たはらかさね耕作絵巻』
　（17世紀前後成立）による
　平城京右京八条三坊の粘土採掘
　（14世紀後半）
イラスト・佐々木王季

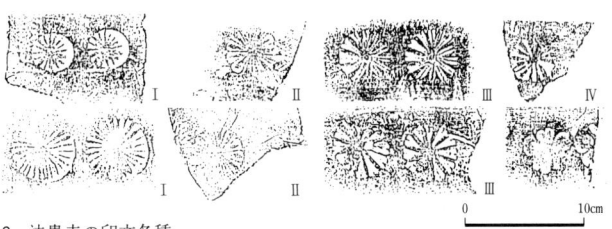

6 法貴寺の印文各種
ローマ数字は各型式に相当．I～IVは菊花文．下段右端は桜花文．

焼物の生産　101

2 さまざまな生産
1) 金属の生産

採鉱 中世後期には，武田氏の黒川金山，上杉氏の相川金山，伊達氏の半田銀山，毛利氏の大森銀山のように戦国大名により盛んに開発が行われ，専業技術者集団が統括・管理するようになり，「灰吹き法」などの技術革新がなされた．山梨県黒川金山の調査では，15世紀後葉から16世紀前半には坑道を作る方法や精錬法などで高度な技術で，大規模に開発され，山内に町が形成されたことがわかっている．鉄については古代以来の砂鉄製錬が基本であり，鉄鉱石の採掘は不明である．最近，分析化学の立場から，中国からの鉄(鉄鋌)を輸入したとする見解もある．

製錬 中世前期の製錬遺跡は，古代以来の技術系譜により多様である．中国地方では古代の長方形箱型炉の地下構造が発達し，広島県大矢製鉄遺跡に代表されるような，「小舟状」「本床状」の地下構造をもった製錬炉が成立する．これは「近世たたら」に連続することが，指摘されている．九州では熊本県樺・金山製鉄遺跡群に代表されるように，古代の竪型炉に系譜を持つような踏みフイゴを伴う製鉄炉がある．北陸では石川県給分クイナ谷遺跡，新潟県北沢遺跡に代表されるような隅丸方形の平面形で，深い地下構造を持つ竪型炉がある．また，伊豆半島では静岡県日詰遺跡，寺中遺跡に代表されるような地下構造の浅い円筒形の竪型炉がある．

いずれの炉も羽口は出土しないが，木呂などを通して踏みフイゴから強制送風したものと考えられる．基本的な炉の規模は古代に比して大規模化していないが，廃滓量は飛躍的に増大しており，生産量の増大が窺える．選鉱技術や送風技術の飛躍的な進歩が背景にあるものと考える．

給分クイナ谷遺跡は能登半島の外浦側に立地し，周辺には多数の製鉄遺跡群が確認され，「中居鋳物師」で著名な穴水町にも近い．『新猿楽記』に見える「能登釜」の産地として，中世前期の日本海側の鉄生産の一大拠点と考える．また，北沢遺跡では最初に杣工が木材の伐採，木製品の加工を行い，次に鉄工が木炭燃料生産と鉄製錬を行い，最後に陶工が珠洲系中世陶器を生産し，計画的・合理的な山の利用の実態が明らかになった．鉄工もまた，珠洲焼の工人とともに能登半島から招来された可能性もある．

中世後期には，福島県銭神G遺跡に代表されるような，大規模な地下構造を持つ竪型炉がある．羽口を利用した強制送風で，踏みフイゴを利用している可能性が高い．福島県の阿武隈高地には，製鉄遺跡群が集中する．おそらく，中国地方ばかりでなく，東日本各地でも1〜数国規模で，こうした集約的な大規模生産地が成立した可能性が高い．

木炭燃料生産窯は，中国地方では平坦面に石を積み上げた半地下式の窯で，九州地方は大型の方形の伏せ焼き窯で，北陸地方は古代以来の複数の煙道の付く地下式窖窯である．いずれも古代以来の伝統中で，技術改良されている．宮城県水沼窯では渥美系陶器窯であるが，副室を伴う地下式窖窯の特異な木炭窯があり，東海地方との関連を考慮する必要がある．中世前期から中世後期の変遷過程や画期，生産集約化の時期などについては，未だ不明の点が多い．

精錬・鍛冶 製錬炉に隣接して存在する鍛冶炉は少数で，製錬—精錬—鍛冶までの一貫生産がなされたと考えられる事例はない．その鍛冶炉は，鉄生産に際しての工具の直し等に使われたものである．おそらく，鉄塊として流通したか，精錬・鍛冶の製品化の工程は，特定の隣接する工人集落で行われた可能性が考えられる．平安時代後期の事例ではあるが，日詰遺跡では製錬遺跡に隣接する集落で，精錬・鍛冶炉が多数あり，鍛冶工人集落と考えられる事例がある．(製錬)鍛冶炉は，円形を基調として地下構造のあるものとないものがあり，羽口を通じて箱フイゴで送風したと考えられ，金槌・金鋏・金床石など工具や椀形滓や鍛造剥片などの特殊な滓の出土がある．燃料の木炭生産は，伏せ焼き法による土坑窯を想定する必要がある．

鋳造 中世初期の石川県林遺跡では，山間地の製錬遺跡の中で鋳造が行われており，古代的な生産形態といえる．13世紀後半以降は平地に，継続的な鋳造(集落)遺跡も出現し，比較的安定した生産・供給体制が成立する．その代表例として，河内丹南の鋳物師集落である大阪府日置荘遺跡や大宰府鋳物師の本拠とされる福岡県鉾の浦遺跡，北武蔵の物部氏鋳物師の埼玉県金井遺跡がある．この鋳物集落では，大型青銅鋳物と小型の青銅鋳物，鋳鉄鋳物などを作り分け，継続的に生産している．梵鐘などの大型青銅鋳物は，埼玉県金平遺跡や岩手県平泉遺跡群に代表されるように，出職的に生産される場合が多いが，平安京の洛外では京都府京都大学構内遺跡のように，継続的な工房もある．中世前期の京都や鎌倉などの都市では，「銅細工」と呼ばれる小型の青銅鋳物工房しか存在しない．都市でも大型青銅鋳物は出職で製作し，鋳鉄鋳物は工人の手で流通した．

[文献] たたら研究会 1991『日本古代の鉄生産』六興出版．広島大学考古学研究室 1995『シンポジウム製鉄と鍛冶』．五十川伸矢 1992「古代・中世の鋳鉄鋳物」『国立歴史民俗博物館研究報告第46集』．飯村均 1996「中世の製鉄・鋳造」『帝京大学山梨文化財研究所研究報告』第8集．佐々木稔他『季刊考古学』第57号, 雄山閣． (飯村 均)

排滓場　杣場

3 新潟・北沢

1 宮城・水沼窯

2 福島・銭神G

5 広島・大矢

還元面
酸化面

6 熊本・狐谷

鋳造炉

4 埼玉・金井

●鋳造炉

さまざまな生産　103

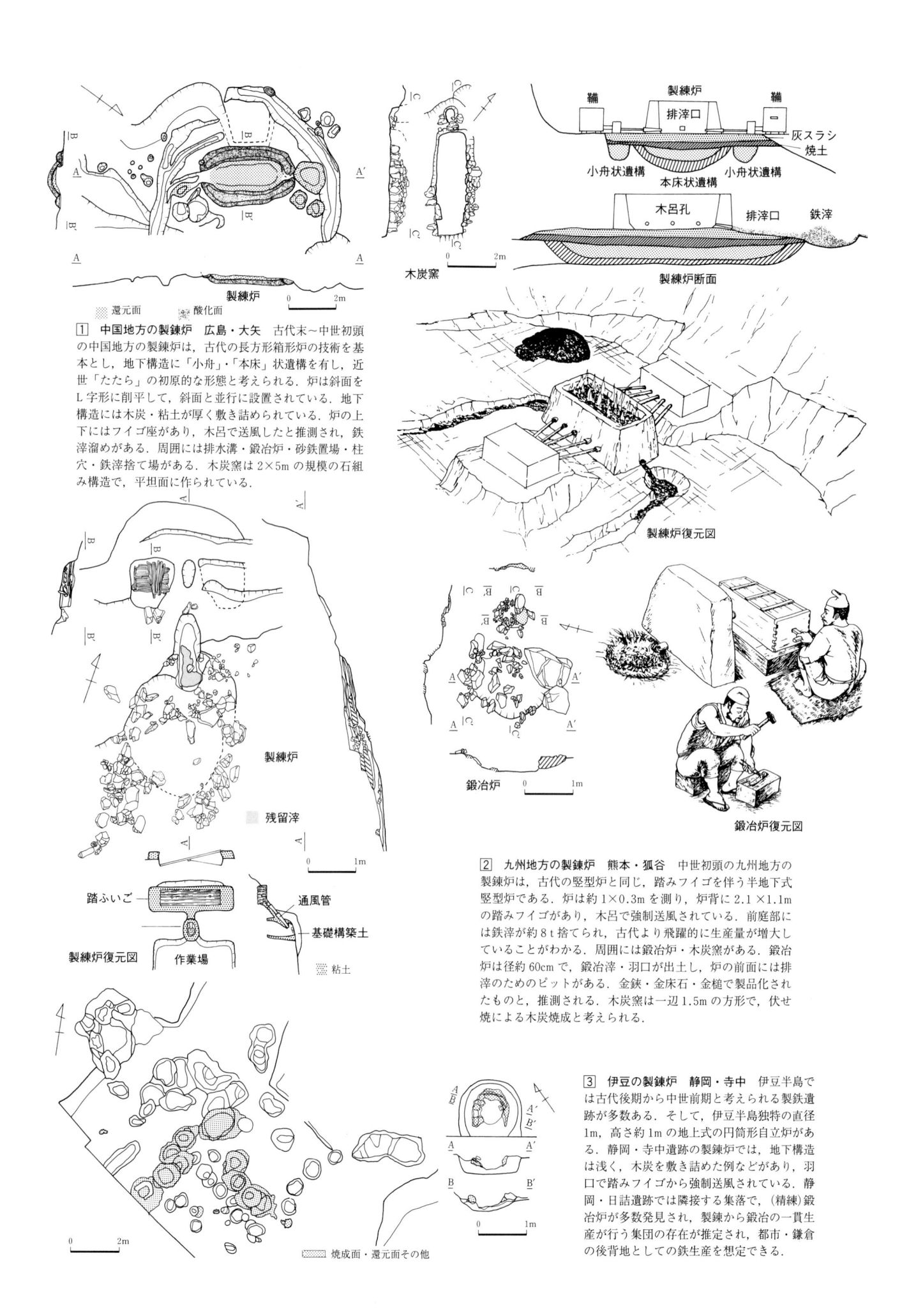

[1] **中国地方の製錬炉 広島・大矢** 古代末〜中世初頭の中国地方の製錬炉は，古代の長方形箱形炉の技術を基本とし，地下構造に「小舟」・「本床」状遺構を有し，近世「たたら」の初原的な形態と考えられる．炉は斜面をL字形に削平して，斜面と並行に設置されている．地下構造には木炭・粘土が厚く敷き詰められている．炉の上下にはフイゴ座があり，木呂で送風したと推測され，鉄滓溜めがある．周囲には排水溝・鍛冶炉・砂鉄置場・柱穴・鉄滓捨て場がある．木炭窯は2×5mの規模の石組み構造で，平坦面に作られている．

[2] **九州地方の製錬炉 熊本・狐谷** 中世初頭の九州地方の製錬炉は，古代の竪型炉と同じ，踏みフイゴを伴う半地下式竪型炉である．炉は約1×0.3mを測り，炉背に2.1×1.1mの踏みフイゴがあり，木呂で強制送風されている．前庭部には鉄滓が約8t捨てられ，古代より飛躍的に生産量が増大していることがわかる．周囲には鍛冶炉・木炭窯がある．鍛冶炉は径約60cmで，鍛冶滓・羽口が出土し，炉の前面には排滓のためのピットがある．金鉄・金床石・金槌で製品化されたものと，推測される．木炭窯は一辺1.5mの方形で，伏せ焼による木炭焼成と考えられる．

[3] **伊豆の製錬炉 静岡・寺中** 伊豆半島では古代後期から中世前期と考えられる製鉄遺跡が多数ある．そして，伊豆半島独特の直径1m，高さ約1mの地上式の円筒形自立炉がある．静岡・寺中遺跡の製錬炉では，地下構造は浅く，木炭を敷き詰めた例などがあり，羽口で踏みフイゴから強制送風されている．静岡・日詰遺跡では隣接する集落で，(精練)鍛冶炉が多数発見され，製錬から鍛冶の一貫生産が行う集団の存在が推定され，都市・鎌倉の後背地としての鉄生産を想定できる．

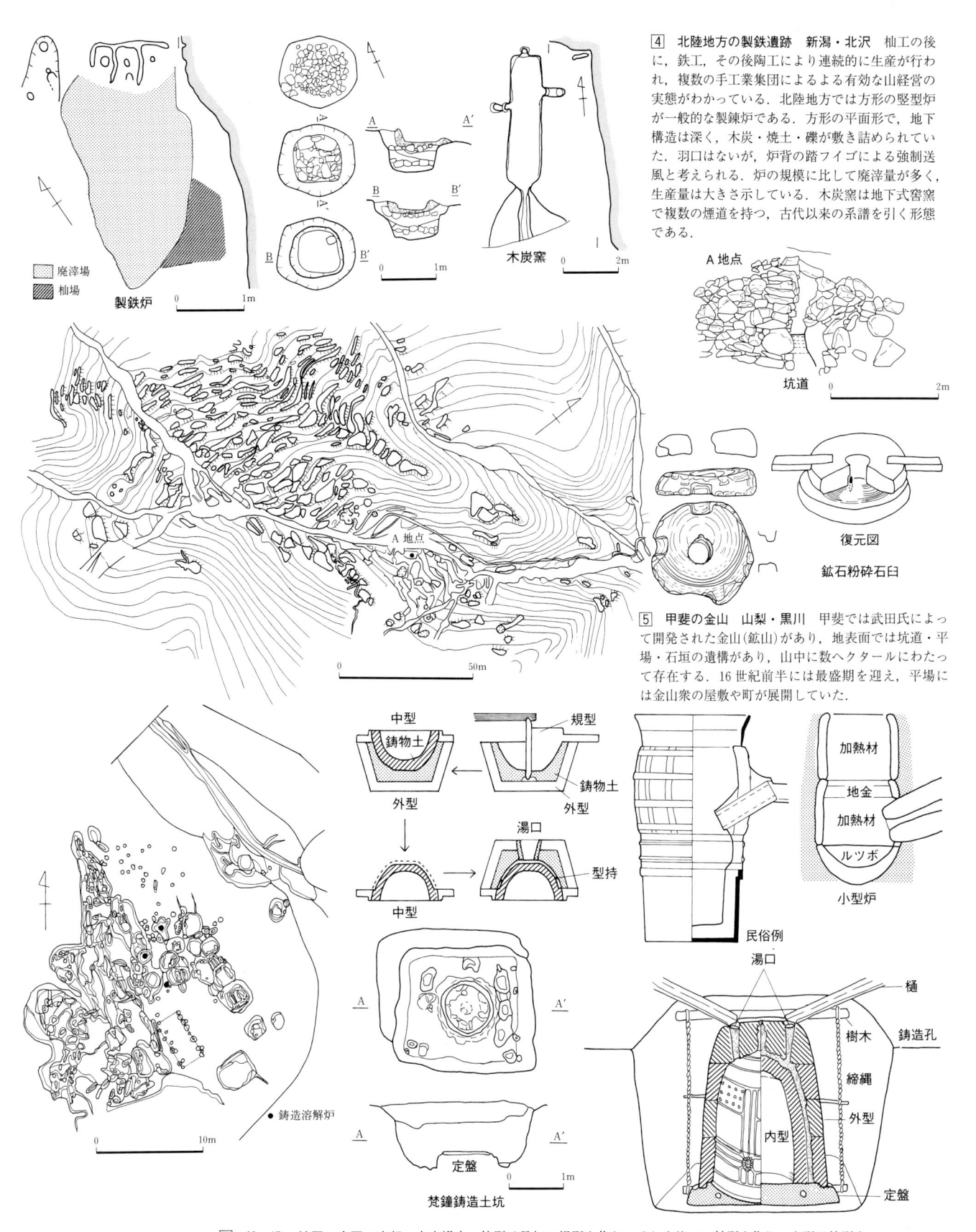

廃滓場
柵場
製鉄炉
木炭窯
A地点
坑道
復元図
鉱石粉砕石臼

4 北陸地方の製鉄遺跡　新潟・北沢　杣工の後に，鉄工，その後陶工により連続的に生産が行われ，複数の手工業集団によるよる有効な山経営の実態がわかっている．北陸地方では方形の竪型炉が一般的な製錬炉である．方形の平面形で，地下構造は深く，木炭・焼土・礫が敷き詰められていた．羽口はないが，炉背の踏フイゴによる強制送風と考えられる．炉の規模に比して廃滓量が多く，生産量は大きさ示している．木炭窯は地下式窖窯で複数の煙道を持つ，古代以来の系譜を引く形態である．

5 甲斐の金山　山梨・黒川　甲斐では武田氏によって開発された金山(鉱山)があり，地表面では坑道・平場・石垣の遺構があり，山中に数ヘクタールにわたって存在する．16世紀前半には最盛期を迎え，平場には金山衆の屋敷や町が展開していた．

中型 規型
鋳物土
外型 外型
鋳物土
湯口
中型 型持
鋳造溶解炉
梵鐘鋳造土坑
定盤
民俗例
加熱材
地金
加熱材
ルツボ
小型炉
湯口
樋
樹木
締縄
鋳造孔
外型
内型
定盤

6 鋳　造　埼玉・金平；京都・京大構内　鋳型は最初に規型を作り，それを挽いて外型を作り，中型は鋳型を合わせた中に鋳物土を入れて作り，そして中型・外型とも焼き締めてる．型を合わせて固定し，溶解した金属を湯口から注ぐ．鋳造溶解炉は上部から材料を投入して，中位で木炭と地金を溶解し，底に溶けた「湯」が溜まる構造で，溶解する中段に木呂・羽口が装着され，踏みフイゴ等で送風される．ルツボに「屏風」を組み合わせた小型の溶解炉もある．梵鐘や大型の湯釜・羽釜などは鋳造土坑の中で鋳込まれる．内型と外型が定盤に固定され，溶解炉から樋を通して直鋳された．しかし，樋や出湯口の形態は現在，不明である．

さまざまな生産　105

鋳造遺構配置図

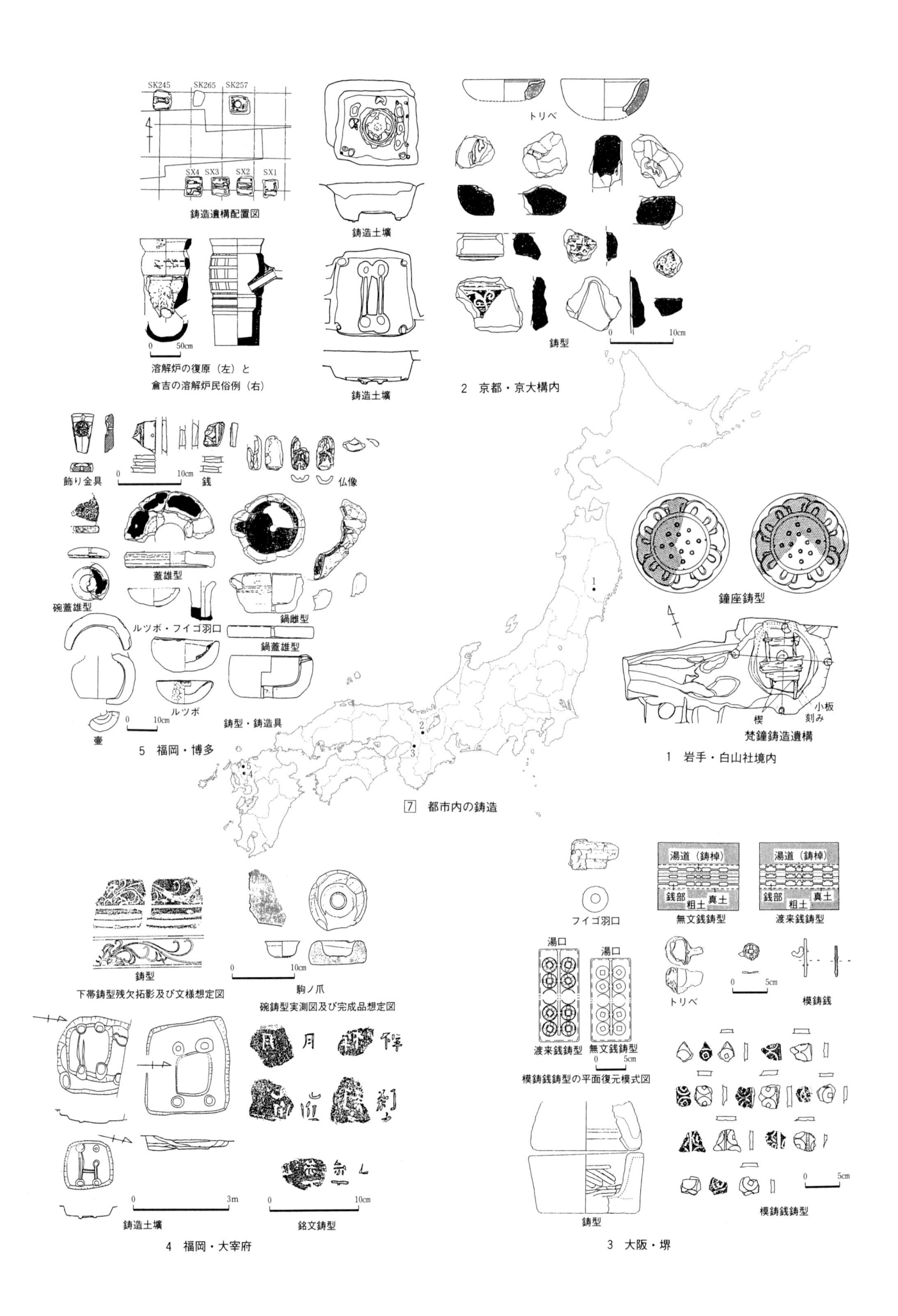

溶解炉の復原（左）と
倉吉の溶解炉民俗例（右）

鋳造土壙

鋳造土壙

トリベ

鋳型

2 京都・京大構内

飾り金具　銭　仏像

碗蓋雄型　蓋雄型

ルツボ・フイゴ羽口　鍋雌型

鍋蓋雄型

壺　ルツボ　鋳型・鋳造具

5 福岡・博多

鐘座鋳型

梵鐘鋳造遺構

1 岩手・白山社境内

7 都市内の鋳造

鋳型　駒ノ爪

下帯鋳型残欠拓影及び文様想定図　碗鋳型実測図及び完成品想定図

鋳造土壙　銘文鋳型

4 福岡・大宰府

フイゴ羽口

湯道（鋳樋）　湯道（鋳樋）
銭部　真土　銭部　真土
　　粗土　　　　粗土
無文銭鋳型　渡来銭鋳型

湯口　湯口

渡来銭鋳型　無文銭鋳型

模鋳銭鋳型の平面復元模式図

トリベ　模鋳銭

鋳型

模鋳銭鋳型

3 大阪・堺

106　生産と技術

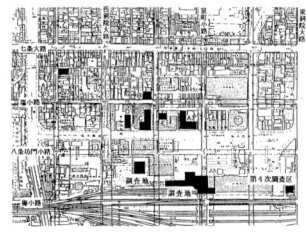

京都・京都七条町・八条院町

⑧ **七条町・八条院町** 七条町は藤原定家の『明月記』から商業活動を盛んにしていた町であると記されている．八条院町は鳥羽天皇の娘八条院璋子内親王の「八条院御所」を中核とした町で，両方とも銅細工師の占める割合が高い．

A：鋳造工房の一部を検出　E：埋納銭が出土
B：中世の建物や井戸を検出　F：中世の鍛冶関連遺構を検出
C：刀装具の鋳型が出土　G：中世の鍛冶関連遺構を検出
D：井戸や埋甕などを検出

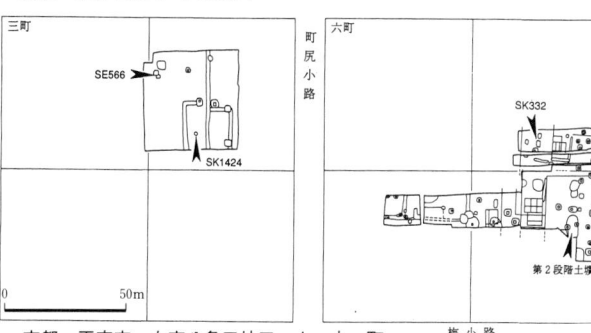

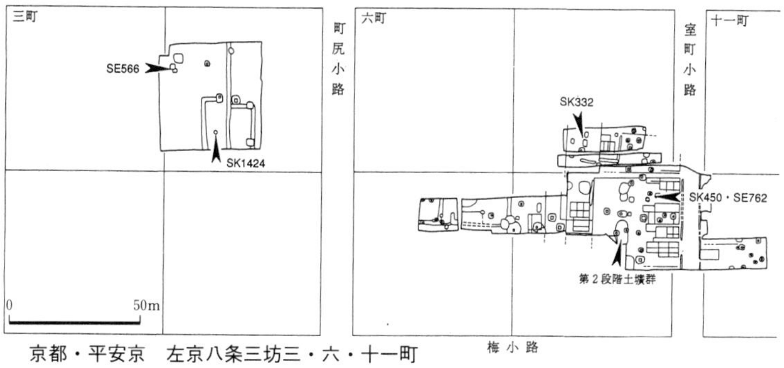

京都・平安京　左京八条三坊三・六・十一町

⑨ **八条院町** 三町や六町の宅地で道に面した町屋群と奥に井戸・炉・作業場などの鋳造関連の遺構が発見され，そこから鏡，仏具，懸け仏，銭・刀葬具の鋳型が多量に出土し平安時代後期から室町時代の様子が辿れる．

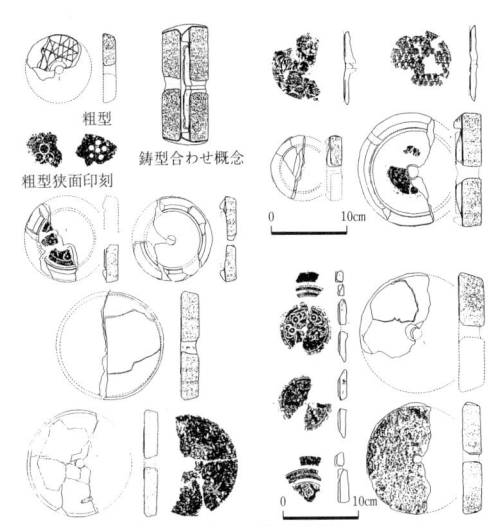

鏡鋳型（粗型・文様・鋳型）

⑩ **八条院町の鏡鋳型** 14世紀の祖型で，斜格子状の筋目があり，近世の原型となる．真土の表面に型押しによる菊双雀文・垂柳双雀文・亀甲散文などがあり，擬漢式鏡の鋳型もある．

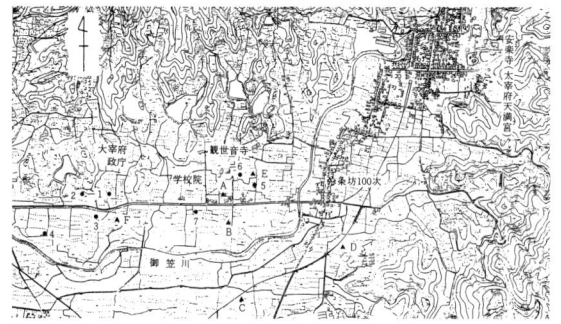

福岡・大宰府

大宰府における鋳型出土地点（●古代，▲中世，各々主要なものに限った）
1　政庁回廊南面整地　2　蔵司　3・4　政庁前面官衙（3はSD2340）5・6　観世音寺境内　7　学校院前面　A　観世音寺前面　B　条坊跡第71次　C　御笠川南条坊遺跡　D　鉾ノ浦遺跡　E　観世音寺東辺　F　政庁前面

⑪ **大宰府** 観世音寺南，鉾ノ浦，南条坊遺跡などで確認され，鉾ノ浦では大型の工房，南条坊では小型と生産集団間の格差が見られる．それらから各種の鋳型，鞴の羽口，坩堝，支脚，工具，銅製品が出土し，鉾ノ浦では大型溶解炉を伴う梵鐘遺構と梵鐘の龍頭など7種類の鋳型も確認され，13世紀初頭から14世紀前半までが中心となる．

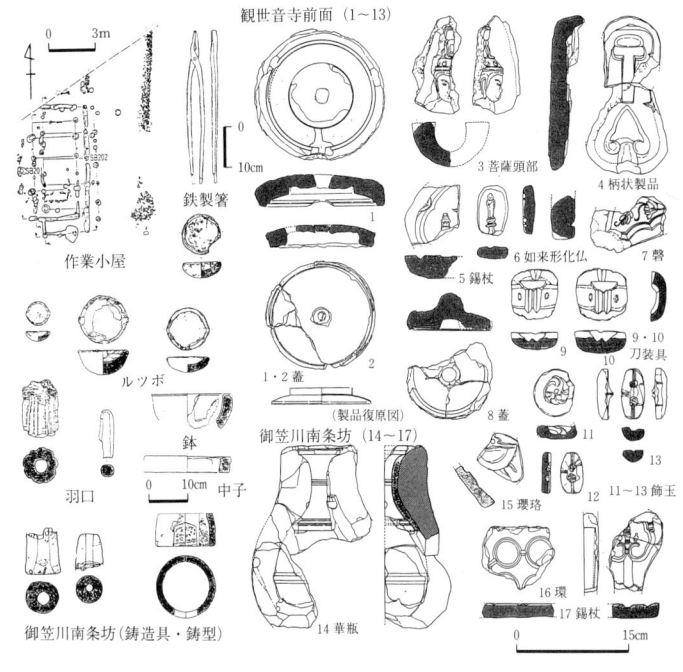

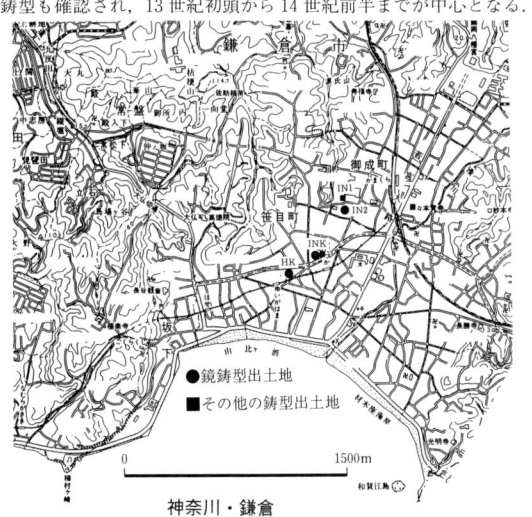

観世音寺前面（1～13）
作業小屋　鉄製箸　ルツボ　鉢　羽口　中子
1・2蓋　3菩薩頭部　4柄状製品　5錫杖　6如来形化仏　7磬　8蓋　9・10刀装具　11　12　13　11～13飾玉　14華瓶　15環鈴　16環　17錫杖
御笠川南条坊（14～17）
御笠川南条坊（鋳造具・鋳型）

神奈川・鎌倉

● 鏡鋳型出土地
■ その他の鋳型出土地

⑫ **鎌倉** 大倉幕府周辺，今小路西，千葉地，由比ヶ浜，本覚寺境内などから出土し，太刀足金具，片口鍋，皿，模鋳銭などの鋳型・鞴の羽口，坩堝などの確認されている．

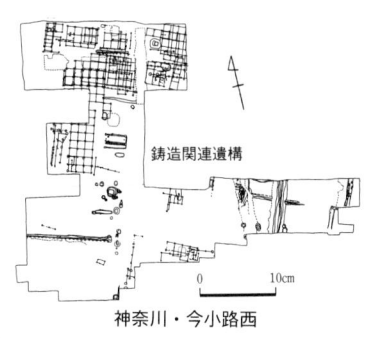

神奈川・今小路西
鋳造関連遺構

⑬ **今小路西** 屋敷の東門を入った主要建物群の東南部で鋳造関連の作業小屋と考えられる小規模な遺構があり，仏具，刀葬具の鋳型，内型が出土する．また由比ヶ浜では「開元通宝」の模鋳銭や鏡の鋳型，銅滓，銅細工片，小型菊花文印刻土製版が出土している．

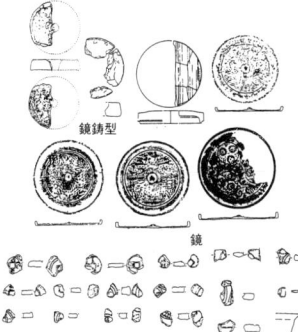

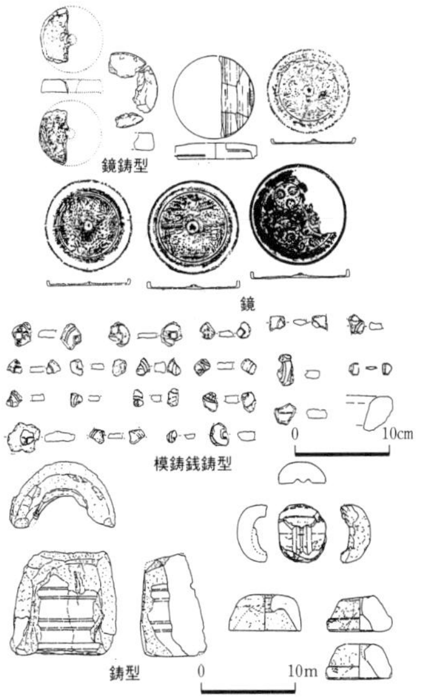

鏡鋳型　鏡　模鋳銭鋳型　鋳型

さまざまな生産　107

2 さまざまな生産
2）漆器の生産

漆器考古学 漆器の製作は漆樹の植栽から漆液の採取，精製，塗装，加飾，胎の製作，顔料・下地粉の調製，工具の製作などからなるトータルな手工業で，器形・紋様の観察や分類だけでは，漆塗膜の下に隠された漆器本来の情報（塗装工程，材料）を取り出すことは不可能である．そこで光学顕微鏡を用いた塗膜分析や赤外線吸収スペクトル法による塗料の同定，蛍光 X 線による顔料の同定，樹種同定と木取り分類，計量分析などの自然科学的方法と考古学的方法を総合した漆器考古学という学問が生まれた．出土漆器の急増は漆工史の空白を埋め，土器研究中心の考古学に新しい視点を提供しつつある．

中世的漆器生産の展開 麗しく奥深い質感の漆器は，古代社会においては階級のシンボルとしてハレの場に欠かせないものであった．律令的漆器生産は官工房による独占的な漆下地（うるししたじ）漆器の少量生産で，食器の器形は盤と椀が主であった．中世社会の現出はその階級的束縛から解放され，安価な渋下地（しぶしたじ）漆器の量産と漆絵による絵画的世界の採用をもたらした（器形は椀と小皿が主）．渋下地漆器の登場は古代から中世社会に移行する院政期を中心とした社会変動のなかで生まれた大きな技術変革であり，11世紀代のものが東北・関東・北陸で確認されている．以後当該地域では土器埦の欠落現象が見られ，摺鉢の量産（禅宗の影響による汁物調理法の普及）は漆椀の普及に拍車をかけた．鎌倉時代の食器文化圏は北陸・東日本の漆椀，東海・瀬戸内東部の灰釉系，須恵器系器埦，畿内と周辺の瓦器埦，瀬戸内西部・山陰・九州の土師器埦となる．京都だけは周辺部と異なって瓦器埦もほとんど受け入れず，土器は皿だけで東日本と同じ状況になる．宮中や寺院の儀式，調度に不可欠な高級漆器と量産型でありながら漆絵が加飾された渋下地漆器は，消費都市京都にとって必需品であったろう．13世紀以降は食器における「西のやきもの東の漆」の図式はより明確化するが，西日本でも雑炊が主となる15世紀以降は，渋下地漆器が広範に普及したと思われる．樹種もこれに対応して多様なものが利用されている．15～16世紀では一般集落ほど皿より椀の占有率が高い．上級クラスほど椀の比率が低く，階層に応じて盃・瓶子・銚子・提子・鏡箱・茶入れ・薬壺・湯盞台・茶盆・香箱・折敷などが加わる．16世紀末には禁色（きんじき）であった赤色漆器が農村にまで普及して行く．その背景には町衆の台頭，農村の自立があり，近世への躍動を感じさせる「色彩感覚の大転換」が，漆器の上塗色からも読み取れる．

製作技法 木胎漆器（輓物）では第1段階は選択された樹種から，ヨコまたはタテ木取りの荒型（あらがた）（轆轤挽きする前段階の粗く形を整えた木地）をつくるが，椀皿ではヨコ木取りが一般的．第2段階は挽き出された木地に木固めとして，漆や柿渋などを吸わせた後下地を施す．下地は木地の道管ないし仮道管の穴を埋め，くるいのないように身を固めるもので，主として①柿渋に炭粉粒子を混ぜた炭粉渋下地，②生漆に炭粉粒子を混ぜた炭粉漆下地，③生漆に鉱物粒子を混ぜた地の粉漆下地などがある．①は粉下地，②③は本堅地（ほんかたじ）ともいう．第3段階として①は下地の上に漆を1～2層上塗りしただけで完成する．見た目では高級品と大差なく仕上がるが，工程は極めて簡略化された安価な漆器．②③は下地を2～3層施すこともあり，さらに下塗り～上塗りと漆液を何層も塗り重ねた高級漆器．表面の上塗りは赤色ではベンガラや朱顔料が混入されるが，黒色については肉眼では黒色に見えても（漆自体の変質と下地色の反映）顔料を含まない場合が多い．こうした無顔料の場合を黒色系漆，炭素や鉄系顔料を含むものを黒色漆として区別している（中世漆器では黒色系漆が大半）．2・3段階までは塗膜分析を実施しないと製品価値の判別はできないが，これによって所有階層の推定に役立つ．4段階は加飾．彩漆（いろうるし）（赤・黄・緑色など）で何らかの意匠が描かれたものを漆絵（うるしえ），下絵の上に金・銀・錫・鉛粉が蒔かれたものを蒔絵（まきえ），線刻された溝に金箔が埋め込まれたものを沈金（ちんきん）という．なお，鎌倉市内遺跡から大量に出土する型押施紋漆器は漆絵の一種で，福岡・広島・京都・滋賀・静岡・福井・石川・宮城などでも出土している．大半が渋下地漆器に加飾されたもので，鎌倉産と非鎌倉産があり，前者は鎌倉との関連を示すものとして注目されている．

塗師と工具 塗師の存在を示すものに広島県草戸千軒町 SK582（15世紀）の136号木簡がある．これには「二百／くろめの／わし」の墨書があるが，「くろめ」とは生漆中に存在する余分な水分を2～3％程度に取り去る精製工程をさす．「わし」は「くろめた漆」から彩漆をえるための漉紙（大和の漉紙），あるいは「わし」は市庭での相場との見解から，「くろめ（黒目）漆の相場」と解釈することもできる．工具では漆ベラ，漆ハケ，コンパス，漆液容器，砥石などが発見されているが，工具の種類から逆にどのような漆器が製作されていたかを推定することが可能である．

[文献] 四柳嘉章 1995『掘り出された縄文～中世の漆器』．同 1996「漆器考古学の方法と中世漆器」『考古学ジャーナル』No.401，ニュー・サイエンス社． （四柳嘉章）

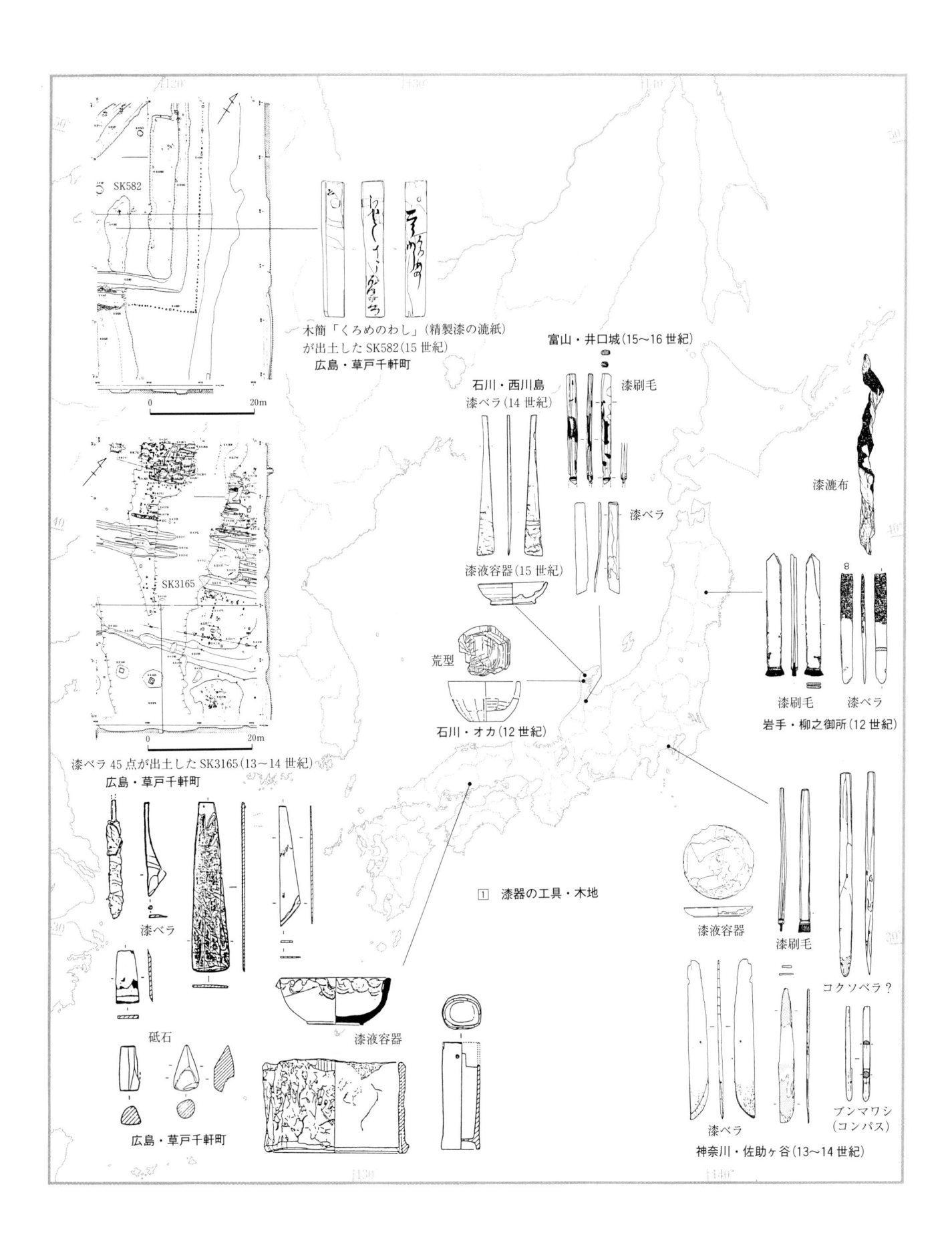

木簡「くろめのわし」(精製漆の漉紙)
が出土したSK582(15世紀)
広島・草戸千軒町

富山・井口城(15～16世紀)

石川・西川島
漆ベラ(14世紀)

漆刷毛

漆漉布

漆ベラ

漆液容器(15世紀)

荒型

石川・オカ(12世紀)

漆刷毛　漆ベラ

岩手・柳之御所(12世紀)

漆ベラ45点が出土したSK3165(13～14世紀)
広島・草戸千軒町

1 漆器の工具・木地

漆ベラ

砥石

漆液容器

漆液容器

漆刷毛

コクソベラ？

ブンマワシ
(コンパス)

漆ベラ

神奈川・佐助ヶ谷(13～14世紀)

さまざまな生産　109

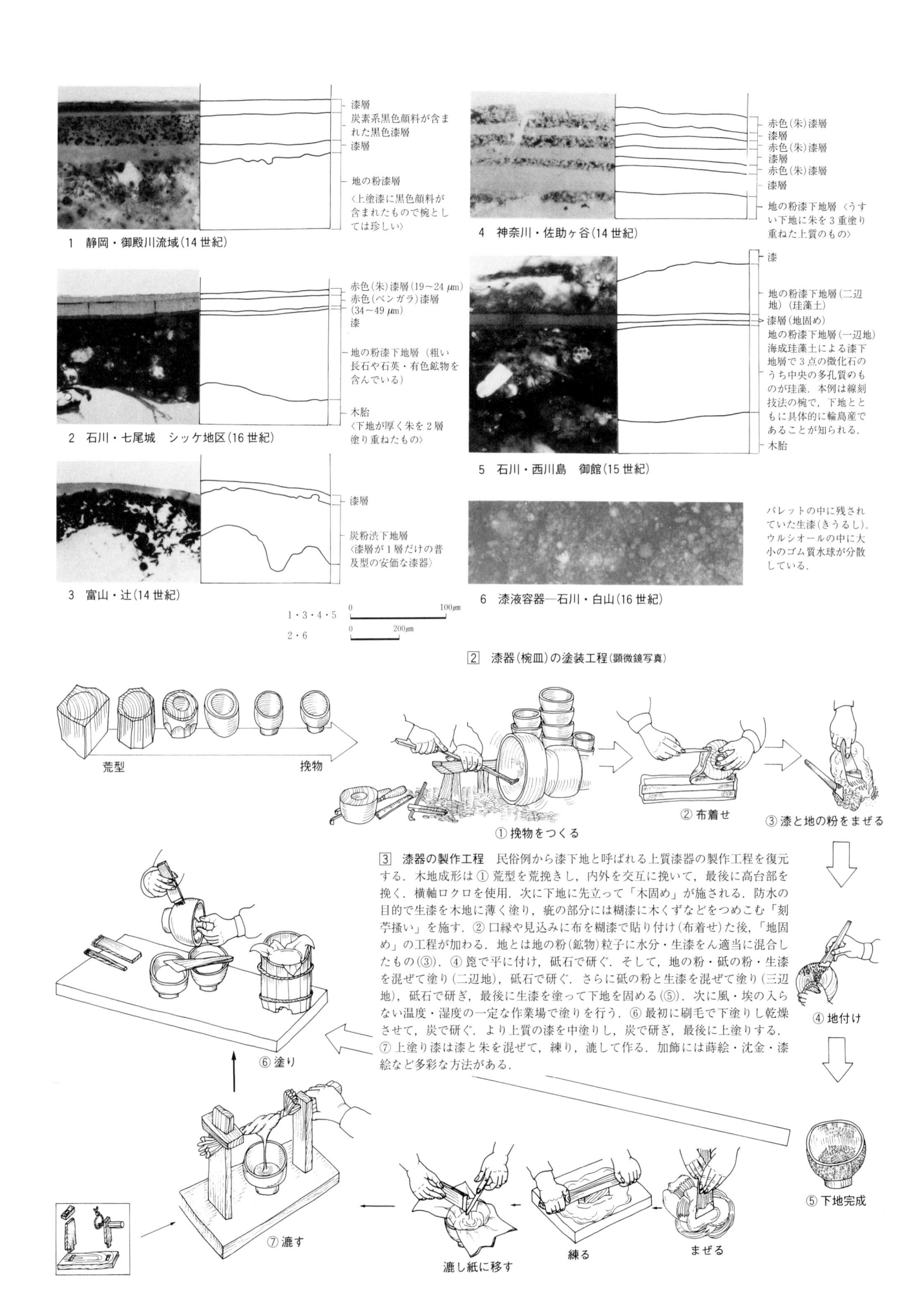

1　静岡・御殿川流域(14世紀)
- 漆層
- 炭素系黒色顔料が含まれた黒色漆層
- 漆層
- 地の粉漆層
〈上塗漆に黒色顔料が含まれたもので椀としては珍しい〉

4　神奈川・佐助ヶ谷(14世紀)
- 赤色(朱)漆層
- 漆層
- 赤色(朱)漆層
- 漆層
- 赤色(朱)漆層
- 漆層
- 地の粉漆下地層〈うすい下地に朱を3重塗り重ねた上質のもの〉

2　石川・七尾城　シッケ地区(16世紀)
- 赤色(朱)漆層(19～24μm)
- 赤色(ベンガラ)漆層(34～49μm)
- 漆
- 地の粉漆下地層(粗い長石や石英・有色鉱物を含んでいる)
- 木胎
〈下地が厚く朱を2層塗り重ねたもの〉

5　石川・西川島　御館(15世紀)
- 漆
- 地の粉漆下地層(二辺地)(珪藻土)
- 漆層(地固め)
- 地の粉漆下地層(一辺地)海成珪藻土による漆下地層で3点の微化石のうち中央の多孔質のものが珪藻．本例は線刻技法の椀で，下地とともに具体的に輪島産であることが知られる．
- 木胎

3　富山・辻(14世紀)
- 漆層
- 炭粉渋下地層
〈漆層が1層だけの普及型の安価な漆器〉

6　漆液容器—石川・白山(16世紀)

パレットの中に残されていた生漆(きうるし)．ウルシオールの中に大小のゴム質水球が分散している．

1・3・4・5　0 ─── 100μm
2・6　0 ─── 200μm

② 漆器(椀皿)の塗装工程(顕微鏡写真)

荒型 → 挽物
① 挽物をつくる
② 布着せ
③ 漆と地の粉をまぜる
④ 地付け
⑤ 下地完成
⑥ 塗り
⑦ 漉す
まぜる → 練る → 漉し紙に移す

③ 漆器の製作工程　民俗例から漆下地と呼ばれる上質漆器の製作工程を復元する．木地成形は ① 荒型を荒挽きし，内外交互に挽いて，最後に高台部を挽く．横軸ロクロを使用．次に下地に先立って「木固め」が施される．防水の目的で生漆を木地に薄く塗り，疵の部分には糊漆に木くずなどをつめこむ「刻苧掻い」を施す．② 口縁や見込みに布を糊漆で貼り付け(布着せ)た後，「地固め」の工程が加わる．地とは地の粉(鉱物)粒子に水分・生漆をん適当に混合したもの(③)．④ 箆で平に付け，砥石で研ぐ．そして，地の粉・砥の粉・生漆を混ぜて塗り(二辺地)，砥石で研ぐ．さらに砥の粉と生漆を混ぜて塗り(三辺地)，砥石で研ぎ，最後に生漆を塗って下地を固める(⑤)．次に風・埃の入らない温度・湿度の一定な作業場で塗りを行う．⑥ 最初に刷毛で下塗りし乾燥させて，炭で研ぐ．より上質の漆を中塗りし，炭で研ぎ，最後に上塗りする．⑦ 上塗り漆は漆と朱を混ぜて，練り，漉して作る．加飾には蒔絵・沈金・漆絵など多彩な方法がある．

110　生産と技術

12世紀中〜後

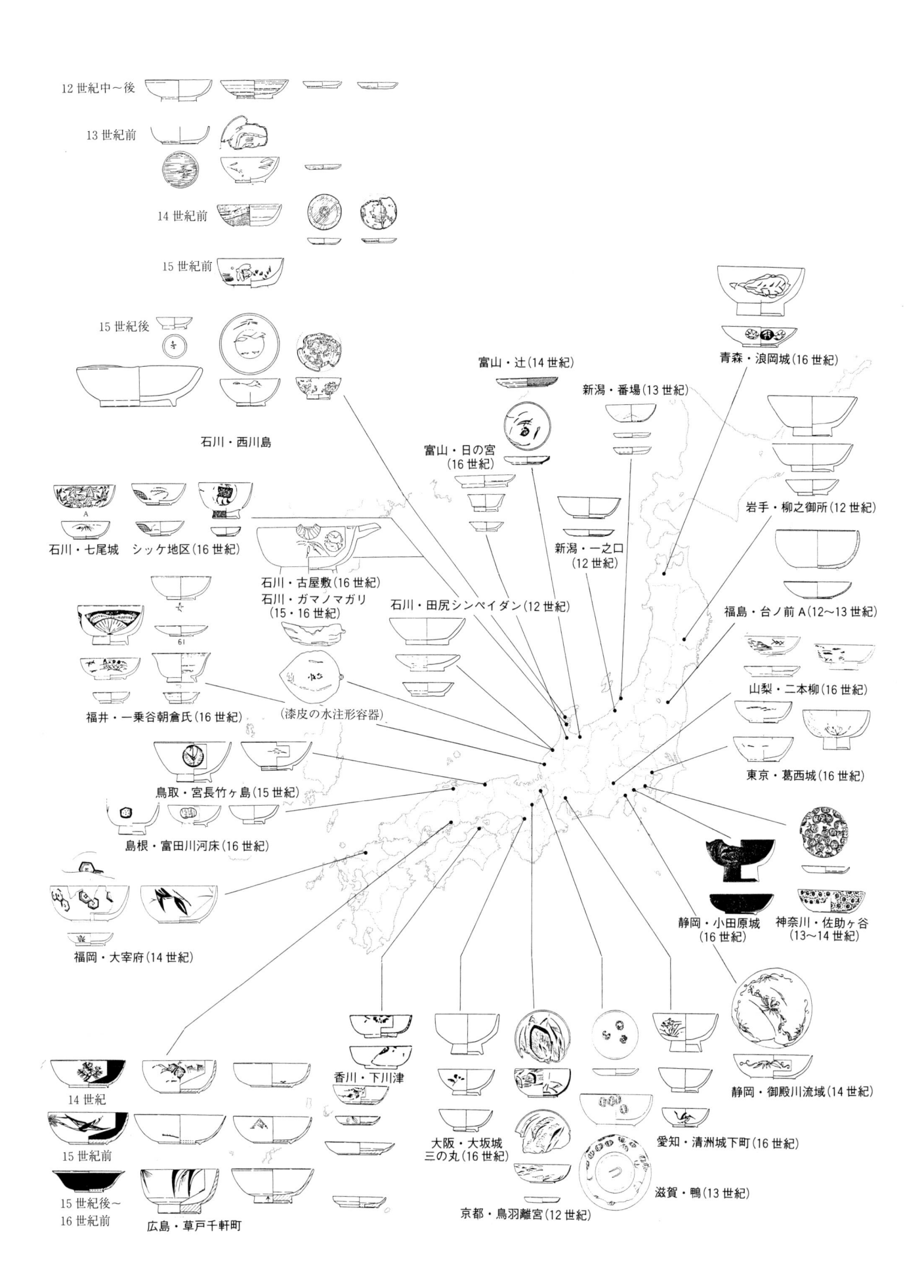

13世紀前

14世紀前

15世紀前

15世紀後

石川・西川島

石川・七尾城 シッケ地区(16世紀)

石川・古屋敷(16世紀)
石川・ガマノマガリ
（15・16世紀）

石川・田尻シンベイダン(12世紀)

福井・一乗谷朝倉氏(16世紀)

(漆皮の水注形容器)

鳥取・宮長竹ヶ島(15世紀)

島根・富田川河床(16世紀)

福岡・大宰府(14世紀)

14世紀

15世紀前

15世紀後〜
16世紀前
広島・草戸千軒町

香川・下川津

富山・辻(14世紀)

富山・日の宮
（16世紀）

新潟・番場(13世紀)

新潟・一之口
（12世紀）

青森・浪岡城(16世紀)

岩手・柳之御所(12世紀)

福島・台ノ前A(12〜13世紀)

山梨・二本柳(16世紀)

東京・葛西城(16世紀)

静岡・小田原城
（16世紀）

神奈川・佐助ヶ谷
（13〜14世紀）

大阪・大坂城
三の丸(16世紀)

京都・鳥羽離宮(12世紀)

静岡・御殿川流域(14世紀)

愛知・清洲城下町(16世紀)

滋賀・鴨(13世紀)

さまざまな生産 111

2 さまざまな生産
3) 石や木の加工

　石と木を加工する技術の基本は，古代に確立したものが中世に引き継がれ，多様な製品を生産するまでに発展した．

加工の特質　石は重さ・硬さ・不燃性・腐朽性をもつ素材で，その加工技術は石質と硬度に大きく関係する．石塔や石臼の生産は，石屋大工(石工)が丁場と呼称した石山の採石地で，採掘から荒型の整形までを行い，山麓の工房では製品を仕上げるまでの加工をしていた．小型の硯や石鍋は，列島規模で流通したが，石塔や石臼など重量品は，旧国域規模の地方市場に流通していた．

　また木は軽くて柔軟性に優れた素材で，部材の組立により大型の建築物から，曲物や履物などの小型品にいたるまでと，加工の幅が極めて広い．そのため番匠(大工)と呼ばれた建築工から，挽物生産の轆轤師，曲物生産の曲物師などの諸職に分化していた．

石の加工　中世前期に普及した石塔の造立は，石工の活動を促進させ，各地で凝灰岩や安山岩の石山開発へとつながった．この凝灰岩と安山岩は，硬度が低く，採掘と加工が容易で，鶴嘴だけでも採掘が可能な石材である．彫刻的な技術を要する石仏や整形が容易な石鉢であっても，わずかな鑿と手斧で加工することができる．

　群馬県天神山は，頂部で採掘した凝灰岩を使い，宝篋印塔などを生産していた石山で，その製品は足利氏の領域で営まれた墓地へ造立されていた．福井県足羽山は，シャクダニ石と呼ばれる凝灰岩の採掘地で，石仏，井戸枠，行火など，30種類以上もの製品群を一乗谷朝倉氏遺跡と越前国内へ供給していた．

　中世後期になると花崗岩などの硬質石材の加工技術が新たに広がり，加工用の石材が増加した．硬度が高い花崗岩や砂岩や安山岩では，鑿で矢穴を多く開け，矢を金槌で打ち込むことで石を割った．整形は鑿を金槌で打ちながら石面をはつり，金槌での叩きと研磨により仕上を行った．大阪府箱作ミノバ石切場跡は，中世の操業形態をとどめた和泉砂岩の石山で，山上に位置する石切場では，採石から荒型を整形するまでの作業を行い，加工と仕上げにかかる研削は，山麓に位置する金剛寺遺跡の工房で行っていた．

　列島規模で流通した硯は，石山近くの工房と都市の2ヵ所で加工が行われた．11世紀後半に生産を開始した山口県赤間関硯と13世紀に生産を始めた滋賀県高嶋硯の硯師たちは，鎌倉の浜地へも移動し，鉉鋸や鑿を使って欠損品の再加工なども手がけていた．さらに各地の都市では，石鍋の温石転用が広く行われ，一乗谷朝倉氏遺跡の水晶製の数珠玉生産のように玉類の生産も行われていた．

木の加工　木材に恵まれた日本では，家屋をはじめとして生活の諸道具全般に，木を加工したものが大変多いが，加工を復元できる資料は，刳物，曲物，指物，履物と少ない．また古代に普及した木の加工は，主に都市や町場で行われ，工具も古代からの木工具がそのまま使用された．

　各地に展開した挽物生産は，轆轤師と呼ばれた職人により，漆器用の木地生産として定着していた．中世前期の岩手県柳之御所跡，神奈川県若宮大路周辺遺跡は，都市での木地生産で，石川県寺家遺跡やオカ遺跡は，在地領主付属の轆轤師の生産活動とみられる．中世後期の石川県九谷A遺跡は，木地生産が山間へ展開した事例である．

　曲物の生産は，鉈と木槌で板を裂き，銑で表面を平滑にし，錐や小刀のケビキで刻線を入れ，一気に曲げて木鋏で固定したうえで，目通しを使い樺皮で縫い合わせている．直径3cmの小型品から，直径70cmの井戸側までと大小各種の製品がみられる．岩手県志羅山遺跡は，簡易な建物とコイル状の樺皮から，曲物師の工房である可能性が高い．神奈川県佐助ケ谷遺跡では，ケビキ，木鋏，目通しが揃い，水桶や折敷の生産が見込まれる．また竹製の箍で締め付けることで，曲物よりも強度が増した結桶は，中世前期には九州北部で井戸側専用品として生産が始まるが，水桶や盥等の木製容器として普及するのは中世後期のことである．

　指物とは櫃・机・衣桁など，木の部材を組み立てた器物のことで，木製家具が少ない中世では，生産と需要は都市に偏在していた．若宮大路周辺遺跡の彫刻板は，袋棚の戸板であり，佐助ケ谷遺跡での指物部材と共に鎌倉での指物生産を反映した遺物である．

　中世に「ぼくり」と呼ばれた下駄は，日本独自の履物で，台と歯を一木から作る連歯下駄と，台に歯を差し込む差歯下駄に分かれる．石川県白江梯川遺跡と広島県草戸千軒町遺跡の荒型は，製作が容易な連歯下駄で，台裏から鋸を入れ，歯を鑿で整形したものである．

　一般に石の加工品は，用材の質感と製品の細部整形の両面から，地方色と商圏の復元が可能であるが，木の加工品については，形態の相違がわずかに認められるだけである．これは製品の流通とは別に，木材の大量流通と加工技術の確立によるものである．

[文献] 北陸中世考古学研究会 1999『中世北陸の石文化I』．岩井宏實 1993「曲物の技術」『国立歴史民俗博物館研究報告第50集』．成田壽一郎 1995・1996『木工指物』・『彫物・刳物』・『曲物・箍物』理工学社．　　（垣内光次郎）

1 岩手・志羅山

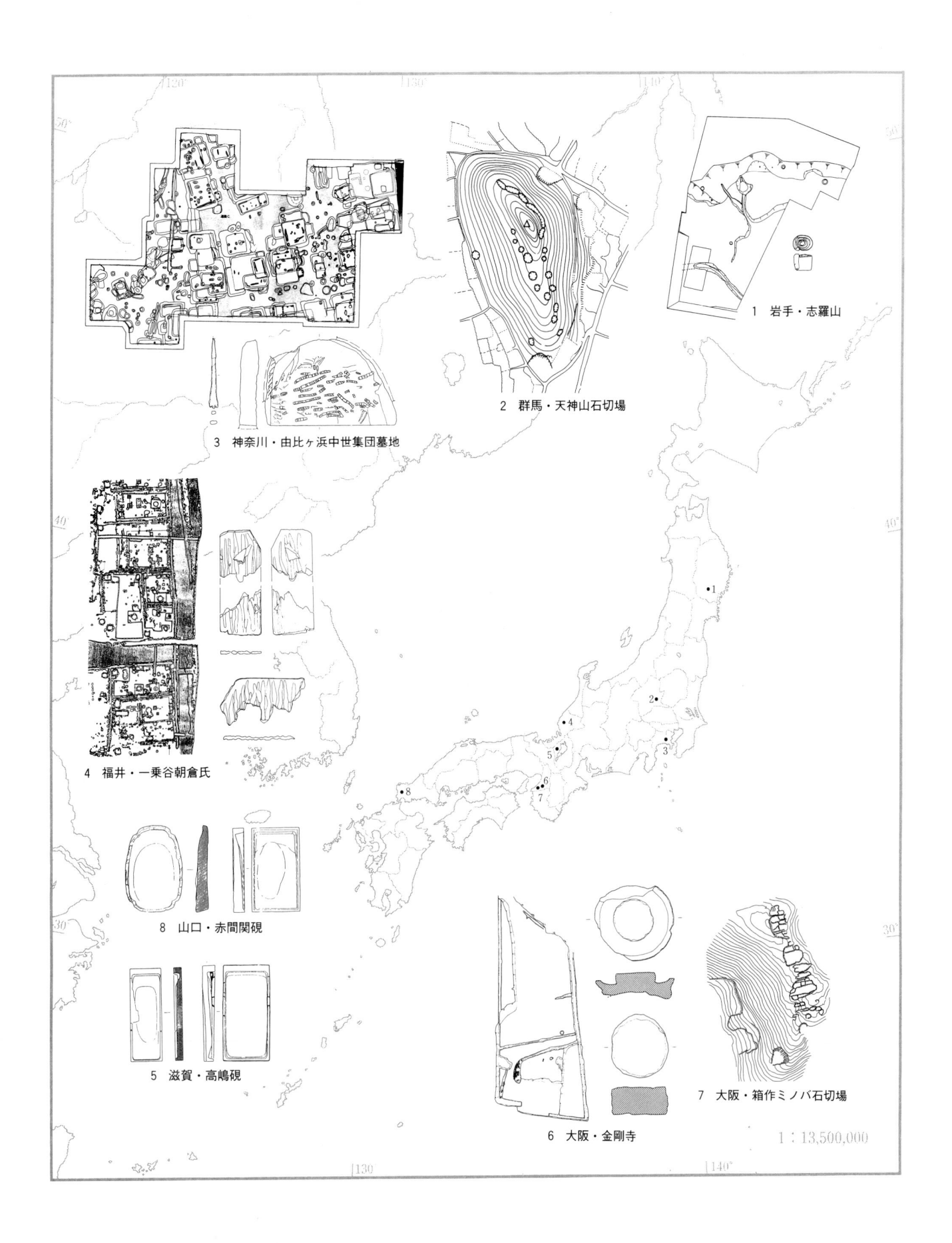

2 群馬・天神山石切場

3 神奈川・由比ヶ浜中世集団墓地

4 福井・一乗谷朝倉氏

8 山口・赤間関硯

5 滋賀・高嶋硯

6 大阪・金剛寺

7 大阪・箱作ミノバ石切場

1：13,500,000

さまざまな生産 113

1 石の加工

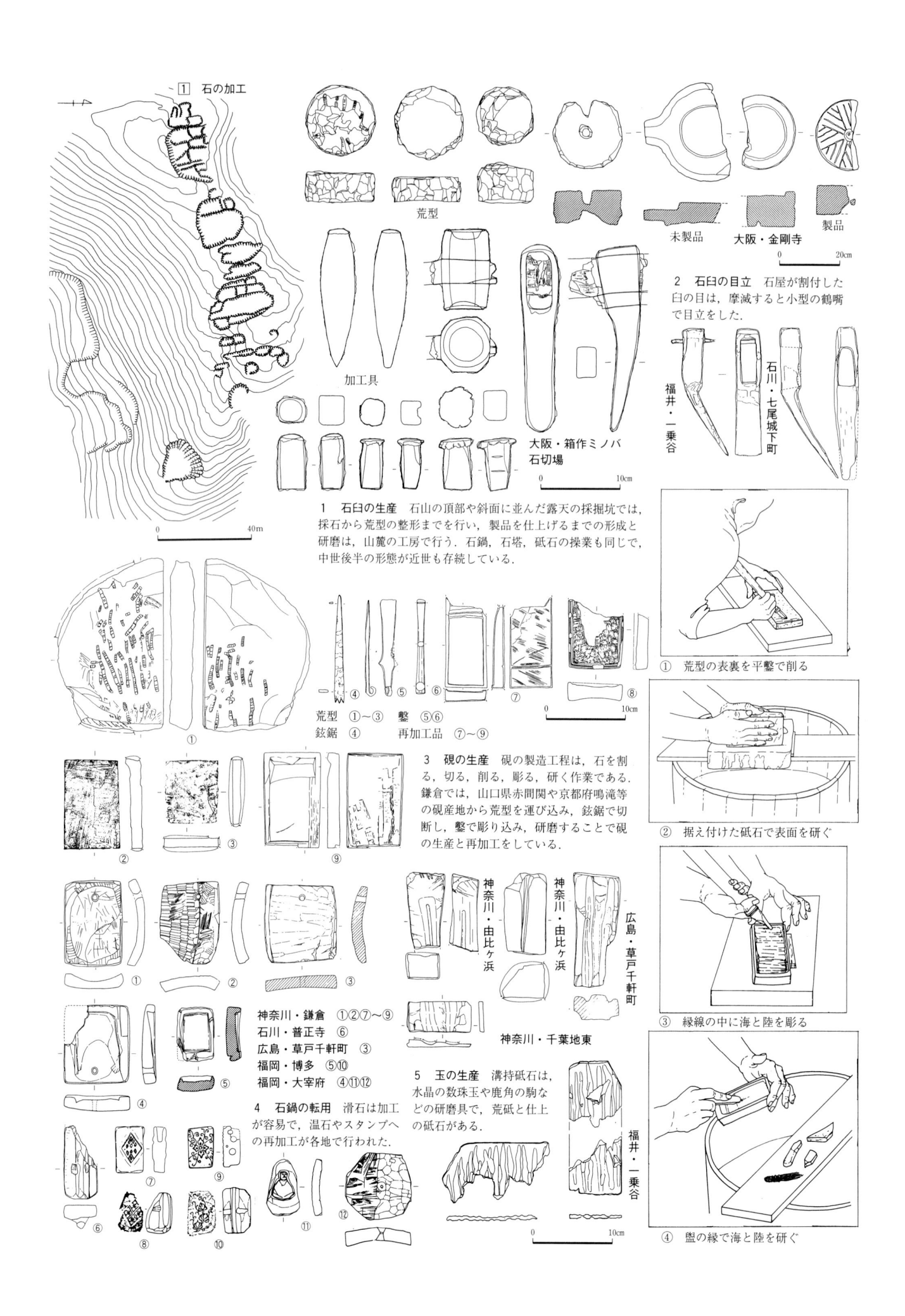

荒型

未製品　大阪・金剛寺　製品

加工具

大阪・箱作ミノバ石切場

2 石臼の目立　石屋が割付した臼の目は，摩滅すると小型の鶴嘴で目立をした．

福井・一乗谷　石川・七尾城下町

1 石臼の生産　石山の頂部や斜面に並んだ露天の採掘坑では，採石から荒型の整形までを行い，製品を仕上げるまでの形成と研磨は，山麓の工房で行う．石鍋，石塔，砥石の操業も同じで，中世後半の形態が近世も存続している．

荒型 ①〜③　鑿 ⑤⑥
鉉鋸 ④　再加工品 ⑦〜⑨

3 硯の生産　硯の製造工程は，石を割る，切る，削る，彫る，研ぐ作業である．鎌倉では，山口県赤間関や京都府鳴滝等の硯産地から荒型を運び込み，鉉鋸で切断し，鑿で彫り込み，研磨することで硯の生産と再加工をしている．

神奈川・鎌倉 ①②⑦〜⑨
石川・普正寺 ⑥
広島・草戸千軒町 ③
福岡・博多 ⑤⑩
福岡・大宰府 ④⑪⑫

神奈川・由比ヶ浜

広島・草戸千軒町

神奈川・千葉地東

4 石鍋の転用　滑石は加工が容易で，温石やスタンプへの再加工が各地で行われた．

5 玉の生産　溝持砥石は，水晶の数珠玉や鹿角の駒などの研磨具で，荒砥と仕上の砥石がある．

福井・一乗谷

① 荒型の表裏を平鑿で削る

② 据え付けた砥石で表面を研ぐ

③ 縁線の中に海と陸を彫る

④ 盤の縁で海と陸を研ぐ

114　生産と技術

2 木の加工

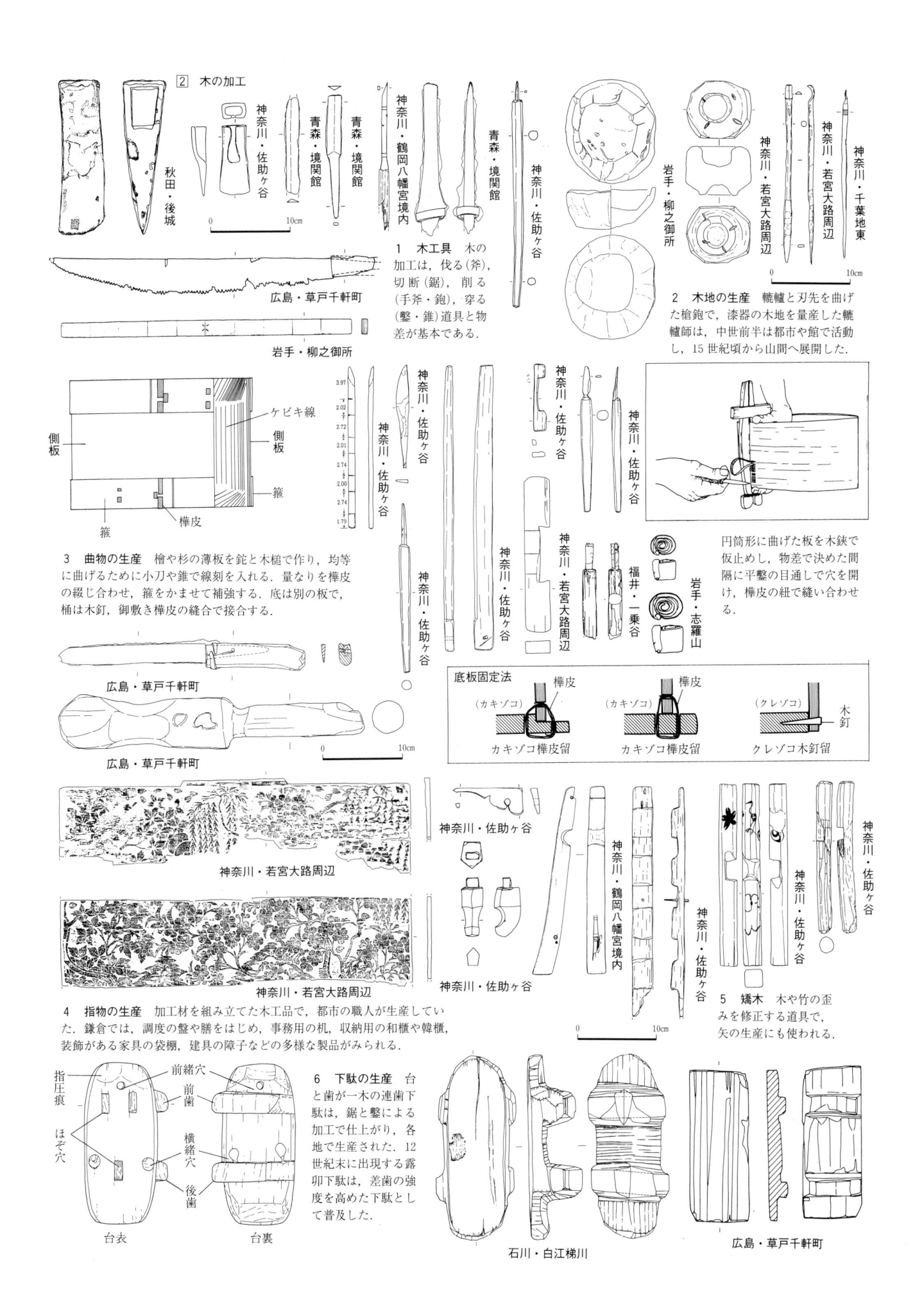

1 木工具 木の加工は、伐る（斧）、切断（鋸）、削る（手斧・鉋）、穿る（鑿・錐）道具と物差が基本である．

2 木地の生産 轆轤と刃先を曲げた槍鉋で、漆器の木地を量産した轆轤師は、中世前半は都市や館で活動し、15世紀頃から山間へ展開した．

3 曲物の生産 檜や杉の薄板を鉈と木槌で作り、均等に曲げるために小刀や錐で線刻を入れる。量なりを樺皮の綴じ合わせ、箍をかませて補強する。底は別の板で、桶は木釘、御敷き樺皮の縫合で接合する．

円筒形に曲げた板を木鋏で仮止めし、物差で決めた間隔に平鑿の目通しで穴を開け、樺皮の紐で縫い合わせる．

4 指物の生産 加工材を組み立てた木工品で、都市の職人が生産していた。鎌倉では、調度の盤や膳をはじめ、事務用の机、収納用の和櫃や韓櫃、装飾がある家具の袋棚、建具の障子などの多様な製品がみられる．

5 矯木 木や竹の歪みを修正する道具で、矢の生産にも使われる．

6 下駄の生産 台と歯が一木の連歯下駄は、鋸と鑿による加工で仕上がり、各地で生産された。12世紀末に出現する露卯下駄は、差歯の強度を高めた下駄として普及した．

さまざまな生産

2 さまざまな生産
4) 食料の生産

農業生産 水田跡は宮城県富沢遺跡に代表される．弥生時代から江戸時代までの水田跡が連綿と営まれ，その変遷が明らかになっている．中世の水田跡は，古代の条里制水田と方位を異にし，新たに設定された水路を基準に，地形に制約されない新たな区画が成立する．畦畔で区画された水田跡は古代の水田に比して大きく，比較的規則的である．水は水路から水口を通して直接給水され，順次懸け流すシステムになっている．

中世前期には，集落も沖積地の微高地まで進出し，集落を取り巻くような沖積低地まで水田が営まれる．中世になって，新たな水路の設置や水田区画の再編成などの水田の整理が行われたと同時に，沖積低地までの新田開発が強力に行われた実態が明らかである．この新田開発を背景には新興武士勢力があり，沖積地への集落が進出は，水利を含めた管理を行っている形跡がある．

こうした新田開発の顕著な事例として，未完成ではあったが，群馬県女堀の開削がある．12世紀前半から中葉に，浅間山噴火による火山災害によって壊滅した水田を復旧するため，上幅28m，延長約13km，比高差約4mの農業灌漑用水を開削しようとしたのである．開削主体は荘園成立に伴う開発を担った複数の武士団が想定でき，火山災害という特殊事情にせよ，驚異的な開発である．

「女堀」は梯形に中段を設けて，中央に通水溝を作る．開削に工事にあたっては，工区—小間割といった分担があり，それを統括する上部組織があったことが想定され，一斉に開削が行われた．それぞれの工区では，湧水処理や排土の搬出に独自の工夫が凝らされている．これが未完成に終わった原因には，技術的な問題，組織的な矛盾，自然災害などがあり，背景には社会・政治的な状況があったとされている．一般に中世の水田は，比較的規模が大きく，新たな水路の設置により，新たな区画が成立するものも少なくない．もちろん，古代以来の区画を継承する例もある．

中世後期では大阪府池島・福万寺遺跡のように，川の氾濫源が度重なる氾濫で，水田から島畑が成立していった過程がわかる．畑作の成立には，河内木綿との関わりも示唆されている．また，群馬県熊野堂遺跡などでは，水田が火山災害の後に畑とされている状況が知られている．

農具は古代以来あまり変化なく，鋤・鍬に加えて，犂やコロバシといった耕具もある．鎌や，箕の出土例もある．

塩生産 揚浜式製塩は中世を通じて，汎日本的普及するが，自然浜ではなく，かなり整然とした沼井を伴うような塩田の成立が，兵庫県堂山遺跡例などから指摘できる．中世前期の製塩遺跡は岡山県沖須賀遺跡，香川県大浦浜遺跡など瀬戸内地方の遺跡が多い．釜屋と竃・小型の釜屋内鹹水槽ないしは居出場などと，多数の粘土を貼った鹹水槽があり，継続的に定住して製塩業を営んだ様子が窺える．中世前期には瀬戸内地方を中心に，塩生産が隆盛し，技術革新も盛んだった．入浜式塩田の基本的な技術は，中世前期に成立したと考えられる．

中世後期には各地に大規模な生産地が確認でき，茨城県沢田遺跡では釜屋123基，鹹水槽1,034基に上り，東国でも最大級である．塩田の実態は不明であるが，中世前期の瀬戸内地方の製塩技術を導入している形跡があり，単純な自然浜ではなく，整然とした塩田が営まれたことを想定する必要がある．釜屋内には竃と苦汁を取る居出場と小型の鹹水槽で構成され，竃は土釜で，鉄釜を吊って煎熬したものと考えられる．鹹水槽は掘形があり，スサ入り粘土で隅丸腸方形に構築されている．釜屋や鹹水槽の構築法は，瀬戸内地方と大差ないが，鹹水槽と釜屋を土樋で結んでいるのが特徴的である．完成された技術で，専業度の高い生産体制である．

伊勢湾の三重県池ノ上遺跡は，隅丸方形を基調とする粘土を貼った鹹水槽が多数発見され，構築法は同じであるが，平面形は瀬戸内地方や沢田遺跡例と異なる．池ノ上遺跡は17世紀前半の和歌山藩の新田開発で廃絶していることや，沢田遺跡も遅くとも17世紀初頭に廃絶していることから，16世紀後半には，生産地の再編があったと考えれる．

漁業生産 瀬戸内地方を例にとると，イイダコ壺漁は平安時代後期から中世前期に激減している．また，中世前期の岡山県北面貝塚，兵庫県金楽寺貝塚では，ハマグリやアカガイといった特定の貝類を専業的に捕獲・加工している実態がわかり，専業的な生産体制と流通体制成立が示唆される．また，土錘の分析によると中世前期に孔径の大きい土錘が増加し，網漁業の操業単位が著しく大型化したことが明らかにされている．それは，揚浜式製塩という製塩法の普及により，魚の保存料となる塩が大量に供給可能となったことが，網漁業の操業単位の著しい大型化を支えたと考えられている．

［文献］大田昭夫他　1991『富沢遺跡』仙台市教育委員会．峰岸純夫・能登健　1989『よみがえる中世5』平凡社．飯村均　1994「近世入浜式製塩遺跡」『江戸時代の生産遺跡』江戸遺跡研究会．真鍋篤行　1994「弥生時代以降の瀬戸内地方の漁業の発展に関する考古学的考察」『瀬戸内海歴史民俗資料館紀要Ⅶ』．

（飯村　均）

1 宮城・富沢

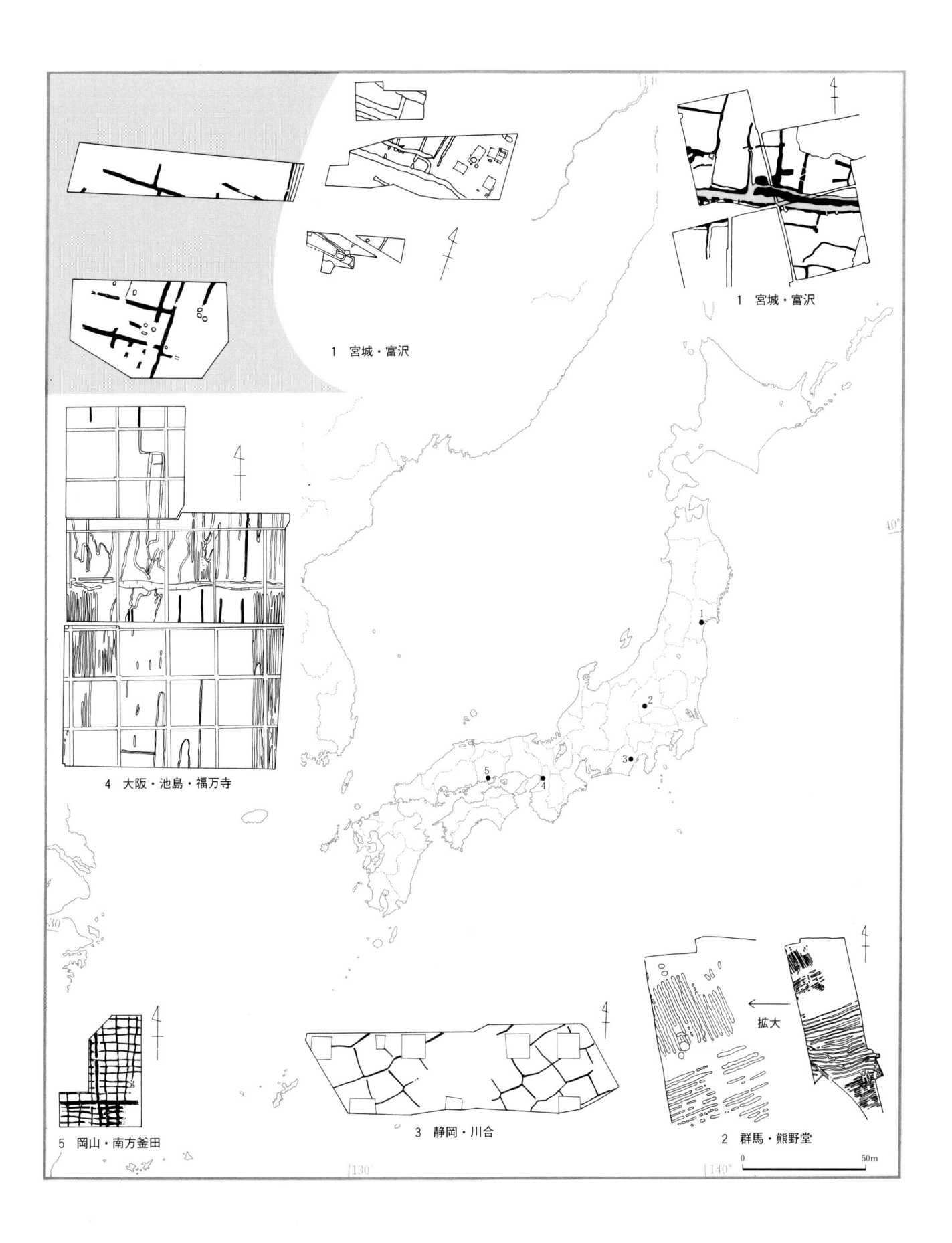

1 宮城・富沢

4 大阪・池島・福万寺

5 岡山・南方釜田

3 静岡・川合

拡大

2 群馬・熊野堂

0　　　50m

さまざまな生産

作業道

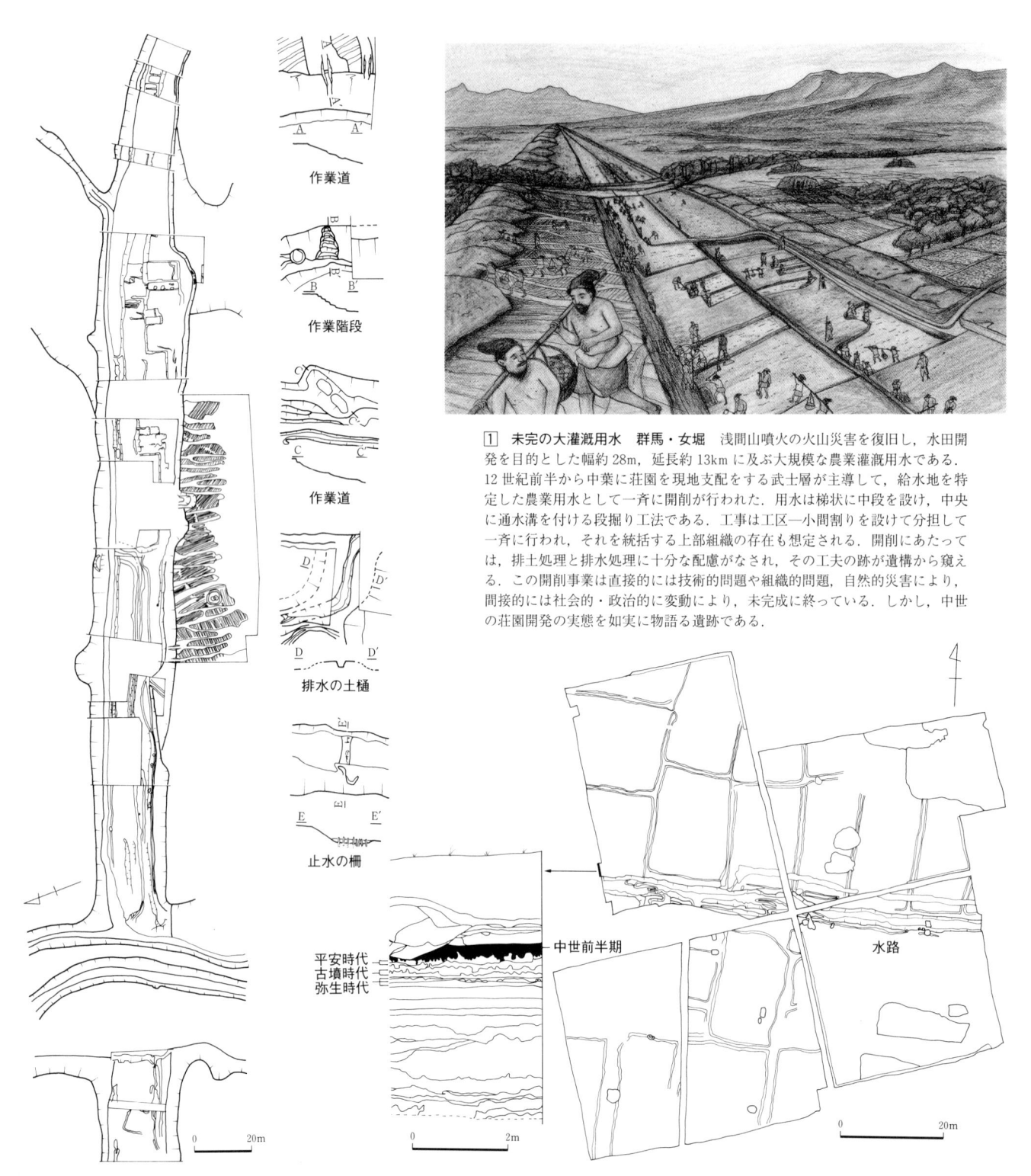

作業階段

作業道

排水の土樋

止水の柵

1 未完の大灌漑用水　群馬・女堀　浅間山噴火の火山災害を復旧し，水田開発を目的とした幅約28m，延長約13kmに及ぶ大規模な農業灌漑用水である．12世紀前半から中葉に荘園を現地支配をする武士層が主導して，給水地を特定した農業用水として一斉に開削が行われた．用水は梯状に中段を設け，中央に通水溝を付ける段掘り工法である．工事は工区—小間割りを設けて分担して一斉に行われ，それを統括する上部組織の存在も想定される．開削にあたっては，排土処理と排水処理に十分な配慮がなされ，その工夫の跡が遺構から窺える．この開削事業は直接的には技術的問題や組織的問題，自然的災害により，間接的には社会的・政治的に変動により，未完成に終っている．しかし，中世の荘園開発の実態を如実に物語る遺跡である．

平安時代
古墳時代
弥生時代

中世前半期

水路

2 中世前期の水田跡　宮城・富沢　弥生時代以降江戸時代までの水田跡の変遷がわかっている．中世前期の水田跡は人工の水路と盛り土による畦畔と，それに区画された水田跡，さらには水口などで構成される．平安時代は真北に主軸をとる条里型水田であるが，中世は新たに設定された水路を基準とした区画となり，主軸方向も異なる．中央の水路は西から東へ流れ，その水路から直接水口を通じて給水され，順次懸けが流されていく給水方式である．水田跡の区画は水路北側は整然とした長方形であるが，南側はやや不規則な長方形であり，規模は平均約250m^{2}と前代より大型化する．中世の水田経営は，新たな灌漑用水体系をもって，大型に区画され直した水田で行われたことが窺える．低地への開発集落の進出とともに，沖積低地の開発が盛行した．

118　生産と技術

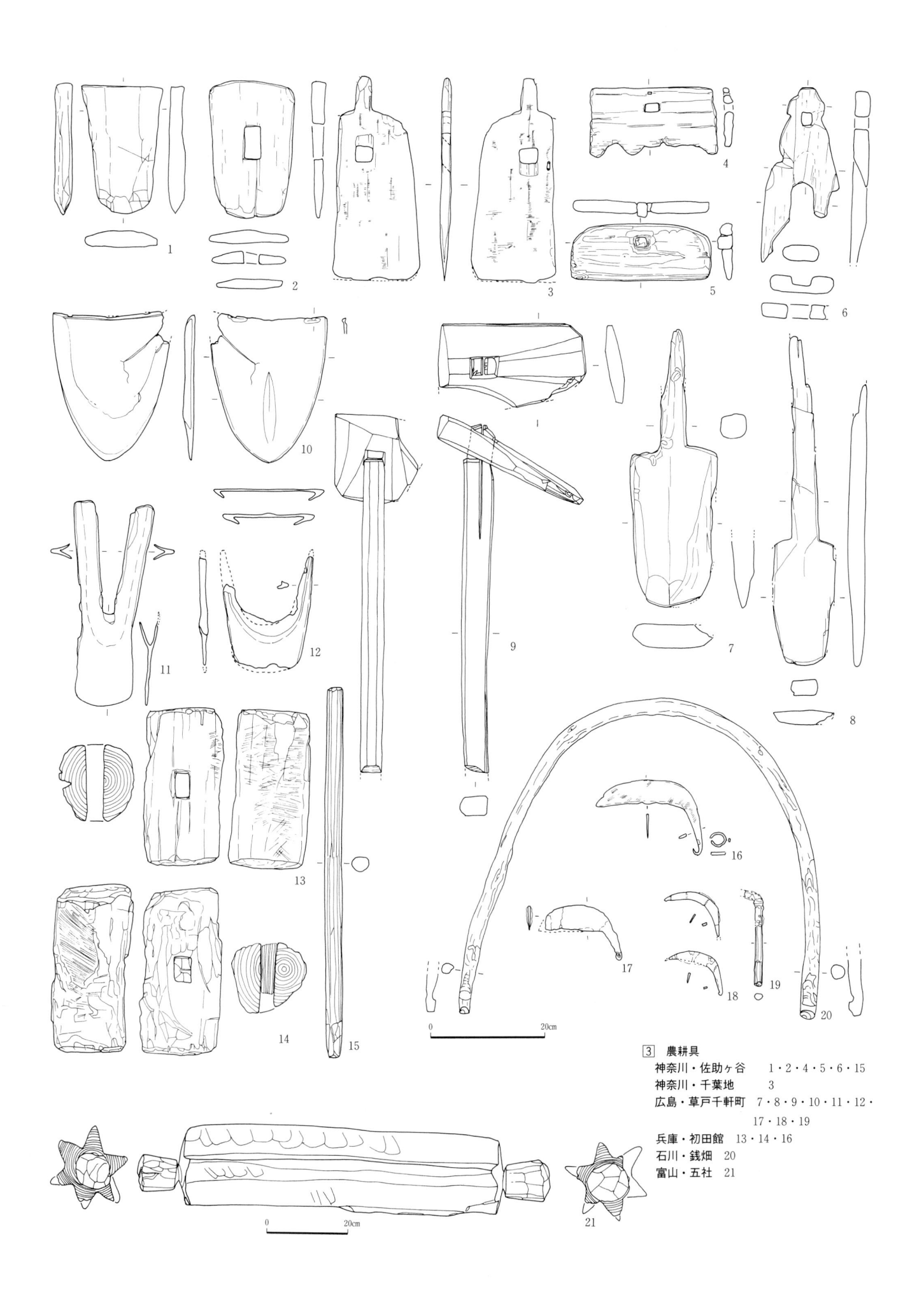

3 農耕具
神奈川・佐助ヶ谷　1・2・4・5・6・15
神奈川・千葉地　3
広島・草戸千軒町　7・8・9・10・11・12・
　　　　　　　　17・18・19
兵庫・初田館　13・14・16
石川・銭畑　20
富山・五社　21

さまざまな生産

3 兵庫・堂山

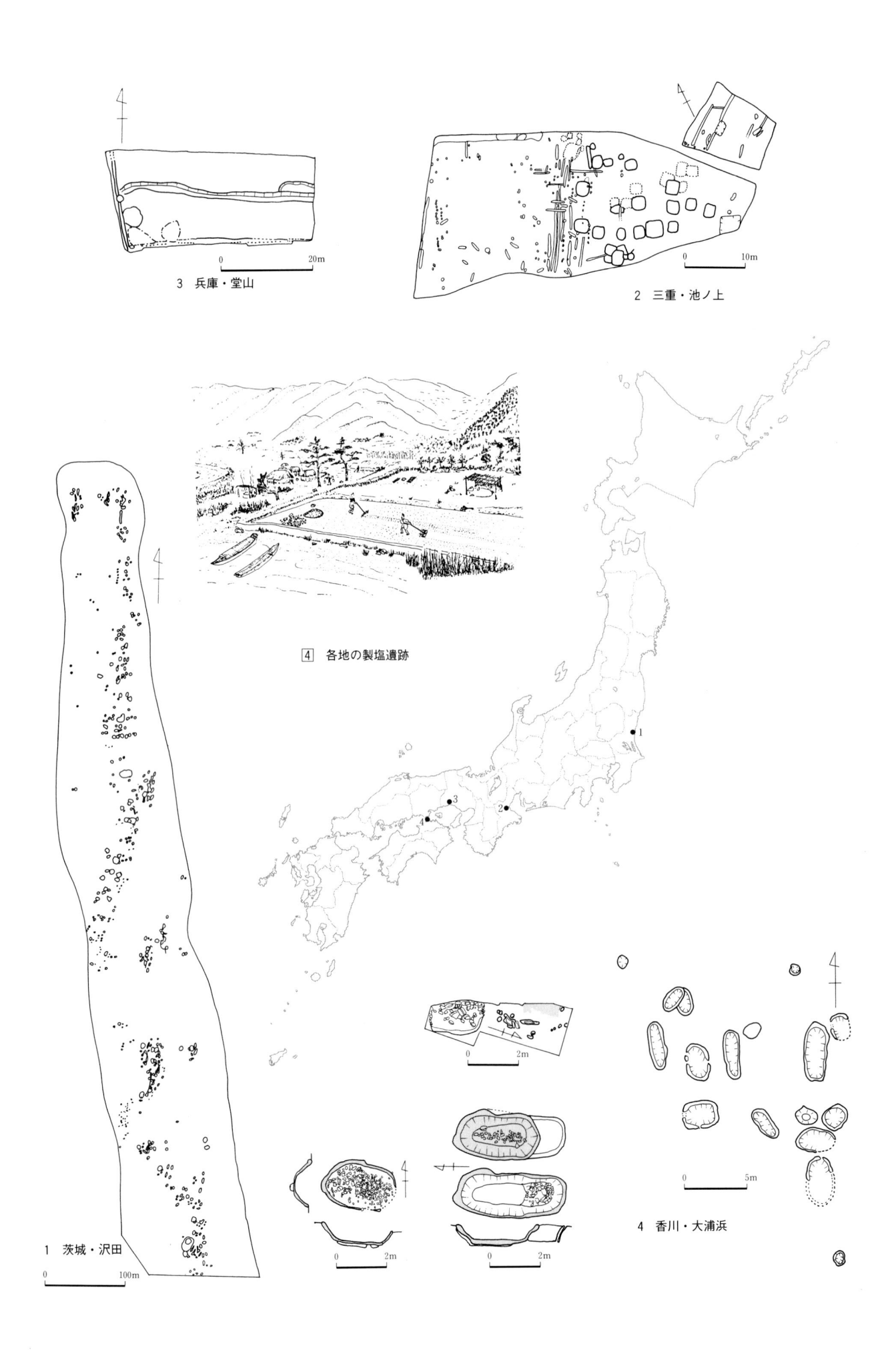

2 三重・池ノ上

4 各地の製塩遺跡

1 茨城・沢田

4 香川・大浦浜

120 生産と技術

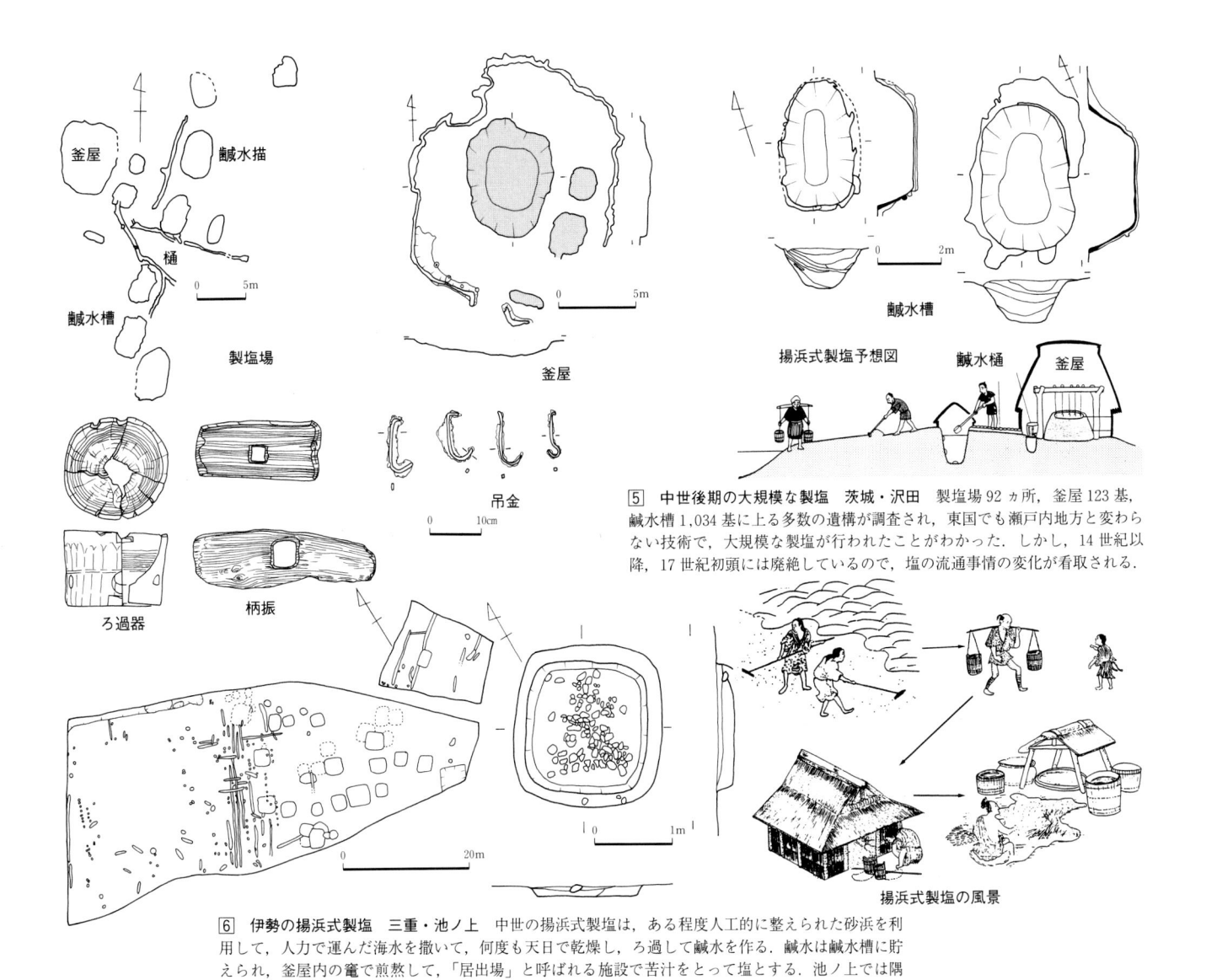

5 **中世後期の大規模な製塩　茨城・沢田**　製塩場92ヵ所，釜屋123基，鹹水槽1,034基に上る多数の遺構が調査され，東国でも瀬戸内地方と変わらない技術で，大規模な製塩が行われたことがわかった．しかし，14世紀以降，17世紀初頭には廃絶しているので，塩の流通事情の変化が看取される．

6 **伊勢の揚浜式製塩　三重・池ノ上**　中世の揚浜式製塩は，ある程度人工的に整えられた砂浜を利用して，人力で運んだ海水を撒いて，何度も天日で乾燥し，ろ過して鹹水を作る．鹹水は鹹水槽に貯えられ，釜屋内の竈で煎熬して，「居出場」と呼ばれる施設で苦汁をとって塩とする．池ノ上では隅丸方形の鹹水槽が多数あり，16世紀の揚浜式製塩の製塩場とされている．鹹水槽の平面形は他地域と異なり独特であるが，構築方法は同じである．

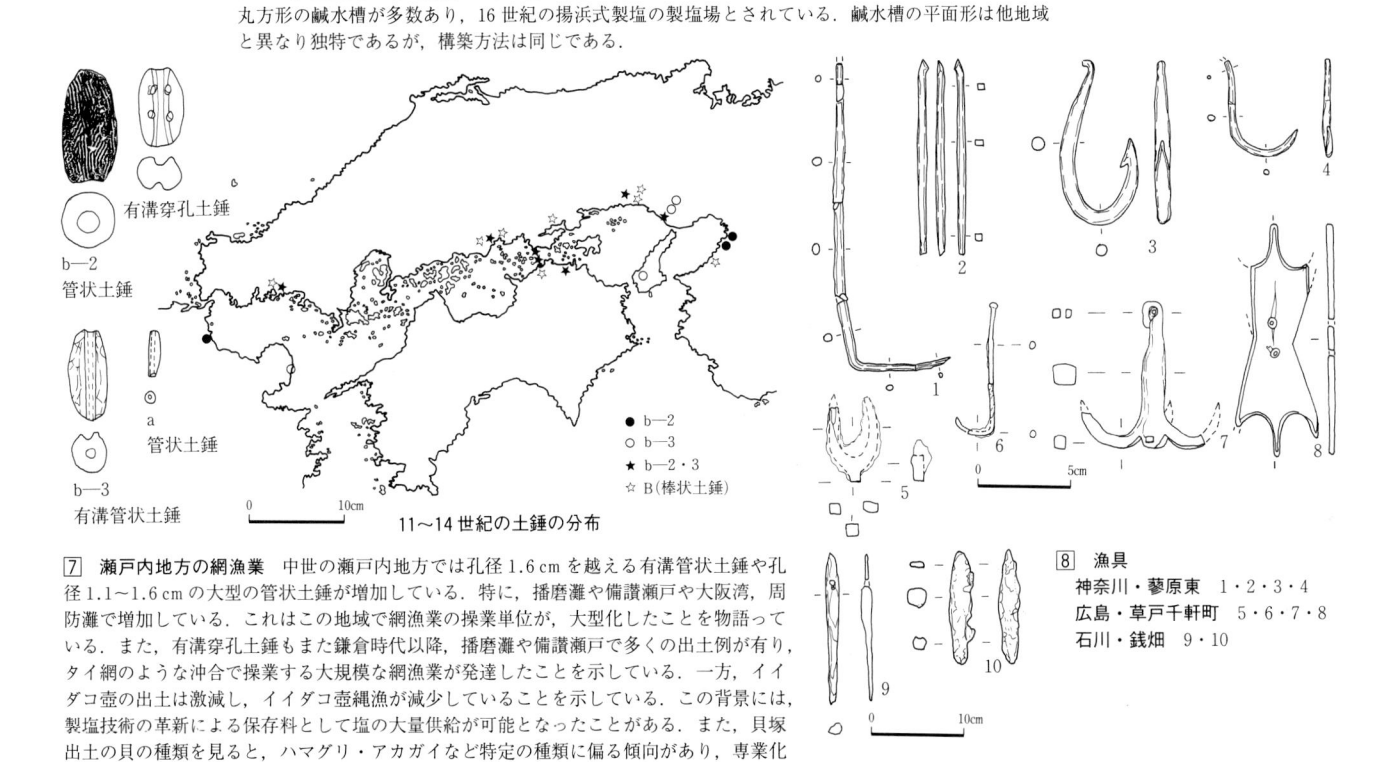

7 **瀬戸内地方の網漁業**　中世の瀬戸内地方では孔径1.6cmを越える有溝管状土錘や孔径1.1～1.6cmの大型の管状土錘が増加している．特に，播磨灘や備讃瀬戸や大阪湾，周防灘で増加している．これはこの地域で網漁業の操業単位が，大型化したことを物語っている．また，有溝穿孔土錘もまた鎌倉時代以降，播磨灘や備讃瀬戸で多くの出土例が有り，タイ網のような沖合で操業する大規模な網漁業が発達したことを示している．一方，イイダコ壺の出土は激減し，イイダコ壺縄漁が減少していることを示している．この背景には，製塩技術の革新による保存料として塩の大量供給が可能となったことがある．また，貝塚出土の貝の種類を見ると，ハマグリ・アカガイなど特定の種類に偏る傾向があり，専業化が窺える．

8 **漁具**
神奈川・蓼原東　1・2・3・4
広島・草戸千軒町　5・6・7・8
石川・銭畑　9・10

さまざまな生産　121

2 さまざまな生産
5) 角・骨・皮に関する生産

　人間の動物利用には，使役，愛玩など生きた状態で利用し，死した後にさらに資源とする家畜の場合と，狩猟によって殺傷して初めて資源となる野生動物に分かれ，利用する人々にとって意味が異なる．中世には各地に都市が発達し，武士階級の台頭とともに，武器，武具への動物資源の需要が高まり，生業基盤も確立した．しかし，同時に触穢思想，殺生観などから動物にかかわる人々への賤民視も，他の非農耕民に対してと同様か，それ以上に顕在化した．

　動物製品の様相　動物製品の素材には，骨，歯牙，角，皮革，貝，鼈甲，蹄，獣毛，羽毛などがある．これらの残存条件は大きく異なり，腐朽しやすい製品の場合，その生産に伴って生じた廃材に注意が必要となる．動物製品の種類には，古代以来の伝統を引く漁具(擬餌針・銛・中柄・貝錘)，狩猟具(骨鏃)，刀装具(刀子柄)と，中世になって発達する武具(鞢・栗形・笄)，馬具(野杏)，遊戯具(賽子・駒)，近世になって一層発達する装身具(櫛・櫛払・簪・根付)，計量具(竿秤)，食器(貝杓子)などがある．動物製品には，北海道と琉球諸島に顕著な地域色が存在し，本州諸島(九州，四国を含む)では笄や櫛払などが画一的で，骨細工でも列島内で情報伝達があったことがわかる．

　骨格を素材とする生産　動物製品の生産工程は，工房跡や未製品，廃材から復元できる．栗形は鹿角や鯨骨から半円柱状の材をとり，細部を鋸，錐，刃物で仕上げる．笄は，元来，鹿の中手骨や中足骨を素材とし，骨端を除去した後，鋸や鉈で縦に割いて短冊状の材を作り整形する．素材にある縦溝と栄養孔を巧みに装飾として利用するが，他の素材を用いた製品にも，装飾として溝と孔を表現する．

　櫛払はまず，牛馬の長管骨の骨端を鋸で除去し，長さ6cm前後に切断し，鉈で幅3cm前後に縦に割り，鉋状の工具で削って板材を作る．そして，細かな鋸で櫛歯を引き，錐や小刀で細部を整形し，最後に毛を付けて仕上げる．大阪市住友銅吹所跡では，職人の数や歩留まりも考古学的に推定できた．これらの生産に携わった職人は，鎌倉では浜地と呼ばれる都市周縁部に集住しており，他に動物の解体や皮なめし，鋳物，硯の生産も行っている．大阪では17世紀初頭までは開発程度の低い町場の周縁で操業する．これは水場と更地の確保という技術的要因と，職人に対する疎外という社会的要因の2つの要素を含んでいる．

　骨細工は中世から近世にかけて幾つかの大きな変化を生じる．その第1は素材の選択で，中世では鹿が主体であったのが，近世では牛馬が大半を占めるようになる．第2は分業の問題で，中世では斃牛馬の解体処理と製品生産とは未分化であったのが，遅くとも豊臣後期には分化する．また，骨細工の生産工程の分業化も生じる．第3の問題は立地で，大阪では17世紀第2四半期以降は町場内でも，骨製品の生産が認められるようになり，一部の区域に集中する傾向が見えることは，骨細工の職人町が成立していた可能性がある．このような変化は骨細工の技術的側面と動物資源全般の生産体制の変化や，それに従事する人々への支配のあり方の変化を表していると考えられる．

　牛角による生産　牛角の利用は，頭蓋骨から角を切り取った痕跡と，角芯に付けられた角鞘を取るための傷痕から明らかである．古代の牛角の利用は，埴輪の角杯，『続日本紀』天平宝治5年に唐へ牛角7800隻を輸出した記事があるが，中世になって初めて角鞘を切り開き，熱を加えて平らな板材として利用した証拠が見られる．角鞘を素材とする製品には，中世のヨーロッパでは，角鞘板の半透明の模様を利用した曇りガラスの代用品，燭台の覆いなどがあり，李朝朝鮮には，角鞘板の裏から絵を描き，家具板に漆で張り付けて模様を透かせる華角工芸が存在する．日本の工芸には角鞘板を用いた製品は知られておらず，「偽鼈甲」として広く使われたことが，『和漢三才図会』に「角を用うるに，煮て柔らかくし，堅に破り拡げて，徐々踏み押さえ，窄まれば則ち再び煮て拡げ，櫛に挽き，黒き文に染めて琢きて，玳瑁と偽る」とあることからわかる．

　皮革の生産　皮革そのものは，伝世品に広く見られるが，考古資料として出土することは希で，骨にのこる解体痕から推定せねばならない．皮革の生産には，解体(皮剝ぎ)—脱毛—鞣し—染め(燻べ)—加工の処理が必要で，その工程を考古学的に検証せねばならない．腐熟させた牛馬の脳を鞣剤として用いる脳漿鞣が存在したことが，出土する牛馬の頭蓋骨に残る痕跡からわかる．

　動物生産にかかわる人々　古代では，動物生産に携わる人々は，「百済手人」，「狗人」など品部，雑戸に編成され，京内でも操業していた．解体から鞣しの工程は，流水と皮を乾燥させる空間が不可欠で，多くの場合，河原が生産の場に選ばれ，「河原人」の初見が，『左経記』の長和5年(1016)の記録で，貴族の屋敷で死んだ牛を解体する人々であったことからもわかる．彼らは中世を通じて，都市の周縁部を生活の場としていたが，近世には都市内で政治的に操業の場を規制され，地方では「皮多村」，「穢多村」として斃牛馬処理権が授与され，骨細工の素材および原皮を，都市に搬出したことが，考古学でも明らかになりつつある．

(久保和士・松井　章)

14 神奈川・鎌倉 (13〜15 C)

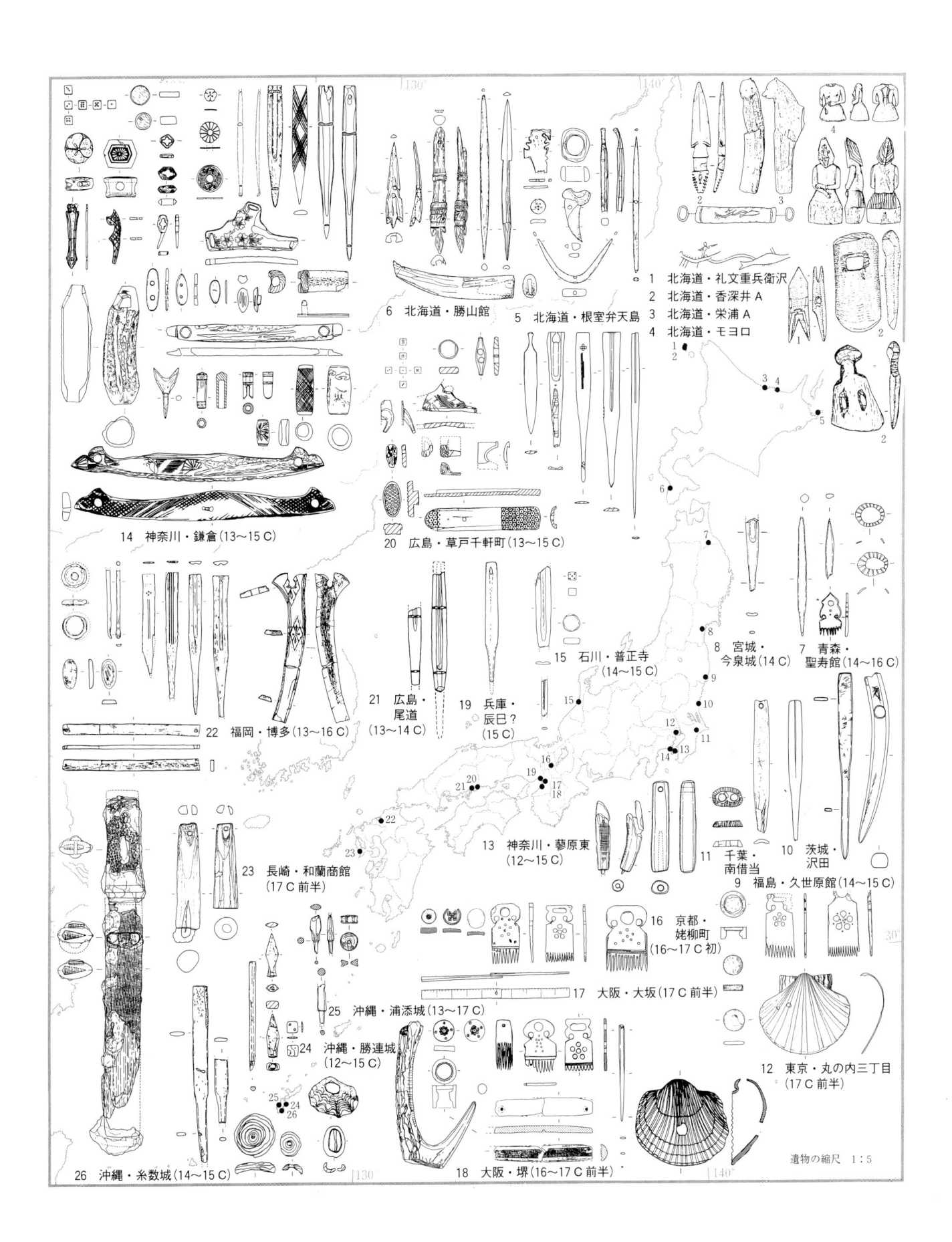

6 北海道・勝山館

5 北海道・根室弁天島

1 北海道・礼文重兵衛沢
2 北海道・香深井 A
3 北海道・栄浦 A
4 北海道・モヨロ

20 広島・草戸千軒町 (13〜15 C)

22 福岡・博多 (13〜16 C)

21 広島・尾道

19 兵庫・辰巳? (15 C)

15 石川・普正寺 (14〜15 C)

8 宮城・今泉城 (14 C)

7 青森・聖寿館 (14〜16 C)

23 長崎・和蘭商館 (17 C 前半)

13 神奈川・蓼原東 (12〜15 C)

11 千葉・南借当

10 茨城・沢田

9 福島・久世原館 (14〜15 C)

25 沖縄・浦添城 (13〜17 C)

24 沖縄・勝連城 (12〜15 C)

16 京都・姥柳町 (16〜17 C 初)

17 大阪・大坂 (17 C 前半)

26 沖縄・糸数城 (14〜15 C)

18 大阪・堺 (16〜17 C 前半)

12 東京・丸の内三丁目 (17 C 前半)

遺物の縮尺 1:5

さまざまな生産　123

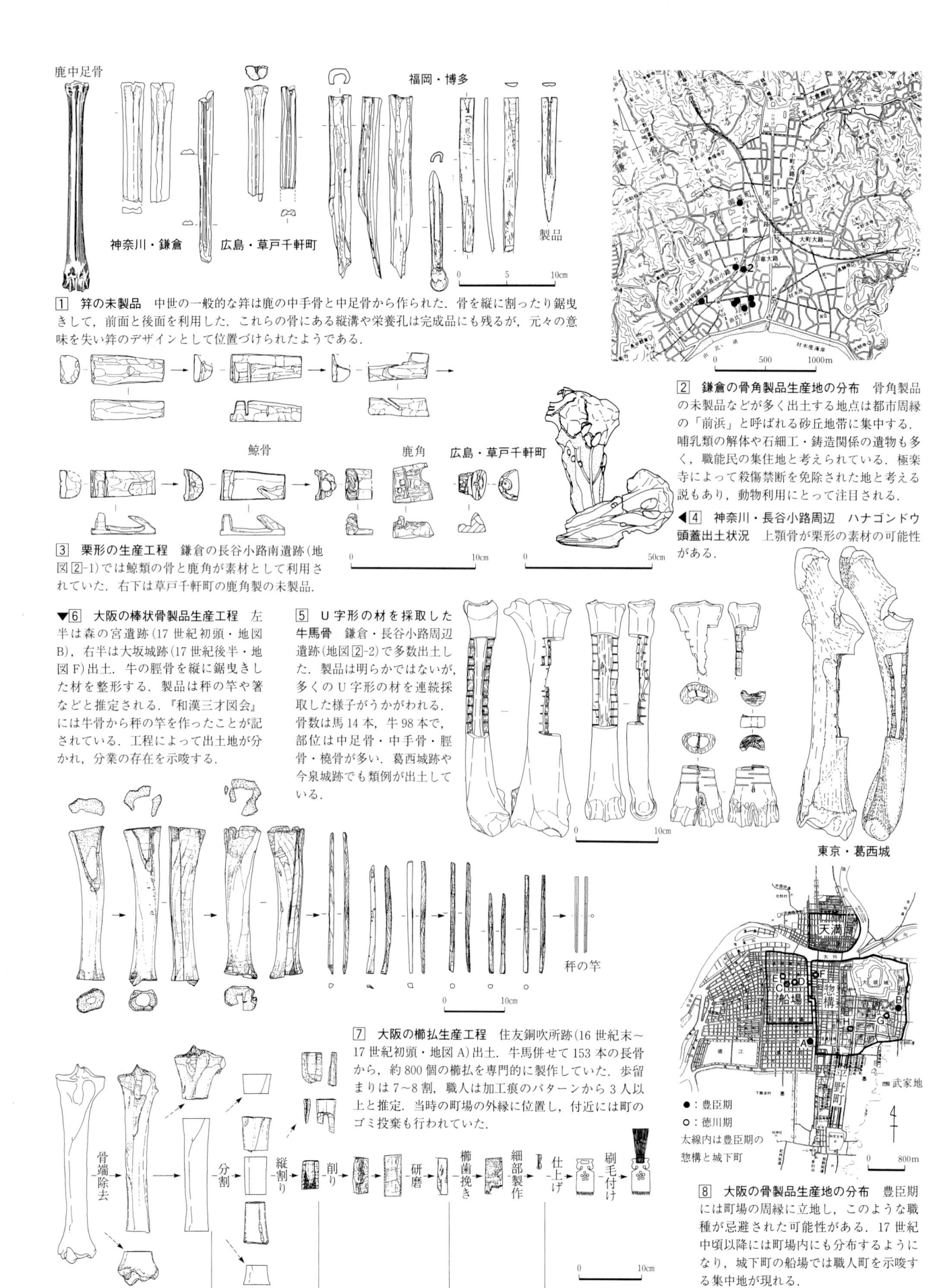

1 笄の未製品　中世の一般的な笄は鹿の中手骨と中足骨から作られた．骨を縦に割ったり鋸曳きして，前面と後面を利用した．これらの骨にある縦溝や栄養孔は完成品にも残るが，元々の意味を失い笄のデザインとして位置づけられたようである．

2 鎌倉の骨角製品生産地の分布　骨角製品の未製品などが多く出土する地点は都市周縁の「前浜」と呼ばれる砂丘地帯に集中する．哺乳類の解体や石細工・鋳造関係の遺物も多く，職能民の集住地と考えられている．極楽寺によって殺傷禁断を免除された地と考える説もあり，動物利用にとって注目される．

3 栗形の生産工程　鎌倉の長谷小路南遺跡（地図 2-1）では鯨類の骨と鹿角が素材として利用されていた．右下は草戸千軒町の鹿角製の未製品．

4 神奈川・長谷小路周辺　ハナゴンドウ頭蓋出土状況　上顎骨が栗形の素材の可能性がある．

5 U字形の材を採取した牛馬骨　鎌倉・長谷小路周辺遺跡（地図 2-2）で多数出土した．製品は明らかではないが，多くのU字形の材を連続採取した様子がうかがわれる．骨数は馬14本，牛98本で，部位は中足骨・中手骨・脛骨・橈骨が多い．葛西城跡や今泉遺跡でも類例が出土している．

6 大阪の棒状骨製品生産工程　左半は森の宮遺跡（17世紀初頭・地図B），右半は大坂城跡（17世紀後半・地図F）出土．牛の脛骨を縦に鋸曳きした材を整形する．製品は秤の竿や箸などと推定される．『和漢三才図会』には牛骨から秤の竿を作ったことが記されている．工程によって出土地が分かれ，分業の存在を示唆する．

7 大阪の櫛挽生産工程　住友銅吹所跡（16世紀末～17世紀初頭・地図A）出土．牛馬併せて153本の長骨から，約800個の櫛挽を専門的に製作していた．歩留まりは7～8割，職人は加工痕のパターンから3人以上と推定．当時の町場の外縁に位置し，付近には町のゴミ投棄も行われていた．

8 大阪の骨製品生産地の分布　豊臣期には町場の周縁に立地し，このような職種が忌避された可能性がある．17世紀中頃以降には町場内にも分布するようになり，城下町の船場では職人町を示唆する集中地が現れる．

⑨ **様々な製品** 古代以来の伝統を引く漁具（擬餌針・銛・中柄・貝錘），狩猟具（骨鏃），刀装具（刀子柄）と，中世になって発達する武具（鞐・栗形・笄），馬具（野沓），遊戯具（賽子・駒），近世になって一層発達する装身具（櫛・櫛払・簪・根付），計量具（竿秤），食器（貝杓子）などがある．あるものは金属器や木器に置き換えられる．

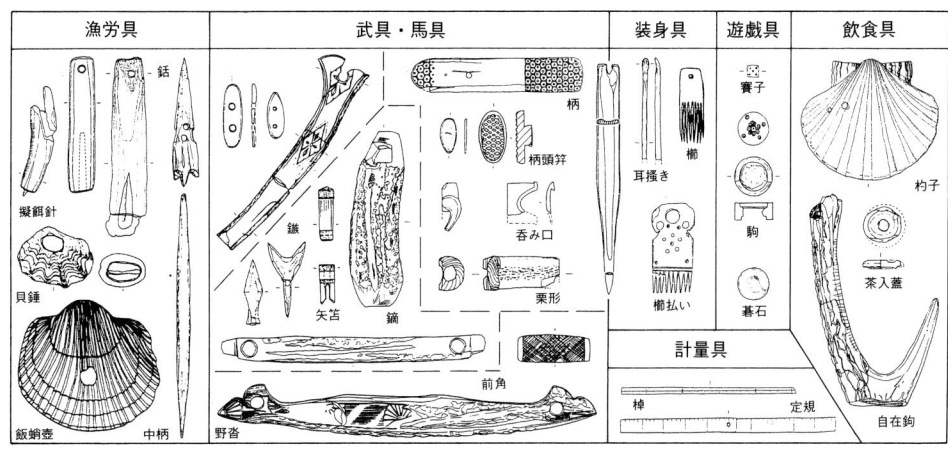

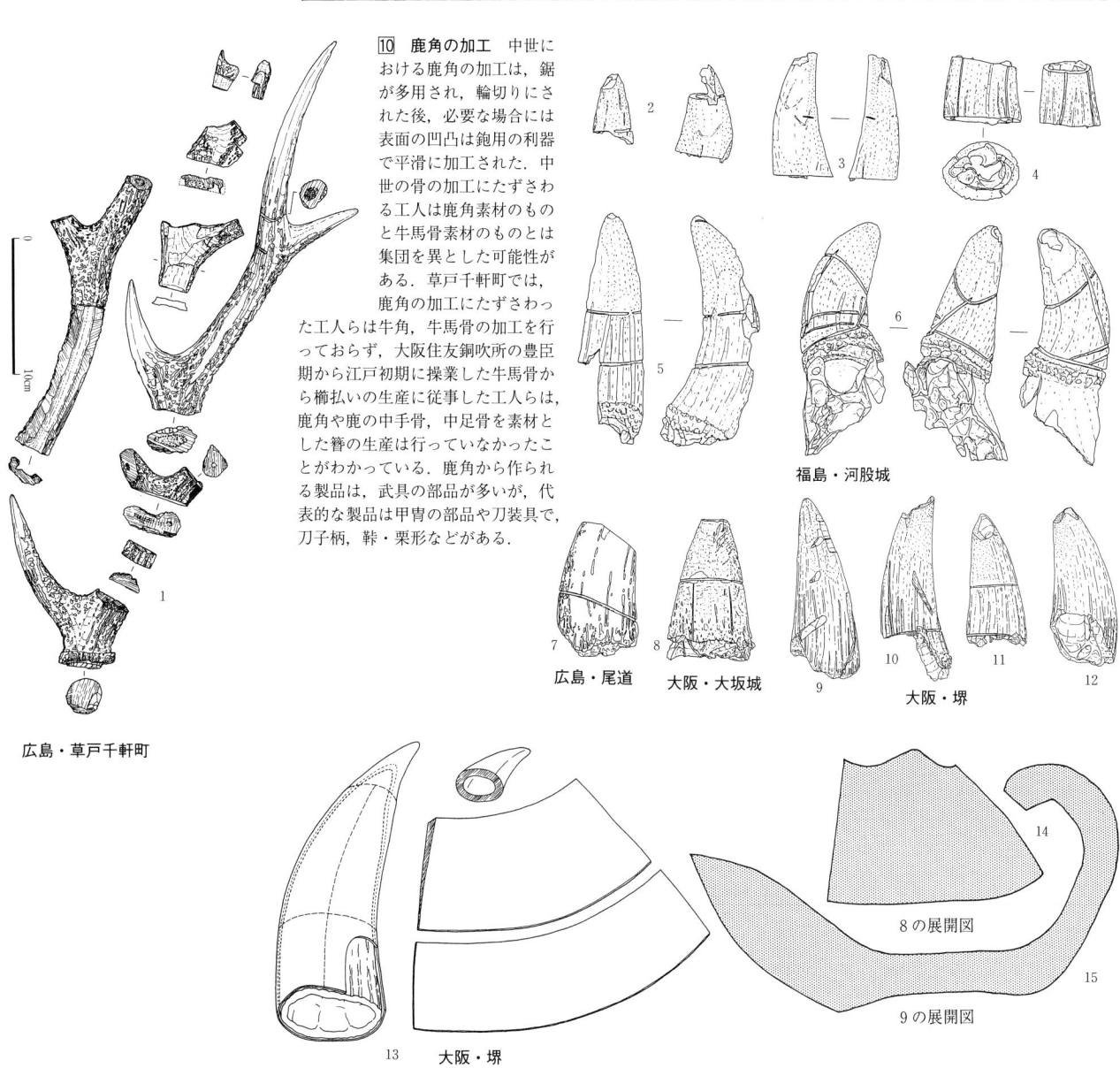

漁労具　擬餌針　銛　貝錘　飯蛸壺　中柄

武具・馬具　鎌　矢筈　鏑　柄　柄頭筈　呑み口　栗形　前角　野沓

装身具　耳掻き　柄　簪

遊戯具　賽子　櫛　駒　櫛払い　碁石

飲食具　杓子　茶入蓋　自在鉤

計量具　棹　定規

⑩ **鹿角の加工**　中世における鹿角の加工は，鋸が多用され，輪切りにされた後，必要な場合には表面の凹凸は鉋用の利器で平滑に加工された．中世の骨の加工にたずさわる工人は鹿角素材のものと牛馬骨素材のものとは集団を異とした可能性がある．草戸千軒町では，鹿角の加工にたずさわった工人らは牛角，牛馬骨の加工を行っておらず，大阪住友銅吹所の豊臣期から江戸初期に操業した牛馬骨から櫛払いの生産に従事した工人らは，鹿角や鹿の中手骨，中足骨を素材とした簪の生産は行っていなかったことがわかっている．鹿角から作られる製品は，武具の部品が多いが，代表的な製品は甲冑の部品や刀装具で，刀子柄，鞐・栗形などがある．

広島・草戸千軒町

福島・河股城

広島・尾道　大阪・大坂城　大阪・堺

13 大阪・堺　14 8の展開図　15 9の展開図

⑪ **加工痕のある牛角芯（2～12）**　古代では牛角を素材とした生産は未発達であった．『和漢三才図絵』には，高価な鼈甲の代用品として馬の蹄や角鞘から偽鼈甲を作ることが記されている．中世以降出土する角鞘を切り広げた痕跡も，角鞘を延ばして板材を作り，鼈甲の代用品とした可能性が高い．

⑫ 堺出土の角芯（9～12）に残る鋸の痕跡から，切り広げた角鞘の形態を推定すると，円錐形の角鞘から最大限の大きさの破片を切り取ろうとする工夫が見られる（13～15）．管見では鋸で曳いて角鞘を切り広げる例は，福島県河股城が最古で，山城に陣取る武士集団がその付近に工人を擁していたことがわかり，こうした工人集団が都市に居住するのは，戦国期も後半の堺，豊臣期の大坂城などのようである．

さまざまな生産　125

3 生産の用具

　焼物の生産用具　陶器の生産には，移動式のロクロ（回転台）や整形のための台，「はがたな」などと呼ばれる器面を削る道具，口縁部などを撫でて仕上げるための布や皮，あるは成形のためのタタキ具とアテ具など，あるいは乾燥台が必要であると推測される．焼成時には窯詰めのための，焼台・匣鉢などが必要である．

　土師器（かわらけ）・瓦質土器についても基本的には同じであるが，「内型」と呼ばれる工具や，ミガキの工具，施文具なども想定する必要がある．

　瓦については，丸瓦を整形する「桶」と呼ばれる用具や内面に巻く布，平瓦を整形する「凸型台・凹型台」と呼ばれる整形台が必要のほか，瓦当文様を付ける「笵」が必要で，「笵」の移動も指摘されている．焼物の工人はこうした用具を携えて，窯場に出職したと考えられる．

　金属生産の用具　原料を採掘する鉱山では，「矢・たがね」を金の挟みで挟んで，金槌で打って採掘する．地下であるので「紙燭」などの照明具も必要となる．選鉱には「金場石」と呼ばれる石や金槌が必要であり，さらに石臼や石皿が用いられる．

　製錬・鍛冶・鋳造の燃料である木炭の生産には，伐採・小割りのための鋸・タガネ・斧などは当然であろう．製錬（精練）生産には，羽口（木呂）や踏みフイゴ・箱フイゴなどの送風のための用具や，湯流しをするための工具や炉を壊す工具が想定できる．滓を小割りする金槌や金床石も必要である．鍛冶では羽口・箱フイゴ，金槌・金床石・金鋏などが必要である．

　鋳造では，羽口・踏み（箱）フイゴなどは同様であるが，鋳型を作るための「規型」や撞座などの文様の「型」も必要であろう．大型鋳物であれば，「掛木」や「締縄」，「樋」などが想定できる．基本的に羽口・鋳型などの現地調達品以外は，工人が携行したものと推測される．

　漆器生産の用具　荒型を作る工程は伐採地である山で行われ，鋸・鑿・斧など様々な伐採具が必要である．漆液を取るには，「搔き鎌」や「搔き箆」・漆液容器が必要である．挽物では「横軸ロクロ」で「カンナ」などを使って削る．塗りの工程では，漆液容器・蓋紙，漉し紙，漆箆・鉋・鑿・刀子・漆刷毛・砥石・木炭・布などが必要となる．遺跡からも塗りの用具は出土している．

　石製品の生産用具　石材の採掘には，大型の金槌や楔・鶴嘴などが使われ，坑道を掘る場合もある．複数の形態の鑿などで整形して，石臼や石鍋の製品としている．硯ではほかに，切断する鋸や，整形する丸鑿，研磨して仕上げる砥石などが使用される．

　木製品の生産用具　新潟県馬場屋敷遺跡は，13世紀末から14世紀初頭の下駄の製作工房で，未成品の板材と未使用の下駄の歯が多数出土し，下駄製作用の鋸も出土している．ほかに，鉋なども必要であろう．桶・樽の製作には，伐採のための山刀・鋸や，整形のための多様な形態の鉈を始めとして，曲物の側板を薄く剝ぐ道具や，刀子・錐・鉋なども使われたと考えられるが，遺跡での出土例は少ない．

　食料生産の用具　水田・畑では鋤・鍬・犂・コロバシなどの耕作具がある．鋤・鍬は一本作りのものから，組み合わせ式のものまで，形態も多様である．犂とコロバシは主として牛馬耕の用具であり，コロバシの小型のものは人力で引くことも可能である．水田の代搔き用具とされている．鎌は形態差は少ないが，大きさに違いがある，用途の違いを反映している．箕・掘り棒など用具も出土例がある．

　揚浜式製塩では，海水を運ぶ担い桶や担ぎ棒，柄杓・柄振などの塩・砂をならす道具や，「沼井」と呼ばれるようなろ過施設，竈にかける鉄釜や吊り金，「居出場」という苦汁を取る施設などが必要である．

　漁具として，網の錘である土錘は当然であるが，網の針なども出土例が有る．ほかに，釣針・ヤス・銛などの出土例もある．また，釣糸ないしは網の糸巻きも出土している．

　さまざまな生産用具　織物・染色に関わる用具として，枠木と横木・軸棒からなる組み合わせ式の糸巻きなどの糸巻きの道具や，糸を紡ぐときの紡錘車や手押木（通称・半月形木製品）の出土例は多い．ほかに，機織り機の部材や，染色や洗い張りのときの「伸子針」「張手棒」の出土例もある．編み物になるが，藁を編む時のこも槌と木鎚の出土例は多い．大工道具の出土例は多い．特に釘・鎹類の出土は多く，金槌・木槌・鐁・鋸・鳶口・鑿・斧・鎗鉋・錐・墨壺などの道具類の出土は少ない．ほかに運搬具として，「修羅」の出土例もある．

　生産に関する用具は，基本的には近代まで同じ用具を使い，同じ技術を継承したといっても過言ではない．しかし，少しづつ道具の多様化の傾向は窺える．

［文献］斎木秀雄他　1993『佐助ヶ谷遺跡』佐助ヶ谷遺跡発掘調査団．広島県草戸千軒町遺跡調査研究所　1993～1995『草戸千軒町遺跡発掘調査報告Ⅰ～Ⅳ』．岩手県文化振興事業団埋蔵文化財センター　1994『柳之御所跡』．青森県八戸市教育委員会　1993『根城跡』．川上貞雄ほか1993『馬場屋敷遺跡等発掘調査報告書』新潟県白根市教区委員会．
　　　　　　　　　　　　　　　　　　　（飯村　均）

1 織染具

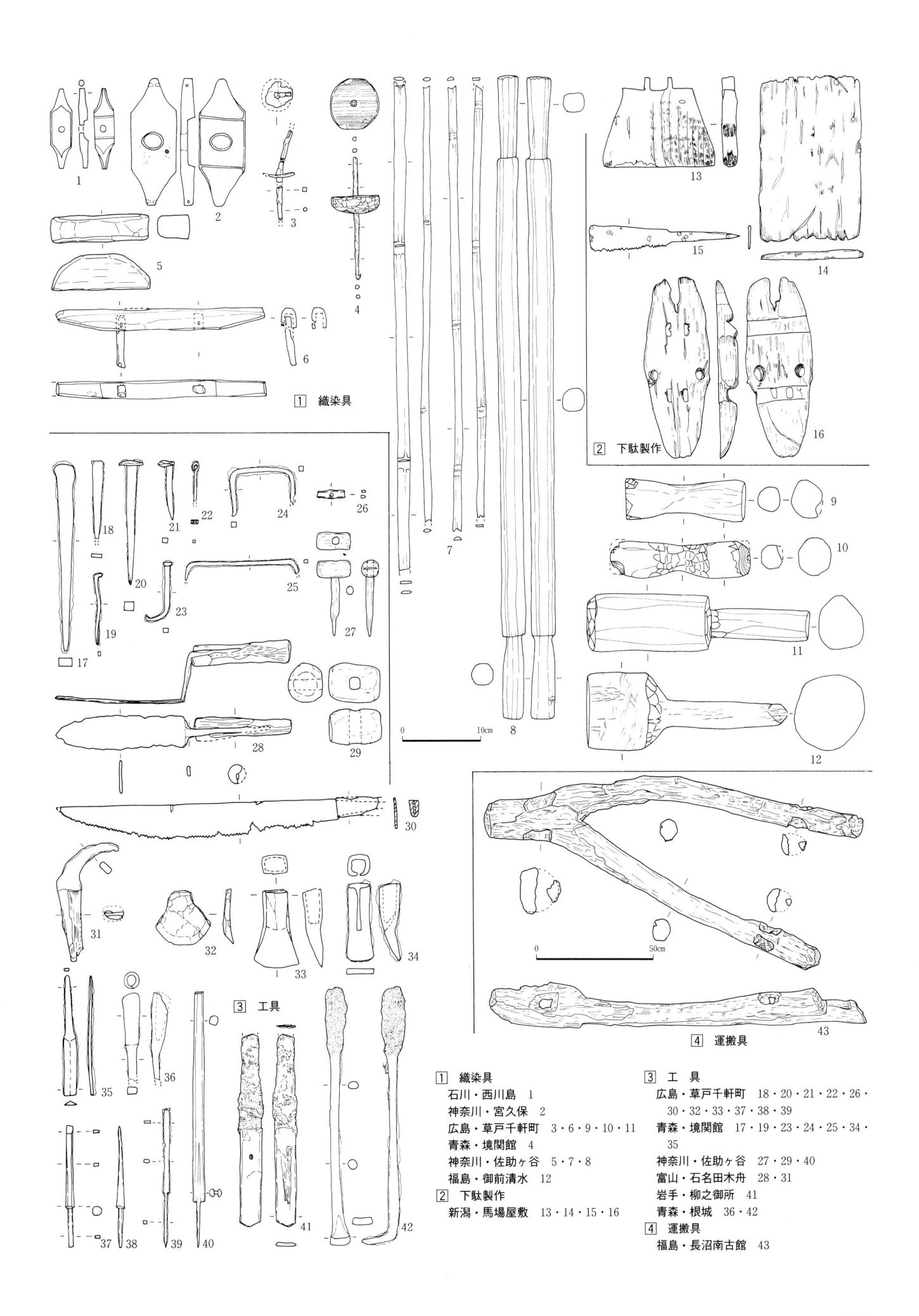

2 下駄製作

3 工具

4 運搬具

1 織染具
　石川・西川島　1
　神奈川・宮久保　2
　広島・草戸千軒町　3・6・9・10・11
　青森・境関館　4
　神奈川・佐助ヶ谷　5・7・8
　福島・御前清水　12

2 下駄製作
　新潟・馬場屋敷　13・14・15・16

3 工 具
　広島・草戸千軒町　18・20・21・22・26・30・32・33・37・38・39
　青森・境関館　17・19・23・24・25・34・35
　神奈川・佐助ヶ谷　27・29・40
　富山・石名田木舟　28・31
　岩手・柳之御所　41
　青森・根城　36・42

4 運搬具
　福島・長沼南古館　43

生産の用具　127

Ⅴ 生活の諸相

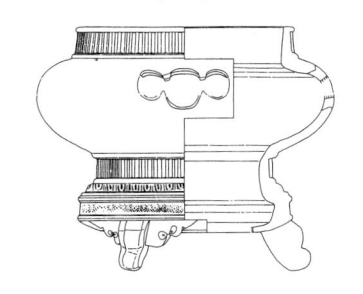

概説

1 生活用具の組合せ
　1) 東国の生活用具
　2) 西国の生活用具
　3) 貯蔵具
　4) 住まいの用具

2 明かりと暖房

3 茶・花・香・座敷飾り

4 遊戯具

5 化粧と装身

6 武器と武具

7 食物

概　説

　中世社会における生活の営みは地域や生活基盤の異なりなどにより，様々な違いをみせる．それは西国と東国，太平洋側と日本海側などの地域の相違，都市と村落，湊などの生活基盤の違いであったりする．例えば，求心力の強い都市では，広域流通品の占める割合が高く，奢侈な中国陶磁や漆器，遊戯具や衣類，履き物，化粧道具など在地とは異なる多様な生活用具により構成されていたりする．また，様々な生活用具の組成は，陶磁器などの流通圏の違いからくる形態の相違だけでなく，食習慣や気候風土の違いなどによっても異なる様相を生み出している．

　食の用具　食膳具としては，土器（土師器）・瓦器・国産陶器（瀬戸・美濃等の施釉陶器）・中国陶磁・朝鮮陶磁，漆椀など様々な素材の椀，さらには箸，曲物，折敷，膳，杓子などがある．

　中でも食器に関しては東国と西国に大きな違いがある．例えば土器製の食膳具は圧倒的に西国に分布する事が知られている．中世前葉の畿内や北九州を中心に瓦器椀，瀬戸内・山陰・九州の須恵器・土師器椀などがある．東海地方では瓷器系の山茶碗が分布する．関東・東北などの東国の地域では土器製の椀形態をほとんど確認することができず，中世全般を通して漆椀が主に使われていたとされる．

　酒器も重要な器である．陶器や，漆の瓶子，梅瓶はその代表である．酒杯には「かわらけ」と呼ばれた土師器の皿が使用された．中世後半には，陶器の徳利なども生産され始めた．

　調理具には擂鉢，擂り粉木，菜箸，まな板，包丁，石臼などがある．なかでも，中世の食文化を象徴するとともに，中世焼物を代表するものに擂鉢がある．中世全般にわたり，全国各地に出土し，中世後半には広域流通品に加えて，土師質や瓦質のものが各地で生産されるようになる．擂鉢は「擂る」「こねる」機能以外に，「煮る」など鍋としての機能を持つ万能調理具であった．擂鉢とともに，中世後半の各地の城館跡では石臼も出土する．これは中世の粉食文化の発達を想像させる．

　煮炊具は鍋・釜が主体である．これに加えて，自在鉤，五徳，竈など煮炊に関わる用具が出土する．

　東西両地域とも鉄製品煮炊具に加えて，鉄製品を模倣した土製煮炊具も多数確認される．西の釜，東の鍋と言われるが，西国にも鍋は広く分布する．単純に列島を釜，鍋文化と分けて考えることもできない．鍋，釜の用途的な違い，さらには土製，鉄製の用途の違いを想定する考えもある．また，煮炊の場としての囲炉裏ないしは竈の使用方法などにも東西において地域差があったと思われる．

　16世紀代になると鉄製煮炊具の流行によるものか，次第に土製煮炊具は姿を消して行き，「煎る」などの特定の機能を持つ，鍋に類似した浅い器形の焙烙のみが，近世へと伝えられる．

　貯蔵具として多用されたものは陶器である．水甕，酒を醸すためや藍甕などのように生産のためにも使用された．また，種壺，肥甕などの農業用に活用され始めるのもこの時期とされる．陶器製に加えて，結桶の出現も中世のことである．桶は陶器の甕と異なり飛躍的な貯蔵量を誇る容器で，多くの場で甕に取って変わっていったと推側される．

　住まいの用具　明かり，暖房具も色々な種類があった．明かりには灯明皿・燈台・燭台・燈篭などがあった．明かりの道具は，どのような階層の遺跡でも出土するものではなく，決して庶民のための道具ではなかった．その使用は階層的に限定されたものであろう．夜の明るさは富の象徴であったのかもしれない．

　暖をとる道具としては，絵巻などにもよく描かれている火鉢がある．中世前半には「なら火鉢」と呼ばれた火鉢があった．組織的な生産体制があり，その製品は遠く東北地方にまでもたらされた．庶民は火鉢を使用することなく，囲炉裏が煮炊きや暖をとるため，さらには明かりを取るための場であったろう．石製の温石は，体を暖める貴重な暖房具であった．

　茶と花と遊び　茶や花は，食器などのように生活の必需品ではない．そのため，茶や花などに関わる遺跡や遺物には，階層差が強く現れる場合が多い．例えば，それは，会所や茶室跡，付随する庭など規模の違い．使用されていた茶道具の唐物の量の違いとして現れる場合もある．

　遊びに関わる遺物の中には，闘茶札，双六，碁，将棋などのように賭博に関わるものもあれば，羽子板，独楽，毬杖，竹馬などの子供の玩具としての遺物もあった．

　身の回りの用具　衣服や履き物などの身の回りの遺物も，各地で出土する．衣服は，素材の性格上，その出土は少ない．履き物は圧倒的に木製品が多いと思われ，下駄，板草履などが確認される．福井県一乗谷などの雪国では一ツ目下駄と言う雪対策のための履き物が出土している．

　櫛，簪，毛抜き，鋏，紅皿，鏡などの化粧具も都市を中心に，時代を問わず出土する．

[文献] 小野正敏編 1990『よみがえる中世6』平凡社. 中世土器研究会編 1995『概説中世の土器・陶磁器』真陽社.　　　　　　　　　　　　　　　　（浅野晴樹）

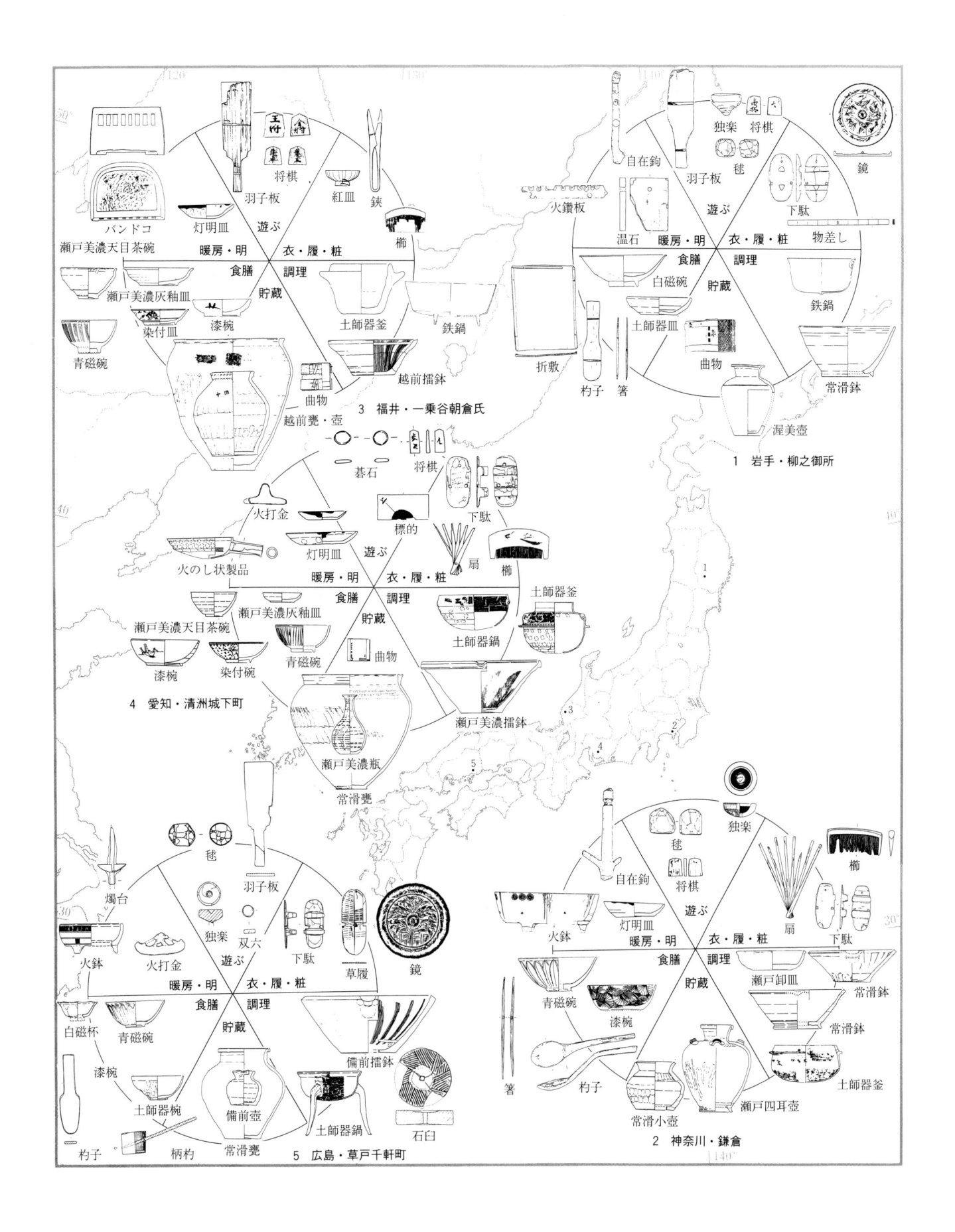

生活の諸相

1 岩手・柳之御所
- 暖房・明：自在鉤、火鑽板、温石
- 遊ぶ：独楽、将棋、羽子板、毬
- 衣・履・粧：下駄、物差し、鏡
- 調理：鉄鍋
- 貯蔵：曲物、渥美壺
- 食膳：白磁碗、土師器皿、常滑鉢

2 神奈川・鎌倉
- 暖房・明：自在鉤、火鉢、灯明皿
- 遊ぶ：独楽、将棋、毬
- 衣・履・粧：扇、下駄、櫛
- 調理：箸、杓子
- 貯蔵：常滑小壺、瀬戸四耳壺、土師器釜
- 食膳：青磁碗、漆椀、瀬戸卸皿、常滑鉢

3 福井・一乗谷朝倉氏
- 暖房・明：バンドコ、灯明皿
- 遊ぶ：羽子板、将棋、紅皿
- 衣・履・粧：鋏、櫛
- 調理：土師器釜、鉄鍋
- 貯蔵：曲物、越前甕・壺
- 食膳：瀬戸美濃天目茶碗、瀬戸美濃灰釉皿、染付皿、青磁碗、漆椀、越前擂鉢

4 愛知・清洲城下町
- 暖房・明：火打金、火のし状製品、灯明皿
- 遊ぶ：碁石、将棋、標的、下駄
- 衣・履・粧：扇、櫛
- 調理：土師器釜、土師器鍋
- 貯蔵：曲物、瀬戸美濃瓶、常滑甕
- 食膳：瀬戸美濃天目茶碗、瀬戸美濃灰釉皿、漆椀、染付碗、青磁碗、瀬戸美濃擂鉢

5 広島・草戸千軒町
- 暖房・明：燭台、火鉢、火打金
- 遊ぶ：毬、羽子板、独楽、双六、下駄
- 衣・履・粧：草履、鏡
- 調理：土師器鍋、石臼
- 貯蔵：備前壺、常滑甕
- 食膳：白磁杯、青磁碗、漆椀、土師器椀、備前擂鉢、杓子、柄杓

1 生活用具の組合せ

1) 東国の生活用具

　12世紀段階に，平泉や鎌倉などの東国の中心的な中世遺跡が，古代の国衙などの中心的な場とは不連続な状況で成立した．このような都市における食膳具などの用具は，あたかも都市成立と同様に，古代の食生活用具との連続が極めて希薄な状況であったことを指摘できる．

　食膳具　時代を問わず各地で出土する食膳具は土器・陶磁器，漆椀などである．平泉柳之御所においては，白磁碗など中国製食膳具も多量に出土しているが，圧倒的に土器の数が多く，その割合が99％を越える状況である．鎌倉の佐助ケ谷遺跡では，6割が漆椀で3割が中国陶磁，残りの1割が山茶碗などの国産陶器であった．

　ひとたび，鎌倉を離れた地方遺跡の食膳具は，わずかな量であるが中国陶磁の割合が最も高い．土師器・陶器製の食膳具はほとんど認めることが出来ない．これは，東国社会の食膳具の欠落や希薄さを意味するものでなく，神奈川県佐助ケ谷遺跡に見られるように，多くの遺跡が漆椀などに頼っていたものと考えられている．

　土師器皿は「かわらけ」と呼ばれ，平泉，鎌倉などの都市的遺跡，地方においても拠点的な遺跡や寺院などの宗教的場での出土が主体であり，日常的な食器としての機能をそこに見出すことはできない．

　そのような中で，東海地方は様相を異にする．この地域では陶製の無釉碗（山茶碗）・皿が分布するのである．山茶碗の存在は，西国の瓦器椀・土師器椀などの土製碗に対応する食膳具と言えよう．

　その山茶碗も中世後半には姿を消し，瀬戸灰釉平碗，灰釉皿，灰釉盤，鉢などが新たに生産を開始する．施釉の碗・皿・鉢類は東国各地はもとより全国各地にもたらされた．しかし，これら施釉陶器の量は決して十分なものではなく，広く各地，各段層に行き亘ったものではない．そこにはやはり漆椀など木製品の存在なくして，食膳具の組成は成り立たないのである．

　煮炊具の空白　日々の食生活用具の中で煮炊具は欠くことのできないものであった．しかし，東国社会の中世前半には，西国では普通に見られる土製煮炊具が，全く欠落しているのである．例えば，鎌倉では石製石鍋・伊勢鍋などの搬入品と僅かな鉄鍋が，先行する平泉においても僅かな鉄鍋が確認されているのみであった．鎌倉や平泉など都市を離れた在地では，わずかな伊勢鍋や滑石製石鍋の確認されるのみであった．在地製の土製煮炊具が本格的に生産されるようになるのは14世紀後半以降のことであった．

　中世後半代においては，東海地方から関東甲信地方，さらに南東北地方の各地に一国ないしは数国程度の拡がりを持つ土製内耳鍋の分布が確認できる．南関東，東海西部においては，土器製釜が分布していた．これらは，いずれも鉄製釜・鍋の補完品として生産が開始され，使用されたものと推測されている．

　中世前半の土製煮炊具の欠落，中世後半の土製煮炊具の出現にいずれも鉄鍋の存在が絡んでいる．中世前半の土製煮炊具の欠落は，あたかも，西国に対して東国の鉄製品生産の優位性を連想させるが，その確証はない．そして，中世後半の土製煮炊具の出現には，鉄鍋の補完として生産が開始されたものと考えられるが，瓦質，さらには土師質化など廉価な煮炊具のあり方，狭域な分布のあり方など西国の中世後半の煮炊具の生産と分布に共通するところがあり，単に東国社会のみで鉄鍋補完としての出現と結論づけられない面もある．

　機能的補完・互換のみでなく，時代的な食生活の変化からくる土製煮炊具の流行などもそこには考えられる．

　調理具　中世前半の太平洋側では常滑系製品が，日本海側では珠洲系製品が主体的に分布した．常滑系の製品は「捏鉢」「片口鉢」などとも言われ，内面に擂り目を持たないものであるのに対して，珠洲製品は擂り目を持っていた．中世後半には太平洋側では常滑製品などに変わって擂り目を持った瀬戸・美濃製品が多量に搬入され，日本海側では越前製品が広く分布した．これら広域流通品の一方で，中世後半段階には瓦質，土師質の擂鉢の生産が各地で始まり，遺跡の階層を問わず，調理具の大半はこの在地製品の占める割合が増大していった．

　都市と在地　鎌倉市中の各遺跡からは身分や階層を問わず，日常的な生活用具はどこからでも出土する．例えば，青磁碗は庶民層の住まい跡からも出土し，日常用具の均質性を認めることができる．しかし，奢侈品や日常品の大量出土，かわらけの大量出土など明確に，階層的違いを示す場の違いも顕著に認めることができる．

　在地の支配層の遺跡では擂鉢，甕，碗などは常滑や中国陶磁などの搬入品に頼り，残りは在地製の土器と木製品に頼っていた．しかし，その内容は都市の庶民層の生活用具と比較しても貧弱であった．さらに，在地の被支配層の生活用具に至っては，その確認も難しいほど僅かな陶器甕や木製の桶や椀のみであったろう．

［文献］河野眞知郎 1995『中世都市鎌倉』講談社．吉岡康暢　1994「食の文化」『岩波講座　日本通史第8巻』岩波書店．
　　　　　　　　　　　　　　　　　　　　　　　　（浅野晴樹）

6 福井 朝倉館 16世紀

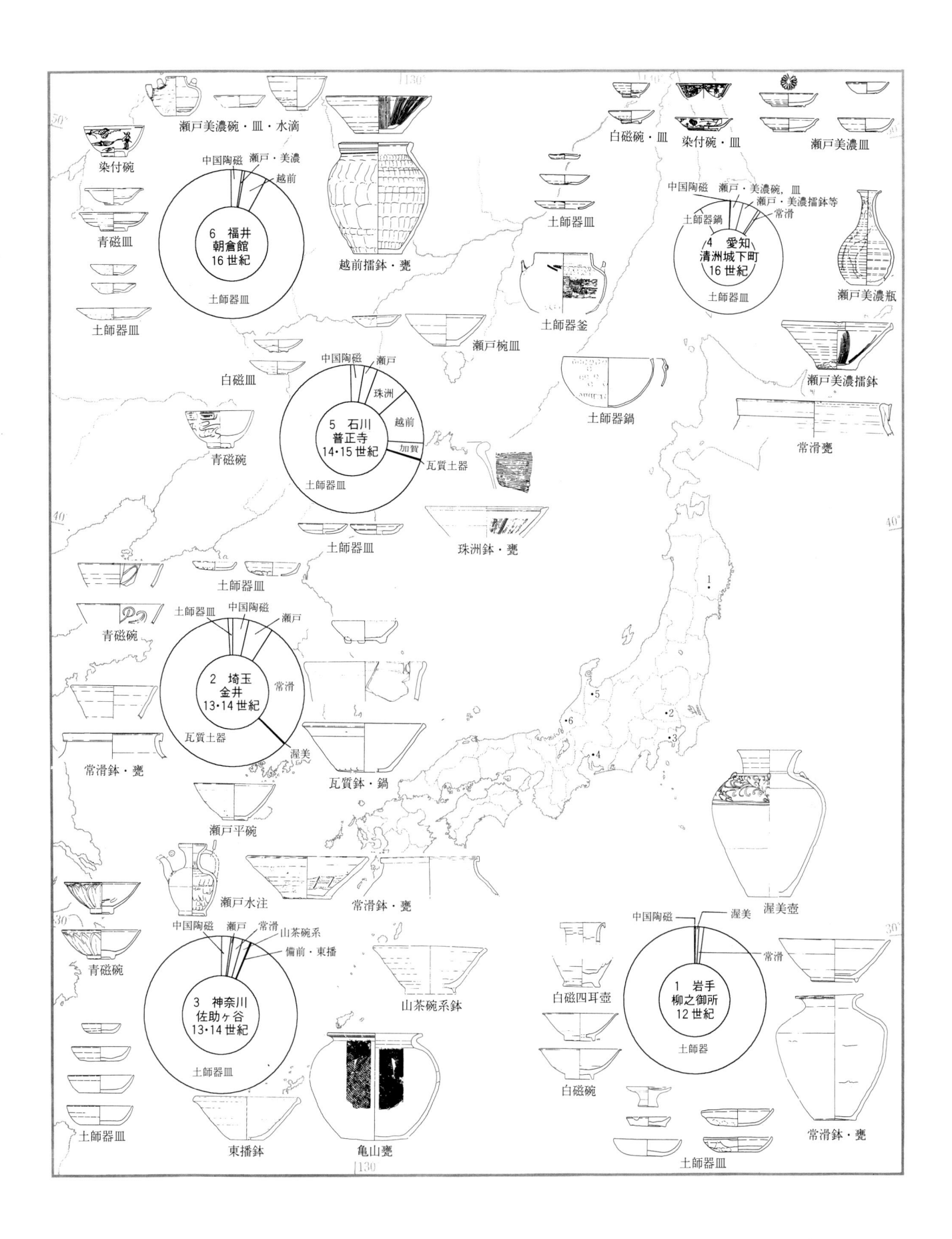

瀬戸美濃碗・皿・水滴
中国陶磁／瀬戸・美濃／越前
越前擂鉢・甕
染付碗
青磁皿
土師器皿

4 愛知 清洲城下町 16世紀

白磁碗・皿
染付碗・皿
瀬戸美濃皿
中国陶磁／瀬戸・美濃碗、皿／瀬戸・美濃擂鉢等／常滑
土師器鍋
土師器皿
瀬戸美濃瓶
瀬戸美濃擂鉢
常滑甕

5 石川 普正寺 14・15世紀

白磁皿
青磁碗
中国陶磁／瀬戸／珠洲／越前／加賀／瓦質土器
土師器皿
瀬戸椀皿
土師器鍋
珠洲鉢・甕

2 埼玉 金井 13・14世紀

青磁碗
常滑鉢・甕
土師器皿／中国陶磁／瀬戸／常滑／瓦質土器／渥美
瓦質鉢・鍋
瀬戸平碗

3 神奈川 佐助ヶ谷 13・14世紀

青磁碗
瀬戸水注
中国陶磁／瀬戸／常滑／山茶碗系／備前・東播
土師器皿
山茶碗系鉢
東播鉢
亀山甕

1 岩手 柳之御所 12世紀

白磁四耳壺
白磁碗
中国陶磁／渥美／常滑
土師器
土師器皿
渥美壺
常滑鉢・甕

生活用具の組合せ

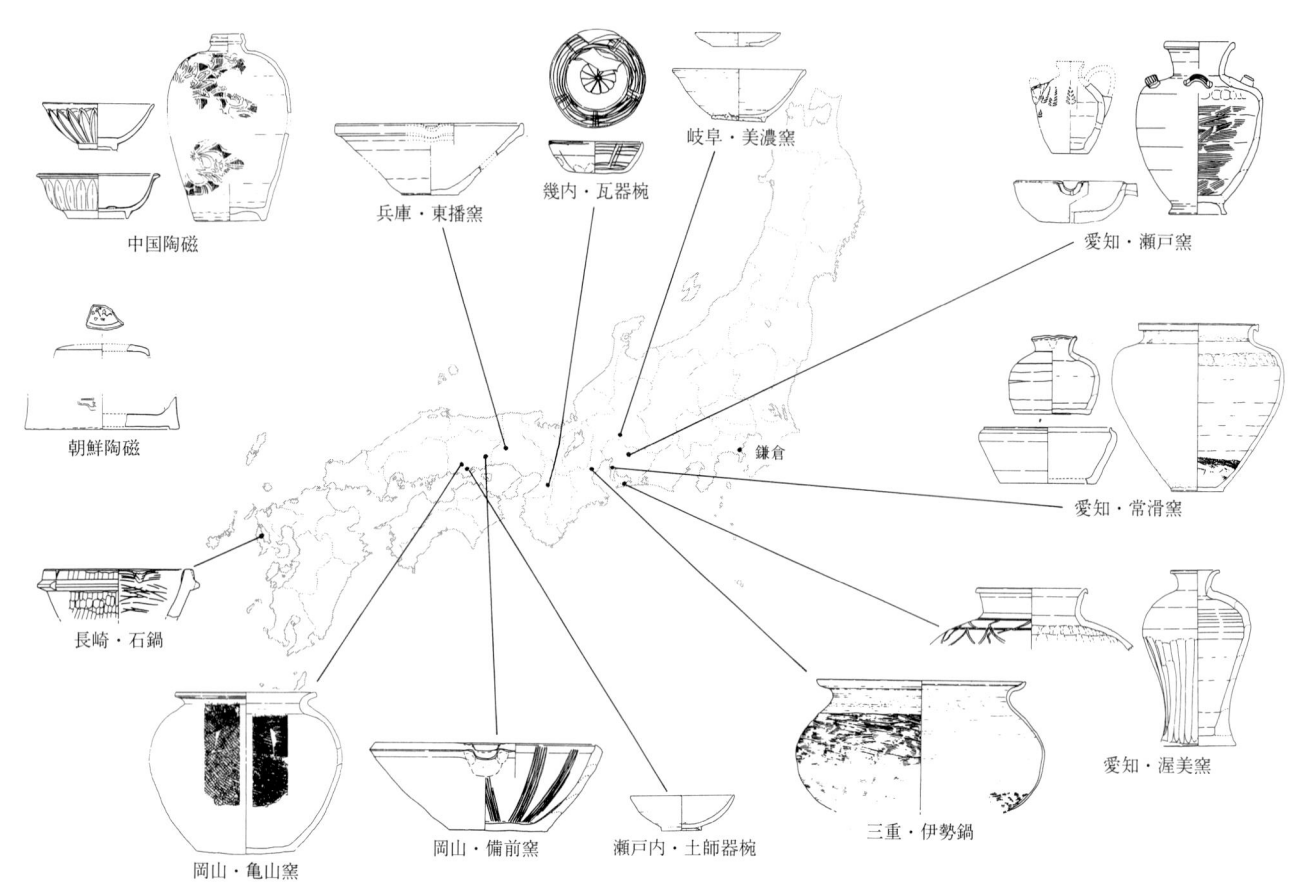

1 **鎌倉にもたらされた焼物** 消費都市としての鎌倉には各地から様々な物資がもたらされた．中国を主とする舶載陶磁の青磁・白磁製品，東海諸窯の古瀬戸・常滑・渥美などの製品，西国の東播磨の魚住，備前・亀山などの瀬戸内の陶器類なども搬入された．畿内の瓦器，伊勢地方の鍋などの土器類も想像以上に搬入されたようである．このような焼物以外にも長崎の石鍋，山口赤間の硯，伊豆の石などもある．このような鎌倉に見られる消費のありかたは，都市に限られた状況かもしれない．

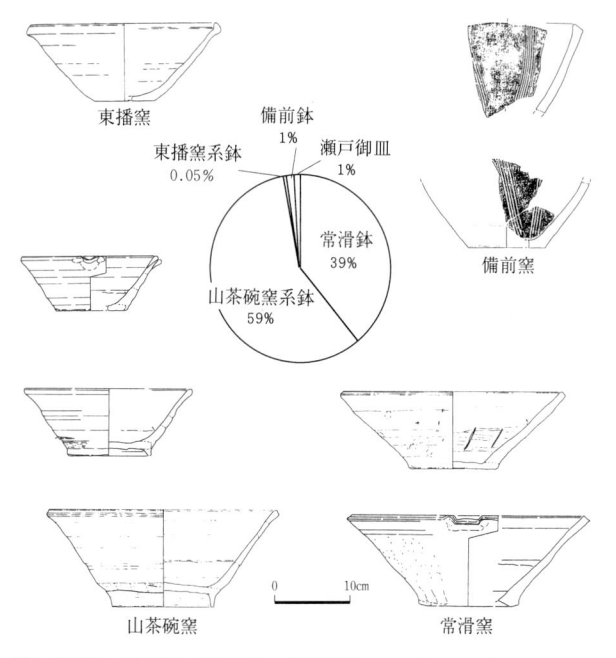

2 **調理具 神奈川・佐助ケ谷** 最も多用された調理具は東海諸窯製品で，なかでも無釉の山茶碗系の片口鉢である．日常性が高く，東海の製品が十分搬入されているにも関わらず，西国製品も搬入される事実は何を意味するのか．流通の上で西国との結びつきの強さを物語っているのであろうか．

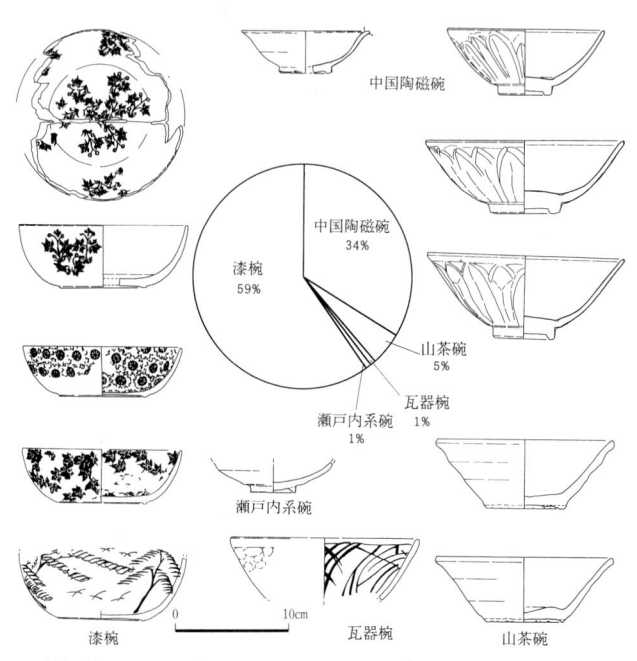

3 **椀 神奈川・佐助ケ谷** この遺跡では漆椀がよく残っており，遺跡おける食膳具の組成を推測することができる．鎌倉全体を見たとき，遺跡の階層差や場の役割によって食膳具の組成なども変化が現れる．青磁碗，装飾豊かな漆椀などは決して庶民の食器ではないであろう．佐助ケ谷において漆椀が大量に出土する点は何か特殊な場の役割を推測させる．

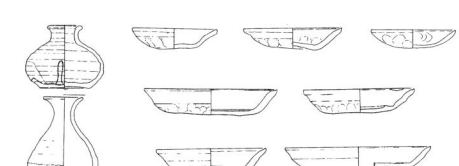

1 **酒宴の容器** かわらけはハレの場で大量に消費される酒杯である．酒宴のために清浄を旨として一度のみの使用で破棄された．朝倉館での出土が最も多いが，武家屋敷などからも相当数の出土がある．瀬戸美濃製の徳利なども使用された．

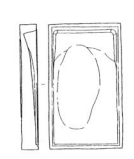

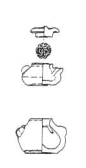

2 **座敷の風景** 家臣の屋敷では少ない建物で諸機能を満たしたとされる．最も重要な機能としては儀式と接客の場としての役割であったであろう．離れ座敷の茶室の存在は，谷内において茶の湯が盛んであったことを語る．

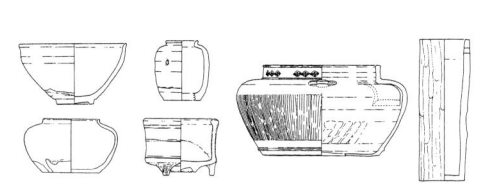

3 **茶と花の道具** 元代の青磁製品，越前の掛花生や花生が飾られている．瀬戸美濃製や中国陶磁の天目茶碗，茶入，茶壺などがある．水指には備前や信楽，風炉は瓦質のものが使用される．また，茶臼も谷内の各地から出土している．

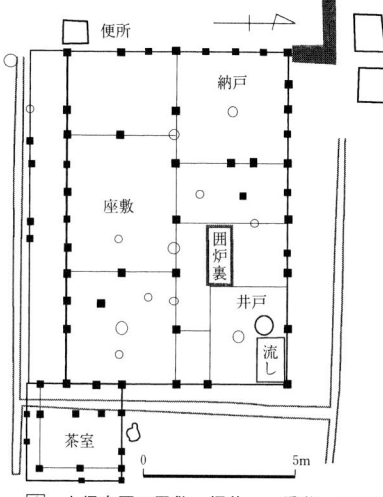

4 **上級家臣の屋敷　福井・一乗谷** ここに示した武家屋敷は一乗谷に復原されたもので上級家臣屋敷に位置づけられている．上級家臣達は在地に領地を持ち，この建物はいわば上屋敷的存在であった．屋敷は主殿と蔵，納屋などの建物と庭によって構成されている．主殿は棟通りの柱筋によって大きく南北に二分される．南半は，中央に主室があり，東西に次ノ間二室がある．主室の北側には離れ座敷があり，茶室と思われる．北半には，納屋と台所がある．一棟の建物の中に南に面した「ハレ」の空間，北に面した台所などの「ケ」の空間を構成している．ここに示した遺物は谷内のものである．

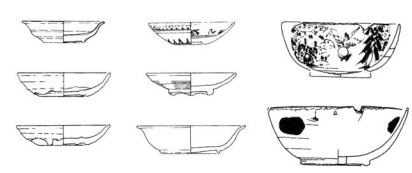

4 **日常の食器** 染付皿・碗，白磁皿，瀬戸美濃製の皿などの陶磁器や漆椀が使用された．一乗谷では中国陶磁の使用が，階層を問わず高いことがあげられる．しかし，漆椀が最も日常的な椀として多用されたことは否定できない．

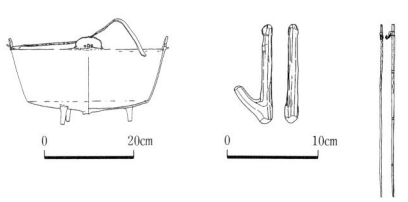

5 **台所の回り** 納戸と台所は日常生活を支える北寄りの場にある．台所には囲炉裏があり低い床が張られ，その東には井戸と流しがあって土間となっている．囲炉裏には自在鉤に釣られた鉄鍋があり，回りには火鉢や燭台などもあったであろう．

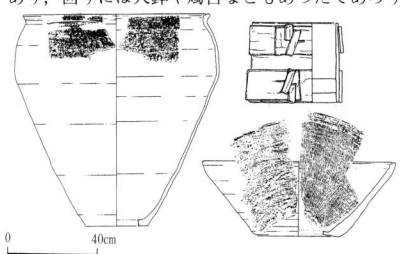

6 **台所の道具** 越前焼の擂鉢，石臼などの調理具，水や油などを貯蔵した越前焼の甕や壺が周辺に置かれていた．また，柄杓，曲物，結桶，盥などの木製品，石臼，包丁なども土間や棚などに置かれていた．履き物も土間にあったであろう．

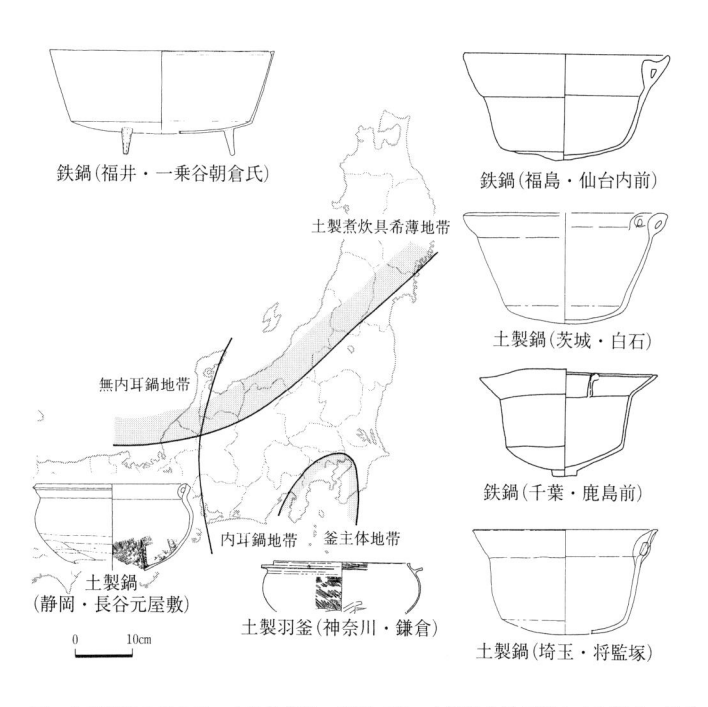

5 **中世後半の煮炊具** 中世前半代の東国では，土製煮炊具が極めて希薄で，鎌倉においても伊勢鍋，石鍋などの搬入品に頼っていた．15世紀になると東海から東北地方南部にかけて鉄鍋模倣の土製内耳鍋が発達する．しかし，北陸から東北地方北部地域では土製鍋の発達を全く見ない．西国との東国の煮炊具の異なりとともに，日本海側と太平洋側とでも生活様式の異なりなどが煮炊具にも現れている．

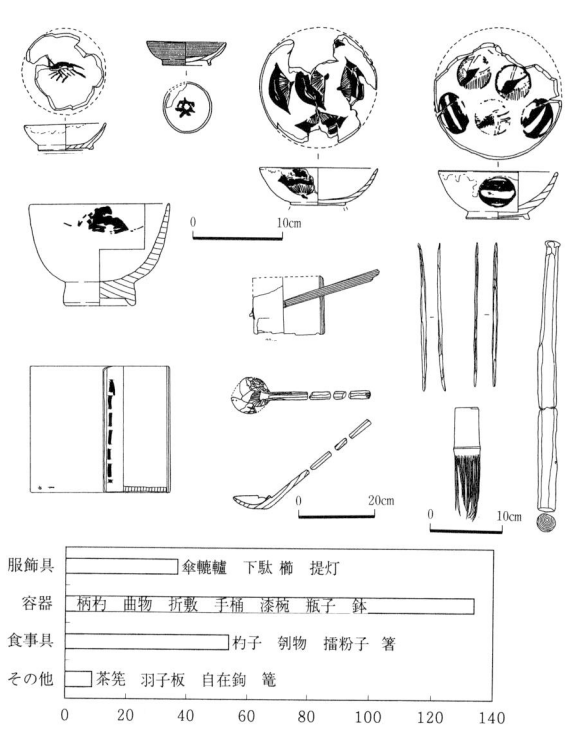

6 **木製品　富山・梅原胡摩堂** 石川県辺りを境界域とし，これより北では漆製品が食器の主体となる．漆椀の流行の背景には中世に至って柿渋を利用した安価な渋下地漆器の出現による．

1 生活用具の組合せ
2) 西国の生活用具

　西国における土器・陶磁器を中心とした生活用具をみると，古代の黒色土器を受け継ぎ成立した瓦器椀に象徴されるように，平安時代以来の食器組成や形態を引き続き展開する点で，東国社会とは大きく異なる．

　食膳具　土師器，黒色土器，瓦器，漆器，磁器など素材の食膳具が各地に分布する．

　瓦器は畿内および北九州で生産された．畿内の瓦器には楠葉・大和・和泉などの形態があり，中でも和泉型は瀬戸内方面にも活発に流通し，西国の中世食器の指標的役割を担った．畿内でも周辺の近江や丹波・丹後などでは，黒色土器によって代替された．

　瀬戸内においては，東部地域では東播・備前型などの須恵器椀，中部では吉備型土師器，さらに西では防長型土師器椀が分布していた．北部九州では土師器と器形を同じくする瓦器椀が分布することが知られる．

　古代畿内の土師器の系譜を引く粘土板成形の土師器皿は，京都を中心とした畿内で多く使用された．絵巻などにもたくさん描かれており，その多くは食器として使用されていた．この京都の土師器皿は，12世紀中頃より全国に拡がって行ったものであるが，京都との距離が離れるとともに，本来的な食器との機能が薄れて行き，儀礼的・宗教的な使用へと集約されていった．特に東国では顕著であった．

　漆椀は西国でも多量に使用されたことは，絵巻などからも推測できよう．しかし，中世全般を通して鎌倉や北陸の遺跡に比べるとその出土量は少ないように思われる．

　煮炊具　西国では，土製鍋・釜，鉄鍋・鉄釜などの様々な形態がある．とりわけ，土製煮炊具には土師質と瓦質のものがあり，形態変化に富んでいた．釜は畿内を中心に分布し，京都，河内・和泉，大和などの地域にそれぞれ異なる釜形態が分布した．釜は畿内及び隣接する四国，瀬戸内にも分布が認められる．

　鍋は東国を特徴づける煮炊具のようにいわれるが，西国でも広く分布する．しかし，この鍋には自在鉤に吊るすための耳を付けていないことから，五徳の上に鍋が置かれて使用されたものと推測される．瀬戸内の山口などを中心に四国，九州の一部では脚付きの鍋や釜が分布する．これも，自在鉤を使用せず，五徳に替わり鍋に足を付けているのである．「かまど」も厨房になくてはならないものである．地面に直接作られる場合が多く，大半が破壊されてしまい，その確認は難しい．大坂城跡などの調査で竃跡と思われる遺構が確認されている．移動可能な土師質の焼物製の竃は広島県草戸千軒町などでも確認されている．

　一般的に鍋は「煮る・炊く・煎る」などを行う時に使用され，釜は「ゆでる・蒸す」などの場合に使用されるともいわれている．しかし，圧倒的な数の土製煮炊具の鍋・釜も鉄製同様な機能が可能であったろうか．土製鍋・釜では素材のあり方から「炊く」などの機能には向いていないように思え，「沸かす・煮る・炒める」などの機能に限られ，鉄製煮炊具との間に機能的分担があったとも思われる．また，土製煮炊具は単に鉄製煮炊具の補完品としてでなく，非日常的な祭祀的役割の為に使用されたとする考えもある．

　土製，鉄製煮炊具に加えて，長崎産の石鍋も西国を中心に全国各地で使用されていた．

　調理具　中世前半には畿内，瀬戸内では魚住窯，備前窯製品が広く分布する．魚住窯製品は畿内，瀬戸内にとどまらず，遠く東国各地にも流通していた．特異なものとしては，博多では中国製陶磁器が使用されていた．これらの広域流通品や貿易陶磁に対して，西国各地には数国程度を流通圏とした須恵器系や瓦質の調理具も分布した．そして，中世後半に至ると備前などの広域流通品とともに，土師質や瓦質の擂鉢が各地で生産されるようになった．これら在地産の擂鉢は生産地も明確でなく，流通範囲も一国程度の狭いものであった．

　補完しあう食器　食に関わる器は土師器・瓦器・須恵器・陶器・磁器，漆器と多様な素材のもので構成されている．それらが，地域と階層により様々な組み合わせを作り出している．食膳具では，中世前半の遺跡では土師器皿，瓦器皿，中国陶磁などであるが，京都では土師器が全体の96％を占め，次いで中国陶磁であった．京都周辺から多量に出土する瓦器も，京都では比率の上では中国陶磁にも満たない．博多では中国陶磁の出土量は極めて多く，その割合は20％を越える比率である．このように遺跡における組成の違いは，流通品の供給量の違いでもある．その違いを克服する手段として，模倣品の活用があった．中国陶磁を瀬戸・美濃製品が模倣し，常滑・珠洲・備前・瀬戸などの広域流通の擂鉢・甕を各地の在地の須恵質，土師質，瓦質の製品が模倣していた．模倣の背景には，第一義的には広域流通品の高価さであり，在地製品は品質は劣るが生産と流通のコスト軽減により，多くの安価な製品を供給することができた．このような経済的法則でなく，様々な素材の異なる用具には，身分的な使い分けが想定される場合も多かった．

[文献] 宇野隆夫 1997 「中世食器様式の意味するもの」『国立歴史民俗博物館研究報告第71集』． （浅野晴樹）

生活用具の組合せ 137

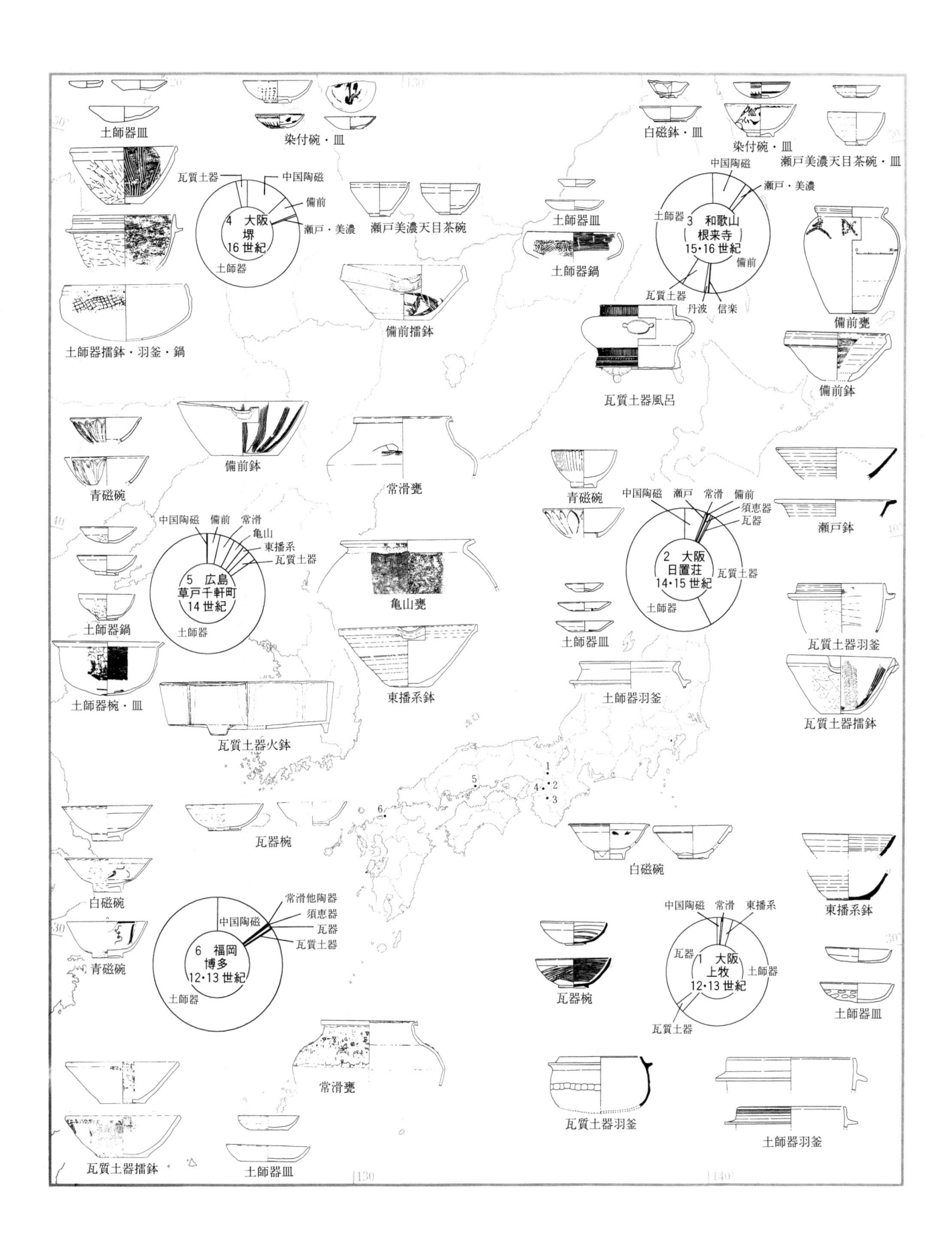

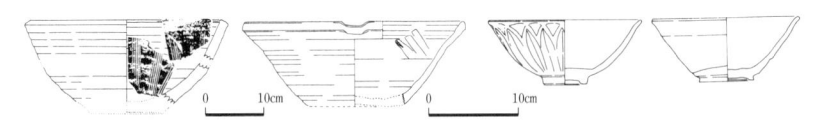

1 **擂鉢** 茶色に表現されている．茶の擂鉢は備前，常滑などが考えられる．この時期の京都の遺跡を見ると東播磨系の須恵質の擂鉢から備前の擂鉢の割合が増してくる．常滑，東播系の鉢には擂目が無いのに対して，備前製品には擂目が施されている．擂目の有無に関わらず，内面はよく使用され磨滅したものが多い．

2 **碗** 絵巻では青色に表現されている．もっとも可能性の高い製品はやはり青磁碗であろうか．14世紀代には古瀬戸でも灰釉平碗が生産され始める．絵巻全体の中で，焼物製の碗と思われるものは少なく，やはり日常的なものではないのであろう．

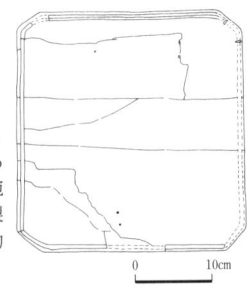

3 **折敷と皿** 折敷の上にかわらけが載せられている．折敷は時代を問わず各地で出土を見る．ただし，絵巻物にみる衝重ねの出土例は少ない．

4 **鉄瓶** 黒色に茶色されており，鉄製品と推測される．鍋や釜などの鉄製品を真似た土器製は多いが，土瓶はほとんど見ない．鉄瓶も出土例は全国的に見ても極めて希である．奢侈な嗜好性の高い製品であろう．

1 **絵巻物と生活用具** この絵詞は『慕帰絵詞』であり，14世紀中頃の京都の生活様式を非常に詳しく表現している．ここに示したものは南滝院の厨房のさまである．庶民層の食生活とは大きな隔たりがあったであろうが，当時の上流階層の食生活や住まいの状況を伺いしることができる．容器類には青色に表現された陶磁器，黒く表現された鉄製品，漆製品，茶色の木製品，白色の土師器皿などがある．特定できない容器も認められるが，陶磁器の大半は遺跡の中で確認できる．しかし，鉄製品や木製品などの中には朽ちたり，再利用されたためか調査ではなかなか得ることはできないものが多い．

ここに，主に京都および周辺の遺跡から得られた遺物を絵巻に当ててみた．

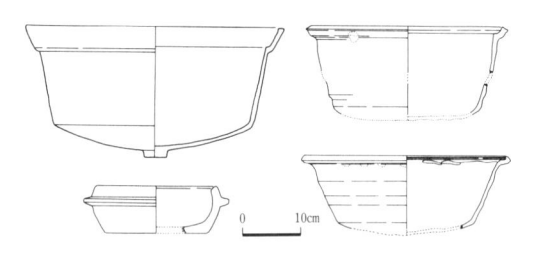

5 **鍋・堝** 囲炉裏に五徳を置き，その上に鍋が置かれている．東国の囲炉裏と異なり，自在鉤は表現されていない．鍋も西国の出例から考え釣り手耳を持たないものであろう．東国以上に鉄鍋の出土例は少なく，土師器，瓦器の堝が西国全域に分布する．

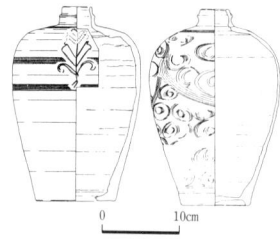

6 **梅瓶** 青磁か古瀬戸の梅瓶であろう．生活遺跡からは破片資料として検出されることはあるが，完形の出土例はほとんど無い．蔵骨器として多用された製品でもある．

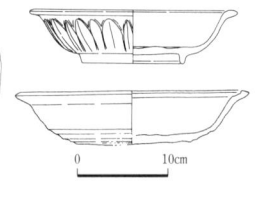

7 **盤** 青磁盤か瀬戸の灰釉盤が考えられる．13世紀の京都では瓦器製品の盤も存在した．盛りつけ用として使用されたもので，その使用階層は限定された．

8 **漆椀・鉢** 黒く表現された漆の椀や盤は絵巻の随所に見られる．西国においても，漆製品が椀，鉢などの食器類を中心に重要な役割を担った．

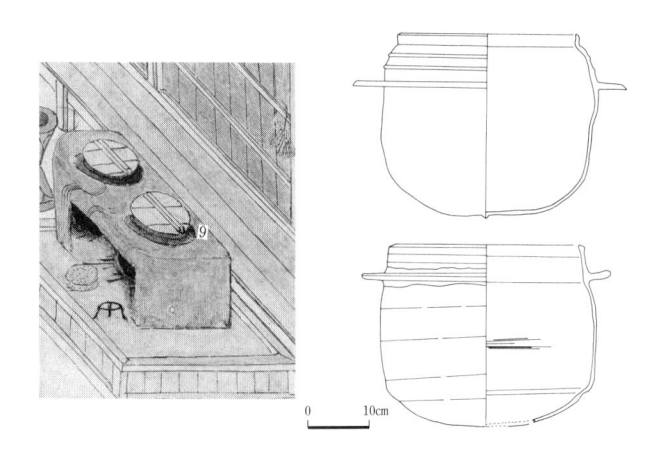

9 **羽釜** 鍔を有する釜を称する．鍋などと同様に鋳鉄製品の多くは錆やすく，破損すれば回収され鋳直されことが多い．そのため，調査で得られることは希である．畿内では羽釜を使用した「湯立て」神事が盛んであり，伝世品も見られる．下の資料は土製の羽釜である．鉄釜同様に畿内を中心に発掘される．

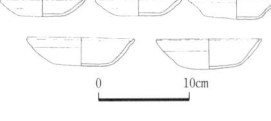

10 **土師器皿** 「かわらけ」と称されるものである．饗宴に酒杯として使用されたと思えば，ここでは絵皿として使用されている．都では時と場合によって臨機応変に使用された利便な容器であった．

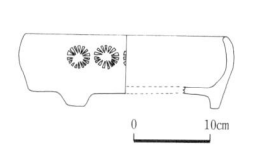

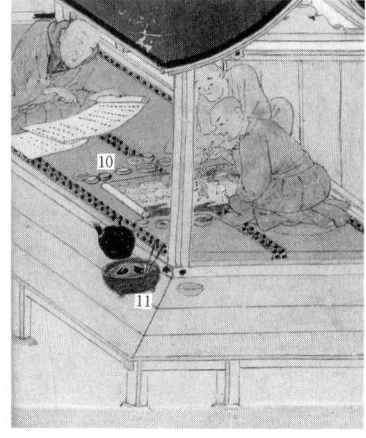

11 **火鉢** 中世になると円形，方形の形の瓦器製の火鉢が大量に生産されるようになる．絵詞の中では縁側に火鉢が置かれ，脇に鉄瓶と青磁と思われる碗が見られる．火鉢は大和の特産品「奈良火鉢」として各地にもたらされた．

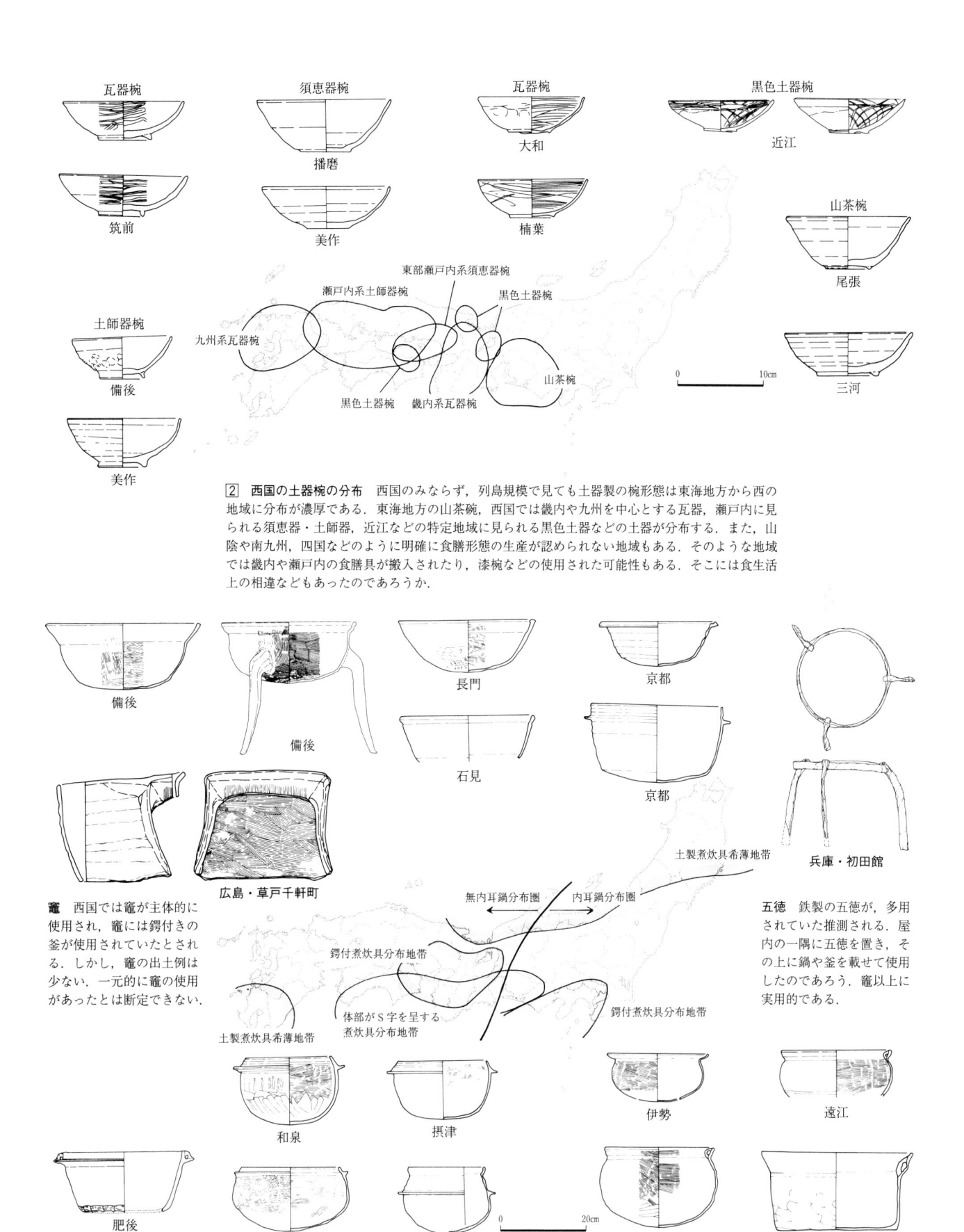

瓦器椀 / 須恵器椀 / 瓦器椀 / 黒色土器椀
播磨 / 大和 / 近江
筑前 / 美作 / 楠葉 / 山茶椀
尾張
土師器椀
備後
美作
三河

東部瀬戸内系須恵器椀
瀬戸内系土師器椀　黒色土器椀
九州系瓦器椀
山茶椀
黒色土器椀　畿内系瓦器椀

2　**西国の土器椀の分布**　西国のみならず，列島規模で見ても土器製の椀形態は東海地方から西の地域に分布が濃厚である．東海地方の山茶碗，西国では畿内や九州を中心とする瓦器，瀬戸内に見られる須恵器・土師器，近江などの特定地域に見られる黒色土器などの土器が分布する．また，山陰や南九州，四国などのように明確に食膳形態の生産が認められない地域もある．そのような地域では畿内や瀬戸内の食膳具が搬入されたり，漆椀などの使用された可能性もある．そこには食生活上の相違などもあったのであろうか．

備後 / 備後 / 長門 / 京都
石見 / 京都
広島・草戸千軒町
兵庫・初田館

竈　西国では竈が主体的に使用され，竈には鍔付きの釜が使用されていたとされる．しかし，竈の出土例は少ない．一元的に竈の使用があったとは断定できない．

土製煮炊具希薄地帯
無内耳鍋分布圏　内耳鍋分布圏
鍔付煮炊具分布地帯
体部がS字を呈する煮炊具分布地帯
土製煮炊具希薄地帯
鍔付煮炊具分布地帯

五徳　鉄製の五徳が，多用されていた推測される．屋内の一隅に五徳を置き，その上に鍋や釜を載せて使用したのであろう．竈以上に実用的である．

肥後 / 和泉 / 摂津 / 伊勢 / 遠江
播磨 / 大和 / 三河 / 武蔵

3　**中世後葉の土製煮炊具**　列島規模での煮炊具の分布をみると，鉄製・土製を問わず，大きく中部地方を境に鍋では内側に釣り手用の耳を持つか持たないかで二分される．また，釜が西国に濃く分布することが指摘できる．西国の土製煮炊具は中世全般を通して盛んに使用されたことも東国とは異なる．煮炊具の形態は基本的に鍋を主体とし，畿内を中心とした地域では鍋とともに鍔釜が多用されたと思われる．また，脚付き鍋・釜も瀬戸内などに分布する．中世前葉では九州の石鍋も西国各地で使用されていたことが知られる．

生活用具の組合せ

1 生活用具の組合せ
3) 貯蔵具

　日々の生活において，物を貯えるには様々な場所・入れ物がある．文献上，家財道具としての貯蔵具には，調味料に関係するものとして陶器の壺や木製の桶，袋類，水まわりのものとして陶器の壺・瓶や桶，穀物貯蔵に関係する俵，油入れの陶製壺，さらには箱櫃などがある．福井県瀧谷寺が天文年間(1532～1554年)に所有していた家財道具には，調味料関係の味噌桶，唐味噌瓶，水まわりの手洗瓶・桶，酒の瓶・樽・取瓶，茶関係の茶壺・茶桶，収納家具の唐櫃・皮篭・袈裟箱など，色々なものがある．

　考古学上資料の多い陶器には，大小様々なものがあり，福井県一乗谷では，1石5斗入りのものから5斗，4斗，3斗，2斗4升，2斗，1斗8升，8升，1升入等の甕，また壺も1斗8升入を筆頭に，1升2斗，7升，3升から1合半までの越前焼がある．

　集落遺跡で注目されるのが，大甕を抜いた痕であったり，甕の一部が残る埋甕遺構である．一乗谷では，高さ90cmの1斗5升以上も入る大甕を利用したものが，いくつも発見されている．1個の大甕を埋めたものが多いとはいえ，27個を筆頭に26個，17個，16個，15個，14個，11個，10個，8個，7個，4個，3個，2個など様々なものがある．残念ながら内容物は不明で何に使ったのかわからない．武家屋敷から町屋まで幅広く設置されていた．家の中であったり，付属の建物内であったり，庭であったりする．多数の埋甕群については，藍染用，醸造用，油甕などが考えられている．一方穀物などが一緒に出土するので，貯蔵甕としても考えられる．

　酒甕については，同じようなものが古くは平城宮や長岡京でも認められる．16世紀の終りになると，酒を大量生産するために，陶器の代わりに大きな木製の樽が作られるようになる．『多聞院日記』天正10年(1582)正月の条には，10石入の大きな樽が登場してくるが，ここでは仕込み容器として1石未満の壺もあるようだ．酒に関係した陶器は数多い．鎌倉時代の鎌倉では，民家の酒壺が37,274個を数えたという．室町時代，幕府は京にあった300軒以上の酒屋に，壺別200文の酒屋役を課したという．ルイス=フロイスは，「日本人は口の大きな壺に酒を入れ封もせずに地中に埋めている」と指摘する．一方で複数の埋甕について，中から1斗ほどの炭化米や粟・玄米・大麦などが出土したものもあり，貯蔵甕であった可能性もある．

　埋甕1個については次のような例がある．大阪府堺では，井戸と竃に挟まれるようにして備前焼の大甕が埋められており，水甕としての機能が考えられる．江戸時代の例であるが，周幽齋夏竜の筆になる備前地方の風景画「耕織図屏風」には，土間の一隅に腰辺りまで埋められた甕などが描かれている．また便所甕として，堺では，内面に糞尿状の物が付着した三石入の備前焼大甕が，建物内の一角に埋められていた．

　持ち運び可能な小さい貯蔵用陶器の中には，お歯黒壺として使われていたものがある．一乗谷では，錆びて塊状になった鉄片を入れた高さ20cm以下の越前焼小壺が発見されている．茶壺についても，一乗谷では，平底の胴部に締まった頸部，小さな口をもつ各種の壺があり，越前焼・瀬戸美濃焼・信楽焼・丹波焼・中国製褐釉系四耳壺などが使われていたようだ．鎌倉時代の『一言芳談』には重源の言葉として，「糠味噌甕一つもたない」とあり，味噌甕としての利用も認められる．これ以外にも持運びのできる大小様々な壺や甕は，水や穀物を始めとする食料品の貯蔵用としても考えられる．

　発掘調査において，陶器とともに出土するのが曲物の桶であり，かなり一般的に使われていたようだ．曲物は絵巻物に多く登場するものの一つであり，様々な大きさの物が，色々な場面で使われている．中には水が貯えられていたり，また湯気のたつ液体を入れたものもある．こうした桧桶は寺院関係の場面にも登場し，手水用として描かれている場面が多い．多くはないが大型の結桶も描かれている．発掘調査では，木製品の一つとして木栓の出土する場合がある．木製桶は便所桶としての利用もある．

　一方日常の貯蔵とはいえないが，陶製の壺・甕を再利用したのであろう，備蓄銭用に使った例が多くある．こうした例以外にも，銭入りの袋を穴に入れて貯えていたもの，木箱の中に入れていたものなどがある．穀物貯蔵の点で，絵巻物では多数の米俵を描いたものもあり，注目される．

　貯蔵用の建物についてもいくつかの遺跡で想定されており，特に根来寺坊院跡では埋甕との関係で，地下構造の階段や柱などについても復元がなされている．こうした地下貯蔵施設のようなものは，他にもいくつか認められる．

　最後に次のような例を示しておく．壊れた甕の再利用として興味をひくのが，絵巻物に描かれた屋根の上の重しであり，庭先に置かれて雨水を貯えるためであろうか，壊れ甕の存在である．

[文献] 荻野繁春1992「壺・甕はどのように利用されてきたか」『国立歴史民俗博物館研究報告第46集』．菅原正明1992「甕倉出現の意義」『国立歴史民俗博物館研究報告第46集』．

(荻野繁春)

1 一乗谷における様々な貯蔵具

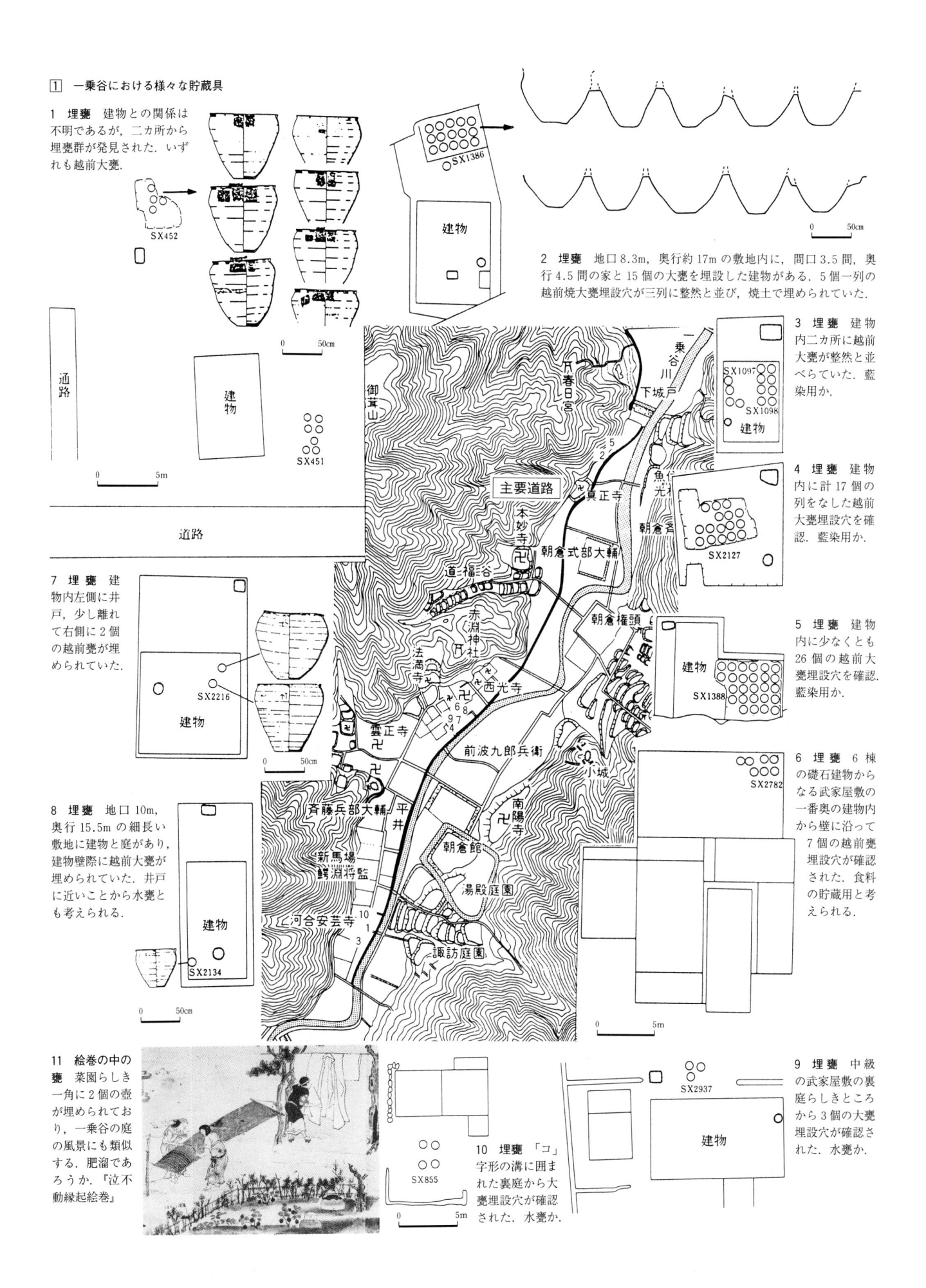

1 埋甕 建物との関係は不明であるが，二カ所から埋甕群が発見された．いずれも越前大甕．

2 埋甕 地口8.3m，奥行約17mの敷地内に，間口3.5間，奥行4.5間の家と15個の大甕を埋設した建物がある．5個一列の越前焼大甕埋設穴が三列に整然と並び，焼土で埋められていた．

3 埋甕 建物内二カ所に越前大甕が整然と並べられていた．藍染用か．

4 埋甕 建物内に計17個の列をなした越前大甕埋設穴を確認．藍染用か．

5 埋甕 建物内に少なくとも26個の越前大甕埋設穴を確認．藍染用か．

6 埋甕 6棟の礎石建物からなる武家屋敷の一番奥の建物内から壁に沿って7個の越前甕埋設穴が確認された．食料の貯蔵用と考えられる．

7 埋甕 建物内左側に井戸，少し離れて右側に2個の越前甕が埋められていた．

8 埋甕 地口10m，奥行15.5mの細長い敷地に建物と庭があり，建物壁際に越前大甕が埋められていた．井戸に近いことから水甕とも考えられる．

9 埋甕 中級の武家屋敷の裏庭らしきところから3個の大甕埋設穴が確認された．水甕か．

10 埋甕 「コ」字形の溝に囲まれた裏庭から大甕埋設穴が確認された．水甕か．

11 絵巻の中の甕 菜園らしき一角に2個の壺が埋められており，一乗谷の庭の風景にも類似する．肥溜であろうか．『泣不動縁起絵巻』

生活用具の組合せ　141

2　**様々な貯蔵具の使用例**　銭を入れて埋められた壺甕．炭化した米が入った大甕を伴う建物跡や大甕が並べられた建物跡など穀物倉庫等の発見例も見られる．中には便所甕として使用された例もある．

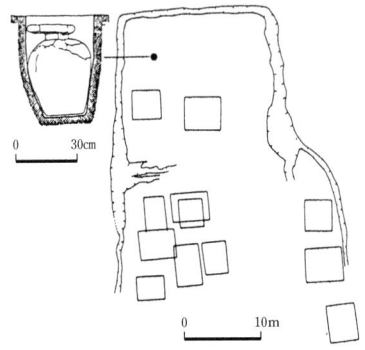

1　山口・下右田　居館建物跡群と銭壺．15世紀備前壺．

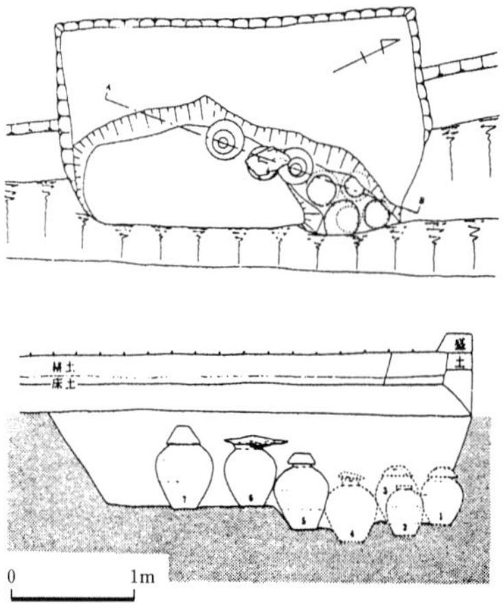

2　兵庫・堂坂　銭壺．15世紀丹波壺．

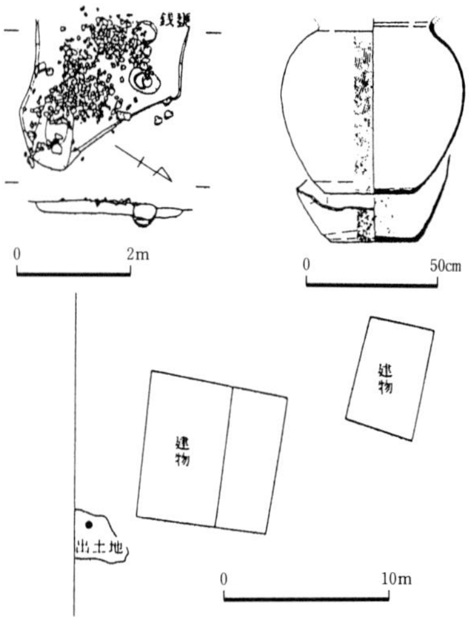

3　広島・草戸千軒町　銭甕．13世紀亀山甕．

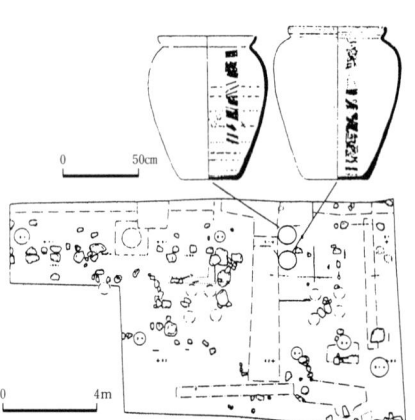

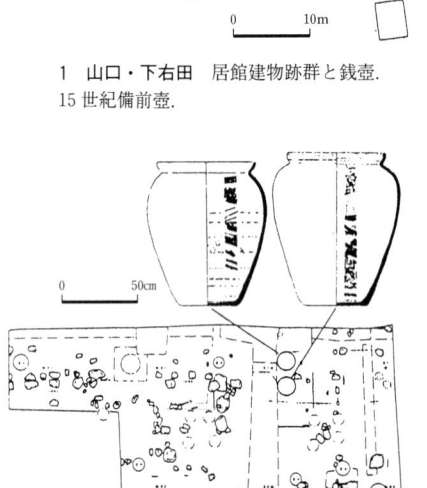

4　大阪・堺　埋甕と土蔵．炭化米を収めた備前甕．16世紀．

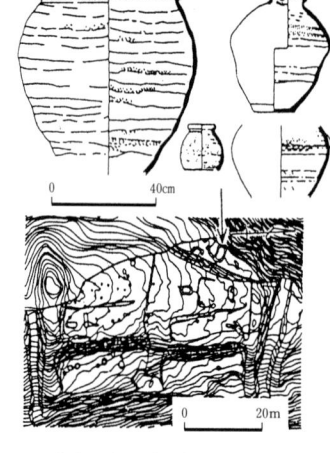

5　兵庫・中尾城　穀物倉と甕．丹波壺・甕と炭化米．16世紀．

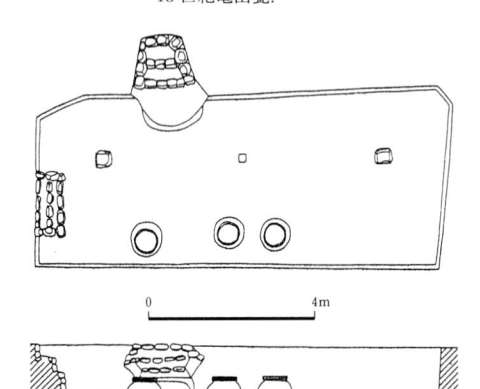

6　和歌山・根来寺　埋甕と地下式倉庫．建物壁に沿って備前甕．16世紀．

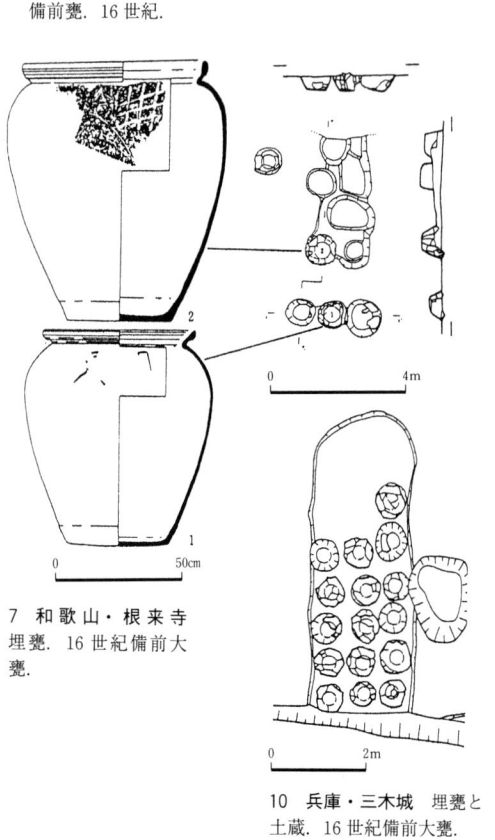

7　和歌山・根来寺　埋甕．16世紀備前大甕．

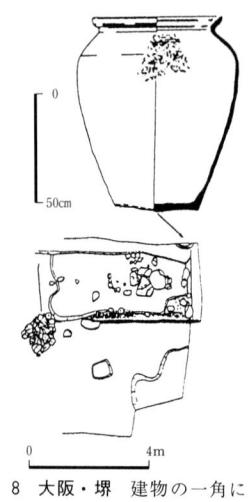

8　大阪・堺　建物の一角に確認された便所甕．16世紀備前甕．

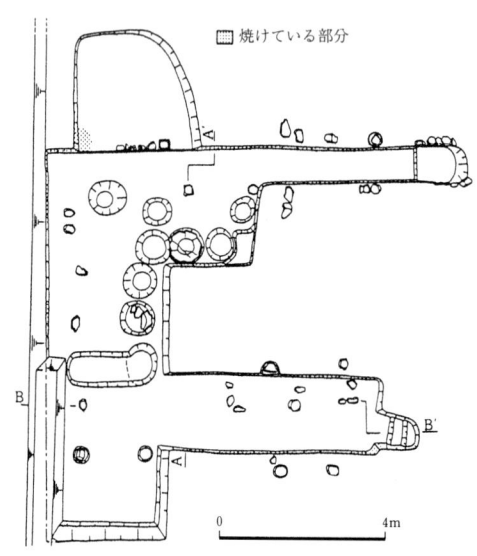

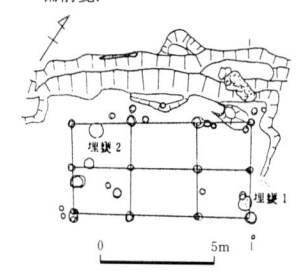

9　和歌山・根来寺　埋甕と地下式倉庫．建物壁に沿って備前甕．16世紀．

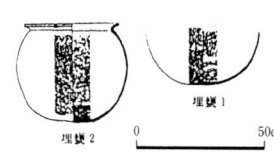

10　兵庫・三木城　埋甕と土蔵．16世紀備前大甕．

11　岡山・亀山　埋甕と掘立建物跡．16世紀亀山甕．

142　生活の諸相

3 絵巻物にみる使用例

1 俵 串柿を吊した納戸の板の間には，数多くの米俵が積まれており，転げ落ちた俵が破れて，中から米らしきものがこぼれている．14世紀前半．『春日権現験記絵』

2 屋根の重しとして，甕の破片が木々れ等と利用．14世紀前半．『春日権現験記絵』

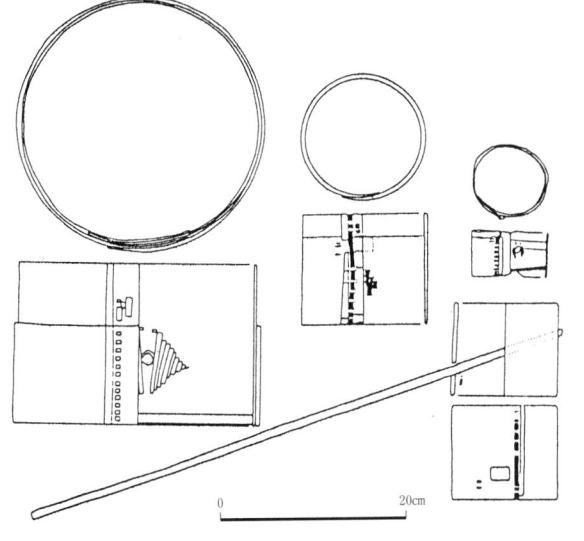

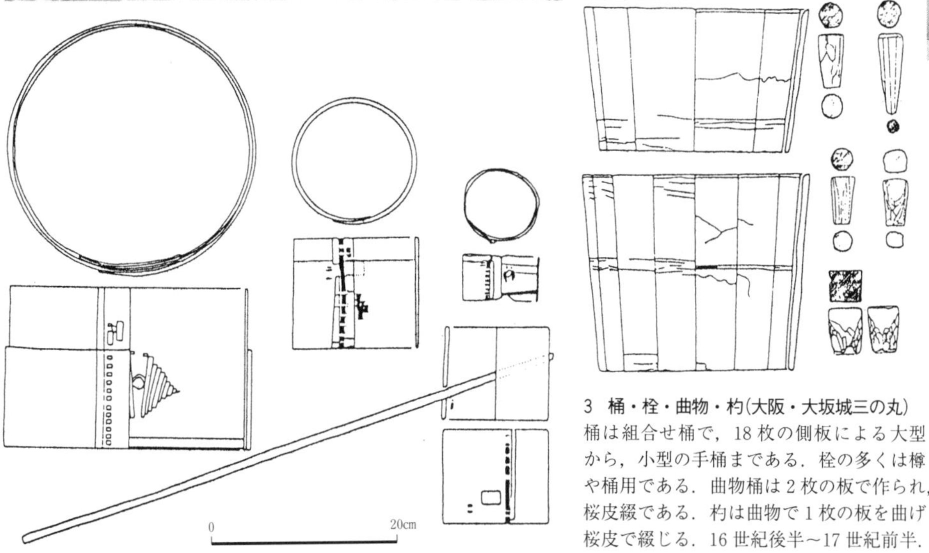

3 桶・栓・曲物・杓（大阪・大坂城三の丸） 桶は組合せ桶で，18枚の側板による大型から，小型の手桶まである．栓の多くは樽や桶用である．曲物桶は2枚の板で作られ，桜皮綴である．杓は曲物で1枚の板を曲げ桜皮で綴じる．16世紀後半〜17世紀前半．

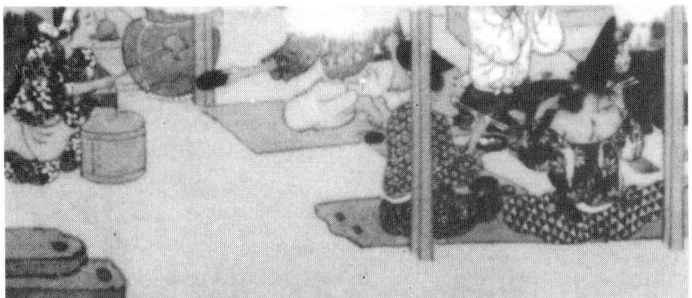

4 大工の間食に際し，女性が湯気のたつ液体を杓で注ぐ．紐で縛った壺もある．14世紀前半．『春日権現験記絵』

5 庭の隅に胴上部欠いた大甕を置く．水を貯えておくためか．14世紀前半．『法然上人絵伝』

6 桶は細長い板を縦に並べ合わせて円筒形の側を作り，底をつけ，タガで締め付けられたものである．14世紀．『遊行上人縁起絵』

7 曲物の桶 寺院の台所．桧の薄板を曲げた大中小の桶4個が置かれている．3個の桶には水が貯えられており，最も大きいものには杓がみえる．14世紀．『慕帰絵詞』

生活用具の組合せ 143

1 生活用具の組合せ
4) 住まいの用具

　住まいとその周辺では実に多様な木製の容器が使われていた．絵巻物には多くの木製容器が登場するが，遺跡からの出土品としては量的に多くはない．それは木製品が限られた環境のもとでしか残らない性質を持っているからであろう．したがって，その研究も土器や陶磁器に比べてやや遅れているのが現状である．

　木製容器の種類は，作り方から大きく以下のように分けることができる．
　「ざる・かご，曲物，結物，刳物・引物」
　これらはプラスチックなどの工業製品が登場する以前はよく見かけたもので，現状では民具や民芸品として馴染み深いものかもしれない．

　これらの用途はたいへん広く，衣食住から生業や運搬まで生活全般にわたっていた．ただし，遺跡からの出土品でその用途が特定できるものは残念ながら少ない．

　ざる・かご　竹や蔓を編んで作った容器．中世と特定できる出土品は少ない．形は円形と方形のものがあり，大きさは用途によってまちまちである．穫った野菜などを入れたり，大きなかごに小さい曲物やかごを入れて頭上運搬する姿が絵巻物には描かれている．

　曲物　樽を円筒形に並べて箍で締め，底板をはめ込んだ桶は鎌倉時代末期に出現し，室町時代から普及し始めたといわれている．それ以前は円筒形の容器を「おけ」と呼び，一般的には曲物のことを指した．

　曲物は檜や杉などの薄い板を曲げて桜の皮などで綴じ合わせ，これに底板をつけて容器としたものである．曲物はその用途によって大きさや形がまちまちである．円形・楕円形のものは水桶・釣瓶などの「水用容器」や「食物用容器」として使われることが多く，方形のものは「運搬用容器」として使われることが多かったようである．また，柄を付けて柄杓としても使われた．

　『不動利益縁起』では井戸から水を汲み上げる女性の傍ら，井戸枠の上には曲物が置かれている(図版)．おそらく汲み上げた水を曲物に入れ，どこかへ運んだのであろう．また，その井戸の前では女性が洗濯をしている．曲物には水が入っているのであろう．その水を柄杓にとって洗濯物にかけている．

　『餓鬼草紙』では出産の場面で数個の曲物が妊婦の周りに置かれている．これらはお湯を入れたもの，胞衣を入れるためのもの，排泄物を受けるためのものといわれている．

　『西行物語絵巻』では，長い棒の両端に曲物を紐でくくりつけ，男が肩から担いでいる．

　このように曲物は多様な用途に使われていたことが想像されるが，遺跡で出土する曲物は破片であったり，破棄された出土状況からその用途を特定できるケースは少ない．

　遺跡から出土した曲物の大きさは様々であるが，5cm前後の小型品，10〜20cm代の中型品，30cmを越える大型品にとりあえず分けてその用途を推測できる資料を紹介していきたい．

　5cm前後の小型品は福井県一乗谷朝倉館跡でまとまって出土している．完形品は少ないが，破片から200点近い数が想定でき，蓋が付いていた．これらは「塩漬ウニ」，「このわた」などの海産の珍味を入れたか，または化粧油や灯明油を入れる「油桶」としての用途が推定されている．

　また，奈良県平城京左京三条二坊では小型の曲物は納骨器として使われていた．

　10cm代の中型品は朝倉館跡で蓋板に墨書がみられるものがある．それは径16.6cmの蓋板で「エうをの口」と書かれており，魚を入れた曲物と考えられる．

　30cm以上の大型品は井戸の水溜に用いられたものが多く，広島県草戸千軒町などで検出されている．これらは底が抜けた曲物の二次的な転用かもしれないが，底板を抜いた曲物を一段ないし数段積み上げて井戸枠としている．また，井戸ではないが曲物を埋設した遺構も発掘例が増えつつある．神奈川県諏訪東遺跡では方形竪穴建物の中に径40cmほどの曲物が二個埋設されていた．草戸千軒町でも20数基が検出されている．これらの用途はまだ確定されていないが，水だめ・貯蔵穴・墓壙などではないかと推測されている．

　これらの他に曲物の底に穴をあけ，甑(蒸籠)として使用されたものもある．

　結物　釣瓶，柄杓，桶などがある．作り方には大きく二種類あり，板を方形に組み合わせて木釘で止める方法と樽を箍で締める方法がある．前者では釣瓶や柄杓などの出土品がある．後者は，先にも述べたように室町時代から普及し，江戸時代に入って多用された．大型の桶は醸造樽として主に生業面での発展に寄与した．

　刳物・引物　刳物としては臼が最もポピュラーである．また，木を刳りぬいて釣瓶として使用した例もある．引物は主に皿や盤などの食器としての用途が多かった．

　以上紹介してきたが，中世の住まいを取り巻く木製の道具としては，曲物が様々な用途で一番活躍した．それは，軽くて，容量の大きい容器を比較的容易に作れるという理由からであると考えられる．

　　　　　　　　　　　　　　　　　　　(水口由紀子)

曲物樋

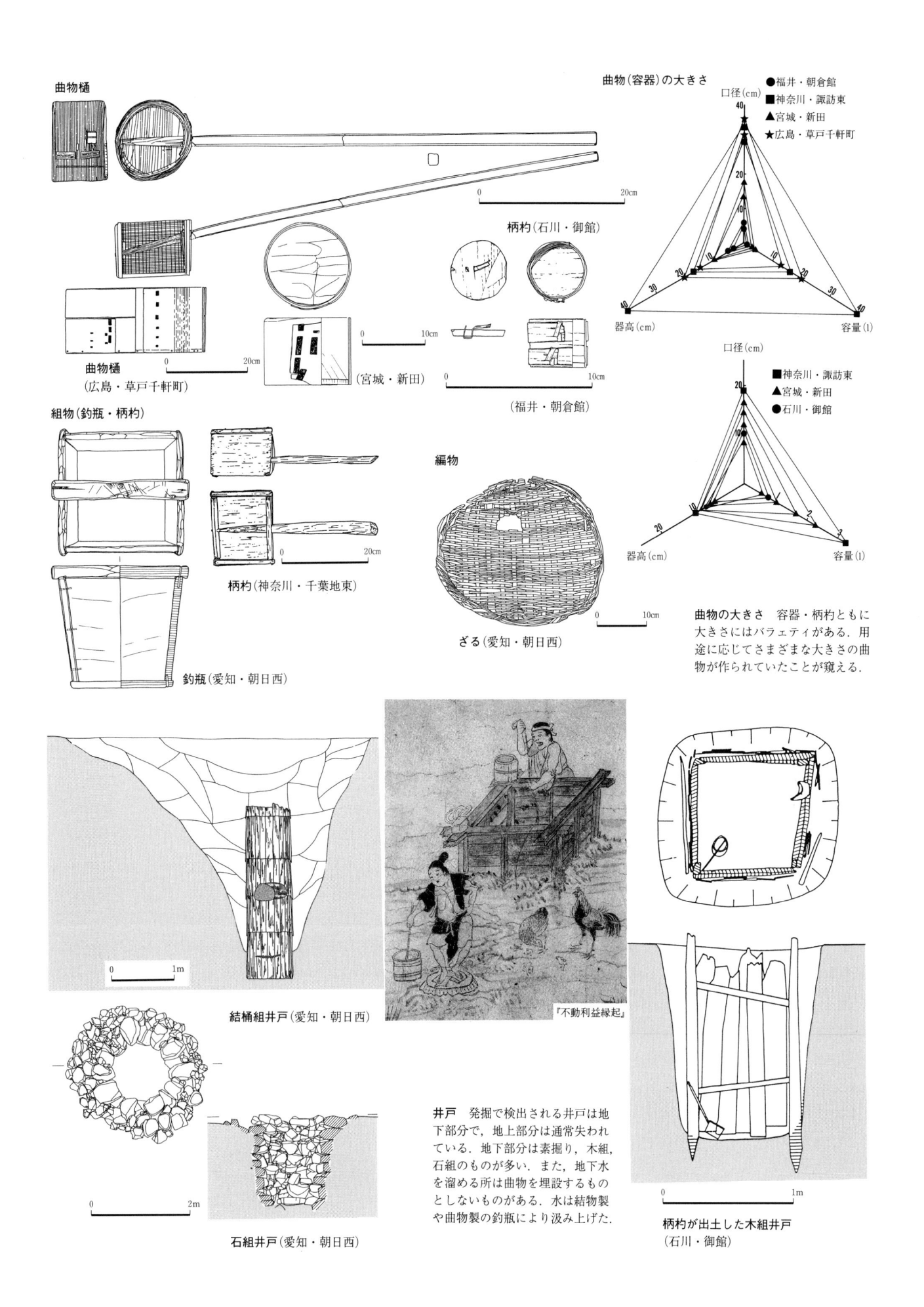

曲物樋
（広島・草戸千軒町）

組物（釣瓶・柄杓）

柄杓（神奈川・千葉地東）

釣瓶（愛知・朝日西）

柄杓（石川・御館）

（宮城・新田）

（福井・朝倉館）

編物

ざる（愛知・朝日西）

曲物（容器）の大きさ

口径(cm)
● 福井・朝倉館
■ 神奈川・諏訪東
▲ 宮城・新田
★ 広島・草戸千軒町

器高(cm)　容量(l)

口径(cm)
■ 神奈川・諏訪東
▲ 宮城・新田
● 石川・御館

器高(cm)　容量(l)

曲物の大きさ 容器・柄杓ともに大きさにはバラエティがある．用途に応じてさまざまな大きさの曲物が作られていたことが窺える．

結桶組井戸（愛知・朝日西）

石組井戸（愛知・朝日西）

『不動利益縁起』

井戸 発掘で検出される井戸は地下部分で，地上部分は通常失われている．地下部分は素掘り，木組，石組のものが多い．また，地下水を溜める所は曲物を埋設するものとしないものがある．水は結物製や曲物製の釣瓶により汲み上げた．

柄杓が出土した木組井戸
（石川・御館）

生活用具の組合せ

2　明かりと暖房

　明かり　明かりには屋内と屋外を照らす道具がある．屋外で使用される燈具は燈台，燈籠があり，主に金属製や石製で，遺跡からはほとんど出土していない．屋内で使用される燈具は主に燈明皿，燈台，燭台，燈籠がある．その燃料では薪など材料を直接燃やす方法（松明）と抽出した油脂（油や蝋）を燃やす方法（燈明，蝋燭）がある．

　燈明皿　かわらけや白磁，銅の皿・椀に油（胡麻や麻，荏など）を注ぎ，燈心（イグサのずい）を置いて火を付けて使用することから口縁部に黒色タール状のものが付着している．転倒を防ぐために木製の台の上に置かれる．

　燈台　燈明を高い位置から照らすための道具で，燈盞（油皿），燈械（油皿をのせる台・受），燈架（柱と台座）から構成されている．出土遺物には漆塗りの木製台座や瓦質の製品が見られ，高燈台，切燈台と呼ばれている形式である．絵巻物には結燈台や車輪燈台なども描かれている．

　燭台　蝋燭を燈す台で，銅など金属や瀬戸の陶器，瓦質の製品がある．陶器，瓦質共に金属製品の写しと考えられ，特に瓦質燭台の胴部には渦巻文や雷文のスタンプが施されている．また燭台は明かりの道具であるとともに，香炉・花瓶と並ぶ三具足（五具足）の一器種である．絵巻物にも仏画の前や死者の頭の上の卓上に三具足が置かれていることから供養具と考えられる．また燈台とともに密教法具であり，禅宗の関係では書院（座敷）飾りに取り入れられている．遺跡では寺院や城館跡から出土しているが，金属製燈台は石川県西川島遺跡群や東京都栄町遺跡に見られるように他の三具足などと共に土坑に一括埋納されていることからみて，祭祀色の濃いものと考えられる．

　燈籠　光源は内部に燈明皿を用い，上部に受皿が付く器形は内部と外部に置くことによって光量調節ができるものである．また片側だけを照らす器形のものもある．

　これらの明かりは都市・寺院・城館跡が主で，燈明皿を除くと村落からはほとんど出土しない．さらに絵巻物などに燭台よりも燈台が多く見られることや燈明皿（かわらけ）が中世を通じて出土していることなどを考慮すると，蝋燭がまだ高価なものであり，エゴマの増産から油が比較的安価に購入できたことから，燈明皿が明かりの一般的な道具であったと考えられる．また燈明皿に付着している油脂の脂肪酸やステロールの分析から時期や地域あるいは階層によって油の使い分け（植物・動物油）があるかという問題が提起されており，今後の資料の増加が期待される．

　暖房　暖房具には火鉢，行火，温石（懐炉）があり，また茶の湯で使用する火鉢・風炉も一種の暖房具であろう．その他囲炉裏も重要な暖房施設といえる．

　火鉢・火桶　火鉢は円形・方形の容器に灰を詰め，炭をいれて手を温めたり，湯を沸かしたりする移動式の暖房具といえる．日常は曲物や木を刳り貫いた木製の桶を使用し，儀式では銅製や陶器（中国製，緑釉）を用い，これら上物の火鉢を「火舎」と呼んでいる．

　中世になると輸入陶器や瀬戸などの盤・洗が使用される一方で，やがて各地で生産される瓦質や土師質の火鉢に取って代られるようになる．この瓦質火鉢の器面には花菱文・菊花文・雷文などのスタンプや珠文などを貼り付ける装飾が施される．また底に獣足などの三足が付けられ，金属製品などの上物を模倣して作られていることがわかる．

　また京都で「なら火鉢」と呼ばれた火鉢がある．その生産は興福寺両門跡の下で奈良火鉢座（西の京火鉢作座）で行なわれ，15世紀後半には生産業者と販売業者が分離していた．またここから分化した山城国木津に京座があり，京向けの専門販売業者であった．各地で出土している瓦器火鉢・風呂の花菱文や胎土分析から奈良火鉢・風呂が畿内周辺ばかりでなく，遠くは陸奥，薩摩まで広域に流通していたことがわかってきている．

　ところで絵巻物には各種の火鉢・火桶が描かれているが，火櫃の中に据えられている円形の火所は盤状の火鉢と考えられる．さらに火鉢が盆栽の植木鉢として転用されていることは，消費者側が製品の用途を色々と使い分けているという興味深い光景である．

　火舎　儀式用の暖房具で，出土例が少ない．岩手県柳之御所跡から鉄製の獣足付火舎が出土している．また岩手県志羅山遺跡の瓦質火鉢や愛知県上芳池古窯址の常滑焼火舎は火舎写しの製品と考えられる．

　風炉　茶の湯で茶釜を掛けて使用する．15世紀以降の各地の都市遺跡や城館跡，寺院跡から瓦質製品が多く出土する．スタンプ文などの装飾が施され，これらの文様から見て火鉢と同一工人が製作していたと考えられる．

　中世の照明・暖房具の特色は，安価で上物写しの容器としての瓦質製品の盛行が上げられる．この時期（13世紀後半）は各地の都市遺跡の発展期に一致し，その需要層が中央の有力者ばかりではなく，活発な商品流通とその経済活動の中から台頭してきた商人層をはじめとし，在地の富豪層の勃興が関係していると考えられる．

［文献］菅原正明 1988「西日本における瓦器生産の展開」『国立歴史民俗博物館研究報告 19』．深津正 1983『燈用植物』法政大学出版局．　　　　　　　　　　　　　（荒川正夫）

1 明かりの道具

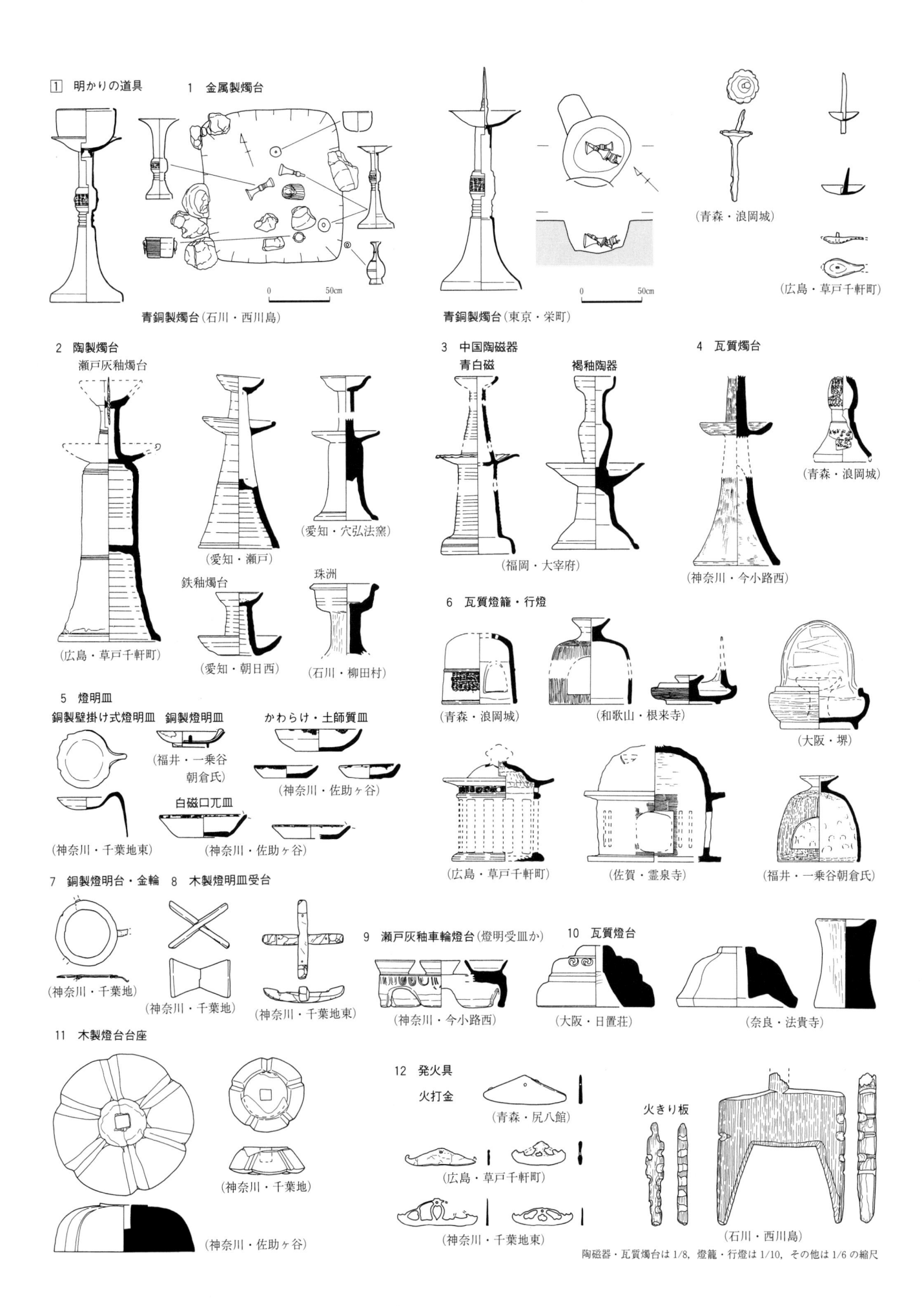

1 金属製燭台

青銅製燭台（石川・西川島）　青銅製燭台（東京・栄町）　（青森・浪岡城）　（広島・草戸千軒町）

2 陶製燭台

瀬戸灰釉燭台（広島・草戸千軒町）　（愛知・瀬戸）　（愛知・穴弘法窯）　鉄釉燭台（愛知・朝日西）　珠洲（石川・柳田村）

3 中国陶磁器

青白磁　褐釉陶器（福岡・大宰府）

4 瓦質燭台

（神奈川・今小路西）　（青森・浪岡城）

5 燈明皿

銅製壁掛け式燈明皿　銅製燈明皿（福井・一乗谷朝倉氏）　かわらけ・土師質皿（神奈川・佐助ヶ谷）　（神奈川・千葉地東）　白磁口兀皿（神奈川・佐助ヶ谷）

6 瓦質燈籠・行燈

（青森・浪岡城）　（和歌山・根来寺）　（大阪・堺）　（広島・草戸千軒町）　（佐賀・霊泉寺）　（福井・一乗谷朝倉氏）

7 銅製燈明台・金輪　**8 木製燈明皿受台**

（神奈川・千葉地）　（神奈川・千葉地）　（神奈川・千葉地東）

9 瀬戸灰釉車輪燈台（燈明受皿か）　**10 瓦質燈台**

（神奈川・今小路西）　（大阪・日置荘）　（奈良・法貴寺）

11 木製燈台台座

（神奈川・千葉地）　（神奈川・佐助ヶ谷）

12 発火具

火打金（青森・尻八館）　（広島・草戸千軒町）　（神奈川・千葉地東）　火きり板（石川・西川島）

陶磁器・瓦質燭台は1/8，燈籠・行燈は1/10，その他は1/6の縮尺

明かりと暖房　147

[2] 暖房具

1 各地の瓦質，土師質の火鉢・火桶

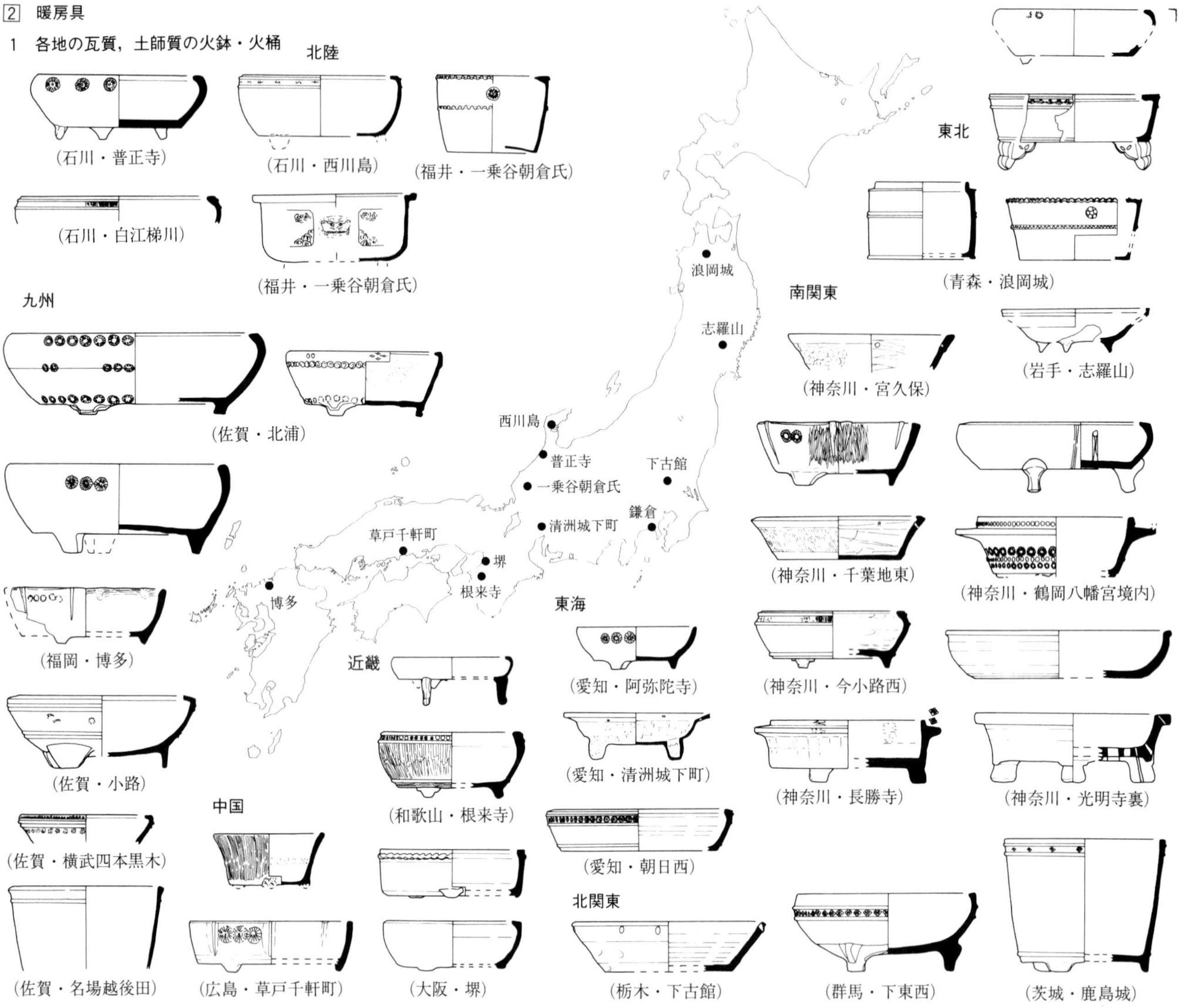

北陸
(石川・普正寺)
(石川・西川島)
(福井・一乗谷朝倉氏)
(石川・白江梯川)
(福井・一乗谷朝倉氏)
九州
(佐賀・北浦)
(福岡・博多)
(佐賀・小路)
(佐賀・横武四本黒木)
(佐賀・名場越後田)
中国
(広島・草戸千軒町)
近畿
(和歌山・根来寺)
(大阪・堺)
東海
(愛知・阿弥陀寺)
(愛知・清洲城下町)
(愛知・朝日西)
北関東
(栃木・下古館)
(群馬・下東西)
(茨城・鹿島城)
南関東
(神奈川・宮久保)
(神奈川・千葉地東)
(神奈川・鶴岡八幡宮境内)
(神奈川・今小路西)
(神奈川・長勝寺)
(神奈川・光明寺裏)
東北
(青森・浪岡城)
(岩手・志羅山)
浪岡城
志羅山
西川島
普正寺
一乗谷朝倉氏
下古館
清洲城下町
鎌倉
草戸千軒町
堺
根来寺
博多

2 瓦質，土師質の火鉢・火桶の変遷

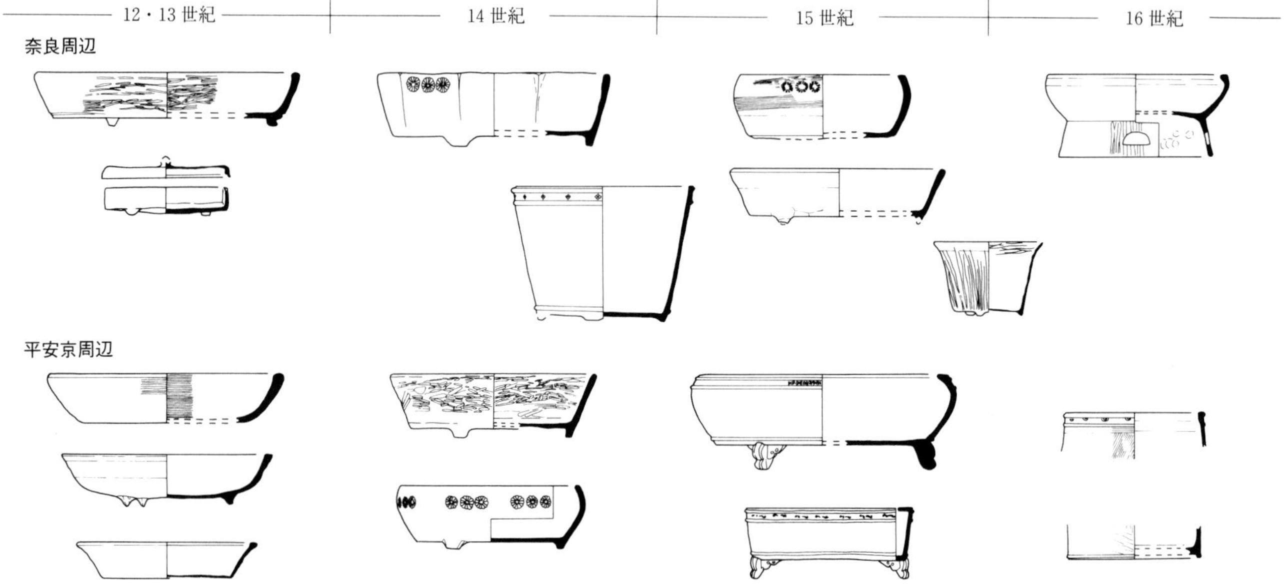

12・13 世紀
14 世紀
15 世紀
16 世紀
奈良周辺
平安京周辺

初期は盤形で，大型と小型の種類が作られている．13 世紀後半以降，小型の浅鉢形が作られ，可動性のある製品が出回る．

14 世紀以降になるとやや胴の張った形や深鉢形(火桶)など種類が豊富になる．

15 世紀以降土師質製品の生産や瀬戸製品をはじめとした上物容器の量産化がはじまり，瓦質土器の生産も 16 世紀後半以降一部の製品を除き終焉を迎える．

縮尺は 1/16

3 各地の瓦質風炉

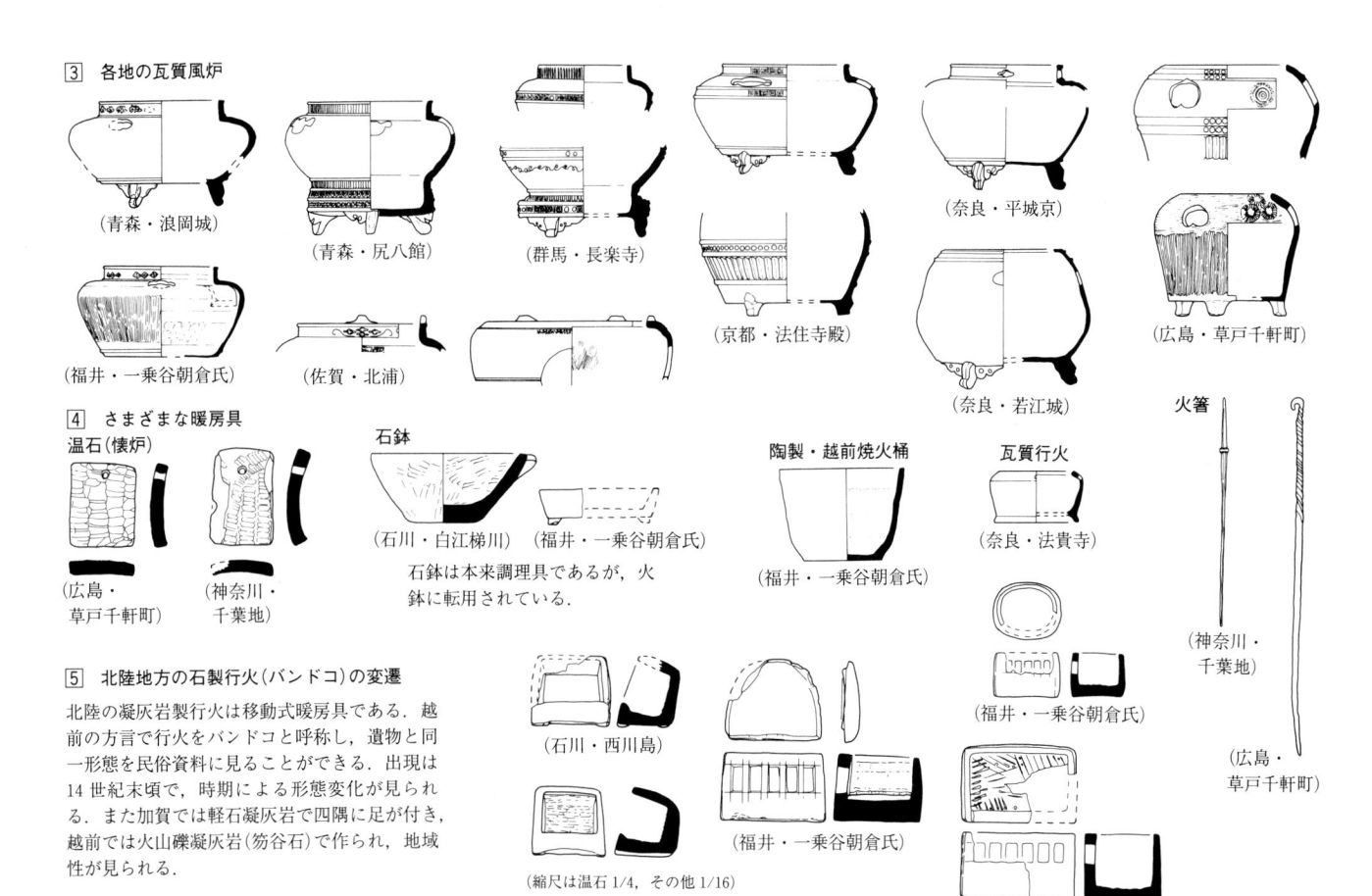

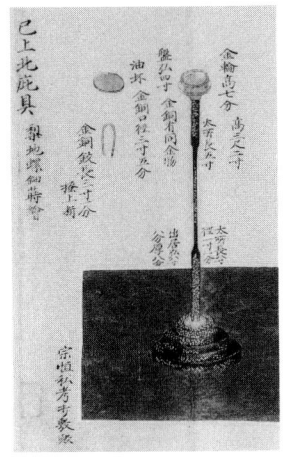

(青森・浪岡城) (青森・尻八館) (群馬・長楽寺) (京都・法住寺殿) (奈良・平城京) (広島・草戸千軒町)
(福井・一乗谷朝倉氏) (佐賀・北浦) (奈良・若江城)

4 さまざまな暖房具

温石(懐炉) 石鉢 陶製・越前焼火桶 瓦質行火 火箸

(広島・草戸千軒町) (神奈川・千葉地) (石川・白江梯川) (福井・一乗谷朝倉氏) (福井・一乗谷朝倉氏) (奈良・法貴寺) (神奈川・千葉地)

石鉢は本来調理具であるが,火鉢に転用されている.

(広島・草戸千軒町)

5 北陸地方の石製行火(バンドコ)の変遷

北陸の凝灰岩製行火は移動式暖房具である.越前の方言で行火をバンドコと呼称し,遺物と同一形態を民俗資料に見ることができる.出現は14世紀末頃で,時期による形態変化が見られる.また加賀では軽石凝灰岩で四隅に足が付き,越前では火山礫凝灰岩(笏谷石)で作られ,地域性が見られる.

(石川・西川島) (福井・一乗谷朝倉氏)

(縮尺は温石1/4,その他1/16)

6 絵巻物に描かれた明かりと暖房具

『類聚雑要抄』 螺鈿蒔絵の燈台の上に金輪,金銅製油皿が乗る.

『慕帰絵詞』 仏画の前に置かれた卓の上に並ぶ三具足(燭台・花瓶・香炉)と手前にある菊燈台.

『慕帰絵詞』 死者の頭の上に置かれた卓上の三具足(燭台・花瓶・香炉).

『慕帰絵詞』 床に置かれた三足の燭台.

『石山寺縁起』 内陣を照らす車輪燭台.油皿を並べて,燈火がぐるぐると回っている.

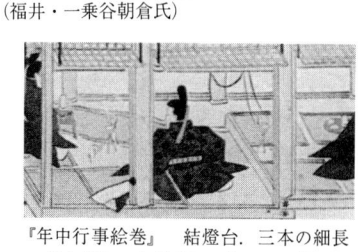

『年中行事絵巻』 結燈台.三本の細長い棒を束ね,上端寄りのところで結び,鼓のように開いて立て,そのうえに油皿を置く.

『春日権現霊験記』 燈台の明かりが風などで消えないように,また光が拡散するように紙で油皿の部分を巻き覆う.

『石山寺縁起』 紐で吊された燈籠.金属製と思われる燈籠の中に金輪に乗った燈明皿がある.

『絵師草紙』 絵師の一家の宴会の場で中央に置かれた菊花文のスタンプのある火鉢(瓦質か).

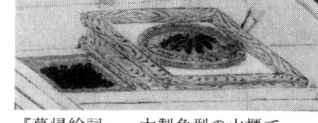

『慕帰絵詞』 木製角型の火櫃で,中に円形の火所がある.

円形の火桶

手焙(蓋つき)バンドコによく似ている.

『慕帰絵詞』 盆栽の植木鉢.側面に菊花文が見られる.瓦質火鉢を転用したものか.

明かりと暖房 149

3 茶・花・香・座敷飾り

　12世紀末に中国から伝わった喫茶の風は，禅院から次第に武士階級の間に拡がっていった．その一つが茶寄合としての発達であった．寄合の盛行は，寄合の場としての会所の発達をみる．会所は室町幕府において最も典型的に発達したとされ，戦国時代に至って各地の大名達が受け入れていった．わびの茶風が流行してくる16世紀代には，全国各地の遺跡から茶の湯に関わる遺物が出土するようになる．このことは，茶の湯が広く全国に流行した事を意味するものであった．

　遺跡出土の茶道具　博多や鎌倉，京都など中世前葉の遺跡からは，唐物の天目茶碗，青磁天目茶碗，茶入などが出土するが，極めて希少なものであった．それが，中世中葉の14世紀頃になると，唐物とともに瀬戸の天目茶碗などが各地の城館跡・寺院跡などから発掘されるようになる．

　さらに下った戦国期の城館跡・寺院跡などからは，従来の遺跡とは比較にならない多様な茶道具類が出土するようになる．中でも，天目茶碗は最も広く，多く出土する茶陶であった．しかし，この天目茶碗は規模の小さな遺跡や階層的にあまり高いと思われない遺跡からも出土しており，それだけ茶の湯が浸透していたものと推測されなくもないが，天目茶碗の役割が茶陶としてでなく，日常食器など他の機能として使用されていたとも考えられる．

　天目茶碗とともに茶臼，茶入，風炉，釜なども各地の遺跡で出土する．

　大名クラスの遺跡からは，陶製の茶入・茶碗・茶壺・花入・香合・建水・灰器・水指，土器製の風炉・茶釜，石臼，竹製花入・茶筅，鉄製茶釜など様々な茶道具をみる．中でも，唐物に対する骨董的な希少性に対しては極めて強い嗜好があったと思われる．例えば，福井県一乗谷を始めとした大名クラスの遺跡からは建窯の天目茶碗，龍泉窯の青磁花生，高麗青磁など鎌倉時代のものが確認されている．これらは，座敷飾りなどとして珍重されていたとされる．

　茶陶の生産　15世紀末葉から16世紀に至るとわびの茶風は，瀬戸・美濃窯における大窯生産に見られる本格的な茶陶生産を導き出した．戦国期の各地の天目茶碗の大量出土品の多くは大窯製品である．唐天目に代わり国産天目に転換することを進めたのも大窯生産の開始によるところが大きい．

　織豊期から江戸期の遺跡では，天目以外の様々な茶碗が検出されるようになる．中でも，わびの茶風をはぐくんできた堺・京都における近年の茶陶の出土には，驚くべきものがある．

　天正18年に京都三条大橋が架けられ，三条界隈は大変な賑わいであったと言う．発掘調査により，三条通り周辺の中之町，弁慶石町，下白山町から多量の陶磁器が出土する町屋が発見された．その遺物は，瀬戸・美濃，信楽，備前，唐津，中国陶磁などの製品であった．器種は志野茶碗，志野向付，織部向付，黒織部茶碗，唐津茶碗，美濃茶入，信楽水指，備前茶碗，高取茶碗などおびただしい数の茶陶，食膳具などであった．これらの資料は，戦国時代から近世にかけての都市消費の増大を見るとともに，茶の湯の盛んな状況を垣間見るものである．

　そして，瀬戸・美濃窯，志戸呂，信楽窯，伊賀窯，備前窯，唐津，高取などの窯で茶入，花入，水指，茶碗などの茶陶生産が最も盛んとなるのもこの時期であった．

　茶の湯の遺構　一乗谷では朝倉氏館跡からはハレの空間として会所，書院造などの建物跡が確認されているのみならず，大小の家臣の屋敷跡からも茶室と思われる建物などが確認されている．一乗谷のような大名クラスの館跡に限らず，岐阜県江馬館跡や長野県高梨氏館跡のような山深い城館跡からもハレの空間を思わせる庭や建物遺構の出土が確認されている．

　佐賀県名護屋城の秀吉の居館的施設と思われる山里丸跡からは，茶室跡が確認されている．名護屋本城のみならず，周辺の陣跡からも茶室・庭・露地風の石段や敷石遺構などが確認されている．名護屋城における茶の湯の遺構は，緊張ある名護屋城の役割の一方で，当時の茶の湯の流行を彷彿させるものであった．

　このような，茶の湯にかかわる建物，庭などの調査例は，桃山期以前，以降においても，東海地方から西の地域に多く，関東・東北にはあまり多くない．東国社会の気風が遺構のあり方に反映したものであろうか．

　堺と茶の湯　堺は，武野紹鴎，千利休，今井宗久など商人により茶の湯が盛んであった．しかし，慶長20年大坂夏の陣の余波を受け，町は焼き尽くされた．この慶長20年の被災面から，当時の堺の茶の湯を隆盛を語る，様々な遺構が確認されている．茶道具を保管した蔵跡，茶室や庭をもつ遺構，炉壇・赤壁，それに様々な茶陶を出土する遺構と，その豊富さは堺の繁栄と茶の湯を隆盛を語るものであった．

［文献］河原純之編1990『古代史復元10』講談社．小野正敏・水藤真編1990『よみがえる中世6』平凡社．

（浅野晴樹）

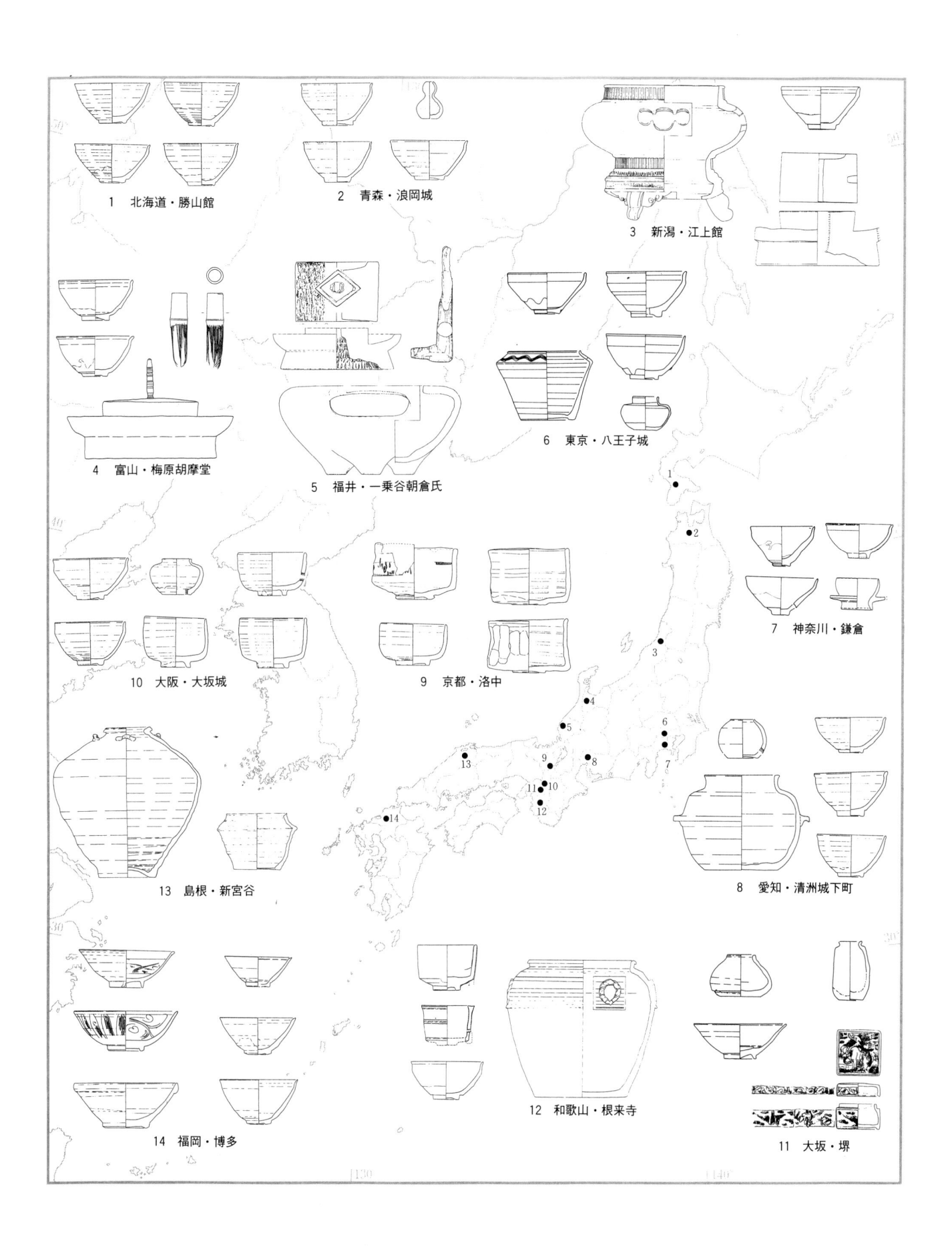

1　北海道・勝山館
2　青森・浪岡城
3　新潟・江上館
4　富山・梅原胡摩堂
5　福井・一乗谷朝倉氏
6　東京・八王子城
7　神奈川・鎌倉
10　大阪・大坂城
9　京都・洛中
13　島根・新宮谷
8　愛知・清洲城下町
14　福岡・博多
12　和歌山・根来寺
11　大坂・堺

茶・花・香・座敷飾り　151

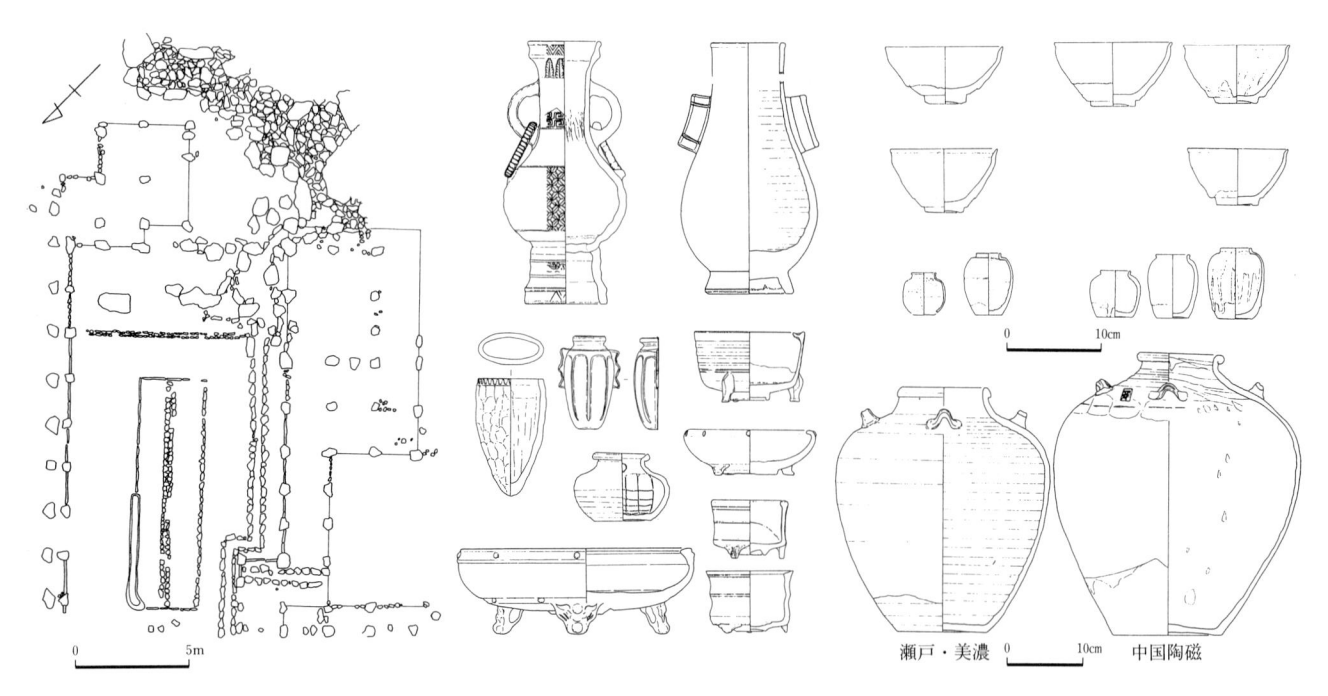

□1 **朝倉氏館と茶座敷** 朝倉氏館は東に山を背負い，西に表門を開く西礼の館である．山裾には池泉を持つ石組みの庭に臨む2つの建物がある．1つは東西五間の建物で会所と思われる．そして，もう1つが四間を主室とした茶座敷と推定される．ハレの場としての空間で茶座敷が極めて重要な役割を担った．

□2 **一乗谷にみる花・香** 座敷飾りなどとして，13・14世紀の龍泉窯青磁花生・酒海壺・盤，さらには元染付，高麗青磁などが美術陶磁として珍重した．これらが，権力者のステイタスを意味する．越前掛花生，美濃製香炉など国産陶器も多用されていた．

□3 **一乗谷と茶陶** ここに示した資料は一乗谷の各遺跡から出土し茶陶である．中国陶磁の器種が瀬戸・美濃製品にも同様に存在し，国産陶器が模倣を行っていることがわかる．一乗谷の陶磁器組成において，茶陶として付加的機能をもっていた天目茶碗は，階層の高い地区ほどその比率が高い．

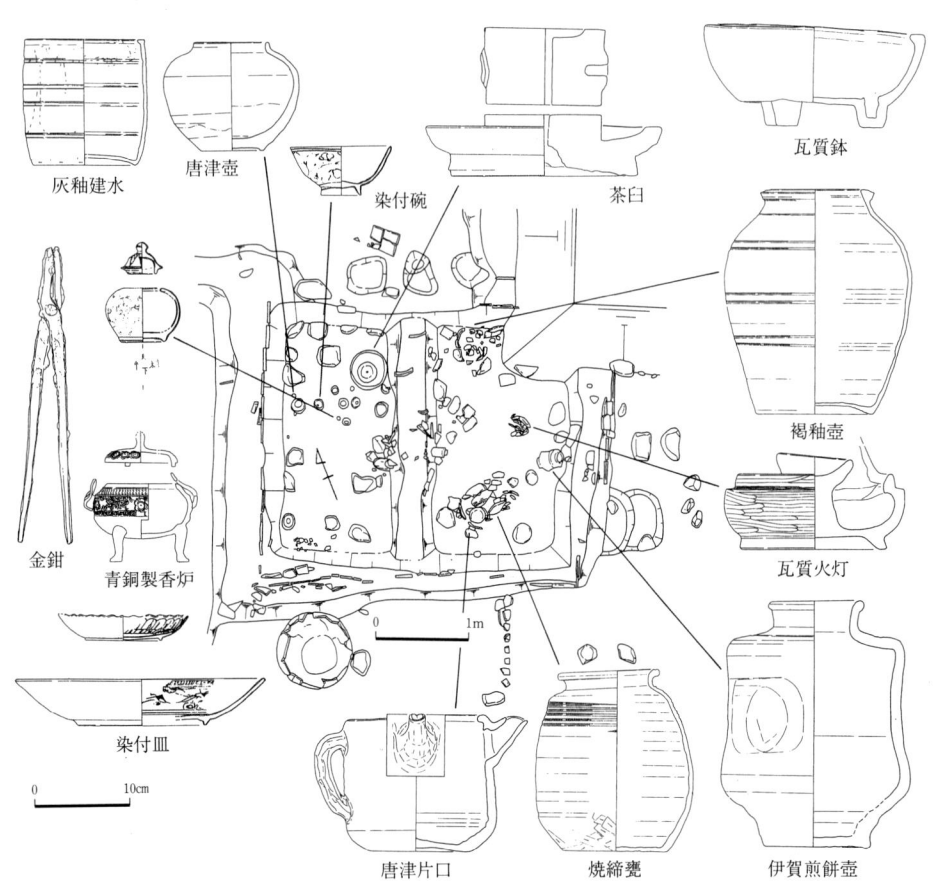

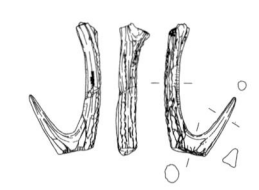

自在鉤 鹿の角を利用した自在鉤である．このほか，金属・木製などの自在鉤が出土する．

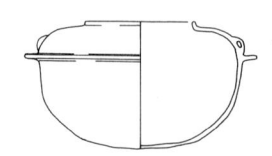

茶釜 釜は鉄釜であり，その形態は様々である．土器製もあるが，それが茶の湯に利用されたものかは判らない．

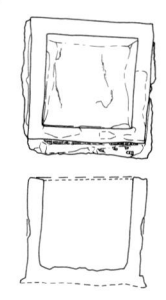

□4 **堺と茶の湯** 堺の町では，茶陶，炉壇，茶臼などの茶道具が多数発掘されている．また，茶室と思われる建物跡，庭園跡，それに茶道具を納めた土蔵跡など茶の湯に関わる施設も調査されている．SKT39地点からは茶道具蔵と推定される磚列建物が確認された．蔵の中には備前水注，唐津片口・向付，美濃香炉，中国染付・褐釉壺，茶臼など様々な茶類類が出土した．堺の茶道具の出土数は他の地域とは比較にならないほど豊富である．まさに，堺の繁栄の象徴として茶の湯があった．

炉壇 鹿の自在鉤とともに出土した．炉の内部には木舞に巻いた藁縄痕が残る．炉は可動式のものと推測される．

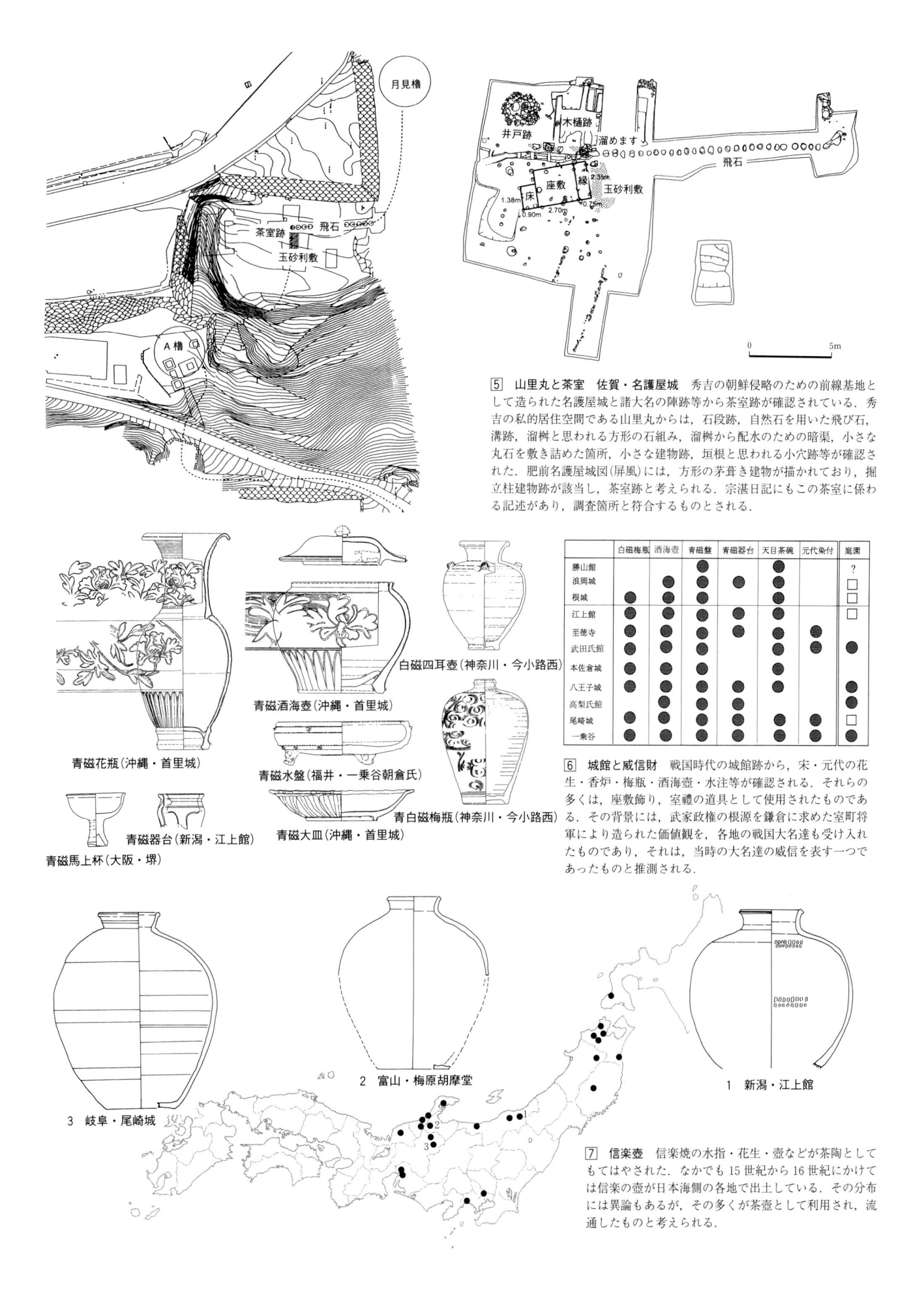

5 山里丸と茶室 佐賀・名護屋城 秀吉の朝鮮侵略のための前線基地として造られた名護屋城と諸大名の陣跡等から茶室跡が確認されている．秀吉の私的居住空間である山里丸からは，石段跡，自然石を用いた飛び石，溝跡，溜桝と思われる方形の石組み，溜桝から配水のための暗渠，小さな丸石を敷き詰めた箇所，小さな建物跡，垣根と思われる小穴跡等が確認された．肥前名護屋図（屏風）には，方形の茅葺き建物が描かれており，掘立柱建物跡が該当し，茶室跡と考えられる．宗湛日記にもこの茶室に係わる記述があり，調査箇所と符合するものとされる．

青磁花瓶（沖縄・首里城）
白磁四耳壺（神奈川・今小路西）
青磁酒海壺（沖縄・首里城）
青磁水盤（福井・一乗谷朝倉氏）
青白磁梅瓶（神奈川・今小路西）
青磁器台（新潟・江上館）
青磁大皿（沖縄・首里城）
青磁馬上杯（大阪・堺）

	白磁梅瓶	酒海壺	青磁盤	青磁器台	天目茶碗	元代染付	庭園
勝山館		●	●	●	●		?
浪岡城		●					□
根城	●	●					
江上館	●	●	●	●			□
至徳寺	●	●	●	●	●	●	
武田氏館	●	●	●	●	●		●
本佐倉城	●	●	●	●	●		
八王子城	●	●	●	●	●		●
高梨氏館	●	●	●	●	●		●
尾崎城	●	●		●	●		□
一乗谷	●	●	●	●	●	●	●

6 城館と威信財 戦国時代の城館跡から，宋・元代の花生・香炉・梅瓶・酒海壺・水注等が確認される．それらの多くは，座敷飾り，室禮の道具として使用されたものである．その背景には，武家政権の根源を鎌倉に求めた室町将軍により造られた価値観を，各地の戦国大名達も受け入れたものであり，それは，当時の大名達の威信を表す一つであったものと推測される．

1 新潟・江上館
2 富山・梅原胡摩堂
3 岐阜・尾崎城

7 信楽壺 信楽焼の水指・花生・壺などが茶陶としてもてはやされた．なかでも15世紀から16世紀にかけては信楽の壺が日本海側の各地で出土している．その分布には異論もあるが，その多くが茶壺として利用され，流通したものと考えられる．

茶・花・香・座敷飾り

4　遊戯具

子どもの遊び　中世の絵画史料には羽子板・毬杖・振々・独楽・竹馬・小弓・手鞠・車などが見られるだけで，玩具を用いた遊びは余り描かれていない．このうち竹馬は元来『法然上人絵伝』に見られるように長い笹竹にまたがって遊ぶものであったようである．現在見られるような竹馬は当時「高足」と呼ばれており，『一遍上人絵伝』には一本足，『福富草紙』には二本足のものが描かれている．毬杖は長い柄の付いた杖で木製の毬を打つ遊戯で，『年中行事絵巻』や『西行物語絵巻』に描かれている．前者では子孫が繁栄するという縁起物の譲葉を腰に付けた子供たちが大人に混じって遊んでいる．小弓は『直幹申文絵詞』や『慕帰絵詞』に描かれており，武士だけでなく民衆の間でも武芸がたしなまれていたことが知られる．

各地の中世遺跡からさまざまな玩具が発見されている．羽子板・独楽・毬杖・木トンボ・小船・円板状土製品などがあり，このうち羽子板・独楽・毬杖は多くの遺跡から出土しており，その流行がしのばれる．円板状土製品はかわらけ・陶磁器・瓦の周縁を打ち欠いて整えたり，磨いたりしたもので，用途については冥銭とする見解もあるが，明らかに墳墓から出土した例はほとんどなく，中世に大人も子どもも熱狂した印地あるいはお手玉にあたる「石なご」やおはじきにあたる「石はじき」に用いたとも考えられる．

中世に生きた人々は，大人に限らず子どもも現在以上に四季の移ろいを肌で感じ，そこにさまざまな戯れを見出していたのであろう．たとえば深々と雪が振り積むときは，「雪まろばし」や現在の雪合戦にあたる雪遊びをして遊び，菖蒲の香が満ちあふれる端午の節句には，男の子は菖蒲の冑をかぶり，菖蒲の刀を差し，菖蒲の葉を平たく棒状に編んで地面をたたき早く切れたほうが負けとなる菖蒲打ちを行い，夏には女の子はそこかしこのせせらぎに笹船を流して遊んだ．『扇面法華経冊子』には薄・藤袴・女郎花などの咲き乱れる秋の野辺で草合に興じる左右二組の少女の微笑しい姿が描かれている．「土なぶり」すなわち現在の土いじりや水辺の遊びも今も変わらない幼児の遊びであった．また，犬や猫と遊びや雀などの小鳥を可愛がる子どもの姿が描かれている．ちなみに後世に「子とろ子とろ」の名で行われている鬼ごっこの一種である「比ゝ丘女」遊びも行われていた．

大人の遊び　絵画史料には隻六・囲碁・将棋などの盤上遊戯が描かれている．このうち隻六は勝負の鍵をにぎるものが二つの賽で，賽の目の偶然性に依存しており，また駒の動かし方によっては相手の駒の進行を妨害できることもあって人々の射倖心をそそり，あらゆる階層の人が行っている．これに対し，囲碁や将棋はルールが難しく貴族・武士・僧侶が主たる担い手であった．ところで『異制庭訓往来』にはさまざまな力技や局上の遊びが記されているが，後者は一種の数取り遊びで，貨幣経済の浸透に伴って数の観念が民間に普及していたことが知られる．なお，『鳥獣人物戯画』に描かれた「耳引き」「首引き」「腰引き」は一種の力比べで，われわれが想像すらできない遠い昔の遊びであった．

風流な遊びも盛んに行われた．鎌倉時代末期から南北朝時代には，貨幣経済の進展や中国との貿易による唐物志向などの社会的な条件を背景として，当時茶寄合とも飲茶勝負ともいわれた茶の種類を飲み当てる闘茶が盛行した．茶寄合は連歌会とともに中世の代表的な芸能・文芸となった反面，風紀上の弊害をもたらすということでしばしば禁止されている．香木を焚いてその香を鑑賞する聞香も流行し，これら室内芸能を催す会所を飾る立花の成立もみた．

中世遺跡からは隻六盤・隻六駒・賽・碁石・将棋駒・闘茶札・聞香札などが出土している．賽には偶数目だけのものも発見されており，将棋駒には中将棋（「竜王」「盲虎」など）や古式の小将棋（「酔象」など）で用いられたものがある．闘茶札・聞香札の出土量は少ないが，草戸千軒町遺跡からは本非勝負や四種茶勝負で用いられた闘茶札や十種（炷）香で用いられた聞香札（ちなみに聞香札の裏面には『源氏物語』の巻名が記されており，参会者の名のりと推定される）が出土しており，有徳人の生活の一端が知られるとともに，地方への文化の伝播がわれわれが想像する以上に早かったことがわかってきた．

遊戯と「まじない」　遊戯のなかには「まじない」と深く関わっているものがある．たとえば中世には羽子板を「こぎ板」，羽子を「こぎの子」，羽子突を「こぎの子勝負」と呼んでいるが，胡鬼すなわち西域からわが国にやって来て病気や災いをもたらした鬼神がとりつかないように相互に払う「まじない」として正月に行われたことが知られ，『世諺問答』にも子どもが蚊に刺されないための「まじない」と記されている．また，正月に男子が行う毬杖は中国の黄帝が毬を鬼神である蚩尤の頭と見立てて槌の形をした杖で打ったといわれ，わが国でも憎いものの頭と考えられていた．このほか独楽回しは駒に鞭打ち胡魔を払う「まじない」とされたように，鬼を遠ざけようとした中世に生きた人々の思いを知ることができる．

（志田原重人・下津間康夫）

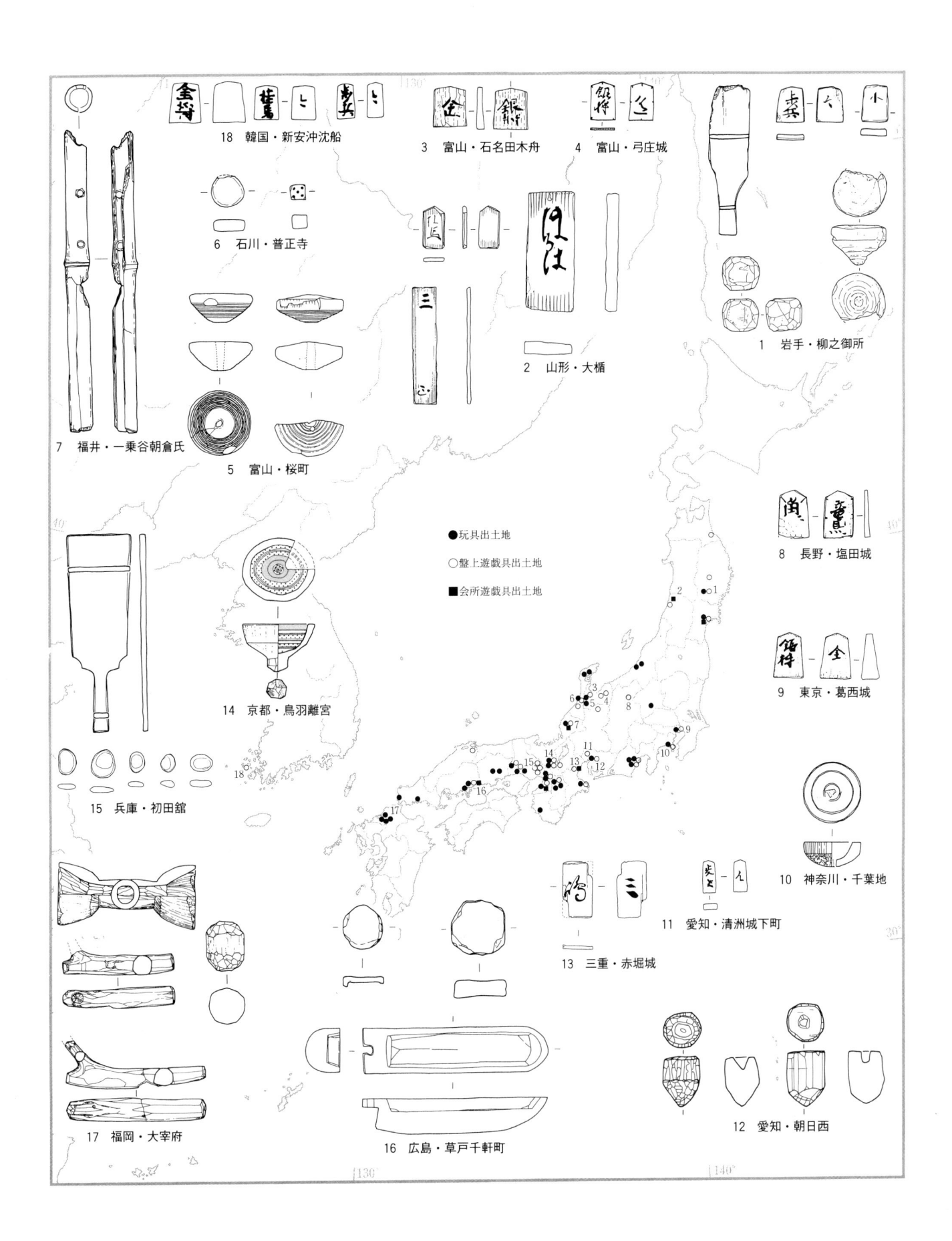

18 韓国・新安沖沈船
3 富山・石名田木舟
4 富山・弓庄城
6 石川・普正寺
2 山形・大楯
1 岩手・柳之御所
7 福井・一乗谷朝倉氏
5 富山・桜町
8 長野・塩田城
9 東京・葛西城
14 京都・鳥羽離宮
●玩具出土地
○盤上遊戯具出土地
■会所遊戯具出土地
15 兵庫・初田舘
10 神奈川・千葉地
11 愛知・清洲城下町
13 三重・赤堀城
17 福岡・大宰府
16 広島・草戸千軒町
12 愛知・朝日西

遊戯具 155

将棋の移り変わり

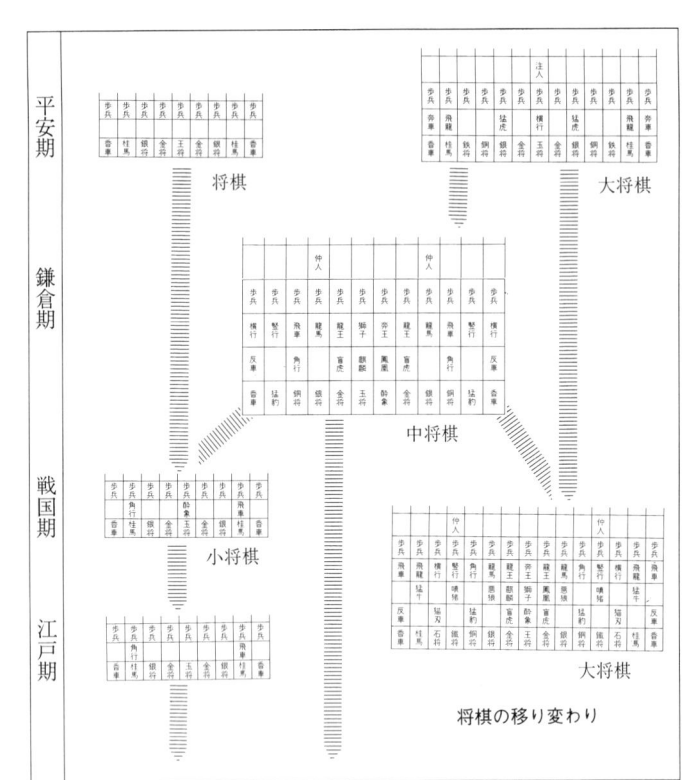

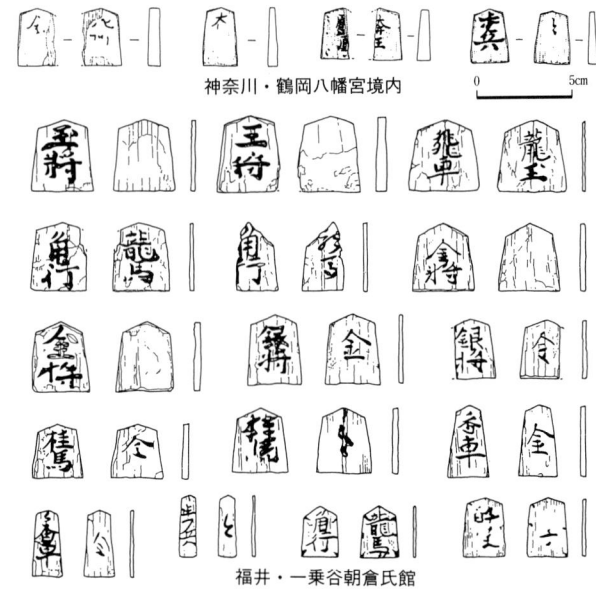

平安期	将棋	大将棋
鎌倉期	中将棋	
戦国期	小将棋	大将棋
江戸期		

神奈川・鶴岡八幡宮境内

福井・一乗谷朝倉氏館

1 将棋 将棋の駒の出土遺跡は全国で30を越えており，各地に普及していたことが伺える．古いものでは，12世紀代の駒が京都・鳥羽離宮跡や山形・城輪柵等で確認されている．さらに，兵庫・日高遺跡からは嘉保（1094〜96）年銘の木簡とともに駒が出土している．新安沖の沈没船からも駒が確認されている．

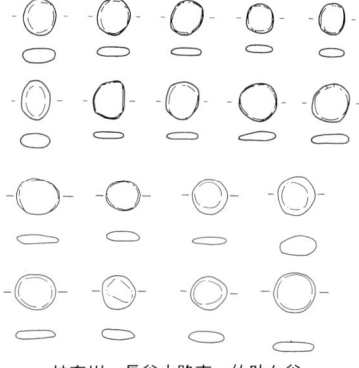

2 囲碁 雙六とともに古くから親しまれた盤上遊戯であり，『鳥獣戯画』『慕帰絵詞』等多くの絵巻に描かれている．鎌倉市内を始めとして各地の遺跡で碁石は出土している．ただ，黒石は形の整った礫が使用されるためか，碁石と認識されず，調査の際に採集されないこともある．また，白石は石や貝殻を使用するが，貝製のものは朽ちて残らないことが多い．現在のところ碁盤の出土例は聞かない．

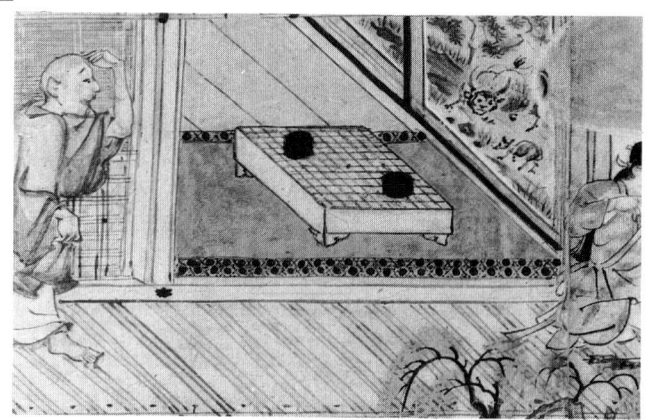

神奈川・長谷小路南，佐助ケ谷

畳の上におかれた碁盤 『慕帰絵詞』

雙六を行う鬼 『長谷雄草紙』

雙六駒（広島・草戸千軒町）　さいころ（神奈川・無量寺，今小路西）

3 雙六 『長谷雄草紙』には鬼が雙六を行っている風景が描かれている．鎌倉市内の伝北条時房・北条顕時邸からは雙六盤が出土している．サイコロは骨製が多く，鎌倉・今小路西遺跡からは偶数目のみのいかさまのサイコロも出土している．駒は鹿角製や石製のほかに，ガラス製，瑪瑙製のものも確認されている．

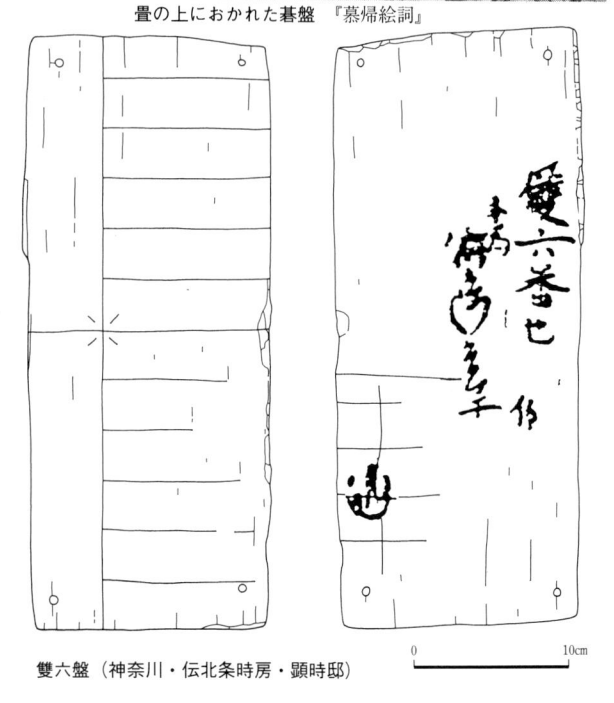

雙六盤（神奈川・伝北条時房・顕時邸）

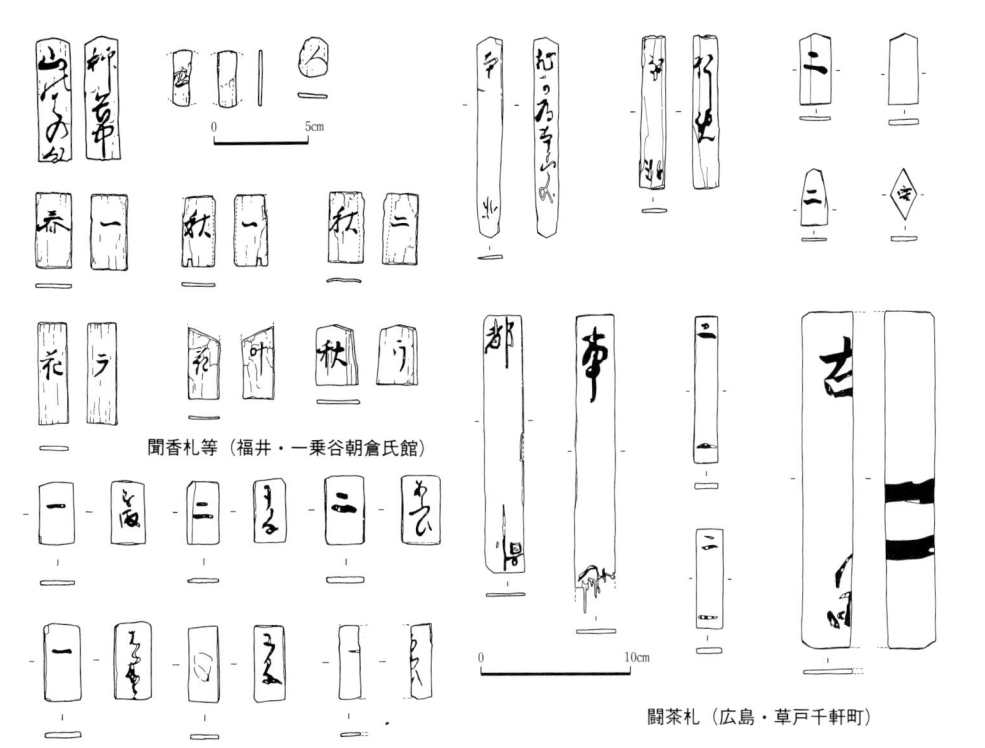

香炉（大阪・新金岡更池）

聞香札等（福井・一乗谷朝倉氏館）

聞香札（広島・草戸千軒町）

闘茶札（広島・草戸千軒町）

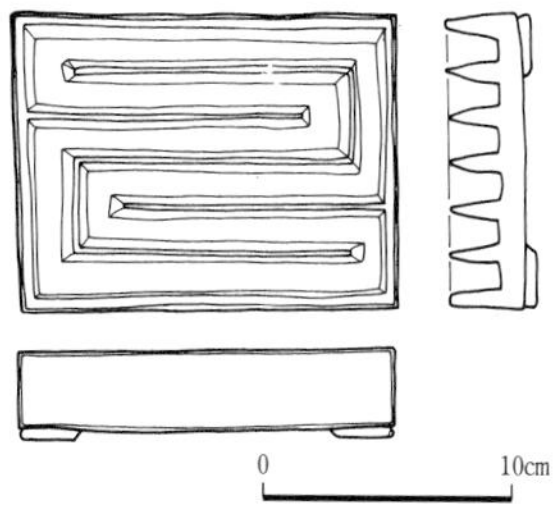

4 風流な会所の遊び 闘茶に使用されたと思われる木札は草戸千軒町遺跡で確認されている．札には「都鄙・本非・一・二・客」などの茶の種類が記されている．宮城・瑞巌寺，山形・大盾遺跡などでも闘茶札が出土している．闘茶とともに聞香も流行した．聞香に関わる遺物としては，聞香札や香炉がある．聞香札は朝倉館の濠から「春・一」「秋・一」「花・ラ」と記された札が確認された．雲母片と一緒に出土しており，聞香札と考えられている．草戸千軒町遺跡からは『源氏物語』の巻名である「わかな」「ははきぎ」などと記した聞香札が出土している．

絵巻に描かれた毬杖 『西行物語絵巻』

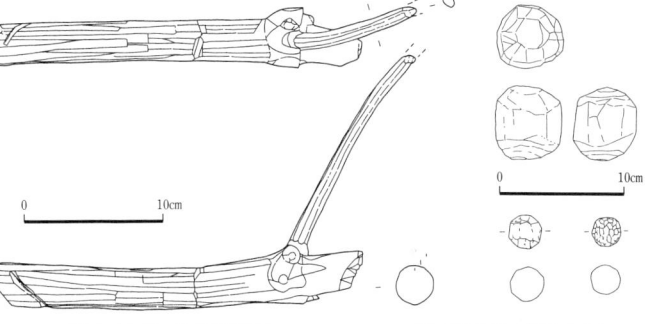

毬杖（広島・草戸千軒町）　　毬（神奈川・佐助ケ谷）

5 子供の遊び 『慕帰絵詞』『西行物語絵巻』と子供が遊びに興ずる様を描いた絵巻は多い．鎌倉市内の佐助ケ谷遺跡や千葉地遺跡等からは，絵巻の路地裏の風景を彷彿させる玩具が多く出土している．毬杖は，毬の出土は多いが，打杖の方はあまり出土しない．自然木にわずかに手を加えた程度の毬杖は，調査の際に毬杖と認識されないこともあろう．羽子板には大小のものが確認されている．羽根にあたるものはムクロジの実に羽根を指した「羽子」であり，草戸千軒町遺跡に出土例がある．独楽は多くが，糸を巻きつけて投げ引いて回すものだが，指先で捻って回すものもある．なお，絵巻には描かれていないが，木製トンボも出土している．

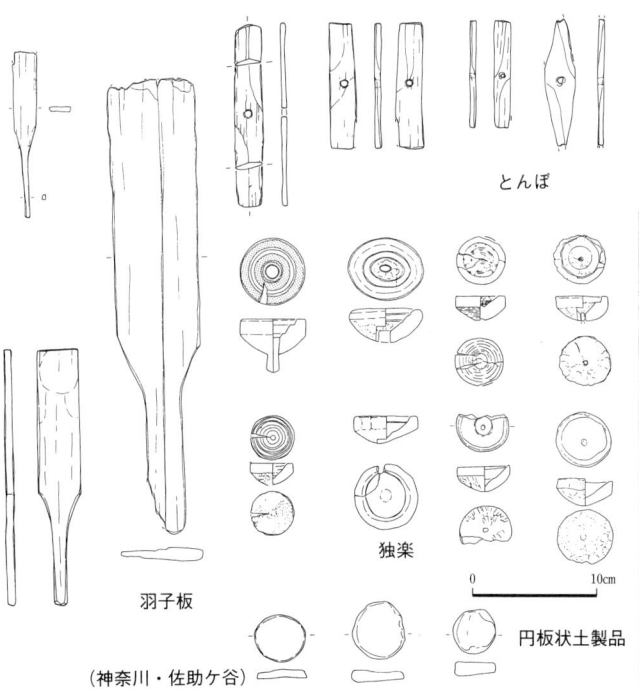

とんぼ

羽子板　　独楽　　円板状土製品

（神奈川・佐助ケ谷）

独楽を回す子ども 『慕帰絵詞』

遊戯具

5　化粧と装身

　「美」を求めることは人間の本性の一端であろうが，身を美しく飾りたてることの根源には，厄災を払うなど呪術的な意味あいも多く込められていよう．ここでは現在の通念としての「化粧・装身」に即して概観したい．なお，これらの遺物の大半は有機質であり，遺存する状況は極めて限定されることに留意しなければならない．

　化粧・装身具の出土地の大半は都市遺跡，寺院・城館跡である．出土状況が使用形態を示しているものはほとんどないが，平安期以降の墓壙や経塚に化粧道具が埋納されていた例がいくつかある．博多遺跡群では，12世紀後半の女性の木棺墓の中に，蒔絵箱に入れられた胡州鏡・鋏・毛抜き・櫛・御歯黒壺・化粧筆・水引・櫛払等が副葬されていた．出土した化粧道具のセットは，古神宝などとして伝世する手箱の内容品とほぼ同様のものであり，実際の使用状況を知る手掛かりとなる．

　鏡　地鎮遺構，経塚，土壙墓等に埋納されたものが多い．平泉では井戸鎮めに用いられた例がある．鎌倉では，武家屋敷地区・町屋地区を問わず出土するが，頭骨脇に銅鏡を副葬した鎌倉後期の女性の土壙墓が2例ある．和鏡がほとんどだが，博多や草戸千軒町では湖州鏡も出ている．近世になって盛行する柄鏡は16世紀頃になって登場した．

　櫛　堅櫛と横櫛とがあるが，絵巻に見られるように，堅櫛は馬櫛と考えられるものが多く，出土数は少ない．横櫛は大きく2つの用途に分けられる．歯の目が細かく，汚れを落とすための梳櫛と，目が粗く，髪を解くための解櫛とである．出土割合は梳櫛が断然多いが，これは伝世する手箱の内容構成とも符合する．

　中世の櫛は，平安期の形を引き継いで，棟が狭く緩い曲線もしくは直線的な形態のものが多いが，後期には棟が幅広く山型で装飾品的要素の強い櫛が増える．これは女性の髪型が垂髪から結髪へと変化したことに関係があろうか．

　櫛の材質は，古来黄楊が良いとされているが，出土品の割合は各時代を通じてイスノキが多い．草戸千軒町・鎌倉でも鑑定されたものはすべてイスノキを材としていた．宮城県中田南遺跡からもイスノキの梳櫛が出土している（15世紀後半〜16世紀）．今日ではイスノキは主に西日本に生育する常緑樹であるから，鎌倉や中田南の櫛は，製品あるいは原木の搬入によるものか．一方，一乗谷から出土するものはいずれも黄楊製であるという．

　笄　これも髪形と関係あろうが，遺例は多くなく，後期では一乗谷で出土している．

　笄　刀剣の付属品である三所物の一つであるが，髪を解いたり，ほつれを直したりするのに用いられた．骨角製品が多いが，後期には金属製も出土している．形態は細長いものと扁平なものとがあるが，後者が圧倒的に多い．

　毛抜き　古来，眉などの毛は剃るよりも毛抜きで抜くことが多かったという．出土品は，今日の形態とほとんど変わりがない．

　御歯黒壺　歯を染めるための鉄漿は，茶の中に焼いた鉄を入れ，五倍子を加えて作る．これに用いた御歯黒壺は，一乗谷で越前焼の小壺が多く出土しており，中には鉄錆が内面に付着したものもあった．ほとんど近世に属するが，堺でも鉄分の付着した備前壺が出ている．歯黒めの風習は平安中期には定着していたと見られ，博多では，12世紀後半の木棺墓に副葬された褐釉の御歯黒小壺が出ている．

　紅皿・鉄漿皿　紅皿としては，瀬戸の入子や青磁の皿などがある．青白磁の小皿や合子なども使われたであろう．紅が遺存していた例もある．鎌倉ではチョウセンハマグリの内面に紅の付着したものが出土している．鉄漿皿では，輪花形の金属製容器が各地で出ている．草戸千軒町の例では内面に黒色物質が付着していたという．

　下駄　大きくは，台と歯を一木から作り出した連歯下駄と，別の部材を組み合わせた差歯下駄があり，後者には台にほぞ穴を貫通させた露卯下駄と，台の側面から切り込みを入れ，歯を差し込んだ陰卯下駄とがある．前期の下駄は長楕円形で台部中央からかかと寄りにかけて幅広いものが多いが，後期では爪先側の幅が広くなり，また長方形の割合が多くなるとされる．鎌倉では連歯が圧倒的に多く，差歯は露卯がごくわずか出土するにすぎない．また，草戸では8割が連歯，2割が差歯で，その内陰卯はごくわずかである．一方，一乗谷では，雪国特有の雪下駄が多く出るが，連歯と露卯についてはほぼ同量で，陰卯はごく少ない．

　草履　各地から草履の芯にしたと思われる板が出土している．「板金剛」などと呼ばれる物で，左右対称に切り出した2枚の板心を稲藁や藺草などで編み込んだ物である．平面形は，下駄とほぼ同様に，前期は長楕円形のものが主で，後期には長方形のものが多く見られるようである．

　烏帽子　良好な出土例は少ないが，表面を漆によって塗り固めてあるため遺存しやすく，各地で断片が散見される．平泉では立烏帽子，栃木県下古館遺跡・鎌倉・博多などでは折烏帽子が良好な状態で出土している．

［文献］網野善彦・石井進・福田豊彦監修 1988〜94『よみがえる中世1〜8』平凡社．

（佐藤仁彦）

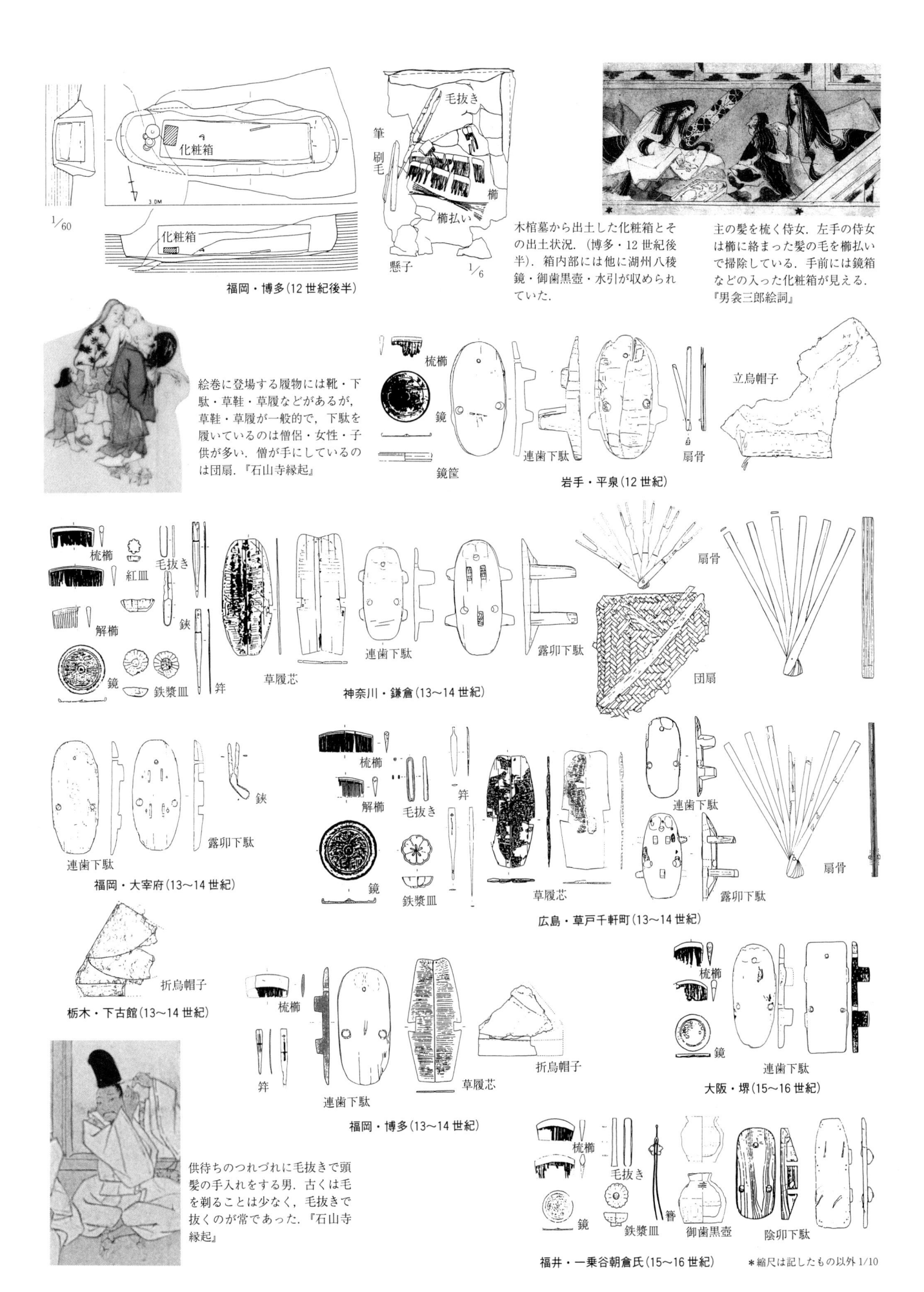

福岡・博多(12世紀後半)

木棺墓から出土した化粧箱とその出土状況.(博多・12世紀後半).箱内部には他に湖州八稜鏡・御歯黒壺・水引が収められていた.

主の髪を梳く侍女.左手の侍女は櫛に絡まった髪の毛を櫛払いで掃除している.手前には鏡箱などの入った化粧箱が見える.『男衾三郎絵詞』

絵巻に登場する履物には靴・下駄・草鞋・草履などがあるが,草鞋・草履が一般的で,下駄を履いているのは僧侶・女性・子供が多い.僧が手にしているのは団扇.『石山寺縁起』

岩手・平泉(12世紀)

神奈川・鎌倉(13～14世紀)

福岡・大宰府(13～14世紀)

広島・草戸千軒町(13～14世紀)

栃木・下古館(13～14世紀)

福岡・博多(13～14世紀)

大阪・堺(15～16世紀)

供待ちのつれづれに毛抜きで頭髪の手入れをする男.古くは毛を剃ることは少なく,毛抜きで抜くのが常であった.『石山寺縁起』

福井・一乗谷朝倉氏(15～16世紀)　＊縮尺は記したもの以外1/10

化粧と装身　159

6　武器と武具

　『蒙古襲来絵詞』を始めとした絵巻類には様々な武具，武器が描かれている．しかし，意外に遺跡からこれらの武器・武具が出土することは少ないのである．

　発掘資料の多くは，墓跡のように恣意的に埋められた以外は，日常品がその機能を失った時に破棄された場合が多い．使用の要をなくした武器，武具もあろうが，刀などの金属製品は再利用もされる事が多く，また，武器・武具の多くは武士の家に代々相伝すべきものであり，安易に捨て去られることはなかったであろう．また，普通の生活用具とは異なり，使用階層は限定される．その出土は少なくても不思議ではない．

　甲冑　甲冑が遺跡から良い状態で出土することはまれである．各地の城館跡からは，甲冑の綴をつくる小札，箙，鞢などの出土が多い．

　鎌倉などでは甲冑の小札，箙，鞢などの部位が確認されているが，中世前半の遺跡ではあまり武器や武具の出土は多くない．中世後半では，各地の城館跡から小札がよく確認される．静岡県山中城跡や埼玉県騎西城などでは兜が出土している．

　京都府法住寺殿跡では，12世紀中葉から13世紀初頭頃の武将の墓跡が調査され，甲冑，金銀象嵌を施した鍬形，轡，弓矢が出土した．方形の土壙に席を敷き，その上に五領の甲冑を裏返しに拡げ，その上に木棺が置かれていた．棺の両側には箙に盛った矢を向かい合わせに配し，棺の上には弓を置き，棺の南には馬具が置かれていた．いずれの武具・武器とも優れたもので，武器・武具の研究をする上に欠くことのできない発見であるとともに，中世武士の埋葬を考える貴重な資料である．

　甲冑とともに馬具も極めて重要な武具の一つである．轡・野沓など馬具の部位は各地で確認されている．

　打物　太刀，槍，薙刀，腰刀などの刀剣類，鋒，柄頭，切羽，鐺，鯉口，栗形など太刀などの付属品や外装具などの出土がある．甲冑同様に太刀や刀類もあまり消耗されるものではなく，出土例は少ない．鎌倉では短刀の腰刀の出土例が多い．この腰刀は武士の持物でなく民衆の持物とも言われており，様々な階層の人びとが集住した鎌倉ならではの武器といえるかもしれない．岩手県柳之御所遺跡では小刀や太刀の鞘が出土している．

　弓矢　弓は，梓や柘などの木製のものと，木製弓と苦竹を合わせた合せ弓などがある．弓は表面に黒漆を塗り仕上げられたり，弓弭部分は漆に糸を巻き丁寧に作られる．しかし，身が長いこともあり，各地の遺跡で弓の出土あるが，やはり残りはよくない．

　一方，矢に関しては時代を問わず，各地の遺跡から出土が確認されている．矢は，矢柄，鏃，矢羽よりなるが，矢柄（箆），矢羽の出土例は聞かない．鏃は骨角，竹，鉄などの素材で作られ残りがよく，出土例も多い．しかし，圧倒的に出土例の多いのは鏃である．

　矢は用途により，狩猟用の野矢，軍事用の征矢，歩射の競技用の的矢の三種類があり，野矢には雁股，征矢には丸根や平根などが使用された．追物や笠懸などでは鏃を使わないで，引目の鏑を用いたとされる．

　鏑は中世前代の鎌倉の遺跡などで出土例が確認されているが，余り多くない．鏑が実用的なものでないことを考えれば，当然なのかもしれない．

　戦国時代の各地の遺跡からは，主に雁股，平根，丸根の鏃が出土している．例えば，愛媛県見近島城では，数十本の鏃が建物跡を中心に発見されている．破城の後に打ち捨てられたものか，戦いの痕を意味するものであるか．このように武器の出土は各地で確認できるが，使用の実態を把握できるものは考古学的には難しい．

　火縄銃　中世において合戦のあり方を最も変えた武器であろう．火縄銃を使用した合戦として知られるものに天正三年の長篠の戦いが広く知られている．その折りには，三千挺の鉄砲が使用されたと言われている．実際，この合戦において三千挺もの鉄砲が使用されたのか真偽は定かではないが，戦国期終末段階の各地の城館跡からは火縄銃の一部や弾丸がよく出土する．一乗谷からは火縄銃にかかわる大小の鉛玉，鉛延棒，坩堝，火縄銃のバネなどが集中して発見された遺構があり，鉄砲鍛冶とも鉄砲商人の屋敷とも言われている．朝倉氏の早くからの鉄砲の導入を伺うことができる．

　各地から出土する弾丸には鉛・鉄・銅などがあり，ほかに石・陶器なども用いられていた．しかし，圧倒的に鉛の出土が多い．

　つぶて　山中城からは径10cm前後，重さ数キロほどの礫が多数検出されている．この石はつぶてと考えられている．山中城などのような，山城ではこのようなつぶても効果的な武器として多用されたのであろう．騎西城跡では，板碑を10cmほどの大きさに加工したものが多数出土している．これもつぶてと考えられている．

［文献］高橋昌明他1994「武士とは何だろうか」『朝日百科歴史を読みなおす』8，朝日新聞社．福田豊彦1993『いくさ』吉川弘文館．
（浅野晴樹）

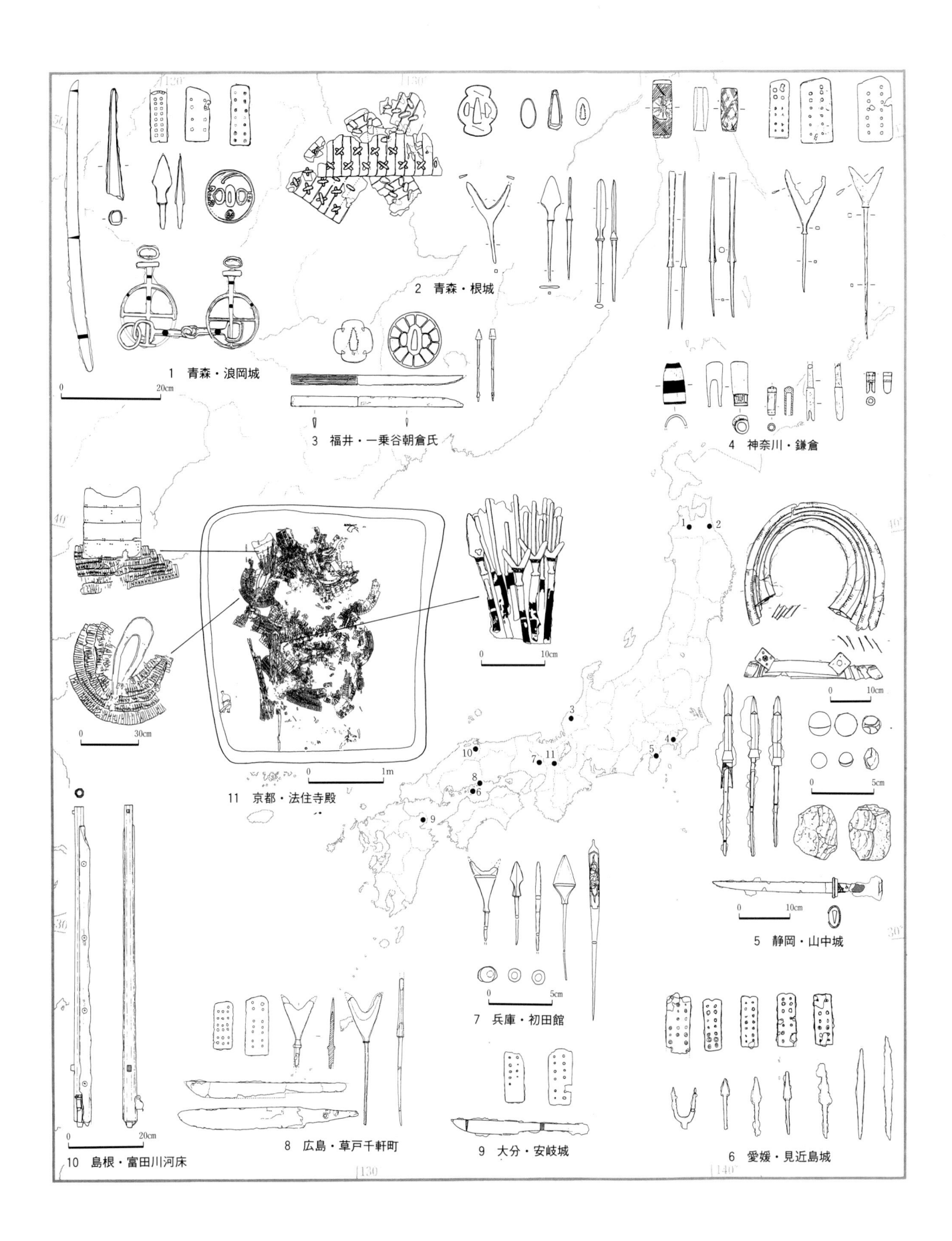

1 青森・浪岡城
2 青森・根城
3 福井・一乗谷朝倉氏
4 神奈川・鎌倉
5 静岡・山中城
6 愛媛・見近島城
7 兵庫・初田館
8 広島・草戸千軒町
9 大分・安岐城
10 島根・富田川河床
11 京都・法住寺殿

武器と武具

7 食物

遺跡から出土した食物ゴミ(動植物遺体)を基に，中世の食物について概観する．図は，遺体を貝，魚，鳥獣家畜，植物(種実)に分け，主要遺跡について種類と比率を示したものである．ただし遺体の比率は，算定法の性質上，実際の消費量の比率をそのまま表しているわけではないので，グラフは大まかな目安と考えていただきたい．その他，注意すべき点を列挙すると，(1)遺体として残りにくい種類(例えば葉菜・根菜・海藻など)は表れていない．(2)出土遺体がその場で消費された食料を示しているとは限らない．例えば，のしアワビや楚割の場合，殻や骨が残されるのは加工の場であって，消費地ではない．(3)出土遺体は多くの場合断片的であるため，その示す内容は，平均的な食生活から相当に偏っている可能性がある．(4)動物遺体については，水洗選別を行っている調査が少ないため，小型の種類が過小評価となっている可能性が強い．

中世の食物は，村落と都市，社会階層，日常と非日常の場などに応じて分化していたこと，また中世の中でもかなりの時代差があることが文献や絵図などから推測される．また，「食物」といっても食膳に上がった料理の姿を遺体から復原することはできない．以下では主に食用とされた動植物の種類とそれらの割合について整理してみよう．

植物 穀類では，大半の遺跡でイネが第1位を占め，米の主食化の進行を示すが，ムギやヒエ・アワ等の雑穀類も合計するとイネと同等かそれ以上の出土量を示すのが普通で，特に東京都の八王子城，神奈川県新作小高台ではムギが圧倒的多数を占める．クリ・トチノキ等を多産する遺跡もあり，米はカロリー源として圧倒的優位を得るには至っていない．マメ類はダイズ・アズキが普通だが，量は少ない．果実類ではクルミ・モモ・ウメ・マクワウリが一般的で，しばしば多量に出土する．草戸千軒町ではナス・カボチャ・スイカ・ブドウ類も出土しており，食用果実の多様性を示す．図示したもの以外では，エゴマ・シソ類が広く見られるほか，食用可能な野生植物も少なくない(北海道勝山館のヤマブドウ・ハマナス，石川県水白モンショ遺跡のヤマグワなど)．

魚貝類 魚貝類遺体の出土量は一般にそれほど多くはないが，鎌倉・博多などではしばしば多量の魚骨が出土するほか，海岸部の村落遺跡には小規模な貝塚(貝の図中△)が伴うことがある．種類・内容は各地方の生息種を反映した地域性を示しており，遺跡ごとの差が大きい．

貝類では全般にウバガイ・ハマグリ・シジミ・カキなどの二枚貝が多い．特徴的なのはアワビ・サザエやアカニシなどの大型巻貝で，特に都市・城館遺跡で目立つ．

魚類では，北海道を除き全国的にマダイへの傾倒が明らかである．マダイ頭骨の切断痕からは，いわゆる「兜割」技法の普及が読みとれる．その他，鎌倉，熊本県高橋南ではサメ類やマグロ・カジキなどの外洋性大型魚が魚骨のほぼ半数を占める．ハモは瀬戸内の遺跡で特徴的に見られる．高貴な品とされるコイ・アユなど，淡水魚は意外に少ない．イワシ・アジ・サバのような小型魚が少ないのは遺体の採集方法の問題によるものか．大坂城下町魚市場出土木簡では，アジ類・サバの記載のあるものが半数以上を占めており，少なくとも一般庶民にはこれらの魚が多く食されていたらしい．北海道の勝山館ではニシン・サケなど寒流系の魚類が大半を占め，独特な様相を呈している．

そのほか，遺体に反映されない加工流通品も，都市部を中心に相当量が消費されていたと推測される．

鳥獣・家畜 鳥獣骨を出土する遺跡は多く，中世にも肉食が横行していたことを裏付ける．全般に狩猟獣と家畜が多く，鳥類は少ない．

狩猟獣では全国的にシカが好まれる．イノシシ(ブタの可能性あり)は西日本に多い傾向がある．中小獣は一般に少なく，しばしばノウサギが目立つ程度である．イルカや小型のクジラ類は鎌倉・博多・高橋南で多量に出土しているが，他の遺跡ではほとんど見られない．スッポンは少量ながら西日本の遺跡に特徴的で，明確な東西差を示す．

家畜遺体には，食料残滓か否かの判定が難しいもの(図中括弧で表示)も多いが，一応骨に解体の痕跡が認められるものを食料残滓と見なした(勝山館のイヌは鷹狩用の餌との指摘あり)．家畜はしばしば鳥獣類中の最多数を占めており，畜肉が盛んに食用とされていた可能性を示唆する．平均的にみて最も目立つのはイヌ，次にウマで，ウシは少ない．特に草戸千軒町ではイヌの食用が顕著である．しかし，青森県根城，岡山県百間川米田のようにウマやウシが鳥獣骨の半数以上を占める遺跡もあり，一方で京都府三条西殿のように食用の痕跡が見られない場合もあるなど，家畜の扱いに関しては様相が錯綜している．

鳥類では，キジが少量ながら全国的に出土する．ニワトリ(キジとの区別が難しい場合あり)は鎌倉・草戸千軒町でやや目立つ．鎌倉(千葉地東・蔵屋敷遺跡など)ではガン・ハクチョウなどが多量に出土し，特異な様相を呈している．

(樋泉岳二)

貝

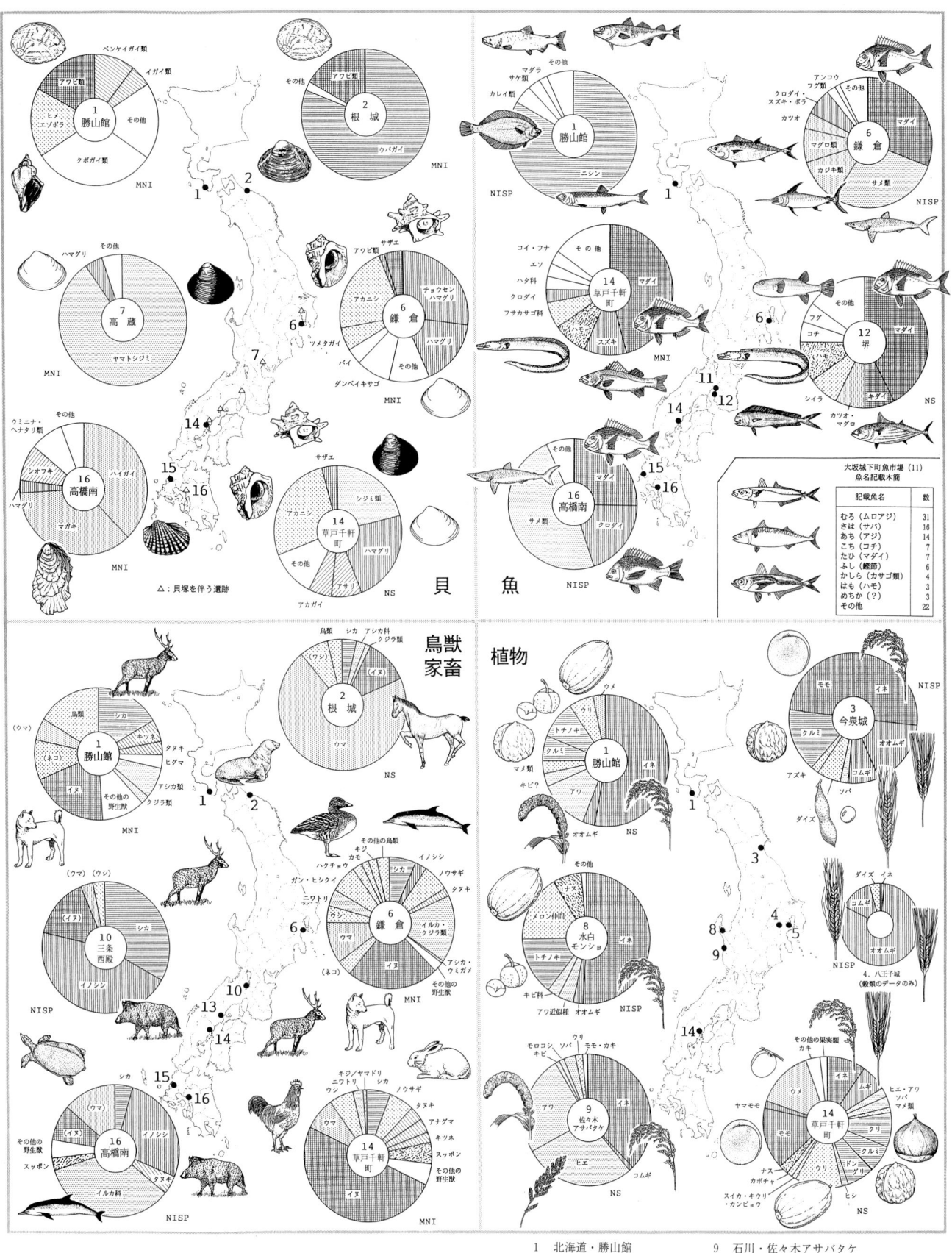

魚

鳥獣家畜

植物

大坂城下町魚市場 (11)
魚名記載木簡

記載魚名	数
むろ（ムロアジ）	31
さば（サバ）	16
あち（アジ）	14
こち（コチ）	7
たひ（マダイ）	7
ふし（鰹節）	6
かしら（カサゴ類）	4
はも（ハモ）	3
めちか（？）	3
その他	22

1　北海道・勝山館
2　青森・根城
3　宮城・今泉城
4　東京・八王子城
5　神奈川・新作小高台
6　神奈川・鎌倉
7　愛知・高蔵
8　石川・水白モンショ
9　石川・佐々木アサバタケ
10　京都・三条西殿
11　大阪・大坂下町
12　大坂・堺
13　岡山・百間川米田
14　広島・草戸千軒町
15　福岡・博多
16　熊本・高橋南

遺跡番号はグラフと一致．NISP：同定標本数，MNI：最小個体数，NS：検出サンプル数．
鎌倉の貝類は下馬周辺・長谷小路，魚類は千葉地東・蔵屋敷・長谷小路，鳥獣・家畜は
千葉地東・蔵屋敷・鶴岡八幡宮・長谷小路の合計．

食物　163

Ⅵ 流通と消費

概説
1 焼物の流通・消費
2 石製品の流通
3 銭貨の流布

概　説

都市と流通　中世を特徴づけるキーワードのひとつが「都市の時代」である．列島各地に急速に展開した都市と都市住民のエネルギーを軸にして，時代の様々な動きが収斂した．都市機能の中心は，大小の各地域圏における政治，経済，文化のセンター機能といえるが，中でも前時代に比べて経済機能の比重が格段に増したのが特徴である．

中世都市遺跡で発掘される膨大な量の陶磁器などの遺物は，都市の持つ消費力の大きさはもちろんだが，その発達した流通ネットワークをも証明している．中国や朝鮮半島，東南アジアで生産された多量の陶磁器の出土は，列島が，宋を中心とする東アジア経済システムの一環に組み込まれたことを意味し，琉球をはじめとする南の地域や北の中世蝦夷地などを含む，広範な規模の国際的物流の具体像を示している．国内では，瀬戸や美濃焼，常滑焼，備前焼，越前焼などが示す列島内の広域商圏，地元産のかわらけや土鍋などの土器類がもつ一国程度の小さな流通というように，いくつかのレベルの流通システムが重層して機能している．当然，その各々のレベルには，生産と流通の組織や仕組みが存在した(IV)．

列島内で整理すれば，京都・奈良を求心力とする首都圏経済の同心円構造が指摘されるが，それは単純な畿内と地方という単軸の放射状流通ではない．各地域の拠点的港湾都市などを結節点とした，列島が数地区にまとまる遠隔地流通単位の地域流通網があり，さらにそうした港湾都市や古代以来の政治的，経済的中心であった府中などの各拠点都市をハブとする地方流通圏が形成され，それらが列島各地に入れ子状に存在する状況である．そのネットワークの末端の周辺集落との結節点が宿や市(II-4)という都市的な場であった．

商品と銭　もう一つのキーワードは，「商品と銭使いの時代」である．中世は，本格的な銭使いの時代の幕開けであった．そこでは，考古学でいう遺物，つまり遺跡に形の残る消費財はもちろん，魚や野菜，米などの食料品をはじめ，灯明油，薪炭など，毎日の生活を支えた様々な必需品がすべて値段をもった商品であった．現在と同様，家庭菜園のような例外を除けば，ほとんどのものが商品として生産され，商品として流通し，銭，米などの対価をはらうものであったことを認識する必要がある．そうした視点で，当時の人々の経済的な価値観を載せて考古資料を理解することが必要と考え，文献史料が豊富な首都圏の15, 16世紀を中心とした物価表を作成した．そこからは，都市部における商品価値の実態を読むことができる．例えば都市民においては，大工や桶屋賃金などと比較すると，長く使う日常消費財は特別に高価なものではなく，むしろ農水産品などの食料品と比べると相対的に安く，一方，それらに比べ，威信財ともなる茶の湯・花・香などの道具がいかに高価であったかがわかる．遺跡における屋敷のものの持ち方の格差が具体的な価値観で比較できる数値となり，均質化した日常消費財に対する威信財の持つ社会的意味と経済的重みが明らかになる．こうした史料を増やすことで，例えば，首都圏と地方，都市と農村などの地理的な格差や，大名と町屋といった社会的な階層格差などが具体化できる．

中世の盛んな商品経済を支えたのが，中国から輸入された銅銭である．朝鮮・新安沖沈船の積み荷の28トンという大量の中国銭は，貿易における銭貨輸入の実態をよく示している．その消費地における銭貨流通の膨大さを具体的に示す代表例が，大甕などに入って地中から出土した一括出土銭である．鈴木公雄氏のまとめによれば，1996年時点で確認されているだけでも255例，合計324万枚が知られる．埋納銭などとも呼ばれる一括出土銭の性格については，蓄財を目的とする備蓄銭説と，山野の開発などに伴い神仏に捧げた呪術的埋納銭説とする，対立する議論があるが，俗世界における可処分の銭かどうかは別にしても，銭の流通，貯蓄，支出という行為からは同じであり，中世における大量の銭貨流通が明らかになる．

多様な資料　考古学分野で流通を語る資料はいつも陶磁器であったが，近年，硯，砥石など広域流通する石材や，鋳物製品などの金属製品の動きが，新たに加わった．これらは，現在のところ陶磁器ほどには各地の遺跡で普遍的に資料化されたとは言い難いが，陶磁器とは異なる生産の仕組み，消費のあり方をもつ資料が加わることで，さらに厚みのある多視点からの流通問題が語れるようになる．

一方で，考古遺物が実際の流通の場面でいつも主体であったわけではなく，近年，文献史の研究でも成果が大きい，例えば，瀬戸内海流通を具体的に示す「兵庫北関入舩納帳」や品河湊を中心に関東と伊勢湾の海運を示す「湊船帳」など，こうした学際的な研究の連携がさらに求められよう．

[文献] 林屋辰三郎編1981『兵庫北関入舩納帳』中央公論美術出版．永原慶二編1995『常滑焼と中世社会』小学館．峰岸純夫・村井章介編1995『中世東国の物流と都市』山川出版．能ケ谷出土銭調査会・町田市教育委員会1996『能ケ谷出土銭調査報告書』．綿貫友子1998『中世東国の太平洋海運』東京大学出版会． （小野正敏）

新安沈船の復元図

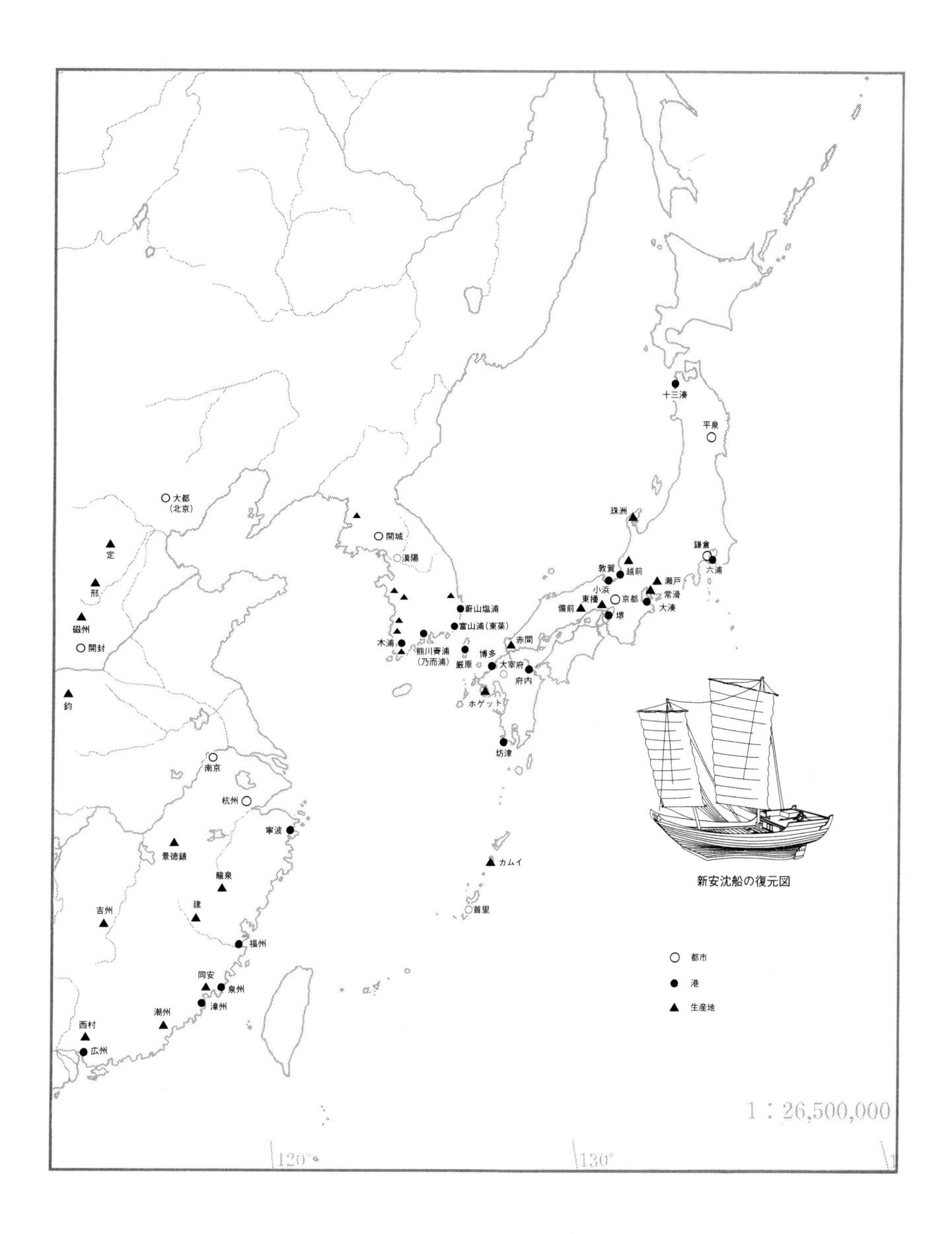

○ 都市
● 港
▲ 生産地

1:26,500,000

流通と消費

概説 167

1　焼物の流通・消費

資料的特性　焼物は，他の考古遺物にはない優れた特性をもっている．第一は，生産地と生産された年代が明確なことであり，それが消費地遺跡に残されることで，生産地と消費地を空間的に結び，また，生産と消費，廃棄された時間的経過を示していることである．第二が，どこの遺跡でも量的に存在し，普遍化できる比較可能な資料であること．これは，腐らない，焼けないという物理的な性質と日常生活の多様な機能をもっとも多く分担している道具ということによる．そうした特性をもつために，流通や消費問題を検討するときに最もよく使われる資料となっている．

広域流通と海運　中世の焼物生産は，基本的に商品流通，その販路の確保が前提にあった．特に広域流通する陶磁器は，積み出し拠点の湊，船と問丸による海運とセットになった商圏を示しており，おそらく海外からの貿易陶磁も国内での流通段階では同じ手段によったと推定される．

その結果，大きく列島を数分割する流通圏を構成した．例えば，桑名，大湊など伊勢湾の湊を拠点とする東への海運は，太平洋域流通圏を示し，中世前期には渥美・常滑を，中世後期には，常滑と瀬戸美濃を流通させた．同様に，若狭湾以北の日本海流通圏は，小浜，敦賀を拠点にし，畿内から九州までの西国は瀬戸内流通圏が，南では琉球を核とする南西諸島流通圏が展開した．もちろん流通の主体は陶磁器だけではなく，さまざまな商品が動いたことは『兵庫北関入舩納帳』が示すとおりである．

沈没船と海揚がり陶磁器　そんな生産と消費地のまさに流通段階のある時間断面の具体像を伝えているのが沈没船とその積み荷の海揚がり陶磁器である．近年，列島の各地に沈没船が調査されるようになり，流通の各レベルの積荷，特に陶磁器が採集されるが，まだ船体の調査例はなく，陶磁器以外の情報が少ない．現状では海揚がりの陶磁器は，底引き網などの漁による偶然の採集であるための制約がある．例えば日本海では珠洲と中国陶磁や瀬戸は，別のレベルの船なのかどうかといった点は不明である．

そうした状況の中で，博多，堺をはじめ，兵庫津，三重県安濃津，青森県十三湊，静岡県元島，鹿児島県持躰松などの港湾に関連した遺跡の調査が増えており，その陶磁器のあり方が重要な情報となる．

こうした沈没船や港に関連した遺跡では，本来商品として流通したのではない陶磁器が副次的に出土することがしられる．例えば，東国における備前焼擂鉢，畿内産瓦器椀，伊勢型土鍋などの通常の流通圏外への点在である．また，他の商品の容器，コンテナとしての甕壺の出土もその特徴である．沖縄県首里城京の内の備前大甕や壺，タイ産壺，鹿児島県倉木崎沈船の中国製大甕などがそれである．通常の消費地における茶の容器としての信楽壺の圏外出土や焼塩壺などの意味も同じであり，流通の経路や陶磁器以外の商品の動きを示しており，その広域さがわかる．

地方窯の生産と流通　一方，中世前期には，こうした広域流通する窯業，特に東海系窯の技術移転で各地方により狭い流通圏をもつ地方窯が成立し，広域流通品のコピー商品を生産した．しかし，その性格上同類の製品を主体にするため，広域流通品の生産と流通量が増加すると競合に敗れ，いずれも 14 世紀頃までには駆逐され，焼締陶器の甕壺擂鉢といった器種は主要産地の地域別寡占状態となる．それ以降は，質や器種の異なる土器生産だけが在地窯として残り，1 国程度の小規模な範囲で廉価な商品を流通させるが，流通組織に関しては，未解明の問題が多い(IV-1)．

消費の格差　考古学では，主として陶磁器などの出土状況にみる絶対量の比較と機能の分担状況にみる陶磁器の質の比較になる．具体的な量の比較は遺跡全体の発掘が不可能な現実があり，単位面積あたりの陶磁器出土点数によっている．遺跡の継続時間など厳密な条件の比較が必要ではあるが，大まかな都市と村・在地の館などの比較では，都市が高く，単位面積でみると，在地の館よりも都市の町屋地区の方が消費量が大きい．16 世紀を例にとると全国的に都市遺跡では $1m^2$ 当り二桁台が普通である．また同じ都市内では鎌倉のように住民の階層差が出土量の差となって示される．東と西の地域比較では，一般に出土量は西高東低で，特にその傾向は 16 世紀以降顕著になる．これは，東国ではこの頃から碗皿が漆器主体の嗜好となることが反映されており，生活文化の地域差といえる(V-1)．

質については，個々の器の質の比較は困難であり，組成にみる日常生活の必須機能ではない威信財的な付加価値をもつ陶磁器の量と，例えば同じ天目茶碗でも中国製かそのコピーの瀬戸製かといったランクの比較が意味を持つ．また，白磁梅瓶，青磁酒会壺など主要な威信財の持ち方には，社会的階層を反映した共通性があり，そこに一定の規範があると考えられている．特に東国など畿内周縁部のかわらけの消費には，それが典型的に表現されるのである．

[文献] 藤沢良祐 1993「瀬戸大窯の時代」『瀬戸市史陶磁史篇 4』瀬戸市．吉岡康暢 1989「日本海域の土器・陶磁」『中世篇』六興出版．浅野晴樹 1991「東国における中世在地系土器について」『国立歴史民俗博物館研究報告 31』．

(小野正敏)

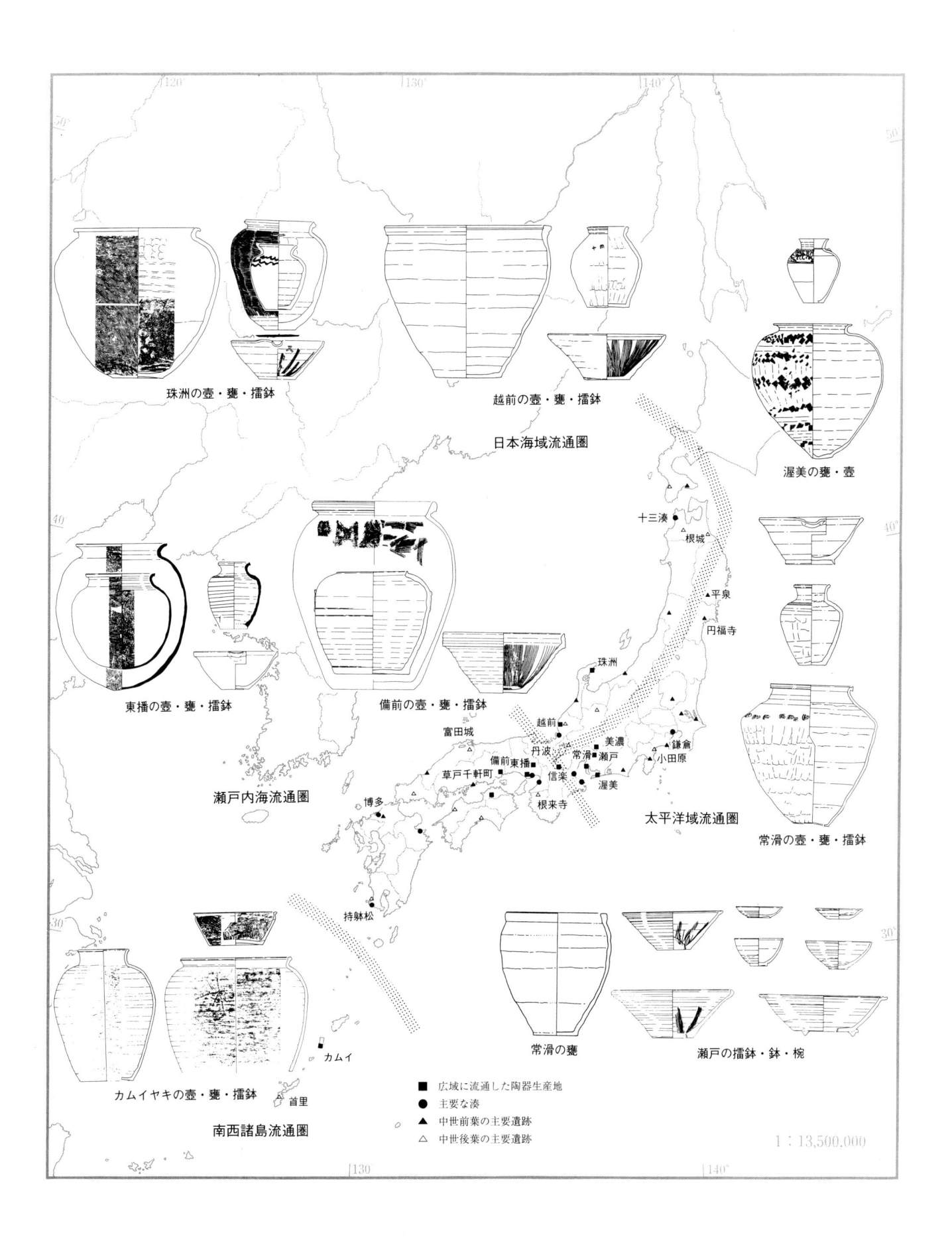

珠洲の壺・甕・擂鉢
越前の壺・甕・擂鉢
日本海域流通圏
渥美の甕・壺

東播の壺・甕・擂鉢
備前の壺・甕・擂鉢
瀬戸内海流通圏

十三湊
根城
平泉
円福寺
珠洲
越前
美濃
丹波
常滑
鎌倉
備前東播
瀬戸
信楽
小田原
草戸千軒町
渥美
博多
根来寺
富田城
太平洋域流通圏

常滑の壺・甕・擂鉢

持躰松
カムイ
首里

カムイヤキの壺・甕・擂鉢
南西諸島流通圏

常滑の甕
瀬戸の擂鉢・鉢・椀

■ 広域に流通した陶器生産地
● 主要な湊
▲ 中世前葉の主要遺跡
△ 中世後葉の主要遺跡

1：13,500,000

焼物の流通・消費　169

2　岡山・水の子岩

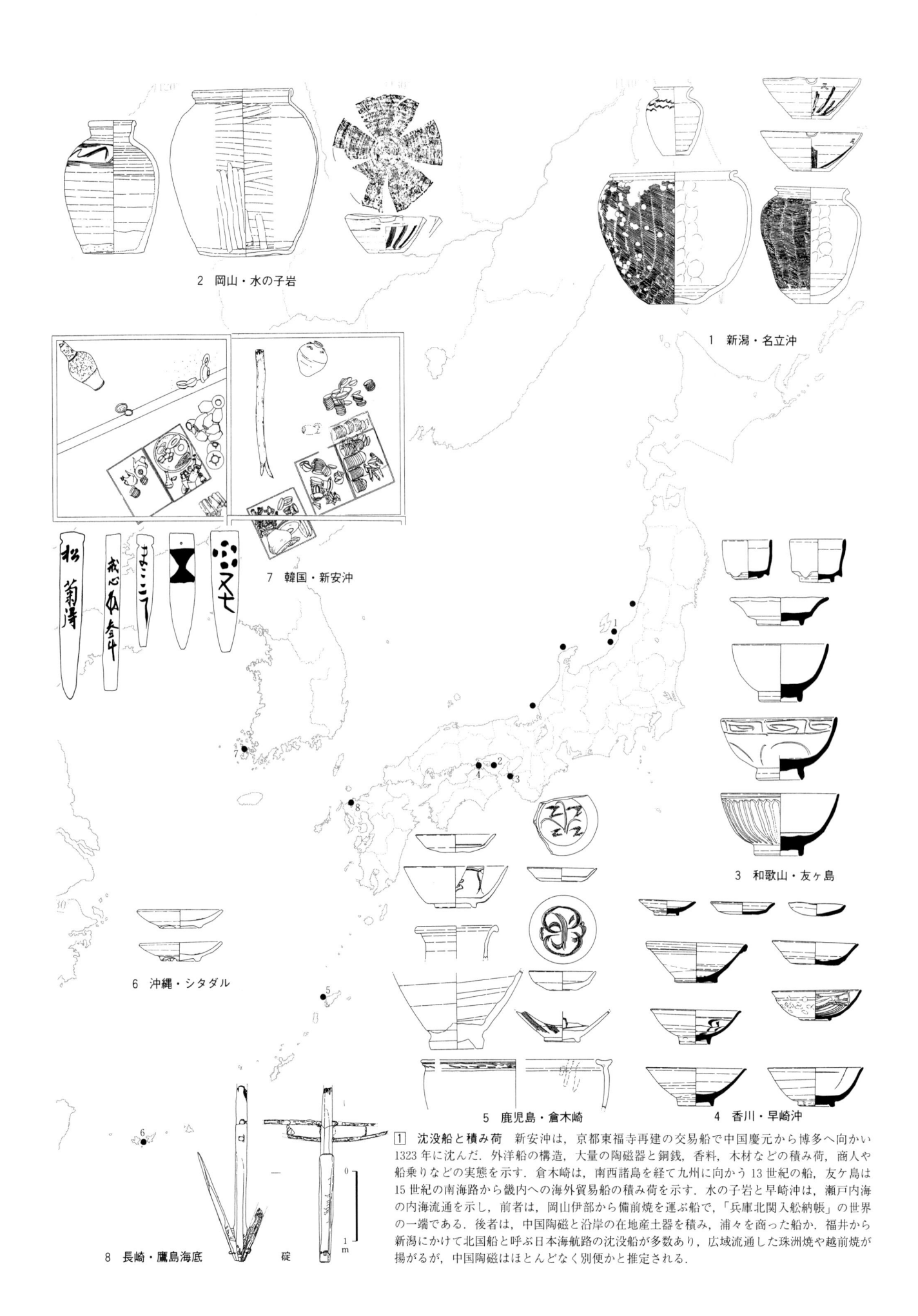

1　新潟・名立沖

7　韓国・新安沖

3　和歌山・友ヶ島

6　沖縄・シタダル

5　鹿児島・倉木崎　　　　4　香川・早崎沖

8　長崎・鷹島海底　　碇

1　沈没船と積み荷　　新安沖は，京都東福寺再建の交易船で中国慶元から博多へ向かい1323年に沈んだ．外洋船の構造，大量の陶磁器と銅銭，香料，木材などの積み荷，商人や船乗りなどの実態を示す．倉木崎は，南西諸島を経て九州に向かう13世紀の船，友ヶ島は15世紀の南海路から畿内への海外貿易船の積み荷を示す．水の子岩と早崎沖は，瀬戸内海の内海流通を示し，前者は，岡山伊部から備前焼を運ぶ船で，「兵庫北関入舩納帳」の世界の一端である．後者は，中国陶磁と沿岸の在地産土器を積み，浦々を商った船か．福井から新潟にかけて北国船と呼ぶ日本海航路の沈没船が多数あり，広域流通した珠洲焼や越前焼が揚がるが，中国陶磁はほとんどなく別便かと推定される．

170　流通と消費

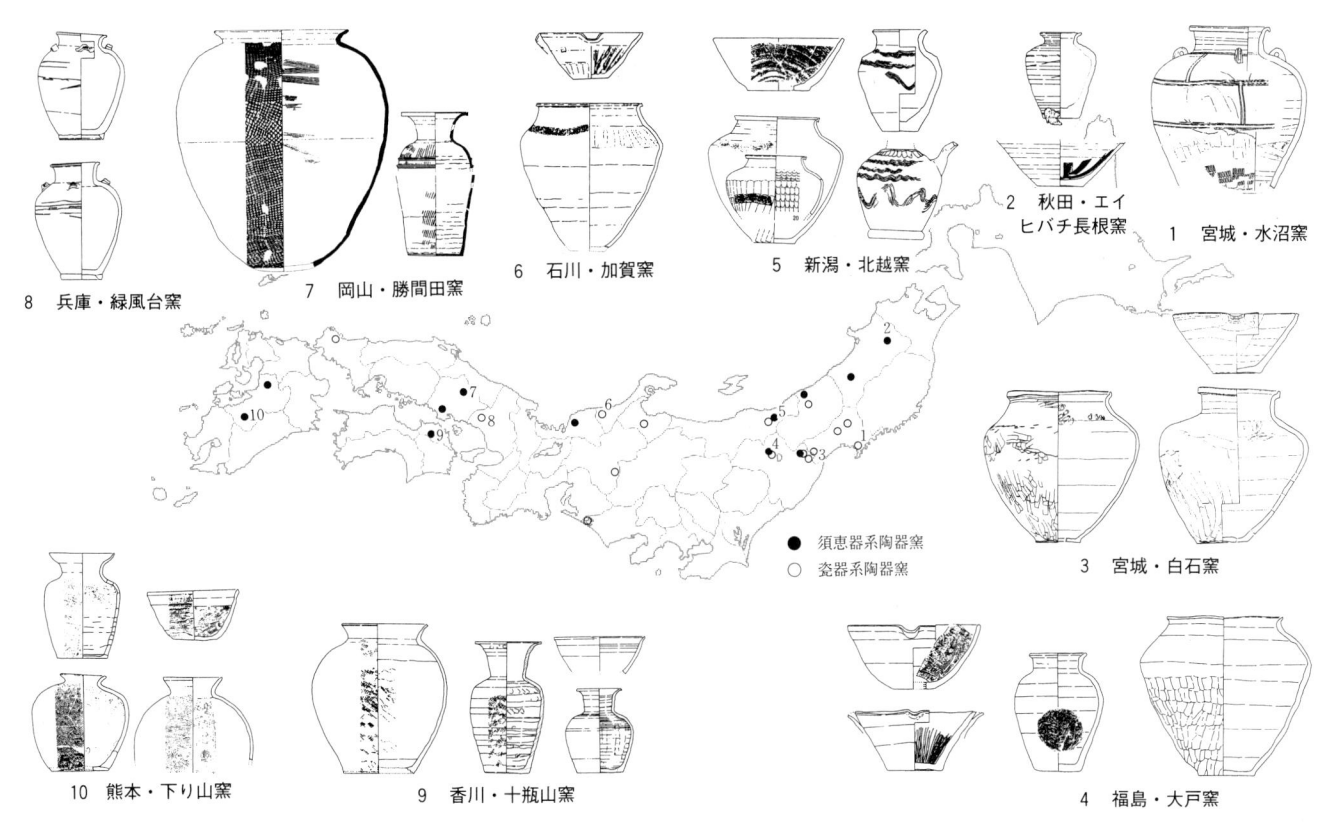

8　兵庫・緑風台窯　　7　岡山・勝間田窯　　6　石川・加賀窯　　5　新潟・北越窯　　2　秋田・エイヒバチ長根窯　　1　宮城・水沼窯

● 須恵器系陶器窯
○ 瓷器系陶器窯

3　宮城・白石窯

10　熊本・下り山窯　　9　香川・十瓶山窯　　4　福島・大戸窯

2 中域流通の陶器　中世前葉から中葉にかけて備前や常滑等の広域流通品とは異なる須恵器系，瓷器系の壺・甕・擂鉢が各地に分布する．流通圏の範囲は，福島県大戸窯，富山県八尾窯，岐阜県中津川窯製品のように数郡から一・二国程度の流通範囲のもの，香川県十瓶山窯，岡山県亀山窯製品のように瀬戸内一帯に分布するものなど様々である．これらの製品の役割は広域流通品の補完，互換品として流通したもので，西日本では主に須恵器系製品が多く認められるのに対して，東日本では須恵器系のみならず常滑窯や越前窯製品に類似した瓷器系製品も多く見られる．

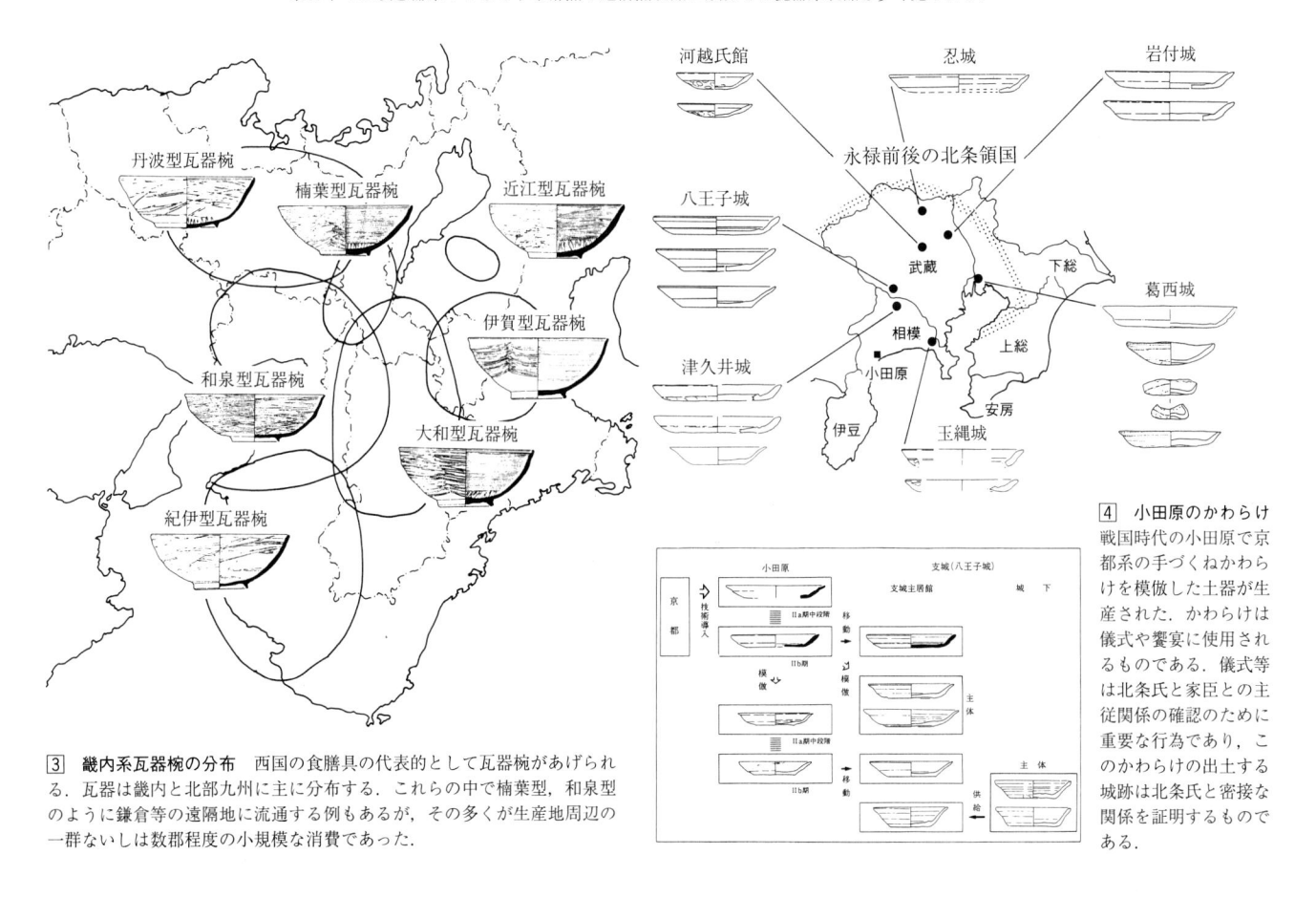

丹波型瓦器椀　　楠葉型瓦器椀　　近江型瓦器椀

伊賀型瓦器椀

和泉型瓦器椀　　大和型瓦器椀

紀伊型瓦器椀

3 畿内系瓦器椀の分布　西国の食膳具の代表的として瓦器椀があげられる．瓦器は畿内と北部九州に主に分布する．これらの中で楠葉型，和泉型のように鎌倉等の遠隔地に流通する例もあるが，その多くが生産地周辺の一群ないしは数郡程度の小規模な消費であった．

河越氏館　　忍城　　岩付城

永禄前後の北条領国

八王子城

武蔵

下総

相模

上総

小田原

津久井城

安房

伊豆

玉縄城

葛西城

4 小田原のかわらけ　戦国時代の小田原で京都系の手づくねかわらけを模倣した土器が生産された．かわらけは儀式や饗宴に使用されるものである．儀式等は北条氏と家臣との主従関係の確認のために重要な行為であり，このかわらけの出土する城跡は北条氏と密接な関係を証明するものである．

焼物の流通・消費　171

5 **鎌倉と周辺地域の消費格差** 鎌倉内の中心部と前浜の比較では，住民の階層が低い前浜では，ハレの機能を象徴するかわらけの組成比が低く，瀬戸製品が高く，連動する．また威信財では，例えば得宗に近い今小路西の大型武家屋敷では，瀬戸梅瓶がなく中国製主体となり，中国陶磁に典型的に表れる．鎌倉と周辺地域の比較では，三浦氏本貫地の蓼原東は，東京湾交通の拠点でもあり，地域の中核では組成が鎌倉と類似する．また東国御家人クラスの居館の威信財は鎌倉をモデルとしている．鎌倉との顕著な格差は消費の絶対量である．鎌倉内部では，1m² 当たりの破片数が前浜で 16〜90 と数十点，中心部では，さらに 100 を超すこともある．それに対して蓼原東は 7，池子は 1 である．また，周辺部においても東京湾沿岸と内陸部との格差は大きく，流通の拠点との関係が影響する．

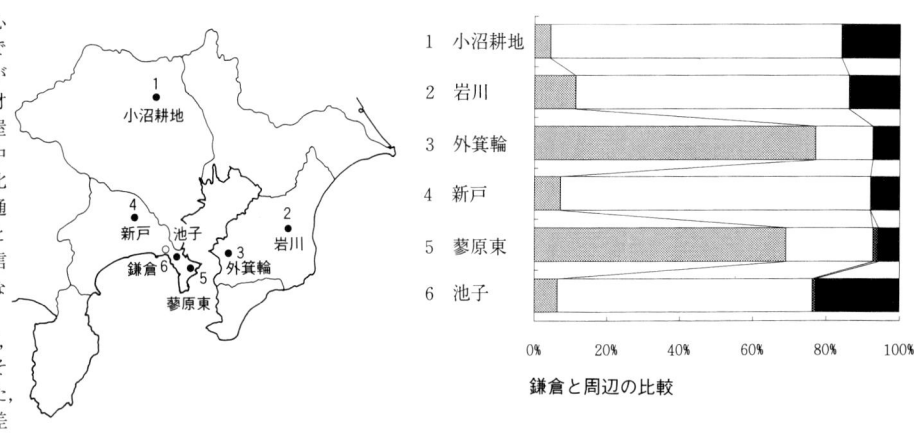

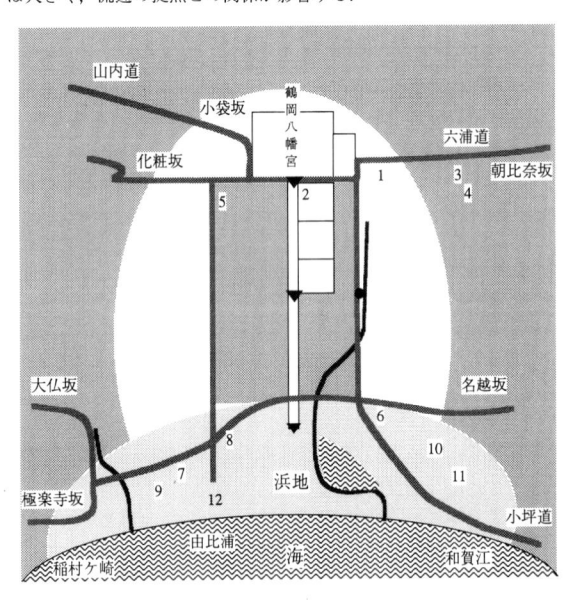

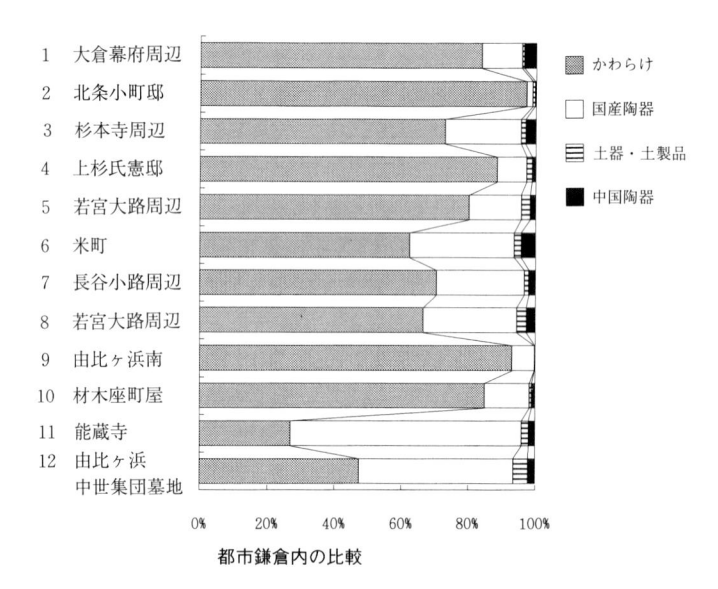

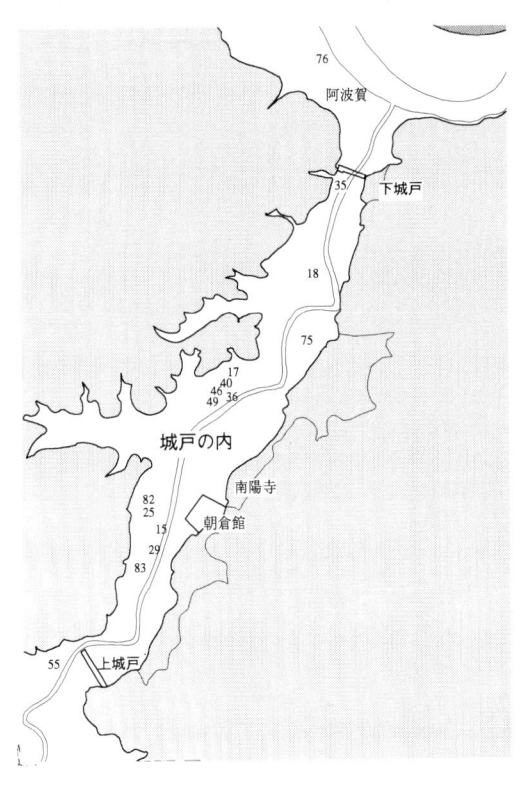

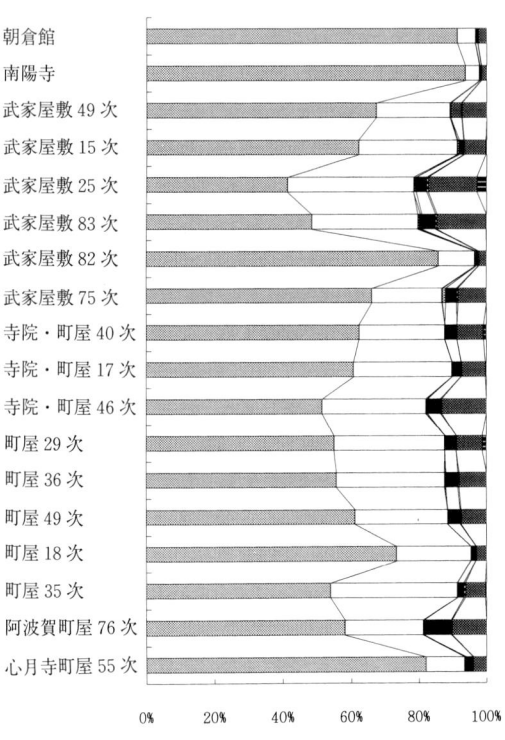

1 小沼耕地
2 岩川
3 外箕輪
4 新戸
5 蓼原東
6 池子

鎌倉と周辺の比較

1 大倉幕府周辺
2 北条小町邸
3 杉本寺周辺
4 上杉氏憲邸
5 若宮大路周辺
6 米町
7 長谷小路周辺
8 若宮大路周辺
9 由比ヶ浜南
10 材木座町屋
11 能蔵寺
12 由比ヶ浜中世集団墓地

かわらけ
国産陶器
土器・土製品
中国陶器

都市鎌倉内の比較

朝倉館
南陽寺
武家屋敷 49 次
武家屋敷 15 次
武家屋敷 25 次
武家屋敷 83 次
武家屋敷 82 次
武家屋敷 75 次
寺院・町屋 40 次
寺院・町屋 17 次
寺院・町屋 46 次
町屋 29 次
町屋 36 次
町屋 49 次
町屋 18 次
町屋 35 次
阿波賀町屋 76 次
心月寺町屋 55 次

かわらけ　瀬戸美濃焼
越前焼　朝鮮陶磁器
信楽焼　中国陶磁
瓦質土器　不明
国内他

6 **城下町一乗谷内の比較**
ひとつの都市内の消費格差が比較できる希少な例．碗皿，擂鉢壺甕などの日常消費財の量と組成の類似性または均質性が都市の特徴である．一方，階層性を象徴するかわらけや座敷飾り，茶道具などの威信財は，館，寺院，上級武家屋敷に偏在する．グラフには，数量的に多いかわらけは表現されるが，数値の小さい威信財の所有は表現されない．しかし，7 物価表により価格差を考慮すれば，日常品に対して数百，数千倍の価値差となり，少数でもその存在は重い．

172　流通と消費

7　奈良・京都を中心とした15・16世紀の物価比較

陶 磁 器	金 属・木 製 品	農 水 産 品・他
0.5文・油坏・1422年	0.2・はし木・1572年	0.08・梅干し・1489年
	1・かんなかけ・1491	0.2・梅干し・1491
1文 ——かわらけ（基準1文）	4・京くれ・1492	0.5・鰯（1コン）1492
3・ほうろく・1569	4・金剛1足・1480	0.7・茄子・1491
	12・火箸・1545◎	1.2・牛蒡（1把）1489
	12・金剛1足・1477	1.6・大根（1把）1491
	20・鎌・1568	2.3・蓮葉（1把）1489
15・土鍋・1246＊	21・小刀・1517◎	6・小たい・1492
18・スリコ鉢・1400＊	24・まき（1把）1470	12・はたご（1人）1419＊
	25・三毬丁・1492	14・海老（1コン）1492
30・擂鉢・1430	25・鎌・1560	25・素麺（1把）1517◎
35・酢皿・1576	25・上金剛・1422	25・ハマチ・1491
40・火鉢・1545◎	30・たらい・1439	25・うさぎ・1401＊
（47・茶わん皿・1489）	32・菜刀・1499	36・鰹・1492
	35・刈鎌・1545◎	
50 —50・四方火鉢・1488 ——	50・金輪・＊	—50・薬缶鋳掛け・1590 —
	50・包丁・1522＊	
	54・丹波筵・1492	60・桶作り手間日当・1574
	60・菜鍋・1568	
	70・金輪・＊	
	75・潤鍋・1575	
	85・金輪・1468	85・いも（1斗）1491
	85・鍬・1567	
100 —100・火鉢・1453	100・草履・1550 ——	100・大工手間日当・1490 —
100・火鉢・1462	100・鉄鍋　＊	100・壁塗手間日当・1492
110・火鉢・1446	120・胡銅香炉・1491	100・大工手間日当・1419＊
110・備前茶壷・1406	120・三升鍋・1572	100・鍛冶手間日当・1419＊
	130・硯箱・1459	110・大工手間日当・1470
	130・金輪・1439	
	150・鍋・1439	
	150・鋤・1564	
	150・響・1477	
	175・雨傘・1488	
	180・つき臼・1480	
	194・雨傘・1488	
200 —	200・畳・1471 —	200・砂糖（1斤）1517◎ —
	250・小釜・1487	
	250・湯釜・1517◎	
	300・畳・1486	350・小釜鋳掛け・1590
	400・井筒・1488	
450・備前茶壷・1406		618・年地子（3×9間）1558＊
1000 ————————————————————————		
	1100・美濃紬（1反）1492	
	1300・釜（口1尺2寸）1487	
1400・茶わん皿（30）1489	1500・笙・1488	
	2000・茶の湯釜・1582	
	5000・風炉釜・1493	
	5000・懸絵・1493	
7000 — 7000・建盞（台付き・3個）1493		
8000 — 8000・建盞（台付き）1492 ——		

（＊は地方の物価，図は参考品）

焼物の流通・消費　173

2 石製品の流通
――砥石と硯の流通

道具としての石製品 砥石は主に刃物類の保守・調整に使われる道具である．砥石種の出土構成からは消費地での刃物文化が推定され，他の出土遺物と併せ観れば日常生活の一端も復元可能であろう．硯は毛筆文化には不可欠な文房具であり，その品質から消費地での文化性が推定される．共に日常的に手元で使用することから生活文化を反映する一方，砥石は主体的な形態変化に乏しく，硯は長期間の使用に耐えることから単独の資料としては年代の決定には用い難い．遺跡の性格に依り出土量の多寡はあるが全国的に出土し，自然条件に因る資料の劣化も少なく，生産と使用が現代まで辿る事の出来る息の長い資料である．

砥石の生産地 天然の岩石を素材とする砥石の生産地は，加工が比較的容易で砥石に適する石質と石目を兼ね備えた流紋岩質凝灰岩系の鉱脈や，研磨性能を高める砥粒子を内包する頁岩の鉱脈が安定している地域である．西日本に偏るのは，地質構造がより古くに形成され隆起した事と，歴史的に観て早くから都市機能が発達し流通の拠点が開かれていた事も無関係ではない．砥石は使用者の意識に拠れば，その石質から仕上砥・中砥・荒砥に大別される．

仕上砥 仕上砥は刀子や道具類の研ぎに使用され，消費活動の盛んな都市遺跡程需要が多い．生産地として，鳴滝・対馬・名倉・沼田等がある．現京都府右京区北西部愛宕山一帯に産する鳴滝砥は全国的に流通し，中世前期から近世に至るまで圧倒的なシェアを誇る．『延喜式』巻第17に内匠寮内の作り料として記される青砥は，この鳴滝砥の一群か篠山盆地がその生産地と目される丹波青砥であろう．鳴滝砥以外の仕上砥は，何れも供給先は全国的とは言えず生産地の近くでは一定量観られるが，他地域では人の移動に伴って落し物的に出土する．現長崎県対馬に産する対馬砥は，黒色の頁岩質で漆塗の仕上げ行程で使用されることでも知られる．名倉砥は現愛知県北東部を産地とする淡白色で硬質な細粒凝灰岩で，近世では刀剣用として知られる．刃物研ぎばかりではなく，硯の仕上げ行程や砥石の砥面調整に適する．沼田砥は灰白色の細粒凝灰岩で，上野中砥と生産地域を同じくする．上野中砥の供給先の関東域でも多くは供給されていない．又，生産地不特定乍も東北・北陸の日本海側で，鳴滝砥を凌いで安定供給される仕上砥がある．灰緑色味の凝灰岩系で，同様の石質で中砥も産する．供給されている地域から羽前・羽後辺りに生産地を求めたい所ではあるが，確証はない．

中砥 中砥は鋳物師が中磨で使用するほか農耕具や漁労具，日常の刃物の研ぎにも利用され，職種・階層を問わず最も需要の多い砥石である．為に一地方に砥山が一カ所ぐらいは在ろうが，ここではそれらのモデル或はサンプルとして広域流通している伊予砥・天草砥，供給先の明確な浄教寺砥・上野砥について触れる．伊予砥は現伊豫市近郊に産し，先の『延喜式』や『正倉院文書』他にも記されており，古くから砥石の一大ブランドであった．鎌倉や草戸千軒町遺跡では安定供給され，東北方面にも量は少ないが陶磁器の流通と共に運ばれている．天草砥は熊本県天草諸島の上島・下島等に産し，伊予砥にやや遅れてほぼ同地域に供給されている．浄教寺砥は生産地の足下一乗谷朝倉氏遺跡以外ではあまり観られず，上野砥は近世になると幕府御用砥の影響か松本城下町跡の出土例から供給先が拡がるが，中世期には関東域以外にはあまり観られない．一方で，近世資料に観る雫石砥・風間砥・湯沢砥とよく似た中砥が，それぞれの地域の中近世遺跡から出土しており，それらの同定作業が今後の課題となろう．

荒砥 荒砥は刃物の保守・調整と言うより，主に刃物類の生産に関わる砥石であり，仕上砥・中砥の様に日常的に必要なものではない．砂岩質の粗粒な石質であれば，わざわざ遠隔地から搬入しなくても事は足りる．生産地としては，長崎県大村湾周辺に産する大村砥・笹口砥，大村砥と酷似し和歌山県白浜町辺りに産する紀州大村砥等が挙げられるが，全国的に観ても出土資料は少ない．

硯の生産地 硯石には大陸や朝鮮半島から物資が搬入される地に近い下関の赤間石(門司石)と，砥石の産地と同地域の鳴滝系の石材が古くから用いられ，やや遅れて玄昌石等全国に点在する頁岩や粘岩石を産する地域で硯の生産を開始し，高島硯・雨畑硯等広く流通する硯生産地も成立していった．赤間硯は12世紀代には生産を開始し，赤色頁岩の紫雲石等5種類の硯石があり，西日本や東日本の拠点的な都市に供給されている．鳴滝系硯は，黒色や青黒色等数種類の硯石があり，周縁に緻密な装飾を彫り挙げたものから大量生産品，筆舟等を一石から作り出すものまで多様な製品を13-15世紀代頃まで産する．宮城県雄勝群を産地とする玄昌石製の硯は，応永年間には生産を開始しているとされ，高島石の玄昌石が枯渇した際にはこれを供給する程の生産量を誇り，雨畑硯の生産開始にも深く関わる．高島硯は滋賀県高島郡安曇川町に産し，6種類の硯石や法量で34規格ある事等が硯見本簿に記される．これらの他には，石材や作りから中国硯と思われる製品や，仕上砥を再加工した模造品，在地の石材を素人が硯様に彫り込んで使用している例も観られる．

(汐見一夫)

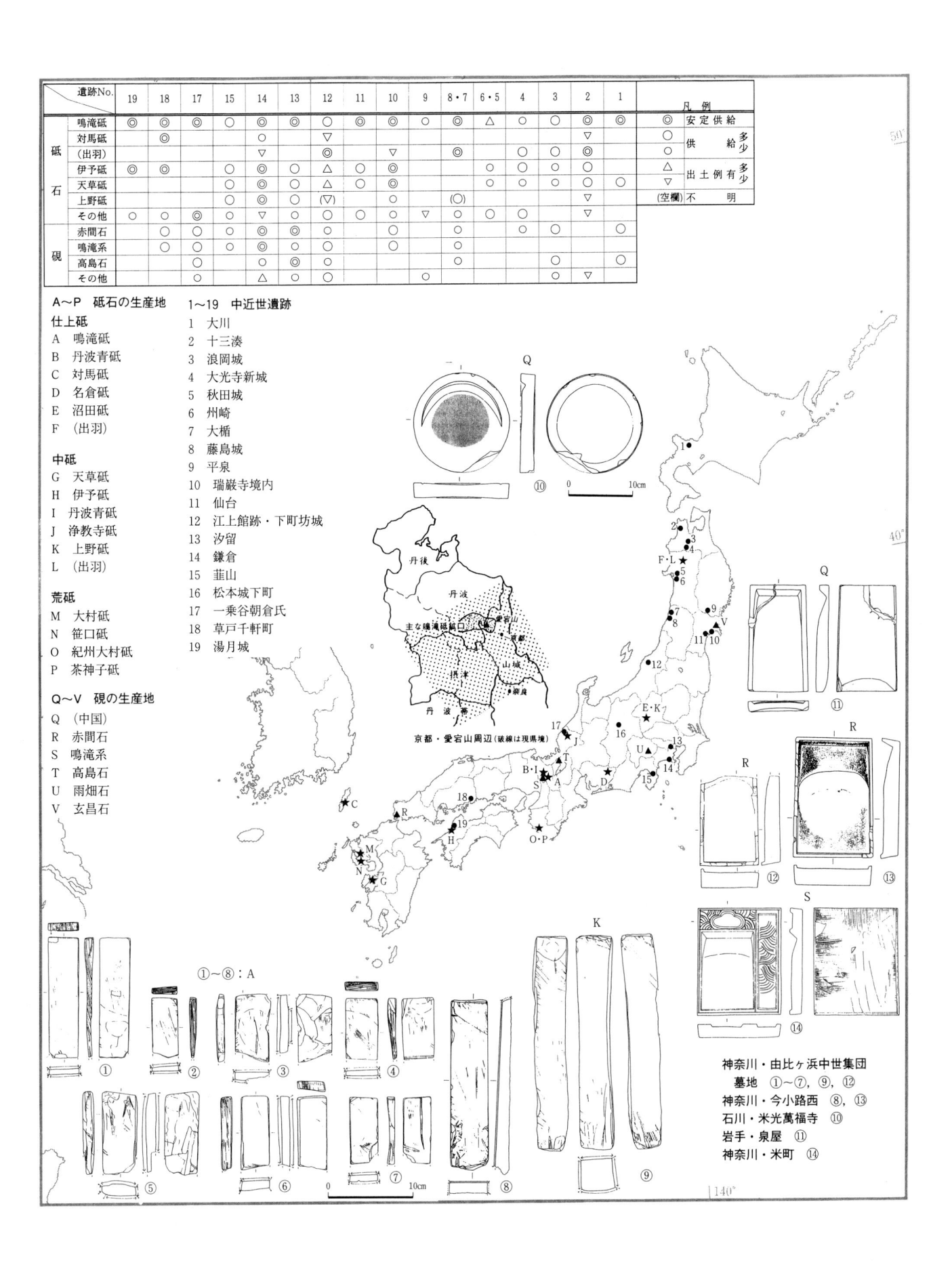

遺跡No.		19	18	17	15	14	13	12	11	10	9	8・7	6・5	4	3	2	1	凡例	
砥石	鳴滝砥	◎	◎	◎	○	◎	◎	○	◎	◎	○	◎	△	○	○	◎	◎	◎	安定供給
	対馬砥		◎			○		▽							▽			○	供給多少
	(出羽)				▽			◎		▽		◎		○	○	◎		○	供給少
	伊予砥	◎	◎		○	◎	○	△	○	◎		◎		○	○	○		△	出土例有
	天草砥		◎		○	◎	○	△	○	◎		◎		○	○	○	○	▽	出土例少
	上野砥			○	○	◎	○	○		○		(○)		○		▽		(空欄)	不明
	その他	○		◎	▽	○	○	○	○	○	▽	○		○					
硯	赤間石		○	○	○	◎	◎	○		○				○		○			
	鳴滝系			○	○	◎	◎	○		○									
	高島石			○		◎	○			○				○		○			
	その他			○		△	○	○		○	○				○	▽			

A〜P 砥石の生産地　　1〜19 中近世遺跡

仕上砥
- A 鳴滝砥
- B 丹波青砥
- C 対馬砥
- D 名倉砥
- E 沼田砥
- F (出羽)

中砥
- G 天草砥
- H 伊予砥
- I 丹波青砥
- J 浄教寺砥
- K 上野砥
- L (出羽)

荒砥
- M 大村砥
- N 笹口砥
- O 紀州大村砥
- P 茶神子砥

Q〜V 硯の生産地
- Q (中国)
- R 赤間石
- S 鳴滝系
- T 高島石
- U 雨畑石
- V 玄昌石

1 大川
2 十三湊
3 浪岡城
4 大光寺新城
5 秋田城
6 州崎
7 大楯
8 藤島城
9 平泉
10 瑞巌寺境内
11 仙台
12 江上館跡・下町坊城
13 汐留
14 鎌倉
15 韮山
16 松本城下町
17 一乗谷朝倉氏
18 草戸千軒町
19 湯月城

京都・愛宕山周辺(破線は現県境)

①〜⑧：A

神奈川・由比ヶ浜中世集団墓地　①〜⑦,⑨,⑫
神奈川・今小路西　⑧,⑬
石川・米光萬福寺　⑩
岩手・泉屋　⑪
神奈川・米町　⑭

石製品の流通

3 銭貨の流布
――緡銭を中心に

中世の出土銭貨 中世遺跡の発掘調査において銭貨が出土する事例は，枚数の多少こそあるものの，北海道から沖縄までほぼ全国的に分布すると共に，出土遺跡の性格は都市・集落・寺社・城館・墓地・宗教遺跡等と多岐に渡っており，いわば普遍的に認められる現象である．

近年の中世銭貨の考古学研究の主題としては，大量一括埋蔵銭の性格論，京都・鎌倉・博多・堺出土の銭鋳型とそれを踏まえた模鋳銭・無文銭の生産論，洪武通寶・永楽通寶の東西分布論等が活発に展開されているが，ここでは特に「緡銭」を対象に取り上げて説明を加える．

緡銭の作成と銭塊の梱包 大量一括埋蔵銭の出土状態には，銭貨が1枚ずつ単独でバラ状態のものと，銭の中央の方孔に藁紐を通して束ねられた緡銭状態のものとが確認され，なかには両者が混在している資料もある．後者の緡銭状態に束ねられた銭は絵巻物にも登場するが，女房が借上(金融業者)から借金をする場面を描いた『山王霊験記』はその代表例と言える．三貨制度の確立していなかった中世においては専ら銭貨が使用されていたが，あらゆる銭種が全て小平銭1枚＝一文で通用していた為，高額取引や備蓄等で必要枚数が多くなるとその取扱の不便さからも緡銭が用いられたものと思われる．

一緡(＝百文)の作成方法については大阪府吉野遺跡において興味深い検討が実施されている．これによると，まず銭を束ねる際には，銭種や大きさはあまり意識せず，用意した全ての銭から緡銭にしない銭をあらかじめ除外した後，藁紐に銭を通しているが，一枚一枚通していくのではなく，一部に裏表を意図的に揃えたものも幾らか確認できる7～10枚単位の銭を重ねて用意しておいて，それを順次通すことを繰り返して緡銭を作っていき，最終段階に一緡の重量を約332g程度になるように重量調整をしているものと考えられる．

「一貫文緡」が完全な状態で遺存し，その作成方法が判明する貴重例としては，山梨県小和田館跡出土品があるが，これは一緡(＝百文)毎に結び目を作り「五百文緡」としたもの2つを，その両端に延びた藁紐で撚り合わせて「一貫文緡」に仕上げている．また，大量の銭塊の梱包方法の復元が可能な資料として広島県草戸千軒町遺跡出土の2例がある．第29次出土例は「一貫文緡」を5個集めて一緡毎の結び目で折り曲げ，小口を揃えて藁縄で周囲を縛り，薦か筵で梱包されているが，『洛中洛外図屏風(舟木本)』の金融業者の店棚に見える，縄を網状にかけた銭塊の表現と類似する．第35次出土例は「一貫文緡」を同様に一緡単位で折り曲げ，その周囲を3箇所ずつ藁縄で縛って1塊に梱包したものを合計13塊分，亀山焼甕の中に収納していた．

一緡(百文)の枚数 次に一緡の銭の実枚数に注目してみよう．前述した小和田館跡出土の「一貫文緡」や吉野遺跡出土の緡銭を一緡(百文の結び目)毎に1枚ずつ根気よく分離し，その枚数をカウントしてみると実はいずれもが97枚を数える．当時は省陌(短陌)法と呼ばれる慣行があり，100枚未満の枚数の銭で百文とみなして流通していたのである．その他の大量一括埋蔵銭の場合でも，ばらつきは認められるものの，一緡の実枚数は圧倒的に96～98枚が多く，また，栃木県上芝遺跡や岡山県津寺遺跡では一緡の銭貨を地面に埋め立てた事例が検出されているが，これも前者が97枚，後者が96枚を数える．

ところが，大宰府条坊跡第83次出土の「一貫文緡」の一緡の基準枚数は100枚を数え，前述した各地の一緡の実枚数とは相異なる様相を示すが，このことは，『大乗院寺社雑事記』文明十二年(1480)十二月二十一日条にみえる「料足アカマ(赤間)関ヨリ西ハ百文，東ハ百文九十七文目 枚」の記述を裏付けている．本史料には九州と赤間関(現・下関)以東との差異しか記されていないが，発掘例では青森県浪岡城跡や岩手県笹間館跡出土の一括埋蔵銭中の一緡の基準枚数も九州と同様の100枚であることが指摘できる．このように列島的視野で見た場合，東北地方北部と九州では銭100枚で百文という丁百法が，その中間では省陌(短陌)法がそれぞれ採用されており，中世日本においては，地域によって2つの相異なる銭勘定の慣行が存在していたものと推定される．

一方，前述のとおり，浪岡城跡出土の大量一括埋蔵銭の一緡の基準枚数は100枚であったが，同じ浪岡城跡の別地点検出の墓跡と考えられる遺構からは，数珠玉と共伴する69枚の緡銭とその倍数の緡銭が複数例出土している．同一地域における同時期の緡銭資料であっても，出土遺構の性格，即ち消費における存在形態や，銭貨に与えられた機能によっては，同じ一緡でもその基準枚数に差異がある典型的な事例として注目すべき現象と言えよう．

[文献] 石井進 1988「銭百文は何枚か」『信濃』No40-3 信濃史学会．出土銭貨研究会 1996『出土銭貨』No5．高橋照彦 1998「束ねられた銭"銭緡"」『お金の不思議－貨幣の歴史学－』山川出版社．渡政和 1996「銭貨－考古・文献・絵画資料からみた緡銭の表現－」『歴史手帖』No24-7，名著出版．

(嶋谷和彦)

4 東京・多摩ニュータウンNo.484

2 埼玉・山根

1 青森・浪岡城

11 広島・草戸千軒町

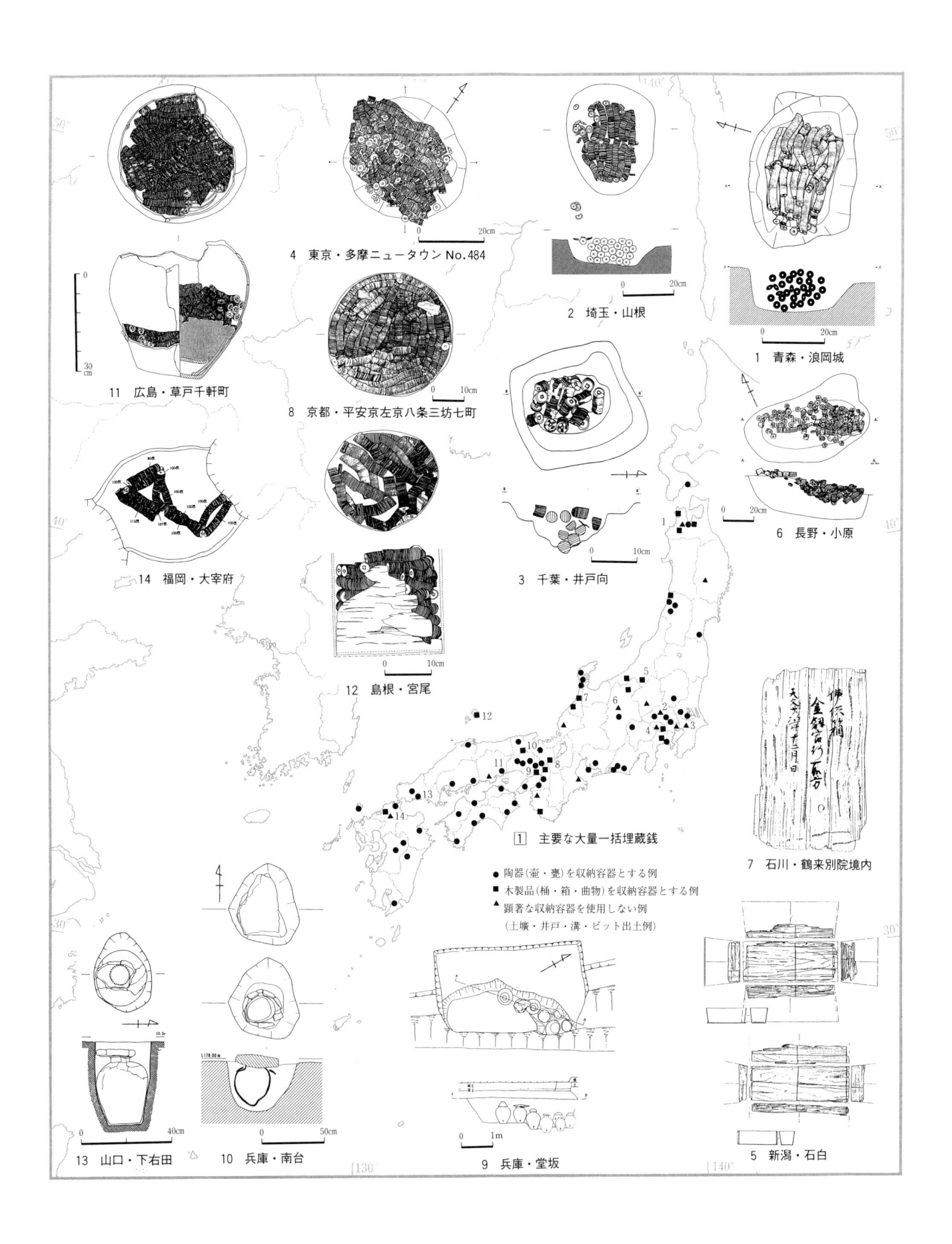

8 京都・平安京左京八条三坊七町

6 長野・小原

14 福岡・大宰府

3 千葉・井戸向

12 島根・宮尾

1 主要な大量一括埋蔵銭

● 陶器(壺・甕)を収納容器とする例
■ 木製品(桶・箱・曲物)を収納容器とする例
▲ 顕著な収納容器を使用しない例
　(土壙・井戸・溝・ピット出土例)

7 石川・鶴来別院境内

13 山口・下右田　　10 兵庫・南台　　9 兵庫・堂坂　　5 新潟・石白

銭貨の流布　177

11 広島・草戸千軒町

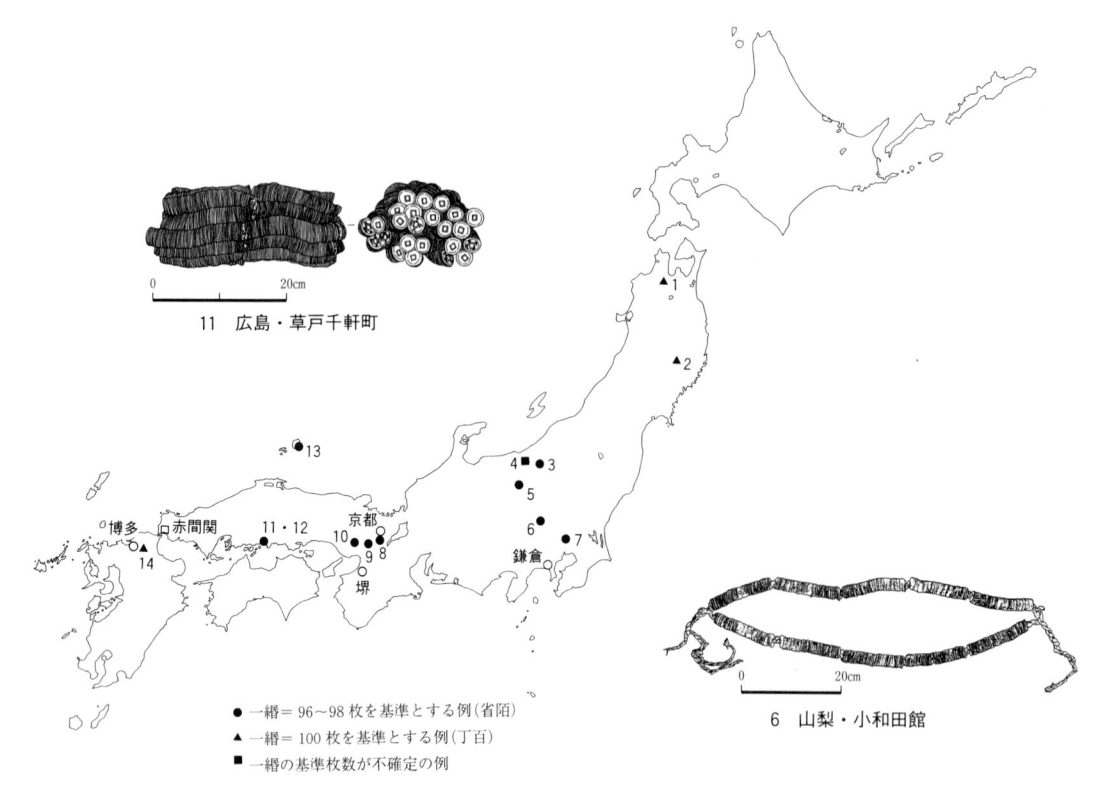

● 一緡＝96～98枚を基準とする例（省陌）
▲ 一緡＝100枚を基準とする例（丁百）
■ 一緡の基準枚数が不確定の例

2　一緡の枚数が確認できる大量一括埋蔵銭（表と対応）

6　山梨・小和田館

表　一緡の枚数が確認できる大量一括埋蔵銭

地図番号	遺跡名	埋蔵状況	年代	以下	87	88	89	90	91	92	93	94	95	96	97	98	99	100	101	102	103	104	105	106	107	以上	緡数	銭枚数	平均枚数	最新銭	総枚数
1	青森・浪岡城	ピット	15世紀中頃		1		1		1		1	1		1	1		5	36	3	1						1	53	5,268	99.4	永楽通宝	5,971
2	岩手・笹間館	ピット	15世紀中頃												1	1		1									3	301	100.3	永楽通宝	463
3	新潟・石白2号箱	木箱	15世紀後半							2		2	7	4	7	2	3										27	2,593	96.0	朝鮮通宝	101,912
4	新潟・小重	曲物	16世紀後半	39		3	1	4		1	2	3	3	6	19	4	2	1		1	2					29	121	12,765	105.5	弘治通宝	28,758
5	長野・西条岩船	木箱	14世紀中頃		1		1	2	1			8	3	7	238	29	11	8	7	3	2	1	7	5	4	7	345	33,752	97.8	至大通宝	約37,000
6	山梨・小和田館	瀬戸焼壺	16世紀初頭												10												10	970	97.0	宣徳通宝	4,192
7	埼玉・白子	常滑焼壺	16世紀初頭											1	14												15	1,454	96.9	宣徳通宝	114,368
8	京都・平安京左京八条三坊七町	曲物	14世紀中頃	10		1	3	2	3	5	3	3	7	4	31	4	2	1	3	3	1			1	2	8	97	9,384	96.7	至大通宝	16,880
9	大阪・吉野	丹波焼壺	14世紀前半												9												9	873	97.0	咸淳元宝	1,214
10	兵庫・南台	須恵器壺	14世紀中頃	4		1	1	2				1	1	4	44	3		1								1	66	6,321	95.8	至大通宝	6,384
11	広島・草戸千軒町第29次	溝	（不詳）				1		4	3	2	3	4	1	11												28	2,662	95.1	（未分解の為不詳）	約5,000
12	広島・草戸千軒町第35次	亀山焼壺	14世紀前半	3				1	2	4		1	8	3	15	67	12	8	1	1		4		1		2	130	12,591	96.9	淳祐元宝	12,591
13	島根・宮尾	曲物	16世紀初頭												1	1	1										3	290	96.7	宣徳通宝	8,716
14	福岡・大宰府条坊第83次	ピット	14世紀中頃	1											7									1	1		10	999	99.9	至大通宝	999

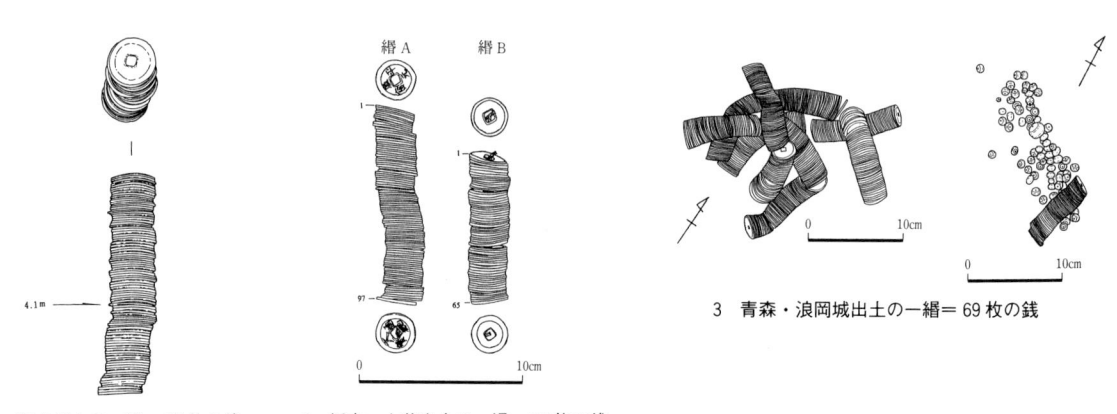

1　岡山・津寺出土の一緡＝96枚の銭

2　栃木・上芝出土の一緡＝97枚の銭

3　青森・浪岡城出土の一緡＝69枚の銭

3　緡の出土状態

178　流通と消費

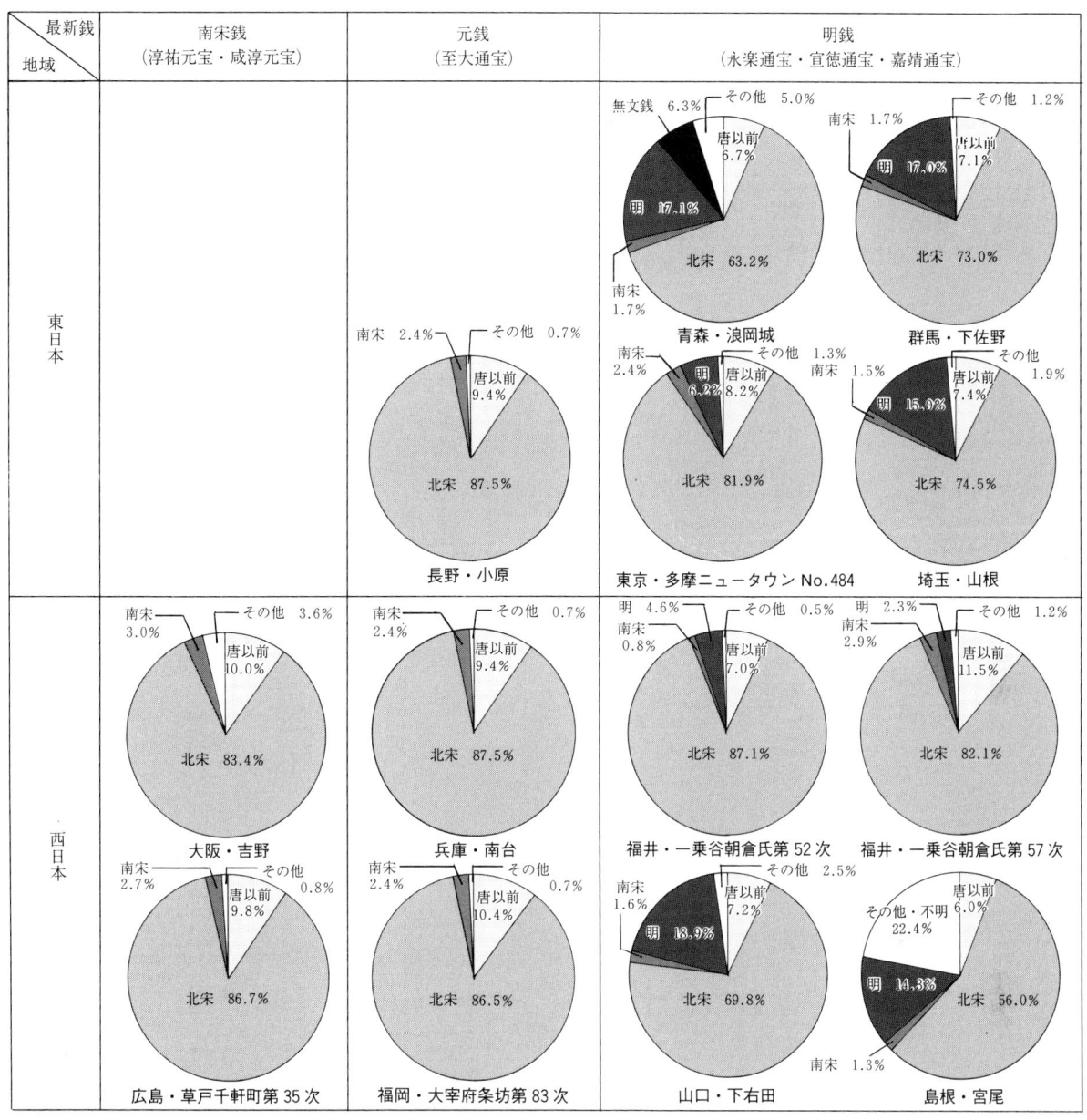

地域 \ 最新銭	南宋銭 (淳祐元宝・咸淳元宝)	元銭 (至大通宝)	明銭 (永楽通宝・宣徳通宝・嘉靖通宝)	
東日本		南宋 2.4%／その他 0.7%／唐以前 9.4%／北宋 87.5% 長野・小原	無文銭 6.3%／その他 5.0%／唐以前 6.7%／明 17.1%／南宋 1.7%／北宋 63.2% 青森・浪岡城 南宋 2.4%／その他 1.3%／明 6.2%／唐以前 8.2%／北宋 81.9% 東京・多摩ニュータウンNo.484	その他 1.2%／唐以前 7.1%／明 17.0%／南宋 1.7%／北宋 73.0% 群馬・下佐野 南宋 1.5%／その他 1.9%／唐以前 7.4%／明 15.0%／北宋 74.5% 埼玉・山根
西日本	南宋 3.0%／その他 3.6%／唐以前 10.0%／北宋 83.4% 大阪・吉野 南宋 2.7%／その他 0.8%／唐以前 9.8%／北宋 86.7% 広島・草戸千軒町第35次	南宋 2.4%／その他 0.7%／唐以前 9.4%／北宋 87.5% 兵庫・南台 南宋 2.4%／その他 0.7%／唐以前 10.4%／北宋 86.5% 福岡・大宰府条坊第83次	明 4.6%／その他 0.5%／南宋 0.8%／唐以前 7.0%／北宋 87.1% 福井・一乗谷朝倉氏第52次 南宋 1.6%／唐以前 7.2%／明 18.9%／北宋 69.8% 山口・下右田	明 2.3%／その他 1.2%／南宋 2.9%／唐以前 11.5%／北宋 82.1% 福井・一乗谷朝倉氏第57次 その他・不明 22.4%／唐以前 6.0%／明 14.3%／南宋 1.3%／北宋 56.0% 島根・宮尾

④　発掘調査による大量一括埋蔵銭の銭種構成

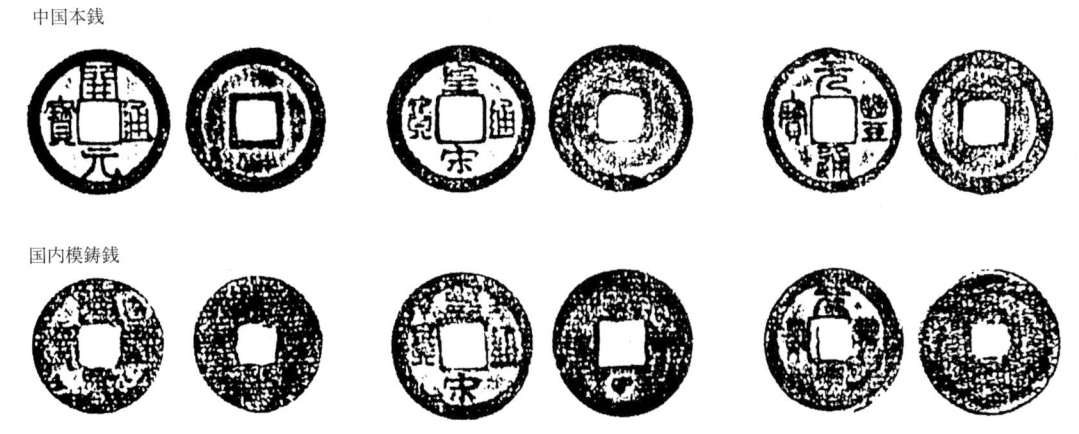

中国本銭

国内模鋳銭

⑤　兵庫・石在町出土銭にみる銭貨の本模(80%縮小)

銭貨の流布　179

VII 祭祀と葬送

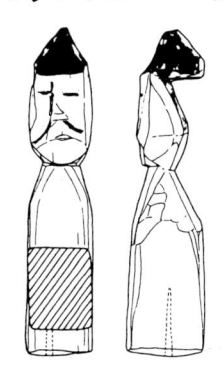

概説
1 さまざまな祭祀・呪術
2 動物祭祀
3 中世寺院の様態
4 墓葬と供養
   1）墓の諸形態
   2）供養の諸形態

概　説

中世の信仰の状況　仏教諸派の布教対象が庶民層に広がりをみせる一方，神仏褶合はいっそう進み，陰陽道などとの混交もみられる．寺院の形成としては，禅宗が独自の伽藍配置をもつほか，浄土式庭園をもつ寺が東国に広まる．中世後期には一向宗などが道場の形で各地に広まり，都市的な場を形づくることもあった．一方，恒久的な装置をもたない呪術的祭祀も盛行すると共に，在俗者の中には仏壇的な装置を持つこともみられる．中世末のキリシタンの流行も無視できない．考古学的な研究の上では，近世の檀家寺制度と寺墓・村墓，近代の国家神道の強制によって覆われてしまった中世的なものを，確実にとらえなければなるまい．

寺院遺跡　旧来の寺院の堂塔の改築・再建は多くなされ，禅宗様の採用もあった．地方の私的な寺院では，礎石でなく，掘立柱茅葺きの堂舎も考慮しなければならない．門や築地，回廊，鐘楼などの配置は一定のパターンでなくなる．寺院に多く使用される瓦については，中世の編年がほぼ完成に近づいており，役に立つ．また堂舎建築に付随した鎮壇などの遺構・遺物も要注意である．寺院内の庭園も浄土式の苑池をもつものから，中世後期には枯山水や坪庭も出てくる．さらに塔頭や支院形式の坊も多くあり，そこでの僧俗の生活痕跡や経済活動についても注意を払う必要があろう．湯殿・便所しかりである．

納経と造塔　古代末に流行した経塚は数を減じるが続いており，また墓葬や供養と関連した写経石，柿経も無視できない．墓標的でない供養目的の造塔もさかんで，石製の五輪塔，宝篋印塔，層塔の他，板碑も各地に建立されている．小型の泥塔・籾塔もあるが，材質として遺存しにくい木製品にも留意しておかなければならない．

神社とその他の宗教的遺跡　神仏褶合下では，神社跡を単独で検出する機会は少なかろう．また神社であることを証明する遺物の検出も望みうすである．しかし，出雲大社の社殿柱根の検出もあり，神社の可能性も無視はできない．寺社という形でなく，聖地・霊場，聖者廟といったものもある．これらに対する巡礼もあり，さらには呪術的祭祀の場がみつかることもある．

宗教関係遺物　寺院地以外の集落においても仏具関係遺物の出土が見られることから，小仏像・経典・法具の保持が在俗の庶民層に広まっていたことが考えられる．一般の住宅においても，仏画を前にした経机に三具足（華瓶・香炉・燭台）を置く仏壇の前身とも言うべき姿が見られたろう．そうした宗教関係用具を焼造した瀬戸窯の隆盛は注目に価する．また，奈良県元興寺の勧進柄杓，神奈川県佐助ヶ谷の勧進印判などの例は，市井の庶民の宗教的関心を示すと同時に，経済的あり方をも示してくれよう．

呪術的祭祀と呪具類　社寺の内においてさえ修験・陰陽道系の祭祀はなされており，都市的な場や村落にかかわらず呪具類の出土は多い．最も目立つのは人形をはじめとする形代類であり，これに呪符が次ぐ．さらにそれらがまとまって出土することや，遺構の特定の場所に呪具があることなどから，祭祀の内容が推定できる場合もある．しかし，呪符木簡の文字や符録が判読できても，同時代史料を欠いているため，祭祀のなされた事情などについて今一歩踏み込めていない．

動物遺体についても，犬・猫・猿といったペット類の埋葬などは，動物怪異譚や御伽草子の世界へとつながる人間の心性を表しているかもしれない．

埋葬と供養　遺体処理法と「墓」観念とは，重なる場合とズレる場合とがあるので注意が必要である．葬送には他界観や霊魂の所在という思想問題が切り離せないし，それにかかわる人間（集団）が誰かという問題がつきまとう．それでも中世に顕著な葬法としては，上流階層における火葬の盛行があげられよう．火葬を行った荼毘遺構の検出例は増加しつつあるが，遺骨の取り上げ方，蔵骨容器の多様性，火葬骨の納骨先などの問題があり，単純な切り口では解釈しきれない．さらに分骨を聖地・霊場に納入する例も少なくない．火葬に伴っては追善供養の手厚さがあげられる．石造や木製の塔婆の建立は形として残るが，回忌の仏事など考古学的痕跡を留めないことにも留意したい．また供養の場が納骨先とは限らない．両墓制に近いものにも，注意を向けたい．

中世後期には土葬の例が多くなる．遺構としては土壙墓とされるが，棺や盛土や墓標の有無，埋葬姿勢（多くは北枕で西面），副葬品（とくに六道銭）の有無などが検討されている．また大甕を棺がわりにした土葬も認められる．ただ中世前期に多かった火葬が土葬に回帰していくことの理由は明らかにされていない．被葬者の階層や経済力の差ということは一理であるが，歴史上の死亡者数からすれば，我々の目にしている埋葬はごく一部にすぎない．神奈川県由比ヶ浜で出土した数千体の人骨は示唆的ではなかろうか．

（河野眞知郎）

寺院跡　神奈川・永福寺

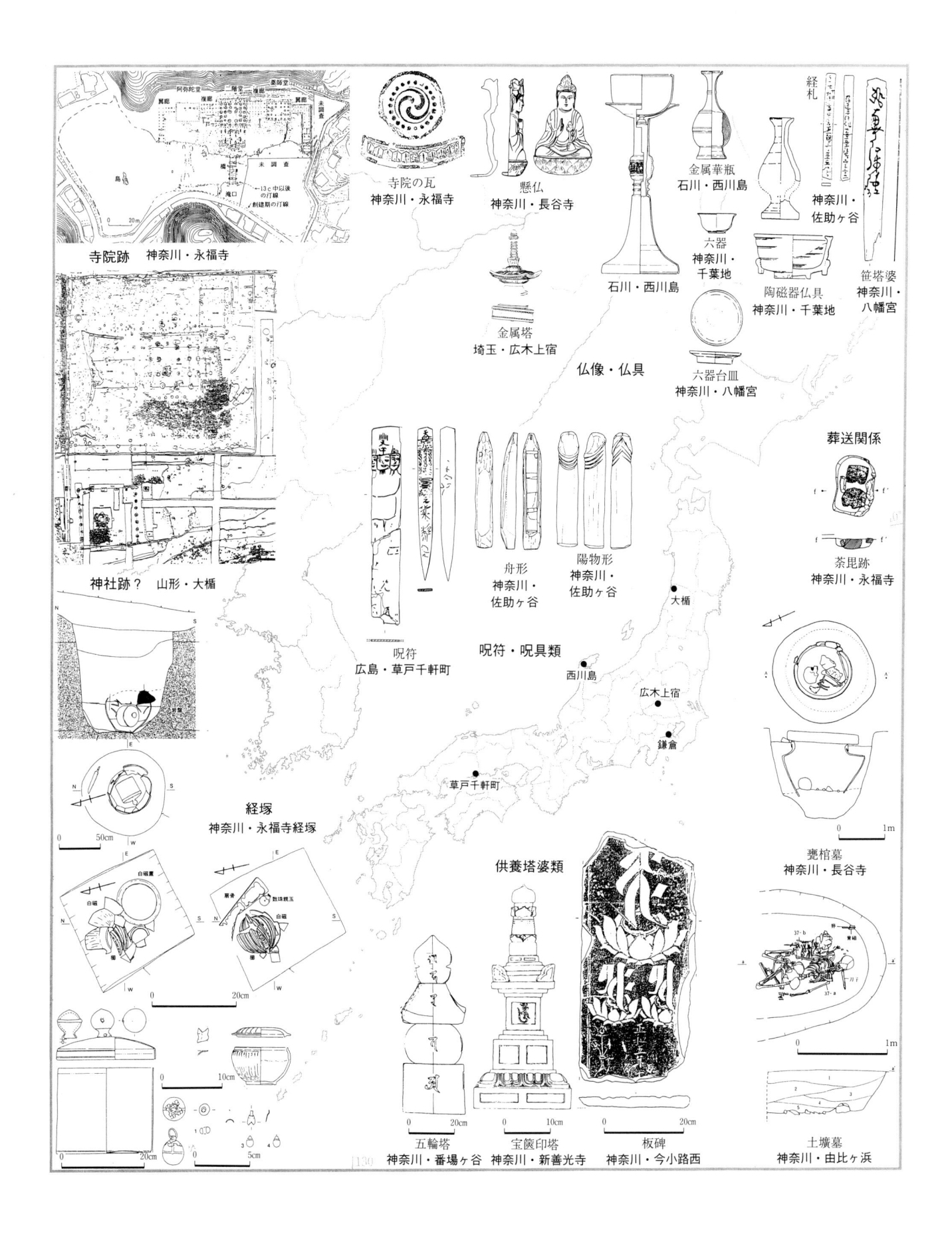

寺院の瓦　神奈川・永福寺

懸仏　神奈川・長谷寺

石川・西川島

金属塔　埼玉・広木上宿

金属華瓶　石川・西川島

六器　神奈川・千葉地

陶磁器仏具　神奈川・千葉地

六器台皿　神奈川・八幡宮

経札　神奈川・佐助ヶ谷

笹塔婆　神奈川・八幡宮

仏像・仏具

神社跡？　山形・大楯

呪符　広島・草戸千軒町

舟形　神奈川・佐助ヶ谷

陽物形　神奈川・佐助ヶ谷

呪符・呪具類

葬送関係

茶毘跡　神奈川・永福寺

経塚　神奈川・永福寺経塚

供養塔婆類

五輪塔　神奈川・番場ヶ谷

宝篋印塔　神奈川・新善光寺

板碑　神奈川・今小路西

甕棺墓　神奈川・長谷寺

土壙墓　神奈川・由比ヶ浜

大楯
西川島
広木上宿
鎌倉
草戸千軒町

祭祀と葬送

概説　183

1 さまざまな祭祀・呪術

中世の祭祀・呪術の概況 仏教系の祭祀・呪術では，古代につづき密教系のものが重きをなし，各種の修法・呪法がなされたことが文献に見えるが，考古学上の遺構・遺物をこの分野で解釈するには，考古学者に膨大な知識が求められ容易ではない．熊野・白山などの山岳信仰に基づく修験道の祭祀も中世を通じさかんであり，遺構・遺物の検出例も多いが，秘儀的な性格ゆえ考古学的解明は十分とはいえない．神仏褶合下の神道については，祭祀内容の独自性が薄れるためか，考古学的に把握しにくいものがある．日本で独特な発展をとげた陰陽道は，中世においてかなり重要な役割を果たしていたはずだが，集大成された教義やその時代ごとの「本文」が今日に伝わっていないため，考古学上は「～的」と可能性を指摘するに留まる場合が多い．そしてこれらは相互に影響しあっており，遺構・遺物についてある宗派のものと決めつけることを困難にしている．さらに民俗学が対象としている近世以降の各地の民間信仰や呪術に，系譜的につながるのではないかと見られものもある．総じて言えることは，古代においてその担い手が貴族・官僚層であった祭祀・呪術が，中世には武士層から庶民階層へと拡散(普及)する点である．

場に関する祭祀・呪術 ある空間を聖別したり，外部から邪悪なものが侵入しないよう固める行為として，寺院の結界，神社の鳥居や玉垣の設置，宮都における四角四界(境)祭・七瀬祓などが，中世においてもひきつづき実行されているが，それにかかわる社会階層はより広いものとなる．その思想は中世後期の城郭の縄張りにも影響するし，市庭の構成や特定の職能民の活動域が特殊化されたり，さらに村落においても内外の境界の祭祀を生み出してくる．また宅地や住居内の空間や特定の構築物に対する浄化・僻邪も，鬼門の考え方や台所・便所・井戸などの祭祀としてあらわれる．願文などを伴わぬこれらに対しては，出土状況を詳しく把握しておかないと身逃しかねないであろう．

天上と地下という垂直方向にかかわる祭祀・呪術では，考古学的事例は地下関係が圧倒的であろう．本来の機能と異なる場に検出される器物に呪術的意味を考慮することは研究の出発点であり，合わせ口や銭入りのかわらけの埋置などは陰陽道でいう「犯土」に対する手当てとみなせよう．ただ即断は危険である．また地下空間を埋める際に機能を喪失させた器物を添えたり，井戸に竹筒を入れたりする例は，民俗学的事例との比較研究も必要となろう．あるいは大量の埋納銭に「買地」という意味あいはないのだろうか．

時節にかかわる祭祀・呪術 暦に従って節目ごとに祭祀がなされるのは当然だが，考古学上の遺構・遺物では日・月単位はおろか1年という時間幅を把握することは不可能で，願文などの文字資料が伴わない限り，これを探ることは容易ではない．また暦の種類(太陰暦，太陽暦，宿曜や五行説)によって，祭祀のなされる日時はさまざまであり，問題は複雑化するばかりである．これに対し，出産や通過儀礼，葬送など人生にかかわる祭祀，追善供養や回忌，先哲の記念日(降誕・成道・入滅など)にかかわるものは，比較的多くの銘文資料を伴う．臨機の祭祀・呪術としては，疫疾や天変地異に際してのことだろうが，僻邪・回復(復旧)の祈願の形をとる．この場合も祈願内容を示す銘文が伴えば解明に役立つ．人間関係の相剋に伴う呪詛については，秘密裏になされるためか，遺構・遺物でそれと決めつけられるものは少ない．

祭祀・呪術にかかわる遺物 出土例の多いものとしては形代類がまずあげられよう．種類は188頁に示したように多彩である．古代と比較すると，人形は正面表現から側面表現にかわるとか，馬形が減少するなどの点が指摘されるものの，編年を可能とするほど鋭感的な変化はない．むしろ185頁に示したように形代の種類や形態は全国的な(「北と南」をのぞく)斉一性に注目できる．形代を要する祭祀を生み出す思想が，ほぼ全国的に普及していたことを示してくれよう．

物忌札や蘇民将来札などの呪符類は木簡の形で多く出土している．「唵々如律令」「九九八十一」などの決まり文句は，形代類と同様，地域・時代差よりも全国的な斉一性を見てとれる．なお，出土品は木簡の形態が圧倒的であるが，紙に書かれたものも相当量あったはずだし，木簡の遺存の良否は遺跡の環境にもよるから，数量的検討には慎重であるべきだろう．呪符の記述内容は，「符籙」に関する史料が伝わっていないことと，各宗派の要素が混在していることから，その解明はいまだ十分とはいえない．

土器や木片などに呪術的とみられる墨書がなされたものの出土もまた多い．古代に比して人面墨書が減り，内容が多彩(まとまらないもの)になる．これらの意味把握はさらに困難をきわめるが，仏・神，修験，陰陽の知識の他に，民俗事例や民話・文学など，広い見地からの検討が道をひらいてくれるかもしれない．

[文献] 村山修一編 1993『陰陽道叢書 2 中世』名著出版．

(河野眞知郎)

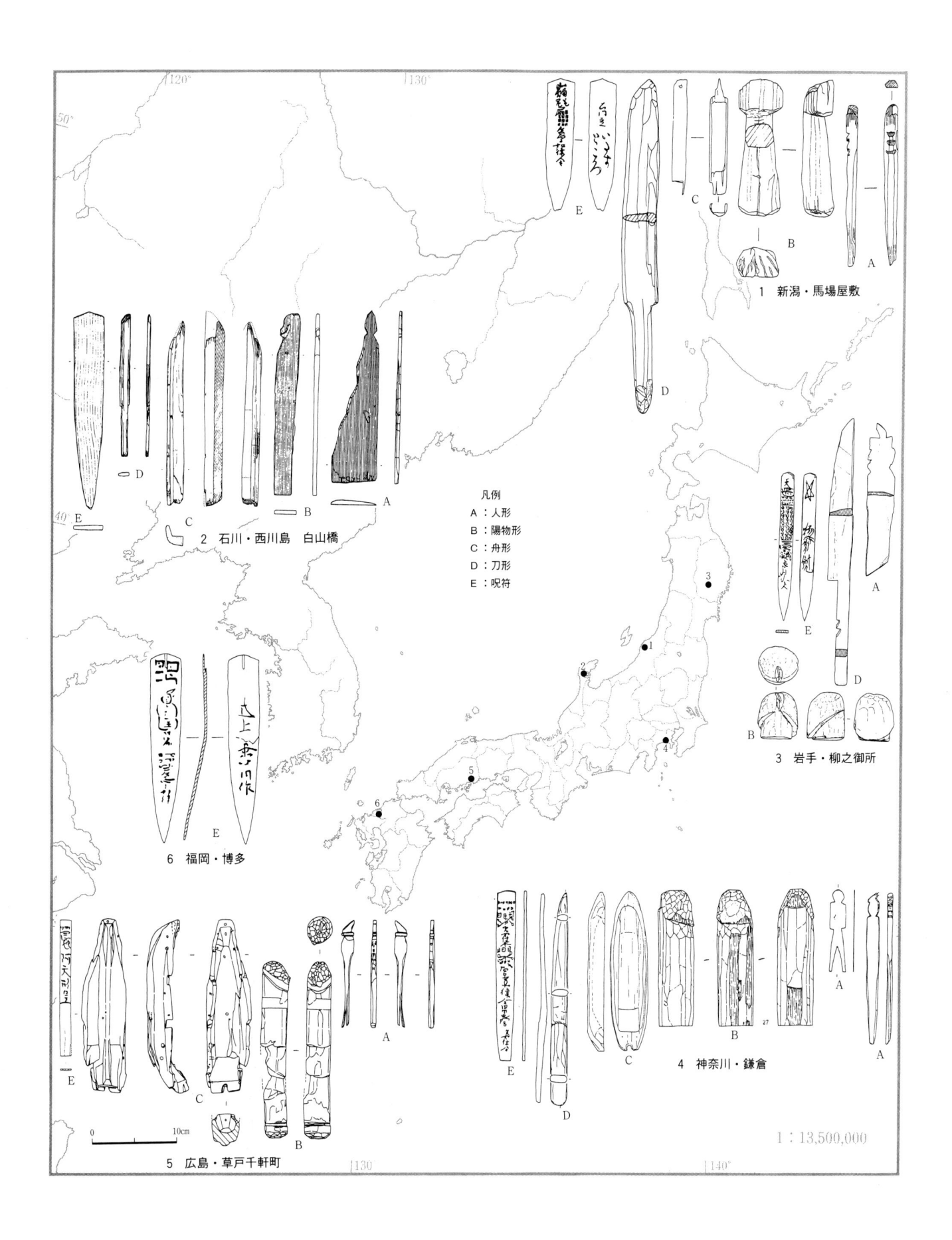

凡例
A：人形
B：陽物形
C：舟形
D：刀形
E：呪符

1 新潟・馬場屋敷
2 石川・西川島 白山橋
3 岩手・柳之御所
4 神奈川・鎌倉
5 広島・草戸千軒町
6 福岡・博多

1 : 13,500,000

さまざまな祭祀・呪術　185

1 都市鎌倉における呪術的祭祀の遺構と遺物

人口稠密な都市においては，時や場をめぐってあるいは吉凶をめぐって，さらには土木・建築工事に際し，様々な祭祀がなされていた．

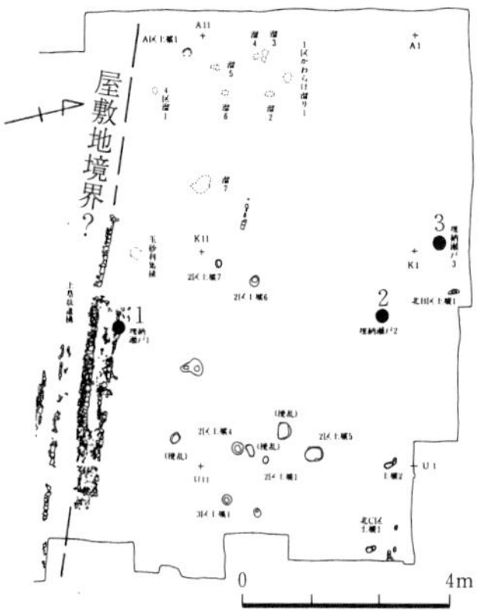

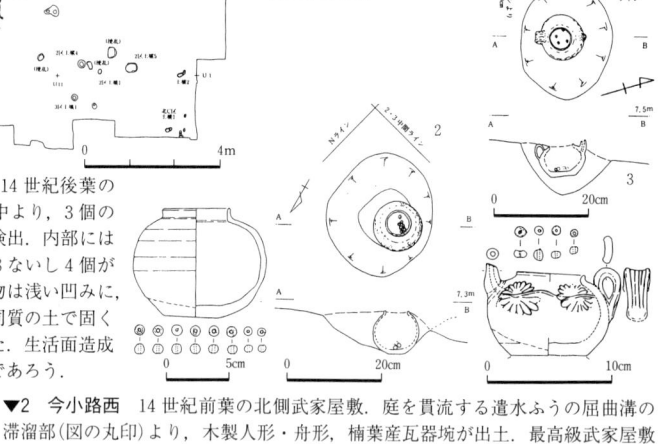

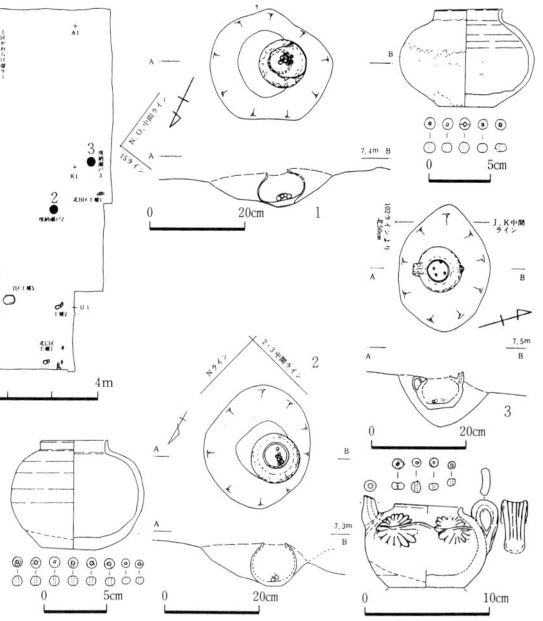

▶1 今小路西　14世紀後葉の屋敷地の地業面中より，3個の瀬戸壺・水柱を検出．内部にはガラス製数珠玉8ないし4個があった．各埋納物は浅い凹みに，地業面構成土と同質の土で固く埋め込まれていた．生活面造成時の地鎮埋納物であろう．

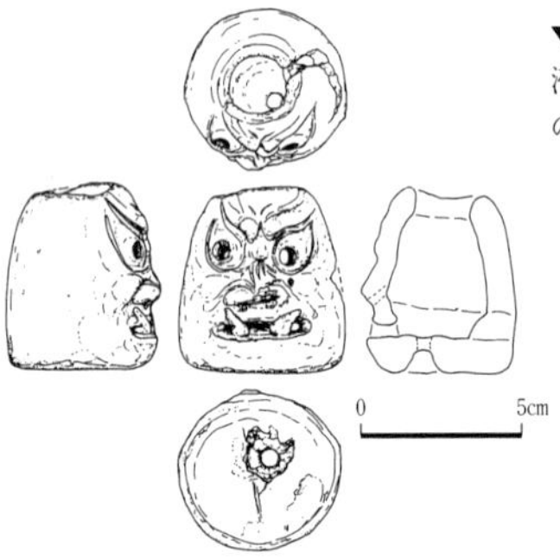

▼2 今小路西　14世紀前葉の北側武家屋敷．庭を貫流する遣水ふうの屈曲溝の滞溜部(図の丸印)より，木製人形・舟形，楠葉産瓦器塊が出土．最高級武家屋敷の内部でなされた祓呪術と，呪具を水流に流すことを示してくれる．

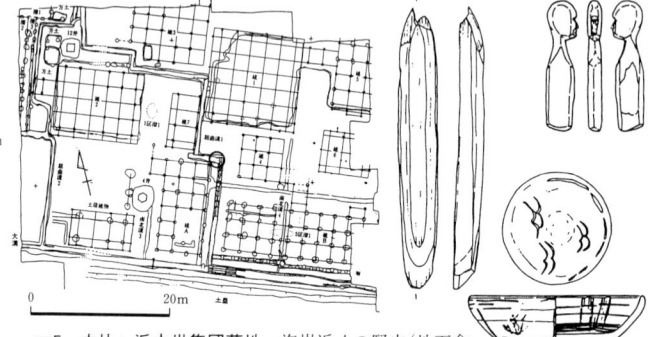

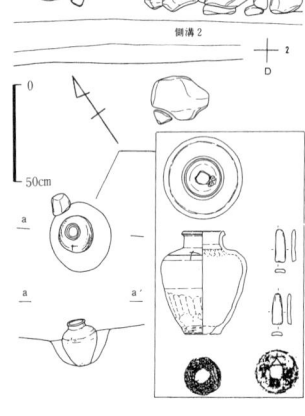

▶3 宇都宮辻子幕府跡　幕府東南方の13世紀前葉の生活面上でかわらけ質の鬼面土器が出土．『吾妻鏡』寛喜3年(1231)と嘉禎元年(1235)に「四角四堺祭」のことがみえる．この土器も，鎌倉で盛行した陰陽道的な方角僻邪の祭祀に，かかわるものか．

◀4 若宮大路周辺　14世紀前葉の道路脇に，底部穿孔の常滑壺を正位置で埋置．内部に墨3挺と銭1枚を検出．胞衣を埋める呪述儀礼か．

▼5 由比ヶ浜中世集団墓地　海岸近くの堅穴(地下倉か)の床下小土壙より，銭入りの重ねかわらけが出土．地鎮埋納物か．

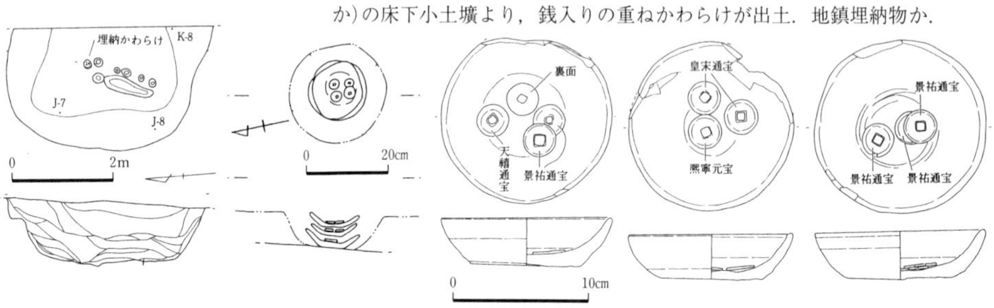

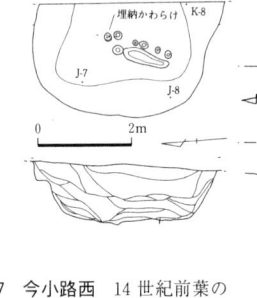

▼6 今小路西　14世紀前葉の町屋の井戸．廃棄埋立て時に「息抜きの竹」を入れた明確な例．

▼7 今小路西　14世紀前葉の町屋の井戸．廃棄埋立て時に，銭5枚入りの常滑壺を埋納．壺上は2枚の板石で蓋をする．

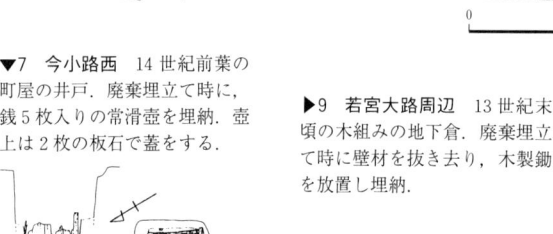

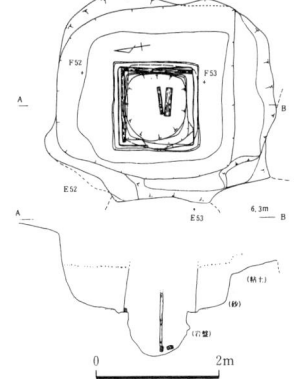

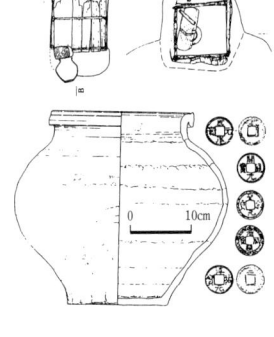

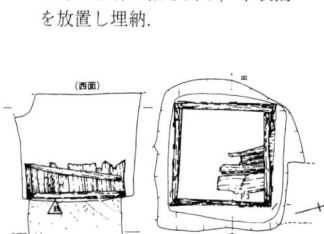

▲8 今小路西　14世紀中葉の屋敷内の井戸．井枠最下段横桟の下2ヵ所(図の三角印)に，宋銭が置かれていた．井枠設置時の呪術的儀礼か．

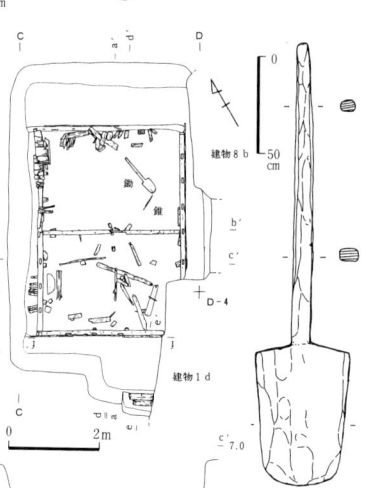

▶9 若宮大路周辺　13世紀末頃の木組みの地下倉．廃棄埋立て時に壁材を抜き去り，木製鋤を放置し埋納．

186　祭祀と葬送

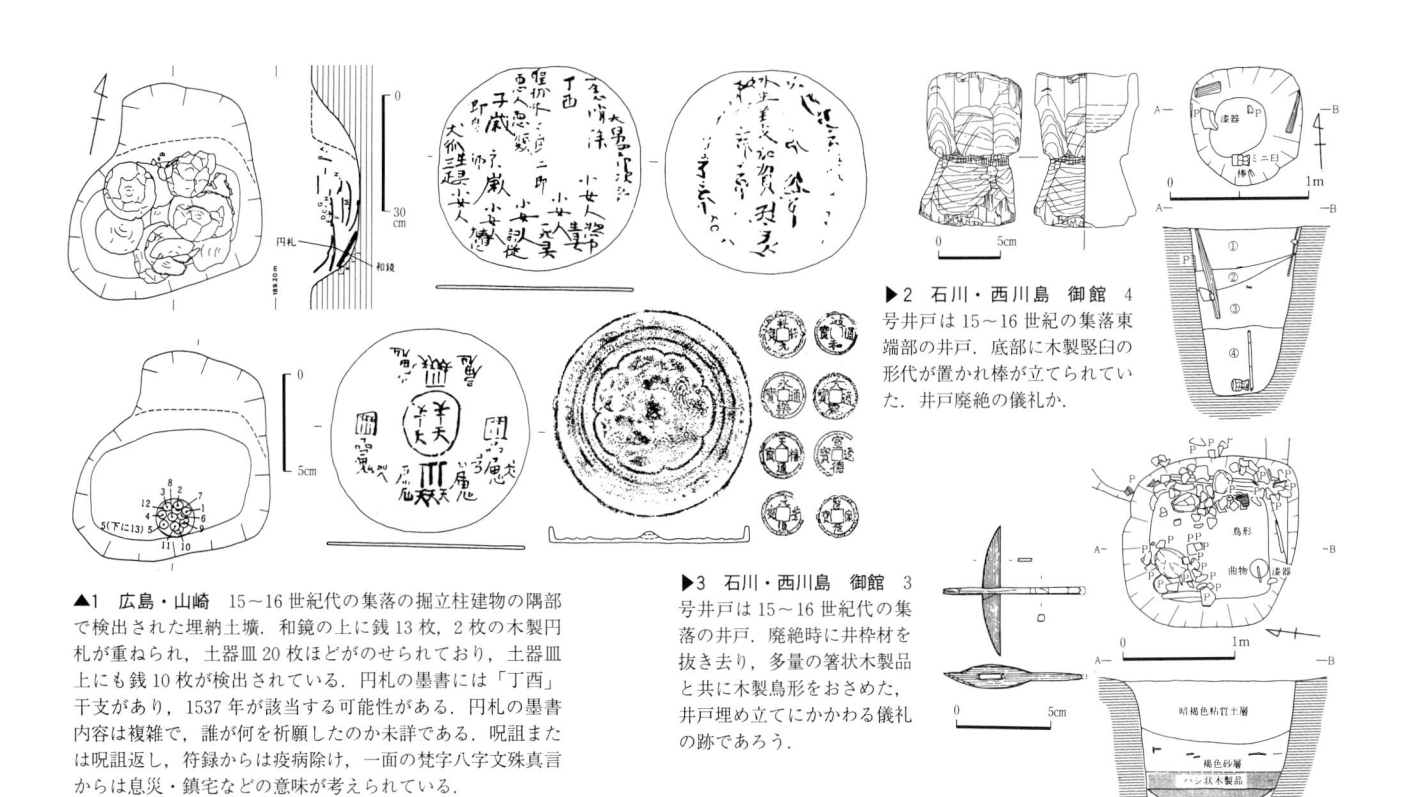

▶2 石川・西川島 御館 4号井戸は15〜16世紀の集落東端部の井戸．底部に木製竪臼の形代が置かれ棒が立てられていた．井戸廃絶の儀礼か．

▶3 石川・西川島 御館 3号井戸は15〜16世紀代の集落の井戸．廃絶時に井枠材を抜き去り，多量の箸状木製品と共に木製鳥形をおさめた．井戸埋め立てにかかわる儀礼の跡であろう．

▲1 広島・山崎 15〜16世紀代の集落の掘立柱建物の隅部で検出された埋納土壙．和鏡の上に銭13枚，2枚の木製円札が重ねられ，土器皿20枚ほどがのせられており，土器皿上にも銭10枚が検出されている．円札の墨書には「丁酉」干支があり，1537年が該当する可能性がある．円札の墨書内容は複雑で，誰が何を祈願したのか未詳である．呪詛または呪詛返し，符籙からは疫病除け，一面の梵字八字文殊真言からは息災・鎮宅などの意味が考えられている．

2 祭祀形態のわかる各地の遺構

呪具は使用後，水に流されるなど廃棄されがちであるが，遺構との関連で意味がわかる場合もある．

▲5 石川・西川島 白山橋 13世紀後〜14世紀前半代の集落内の祭祀遺物埋納遺構．長方形の広い土壙中より獅子頭，舟形，人形，刀形，矢形，鳥形，槍形，羽子板，火きり臼，陽物などの呪具が，大量の箸状木製品と共に出土．壙底の形代類の配置には，陰陽五行思想の影響も考えられるという．

▲4 新潟・馬場屋敷 信濃川左岸の低湿地にあり，茅か葦で作られた建物址と炉状の特殊遺構が検出され，周辺から形代類，呪符木簡類と「鑑札」のような茅刈りの許可証木札が出土した．木簡紀年銘は13世紀末〜14世紀初頭を示す．入会地での茅刈りに際して，陰陽師の仲介で呪的祭祀がなされたとも考えられる．

さまざまな祭祀・呪術 187

3 出土形代類

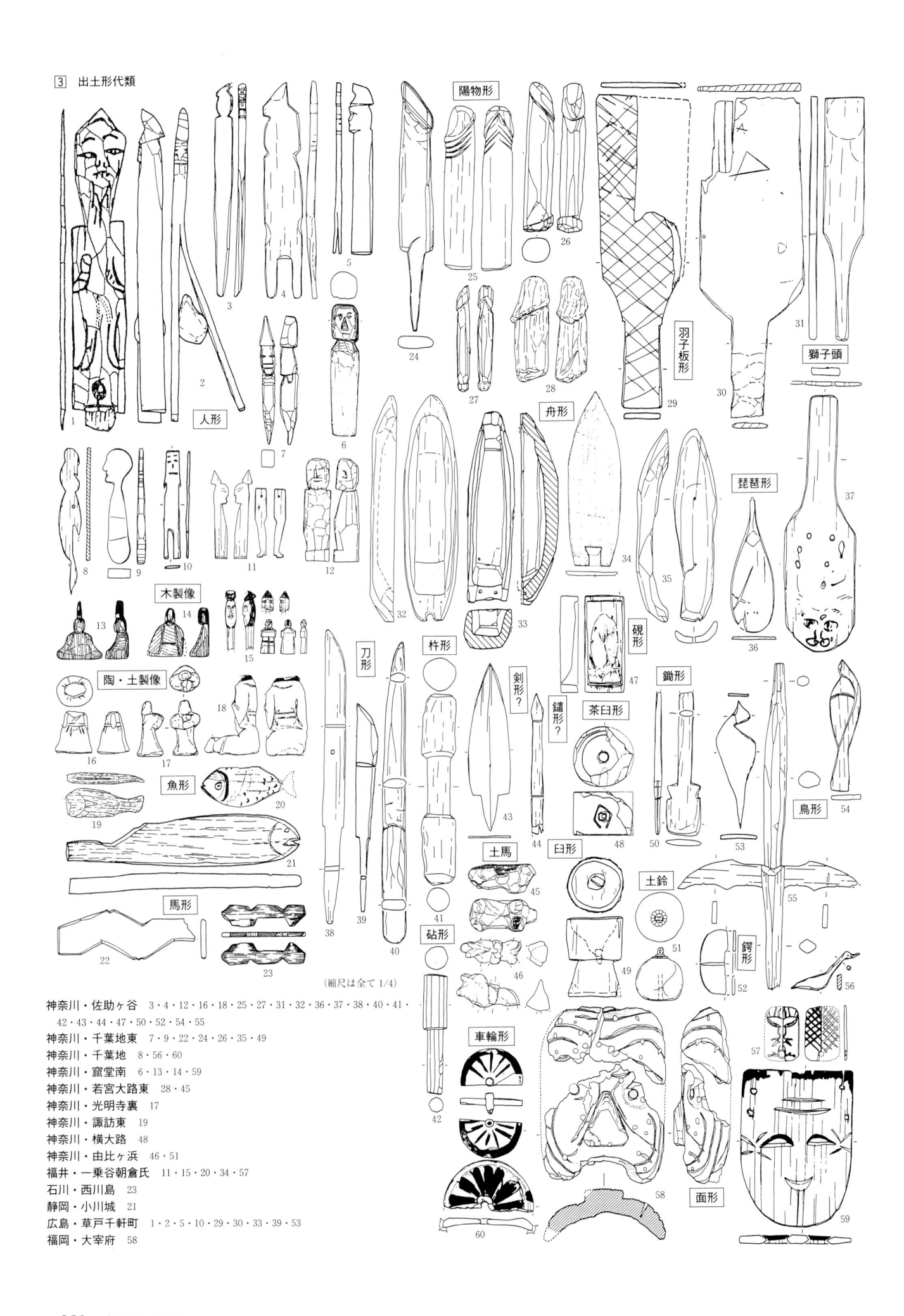

陽物形
羽子板形
獅子頭
人形
木製像
陶・土製像
魚形
馬形
刀形
杵形
剣形
鑓形?
土馬
砥形
硯形
茶臼形
臼形
鋤形
土鈴
鍔形
鳥形
車輪形
面形

(縮尺は全て1/4)

神奈川・佐助ヶ谷　3・4・12・16・18・25・27・31・32・36・37・38・40・41・
　42・43・44・47・50・52・54・55
神奈川・千葉地東　7・9・22・24・26・35・49
神奈川・千葉地　8・56・60
神奈川・窟堂南　6・13・14・59
神奈川・若宮大路東　28・45
神奈川・光明寺裏　17
神奈川・諏訪東　19
神奈川・横大路　48
神奈川・由比ヶ浜　46・51
福井・一乗谷朝倉氏　11・15・20・34・57
石川・西川島　23
静岡・小川城　21
広島・草戸千軒町　1・2・5・10・29・30・33・39・53
福岡・大宰府　58

4 出土呪符類

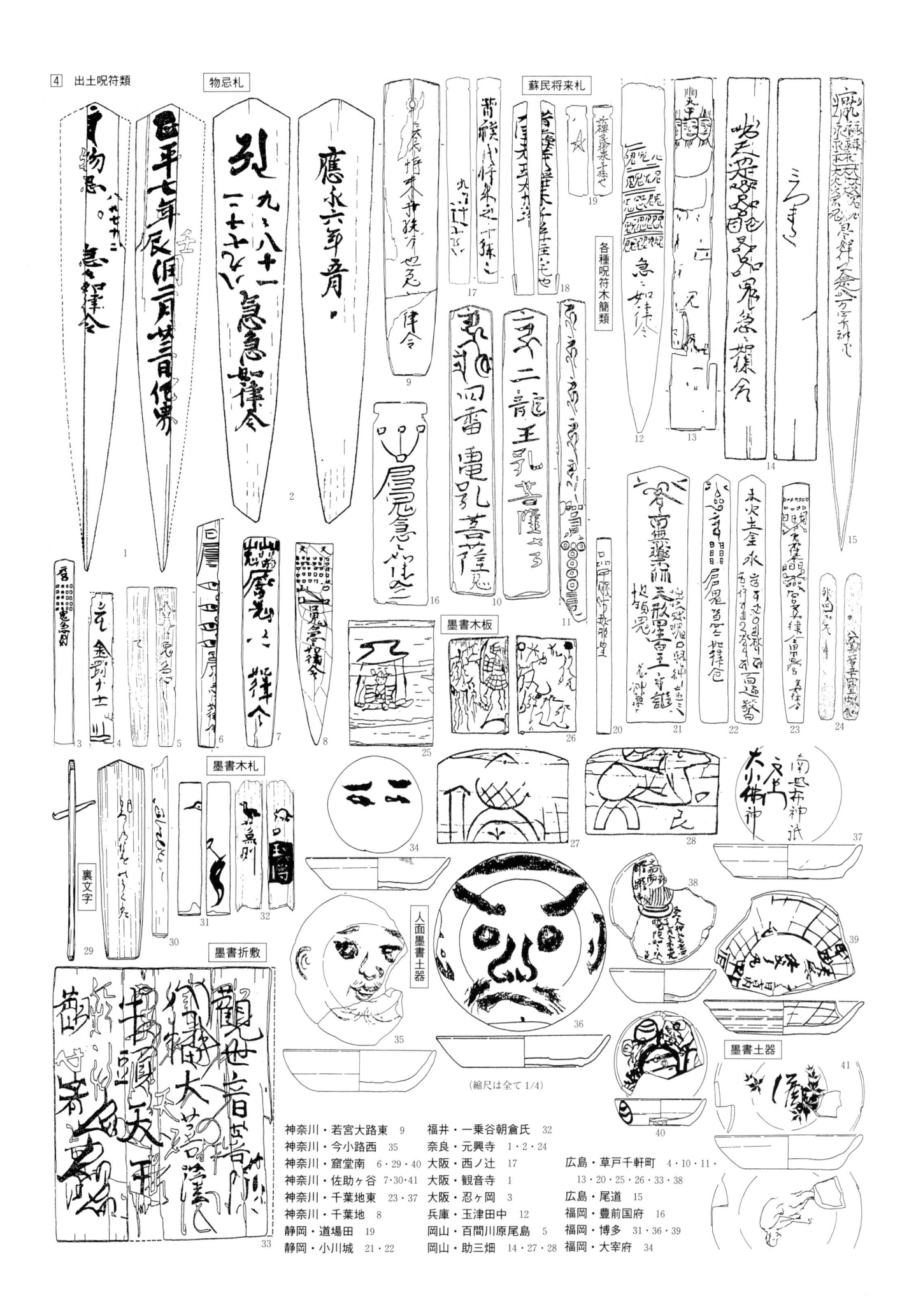

物忌札

蘇民将来札

各種呪符木簡類

墨書木板

墨書木札

裏文字

墨書折敷

人面墨書土器

墨書土器

（縮尺は全て1/4）

神奈川・若宮大路東 9	福井・一乗谷朝倉氏 32	
神奈川・今小路西 35	奈良・元興寺 1・2・24	
神奈川・窟堂南 6・29・40	大阪・西ノ辻 17	広島・草戸千軒町 4・10・11・
神奈川・佐助ヶ谷 7・30・41	大阪・観音寺 1	13・20・25・26・33・38
神奈川・千葉地東 23・37	大阪・忍ヶ岡 3	広島・尾道 15
神奈川・千葉地 8	兵庫・玉津田中 12	福岡・豊前国府 16
静岡・道場田 19	岡山・百間川原尾島 5	福岡・博多 31・36・39
静岡・小川城 21・22	岡山・助三畑 14・27・28	福岡・大宰府 34

さまざまな祭祀・呪術　189

5 鎌倉の寺社内の祭祀遺構と遺物

中世の寺社は参詣人の存在が無視できない．そこでは正統な教義以外の祭祀もなされている．

▶1 若宮大路の鳥居 鶴岡八幡宮の参道，若宮大路の社頭より，1150メートル南方で，直径1.6メートルある鳥居の脚部が検出された．寄木造りで，地中部分の深さは未詳．脚周囲の埋土の遺物と『快元僧都記』などから，天文22年(1553)のものとみられる．源頼朝以来の「浜鳥居」ひいては鎌倉の中央街路の終点位置を示すであろうか．

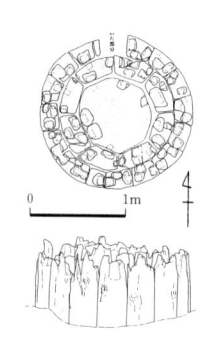

▼2 名越山王堂 『吾妻鏡』にみえる「名越山王堂」の伝承を残す谷戸の山裾で，天井部を欠く「やぐら」状の岩窟を検出．岩盤床面が30センチメートルほど埋没した上に炭化物が厚く堆積し，窟の壁面に焼けた痕跡がある．炭層から銅製の仏具付属品，骨製装飾板片，ガラス円板，水晶(またはガラス)製数珠玉，輸入陶磁器片，かわらけなどが出土した．また炭化米，大豆，小豆なども認められた．14世紀前葉から中頃と考えられる．岩窟内で火を焚き，五穀や宝物を火中に投ずる呪術的な修法がなされた跡か．ただし，この谷戸が文献にみえる山王堂である確証は得られていない．

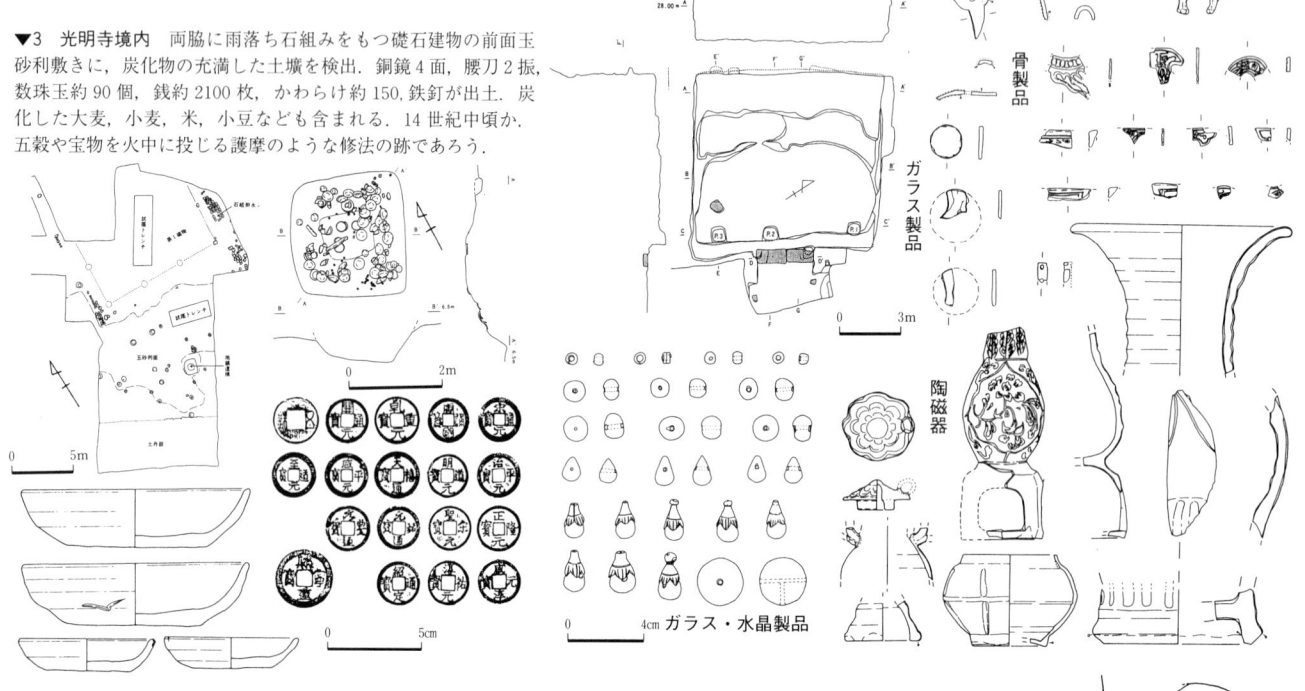

▼3 光明寺境内 両脇に雨落ち石組みをもつ礎石建物の前面玉砂利敷きに，炭化物の充満した土壙を検出．銅鏡4面，腰刀2振，数珠玉約90個，銭約2100枚，かわらけ約150，鉄釘が出土．炭化した大麦，小麦，米，小豆なども含まれる．14世紀中頃か．五穀や宝物を火中に投じる護摩のような修法の跡であろう．

▼4 裏八幡西谷 鶴岡八幡宮の供僧坊の西側の谷，岩盤削平面に約50点のかわらけが出土．半数ほどに日付などの墨書があった．15世紀後半～16世紀後半のもの．八幡宮供僧によって呪術的な儀礼がなされたか．

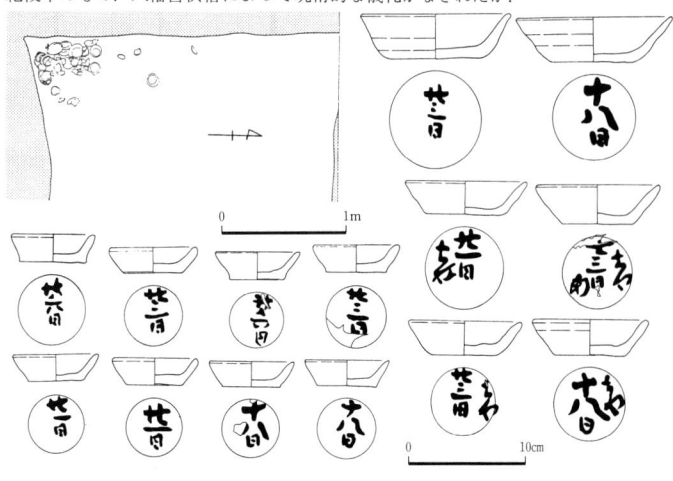

▼5 笹目 『吾妻鏡』にみえる「佐々目谷」の山裾平場で，小穴から銅製片口提子，天目碗，白磁水注，白磁皿が重なって検出された．小穴は周囲と同質の地業土で固められ，寺院の土地造成時の地鎮儀礼とみられる．14世紀後葉～15世紀前葉．

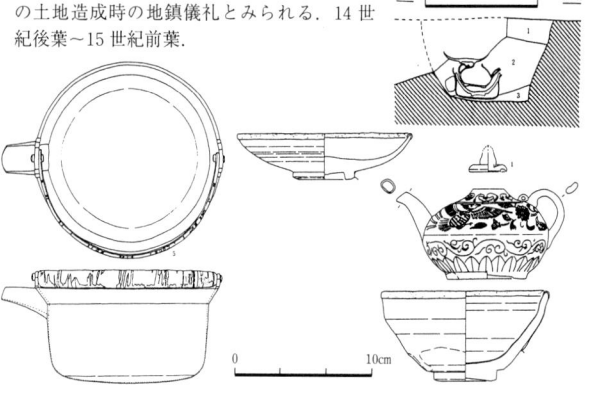

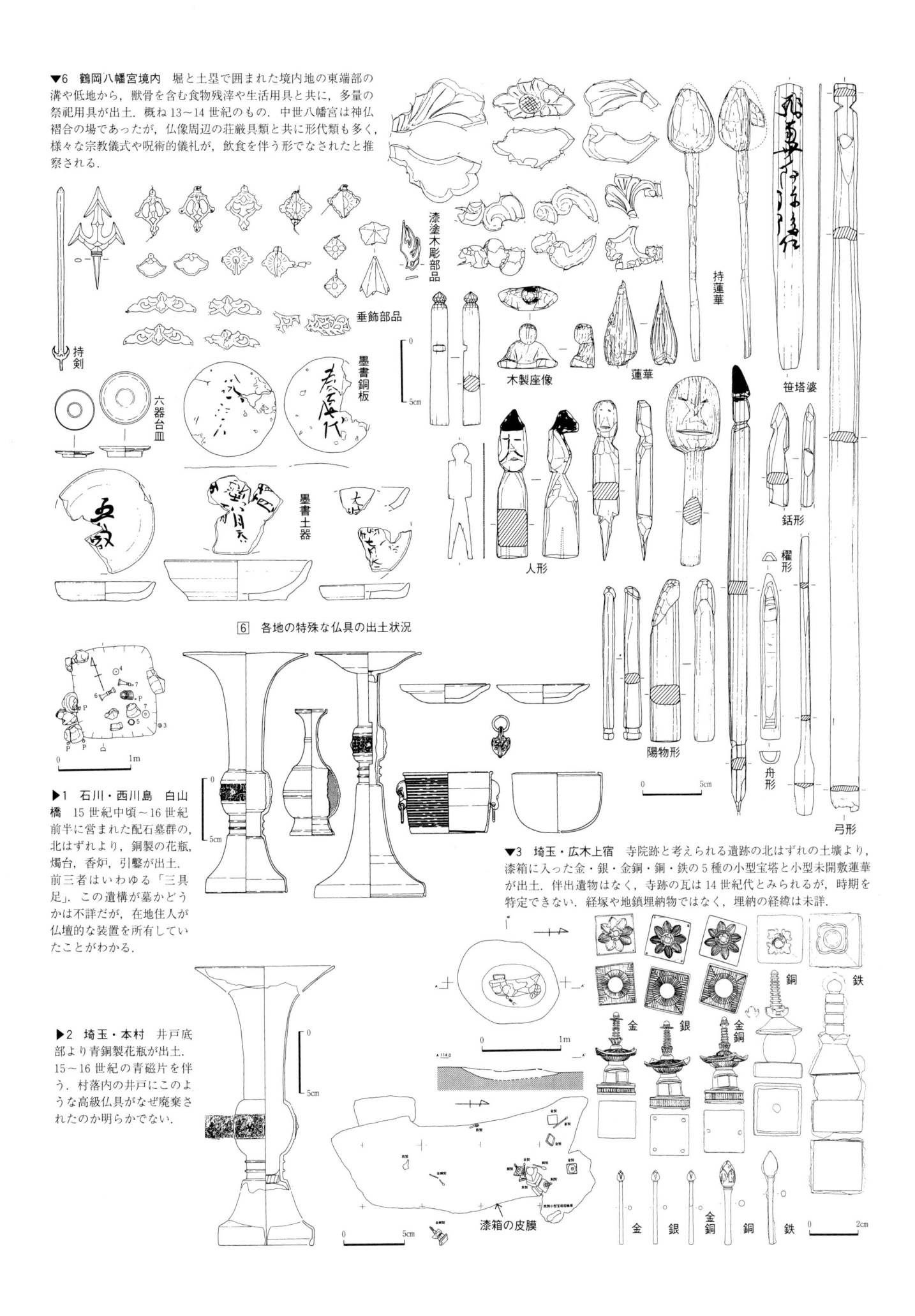

▼6 鶴岡八幡宮境内　堀と土塁で囲まれた境内地の東端部の溝や低地から，獣骨を含む食物残滓や生活用具と共に，多量の祭祀用具が出土．概ね13～14世紀のもの．中世八幡宮は神仏褶合の場であったが，仏像周辺の荘厳具類と共に形代類も多く，様々な宗教儀式や呪術的儀礼が，飲食を伴う形でなされたと推察される．

持剣　垂飾部品　漆塗木彫部品　持蓮華　木製座像　蓮華　笹塔婆　人形　鍬形　陽物形　櫂形　舟形　弓形　六器台皿　墨書銅板　墨書土器

6　各地の特殊な仏具の出土状況

▶1　石川・西川島　白山橋　15世紀中頃～16世紀前半に営まれた配石墓群の，北はずれより，銅製の花瓶，燭台，香炉，引鏧が出土．前三者はいわゆる「三具足」．この遺構が墓かどうかは不詳だが，在地住人が仏壇的な装置を所有していたことがわかる．

▶2　埼玉・本村　井戸底部より青銅製花瓶が出土．15～16世紀の青磁片を伴う．村落内の井戸にこのような高級仏具がなぜ廃棄されたのか明らかでない．

▼3　埼玉・広木上宿　寺院跡と考えられる遺跡の北はずれの土壙より，漆箱に入った金・銀・金銅・銅・鉄の5種の小型宝塔と小型未開敷蓮華が出土．伴出遺物はなく，寺跡の瓦は14世紀代とみられるが，時期を特定できない．経塚や地鎮埋納物ではなく，埋納の経緯は未詳．

漆箱の皮膜　金　銀　金銅　銅　鉄

さまざまな祭祀・呪術　191

2　動物祭祀

動物祭祀の意味　中世では古代にもまして，動物や血にたいする穢れ意識が強化され，都市では斃牛馬処理に携わる人たちや，清掃，その他の穢れを生じると考えられた仕事に携わる人々に対する賤民視が強化されたとされている．同様に動物儀礼に関しても，古代の動物儀礼が牛馬を生贄として神に捧げたのに対し，中世では水神の宿る滝壺，池などを，牛馬の頭部，骨，生き血で汚し，神の怒りを誘って降雨を得るという儀礼も生まれた．

発掘による動物祭祀遺構　中世において動物祭祀と考えられる遺構には，①土坑に牛馬の全身骨，または頭蓋骨，下顎骨をおさめる例（山口県延行条里遺跡：平安時代，大阪府池島・福万寺遺跡：鎌倉時代）②井戸を埋める際に牛の頭蓋骨をおさめる例（岡山県鹿田遺跡：13世紀，山口県周防国府跡：平安時代，10世紀後半）③生産に関する儀礼として馬を埋納する（兵庫県赤穂堂山遺跡：平安後期）④牛馬を殺したり，死んだ場合に頭蓋骨を取り去った例（広島県草戸千軒町：室町時代）などがある．

水田祭祀　池島・福万寺遺跡の鎌倉時代の水田跡の基幹用水路のなかで，4つの坪が接するあたりでは，土坑に逆さまにした牛の頭蓋骨や下顎骨をおさめた例があり，同じ水路の底には牛，鹿などの骨が散乱しており，頭部または下顎骨を土坑におさめ，周辺で供宴を行っている．同様の例として，延行条里遺跡の平安時代後期の条里水田の交差点に土坑を掘り，馬の頭蓋骨を逆さまにおさめた例も存在する．この土坑は別の同規模の土坑を切っており，同じ場所で牛馬いずれかの頭をおさめたと考えられる．古代では平城京，長岡京でも，大路，小路の側溝の底にさらに土坑を掘り，馬を埋めたり，溝に遺棄する例が存在するが，その習俗が中世の農村部に引き継がれた可能性が高いが，そこで牛馬を犠牲として神に捧げたか否かは不明である．動機は，予祝や収穫といった定期的な農耕祭祀というよりは，早魃，台風，洪水などの異常気象への対処であったろう．

古文献に見える動物祭祀　奈良時代の『古語拾遺』では，田を営る月，大地主神が牛宍を田人に食わせた結果，御歳神の怒りをかい，蝗の害を除くのに最後の手段として溝の口に牛宍を置き，男茎を作って之に加えるとあり，文字を残した階層においても肉食・動物儀礼に対して賛否両論があったことがわかる．『日本書記』の皇極紀には「戊寅，群臣相語之日，随村々祝部所教，或殺牛馬，祭諸社神」とあり，また『続日本紀』恒武紀の延暦10年には，「断伊勢，尾張，近江，美濃，若狭，越前，紀伊等國百姓，殺牛用祭漢神」とあり，国家として民間の漢神信仰とそれに伴う動物供犠を禁止しようとしたことがわかる．

しかし中世になると動物を神に捧げる記事は見られなくなる．逆に『政基公旅引付』の文亀元(1501)年7月20日の条に和泉国日根野荘の七宝滝に「不浄之物　鹿骨或頭風情物」を入れると必ず雨が降るという記事が注目できる．ここでは神に動物供犠を行うのとは全く正反対の聖地を穢して神の怒りをかって穢を流させるために雨を得るという動機にもとづいて雨乞を行っている．

井戸を埋める祭祀　井戸を埋める際に牛の頭蓋骨をおさめる例が鹿田遺跡と周防国府跡で検出されている．鹿田遺跡では，下顎骨と角を欠いた牛頭が使われ，牛を殺して備えたのではなく，あらかじめ備蓄した牛頭を埋納したと考えられる．その四隅には，土師期の皿が配置され，周囲に桃の種や焼けた痕跡のある木片，曲物，形代を伴い一気に埋め戻す．

頭部を祭祀に備え備蓄する　平安時代の後半から，動物祭祀も形骸化し，供犠を行うよりはあらかじめ備蓄した牛馬の頭，または頭蓋骨を井戸に埋める際や水田の土坑におさめる例が見られる．それに対応して中世から近世にかけての馬の埋葬には，頭部，または頭蓋骨を欠く例が見られる．近世ではあるが，千葉県マミヤク遺跡，土坑01号から出土したオスの老馬は，頭蓋骨をのぞいた全身骨が下顎骨も含めて埋葬されていた．これは何らかの原因で死んだ馬の頭蓋骨を将来の儀礼のために備蓄したと考えられる．この習俗は佐々木喜善が報告するように，岩手県陸中上閉伊郡の「馬が死ぬと其の首を切り取って家々のカドグチに，杭の端に掛けて立てて置くと謂ふ習慣があった」ことにも関連しよう．また早魃に際して「牛の首漬け」と称する儀礼が多く見られ，牛の首を滝壺に漬けたり，溜池に投じたりする習慣も広く見られる．この場合も血の滴る生首と「枯れた骨」の両方があり，中世遺跡での所見と一致する．近世の例でも，雨乞いのために馬を購入して滝の傍らで首を切って滝壺に浸す例が存在した．そのことから，備蓄した骨をシンボルとして祭祀に利用する例と，実際に生きた牛馬を神に捧げる儀礼の両方が，近年まで存続し続けたことがわかる．

動物祭祀を論じるためには，土坑や廃絶した井戸のような閉じた遺構において，埋葬や廃棄行為と区別できる考古学的証拠を伴うことが必要で，聖地を汚すために，牛馬の生首や骨を滝や池，川の瀬に漬けたり，犬の血を川の特定の岩に塗りつけたことが文献史料から推定できるが，考古学的には証明が困難である．

（松井　章）

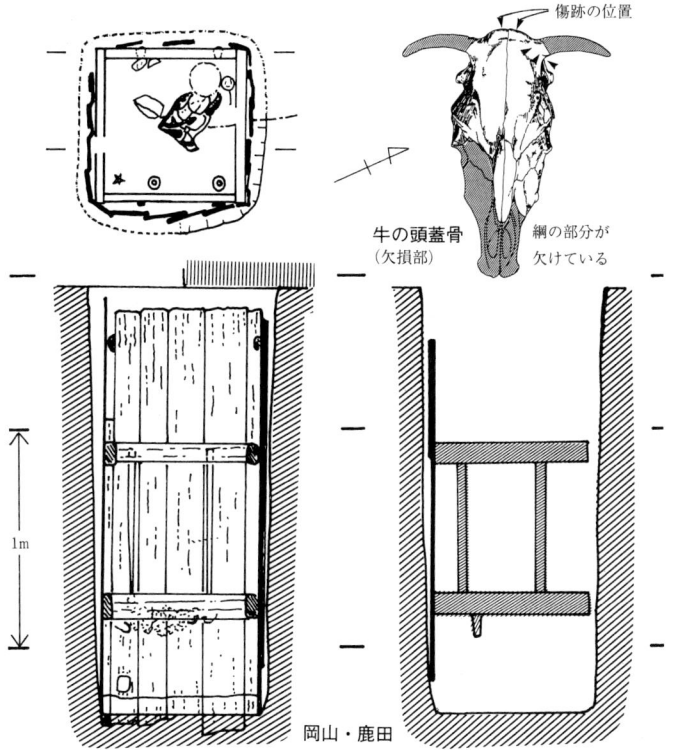

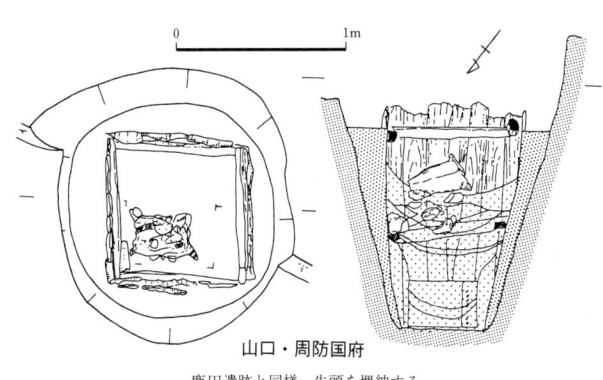

□1 井戸の祭祀　平安時代後半以降鎌倉時代まで、井戸を埋める際に土師器の皿や桃の種子、牛馬の頭蓋骨、あるいは下顎骨を納め、焼けこげた木片などとともに埋め戻す行為が行われる。このような井戸を埋める儀式は文献には記録が無く、中世の後半で消え去ったものと思われる。

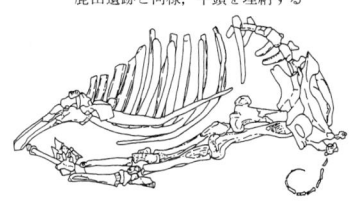

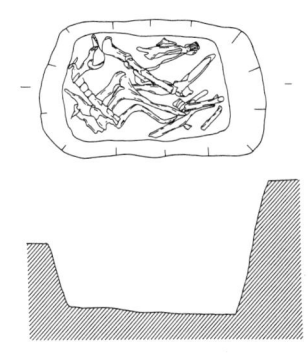

□2 牛を捧げる儀礼　広島・草戸千軒町　草戸千軒町の埋まりかけの池SG3450からは、前肢・後肢を一ヵ所で縛って動けなくした牛の頭部を切り落としている。頭部だけを取ることが目的として神に捧げたせいか、別の異常な死に方をしたせいか、皮も剥がず、肉も食用にした痕跡はない。

□3 馬の埋葬　千葉・マミヤク　マミヤク遺跡の近世の土壙墓群付近から出土した馬の埋葬例では、全身骨格はほぼ揃っていたが下顎骨を伴いながらも頭蓋骨だけが欠けていた。頭蓋骨は晒しておき守り神にしたか、雨乞の際に溜め池や滝つぼに浸したと考えられる。

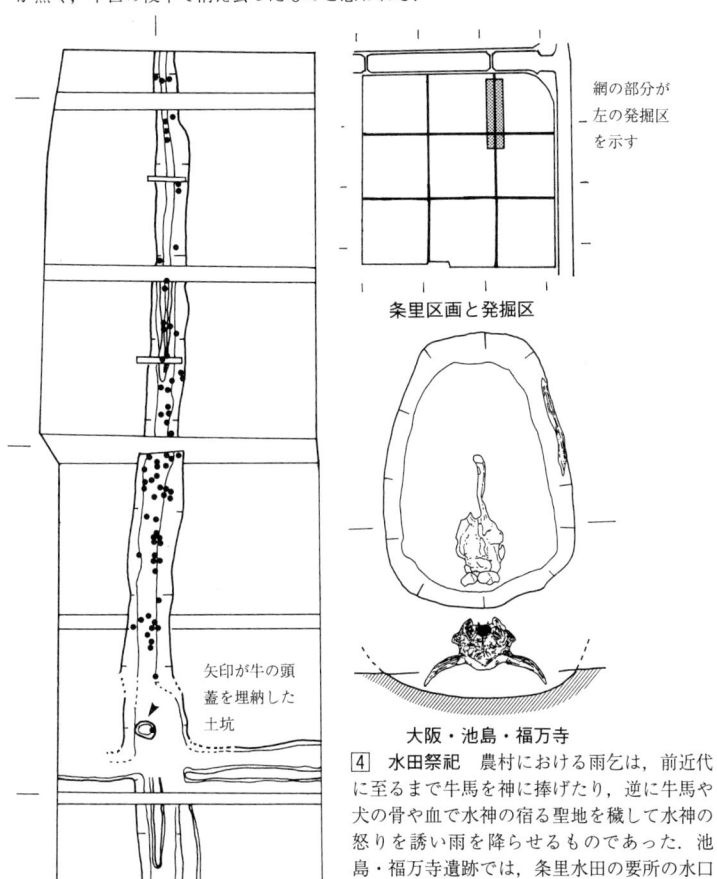

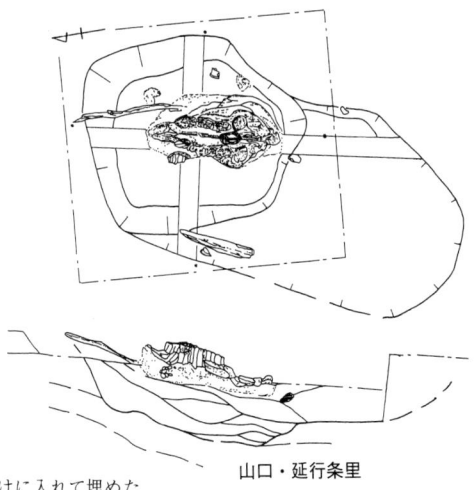

□4 水田祭祀　農村における雨乞は、前近代に至るまで牛馬を神に捧げたり、逆に牛馬や犬の骨や血で水神の宿る聖地を穢して水神の怒りを誘い雨を降らせるものであった。池島・福万寺遺跡では、条里水田の要所の水口付近の側溝の底に坑を穿ち、牛の頭蓋骨を仰向けに入れて埋めた例と、下顎骨のみを埋めた例が見られる。その付近では、解体された牛馬や犬、スッポンなどの骨が散乱しており、土坑に牛の頭蓋骨や下顎骨を埋納する際に肉食を伴う饗宴が催された可能性を示唆する。延行条里水田の畦畔では、交差点上に2度にわたり土坑を掘り、新しい土坑からは馬の頭蓋骨が仰向けで出土した。

動物祭祀　193

3　中世寺院の様態

中世寺院の様態　中世の仏教は旧来の八宗（南都六宗と天台宗, 真言宗）に加えて, 浄土宗や時宗, 日蓮宗, 禅宗などの新しい宗派が出現した. 親鸞・日蓮・一遍など新仏教派は活発な布教活動を行い, 次第に社会に浸透していった.

これらの中に「浄土式庭園・臨池式庭園」をもつ寺院がある. この様式は「寝殿造」から由来するといわれるが, 平安末の「浄土信仰」のもと極楽浄土を現世に具現化したものと考えられる. 系統・系譜的には法成寺, 平等院などが京都周辺で建立され, 平泉では無量光院や毛越寺, 鎌倉では永福寺が建てられる. のちにこの様式の寺院は特に武士たちの本貫地の大御堂に多く取り入れられ, 鎌倉御家人の当時の流行であったようである.

中世後期になると寺院は主要伽藍の周辺に何千もの坊院・小院・塔頭を配し, 陶磁器をはじめ各種の物資が流通・消費される. 坊院のなかでも, 広い敷地をもち庭園を有するもの, 瓦屋根をもつものなど格差・格式が現われてくる. 遺構・遺物では日常生活以外のものも検出されてる. 和歌山県根来寺の坊院跡では多数の甕倉が発見され, 油倉と考えられており, 油の販売機構を推定している. また大門の外には町屋が確認され, ここから漆工房の遺物や鍛冶遺構, 鉄砲玉等が出土している. 福井県平泉寺では周辺に市があったことがわかっている. このことは寺域内外に商人・職人層を抱え, またこれらの人々が寺の消費活動を支えていた. このようにして寺を中心とした巨大な宗教都市・経済都市へ発展していくものもあり, また土塁や堀を巡らして城郭化し, さらに武装化する寺院も現われてくる.

中世寺院は現存するか, 由来・地名などが残っていることも多いが, 由来など不明な寺院跡も多々ある. 大阪府日置荘遺跡は館跡の周辺から瓦を多量に出土する小区画が確認され, 寺院跡と推定されている. このように瓦など仏教関連遺物が出土すれば寺院跡と推定できるが, 東京都多摩ニュータウン No. 692 遺跡のように瓦を伴わない寺院跡もある. 瓦葺きではない寺院は福井県一乗谷朝倉氏遺跡の西光寺やその南の寺院跡, 根来寺坊院でもみられる. 檜皮葺き, 草葺きなどであろう. このような瓦葺きではない寺院は絵巻物にも描かれていることから当時多数あったと考えられる. また礎石をもたない掘立柱建物も存在している. 寺院の認定にあたっては瓦や礎石, 基壇ばかりでなく遺構の配置・規模や遺物の種類・組成, 周辺の字名など総合的に判断・検討していく必要がある.

廟・墳墓堂　廟は祖先などの霊を祀るところで, 開山堂や大師堂などにみられる宝形造りの建物と考えられる.

墳墓堂は現存するものでは岩手県中尊寺金色堂がある. 人の死後, 遺骨を堂に安置し供養した後に堂下に埋葬し, 信仰仏を奉安し供養する建物を墳墓堂・墓所堂という. 信仰仏により阿弥陀堂, 法華堂と呼ばれ, また堂内に石塔を置く例もみられ覆屋的な性格ももっている. 発掘例は少ないが愛知県田所遺跡や栃木県下古館遺跡, 山形県大楯遺跡などは墳墓堂の可能性が推定されている.

また廟, 墳墓堂ともに周辺や背後に墳墓や墓など墓地が展開する. 祖先祭祀との関係も問題となるであろう.

さらに墳墓堂と関連して, 納骨信仰の骨堂の存在がある. 納骨は特に霊場とされる寺院に多くみられ, 著名な寺院では和歌山県高野山, 奈良県元興寺, 福島県八葉寺などがある. 納骨信仰は当初は一部の限られた階層のものであったが, やがて西方浄土の信仰が社会に浸透していく中で広範囲に行われたものと考えられる. なお骨堂としては奈良県西大寺や新潟県蓮華峰寺が知られている.

神社・祠　調査例が少ないが, 青森県山王坊跡は男山・女山の中腹に鎮座する山岳信仰・日吉山王信仰の社殿と考えられる. 岩手県衣関遺跡の例は周辺を塀で囲み内に掘立柱建物の社殿を置き, 開口部に拝殿を配している. この他に上部構造が不明なもので, 絵巻物にみられるような木造と考えられる一乗谷朝倉氏遺跡の石敷遺構や石川県白江梯川遺跡の特異な遺構は祠と推定されている.

その他の宗教施設として, 地下式坑（一次埋葬の施設か）や墓壙が集中する所に小型の建物が検出される例がある. これは墓との関係からみて「喪屋・霊屋・玉屋」などの遺体を仮に安置する堂とも考えられる.

古代の「村落内寺院」とも関連する問題として, 集落内の堂・草庵などがあったと考えられるが, 仏教, 祭祀関連遺物などが出土しないかぎりその認定は難しく, 今後の大きな課題といえよう. 一方寺院の立地からみると, 特に山岳系寺院は古代あるいはそれ以前の聖地・霊山に建立される. また城館跡が聖地や寺院, 墓域の地に造られることがある. これは「聖域」を俗なる権力者が支配し, 自らの正当性・継承権を誇示するため, また支配権・祭祀権の一掃と鎮魂などを含めた行為とも考えられよう.

[文献] 石田茂作監修 1984『新版仏教考古学講座』雄山閣. 上原真人 1986「仏教」『岩波講座日本考古学 4』. 本中真 1994『日本古代の庭園と景観』吉川弘文館. 菅原正明 1992「甕倉出現の意義」『国立歴史民俗博物館研究報告 46』.

（荒川正夫）

1 浄土式庭園をもつ寺院

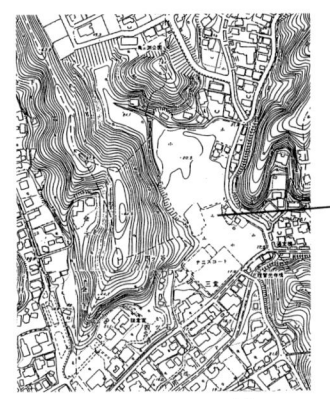

神奈川・永福寺（12～15世紀）
北・西・東の三方を山で囲まれた谷に，西の山麓に二階堂を中心として北に薬師堂，南に阿弥陀堂を建て，園池に臨むコの字型の建物配置と考えられる．三堂は礎石建物で，基壇は創建時，木造であったが後に（寛治・宝治年間）切石を使用している．東正面には階が付設されている．二階堂前面には多数の柱穴があり，各種の行事や開堂供養等に関連した遺構と推定される．園池には二階堂・阿弥陀堂の前に木橋が架かる．

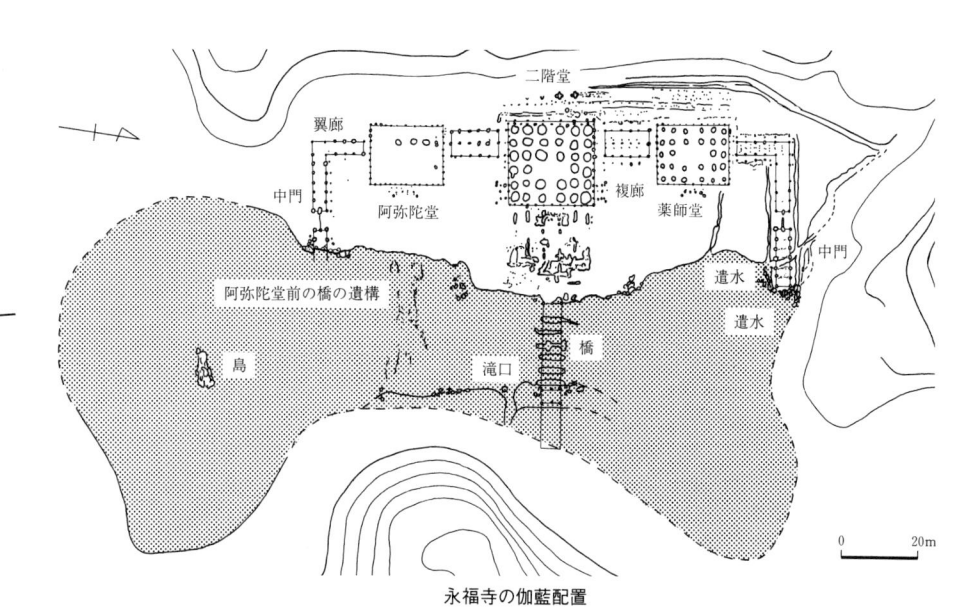

永福寺の伽藍配置

中門の柱の断面模式図
礎盤・柱・礎石から3期の建て替えが行われている．

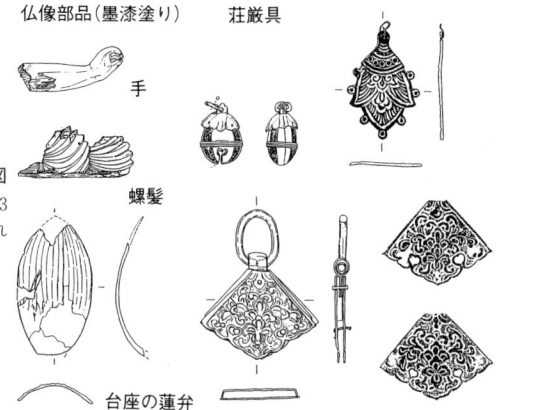

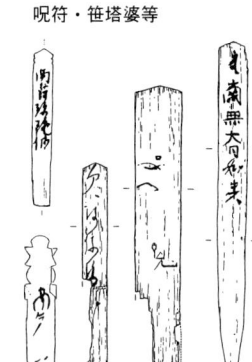

2 禅宗系寺院

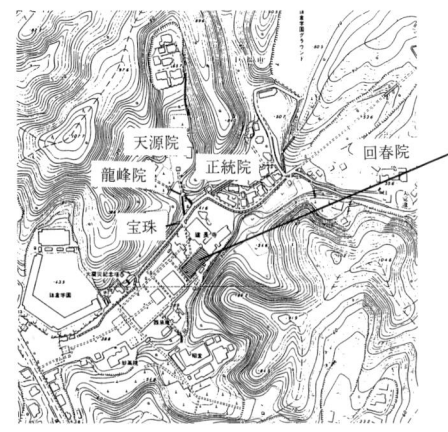

神奈川・建長寺境内（14～18世紀） 主要伽藍（仏殿，法堂）は中央の谷にほぼ一列にならび，そこから延びる支谷に開山塔や各塔頭が建てられている．調査結果から遺構は14世紀から15世紀に集中し，伽藍の一部の変遷がわかる．14世紀代の変遷は，法堂が北・東へと拡張され，新回廊（四半敷廊）ができる．15世紀，土盛後三面廂の方三間の堂（方丈か）が建つ．次に三間×四間の北に石畳をもつ礎石建物が建つ．15世紀後半，巨大な礎石を据えた北に張り出しをもつ五間の建物が見られる．また14世紀以前の主要建物は西寄りにあったと推定される．

建長寺境内の遺構の変遷

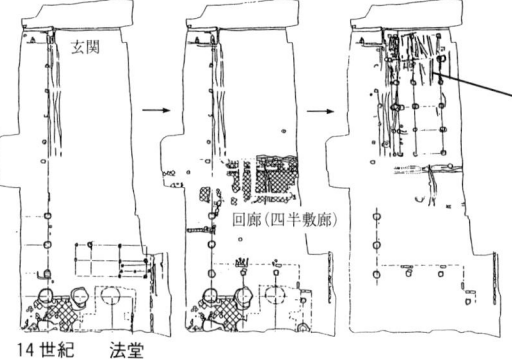

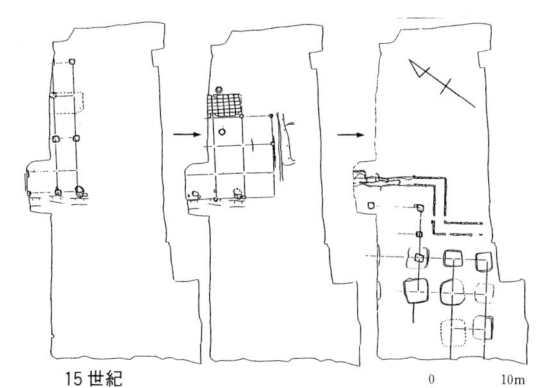

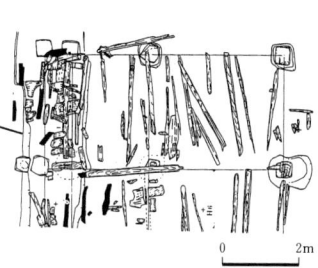

礎石使用の木造建築（僧房か）

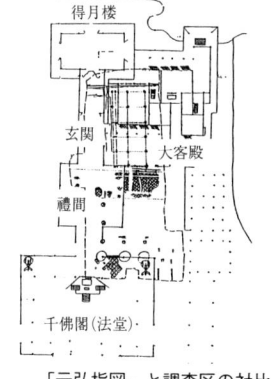

「元弘指図」と調査区の対比
14世紀の遺構と「元弘指図」を比較すると法堂や玄関がほぼ一致する．

中世寺院の様態

3 密教系寺院

真言宗系寺院
和歌山・根来寺

坊院配置図

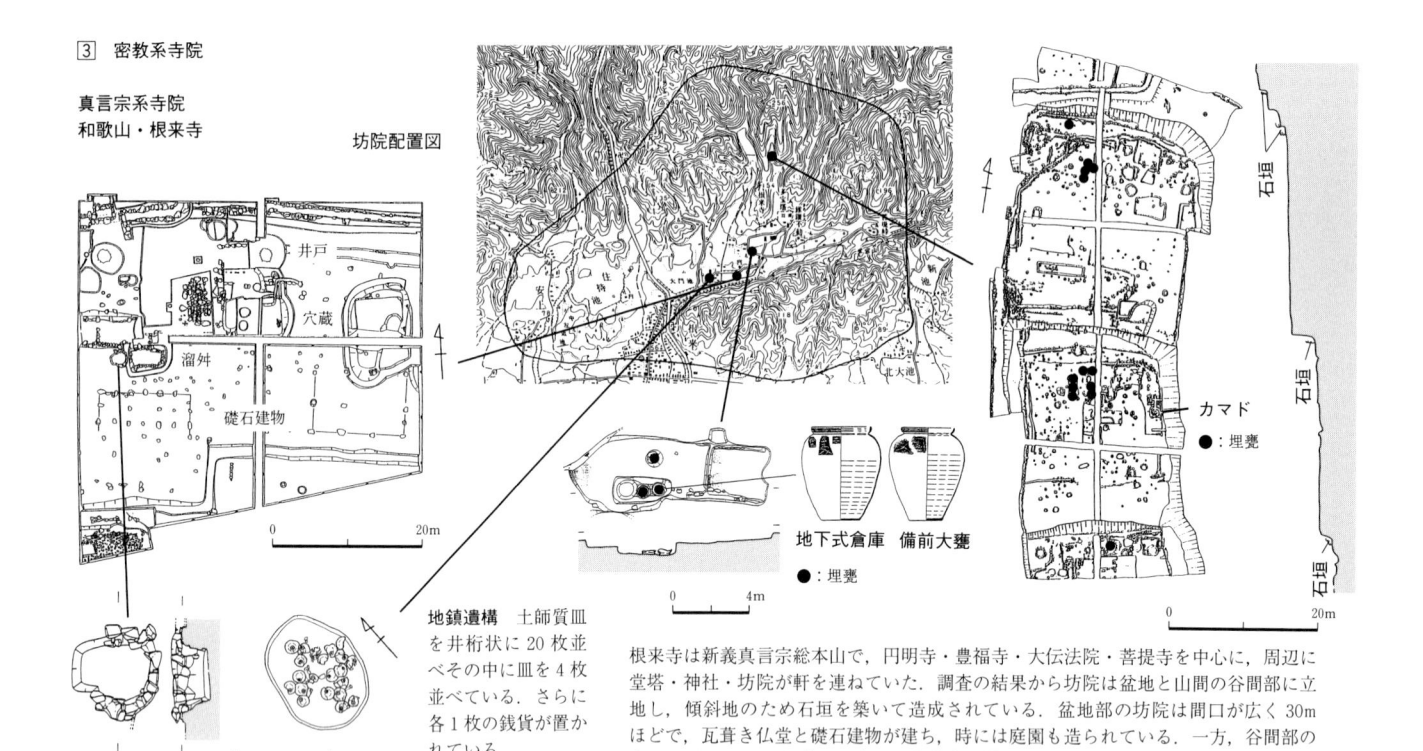

地鎮遺構 土師質皿を井桁状に20枚並べその中に皿を4枚並べている．さらに各1枚の銭貨が置かれている．

カマド

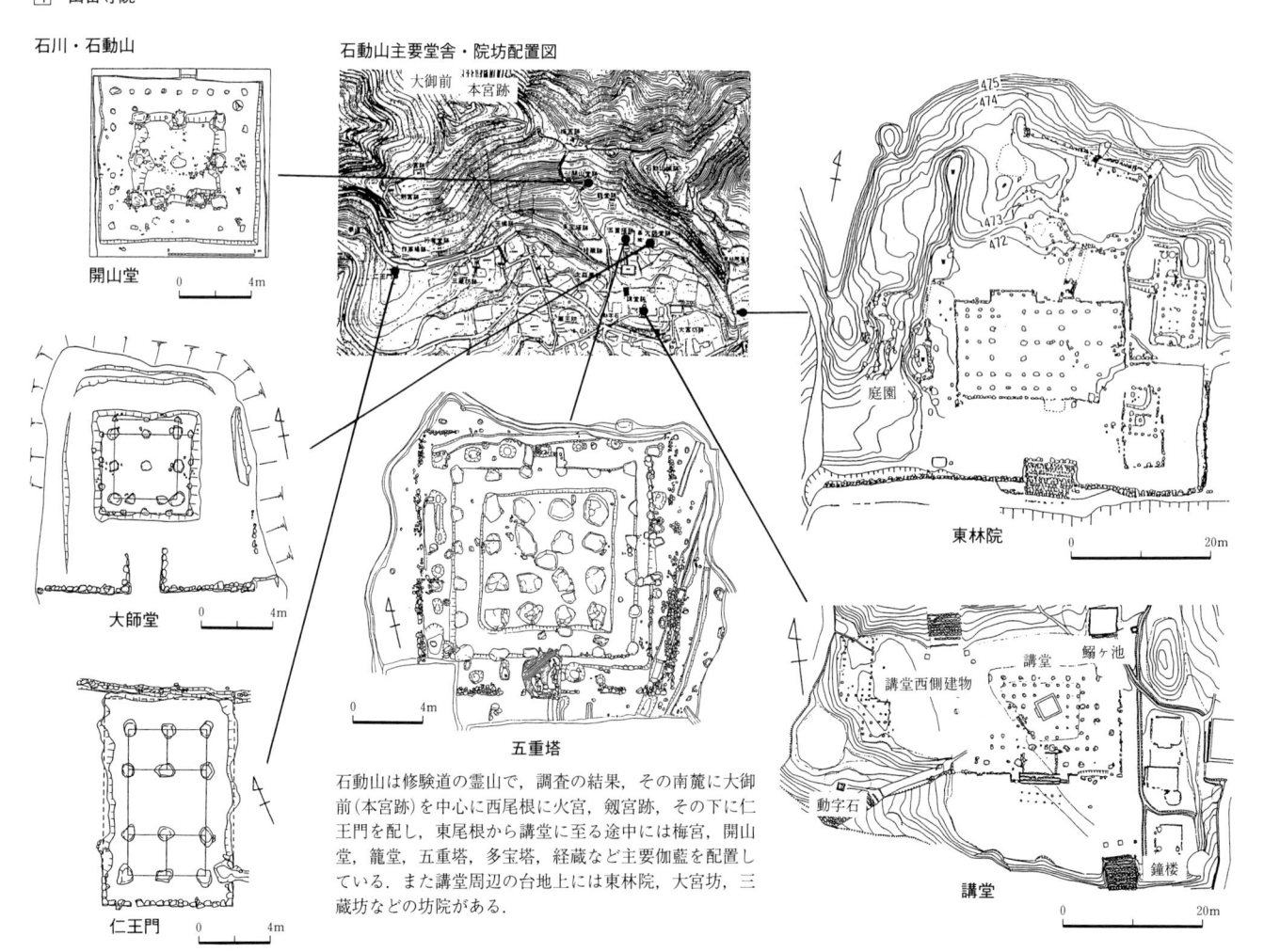

地下式倉庫　備前大甕
●：埋甕

●：埋甕

根来寺は新義真言宗総本山で，円明寺・豊福寺・大伝法院・菩提寺を中心に，周辺に堂塔・神社・坊院が軒を連ねていた．調査の結果から坊院は盆地と山間の谷間部に立地し，傾斜地のため石垣を築いて造成されている．盆地部の坊院は間口が広く30mほどで，瓦葺き仏堂と礎石建物が建ち，時には庭園も造られている．一方，谷間部のものは間口が20mと狭く，多くは草葺きや柿葺・檜皮葺きの掘立柱建物である．出土遺物から，古くは12世紀末に遡るものもあるが，出土量が増えるのは13世紀後半で，15世紀末から16世紀にかけて最盛期を迎える．

4 山岳寺院

石川・石動山

石動山主要堂舎・院坊配置図

開山堂

大師堂

五重塔

仁王門

東林院

講堂

石動山は修験道の霊山で，調査の結果，その南麓に大御前(本宮跡)を中心に西尾根に火宮，剣宮跡，その下に仁王門を配し，東尾根から講堂に至る途中には梅宮，開山堂，籠堂，五重塔，多宝塔，経蔵など主要伽藍を配置している．また講堂周辺の台地上には東林院，大宮坊，三蔵坊などの坊院がある．

196　祭祀と葬送

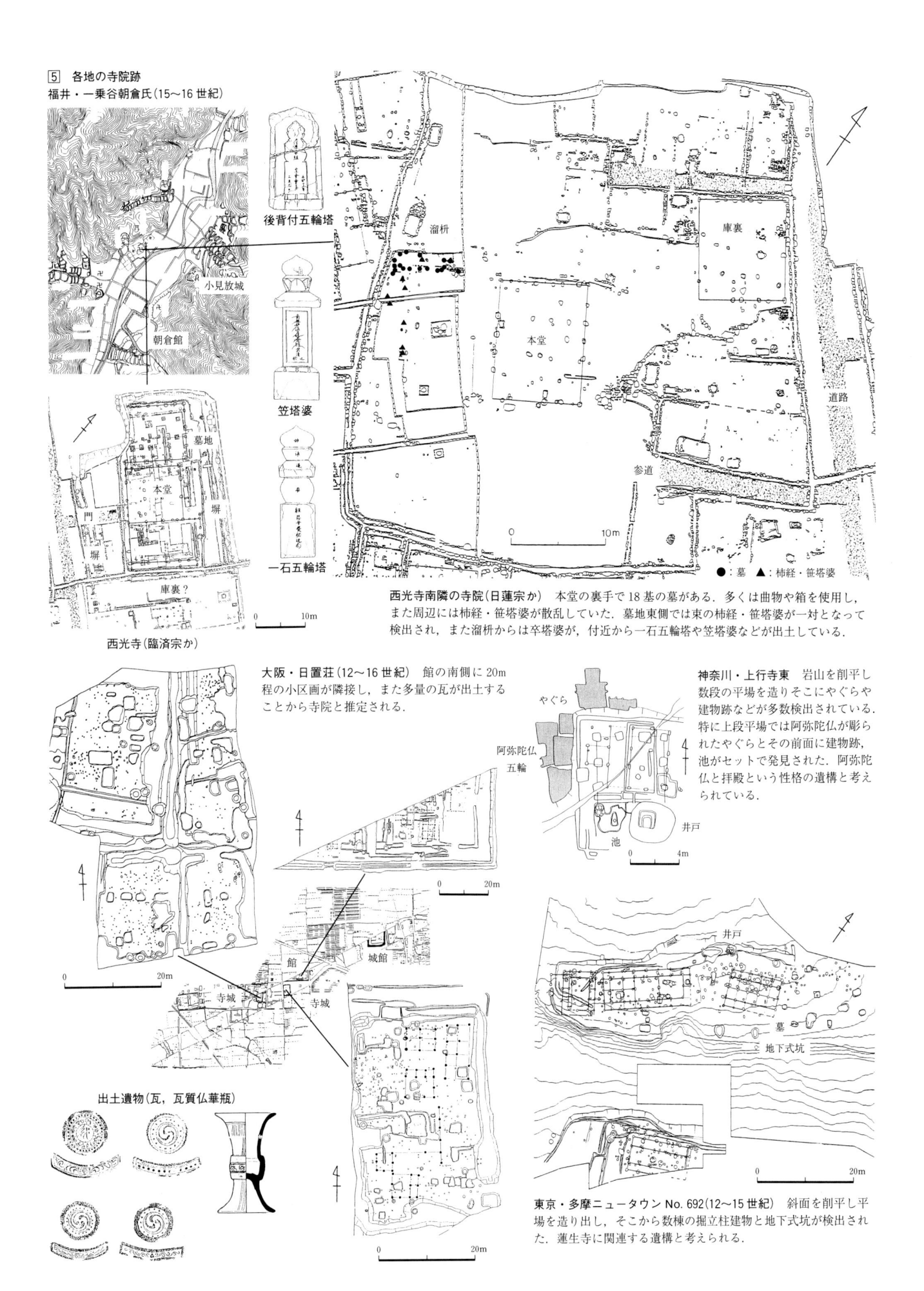

[5] 各地の寺院跡
福井・一乗谷朝倉氏（15〜16世紀）

西光寺（臨済宗か）

後背付五輪塔
笠塔婆
一石五輪塔

西光寺南隣の寺院（日蓮宗か）　本堂の裏手で18基の墓がある．多くは曲物や箱を使用し，また周辺には柿経・笹塔婆が散乱していた．墓地東側では束の柿経・笹塔婆が一対となって検出され，また溜枡からは卒塔婆が，付近から一石五輪塔や笠塔婆などが出土している．

●：墓　▲：柿経・笹塔婆

大阪・日置荘（12〜16世紀）　館の南側に20m程の小区画が隣接し，また多量の瓦が出土することから寺院と推定される．

出土遺物（瓦，瓦質仏華瓶）

神奈川・上行寺東　岩山を削平し数段の平場を造りそこにやぐらや建物跡などが多数検出されている．特に上段平場では阿弥陀仏が彫られたやぐらとその前面に建物跡，池がセットで発見された．阿弥陀仏と拝殿という性格の遺構と考えられている．

東京・多摩ニュータウン No.692（12〜15世紀）　斜面を削平し平場を造り出し，そこから数棟の掘立柱建物と地下式坑が検出された．蓮生寺に関連する遺構と考えられる．

中世寺院の様態　197

6 廟・墳墓堂

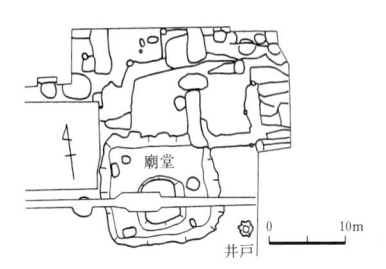

大阪・喜連東（14〜15世紀） 方形の壇状の周囲を溝が巡る遺構で，溝からは瓦や五輪塔，板碑，瓦質香炉などが出土している．

栃木・下古館（13〜15世紀）

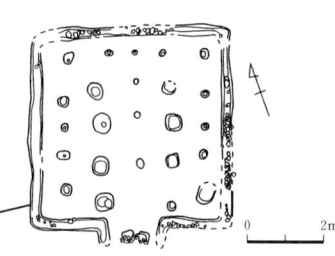

方形周溝内掘立柱建物跡 遺跡は南北480m，東西160mの長方形の堀が巡り，中央を道が貫通している．遺跡の中央部に積石塚があり，その南前面に方形周溝遺構がある．内部に建物跡が検出され，塚に関連する宗教施設と考えられる．他には方形竪穴，井戸，火葬土坑等が確認されている．

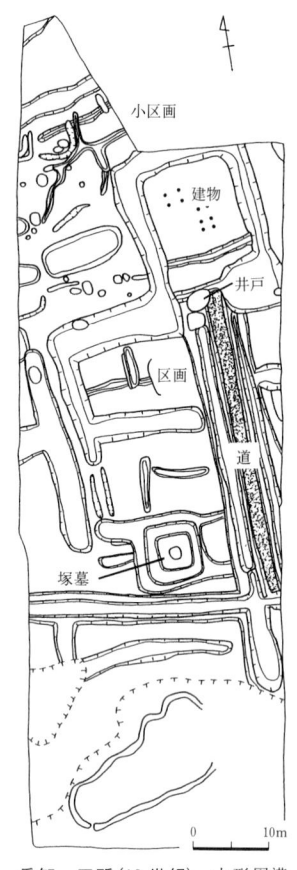

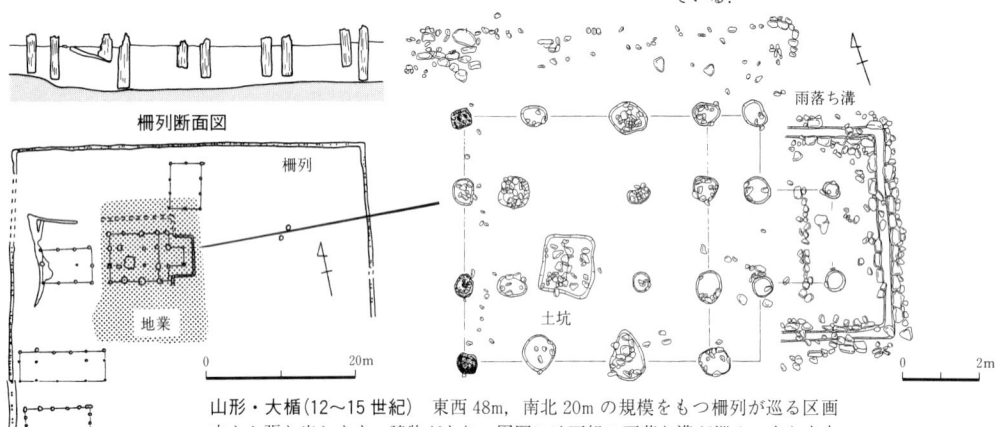

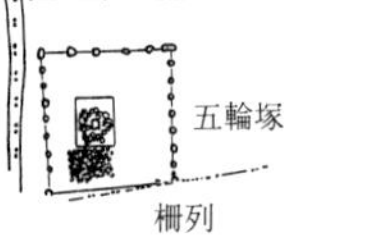

山形・大楯（12〜15世紀） 東西48m，南北20mの規模をもつ柵列が巡る区画内から張り出しをもつ建物があり，周囲には石組の雨落ち溝が巡る．また中央から長方形の土坑が検出されている．また周辺は地業が行われている．南西部には現存する五輪塚があり，その周囲にも柵列が巡っている．『一遍上人絵伝』の墳墓堂に酷似している．

愛知・田所（13世紀） 方形周溝の中から建物が検出され，周辺には塚墓や区画された墓域が確認されている．

7 地下式坑と建物が関連する遺跡

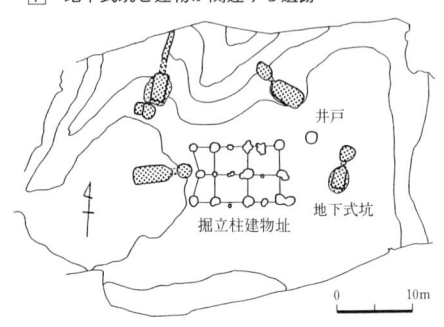

石川・刈安野々宮（15世紀） 掘立柱建物のまわりに地下式坑4基が検出され，建物が地下式坑を避けて造られている．

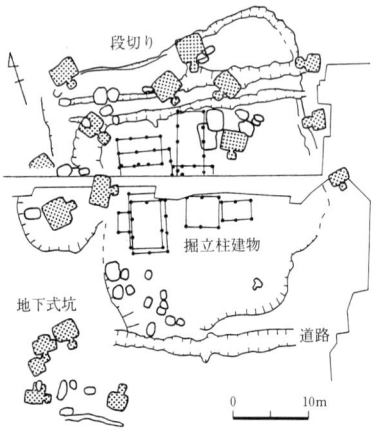

東京・五段田（15〜16世紀） 斜面を東西42m，南北40mの規模で削平し，中央部で掘立柱建物が数棟確認され，その周辺を取り囲むように地下式坑や土坑が検出された．

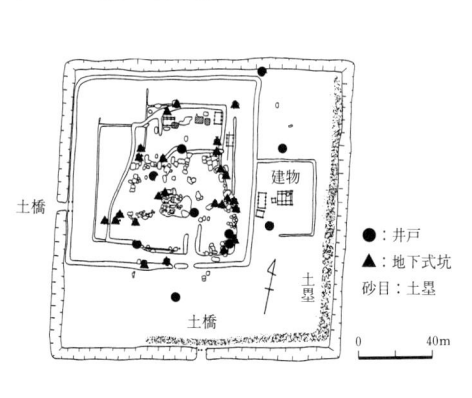

茨城・白石（14〜16世紀） 建物は一辺165mの規模で堀を巡らした土塁をもつ館と考えられ，内部にも3時期にわたる堀で区画されている．中心部は多数の墓壙や土坑，小竪穴が密集し，そのまわりを囲むように地下式坑が検出され，墓域と考えられる．その東側には掘立柱建物跡が数棟確認されている．

8 絵巻物に描かれた廟・墳墓堂

『一遍上人絵伝』 高野山奥の院，弘法大師の廟所．方三間の宝形造りの建物で，石垣，玉垣を巡らす．廟に祠がある．

『一遍上人絵伝』 観音堂内の一遍の墓所．荼毘に付した松の下に方一間の堂．その脇に玉垣を巡らし，五輪塔を建てている．

祭祀と葬送

9 神社・祠

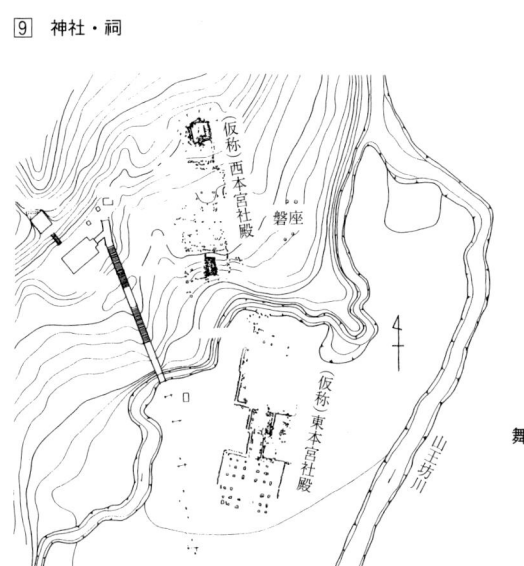

青森・山王坊（13～15世紀?） 津軽安東氏の日吉神社跡と推定される．二ヶ所で礎石建物群が確認された．建物の軸線が異なる．

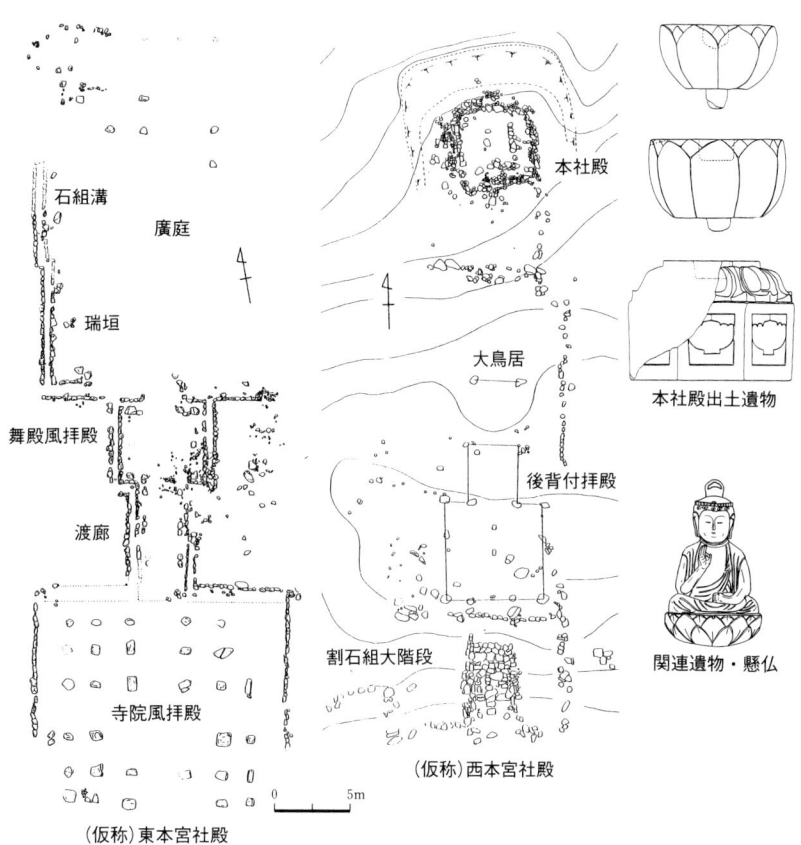

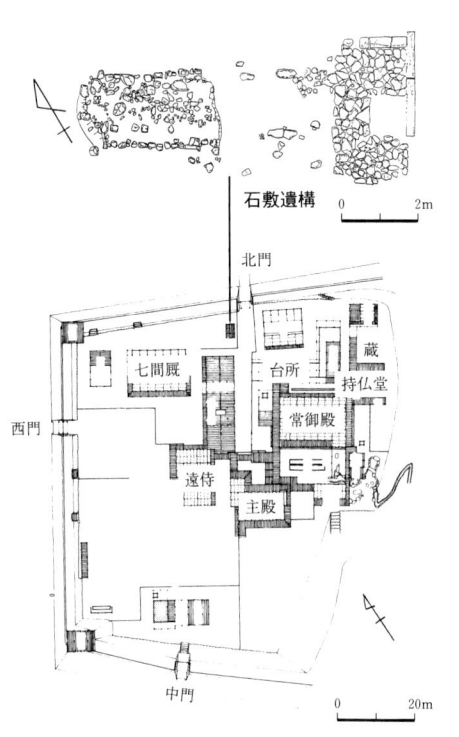

石組溝
廣庭
瑞垣
舞殿風拝殿
渡廊
寺院風拝殿
（仮称）東本宮社殿

本社殿
大鳥居
後背付拝殿
割石組大階段
（仮称）西本宮社殿

本社殿出土遺物
関連遺物・懸仏

石敷遺構
北門
七間廐
蔵
台所
持仏堂
常御殿
西門
遠侍
主殿
中門

福井・一乗谷朝倉氏（15～16世紀） 朝倉氏館の内部北側から検出された石敷遺構で，祠と推定される．祠は現存では長方形を呈し，外側に切り石を使用し土台部と考えられる．西側の石敷は参道部と考えられる．

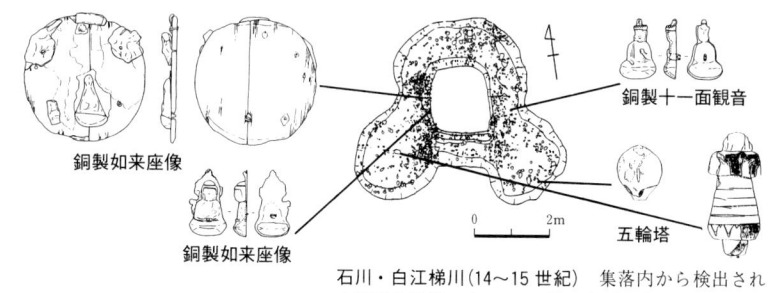

銅製如来座像
銅製如来座像
銅製十一面観音
五輪塔

石川・白江梯川（14～15世紀） 集落内から検出された特異な遺構である．2m程の方形の台状部の周囲を溝で囲み，南側に土坑を接合したような形である．溝からは多数の礫や懸仏3体，五輪塔が出土し，「白山信仰」の祠と推定されている．

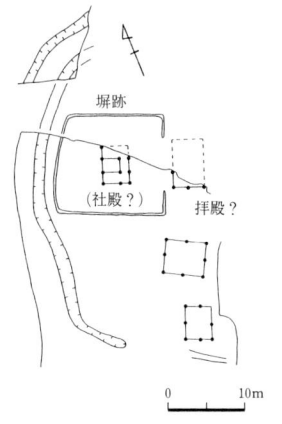

塀跡
（社殿?）
拝殿?

岩手・衣関（12～13世紀） 東側に開口した塀跡の溝があり，内部に建物跡が1棟，開口部の東にも建物跡がある．

10 絵巻物に描かれた祠

『一遍上人絵伝』 観音堂の裏手の鎮守の祠．端垣を巡らしている．祠は掘立柱建物ではない．

中世寺院の様態

4 墓葬と供養
1) 墓の諸形態

　中世の葬法には土葬と火葬等があり，実際の埋葬に際しては階層差や地域差などにより様々な変化が見られる．また，貧しい階層の人びとは風葬により葬られたと言われるが，考古学的事例で把握することは難しい．

　火葬　火葬跡と思われる遺構としては壁面が赤く焼けた方形の土坑，「T」の字形をした土坑などが，中世前半から後半にかけて各地に分布する．中世後半の一乗谷等では方形の石組の火葬炉も確認されている．

　荼毘に付された後に拾骨を行い，蔵骨器に納め埋葬したものが火葬墓の一般的な形態である．また，火葬した場所がそのまま埋葬遺構となる考えもある．

　蔵骨器としては，金属器，陶磁器，石製，木製の曲物・桶などが使用された．最も多く確認されるものは陶磁器であるが，実際の調査では，径30cmほどの穴から骨が発見される場合が多いが，これは，曲物などの木製容器が使用されたものである．陶磁器製の蔵骨器は陶磁器流通とのかかわりが強い．例えば，博多などでは中国陶磁器の占める割合が極めて高いのに対して，瀬戸内では備前，東播製品，鎌倉等の東国では古瀬戸瓶子・梅瓶，常滑壺を中心とし，北陸では珠洲壺，越前壺，甕と広域流通の焼物のが使用される．在地産の土師質，須恵質，瓦質などの鍋，釜，擂鉢などが使用されることもある．常滑「不識壺」と言われる小甕などは蔵骨器専用品として生産されたとされる．陶磁器を使用した蔵骨器は全国的に見て中世前半代に多い．

　土葬　土葬は木棺や甕棺など棺を使用して埋葬した場合と，棺の痕跡が不明な直葬したと思われるものがある．木棺墓の場合は伸展葬を行う．古代から継続的見られ，特に西日本に多く，中国陶磁などの副葬品を持つものも多い．

　常滑などの甕を利用した甕棺墓も僅かであるが，京都市内などで確認されている．

　直葬とするものは棺の痕跡は認められないが，直接埋葬されたのでなく，莚などにくるみ埋葬したことも考えられる．このような棺の痕跡の認められないものを単に土坑墓と称する場合が多い．土坑墓とされるものの多くは1メートルほどの小規模のもので，屈葬の形態を示すものが多い．この埋葬形態は中世において最も普遍的な埋葬形態であったと思われ，全国にその分布を認めることができ，時期的には14世紀以降に多い．

　火葬に比較して土葬の方が，一般的に薄葬と捉えられている．しかし，地域や階層などの異なり，さらには時代的な推移の中で，一元的に規定できない．

　墓地の風景と形態　墓地の立地には，都市，村を問わず，山の中腹や丘陵上に形成される場合が多い．このような景色の良い場所を「勝地」と称し，聖なる場が選定され，経塚や墓地などが形成された．

　静岡県一の谷中世墳墓群は，磐田の宿を臨む丘の上に形成された「勝地」の典型例と言えよう．尾根の一帯には，中世全般にわたる墓が展開する．『餓鬼草紙』に見られる塚状の墓と同種のものが尾根の上に展開し，その塚の回りには溝が廻っている．塚の中央には長方形の土壙があり，主に土葬による埋葬跡が主体である．塚の上には石や木で造られた塔場が立っていたとおもわれる．この塚墓は12～13世紀の墓の一形態であり，ほぼ全国に分布を認めることができる．

　主体部を河原石などで方形に囲った「集石墓」「配石墓」などと呼ばれるものがある．一の谷中世墳墓群では尾根の斜面に壇上に展開していた．方形の区画は一族等を意識して造られた同族墓と推測される．集石の中央部には陶磁器などの蔵骨器が埋納されていた．基本的に集石墓の場合は火葬墓であり，13世紀から14世紀にかけてほぼ全国的に見られる形態である．集石墓の周辺からは五輪塔や板碑などの供養塔婆が出土する場合が多く，墓標，供養塔婆として造立されていた．木製塔婆の使用も多かったものと推測される．

　14世紀以降には，集石を持ち蔵骨器を使用した墓形態も次第に姿を消して行き，不整楕円形の土坑墓などの集団的な墓形態が増加し始める．それは，中世後期の畿内の惣墓に見られる開放された集団墓的の形態に象徴される状況が推測される．

　都市の墓　仁治三年令と称される法令がある．この法令は豊後国守護大友氏の法令であり，「府中に墓をつくるな」と言うもので，基本的に鎌倉幕府の一般的な法令と考えられており，鎌倉を始めとした府中など都市的な場では都市周辺部に墓地形成がなされたものと推測されている．

　13世紀後半以降の鎌倉の「やぐら」は周辺の山々に多く分布する．また，下層の人びとの墓と思われる人骨が由比ヶ浜一帯の浜地から検出され，都市内には極力墓地が形成されていない．

　京都では12世紀には都市の外周部の葬地に，集団的な墓地が顕現化し，中世的墓制が確立していったとされる．

　[文献] 石井進編 1993『中世社会と墳墓』名著出版．鎌倉考古学研究所編 1994『中世都市鎌倉を掘る』日本エディタースクール．中世都市研究会編 1997『中世都市研究4』新人物往来社．
　　　　　　　　　　　　　　　　　　（浅野晴樹）

様々な火葬施設

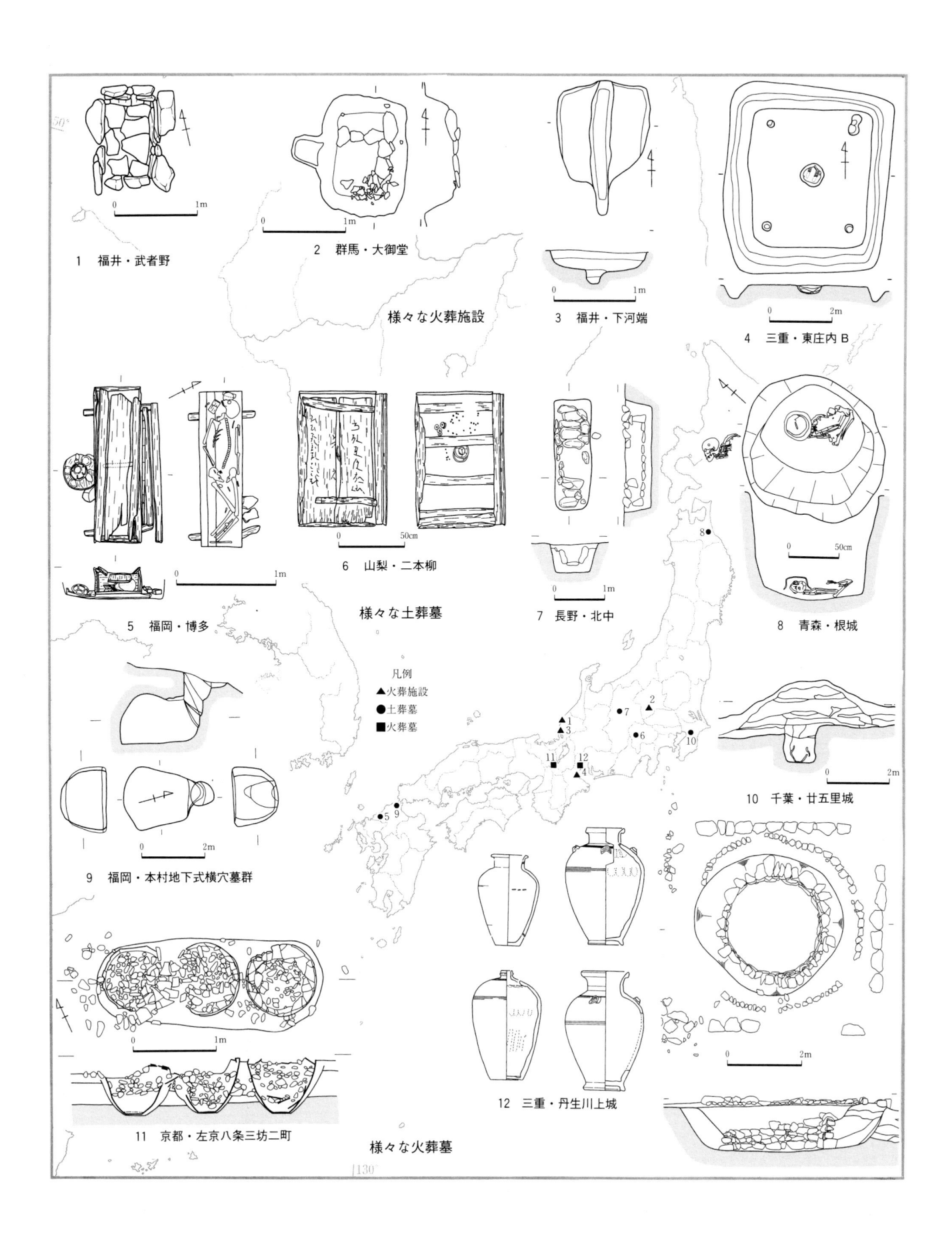

1　福井・武者野
2　群馬・大御堂
3　福井・下河端
4　三重・東庄内B

様々な土葬墓

5　福岡・博多
6　山梨・二本柳
7　長野・北中
8　青森・根城

凡例
▲ 火葬施設
● 土葬墓
■ 火葬墓

9　福岡・本村地下式横穴墓群
10　千葉・廿五里城
11　京都・左京八条三坊二町
12　三重・丹生川上城

様々な火葬墓

墓葬と供養　201

北東位仰臥屈葬（男性　男性）

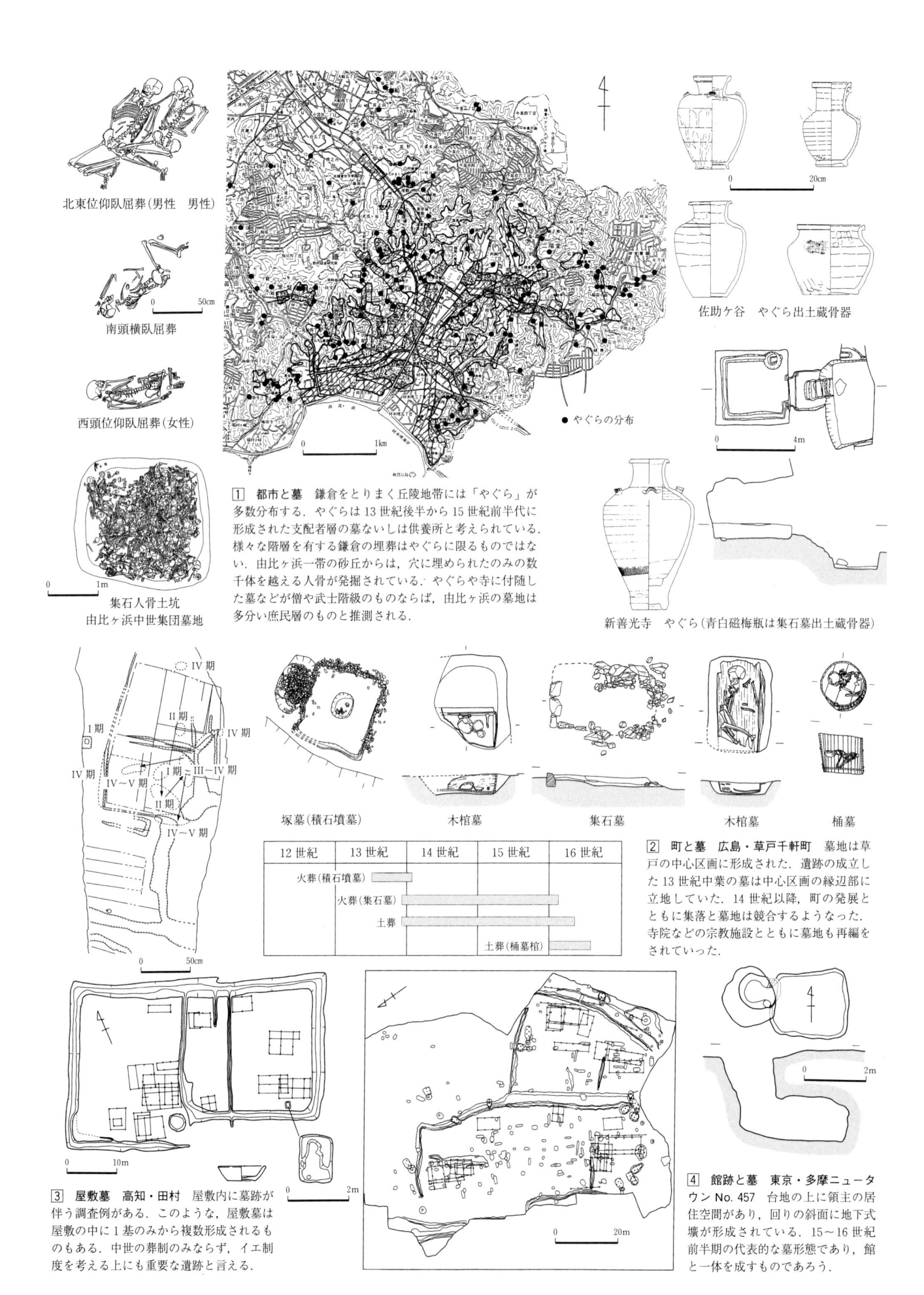

南頭横臥屈葬

西頭位仰臥屈葬（女性）

集石人骨土坑
由比ヶ浜中世集団墓地

佐助ヶ谷　やぐら出土蔵骨器

新善光寺　やぐら（青白磁梅瓶は集石墓出土蔵骨器）

1　都市と墓　鎌倉をとりまく丘陵地帯には「やぐら」が多数分布する．やぐらは13世紀後半から15世紀前半代に形成された支配者層の墓ないしは供養所と考えられている．様々な階層を有する鎌倉の埋葬はやぐらに限るものではない．由比ヶ浜一帯の砂丘からは，穴に埋められたのみの数千体を越える人骨が発掘されている．やぐらや寺に付随した墓などが僧や武士階級のものならば，由比ヶ浜の墓地は多分に庶民層のものと推測される．

塚墓（積石墳墓）　　木棺墓　　集石墓　　木棺墓　　桶墓

	12世紀	13世紀	14世紀	15世紀	16世紀
火葬（積石墳墓）					
火葬（集石墓）					
土葬					
土葬（桶墓棺）					

2　町と墓　広島・草戸千軒町　墓地は草戸の中心区画に形成された．遺跡の成立した13世紀中葉の墓は中心区画の縁辺部に立地していた．14世紀以降，町の発展とともに集落と墓地は競合するようなった．寺院などの宗教施設とともに墓地も再編をされていった．

3　屋敷墓　高知・田村　屋敷内に墓跡が伴う調査例がある．このような，屋敷墓は屋敷の中に1基のみから複数形成されるものもある．中世の葬制のみならず，イエ制度を考える上にも重要な遺跡と言える．

4　館跡と墓　東京・多摩ニュータウン No. 457　台地の上に領主の居住空間があり，回りの斜面に地下式壙が形成されている．15～16世紀前半期の代表的な墓形態であり，館と一体を成すものであろう．

塚墓と主体部

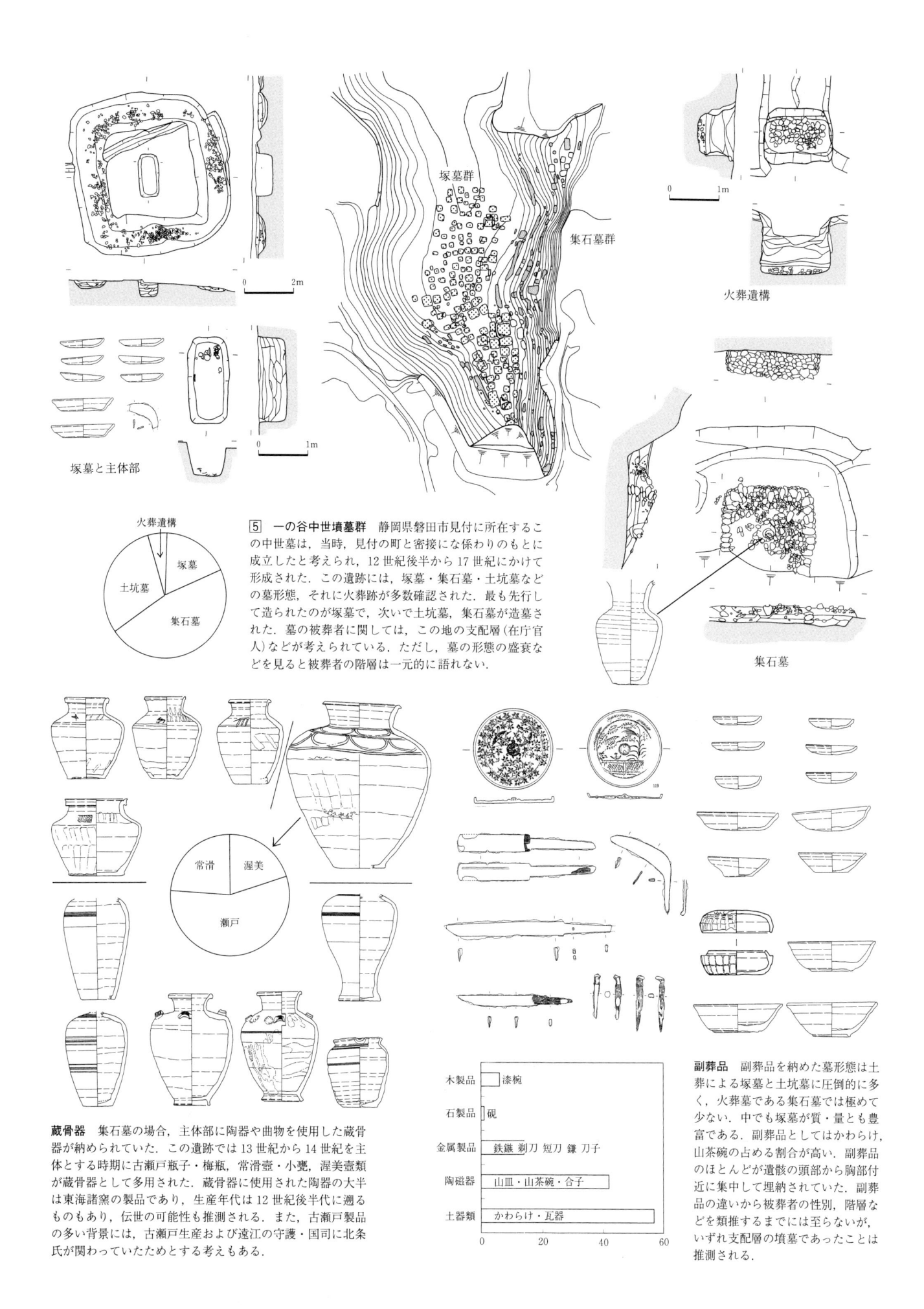

火葬遺構

集石墓

5 一の谷中世墳墓群　静岡県磐田市見付に所在するこの中世墓は，当時，見付の町と密接にな係わりのもとに成立したと考えられ，12世紀後半から17世紀にかけて形成された．この遺跡には，塚墓・集石墓・土坑墓などの墓形態，それに火葬跡が多数確認された．最も先行して造られたのが塚墓で，次いで土坑墓，集石墓が造墓された．墓の被葬者に関しては，この地の支配層(在庁官人)などが考えられている．ただし，墓の形態の盛衰などを見ると被葬者の階層は一元的に語れない．

蔵骨器　集石墓の場合，主体部に陶器や曲物を使用した蔵骨器が納められていた．この遺跡では13世紀から14世紀を主体とする時期に古瀬戸瓶子・梅瓶，常滑壺・小甕，渥美壺類が蔵骨器として多用された．蔵骨器に使用された陶器の大半は東海諸窯の製品であり，生産年代は12世紀後半代に遡るものもあり，伝世の可能性も推測される．また，古瀬戸製品の多い背景には，古瀬戸生産および遠江の守護・国司に北条氏が関わっていたためとする考えもある．

副葬品　副葬品を納めた墓形態は土葬による塚墓と土坑墓に圧倒的に多く，火葬墓である集石墓では極めて少ない．中でも塚墓が質・量とも豊富である．副葬品としてはかわらけ，山茶碗の占める割合が高い．副葬品のほとんどが遺骸の頭部から胸部付近に集中して埋納されていた．副葬品の違いから被葬者の性別，階層などを類推するまでには至らないが，いずれ支配層の墳墓であったことは推測される．

墓葬と供養

4 墓葬と供養
2) 供養の諸形態

　塔婆は，死者の追善供養を行うために古代以来立てられ，中世に至り一層盛んなものとなった．これらの塔婆類は，供養のための供養塔，墓塔のみならず，悪霊の鎮め，雨乞い，病気平癒など様々な状況での造立が想定される．しかし，造立時の原位置のまま後世に残ることは希であり，地上に現存する石製塔婆の形態的研究が主に行われてきた．

　発掘調査で得られる塔婆の大半は石製塔婆である．その種類には五輪塔，宝篋印塔，宝塔，多宝塔，無縫塔，板碑等がある．中でも五輪塔，宝篋印塔，板碑は地域的にも階層的にも広く分布する．

　五輪塔　五輪塔は，組み合わ型のものが主流で，空・風輪の火輪との組み合わせ箇所の「ほぞ」の有無による地域差，地輪幅に対して全体の高さの増大，火輪の軒の部分の変化に見られる年代差などによる分類が行われている．五輪塔は，一般的に小型化への変化があるほか，畿内で顕著に見られるように，一石五輪塔，舟形五輪塔等への簡略的形態変化も認められる．

　福岡県白岩西遺跡で確認された石塔婆は，五輪塔，一石五輪塔，板碑，宝篋印塔，笠塔婆五輪塔等が200基以上確認され，その9割は五輪塔であった．そして，その多くは南北朝から室町時代を中心として盛んに造立された．中世後半には組合わせ式五輪塔から一石五輪塔や板碑へ変化しており，畿内等の傾向と同様である．この遺跡でも五輪塔は供養塔婆，墓塔として使用されていたが，13世紀代の焼物の五輪塔は，塔自体を蔵骨器として使用していた．

　鎌倉期の五輪塔である茨城県極楽寺，埼玉県伝畠山重忠墓のように，塔の下から蔵骨器を伴うものもある．白岩西遺跡や各地の大形五輪塔に見られるように，鎌倉期の五輪塔は単に墓標のみならず，厚葬の埋葬施設を伴う状況から造立者の階層的限定，供養行為の高さなどが推測される．

　宝篋印塔　宝篋印塔の形態は，大きく「関西型式」と「関東型式」に分れて，反花座と基礎に顕著な違いがある事が認められている．五輪塔と違って紀年銘資料が比較的多い傾向が指摘でき，関東や東海地方などにおける造立のピークは14世紀後半である．室町時代になると小形のものが各地で盛んに造られるようになるが，特に中世墓からの出土は，五輪塔や板碑と比較すると極めて少ない．墓標として宝篋印塔が使用されることは発掘例からみても極めて希なものである．

　板碑　板碑は，全国に分布を見るが，石材の違いにより，板状のもの，厚めのもの，自然石のものなど，全く異なった塔婆を思わせる．発掘調査で得られた板碑は，碑面の保存状況の良好なものが多く，金泥のあるものも金の残りが良く，輝きも美しく，造立当時の板碑のきらびやかさを彷彿させる．福島県斎藤館，新潟県宝積寺館で検出された板碑は，墨書された板碑で，これなど地上に露出していたならば，墨書は失われ路傍の自然石として扱われたかも知れない．

　武蔵型の緑泥片岩製の板碑は，その数も多く，鎌倉初期の紀年銘資料が北武蔵に多いことなどから研究が進んでいる．

　東京都環8光明寺地区遺跡は，中世から近世に継続的に形成された墓地で，確認された石製塔婆は600基を越える板碑と僅かな五輪塔，宝篋印塔であった．また，この調査以前から確認されている板碑を合わせると1000基を越える板碑が一遺跡から確認されたことになり，その数は全国的にみても最も多い発掘数である．宮城県大門山遺跡等とともに，林立する塔婆の風景を推測させる．

　木製塔婆　『餓鬼草子』に描かれているような木製塔婆が長期にわたり地上に残り，現在に至ることは先ずあり得ない．発掘調査では井戸や溝跡等の湿地状態の場所からこの製品が確認されることがある．広島県草戸千軒町遺跡では，板塔婆，柱状塔婆，位牌等が約30点ほど確認されている．同遺跡の塔婆の形態には板塔婆と丸太材の片面を削って先端を尖らせた柱状塔婆の形態がある．板塔婆には頭部を三角形にしたもの，頭部を三角形にして側面に切り込みをいれたもの，五輪塔形態にしたものの三形態に分類されている．塔婆は直接地面に挿し立てられてものと思われるが，板塔婆のなかには釘孔が見られるものもあり，『餓鬼草子』にみられるように垣塔婆のように柵等に打ちつけられたもの検出されている．塔婆以外には，笹塔婆，位牌等が確認されている．

　埋葬の変化と塔婆　発掘された塔婆の多くは，供養塔婆，墓塔等と認識されてきた．13世紀から14世紀代の蔵骨器と板碑が近接して発掘され，板碑が墓標として使用されたと判明したり，五輪塔の下から蔵骨器が発掘されることがある．しかし，14世紀から15世紀に最も造立数が増える五輪塔，板碑は，造立者の階層的拡がりの中で，次第に造塔理念を失った墓標化した塔へ変化したと考えられ，当然，埋葬跡も簡略化された土坑墓などに変化したものと思われる．しかし，塔婆類が小形で移動しやすい事なども考慮しても，塔と埋葬跡が一致しない遺跡が多く，中世後半の埋葬跡と塔婆との関係には不明な点もある．

［文献］千々石到1988『板碑とその時代』平凡社．水藤真編1991『中世の葬送と墓制』吉川弘文館．　　（浅野晴樹）

板碑の主な分布

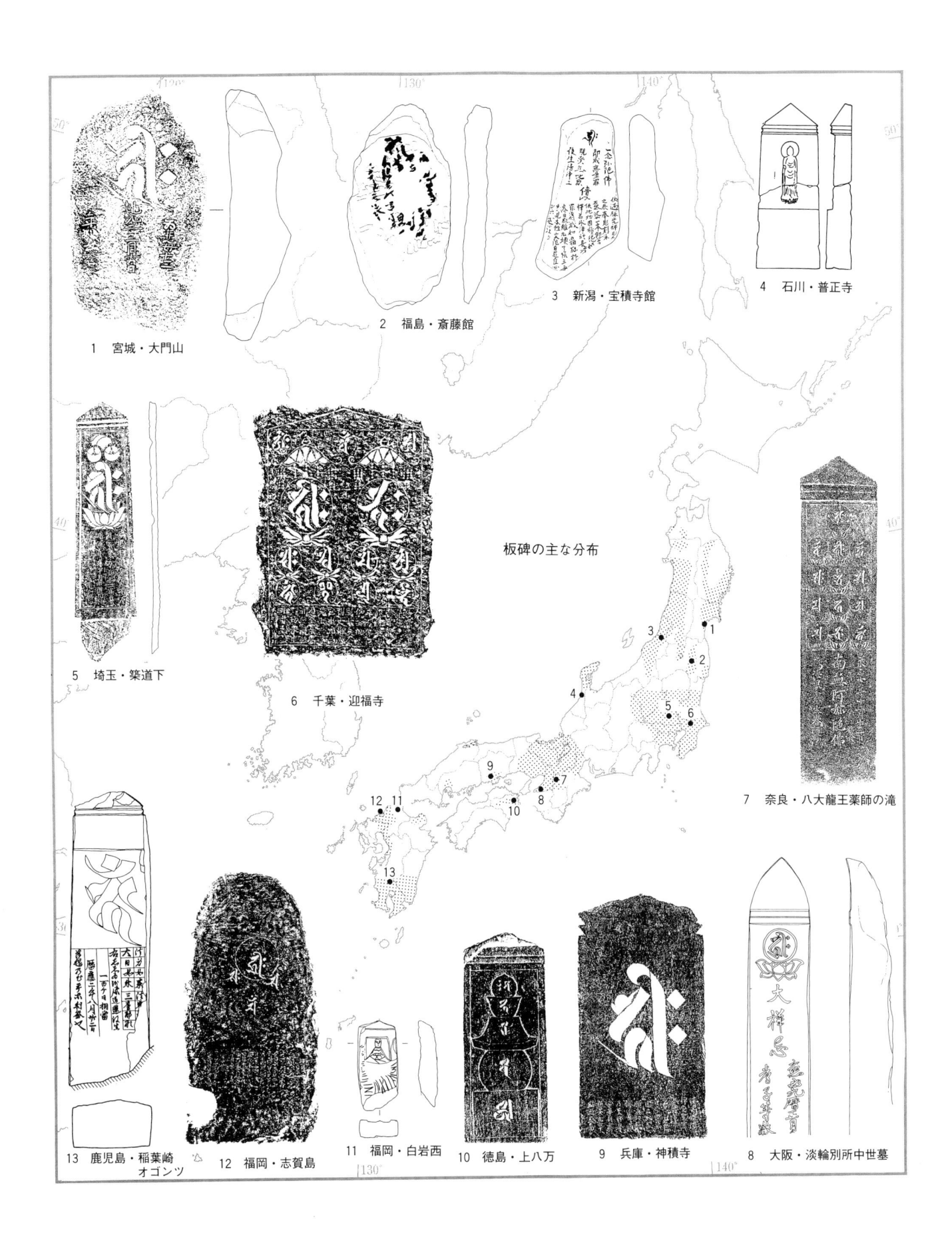

1　宮城・大門山
2　福島・斎藤館
3　新潟・宝積寺館
4　石川・普正寺
5　埼玉・築道下
6　千葉・迎福寺
7　奈良・八大龍王薬師の滝
8　大阪・淡輪別所中世墓
9　兵庫・神積寺
10　徳島・上八万
11　福岡・白岩西
12　福岡・志賀島
13　鹿児島・稲葉崎オゴンツ

墓葬と供養　205

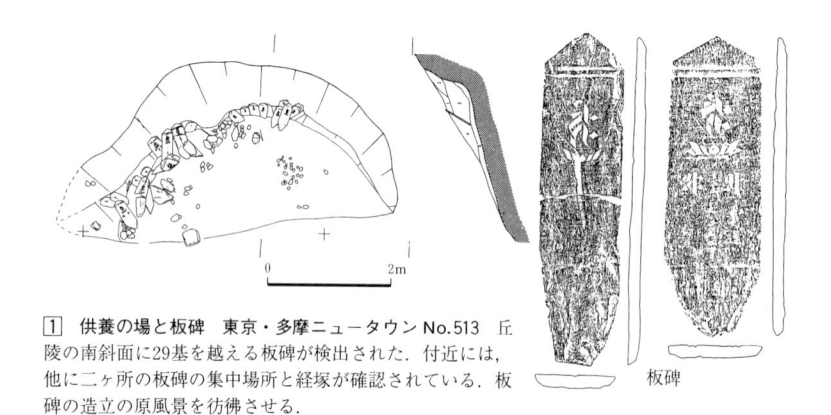

[1] 供養の場と板碑　東京・多摩ニュータウンNo.513　丘陵の南斜面に29基を越える板碑が検出された．付近には，他に二ヶ所の板碑の集中場所と経塚が確認されている．板碑の造立の原風景を彷彿させる．

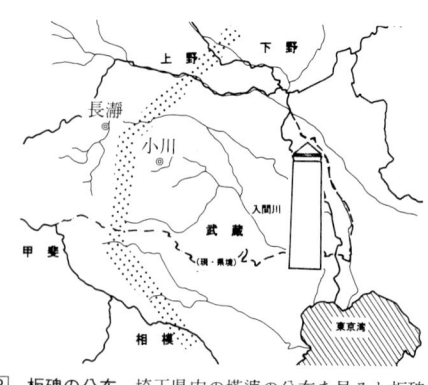

[3] 板碑の分布　埼玉県内の塔婆の分布を見ると板碑が主体の地域とそうでない地域がある．そこには，単に，石材の供給量のみでは語れない要素があるように思える．

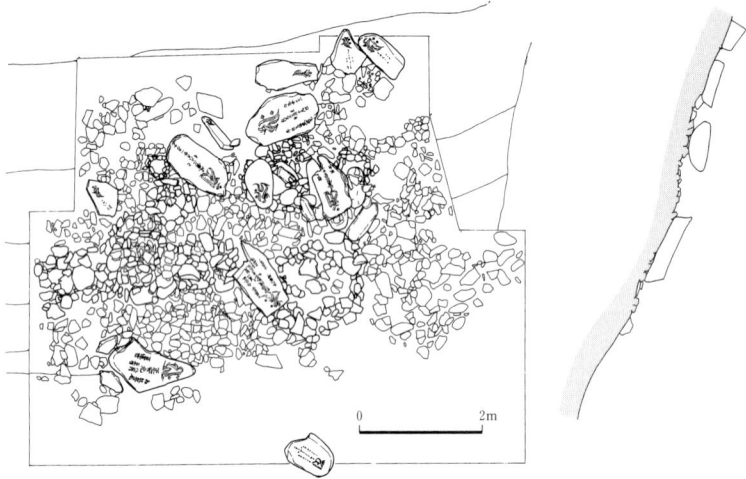

[2] 墓と板碑　宮城・大門山　名取熊野三社の勧請された高館熊野堂の大門山には，熊野信仰にたずさわった人々の墓域，供養の場としての役割があった．大門山の南斜面を階段状に整形した南斜面を中心に，248基の板碑が確認されている．これらの多くは原位置に近い場所からの確認と思われる．

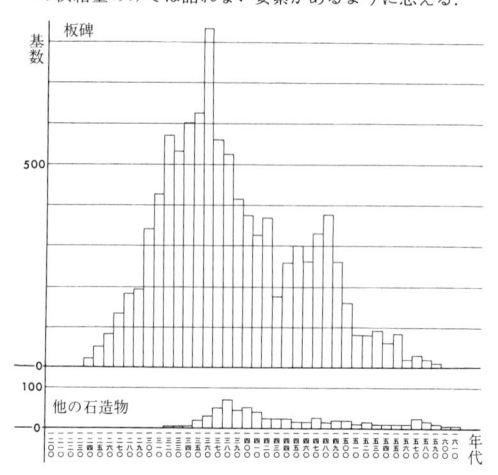

[4] 塔婆の紀年銘分布（埼玉県の紀年銘資料）．関東を中心とした地域では，中世全般にわたり多数の板碑が確認される．特に，板碑以外の塔婆は13世紀代にはほとんど認めることができない．

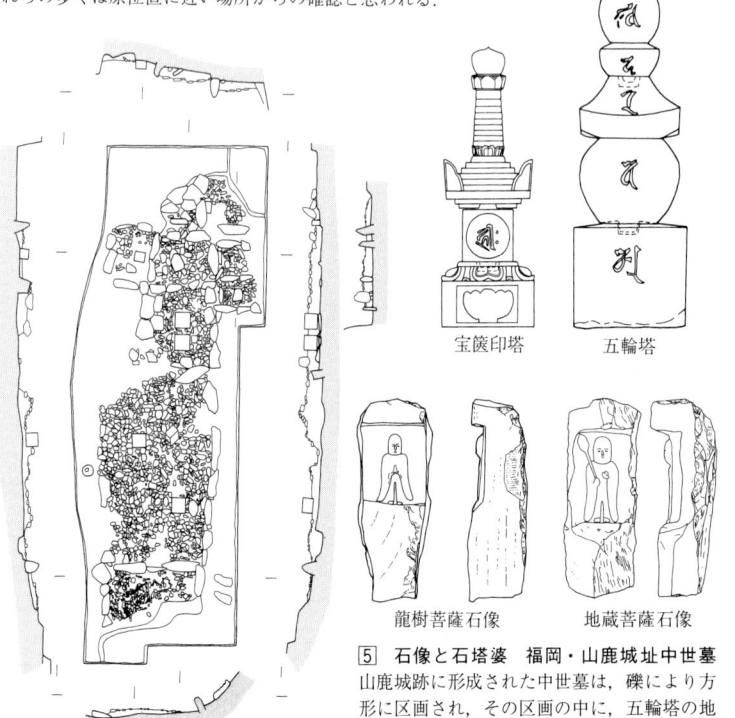

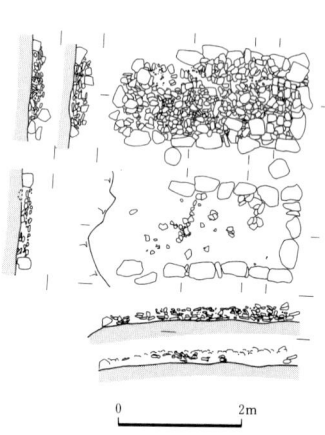

[6] 焼物の五輪塔　福岡・白岩西　香月一族の墓地と推定される白岩西遺跡では，五輪塔・笠塔婆・板碑等の石製塔婆とともに，陶製五輪塔が確認された．水輪部分がフラスコ状に作られ蔵骨器として使用したとも思われている．石製塔婆とは明らかに異なる機能がそこには想定される．

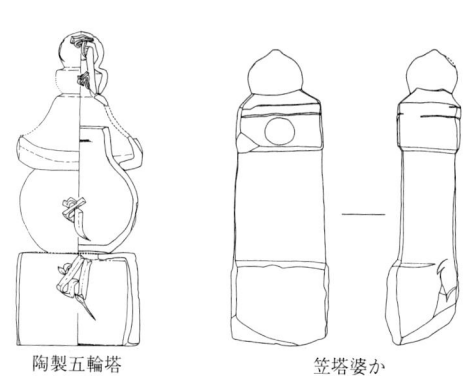

[5] 石像と石塔婆　福岡・山鹿城址中世墓　山鹿城跡に形成された中世墓は，礫により方形に区画され，その区画の中に，五輪塔の地輪部分がほぼ原位置を保ち検出された．また，墓地の東南隅からは地蔵・龍樹の両菩薩を形作った石像が確認された．

206　祭祀と葬送

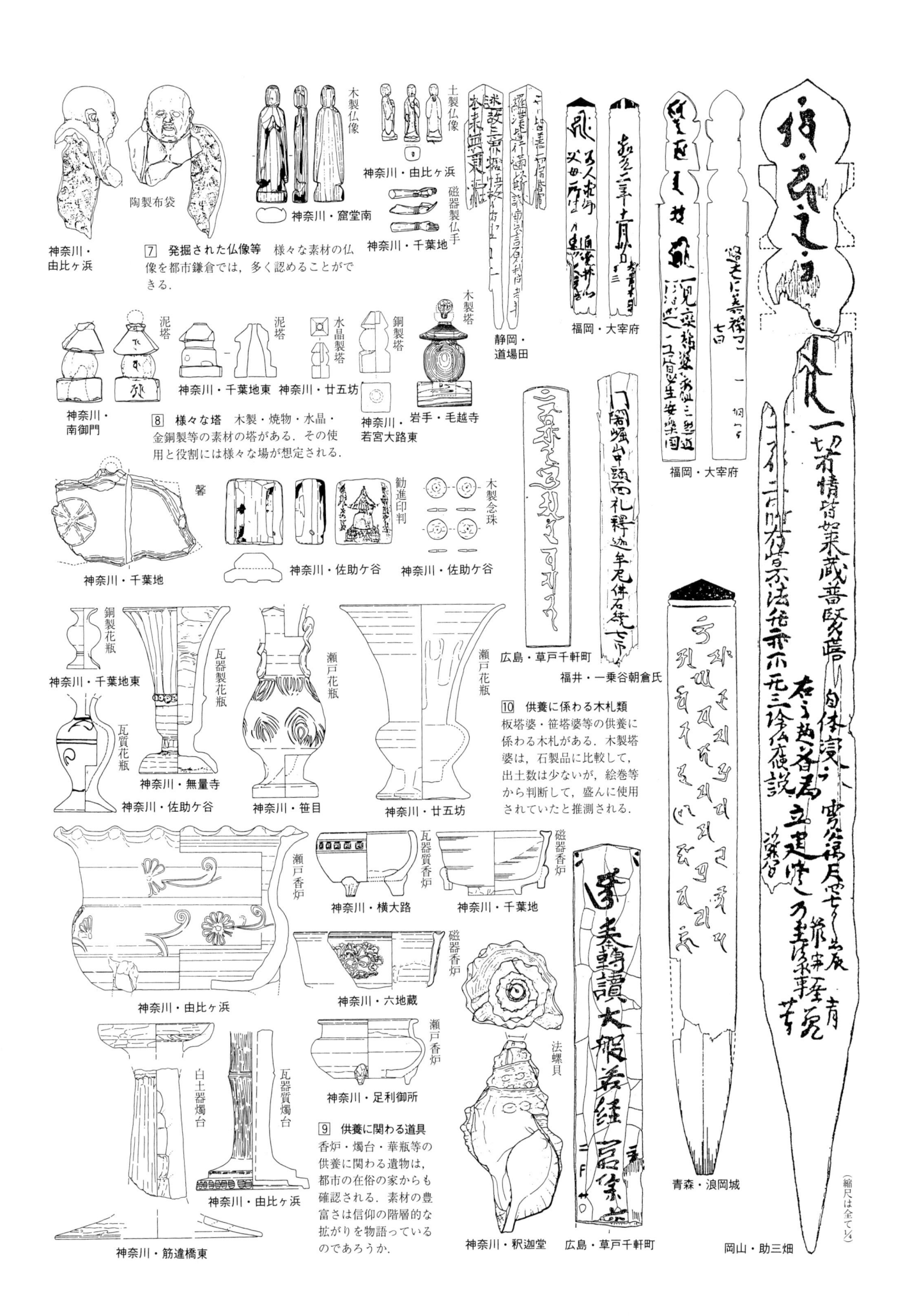

[7] **発掘された仏像等** 様々な素材の仏像を都市鎌倉では、多く認めることができる．

陶製布袋　神奈川・由比ヶ浜
神奈川・由比ヶ浜
木製仏像　神奈川・窟堂南
土製仏像
磁器製仏手　神奈川・千葉地

[8] **様々な塔** 木製・焼物・水晶・金銅製等の素材の塔がある．その使用と役割には様々な場が想定される．

泥塔　神奈川・南御門
泥塔　神奈川・千葉地東
水晶製塔　神奈川・廿五坊
銅製塔
木製塔　神奈川・若宮大路東
岩手・毛越寺
静岡・道場田

磬　神奈川・千葉地
勧進印判　神奈川・佐助ヶ谷
木製念珠　神奈川・佐助ヶ谷

銅製花瓶　神奈川・千葉地東
瓦質花瓶　神奈川・無量寺
瓦器製花瓶　神奈川・佐助ヶ谷
瀬戸花瓶　神奈川・笹目
瀬戸花瓶　神奈川・廿五坊

[10] **供養に係わる木札類** 板塔婆・笹塔婆等の供養に係わる木札がある．木製塔婆は、石製品に比較して、出土数は少ないが、絵巻等から判断して、盛んに使用されていたと推測される．

広島・草戸千軒町
福井・一乗谷朝倉氏
福岡・大宰府
福岡・大宰府
青森・浪岡城
広島・草戸千軒町
岡山・助三畑

瀬戸香炉　神奈川・由比ヶ浜
瓦器質香炉　神奈川・横大路
磁器質香炉　神奈川・千葉地
磁器香炉　神奈川・六地蔵
瀬戸香炉　神奈川・足利御所
法螺貝　神奈川・釈迦堂

白土器燭台　神奈川・由比ヶ浜
瓦器質燭台　神奈川・由比ヶ浜
神奈川・筋違橋東

[9] **供養に関わる道具** 香炉・燭台・華瓶等の供養に関わる遺物は、都市の在俗の家からも確認される．素材の豊富さは信仰の階層的な拡がりを物語っているのであろうか．

（縮尺は全て1/4）

墓葬と供養

Ⅷ 北と南

1 北方の世界
2 南方の島々

1 北方の世界

北海道史の特色 中世における国家の東の境界は「外が浜」(津軽半島陸奥湾側)とされ、蝦夷が島(北海道)は疆域外にあった。また近世松前藩の領有地は、道南の一部にすぎなかった。つまり北海道は、国家権力の域外に位置し、本州と同一枠でくくれない歴史的発展をとげたことになる。

アイヌ文化の形成 この北海道の地で育まれたアイヌ文化は、18世紀以降のアイヌ絵や文献の記載、明治以降の民俗学的調査によって明らかにされてきた。アイヌ文化は、擦文文化を継承したと考えられているが、擦文文化の終焉以降、18世紀まではほとんど様相がつかめなかった。ようやく最近20年ほどの考古学的調査によって、和人との接触段階や北方諸地域との関連が少しづつ明らかになってきた。

擦文文化とオホーツク文化 7・8世紀には律令国家勢力の北進に伴い、鉄製の農工具や武器が道南部の土壙墓や末期古墳と関連する「北海道式古墳」の副葬品として出土する。一方、サハリンからオホーツク海沿岸と千島列島にかけて、海獣狩猟に特色を持つオホーツク文化が広がる。大陸との関連を示すものと、本州との関連を示すものが混在する。9・10世紀に擦文土器が全道へ広がり、オホーツク文化との融合形式が生まれる。この頃から東北北部で生産された須恵器が流入し、鍛冶関連遺物が出土する。

擦文土器の終焉と内耳鉄鍋 11世紀頃から東北北部の遺跡で、内耳土鍋や内耳鉄鍋が出土する。道内では12世紀頃に擦文土器が消え、それ以降内耳土器を除いて地元で土器が製作されない。この現象は、煮炊具の鉄鍋への転換、供膳具の漆器・木器化とその製作のための鉄器の普及、竪穴住居から平地住居への移行、火処の竈から囲炉裏への転換など多くの要素を含んでいたと予測される。ところが12・13世紀代の様相は、珠洲系陶器を除きほとんどわからない。

道南の館 14・15世紀には、陶磁器の出土が急激に増える。津軽で安藤氏が十三湊を拠点として栄んに日本海交易を行った時期にあたる。和人が道南に定着し、拠点となる館が築かれた。函館市志苔館跡はその一つである。また37万枚におよぶ志海苔古銭は、蝦夷地の産物(昆布、毛皮など)の交易が大きな利益を生んだことの証拠となろう。このような和人勢力の一部が道央部に進出し、余市町大川遺跡や千歳市末広遺跡などを残した。

コシャマインの戦い 15世紀半ば安藤氏は南部氏に拠点とした津軽を追われ、その一部は蝦夷地に逃れる。青森県十三湊遺跡を中心とした交易網が混乱するとともに、和人の道南部への急激な浸透が、アイヌとの抗争を引き起こす。コシャマインの戦いとこれに続く16世紀半ばまでの数次にわたる衝突である。一時期道央部にまで広がった陶磁器の分布がいったん道南部に限定されるのは、この影響とも考えられる。

上ノ国町勝山館 勝山館はコシャマインの戦いをきっかけに勢力を得た武田氏の拠点として、15世紀末頃に成立した。館跡からは、豊富な陶磁器類と金属製品が出土し、数多くの遺構が検出されている。鍛冶遺構や銅鋳造遺構では、館内の必需品だけでなく、アイヌ向けの交易品が製作された可能性もある。またかなりの量の骨角器が出土しており、和人勢力とアイヌ勢力とのかかわり方が問題となっている。その後武田氏は松前へ拠点を移し、江戸幕府と結びつき蝦夷地の交易を独占する。北海道が本州の経済圏に組み入れられ、アイヌ社会の変質をもたらすこととなった。

アイヌ考古学 松前氏勢力の確立と同じ16・17世紀頃から、アイヌ期の遺構と遺物が全道的にみられるようになる。

平取町沙流川流域には、25以上のチャシ跡が一定の間隔をおいて並び、その周辺に集落跡が点在している。チャシ跡はアイヌ期の代表的な遺構で、様々な形態があり、戦闘時の砦、祭祀場、見張り場などの性格が考えられている。ポロモイチャシ跡では、壕内に建物跡が検出されており、伝承中の英雄の家を連想させる。出土品には本州からの渡来品が多く、交易のにない手としての首長層の存在が想定できる。チャシ跡に隣接した、二風谷遺跡、イルエカシ遺跡、ピパウシ遺跡などからは、掘建柱住居跡や墓が検出されている。また鍛冶遺構が存在し、集落内で鉄器の生産または再生産が行われた可能性を示している。これらは河川を単位としたアイヌ社会の様相を示すものであろう。

またこれらの遺跡や千歳市美々8遺跡の低湿部からは、アイヌ絵や民族資料と共通する物質文化が出土している。

まとめ おそらくアイヌ民族としてのまとまりは、北海道が政治的に異域の地として区分された中世以降、本州勢力の進出に対する抵抗のなかで高められてきたと考えられる。また北方民族との抗争や13世紀後半の元のサハリン進出も、アイヌ社会への一つの圧力となっていたといえよう。

アイヌ社会では、本州からの移入品に依存する度合いが大きく、それを得るための交易活動が大きな意味を持っていた。生産活動のかなりの部分が交易財を獲得するために割かれ、さらに北方諸地域との交易品もそれを補完するものとなった。広域な交易活動を維持するため、組織化された社会が形成されていたことが予想される。

[文献] 宇田川洋 1988『アイヌ文化成立史』北海道出版企画センター.

(越田賢一郎)

1 小樽市蘭島D地点

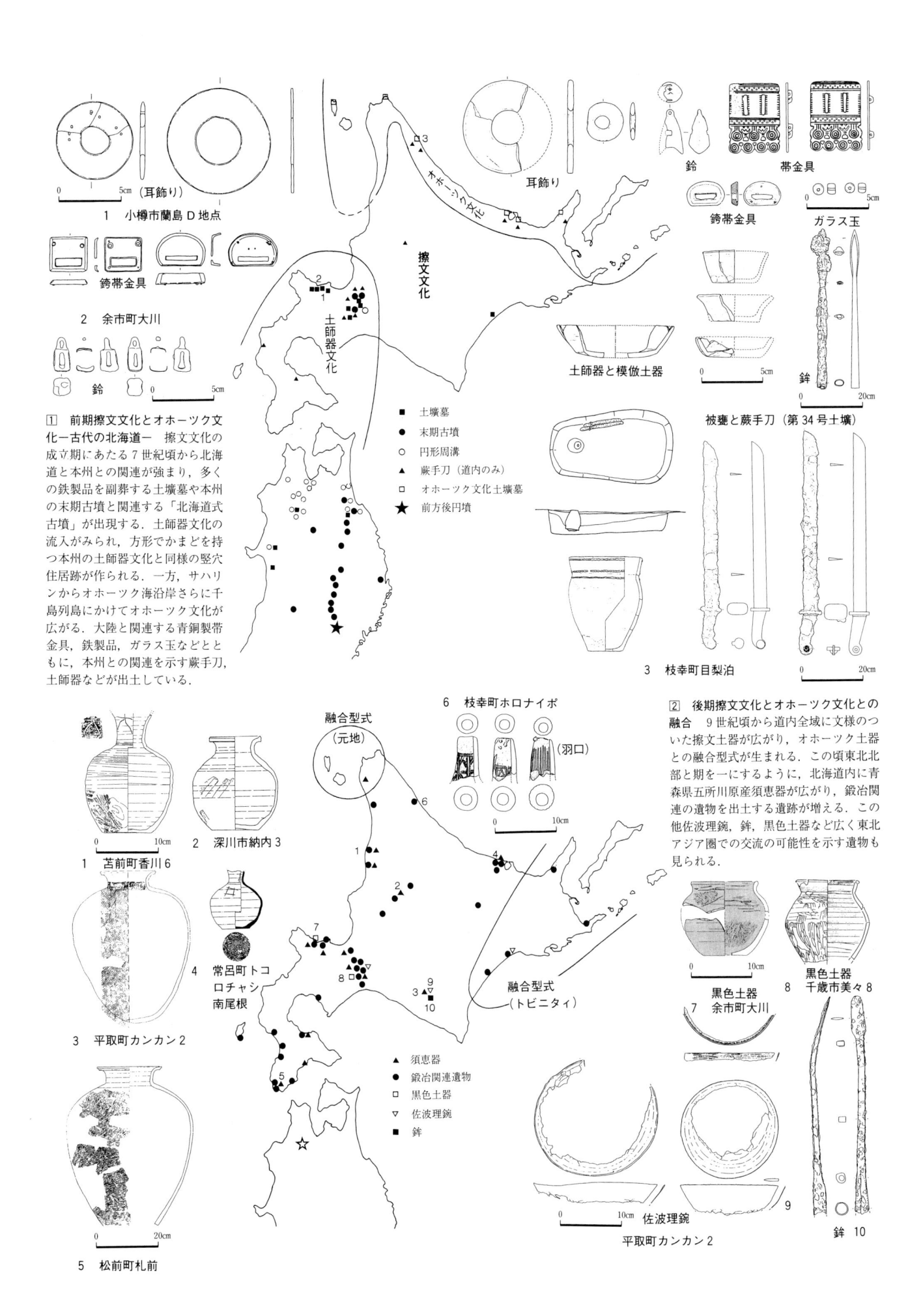

鍍帯金具

2 余市町大川

鈴

鍍帯金具

土師器と模倣土器

鈴　帯金具

鍍帯金具　ガラス玉

被甕と蕨手刀（第34号土壙）

3 枝幸町目梨泊

① 前期擦文文化とオホーツク文化—古代の北海道— 擦文文化の成立期にあたる7世紀頃から北海道と本州との関連が強まり，多くの鉄製品を副葬する土壙墓や本州の末期古墳と関連する「北海道式古墳」が出現する．土師器文化の流入がみられ，方形でかまどを持つ本州の土師器文化と同様の竪穴住居跡が作られる．一方，サハリンからオホーツク海沿岸さらに千島列島にかけてオホーツク文化が広がる．大陸と関連する青銅製帯金具，鉄製品，ガラス玉などとともに，本州との関連を示す蕨手刀，土師器などが出土している．

擦文文化

土師器文化

■ 土壙墓
● 末期古墳
○ 円形周溝
▲ 蕨手刀（道内のみ）
□ オホーツク文化土壙墓
★ 前方後円墳

1 苫前町香川6
2 深川市納内3
3 平取町カンカン2
4 常呂町トコロチャシ南尾根
5 松前町札前
6 枝幸町ホロナイポ

融合型式（元地）
（羽口）

融合型式（トビニタイ）

▲ 須恵器
● 鍛冶関連遺物
□ 黒色土器
▽ 佐波理鋺
■ 鉾

② 後期擦文文化とオホーツク文化との融合　9世紀頃から道内全域に文様のついた擦文土器が広がり，オホーツク土器との融合型式が生まれる．この頃東北北部と期を一にするように，北海道内に青森県五所川原産須恵器が広がり，鍛冶関連の遺物を出土する遺跡が増える．この他佐波理鋺，鉾，黒色土器など広く東北アジア圏での交流の可能性を示す遺物も見られる．

黒色土器 7 余市町大川
黒色土器 8 千歳市美々8

佐波理鋺 9 平取町カンカン2
鉾 10

北方の世界 211

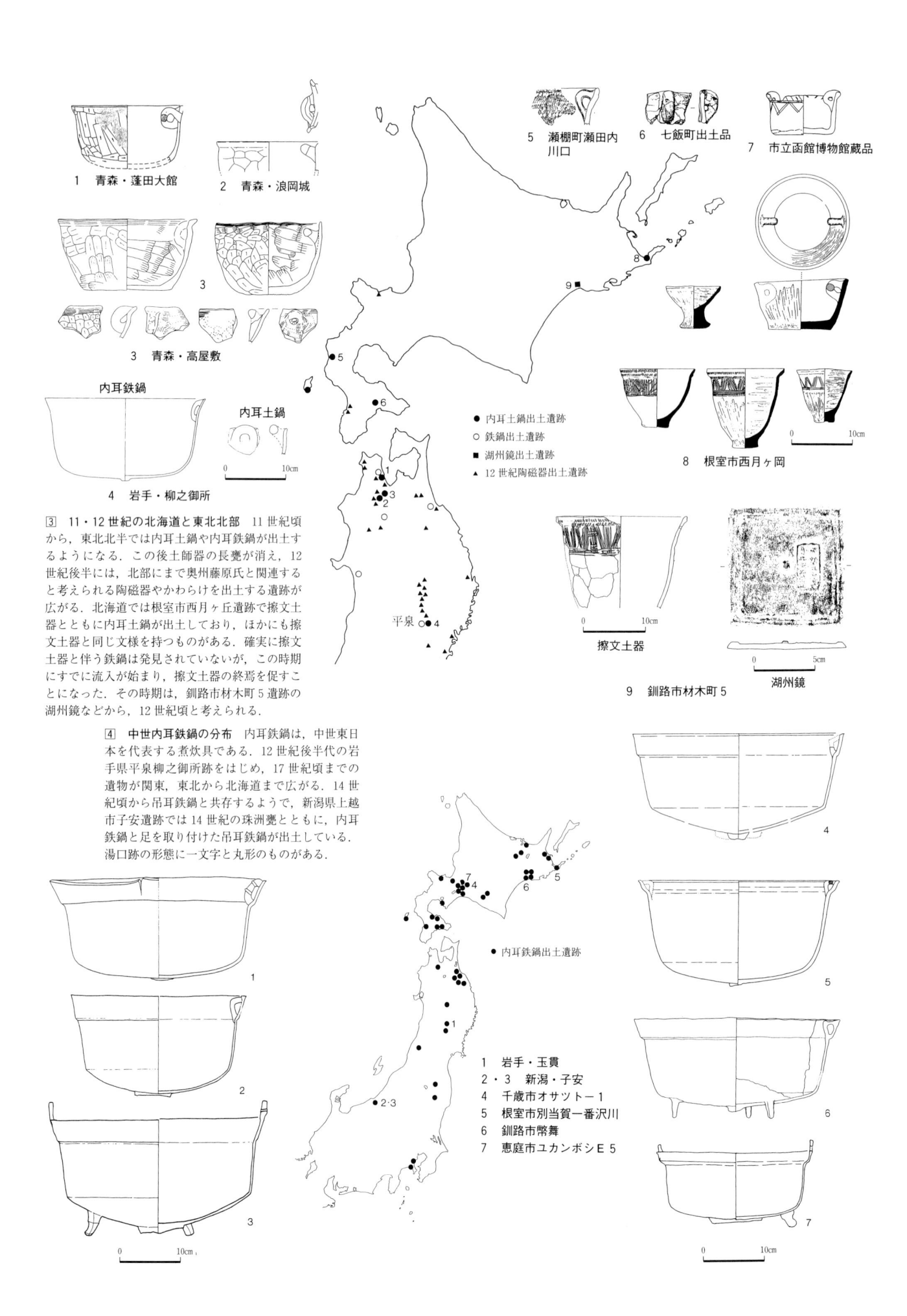

1 青森・蓬田大館
2 青森・浪岡城
3 青森・高屋敷
5 瀬棚町瀬田内川口
6 七飯町出土品
7 市立函館博物館蔵品

内耳鉄鍋
内耳土鍋
4 岩手・柳之御所

● 内耳土鍋出土遺跡
○ 鉄鍋出土遺跡
■ 湖州鏡出土遺跡
▲ 12世紀陶磁器出土遺跡

8 根室市西月ヶ岡

擦文土器
湖州鏡
9 釧路市材木町5

平泉

③ **11・12世紀の北海道と東北北部** 11世紀頃から，東北北半では内耳土鍋や内耳鉄鍋が出土するようになる．この後土師器の長甕が消え，12世紀後半には，北部にまで奥州藤原氏と関連すると考えられる陶磁器やかわらけを出土する遺跡が広がる．北海道では根室市西月ヶ丘遺跡で擦文土器とともに内耳土鍋が出土しており，ほかにも擦文土器と同じ文様を持つものがある．確実に擦文土器と伴う鉄鍋は発見されていないが，この時期にすでに流入が始まり，擦文土器の終焉を促すことになった．その時期は，釧路市材木町5遺跡の湖州鏡などから，12世紀頃と考えられる．

④ **中世内耳鉄鍋の分布** 内耳鉄鍋は，中世東日本を代表する煮炊具である．12世紀後半代の岩手県平泉柳之御所跡をはじめ，17世紀頃までの遺物が関東，東北から北海道まで広がる．14世紀頃から吊耳鉄鍋と共存するようで，新潟県上越市子安遺跡では14世紀の珠洲甕とともに，内耳鉄鍋と足を取り付けた吊耳鉄鍋が出土している．湯口跡の形態に一文字と丸形のものがある．

● 内耳鉄鍋出土遺跡

1 岩手・玉貫
2・3 新潟・子安
4 千歳市オサツトー1
5 根室市別当賀一番沢川
6 釧路市幣舞
7 恵庭市ユカンボシE5

212 北と南

道南の館跡

函館市志海苔蓄銭遺構（2号甕）

志苔館跡

志海苔古銭出土地

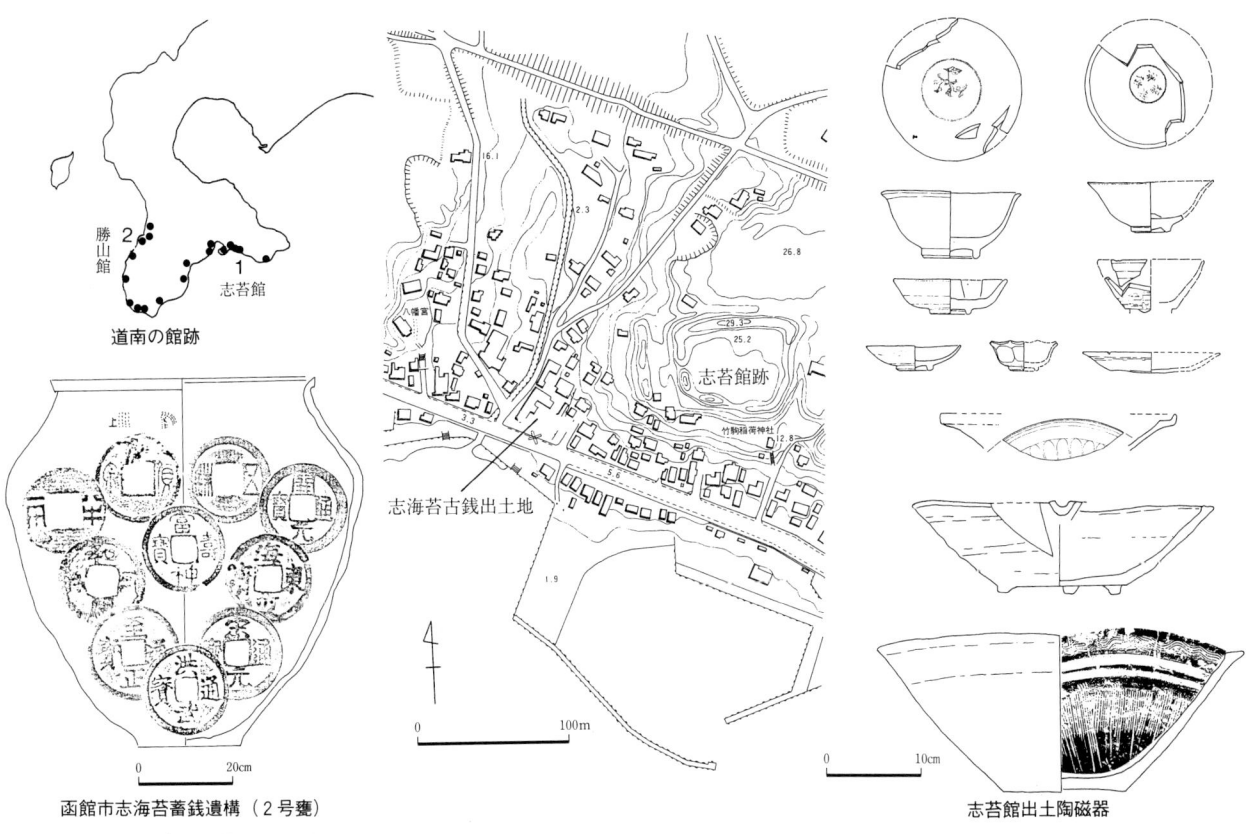

志苔館出土陶磁器

⑤　**函館市志苔館と志海苔古銭**　志苔館跡はいわゆる道南12館の一つで，史跡整備に伴う発掘調査の結果，15世紀中頃を中心にした遺構群と遺物群が検出された．また，昭和43年に近くで発見された40万枚近い古銭は，北宋銭が主体で，洪武通寶などの明銭をわずかしか含まないことから，館と関連するものと思われる．蝦夷地交易の重要さを示す貴重な資料である．

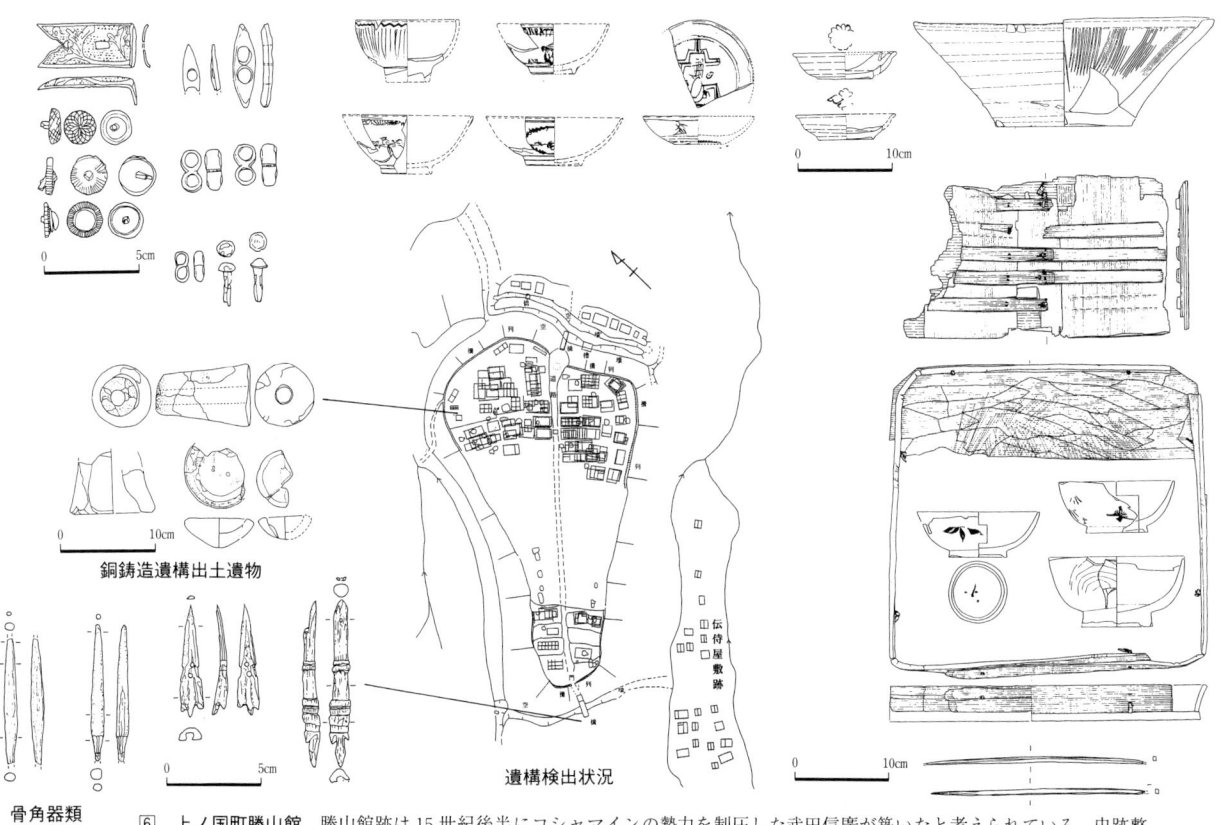

銅鋳造遺構出土遺物

骨角器類

遺構検出状況

⑥　**上ノ国町勝山館**　勝山館跡は15世紀後半にコシャマインの勢力を制圧した武田信廣が築いたと考えられている．史跡整備に伴う発掘調査の結果，16世紀代を中心にした遺構群と多量の遺物が出土し，館の構造が明らかになってきた．館の性格を考える上で，墓壙群・鍛冶遺構・鋳造遺構の存在や，骨角器が発見された意味などいくつかの問題点が指摘されている．また隣接する夷王山墳墓群は6地区622基の墳墓からなり，調査によって，火葬，土葬など様々な葬法があることが明らかになった．

北方の世界　213

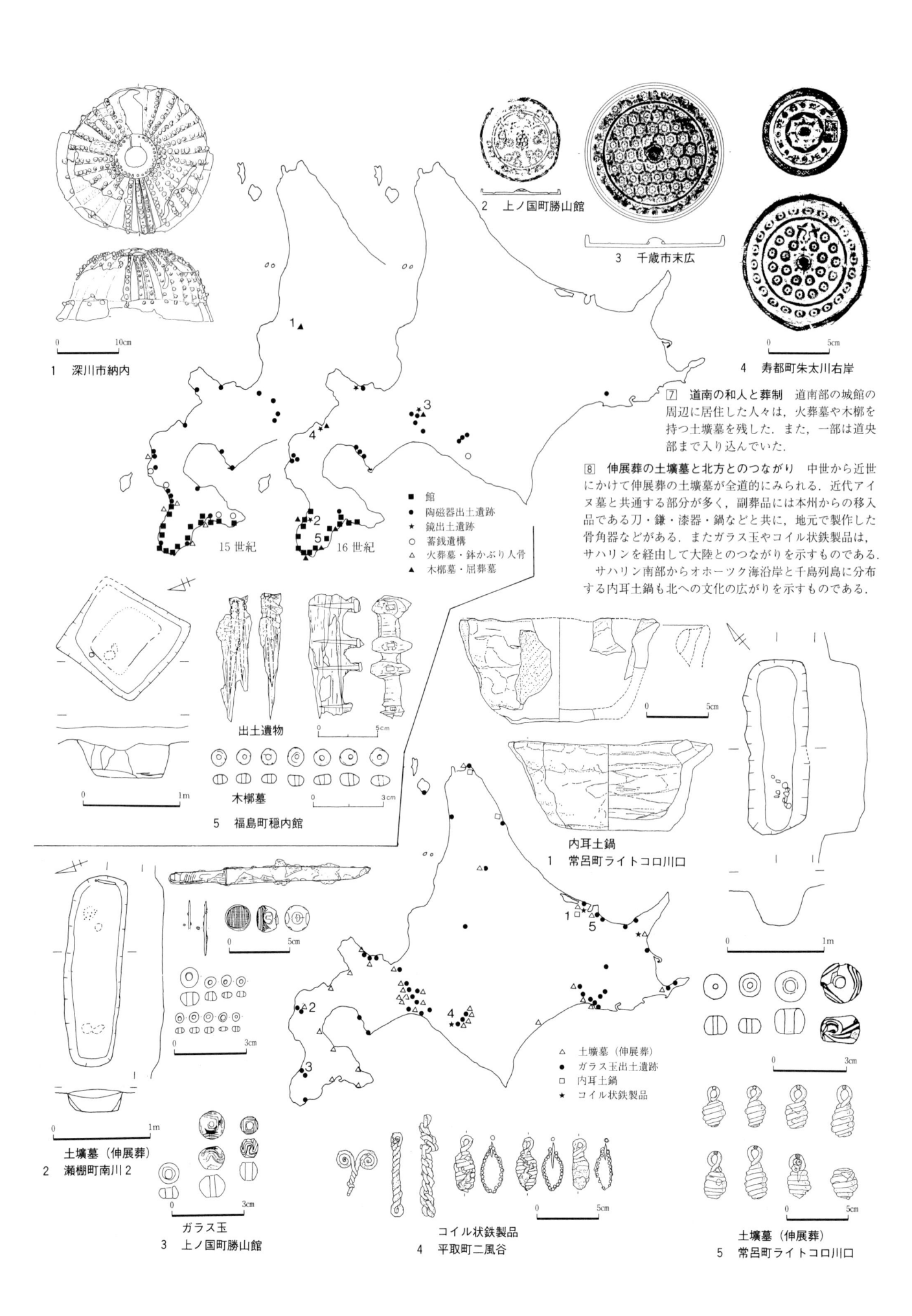

1 深川市納内
2 上ノ国町勝山館
3 千歳市末広
4 寿都町朱太川右岸

⑦ **道南の和人と葬制** 道南部の城館の周辺に居住した人々は，火葬墓や木槨を持つ土壙墓を残した．また，一部は道央部まで入り込んでいた．

⑧ **伸展葬の土壙墓と北方とのつながり** 中世から近世にかけて伸展葬の土壙墓が全道的にみられる．近代アイヌ墓と共通する部分が多く，副葬品には本州からの移入品である刀・鎌・漆器・鍋などと共に，地元で製作した骨角器などがある．またガラス玉やコイル状鉄製品は，サハリンを経由して大陸とのつながりを示すものである．サハリン南部からオホーツク海沿岸と千島列島に分布する内耳土鍋も北への文化の広がりを示すものである．

■ 館
● 陶磁器出土遺跡
★ 鏡出土遺跡
○ 蓄銭遺構
△ 火葬墓・鉢かぶり人骨
▲ 木槨墓・屈葬墓

15世紀　16世紀

出土遺物
木槨墓
5 福島町穏内館

内耳土鍋
1 常呂町ライトコロ川口

△ 土壙墓（伸展葬）
● ガラス玉出土遺跡
□ 内耳土鍋
★ コイル状鉄製品

土壙墓（伸展葬）
2 瀬棚町南川2

ガラス玉
3 上ノ国町勝山館

コイル状鉄製品
4 平取町二風谷

土壙墓（伸展葬）
5 常呂町ライトコロ川口

214　北と南

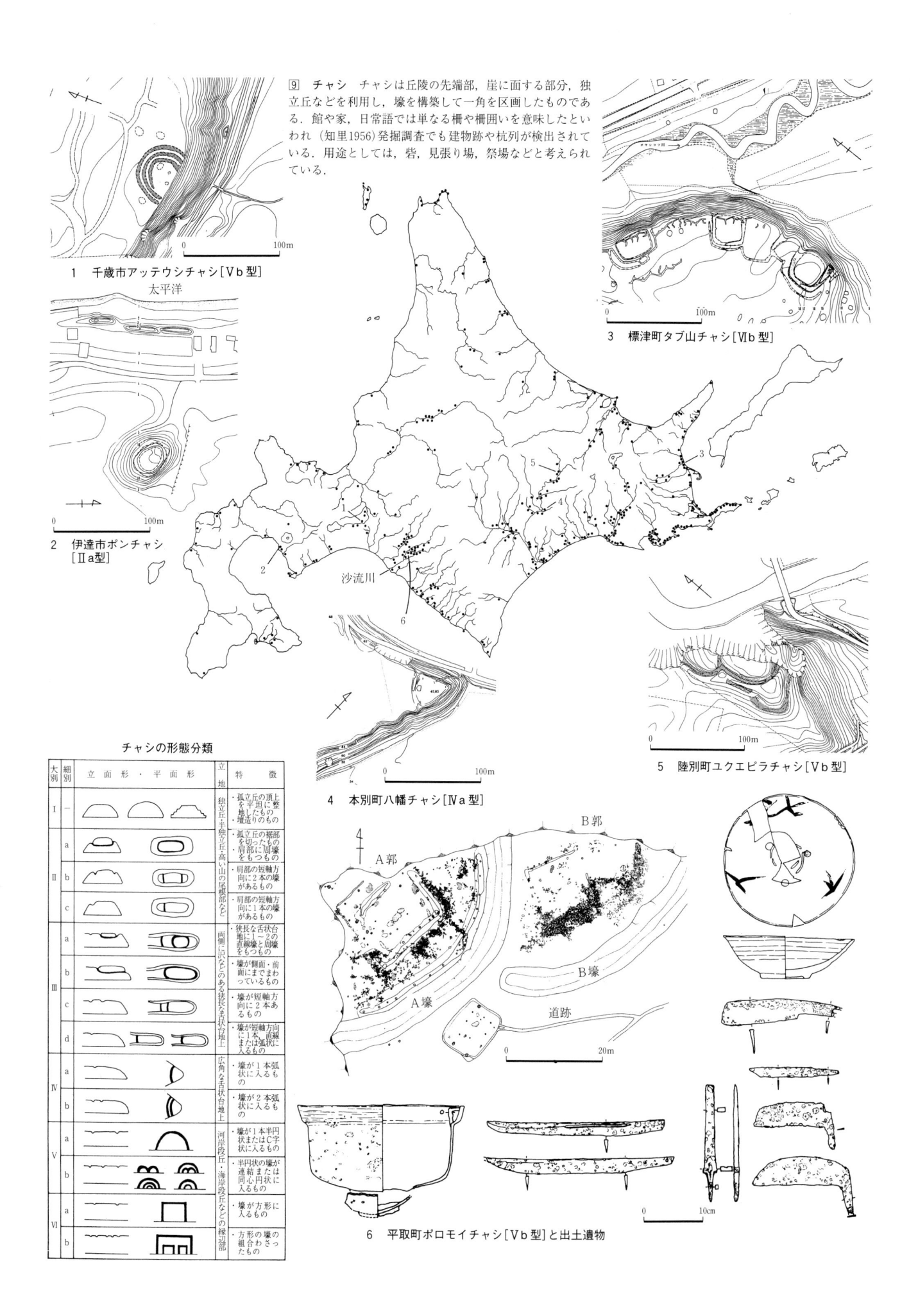

9 **チャシ** チャシは丘陵の先端部，崖に面する部分，独立丘などを利用し，壕を構築して一角を区画したものである．館や家，日常語では単なる柵や柵囲いを意味したといわれ（知里1956）発掘調査でも建物跡や杭列が検出されている．用途としては，砦，見張り場，祭場などと考えられている．

1 千歳市アッテウシチャシ[Vb型]

2 伊達市ポンチャシ[Ⅱa型]

太平洋

沙流川

3 標津町タブ山チャシ[Ⅵb型]

4 本別町八幡チャシ[Ⅳa型]

5 陸別町ユクエピラチャシ[Vb型]

6 平取町ポロモイチャシ[Vb型]と出土遺物

チャシの形態分類

大別	細別	立面形・平面形	特徴	立地
Ⅰ	-		孤立丘の頂上を平坦に整地したもの，盛造りのもの	独立丘・平坦地
Ⅱ	a		孤立丘の裾部を切ったもの・肩部に周濠をもつもの	孤立丘・高い山の尾根部など
	b		肩部の短軸方向に2本の壕があるもの	
	c		肩部の短軸方向に1本の壕があるもの	
Ⅲ	a		狭長な舌状台地に1～2の直線濠と周濠をもつもの	両側に沢などのある狭長な舌状台地上
	b		壕が側面・前面にまでまわっているもの	
	c		壕が短軸方向に2本あるもの	
	d		壕が短軸方向に1本，直線または弧状に入るもの	
Ⅳ	a		壕が1本弧状に入るもの	広角な舌状台地上
	b		壕が2本弧状に入るもの	
Ⅴ	a		壕が1本半円状またはU字状に入るもの	河岸段丘・海岸段丘など
	b		半円状の壕が連結または同心円状に入るもの	
Ⅵ	a		壕が方形に入るもの	方形の壕の組合せによるもの
	b			縁辺部

北方の世界 215

10 沙流川流域のチャシと集落

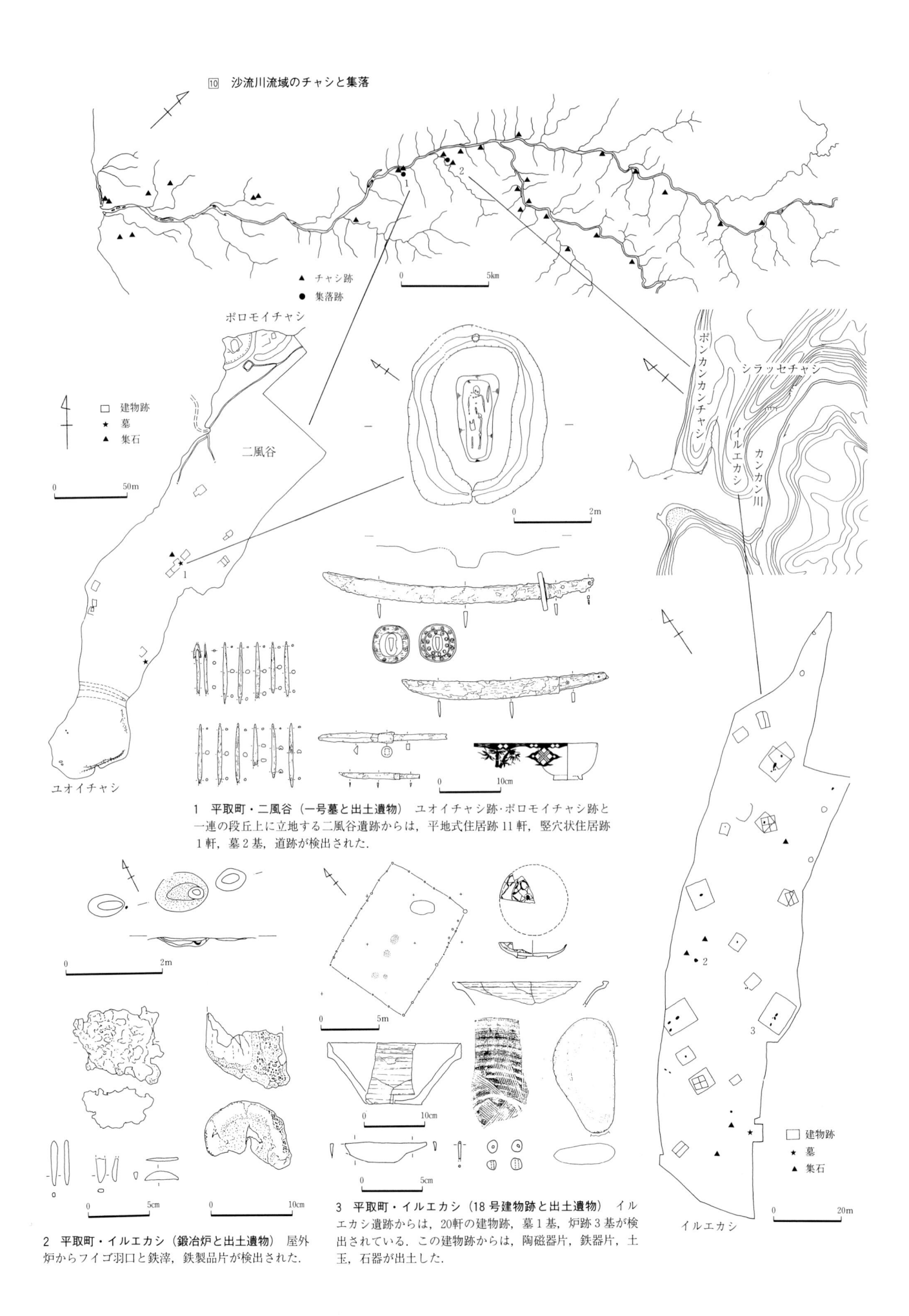

▲ チャシ跡
● 集落跡

□ 建物跡
★ 墓
▲ 集石

ポロモイチャシ
二風谷
ユオイチャシ

ポンカンカンチャシ
シラッセチャシ
イルエカシ
カンカン川

1 平取町・二風谷（一号墓と出土遺物） ユオイチャシ跡・ポロモイチャシ跡と一連の段丘上に立地する二風谷遺跡からは，平地式住居跡11軒，竪穴状住居跡1軒，墓2基，道跡が検出された．

2 平取町・イルエカシ（鍛冶炉と出土遺物） 屋外炉からフイゴ羽口と鉄滓，鉄製品片が検出された．

3 平取町・イルエカシ（18号建物跡と出土遺物） イルエカシ遺跡からは，20軒の建物跡，墓1基，炉跡3基が検出されている．この建物跡からは，陶磁器片，鉄器片，土玉，石器が出土した．

□ 建物跡
★ 墓
▲ 集石

イルエカシ

216 北と南

11　**出土遺物とアイヌ絵・アイヌ民具**　千歳市美々8遺跡低湿部から，17世紀後半から18世紀初頭にかけての木製品が多量に出土した．これにほかの遺跡の出土品を加え，江戸時代後半のアイヌ絵やアイヌ民具と比較してみた．なお，＊印は絵画，資料および民具．

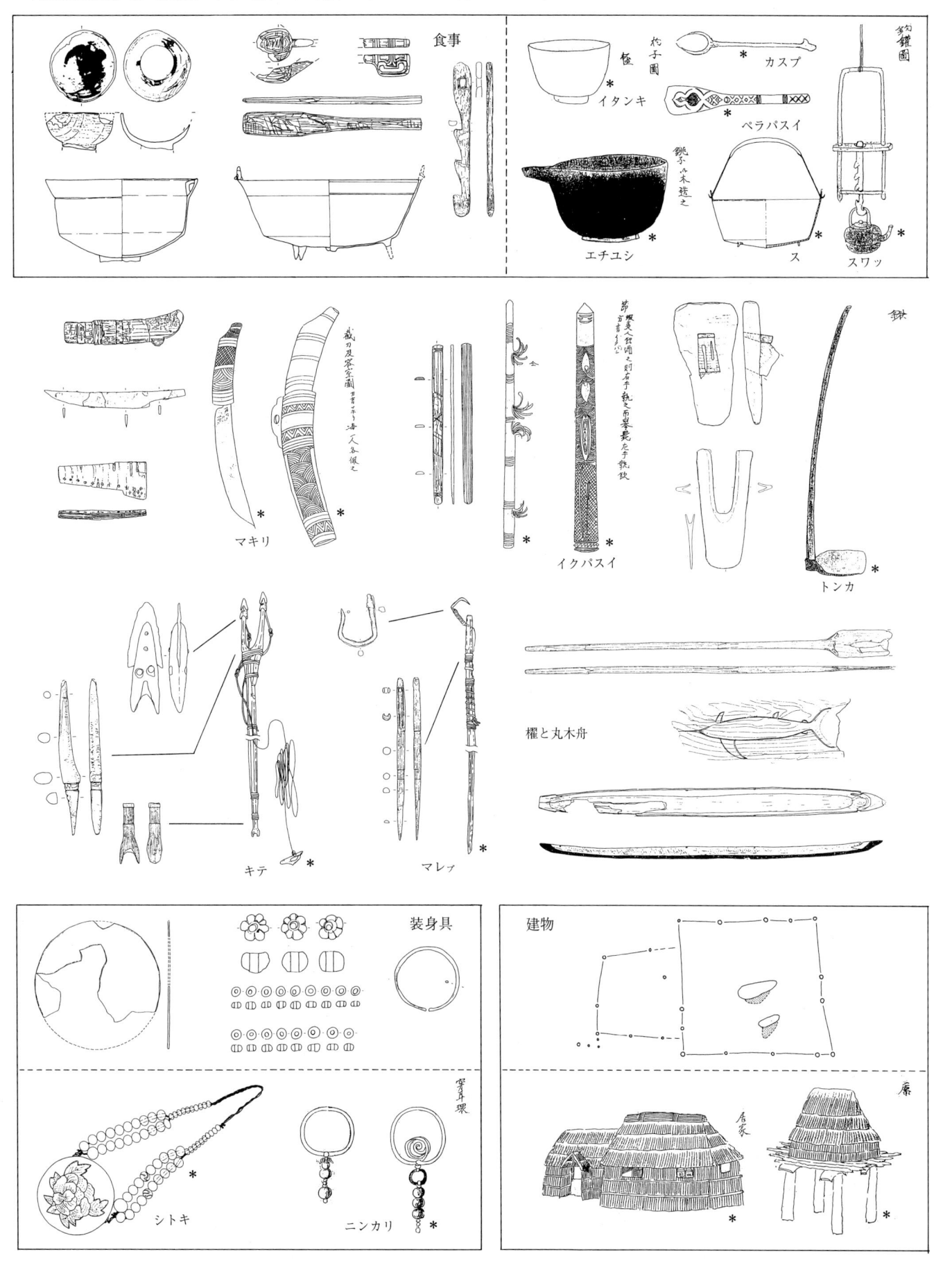

2　南方の島々

中世の南西諸島　九州の南に長く連なる南西諸島は，中世にはその大半が「日本国」の外であった．古代律令制においては「化外」「異域」とされ，鎌倉，室町時代の日本の人々は，日本国の西の境界を「鬼界島」(奄美大島の北東)と意識していた．また外側の人々は，日本を「やまと」と呼んでいた．この地域は，東アジアの海に浮かぶ島嶼という特性と，日本，中国大陸，朝鮮半島，東南アジアのちょうど中間という地理的位置によって，独自の文化を形成し，歴史を歩んできた．地域内では，石器時代以来，北の沖縄本島や奄美と南の先島(宮古・八重山)は異なる文化圏に属していた．それは後に琉球が統合した後も，琉球・奄美・先島という地域区分が統治制度にも反映し，さらには奄美が薩摩に割譲されるなど，根強く残る地域性である．

グスク時代　沖縄考古学の時代区分では，本土の平安時代までが沖縄貝塚時代とされ，漁労主体の採集経済の状況と理解されている．12世紀前後には農業生産が本格化し，鉄器生産も増大し，首長の按司が地域支配を強化し始めた．その拠点がグスクである．グスク時代はまた，この地域が東アジア全体の動きに組み込まれ，連動する始まりでもあった．宋の成立で大陸・朝鮮半島・日本列島間などの交流が急激に活発になり，特に南宋は，海を利用した貿易立国として交易を中心とした東アジアシステムを作り上げる．日宋貿易の経路にあたるこの地域もその影響下にはいったのである．本島や先島でも，銘刈原やビロースクのように12世紀後半から13世紀代の中国陶磁が確認されるようになるが，まだその量も遺跡数も少なく，特に沖縄本島に比べると，宮古，さらに八重山とその地域格差が大きい．

10世紀から13世紀，貝塚時代後期からグスク時代前半のグスク成立前後において，焼物の主体は，グスク土器と呼ぶ在地産広底土器と須恵系陶器カムイ焼の組み合わせである．カムイ焼は，徳之島で生産された朝鮮半島に系譜をもつ硬質の壺や鉢で，九州南部から先島まで流通した．古代より続いて日本との中間にあたる奄美地域が流通の拠点であったことをうかがわす．カムイ焼と共に，日本側からは武器武具などのさまざまな商品がうごき，長崎産滑石製石鍋がその活発な交易の軌跡を示している．一方，日本へは，「やく貝・螺殻」(夜光貝)やたいまい，赤木などの南方の特産品が動いたと考えられる．カムイ焼は，中国陶磁が本格的に流通するようになると次第に駆逐され，石鍋も鉄鍋と在地産土器の外耳鍋などに交代していく．

三山時代から琉球王朝へ　各地の按司の権力抗争を経て淘汰統合が進む中で，13世紀後半から武力装置としてのグスクが石垣をもつようになる．城塞的なグスクの出現であり，さらに有力按司の拠点的グスクでは，君臣儀礼をはじめ，政治空間の権威装置として視覚的な象徴性を高め，次第に大規模化していく過程をたどる．特に，農業生産力に優れ，貿易拠点としての利をもった本島では，14世紀になると，今帰仁城に拠点をおく北山，浦添城，後に首里城の中山，大里城の南山の三山の覇権争いの時代となる．こうした小王国は，地域の按司の連合と評価されており，その内部でも王権の抗争が激しく，各地に拠点となるグスクが建設された．その中から中山王を称す尚巴志が三山を統一し琉球王朝(第一尚氏王朝)を建てるのである．

大陸では明が建国し，新たな世界秩序として，冊封による朝貢貿易しか認めない海禁政策をとり，三山も各々朝貢し，明との関係の中でその権力を維持した．「明史」には「其の国，紈綺を貴ばずして，惟だ磁器，鉄釜を貴ぶのみ」とあり，織物よりも陶磁器と鉄器を望んだのも権力維持の必需品と理解される．このころから中国陶磁の出土量が画期的に増加することと符合している．

琉球王国を確立し，制度を整えたのは第二尚氏王朝の1477年即位尚真王の業績とされる．首里城正殿の「百浦添之欄干之銘」は事績を挙げて顕彰する．中でも①首里城や王宮庭園，道路，円覚寺建立などの都市整備，②職制・位階を定める，③明への進貢(貿易)を1年1貢と増回，④先島地域の武力併合などが重要であり，さらに加えれば⑤1525年の按司の首里への集住政策である．

小国琉球が，明の冊封・朝貢体制と地理的立場を活用して，中継貿易で栄えた裏付けがここにある．明への朝貢は，琉球171回で2位の安南89回を大きく離している．それを象徴的に語る出土品が首里城京の内の陶磁器の質量の優秀さと，国際的な組み合わせである．この琉球の栄華は，15世紀後半に明の海禁が緩むと優越した立場を失い急速に衰退したことが，出土陶磁器の量的な変化にもわかる．

また，その頃，先島の覇権者宮古の仲宗根豊見親や八重山のオヤケアカハチを滅ぼし併合を実現し，一方琉球内では，各地の按司を在地から切り離すことで真の統一王国が完成したと評価できる．この状況を反映したのが，先島の村落遺跡の変遷である．王府支配は，旧権力の表現された村を捨て，新たな論理の村へと移転再編した．残ったのが廃村型の防御された村であり，後世の聖地化である．また平地の村における首長屋敷の御嶽化であった．

［文献］高良倉吉1980『琉球の時代』ひるぎ社．安里進1998『グスク・共同体・村』榕樹書林． 　　　　(小野正敏)

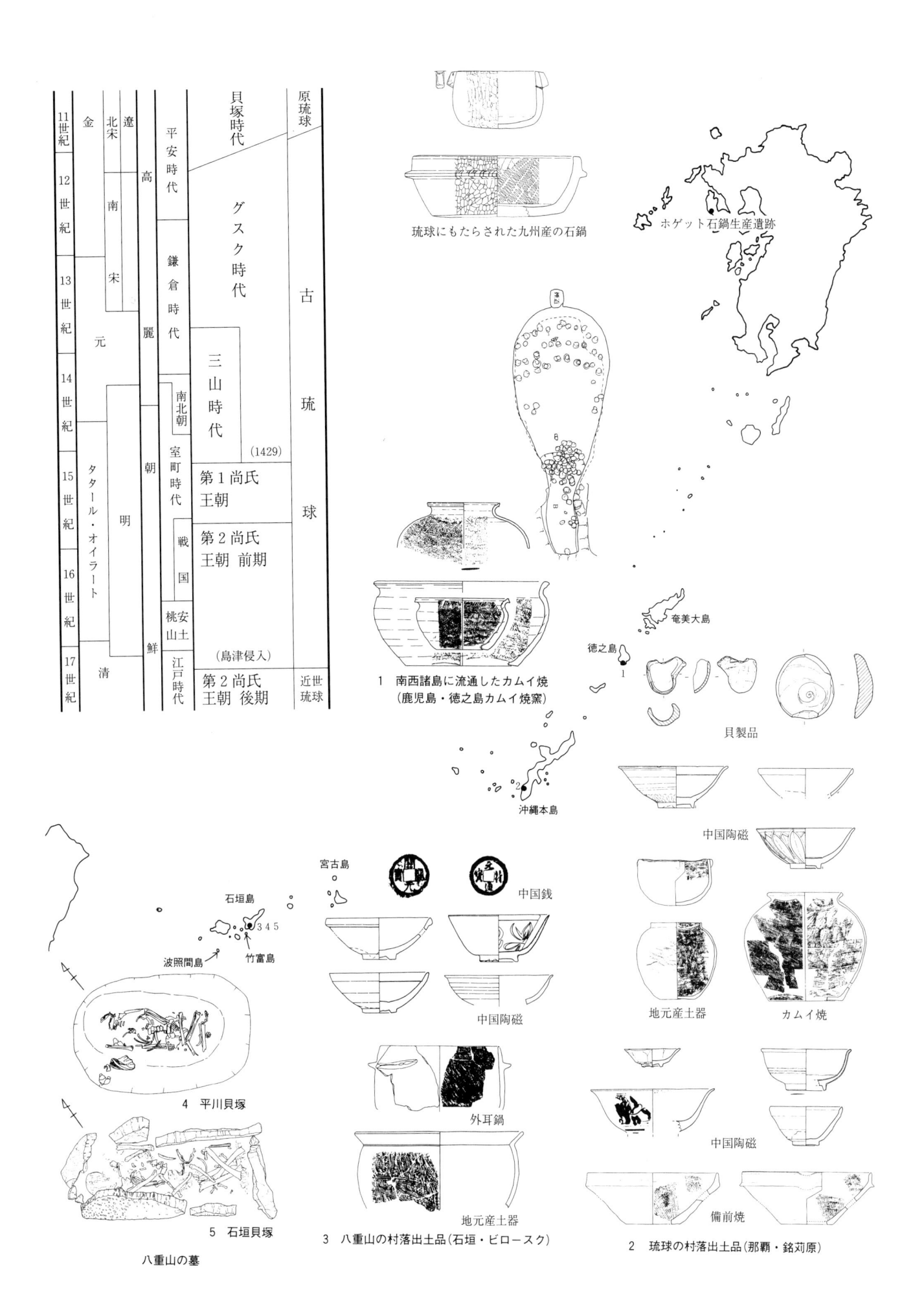

琉球にもたらされた九州産の石鍋

ホゲット石鍋生産遺跡

1 南西諸島に流通したカムイ焼（鹿児島・徳之島カムイ焼窯）

貝製品

中国陶磁

中国銭

中国陶磁

地元産土器

カムイ焼

外耳鍋

中国陶磁

地元産土器

備前焼

4 平川貝塚

5 石垣貝塚

八重山の墓

3 八重山の村落出土品（石垣・ビロースク）

2 琉球の村落出土品（那覇・銘苅原）

南方の島々

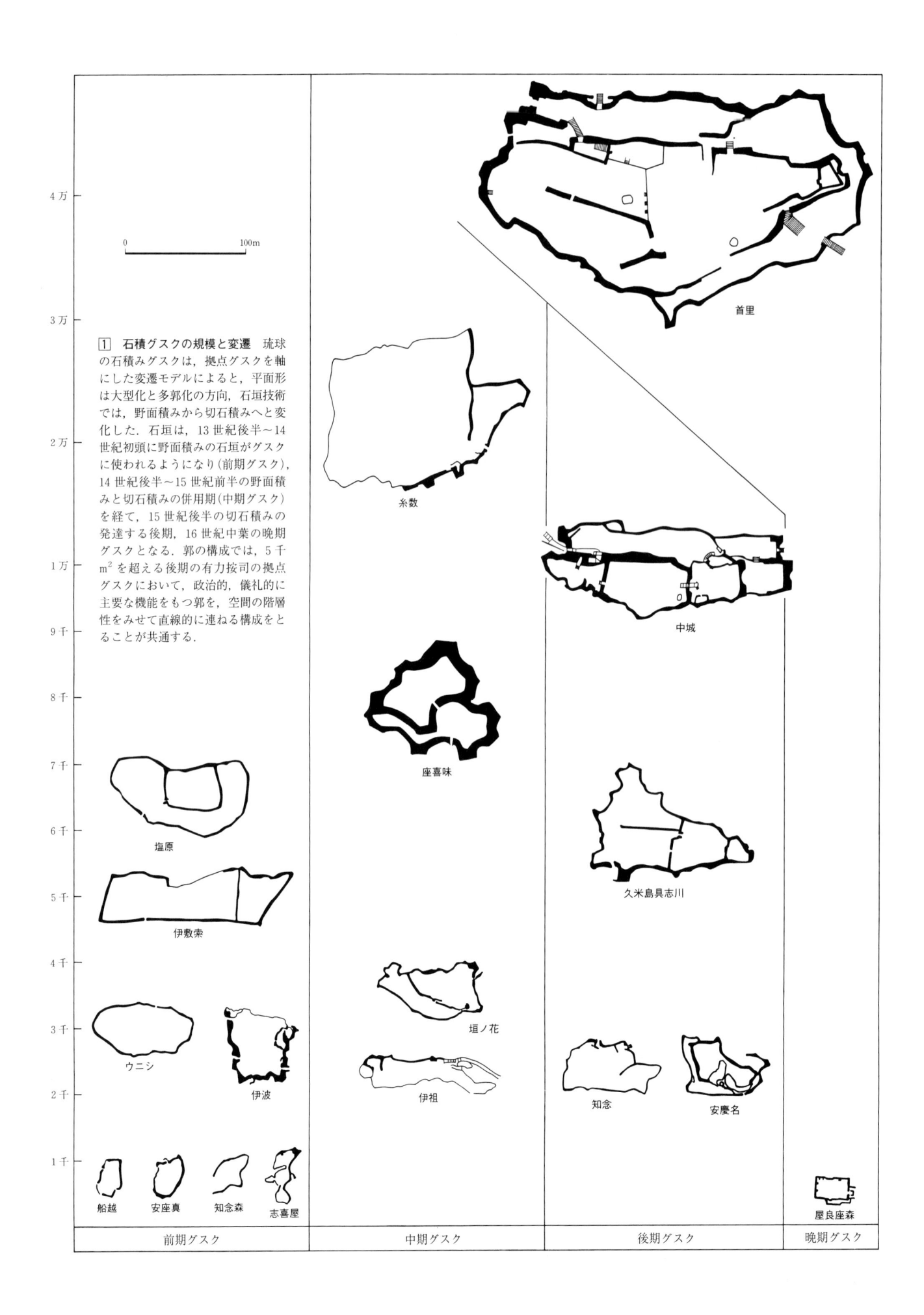

[1] **石積グスクの規模と変遷** 琉球の石積みグスクは，拠点グスクを軸にした変遷モデルによると，平面形は大型化と多郭化の方向，石垣技術では，野面積みから切石積みへと変化した．石垣は，13世紀後半〜14世紀初頭に野面積みの石垣がグスクに使われるようになり（前期グスク），14世紀後半〜15世紀前半の野面積みと切石積みの併用期（中期グスク）を経て，15世紀後半の切石積みの発達する後期，16世紀中葉の晩期グスクとなる．郭の構成では，5千 m^2 を超える後期の有力按司の拠点グスクにおいて，政治的，儀礼的に主要な機能をもつ郭を，空間の階層性をみせて直線的に連ねる構成をとることが共通する．

2 **拠点的大型グスクの空間構造** 首里城は，内城・中城・外城を主要な郭とし，内城には国王の座する正殿と群臣が参集する御庭があり，中城には侍衛軍が，外城には倉庫や厩があったとされる．この正殿と広場のセットは，君臣関係確認の儀礼をはじめとする最も重要な政治空間であり，各地の拠点グスクで，大型の殿舎とその前面の広場として発掘されている．勝連城はその典型例で，二の郭の7間×6間の正殿，三の郭の広場，また一の郭には聖地としての御嶽が祀られるなど，グスクがもつ堅固な石垣内部の空間機能の原点がうかがわれる．

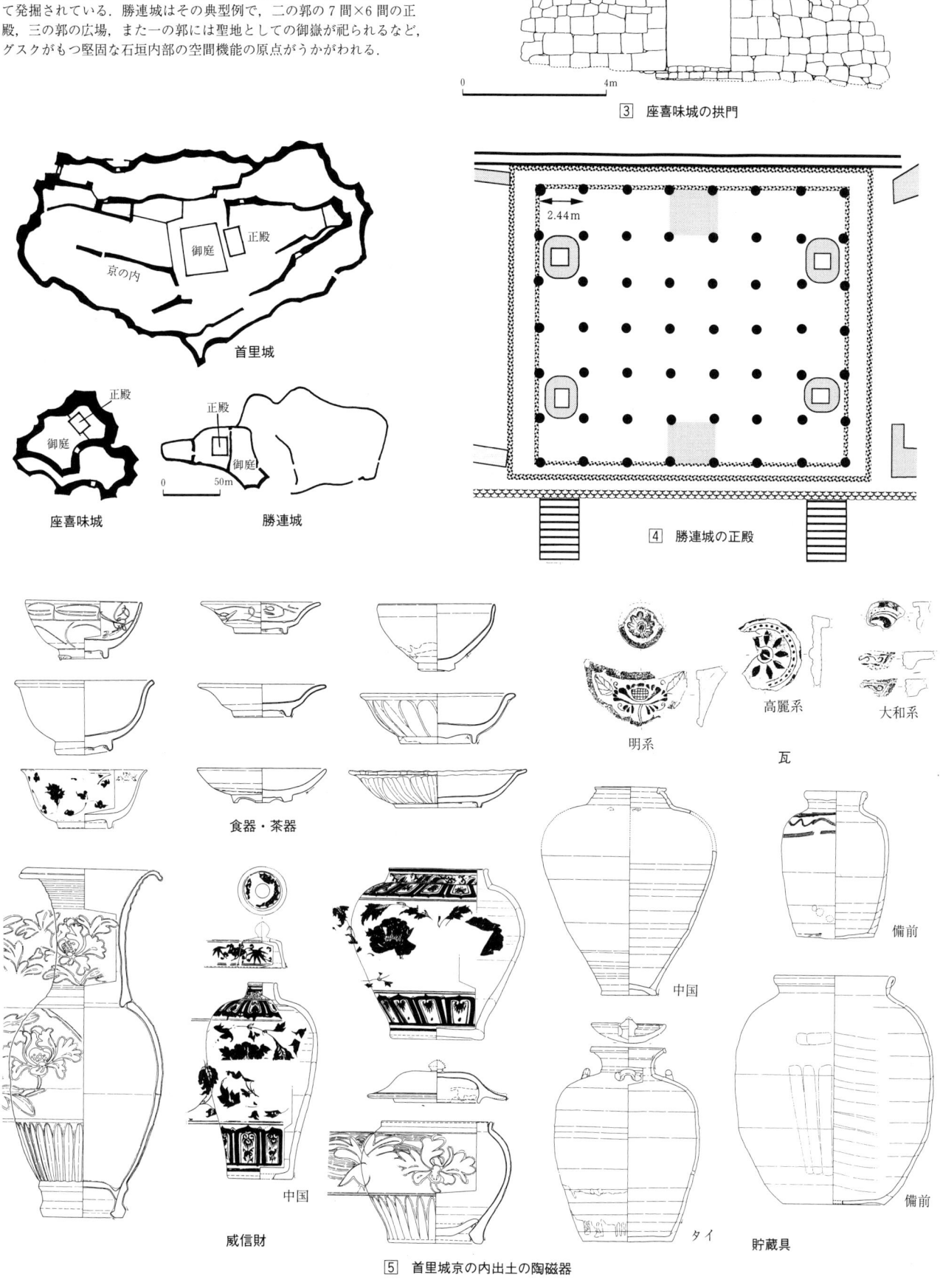

3 座喜味城の拱門

首里城

座喜味城　勝連城

4 勝連城の正殿

食器・茶器

明系　高麗系　大和系

瓦

中国　備前

威信財　中国　タイ　備前

貯蔵具

5 首里城京の内出土の陶磁器

南方の島々

6 **沖縄本島の村落** 稲福遺跡群は，丘陵上の戦前まで続いた稲福村と重なる．近世・近代の稲福村には，3宗家と祖霊を祀った3御嶽があり，北から南へ展開し，御嶽や殿などの祖先霊を祀る聖地に守られて宗家があり，さらに南下方に一般の村人家が展開する「オソイクサテ」の村落モデルになる．遺跡は，北の最も高い上御願御嶽，村北端の村立て宗家や祭祀の広場である稲福殿付近，東端の仲村御嶽の3地点に重複し，14世紀後半には稲福殿遺跡に統合されており，その前身と関連つけられている．

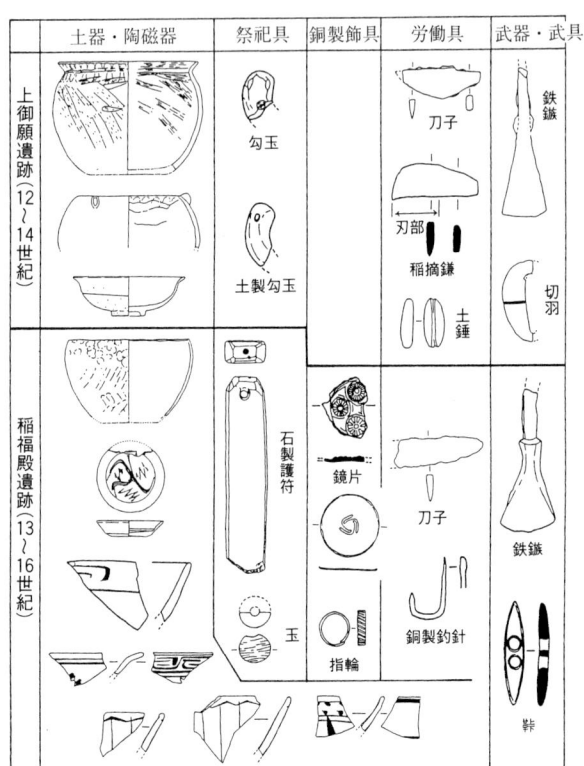

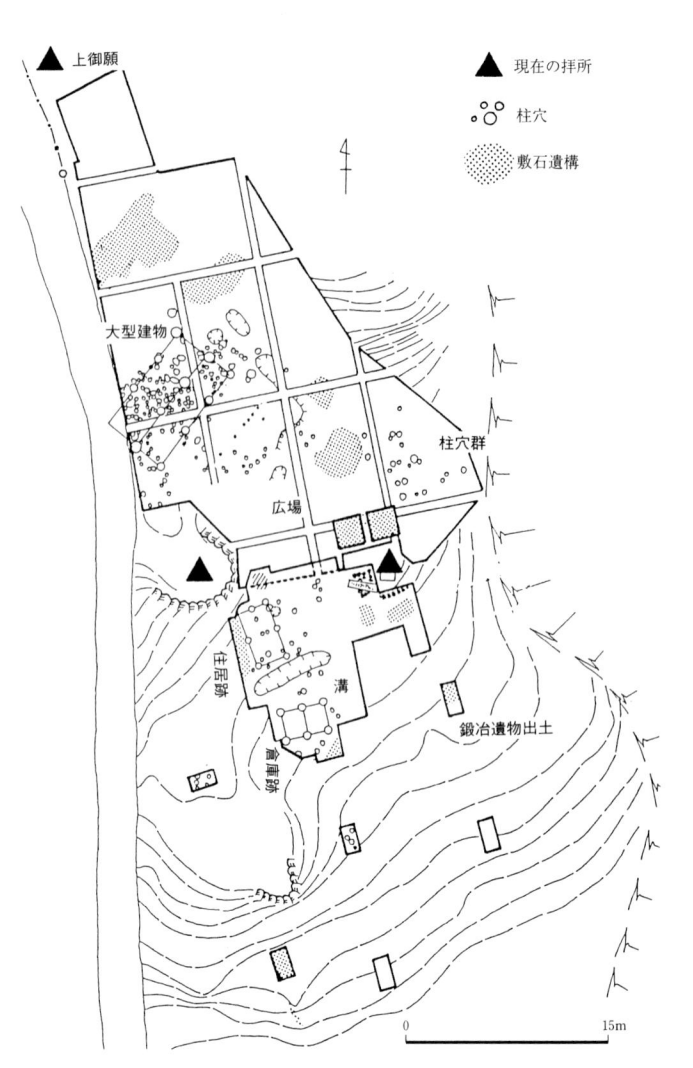

7 **上御願集落** 12～14世紀前半の集落跡で，広場を伴う大型の掘立柱建物を中心にして，掘立柱建物数棟，高倉，鍛冶場，祭祀場などから構成され，崖の下には貝塚が残る．遺跡の範囲は約1000m²で狭く，数世帯からなる小集落と推定されている．

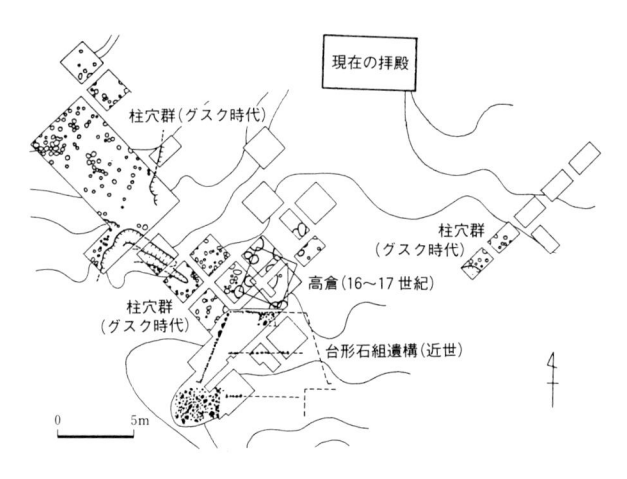

8 **稲福殿集落** 殿広場の地点で，14世紀を中心に16世紀，近世まで続く．14，15世紀は屋敷地，16世紀には大型の高倉，近世には石囲いの祭祀遺構が確認された．大型の高倉も殿の初期形態と考えられ，この地が16世紀頃から集落の祭祀空間となり，その後も村の殿・広場として継続し，ここを要として近世，近代の稲福村の空間設計ができていることがわかる．

9 上御願と稲福殿の主要な出土品（縮尺不同）

222　北と南

10 **宮古・八重山の村落** 海岸や平坦地にある陶磁器の散布で確認される村と崖上や丘陵上の石垣で区画された廃村とがある．村の石垣囲みは14世紀から出現する．14, 15世紀の石垣囲みの村は，1771年の大津波以降の方眼道路による均質の区画の村と異なり，道路がなく，不整形な屋敷群は隣接する同士が細胞状につながり，大きさや位置関係に階層性がある．この廃村型の村は，崖上や丘陵上にありながらさらに村全体を高い石垣で防御する例が多く，井戸開削等と共に村立て英雄伝説が伴って聖地化されることが多い．一方，同時期の廃村型ではない村は，現在の村に重複するか，その近くにある．八重山ではその場合，古い村の一部の屋敷が現在の村の御嶽となり，井戸や神事を介して信仰的紐帯をもつ例が多い．いずれも15世紀末〜16世紀初めには移転しており，その契機は琉球王府の南進による抗争と統治による村の再編が主因と推定される．

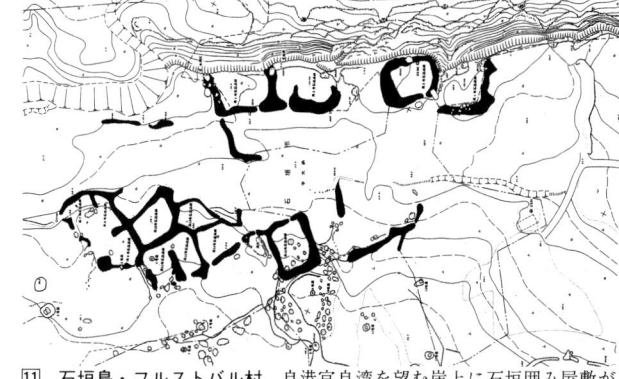

11 **石垣島・フルストバル村** 良港宮良湾を望む崖上に石垣囲み屋敷が15軒残る．内部は平均約250m²で，炉をもつ掘立柱建物が数棟発掘される．

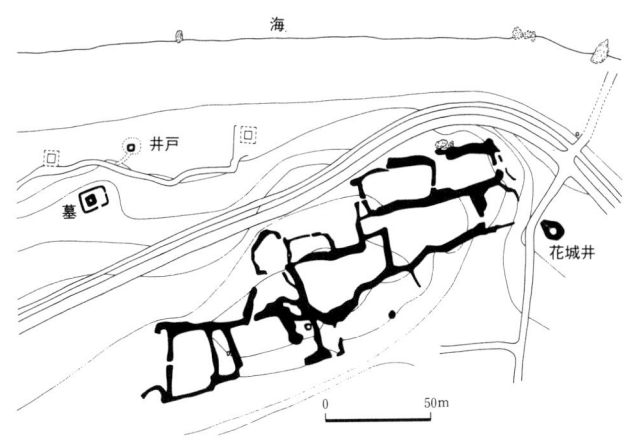

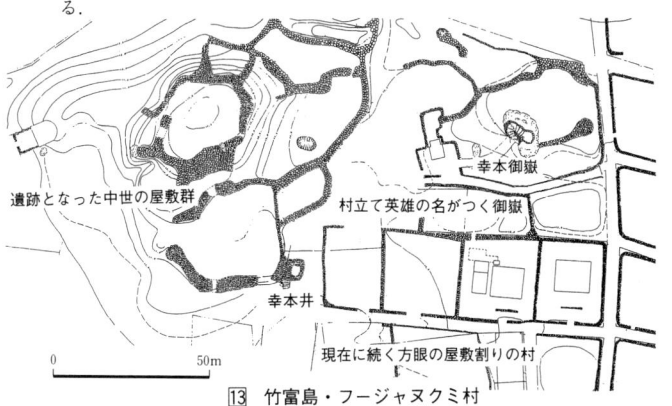

12 **竹富島・新里西村（14, 15世紀）** 花城井戸の東には石垣のない東村（12, 13世紀）

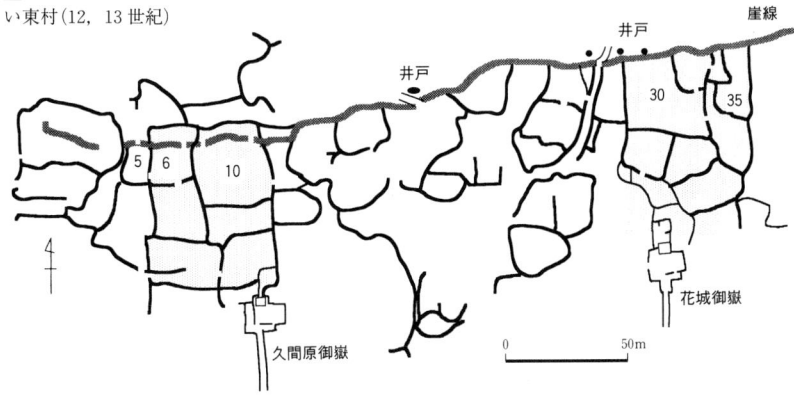

13 **竹富島・フージャヌクミ村**

14 **竹富島・クマーラ・ハナスク村** 海岸崖上の防御された村．30m四方の屋敷10, 30を核に中型屋敷を付属した約50×60mの方形ブロック，その周囲の屋敷群より成る同心円構造が東西ふたつ隣接する．後に中心屋敷の一部を聖域とした村立て英雄名をもつ御嶽が祀られ，開発領主の屋敷を核とする村構造が推定できる．

15 **波照間島・ヤグ村（14〜16世紀）と近世以降の外部落** 村立て子孫の刀禰元家と聖地化された御嶽，先祖墓とする方形石積古墓等の重複とずれ．

16 **宮古島・ムイヅマ村** 島を南北に走る断層崖上に分布する防御された村の例．採集された陶磁器には，中国製の天目茶碗や茶入などの威信財も含まれる．

南方の島々

IX 中世の景観

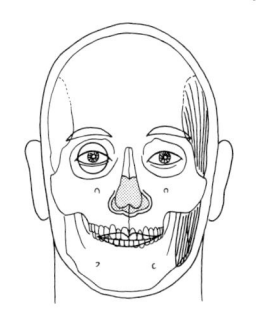

概説
1 自然科学分析と中世考古学
2 歴史地理学と中世考古学
3 中世的景観の変遷
　1）山陰砂丘の形成と人間活動
　2）河内平野の水田開発
　3）東京低地の開発
　4）多摩川中流域の開発
　5）地震と遺跡
　6）発掘された荘園
4 発掘された庭園
5 トイレの変遷
6 人骨からの人相復元

概説

中世の環境 先史時代における環境考古学が、自然環境の復元や変遷を主眼としていたのに対し、中世における環境考古学は、人間による環境変化とその対応が主眼となる。弥生時代に始まる耕地化や灌漑水路の掘削が大地を改変し、古墳時代以降の製塩業、古墳以降の須恵器や、古代以降の陶器、瓦生産に関わる窯業では、大量の燃料を必要とし、森林の伐採、禿げ山化を押し進めた。さらに都城や寺院伽藍の建設などの建築資材のために、一層伐採が進み、その後にはマツが卓越する二次林が増加する。鉱山の開発や操業でも多くの燃料が必要とされ、流出する土砂は洪水を引き起こし、砂丘の発達をうながし、古代以来の村落、耕地を厚い砂の下に埋没させた。さらに鉱毒は水を汚し人間の生命をも脅かした。沖積低地では排水や治水のために、恒久堤防の建設が各地で行われ、河川の固定化が図られた。その結果、山間部から流出する土砂の量が急激に増加し、内湾は遠浅化し、各地で港が機能しなくなり廃絶した。こうした遠浅化を利用した干拓が、濃尾平野や瀬戸内の各平野で中世以降に見られる。外海に面した海岸部では砂丘の発達が顕著となる。特に山陰から北陸にかけての海岸部では大規模な砂丘が発達し、古代村落を砂丘に埋もれさせた。

平野部の開発 高橋学(1995)は瀬戸内を中心にした完新世、特にBP, 5500年以降における沖積平野の発達を、年代的、構造的に11のステージに分類し整理した。そのうち中世に関する出来事として、ステージ9～11がある。そこでは10世紀末～12世紀初頭と15世紀末頃に地形環境の変貌が著しい時期があり、具体的には11世紀頃に生じた完新世段丘II面の形成が、それ以降の地形環境の変化や土地利用に大きな影響を与えたとする。特に中世の開発は灌漑条件の悪化などで放棄されたり、生産力の落ち込んだ完新世段丘I面ないしII面上の再開発や、現氾濫原面・三角州帯IIの塩堤を利用した干拓、築堤により河川を固定化し、現氾濫原面、自然堤防帯(いわゆる河原)の開発が特徴的であるという。

中世の寒暖 弥生以降の気候の小変動については、坂口豊(1985)が尾瀬ヶ原の中央部の泥炭層に含まれるゴヨウマツ属を寒暖の指標とした花粉分析を行い、古墳時代は寒冷期(246～732年)にあたり、奈良時代から鎌倉時代までは温暖期(732～1296年)に、室町時代以降は小氷期(1296～1900年)に属するという。三上岳彦(1991)は貴族の日誌に見える桜の開花日などの天候記録を検討し、13世紀末と16世紀に寒冷化の開始があり、特に16世紀から19世紀が小氷期にあたるという。福沢仁之ら(1995)は、福井県水月湖底のボーリングコアに見られる縞状堆積物に含まれる粘土鉱物が、中国大陸からの風成塵(黄砂)に由来する年輪であることを突き止め、その幅から1年ごとの気候変動を追い、次のような結果を得た。すなわち紀元300～800年および1050年以降の中国大陸の内陸部は、その前後に比較して乾燥(寒冷)化しているが、1500年前後に一時的に湿潤(温暖)化したこと。特に900年と1100年に急速な寒冷化が存在した。1610～1880年の日本での「小氷期」には、中国大陸の内陸部では乾燥(寒冷)化しているが、その中での変動は認められないという。こうした寒冷期と温暖期という自然環境の変化に応じて、その時々の人々は、住居の構造や衣服を変化させ、イネの品種改良や畑作作物の選定など、さまざまな技術的、文化的適応を行ってきたはずであるが、そこまで研究は深化していない。

環境示唆試料 発掘現場で各時代の環境を、具体的な試料に基づいて論じることができるのは、土壌分析、火山灰、堆積学、花粉・胞子分析、植物珪酸体(プラントオパール)分析、珪藻分析、樹種同定、種実同定、有孔虫分析、貝化石群の同定、貝類の成長線分析、貝殻に含まれる酸素同位体、昆虫相の分析などがある。中世遺跡のような地質学的年代に比較すると、はるかに短い人間活動を知るためには、洪水層や火山灰層によって覆われ、守られた当時の生活面、耕作面の研究が有効である。また段丘面と沖積面を識別する堆積学、災害そのものの研究や年代を知るための火山灰分析、植生復元およびその変遷を追う花粉分析、水田の存在を予測するプラントオパール分析も有効である。さらにトイレ土坑、排水溝の内容物を、周辺の土坑、溝の内容物を比較することによって、人々の食物、薬物、健康状態などを知ることができ、中世の人々の和漢方薬の知識、公衆衛生の状態に迫ることも可能である。

[文献] 坂口豊1995「過去1万3000年間の気候の変化と人間の歴史」『講座文明と環境第6巻』朝倉書店。高橋学1995「臨海平野における地形環境の変貌と土地開発」日下雅義編『古代の環境と考古学』古今書院。福田仁之・安田喜憲1995「水月湖の細粒堆積物で検出された過去2000年間の気候変動」『講座文明と環境第6巻』朝倉書店。三上岳彦1991「小氷期—気候の数百年変動」『科学』61-10, 岩波書店。北川浩之1995「屋久杉に刻まれた歴史時代の気候変動」『講座文明と環境第6巻』朝倉書店。

(松井　章・金原正明)

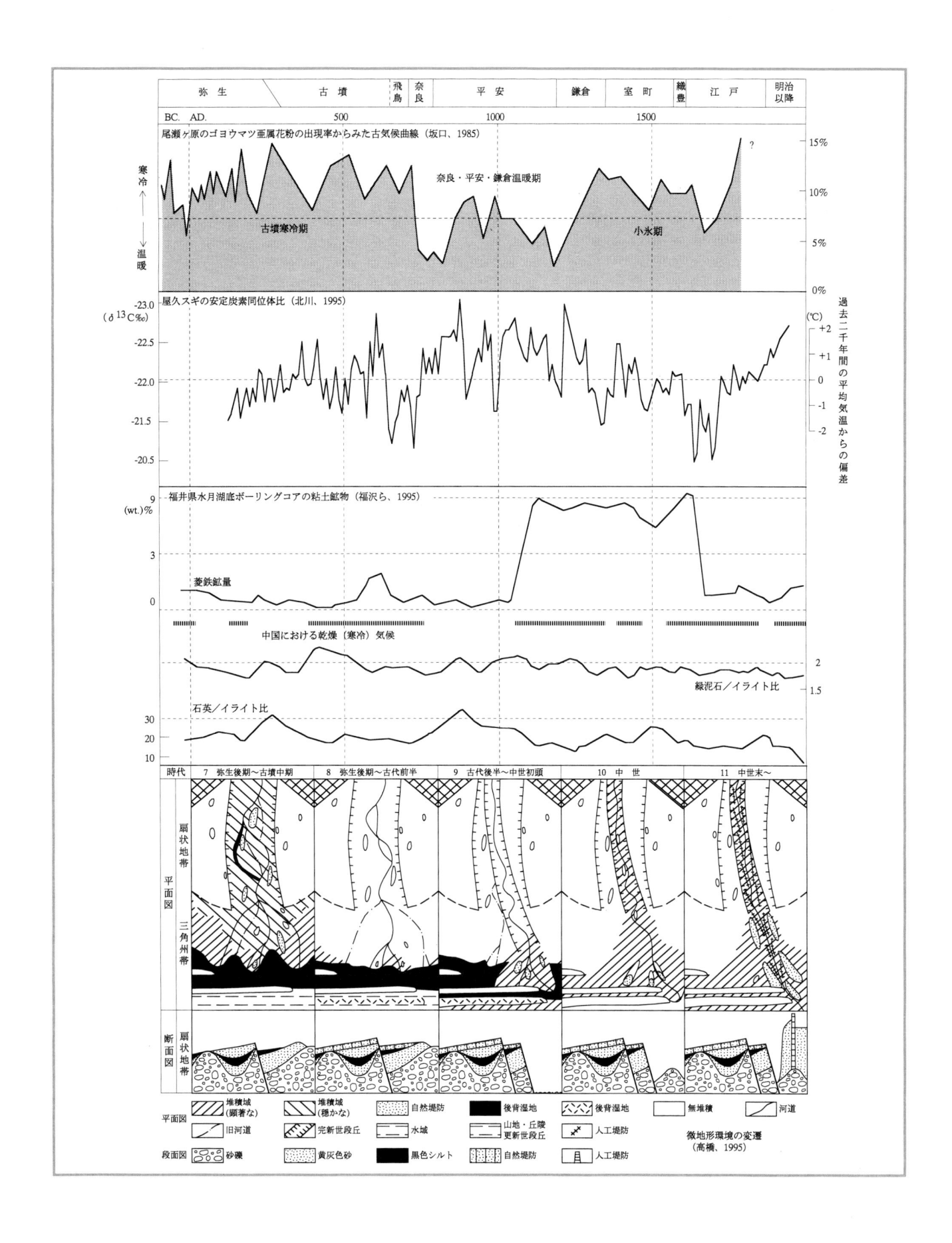

中世の景観

尾瀬ヶ原のゴヨウマツ亜属花粉の出現率からみた古気候曲線（坂口、1985）

奈良・平安・鎌倉温暖期
古墳寒冷期
小氷期

屋久スギの安定炭素同位体比（北川、1995）

($\delta^{13}C$ ‰)

過去二千年間の平均気温からの偏差 (℃)

福井県水月湖底ボーリングコアの粘土鉱物（福沢ら、1995）

菱鉄鉱量

中国における乾燥（寒冷）気候

緑泥石／イライト比

石英／イライト比

微地形環境の変遷（高橋、1995）

| 時代 | 7 弥生後期～古墳中期 | 8 弥生後期～古代前半 | 9 古代後半～中世初頭 | 10 中世 | 11 中世末～ |

平面図：扇状地帯／三角州帯
断面図：扇状地帯

凡例：
- 平面図：堆積域（顕著な）、堆積域（穏かな）、自然堤防、後背湿地、後背湿地、無堆積、河道、旧河道、完新世段丘、水域、山地・丘陵、更新世段丘、人工堤防
- 断面図：砂礫、黄灰色砂、黒色シルト、自然堤防、人工堤防

概説 227

1 自然科学分析と中世考古学

　中世遺跡は自然科学分析の対象にされることが少ないため資料は断片的であり，地域的や連続した分析は希である．河内平野や奈良盆地で行われた分析調査は数少ない例である．

　河内平野は縄文時代には河内湾と呼ばれる海が入り込み，縄文時代後期から晩期にかけて陸化する．弥生時代にはカシ林を主とする照葉樹林と若干の水田が分布する．弥生時代後期から平安時代にかけて，シイ林が増加し，照葉二次林の成立が示唆される．中世になると水田が拡大し，ソバなどの畑も多く営まれ，森林は大きく減少し，アカマツ林二次林が拡大する．

　大阪府鬼虎川遺跡の種実同定結果では，平安時代後期以降，マツモ属などの沈水植物が増加し，湿潤化が認められる．この時期から低湿地に対応する掘上田が形成されはじめる．静岡県池ヶ谷遺跡では，平安時代の後半から沼沢地化し氾濫が伴われ，平安時代後半から中世にかけての同様の湿潤化がみられる（金原，1995）．

　農耕遺跡である奈良県箸尾遺跡では，10世紀後半およびそれ以前は河川沿いの低地部を中心に水田が営まれる．イネ属型を含むイネ科，カヤツリグサ科の花粉が多く，主に水田が営まれていたが，雑草が多くやや集約性が低いと考えられる．森林要素ではニヨウマツ類（マツ属複維管束亜属）の顕著な増加はなく，アカマツ二次林は認められない．

　11世紀初頭から12世紀後半の時期以降は水田に加え微高地を中心に顕著な畑跡が検出される．樹木を植えたとみられる痕跡もあり樹園地も存在する．12世紀後半から13世紀中頃においては区画に変化はあるものの同様の状況が継続する．14世紀後半から17世紀初頭の時期は島畠が形成される．直前に洪水砂の堆積があり，島畠も形成される．

　11世紀初頭から17世紀初頭は，イネ属型を含むイネ科の花粉が極めて優占し，集約性の高い水田が営まれていたとみなされる．ソバ属の花粉が検出され，畑が多く営まれたとみなされる．中世を含むこの時期は，水田に加え，樹園地を含む多彩な畑作が盛行した．森林植生ではニヨウマツ類の花粉が増加するため，アカマツ二次林が成立し，森林への大きな人為干渉が認められる．17世紀以降では特徴的にアブラナ科の花粉が増加する．アブラナ科にはアブラナなどの栽培植物が多く含まれ，近世の菜種油の需要に対応する商用作物としてのアブラナの集約的栽培とみなされ，中世にはない特徴である．

　青森県十三湊遺跡では，イネ科が卓越し樹木の希な集落の環境がうかがわれる．愛媛県来住廃寺遺跡では古代後半から中世にかけてソバ属花粉が検出され，畑作が示唆される．山口県吉田馬場遺跡でも平安時代後期から植生が大きく転換し照葉樹林要素の減少とアカマツ二次林の拡大，ソバの栽培が盛んになる（畑中，1992）．

　花粉分析が全体的な植生や農耕の様子を復元するのに適する一方，種実同定は種（しゅ）まで同定できるものが多く，より直接的に栽培植物や食用植物がわかる．

　箸尾遺跡の12, 3世紀の井戸から，草本ではイネ，コムギ，オオムギ，アサ，ソバ，ナス，マメ類，ウリ類，ヒョウタン類，樹木ではクワ属，ツルコウゾ，スモモ，ウメ，モモ，ナシ，カキノキ属の多彩な栽培植物の種実が検出された．イヌホオズキ，クリ，ムクノキ，ウルシ属の有用な植物の種実も多い．この中でイネ，コムギ，オオムギ，ソバ，ナス，マメ類，ウリ類は比較的数量も多く，主要な作物であったとみなされる．

　数量の多いイヌホオズキは現在では利用されないが，当時食用などに利用された可能性が示唆される．樹木ではクワ属とツルコウゾも多い．クワ属は養蚕のために栽培されたと推定される．ツルコウゾは分布域が山口県以西の暖地であるため明らかに植栽されたもので，和紙の生産目的に栽培されたと考えられる．食用とならないウルシ属の種子も多く，蝋の採取のために栽培されていたと考えられる．

　岩手県柳之御所遺跡の便所土坑では，キイチゴ属やマタタビ属の野生樹木の食用となる種実やナス，ウリ類，エゴマなどの栽培植物が検出される（金原，1995）．

　以上，平安時代後半から中世にかけて，湿潤化という環境変化が認められ，水田に加え畑作が盛行し，大規模な再開発や微高地や低湿地の開発が行われたと考えられる．多彩な畑作物が栽培され，連作障害を緩和するために作物種を入れ替えるまわし畑や田畑輪換などが行われたことが推定される．森林は大きく減少しアカマツ二次林が増加する．この時期は，従来の植生をも根底から破壊するようなこれまでにない大規模な開発ないし集約的な農耕が開始された．

[文献] 金原正明 1995「古墳時代の環境と開発」『考古学と自然科学』第31・32号（合併号）．畑中健 1992『吉田馬場遺跡の古環境』下関市埋蔵文化財調査報告書43．金原正明他 1995『柳之御所跡の寄生虫卵・花粉・種実の同定』岩手県文化振興事業団埋蔵文化財調査報告書第228集．

（金原正明）

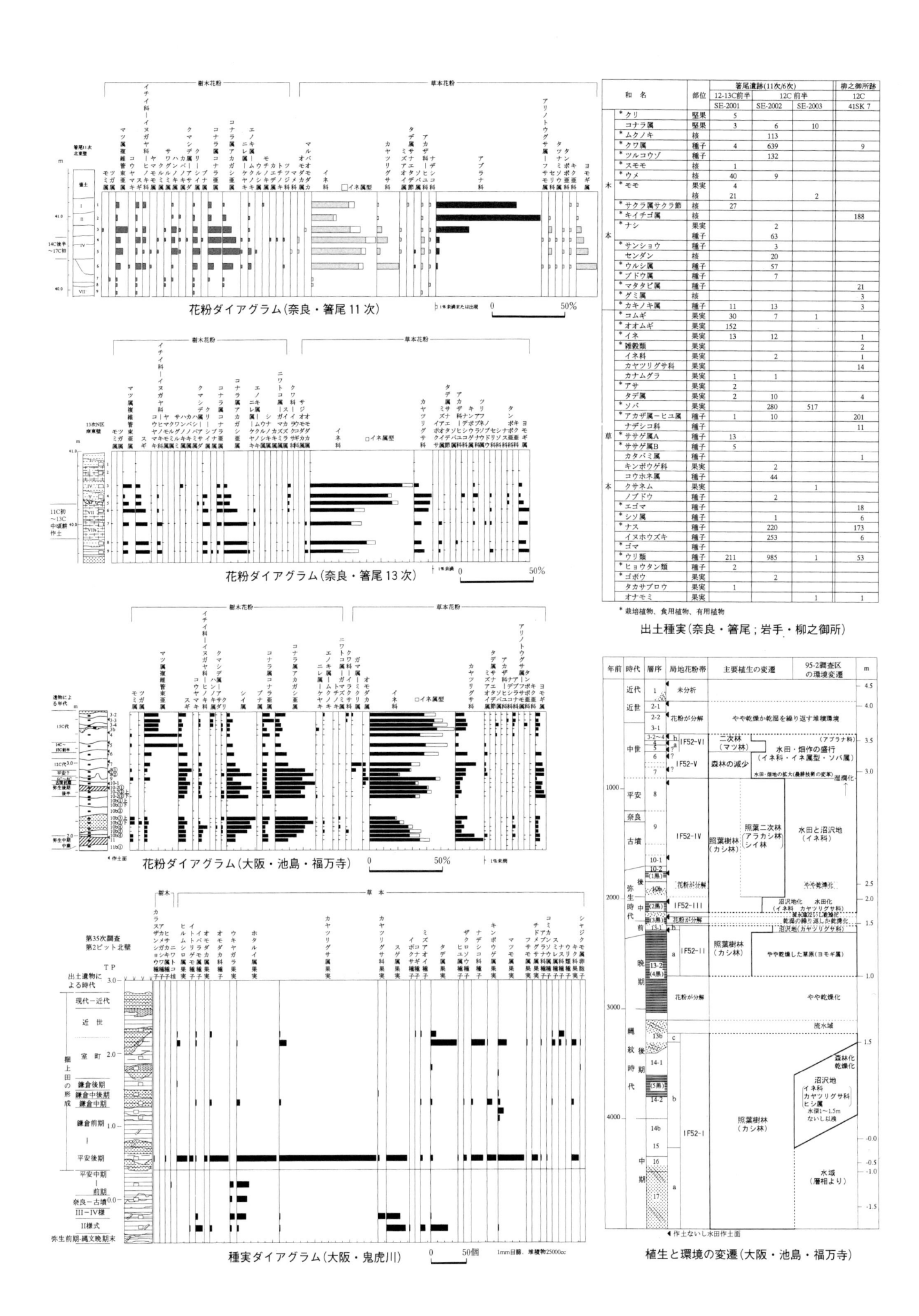

和名	部位	箸尾遺跡(11次/6次)			柳之御所跡
		12-13C前半	12C前半		12C
		SE-2001	SE-2002	SE-2003	41SK7
木本					
*クリ	堅果	5			
コナラ属	堅果	3	6	10	
*ムクノキ	核		113		
*クワ属	種子	4	639		9
*ツルドクダミ	種子		132		
*スモモ	核	1			
*ウメ	核	40	9		
*モモ	果実	4			
		21		2	
*サクラ属サクラ節	核	27			
*キイチゴ属	核				188
*ナシ	果実		2		
	種子		63		
*サンショウ	種子		3		
センダン	核		20		
*ウルシ	種子		57		
*ブドウ属	種子		7		
*マタタビ属	種子				21
*グミ属	種子				3
*カキノキ属	種子	11	13		3
*コムギ	果実	30	12		
*オオムギ	果実	152			
*イネ	果実	13	12	1	
*雑穀類	果実				2
イネ科	果実		2		1
カヤツリグサ科	果実				14
カナムグラ	果実	1	1		
*アサ	果実				
タデ属	果実	2	10		4
*ソバ			280	517	
アカザ属ーヒユ属	種子	1	10		201
ナデシコ科					11
ササゲ属A	種子	13			
ササゲ属B	種子	5			
カタバミ属	種子				1
キンポウゲ科	果実		2		
コウホネ属	種子		44		
草本 クサネム	果実		1		
ノブドウ	種子		2		
*エゴマ					18
*シソ属	果実		1		6
*ナス	種子		220		173
イヌホウズキ	種子		253		6
*ゴマ	種子				
*ウリ類	種子	211	985	1	53
*ヒョウタン類	果実	2			
*ゴボウ	果実		2		
タカサブロウ	果実				
オナモミ	果実			1	1

* 栽培植物、食用植物、有用植物

出土種実(奈良・箸尾；岩手・柳之御所)

花粉ダイアグラム(奈良・箸尾11次)

花粉ダイアグラム(奈良・箸尾13次)

花粉ダイアグラム(大阪・池島・福万寺)

種実ダイアグラム(大阪・鬼虎川)

植生と環境の変遷(大阪・池島・福万寺)

自然科学分析と中世考古学　229

2 歴史地理学と中世考古学

中世村落への接近　1970年代の初頭まで，中世村落の景観は，主として歴史地理学からの研究対象であった．ところが，70年代後半以降の発掘調査の急増に伴って，歴史地理学と中世考古学の議論が急速に嚙み合う状況が出現した．しかし，基本的に依拠する資料の性格に由来し，両者の論点はそのすべてを共有している訳ではない．

例えば中世村落の領域をめぐる議論が，歴史地理学ないし歴史学では，①郡・郷の変容や荘園の変化といった支配や管理の単位および構造，②荘園内で完結した条里プランないし疑似条里プラン（いずれも荘園の条里プラン），③村ないしその境域の形成過程，④山間荘園における水田原理と畠作原理ないしその転換と，小村＝散居型村落論や集落を中心とした領域の圏構造論といった，村落領域の構造や認識，などをめぐって展開していることが多い．これに対し，中世考古学のそれは，多くが物と技術の流通と伝播をめぐる圏域とルートに向っている．

集落形態　村落の集落形態についての，集村・疎塊村・小村・散村（孤立荘宅）という歴史地理学の分類は，中世考古学においても概ね受け入れられている．ただ，基本的にこの分類は屋敷（家地）とそこを占拠する家（戸）を基本単位とするのに対し，中世考古学では，遺構として検出される建物跡を資料とするために，そのグルーピングによる一群を基本単位として認定する必要がある．

奈良・平安時代の村落では，孤立荘宅や，10軒以下で構成される小村，屋敷間に農地を介在するようなルーズな集合の小規模な疎塊村などが一般的であった，という事実が判明したのは1970年代の初頭であった．同時に，平安後期には，屋敷が集中し始めて，集村へと転換しつつある事例が存在することも判明した．このような集落形態およびその変遷は，発掘調査事例によっても確認された．特に，集村化現象は，中世考古学でも13世紀におけるその出現，14・15世紀における進行が確認されている．

集村化の時期のみならずその契機もまた極めて多様であるとみられるが，①荘園領域の一円化による領域型荘園の成立とそれに伴う荘園管理体制の整備，②溜池や用水路の築造による土地利用の集約化，③惣の形成や村を単位とした諸活動の出現，④防衛ないし灌漑などの複合的目的による環濠形成，⑤相対的に規模の大きな自然堤防への居住の集中，⑥主要道沿いへの居住の集中，などが関わっている可能性が高い．

西日本の平野部の多くで集村化現象が進行する一方，逆に屋敷の分散状態が一般化し，散村が形成された場合もある．開発過程を反映し，集村化の契機を欠いたままで開拓・農業経営に有利な孤立荘宅が展開した場合や，多くの山間小河谷からなる荘園の構造が，やはり散在した屋敷の存続を支持した場合などがある．

土地利用と用水　8世紀後半に土地管理システムとして完成した条里プランは，その機能を変遷しつつ中世においても多くの平野部で碁盤目状の条里地割として存在していた．12・13世紀ごろに条里地割が造成されて，近代にまで継承されてきた多くの例が発掘調査によって確認されている．条里プランに規制された地割形態は中世を通じて存続するが，その内部の土地利用は大きく変化した．開拓が進行して未開地が減少し，農地的土地利用の集約化が進むのが趨勢であり，その動向を支える営力は次の三つの類型に分けられる．①用水路・溜池の築造や川の築堤などの工学的対応，②施肥や新作物の導入，二毛作や複数の作物を栽培する経営（作物結合）などの農学的対応，③用水管理や耕作規制・共同作業といった社会的対応であり，現実にはこれらの組み合わせとして出現することが多い．

例えば沖積平野は，一般にそれを形成した河川の洪水や河道の変遷による影響を強く受ける．河川を直接の水源とする用水路への影響はより直接的であるが，中世には，用水の合口・一本化のような複数の村の惣による整備・管理が進んだこと（①と③），が知られる．谷の一方に築堤して湛水する谷池と呼び得る構造の溜池は古代から存在したが，12世紀後半と推定される若槻池の築造に始まる皿池の築造の開始も中世である．皿池は水がかりの良くない水田の灌漑条件を良くするために，微高地を選んで四方に築堤して湛水・利用する溜池であり，そのために一定面積の耕地が池敷となることが多く，集約的土地利用の達成のための典型的な方法（①と③）の一つである．さらに，水がかりの良くない田の半分を地下げして，池の半分に盛り上げて畑としたり，水田に堆積した洪水による砂泥を除いて一部に積み上げて畑にしたりするなどの方法で島畑を造成することも13世紀ごろから一般化した．島畑は田畑共に有効に利用する極めて集約的な土地利用形態で，商業的な畑作とも結合し（①と②），近世にはさらに広く展開した．

このような景観諸要素の変化は，地域によって多様な組み合わせとなる．

［文献］金田章裕1985『条里と村落の歴史地理学研究』大明堂．同1993『微地形と中世村落』吉川弘文館．同1995「条里地割の形態と重層性」『条里制研究』11．（金田章裕）

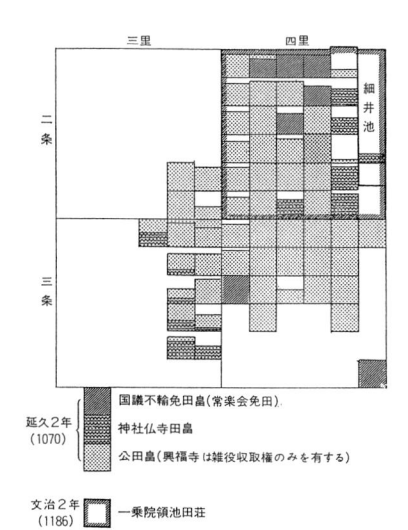

① 一乗院領池田荘の一円化

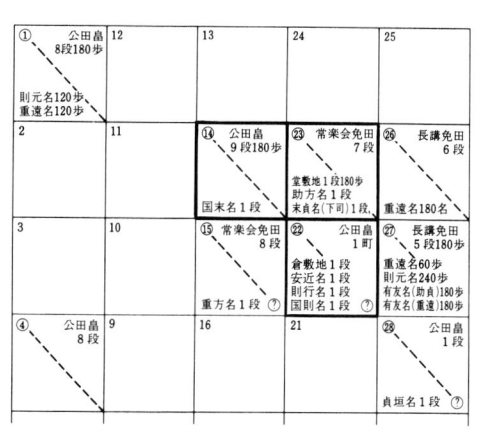

凡例:
- 国講不輸免田畠(常楽会免田)
- 延久2年(1070) 神社仏寺田畠
- 公田畠(興福寺は雑役収取権のみを有する)
- 文治2年(1186) 一乗院領池田荘

② 文治2年(1186)一乗院領池田荘の屋敷分布と延久2年の田畠
[太枠内の屋敷が新設された可能性が高い]

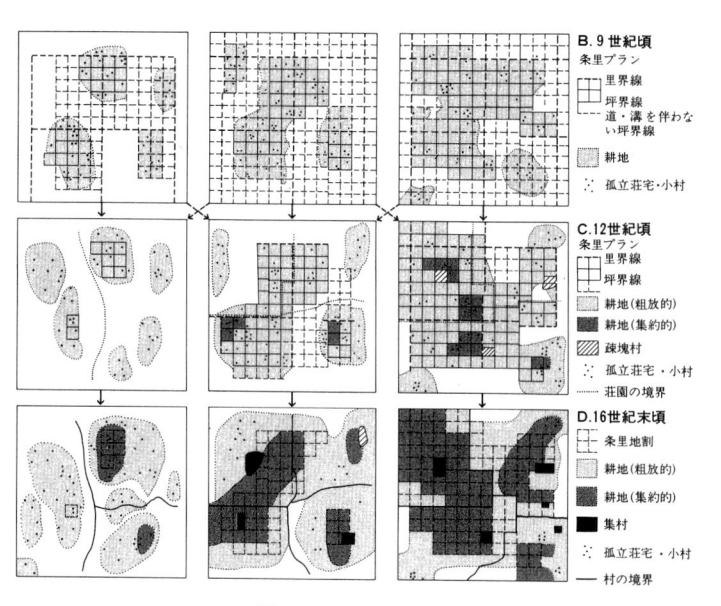

③ 村落景観の変遷パターン

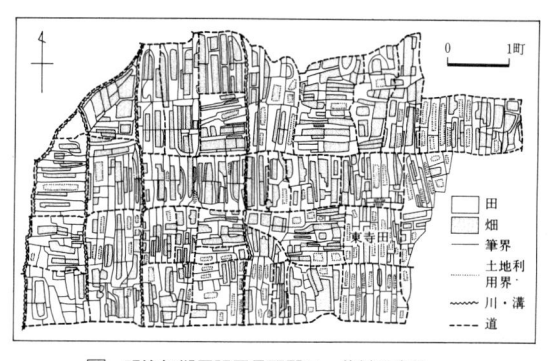

B. 9世紀頃 条里プラン
- 里界線
- 坪界線
- 道・溝を伴わない坪界線
- 耕地
- 孤立荘宅・小村

C. 12世紀頃 条里プラン
- 里界線
- 坪界線
- 耕地(粗放的)
- 耕地(集約的)
- 疎塊村
- 孤立荘宅・小村
- 荘園の境界

D. 16世紀頃 条里地割
- 耕地(粗放的)
- 耕地(集約的)
- 集村
- 孤立荘宅・小村
- 村の境界

④ 明治初期尾張国丹羽郡三ッ井村の島畑

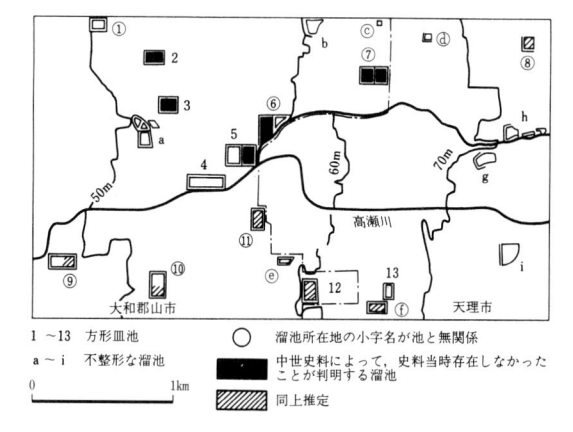

凡例: 田／畑／筆界／土地利用界／川・溝／道

⑤ 皿池の立地と築造年代の推定

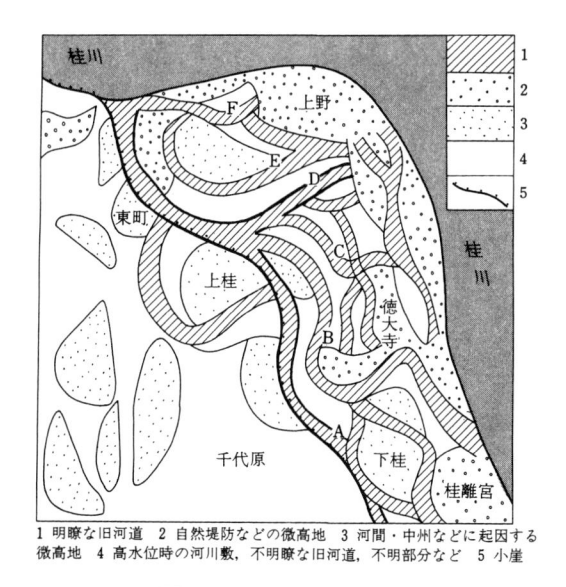

1〜13 方形皿池
a〜i 不整形な溜池
○ 溜池所在地の小字名が池と無関係
■ 中世史料によって，史料当時存在しなかったことが判明する溜池
▨ 同上推定

⑥ 桂川の旧河道と河道変遷
A:9世紀 D:14世紀前半

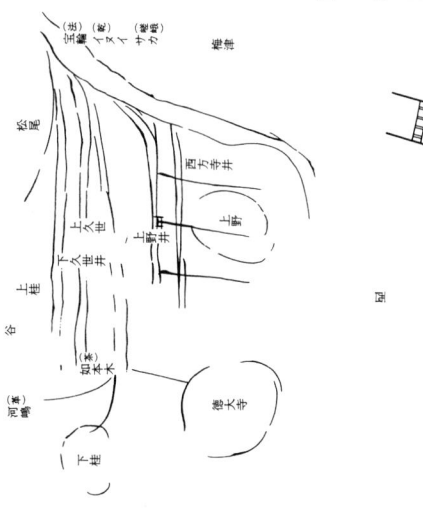

1 明瞭な旧河道　2 自然堤防などの微高地　3 河間・中州などに起因する微高地　4 高水位時の河川敷，不明瞭な旧河道，不明部分など　5 小崖

14世紀末ごろの桂川右岸の用水路

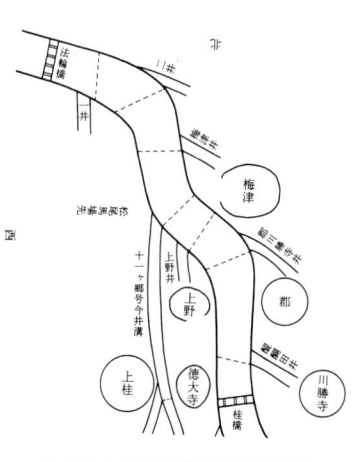

15世紀末ごろの桂川右岸の用水路

歴史地理学と中世考古学

3 中世的景観の変遷
1) 山陰砂丘の形成と人間活動

山陰と海岸砂丘 山陰海岸には，季節風や海流の影響により，多くの海岸砂丘が形成されている．海岸砂丘の形成過程については，山陰海岸では，更新世の古砂丘，完新世の旧砂丘，新砂丘の過程を経て形成されている例が多い．また，砂丘中には，プラント・オパールを含むクロスナ層が認められることが多く，砂丘の活動休止期に砂丘地を植物が覆っていたことが分かる．そして，クロスナ層中からは，遺物，遺構が出土する例も多い．なお，鳥取砂丘と湖山池，北条砂丘と東郷池，弓ヶ浜と中海，出雲砂丘と神西湖，宍道湖など，海岸砂丘の背後には，海跡湖がある例が多く，海跡湖の形成とともに，砂丘地をとりまく環境も変遷をたどっている．

出雲砂丘と上長浜貝塚 出雲砂丘は，出雲平野西端の日本海沿いに，東西2km，南北12kmにわたって発達した海岸砂丘であり，『出雲国風土記』(733年)にも白砂で覆われた様子が記されている．出雲砂丘では，完新世の砂丘の形成過程については，クロスナ層を境に下位の妙見砂層と上位の浜山砂層に分けられている（三位・藤井1972）．

出雲砂丘の一角にある，島根県上長浜の砂採掘地で，新砂丘中に10m以上も埋もれて上長浜貝塚が発見された．上長浜貝塚は，縄文時代から中世初期にわたる複合遺跡であり，遺跡の形成時期は，Ⅰ縄文時代早期末～前期初頭，Ⅱ弥生時代後期から古墳時代前期，Ⅲ貝塚形成期，Ⅳ貝塚形成以後の4時期にわたり，少なくともこの地点では，これらの時期は人間の活動がおこなえる安定した環境に砂丘があったことを示している．貝塚は，奈良時代後半から平安時代初期と平安時代末期の2時期にわたって形成されているが，調査で確認されたところでは，ヤマトシジミを主体とした貝層は厚いところで1.5mにもたっし，面積700m²以上にもおよぶ大貝塚であることが明らかとなった．ヤマトシジミは，当時遺跡の東側に広がっていた神門水海で採集されたと考えられるが，短期間に大量に採集されていると推定され，周辺の島根県御領田貝塚にくらべても格段の規模であるとみられる．このように上長浜貝塚では，1集落での消費量をはるかに上回る量が採取されていたとみられ，干貝に加工し，商品としての生産を行っていたと考えられている．また，内湾・汽水域に入り込む，クロダイ，スズキなどを集中して捕獲しており，神門水海での漁労を中心におき，淡水域や，日本海沿岸・外海へも進出し，漁を行っていたのであろう．漁具も，内湾でつかうものが中心となっており，管状土錘，棒状土錘などの漁網錘が600点以上出土し，鉄製のヤスや釣針も出土している．なお，製塩土器が出土しており，塩を魚の加工に使ったとみられている．当時，半島に位置した上長浜貝塚からは，西の日本海，東の神門水海の両水域に進出でき，地の利を生かした専業的漁労集落としての性格がよく窺える．しかし，こうして利用されたこの地も，中世初期以降利用の形跡が跡絶え，その後の砂丘の活動により，厚く砂に覆われることになった．

山陰砂丘の形成と人間活動 山陰海岸では，上長浜貝塚をはじめ，鳥取県長瀬高浜遺跡，直浪遺跡など，砂丘に立地した遺跡がしばしば認められ，これらの遺跡からは，住居跡，古墳，畠地など検出されていることから，安定期の砂丘地は，生活，生産などの場として，積極的に利用されてきたことが分かる．そして，背後に海跡湖がある場合は，砂丘地は，低湿地の湿潤な環境にくらべ，こうした活動に良好な土地となっていたことも示している．また，海岸砂丘の形成過程については，クロスナ層や，砂丘中に介在する遺物，遺構の年代をもとに検討されており，各砂丘の形成過程の対比も行われてきている．砂丘の形成過程は，一つには，海面変動などの自然環境の変化に対応したものと考えられ，そして，弥生時代以降，本格化する人間活動にともなう土地改変も，砂丘の形成もふくめた環境変化の要因となっている．例えば山陰海岸に流れる河川は，わが国の一大鉄生産地であった中国山地に源があり，原始・古代，中世以降，製鉄のために砂鉄の採取と木炭生産用の樹木の伐採が盛んに行われた．そして近世においては，たたら吹製鉄として，その規模も大型化し，かんな流しによる山砂鉄の採取も本格化した．俵國一の『古来の砂鉄製錬法』(丸善，1933年)によれば，たたら吹製鉄において一回の鉄生産で用いる砂鉄，木炭は，ともに15トン前後である．母岩中に含まれる砂鉄は，0.5%前後もしくは3%前後であり，単純計算すれば，一操業あたり，500～3,000トンの土砂がけずられ，これとともに大量の樹木が伐採されたことになり，かなりの規模で上流山間部の人為的改変が進み，大量の土砂が海岸へと運ばれてきたことを示している．

［文献］大西正巳・近藤正史1961『砂丘の生いたち—山陰の海岸砂丘—』大明堂．三位秀夫・藤井一泰1972「出雲砂丘の第四系について」『三位秀夫博士遺稿・論文選集』地学団体研究会．赤木三郎1991『砂丘のひみつ』地球の歴史をさぐる9，青木書店．成瀬敏郎1989「日本の海岸砂丘」『地理学評論』62(2)，日本地理学会． (竹広文明)

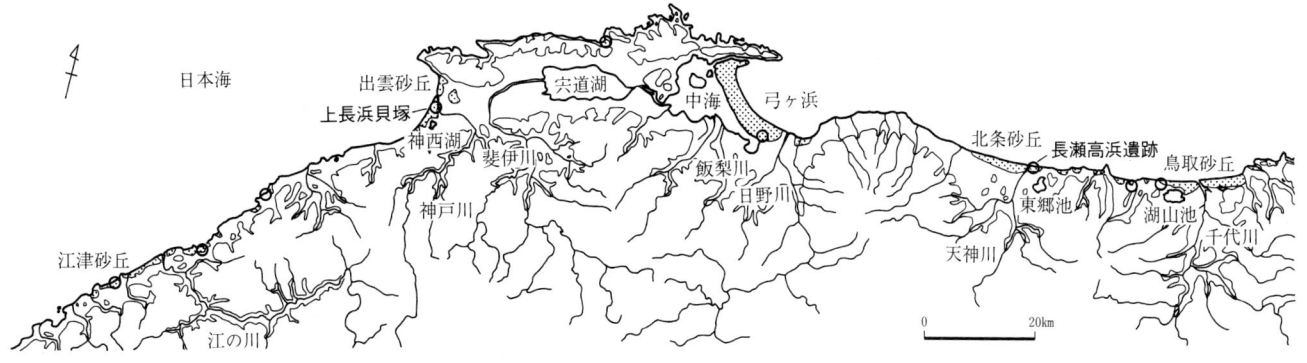

1　山陰日本海岸の砂丘と古代・中世の砂丘遺跡（○）（網目は砂丘，一部砂州をふくむ）

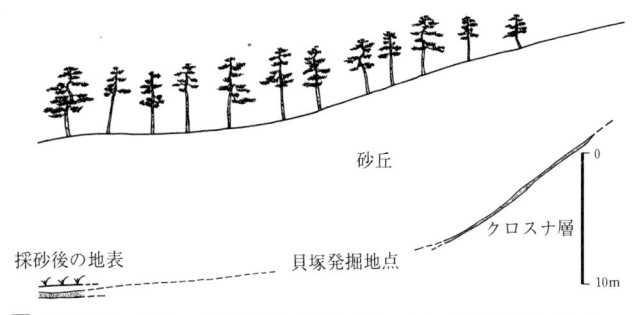

2　砂丘断面　島根・上長浜貝塚　昭和58年，砂丘で大規模な採砂が行われた時に，地表下10数mのクロスナ層中に貝塚があることが確認された．

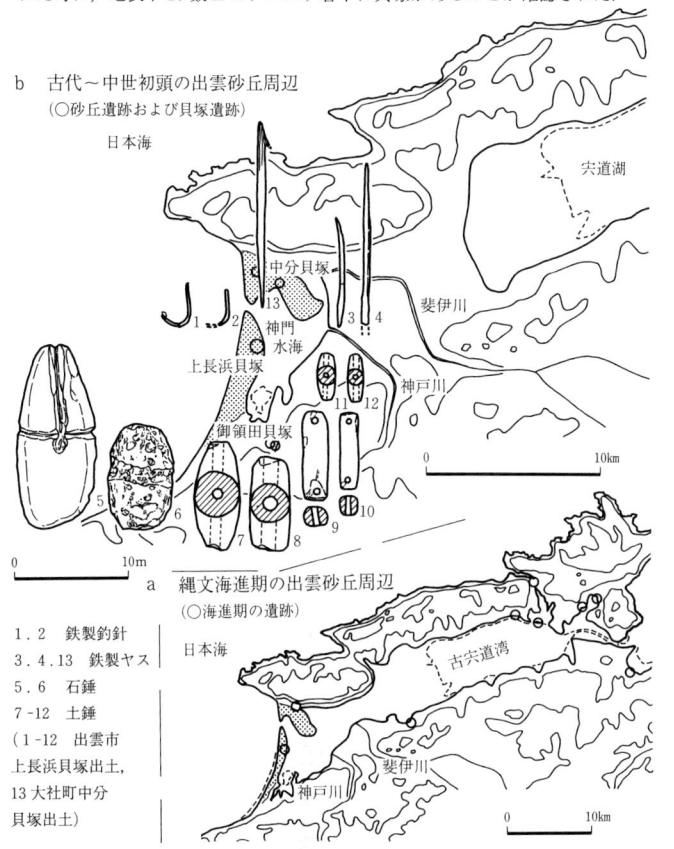

b　古代～中世初頭の出雲砂丘周辺
（○砂丘遺跡および貝塚遺跡）

a　縄文海進期の出雲砂丘周辺
（○海進期の遺跡）

1．2　鉄製釣針
3．4．13　鉄製ヤス
5．6　石錘
7-12　土錘
（1-12　出雲市
上長浜貝塚出土，
13　大社町中分
貝塚出土）

3　出雲砂丘周辺の環境変遷（網目は砂丘，砂州）　縄文海進期約6,000年前には，宍道湖地域にまで海が入り込み，出雲砂丘地は内湾の入り口に突き出た半島状の地形となっていた(a)．その後，斐伊川，神戸川の沖積作用や小海退により出雲平野が形成され，やがては古宍道湾は宍道湖と神門水海に分断される．bは，出雲国風土記の編纂された奈良時代の地形復元図であり，風土記にもこうした地形が記載されている．古代から中世の段階は，神門水海が沖積作用により縮小していく過程にあったのであろう．江戸時代初めには，神門水海は，神戸川の埋積により入り口が陸化し，奥部が神西湖として残ることになり，1にしめす現在の地形に近い形になったと考えられている．

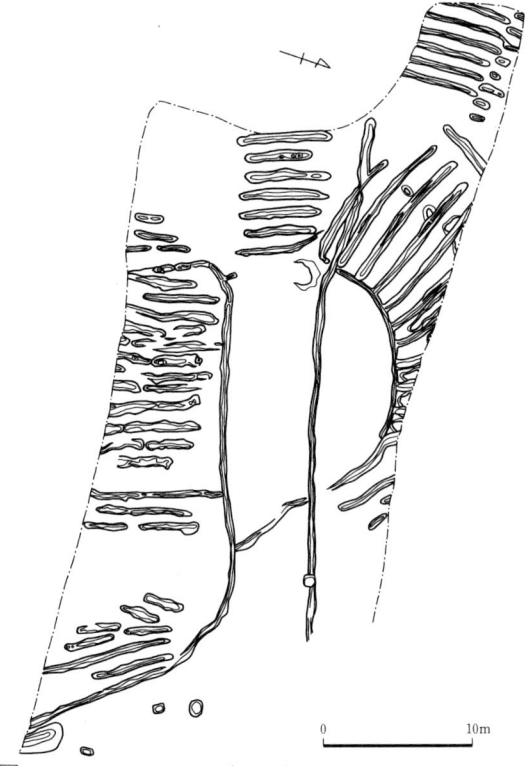

4　砂丘下から発見された中世の畠跡　鳥取・長瀬高浜　1998年に発見された畠跡は，出土土器などから13世紀以降に営まれた中世の畠跡であると考えられている．また，畠跡が砂丘に覆われた時期は ^{14}C 年代測定によって，少なくとも15世紀以降とみられている．畠跡からは，牛と思われる偶蹄目の足跡が多数検出されており，当時の農耕の形態を考える上で興味深い．

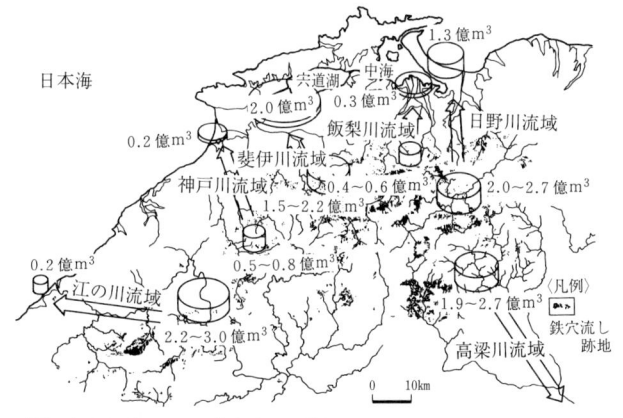

5　中国山地における鉄穴流しの影響　近世以降，中国山地では鉄穴流しによる山砂鉄の採取が本格化する．図は，各河川流域の鉄穴流しによる廃土量と平野部における堆積土量を貞方　昇が研究したもので，例えば日野川流域では，鉄穴流しにより2.0億～2.7億m³の土砂が採掘され，弓ヶ浜には1.3億m³の土砂が堆積したと推計されている．

中世的景観の変遷

3 中世的景観の変遷
2) 河内平野の水田開発

　近年，河内平野においても，条里型水田の調査例が増えつつある．この地域では，度重なる洪水によって各時期の水田が比較的良好な形で重層的に遺存していることもある．ここでは，広い面積を調査することによって水田景観の変遷を明らかにすることができた大阪府池島・福万寺遺跡（福万寺Ⅰ期地区）をとり上げ，中世における河内平野の水田開発や土地利用のあり方を概観したい．

　この遺跡周辺は条里型地割が良好に遺存することで知られている．この遺跡では，古代から近現代に至るまでの水田面が重層的に確認され，水田景観の変遷を明らかにすることができた．さらに，農耕祭祀に関連すると考えられる土器埋納遺構や水路に遺棄された土器の検討，近世絵図と検出遺構の比較などによって，それらのおおよその時期を推定することも可能となった．

　この遺跡で正方位地割が出現するのは，7世紀代のことである．この段階の遺構の遺存状況は悪く，南北方向に300m以上のびる水路や農耕祭祀に関わると考えられる土器埋納遺構が検出されている程度である．

　10世紀前半〜11世紀の耕作面が現行の条里型地割に合致する地割の初現段階にあたる．この面では，低い部分では水田が営まれ，微高地部分には畠が展開する景観が明らかにされた．また，水路も微高地を避けて複雑に配置されていた．

　そして，11世紀後半〜12世紀の耕作面では，調査区東側の南北方向の坪境に幅10m近い基幹水路が掘削され，水利系統のあり方も単純化する．この段階で特筆されるのは，島畠の出現である．島畠とは，田の中に土砂をかき寄せて細長い高まりをつくり，その上を畠として利用するものである．この遺跡では，最も古い島畠は，田面を平坦にした際に生じた土を畦畔にかき寄せ，畦畔を太くする形で造成されたと考えられる．その後，島畠は洪水堆積物を盛り上げることによって造成されるようになる．したがって，島畠の分布は，造成の前段階に洪水堆積物が厚く堆積した部分に対応することになる．

　15〜16世紀には島畠が発達した．この時期には洪水が比較的頻繁に起こったようで，洪水後の復旧に際し島畠の肩部を拡張したため，その規模が次第に拡大していった様子が明らかになった．

　条里型地割施行の背景　この遺跡における地割の施行については，7世紀の正方位地割の施行と，10世紀における現行地割に合致する条里型地割の施行の2つの画期が認められる．前者と同様な状況は大阪市長原遺跡でも確認されており，古代国家成立期の水田の開発・再編成の動向を物語るものと考えられる．また，後者は荘園開発との関連が考えられる．

　灌漑システムの変革　この遺跡の条里型水田の変遷における大きな画期は，11世紀後半における水利系統の変化であろう．この遺跡の西側には旧大和川の分流である玉串川が北流している．また，福万寺Ⅰ期地区の東には恩智川が北流しているが，これは人工的に整備された排水河川である．11世紀後半における水利系統の変化は，玉串川から取水し，恩智川を排水河川とする灌漑システムの確立を示すと考えられる．これに関連して，大阪府藤井寺市西大井遺跡においても，11〜12世紀に水路の減少から水利系統の変革が推定され，また整然とした地割が確立すると指摘されていることが注目される．今後同様な状況が他の遺跡でも確認されれば，中世初期における河内平野の開発活動の具体像が明確にできると思われる．

　島畠の発達　また，この遺跡における中・近世の土地利用の特徴として，島畠の存在があげられる．他の遺跡で検出された島畠は近世のものがほとんどであるが，この遺跡では中世前期に遡るものが検出され，初現期の島畠の状況を明らかにすることができた．ただし，この段階の島畠については，文献史料にあらわれる「墾」との関係や，恒常的に耕作されたものかどうかなど，今後に残された検討課題も多い．そして，島畠が発達するのは中世後期以降のことであり，近世前半に最高潮に達する．近世の河内平野では，「河内木綿」の原料となる綿の栽培が盛んに行われ，島畠で綿が栽培されたことが『綿圃要務』などの文献史料に記載されている．この遺跡で明らかになった島畠の発達は，綿などの商品作物栽培の活発化と関連しており，この時期の農村をめぐる経済情勢の変化を反映していると思われる．

［文献］江浦洋1992「条里型水田面をめぐる諸問題」『池島・福万寺遺跡発掘調査概要』Ⅶ．大野薫1994「河内平野の古代中世条里遺構」『ヒストリア』145．井上智博1995「八尾市福万寺地区における現景観の形成過程」『大阪文化財研究』9．　　　　　　　　　　（井上智博）

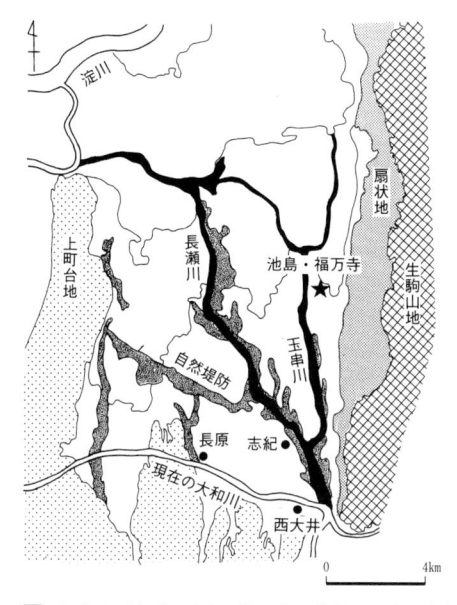

1 旧大和川水系と池島・福万寺の位置　現在の大和川は宝永元(1704)年に付け替えられたものである．それ以前の大和川の分流である長瀬川や玉串川は，現在は小規模な水路となっている．ここでとり上げる池島・福万寺遺跡は玉串川と生駒山地の扇状地の間に位置する．

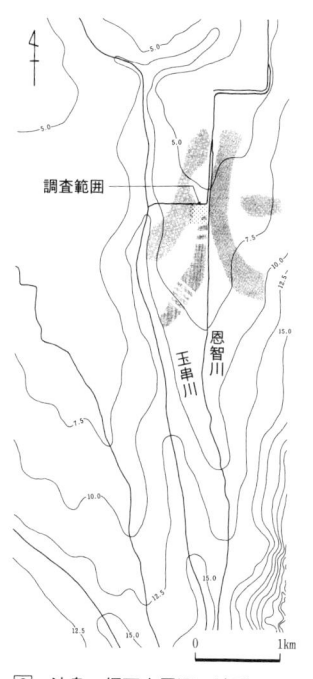

2 池島・福万寺周辺の地形　トーンで示したのは，自然堤防などの微高地．

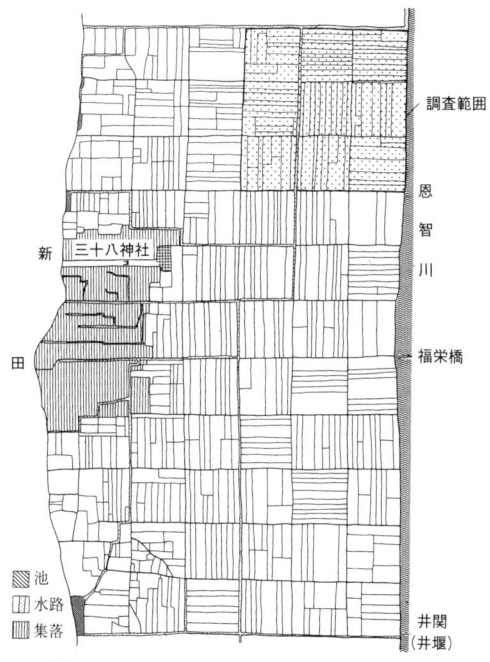

3 『福万寺村惣絵図』　享保19(1734)年に作成された絵図．近世の池島・福万寺遺跡周辺の状況を知る上で重要な資料である．

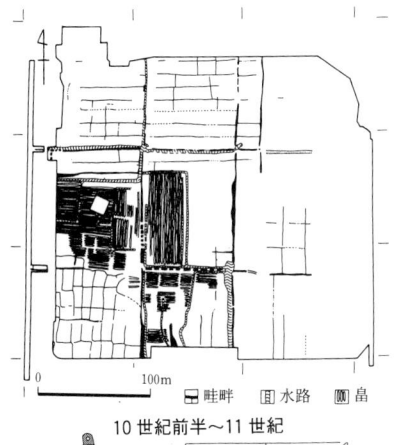

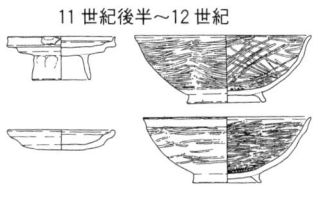

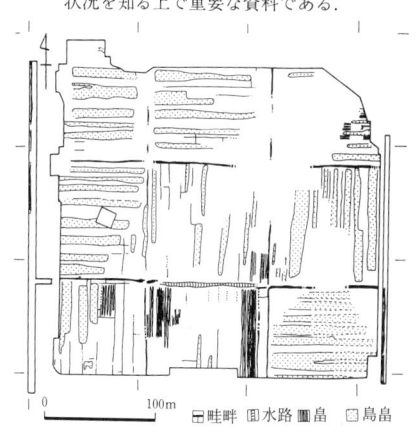

4 条里型水田の変遷　発掘調査で明らかになった水田景観の変遷と出土遺物．広い面積を調査することにより，土地利用変遷の実態を詳細に復原することができた．

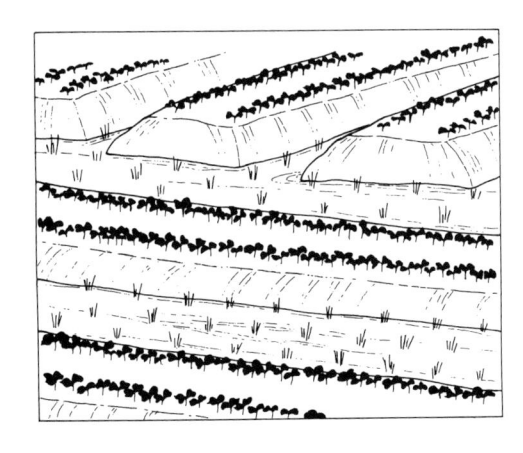

5 近世の農書に記された島畠　大蔵永常が著した『綿圃要務』には，河内国の「半田」，すなわち島畠に関する記述がある．中世末～近世の島畠の発達の背景には，綿などの商品作物栽培の進展があると考えられる．

6 島畠造成・拡張のプロセス　中世末に典型的にみられる島畠造成・拡張のプロセス．洪水で堆積した土砂を芯にしてまわりに堆積した土砂を盛り上げて島畠が造成された．また，洪水によって埋没すると，前の島畠の肩部に堆積した砂を残し，幅を拡張して復旧された．

中世的景観の変遷　235

3 中世的景観の変遷
3) 東京低地の開発

東京低地の位置づけ 東京低地は北を大宮台地，東を下総台地，西を武蔵野台地に限られ，南は東京湾に面する沖積低地である．現在は北側（中川低地）からは江戸川および中川が流入し，北西側（荒川低地）からは荒川および隅田川が流入し，それぞれ東京湾へ排水する．これらの河川は，いずれも近世以降の河川改修により人工的に整備されたものである．東京低地の本来の姿は，利根川・荒川水系が合流して東京湾へ流れ込むところに形成されたデルタ平野である．

デルタの前進と人類遺跡 東京低地は上流側の中川低地・荒川低地とともに，縄文海進により形成された奥東京湾が急速に埋め立てられてできた平野である．このため，東京低地は全般に低平なデルタであるが，台地の縁辺などにみられる砂州や，河川沿いの自然堤防などの微高地を手がかりに，旧海岸線や過去の河道の位置が明らかになりつつある（1）．これらの微高地はまた，台地から低地へと生活基盤を拡大した弥生時代以降の人類の活動拠点となった．

弥生〜古墳時代の海岸線は東京低地中央部において現在よりかなり内陸側にあったと予想されるが，東部では利根川一荒川河口デルタが広がり，集落も早くから成立していた．特に足立区伊興（いこう）遺跡をはじめとする毛長川周辺と，正倉院戸籍（養老5年：721）の大嶋郷に比定される葛飾区柴又から江戸川区小岩にかけて，早くから開発がすすめられていた．

東京低地の中世村落と遺跡 東京低地の中央を流れる古隅田（ふるすみだ）川は，古代から中世にかけて武蔵国と下総国との境を成していた．古隅田川以東は旧下総国に属し，古隅田川と江戸川の間の葛西（かさい）地域（葛飾区・江戸川区および墨田区・江東区の一部）には，平安時代末に葛西三郎清重によって伊勢神宮に寄進されたとされる葛西御厨があった．

永正6年（1509）に連歌師の宗長が葛西を訪れた際に，「市川・隅田川ふたつの中の庄也，大堤四方にめぐりて，おりしも雪ふりて，山路を行ここち待りし也」（『東路のつと』）と記しており，中世には川岸に堤が築かれるなど開発がかなり進んでいたことがわかる．

葛西地域の中世村落については，応永5年（1398）の「葛西御厨田数注文」ならびに永禄5年（1562）の「小田原衆所領役帳」に郷村名の記載がある．これらの郷村と江戸時代の村落名とを比較すると，中世郷村の多くがそのまま江戸時代まで引き継がれていることが確認できる．本地域の中世資料として比較的多くみられる板碑に注目してみても，伝世や原位置不明のものを除いた出土板碑のほとんどが，近世村落の営まれる微高地上に認められる．中世郷村の展開は，中世文書からも板碑の分布からも古代の遺跡と同様に，微高地上を中心としていることがわかる（2）．中世遺跡としては，葛西城跡をはじめとして立石（たていし）遺跡，鬼塚（おにづか）遺跡，古録天（ころくてん）東遺跡などの城館や集落遺跡がこれまでに発掘されている．時代的には葛西城跡が中世全般にわたるが，他の遺跡は鎌倉時代から室町時代前半に偏る傾向がある．

関東の玄関口としての東京低地 東京低地における河川の集中は，従来洪水や開発困難な湿地などのマイナスイメージで語られることが多かった．しかし，河川の集中があればこそ，船を用いた大量の物資や人の交通が盛んにおこなわれたのである．例えば東京低地には，亀戸，青戸，江戸，今戸，花川戸など「戸」のつく地名が多く残っている．これらの「戸」は中世では「津」とも書き表されるもので，いずれも河川沿いの水上交通の要所といえる．これらの津の多くは関東地方に荘園が開発される平安時代末期から鎌倉時代にかけて，年貢の輸送や連絡の確保のために整備されたものと考えられる．

東京低地を改めて見ると，東西方向には下総と武蔵を結ぶ陸路が，南北方向には内陸部と連絡する河川交通路が発達していることがわかる．東京低地が陸上・水上交通の結節点といわれる所以である．さらに東京低地は水上交通を通じて，関東内陸部と外海とをつなぐ中継基地的役割を担った地域でもあり，関東の玄関口として重要な役割を持っていたといっても過言ではなかろう．

東京低地は，以上のような交通・経済的な面に加え，室町時代以降には軍事上の要衝ともなり，この地域の領有をめぐって激しい戦いがくり返されてきた．葛西築城や葛西城をめぐる攻防は，東京低地がいかに重要な位置を占めていたかを如実に物語っていよう．

［文献］久保純子 1993「東京低地水域環境地形分類図」平成4(1992)年度文部省科学研究費重点領域研究「近代化による環境変化の地理情報システム」成果．久保純子 1994「東京低地の水域・地形の変遷と人間活動」大矢雅彦編『防災と環境保全のための応用地理学』古今書院．谷口榮 1995「東京低地の中世遺跡」葛飾区郷土と天文の博物館編『東京低地の中世を考える』名著出版．

（久保純子・谷口　榮）

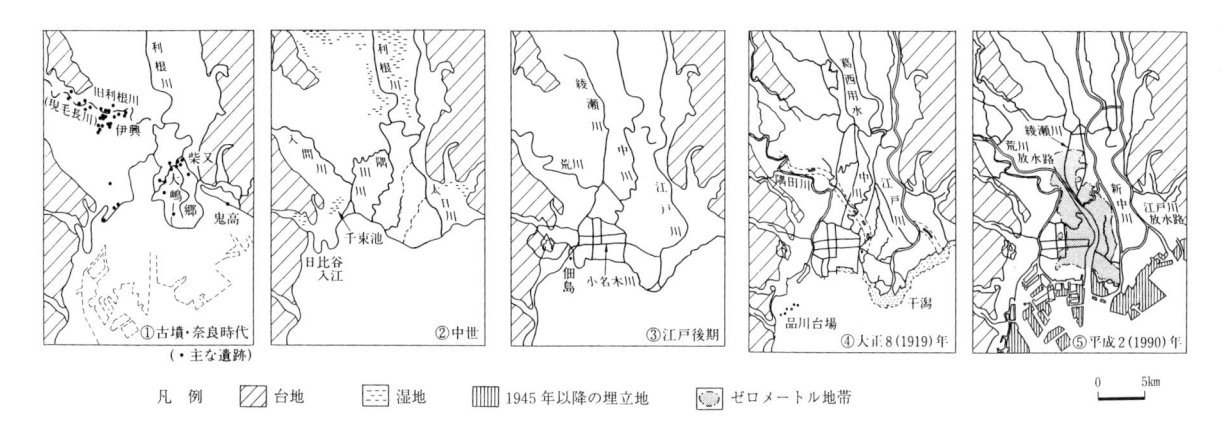

1 東京低地の地形の変遷

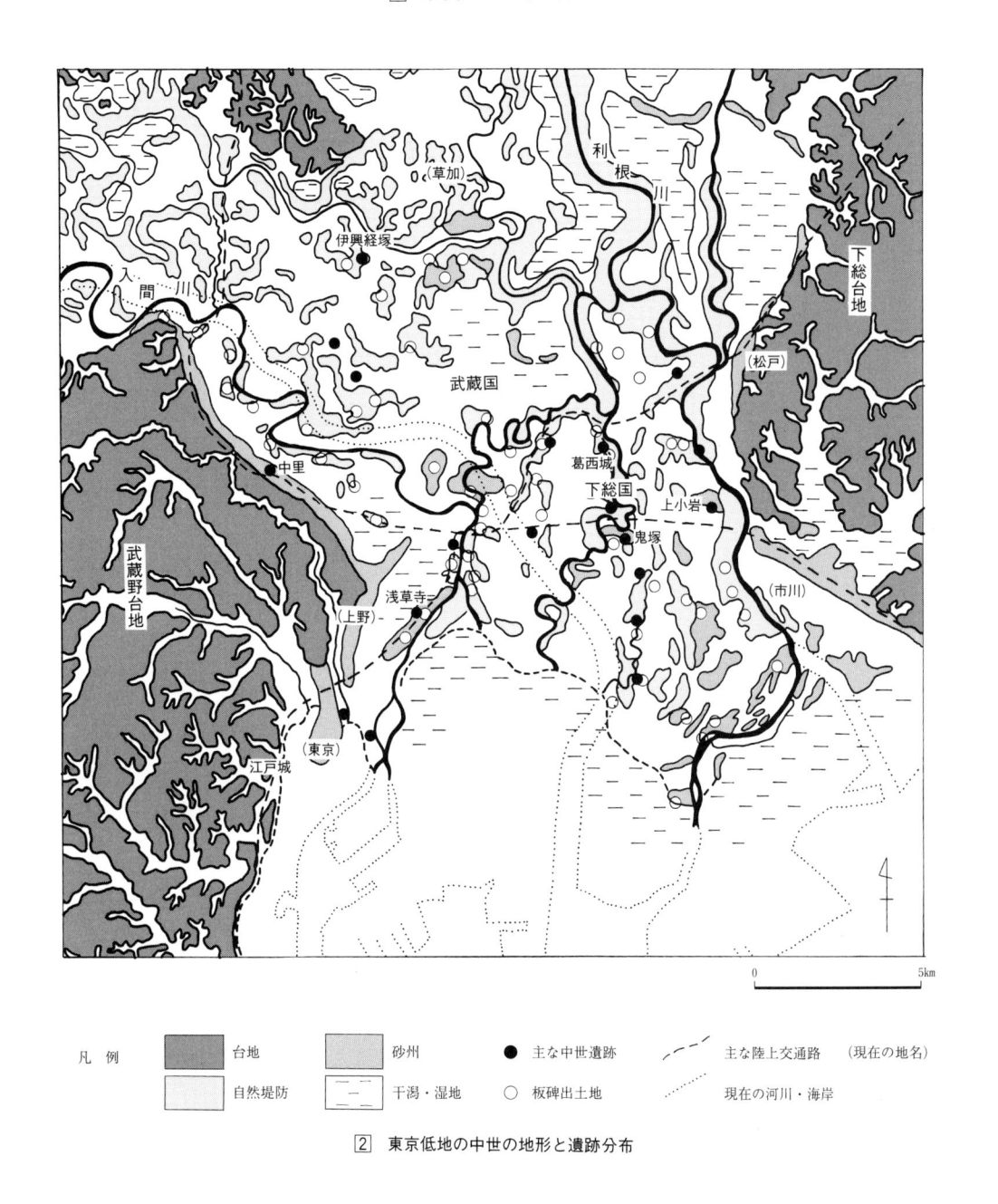

①古墳・奈良時代（・主な遺跡）
②中世
③江戸後期
④大正8（1919）年
⑤平成2（1990）年

凡例　▨台地　▦湿地　▥1945年以降の埋立地　▩ゼロメートル地帯

2 東京低地の中世の地形と遺跡分布

凡例　■台地　▨砂州　●主な中世遺跡　――主な陸上交通路　（現在の地名）
　　　▨自然堤防　―干潟・湿地　○板碑出土地　……現在の河川・海岸

中世的景観の変遷　237

3 中世的景観の変遷
4) 多摩川中流域の開発

　多摩川中流域は，古代以来国府・国分寺・国分尼寺の所在する武蔵国の政治的中心地域であったが，鎌倉時代になると鎌倉街道の要所や鎌倉防衛の重要拠点としての性格が付加され，さらにその位置付けが高められた．

　この地域では昭和の高度成長期以降に台地や丘陵上の大規模な遺跡発掘が行われ，そのデータをもとに開発史が語られてきたが，1980年代以降に多摩川やその支流の浅川に面した沖積地上の大規模な発掘調査が進み，その歴史が大きく書き換えられつつある．

　多摩川中流域の地形　奥多摩の水源を発し東の東京湾にそそぐ多摩川は，山地や丘陵地帯を流れる上流では狭小な谷底平野を伴うが，中流域に至ると次第に谷底平野が広がり，下流域では大きく発達するようになる．国府所在地(府中市)の西方約5kmの多摩川と支流の浅川の合流点付近から府中市域にかけては，谷底平野が急激に広がる地域であり，この平野を取り囲むように南には東京都多摩ニュータウン遺跡群の広がる多摩丘陵，西には日野台地・加住丘陵，北には国府，国分寺，国分尼寺のある武蔵野台地が接している．武蔵野台地の南端に位置する国府推定地付近から南を望むと，眼前に多摩川とその谷底平野が広がり，それらが国府存立に重要な意味を持っていたことがわかる．

　中世前史－原始・古代の開発　この地域では旧石器から縄文時代には集落は主に台地上に営まれたが，日野市域では縄文中期に台地周辺の沖積地の微高地上にも集落が形成され，後・晩期には集落が広がり，沖積地の利用がかなり早い段階に開始されたことがわかる．弥生時代前期・中期の居住痕跡は稀薄であるが，弥生時代後期から古墳時代前期・中期には台地や丘陵上に盛んに集落が形成される一方，沖積地の微高地上にも小規模な集落作られるようになり，この頃に沖積地の水田化が開始されたことが推定される．古墳時代後期には多摩川南岸では微高地上に大規模な集落が形成されることから沖積地の水田開発が本格化し，国府・国分寺の形成される8世紀には，沖積平野の深部にある低位の微高地上にまで集落の形成が見られるようになり，沖積地の全域的な開発が進んだことが明らかである．この大規模開発が国府・国分寺経営の経済的基礎となり，さらには中世以降の開発の基盤となったのである．

　中世の景観　国府付近では，古代には国府の立地する武蔵野台地上に大規模な集落が営まれたが，中世になると台地上は墓域としての利用が中心となり，拠点は台地下の多摩川北岸の沖積地に移ったと推定されている．多摩川南岸の沖積地上の東京都南広間地遺跡，落川遺跡，栄町遺跡，四ツ谷前遺跡などでは，居館や集落，水田，墓など中世の多彩な遺構・遺物が発見されており，中世前期から後期の村落が沖積地の広い範囲にわたって展開していとことが明らかにされている．一方，この沖積地の西側に隣接する日野台地上では，奈良・平安時代に見られた集落が姿を消し，溝などのほかは遺構分布が希薄になり，台地から沖積地への居住拠点の転換が認められる．落川遺跡南に隣接する多摩丘陵の北端部には，山岳密教寺院と推定される真慈悲寺や高幡不動などの寺院や経塚が造営され，宗教域としての位置づけが明らかである．なお，この丘陵上には中世後期には数多くの小規模城郭が造られ，軍事拠点としての性格が強められる．多摩丘陵の奥部では，鎌倉街道に添うように中世前期の居館などが散在するほか，木器生産址など丘陵や山岳地域に特有の生産遺跡が検出されており，この地域が鎌倉街道の要衝としての軍事的性格と丘陵地域特有の生産基盤を併せもっていたことが窺われる．

　このように，中世の多摩川中流域では，政治的拠点である国府を中心に，水田経営などの農業生産を中心とした多摩川の沖積地，宗教的・軍事的拠点の多摩丘陵北部，軍事的性格と山岳的生産の拠点である多摩丘陵南部というような地形的特性によるさまざまな性格を有した地域の複合によって景観が形成されていたのである．

　南広間地遺跡における中世から近世の開発　多摩川の南岸の沖積地に立地する南広間地遺跡では，中世前期には居館を中心に周辺に小規模な集落が散在し，居住地の周囲には水田や畑が広がる散村的な村落が営まれるが，15・16世紀を境に近世村落につながる集村的村落に転換する．水田は古代～中世前期には微高地周辺の窪地内に限定されていたが，中世後期の集落の転換とほぼ同時に微高地上にも広がるようになり，用水系も当初の台地下の湧水を利用したものから，中世末から近世初頭には河川からの取水を併用した形態に移る．つまり、中世後期を画期として集落と水田の形態がほぼ同時に変化し，散村から集村への移行と水田の広域化がなされ，近世の村落に続く景観が形成されたのである．

　多摩川中流域の沖積地全体で同様な過程が見られるかどうかは現時点では明らかにできないが，中世前期から後期にかけて，沖積地一帯で水田面積が急速に広大し，農業生産拠点としての重要性が増したことは間違いないであろう．

[文献] 森達也 1992「多摩川中流域の開発と中世村落」『あるく中世 No.2』あるく中世の会．日野市 1994『日野市史　通史編二(上)　中世編』．　　　(森　達也)

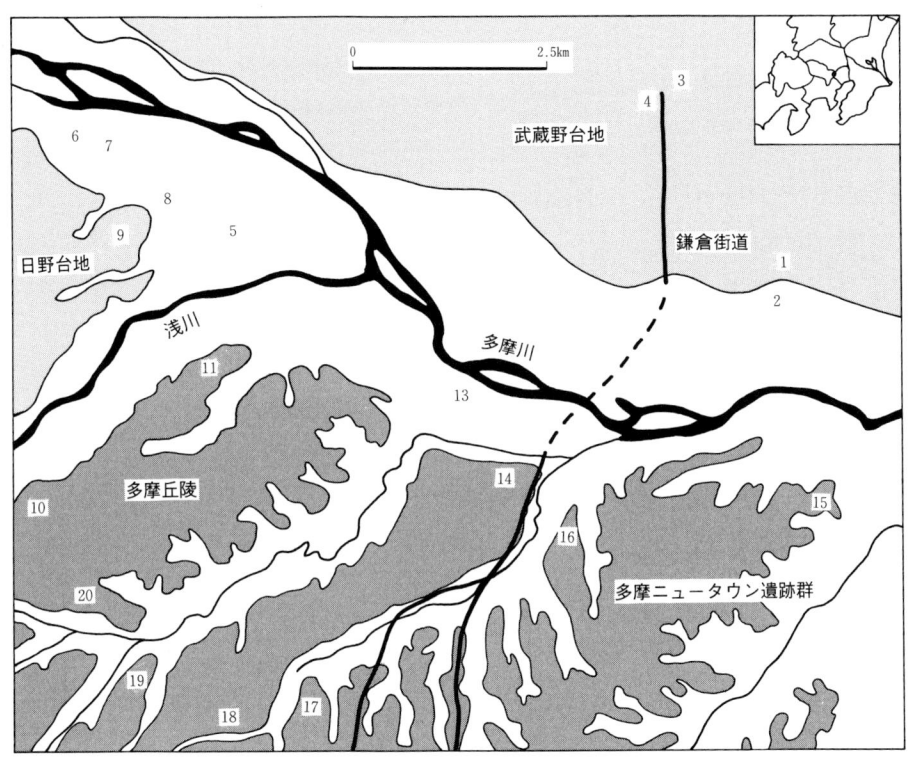

1 多摩川中流域の中世遺跡分布図

1　武蔵国府国庁跡推定地
2　武蔵国府関連遺跡群
3　武蔵国分僧寺
4　武蔵国分尼寺
5　南広間地
6　栄町
7　四ツ谷前
8　神明上北
9　新明上
10　平山城址（中世後期？）
11　高幡不動・高幡城址
12　真慈悲寺・百草経塚
13　落川・一の宮
14　霞ノ関
15　大丸城址（中世後期）・大丸経塚
16　多摩ニュータウン No.22, 519（中世前期居館）
17　多摩ニュータウン No.457（中世後期居館）
18　落合経塚
19　多摩ニュータウン No.692（中世前期居館）
20　多摩ニュータウン No.107（中世後期居館・伝大石氏館）

沖積地　　台地　　丘陵

2 中世前期の居館　南広間地第9次調査43地点

3 中世前期の小規模集落　南広間地第18次調査　南広間地遺跡では中世前期には，規模が大きく安定した微高地上に②のような大形の建物群からなる居館が営まれ，その周辺の低位の微高地上には③のような小規模な集落が散在する散村的な景観が認められる．また，微高地周辺の窪地は用水路が設備され水田化が進んでいた．

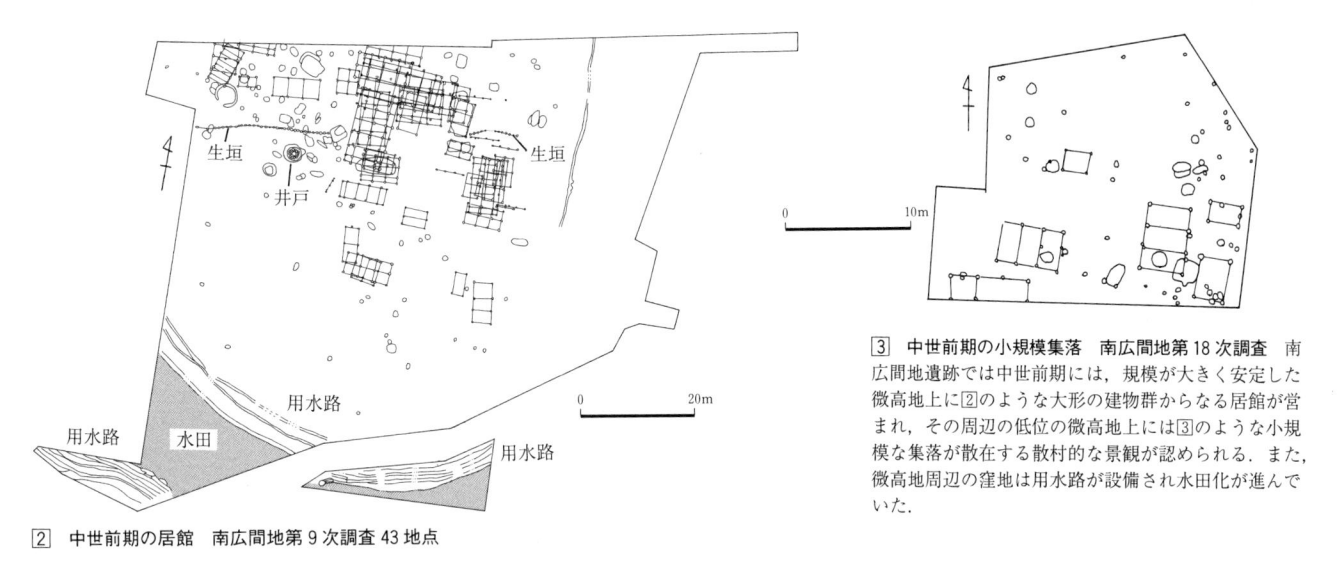

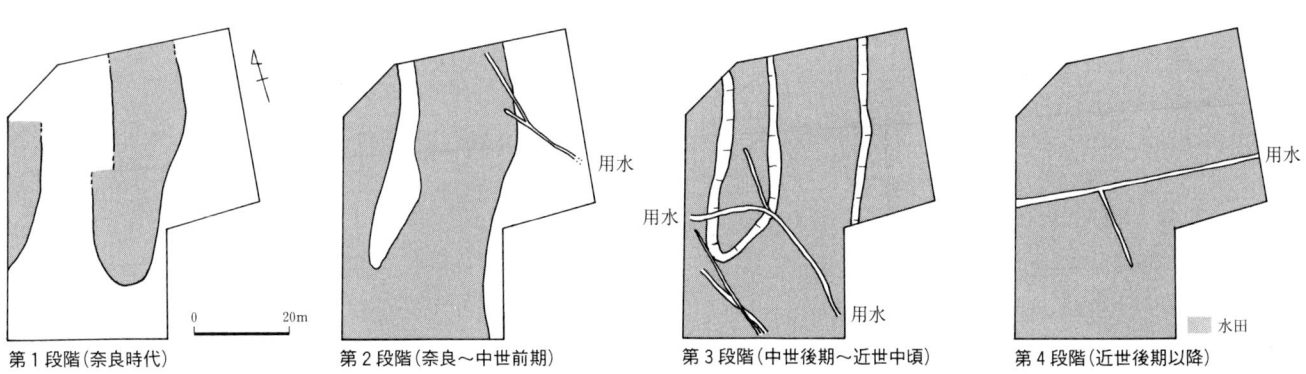

第1段階（奈良時代）　　第2段階（奈良〜中世前期）　　第3段階（中世後期〜近世中頃）　　第4段階（近世後期以降）

4 水田の変遷　南広間地第15次調査　窪地の水田化が開始された奈良時代には，水田は窪地底部に限定されていた（第1段階）が，代から中世前期にかけて洪水などによって窪地が徐々に埋没するにしたがって水田面積が広がり（第2段階），中世後期には微高地上にまで拡大する（第3段階）．江戸時代後期にはさらに窪地の埋没が進み，比高差のない平坦な水田となる（第4段階）．

中世的景観の変遷

3 中世的景観の変遷
5) 地震と遺跡

「——おびただしく大地震の振ることはべりき．そのさま，尋常ならず．山は崩れて，河を埋み（中略）恐れの中に，恐るべかりけるは，ただ地震なりけりとこそ，おぼえはべりしか．——」鴨長明は『方丈記』の中で，1185年8月13日に京都周辺で発生した地震を取りあげている．半年前に，長門壇ノ浦の戦で平氏が滅亡しており，新しい時代の幕明けを示す出来事である．

巨大地震 中世を通じて規則的に発生し続けたと思えるのは，南海地震と東海地震．共に太平洋沖の「南海トラフ」と呼ばれるプレート境界で発生する巨大地震である．①のように，地震史料から両地震の発生した西暦年がわかり，江戸時代以降では，1605年と1707年はほぼ同時，1854年には東海地震から31時間後に南海地震が，1944年の東海(東南海)地震の2年後に南海地震が発生している．

このような規則性について，史料の少ない中世以前は不明であったが，最近，遺跡の地震跡を用いて未知の地震を発見できるようになった．1498年に東海地震が発生し，浜名湖の南端(今切)が津波で切断されて海とつながったことが『後法興院記』などに記されている．この時期，南海地震の存在を示す古文書はなかったが，遺跡で地震の痕跡を探すうち，高知県アゾノ遺跡，徳島県宮ノ前遺跡・古城遺跡などから15世紀後半の液状化の痕跡が次々と発見された．四国の全域に激しい地震動を与える大きな地震(南海地震)が存在した可能性が大になったのである．

1361年に南海地震が発生して徳島県の由岐に大津波が押し寄せたことが『太平記』などの記述からわかる．そして，この地震の痕跡が徳島県黒谷川宮ノ前遺跡などから見出されている．一方，記録の無かった東海地震についても，最近，愛知県門間沼遺跡で14世紀の液状化跡が顔を出し，その存在が浮かびあがった．

さらに一つ前の南海地震の可能性を示す資料が大阪府の石津太神社遺跡で見出された．13世紀前半の地層を引き裂き，13世紀中頃の遺構に覆われる液状化跡で，1200年代前半の地震の存在を示している．中世の間に3回，東海地震と南海地震が発生した可能性が高い．

内陸地震 執権北条時頼の時代にあたる1257年10月9日，鎌倉は激しい地震に見舞われた．『吾妻鏡』には「神社仏閣，一宇而無全，山岳頽崩，人屋顛倒，築地皆悉破損，所々地裂水涌出」と書かれている．また，1293年にも鎌倉を含めた関東南部に大きな地震が発生している．そして，鎌倉市内の長谷小路周辺遺跡群の発掘で②のような液状化の痕跡が顔を出した．鎌倉時代初頭の地層を引き裂き14世紀初めの竪穴式住居に覆われるので，地震の時期は13世紀に限定される．前述の2つの地震のいずれかの痕跡と思える．

1325年12月5日には琵琶湖で大地震があり，湖中に浮かぶ竹生島の一角が崩れ落ちた．これは湖の北東岸に分布する柳ヶ瀬断層の活動によることがわかった．

中世末期，戦国乱世の激しい内乱が続く1586年1月18日，中部地方西部に超特大の地震が発生した．日本列島を北西－南東方向に横切る阿寺断層系と御母衣断層系などが活動したものである．奥飛騨白川郷では山腹が崩れ落ち，帰雲城とその城下町が土石流にのまれ，この世から姿を消した．また，富山平野西部の木舟城は地中に沈みながら崩れ，城下町も地震直後に移転した．最近，富山県開発大滝遺跡でこの城下町と地震の爪跡が発見され，地震に伴う集落の消滅の様子が生々しく再現された．濃尾平野西縁の活断層も活動し，清洲城跡などで液状化跡が発見されている．

1596年9月1日(4日の説もある)には九州の別府湾で大地震が発生し，湾内に浮かんでいた瓜生島が消滅したと伝えられている．そして，この地震の直後の9月5日午前零時，今度は京阪神地域がすさまじい地震に襲われた．秀吉が築いたばかりの伏見城を揺り崩した「慶長伏見地震」である．京都盆地の中でも被害が著しく，『言経卿記』に「山崎，事外相損，家悉崩了，死人不知数了．八幡在所，是又家悉崩了」とある．京都府の木津川河床遺跡や内里八丁遺跡では大規模な液状化跡が見出された．そして，大阪平野北部でも門真・守口両市にまたがる西三荘・八雲東や，尼崎市の田能高田遺跡で激しい液状化の痕跡が見出された．1995年の兵庫県南部地震で被害の著しかった神戸市内でも，坊ヶ塚遺跡や兵庫津遺跡で液状化の痕跡が，西求女塚古墳で地滑りの痕跡が見出されている．

京阪神から淡路にかけての地域には一連の活断層群が連なっている(③)．最近の発掘調査で，有馬－高槻構造線活断層系や淡路島の東浦断層・先山断層が伏見地震で活動したことが確認された(④)．そして，両者の間にある六甲断層系も一緒に活動した可能性が高い．一方，この地震で活動しなかった淡路島の野島断層が，約400年後に兵庫県南部地震を引き起こしたのである．

[文献] 宇佐美龍夫 1996『新編日本被害地震総覧』東京大学出版会．寒川 旭 1992『地震考古学』中公新書．寒川 旭 1997『揺れる大地』同朋舎出版．田中琢・佐原真編 1994『発掘を科学する』岩波新書．　　(寒川　旭)

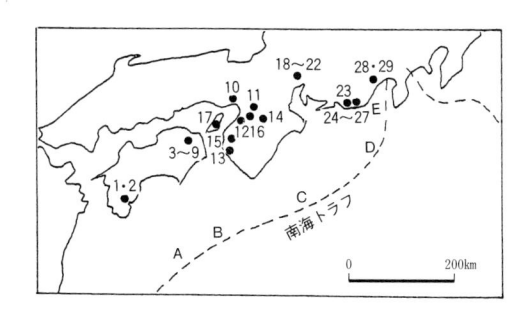

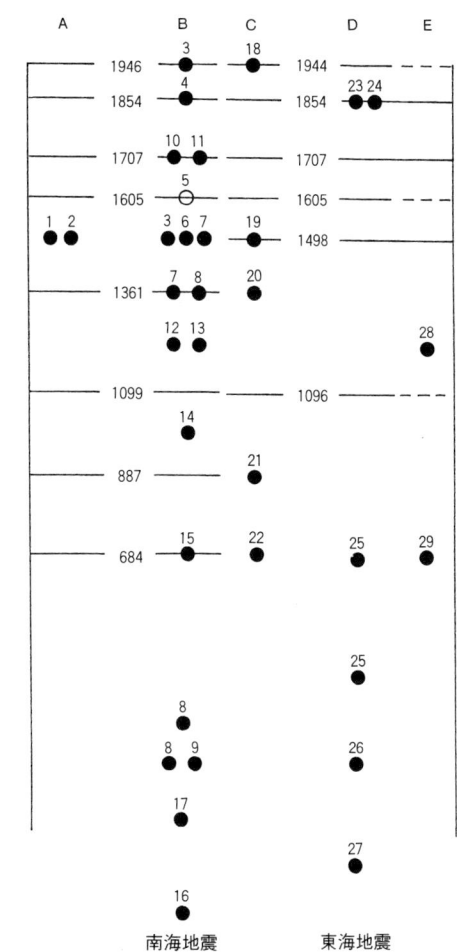

[1] 南海地震と東海地震の発生時期
（黒丸印は遺跡で地震跡が検出されたもので，白丸印は内陸地震の可能性がある）

	遺跡名		遺跡名
1	アゾノ	16	田井中
2	船戸	17	下内膳
3	宮ノ前	18	東畑廃寺
4	神宅	19	尾張国府跡
5	黒谷川古城	20	門間沼
6	古城	21	地蔵越
7	中島田	22	田所
8	黒谷川宮ノ前	23	御殿二之宮
9	黒谷川郡頭	24	袋井宿
10	小阪邸跡	25	坂尻
11	池島福万寺	26	鶴松
12	石津太神社	27	原川
13	藤並	28	上土
14	箸尾	29	川合
15	川辺		

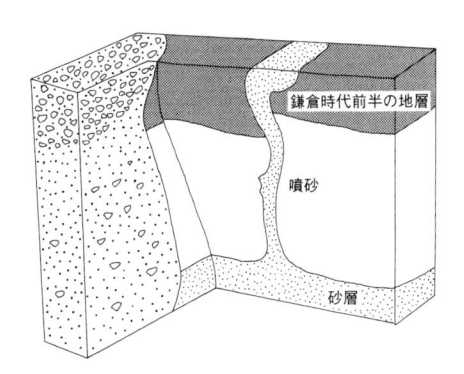

[2] 液状化跡模式図　神奈川・長谷小路周辺

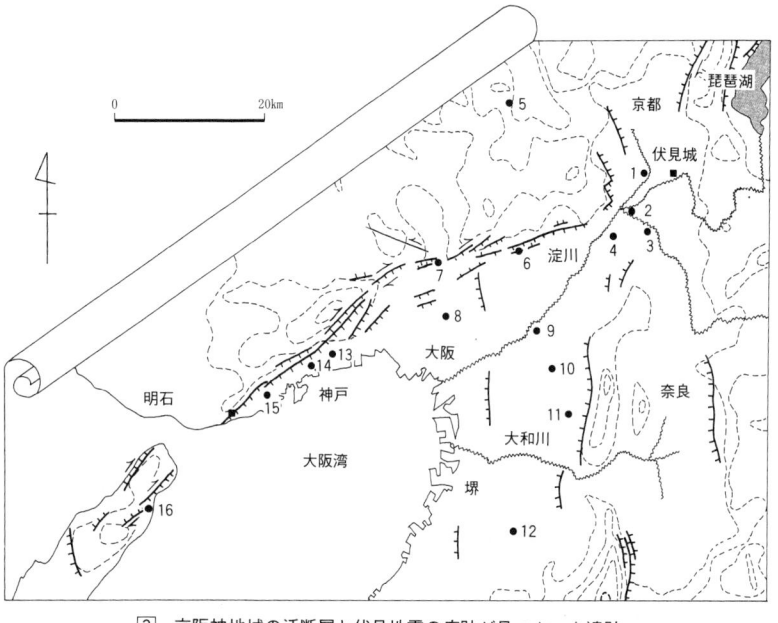

[3] 京阪神地域の活断層と伏見地震の痕跡が見つかった遺跡
（1〜16は遺跡名）

1	志水町	5	鹿谷	9	西三荘・八雲東
2	木津川河床	6	耳原	10	西鴻池
3	内里八丁	7	栄根	11	水走
4	樟葉野田	8	田能高田	12	狭山池
				13	坊ヶ塚
				14	西求女塚古墳
				15	兵庫津
				16	佃

[4] 有馬—高槻構造線の活断層跡　大阪・耳原
（矢印に沿って手前側が下降している）

中世的景観の変遷

3 中世的景観の変遷
6) 発掘された荘園

中世荘園の構造　古代の荘園は，基本的に，直米を収取する田畠が基盤であり，田は輸租，畠は不輸租であった．古代の荘園の領有地は必ずしも連続した一地域にまとまっているとは限らず，一定の範囲に分散した地片の集合とみなすことが可能である．

これに対して中世荘園は（領域型荘園）は一般に，一まとまり（一円）の地域を領有し，荘園内の土地全体を管理して国衙の支配を排除し（不輸不入），住民にも同様に支配を及ぼした．

古代荘園が領域型の中世荘園へと転じた例もあれば，中世には継続しなかった場合，中世荘園として新たに登場する例など，多様な状況が知られているが，各種資料に恵まれない限り，その過程や構造を知ることは容易ではない．例えば，東寺領丹波国大山荘の例の場合，各種文書史料の存在を基礎とし，詳細な現地調査と発掘調査によって，中世荘園への転換プロセスと，その構造が究明されているが，それでも発掘調査による確認は，地域の一部に限られ，また文書史料が示す時期の一部に対応しているに過ぎない．

荘園の全貌を示すのは，同時代の古地図（荘園図）ないし文書史料であり，特に前者の遺存は，領域全体の構造を知る上で極めて有効である．しかし，その場合にしても荘園図に描かれた対象の具体的状況を発掘調査によって知ることができれば，両者の相乗効果によって情報の質と量は飛躍的に高まることになる．

讃岐国善通寺領　讃岐国善通寺領の荘園は，寛仁2年(1018)に多度郡と那珂郡の2郡にわたって散在する地片から成っていたことが知られる．同寺領は国司の認可によって成立した国免荘と考えられ，国衙の裁量に直接左右される不安定な存在であったとみられる．ところが保延4年(1138)には，当時の国司によって多度郡と同寺寺辺に一円化され，次の国司の代にも踏襲された．この間の久安元年(1145)には坪付が作成され，荘園の領域・田畠の分布状況が知られるが，計73町4段の内，田が27町60歩，畠が44町300歩であり，田は公田であった．

しかし，寺家側は新しい領域の荘園経営が思うにまかせず，国衙に対して旧に復すことを要請し，長寛2年(1164)には再び散在寺領の形となった．再度一円化され，不輸不入権を得て中世的領域型荘園となるのは，建長4年(1252)のことであった．

この50年余り後，徳治2年(1307)の善通寺伽藍并寺領絵図には，この荘園領域内に散在する数多くの家屋が描かれている．久安元年の坪付時点でも，9ヵ所の「在所」は散在していたが，「在所」が所在する条里プランの坪内に家屋が描かれているのは，わずかに3分の1に過ぎない．つまり，善通寺領では，14世紀に至っても，家屋はその所在地を変遷しつつ，全体として散在した小村ないし疎塊村状の集落形態を維持していたものと判断される．徳治2年の絵図にも表現されているように，用水路・溜池の整備・築造が進み，それに伴って土地利用の集約化も進んだものと推定されるものの，集落化現象はここでは出現しなかったことになる．

香川県西打遺跡　1996〜97年度を中心に発掘調査が実施された高松市西打遺跡は，典型的な条里地割の水田部分で検出された．東西方向の坪の区画部分の調査は行われていないが，南北のそれは，I・II両区で検出されている．

II区では，東半部に条里坪界を介して2ヵ所の掘立柱建物群があり，条里地割と同一方向の2ヵ所の建物群は12世紀ごろのもの，西に傾いた建物はそれより古い時期のものと推定されている．西端の孤立した建物は寺堂状の建物と判断され，これも13世紀ごろに存在したが，程なく廃絶したと判断されている．III区の建物群は3ヵ所のグループに分かれると見られるが，これも12世紀末ないし13世紀には廃絶したと考えられる．

これらに対して，I区の南西隅の建物は，II・III区の建物群が廃絶した後の14世紀ごろのものと考えられている．南北40m，東西54mの溝に囲まれており，中世土豪の屋敷を想起させる．この場所は，この屋敷が建設される以前に墓地であったこと，廃絶後再び一時墓地となったことが知られる．

このような12世紀から14世紀にかけての屋敷の分布と，その廃絶・新設の動向は，上述の善通寺領の場合と酷似する．つまり，12世紀以来，「在所」あるいは家屋群が散在し，それらが必ずしも同一地点を踏襲していないという状況は，文書史料と古地図資料，ならびに発掘資料によって相互に検証されたとみてよいことになる．

讃岐平野の農村地帯は，近代に至るまで，小村・疎塊村などのまばらな分布が卓越する村落景観を呈していた．以上のような中世における集村化現象の欠如が，その最大の原因であったとみられる．

[文献] 金田章裕 1985『条里と村落の歴史地理学研究』大明堂．同 1993『微地形と中世村落』吉川弘文館．香川県埋蔵文化財センター 1998『西打遺跡発掘調査概報』．

(金田章裕)

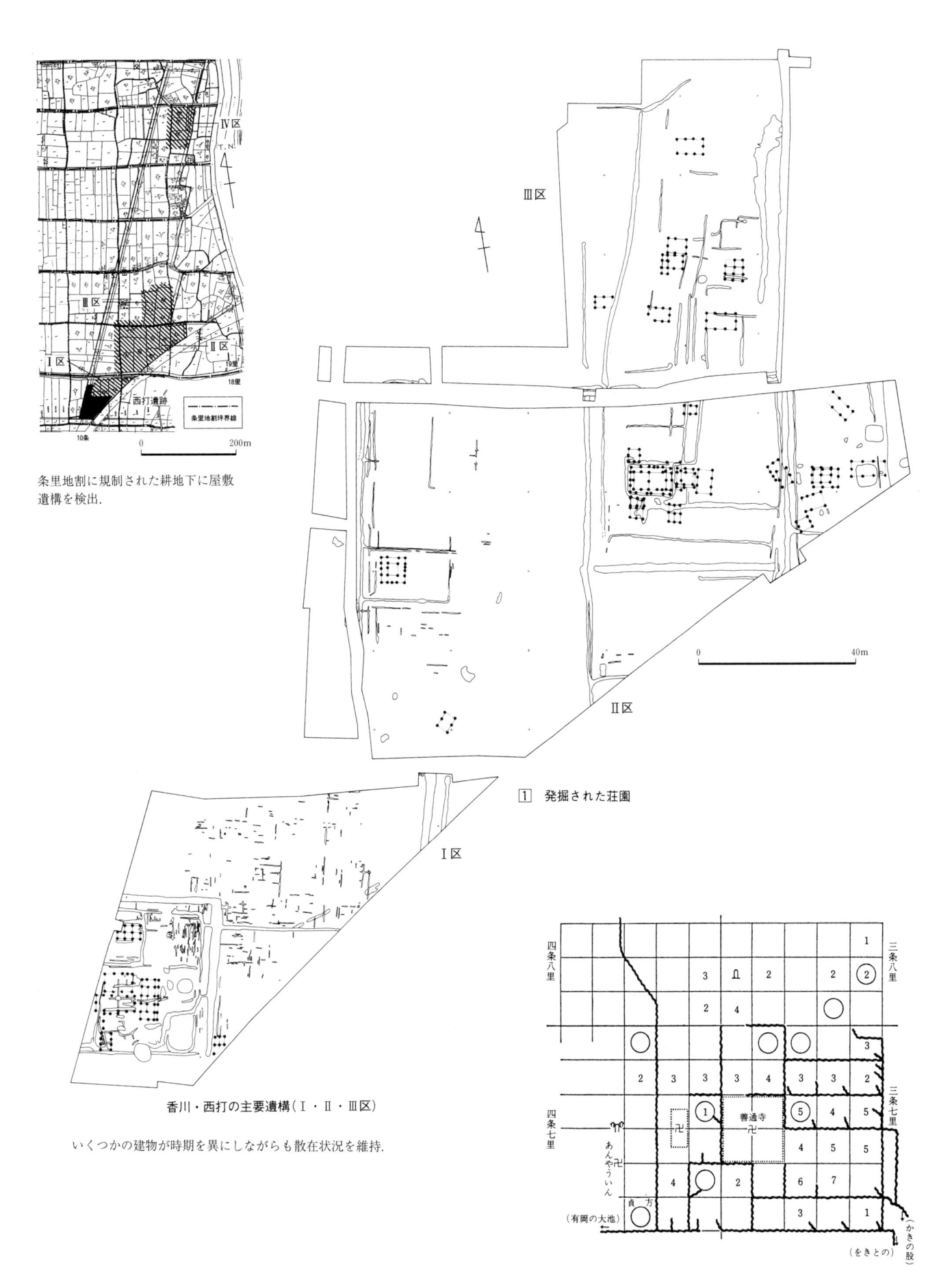

条里地割に規制された耕地下に屋敷
遺構を検出.

1 発掘された荘園

香川・西打の主要遺構（Ⅰ・Ⅱ・Ⅲ区）

いくつかの建物が時期を異にしながらも散在状況を維持.

善通寺領における久安元年(1145)の在所在坪(丸印)と徳治2年(1307)の
善通寺領絵図に描かれた家屋数および水路

中世的景観の変遷　243

4　発掘された庭園

寝殿造住宅の庭園から中世住宅の庭園へ　平安時代の貴族の住宅である寝殿造住宅では，多くの場合，寝殿の南側に白砂敷きの広庭と，草木や池で装飾された園池が造られいた．日々行われる儀式や宴遊は，貴族の日常生活の重要な部分を占めていたが，広庭や園池はそれらを行うために不可欠の空間装置として準備されていたのである．白砂敷きの広庭は客人を招き入れるアプローチであるとともに舞楽を演じる舞台として，池は客人の導入を告げる楽船を浮かべるために，そして池中の中嶋は楽人の控所となるテントの設営場所として，それぞれ重要な役割を持っていたのである（「東三条殿」，『年中行事絵巻』）．

寝殿造住宅庭園のデザインには，自然のあるがままの姿を写実的に再現しようとする姿勢がうかがえる．山野に自生する草木を掘り採ってきて庭前に植える「前栽堀」という遊びが貴族の間で流行したことにも現れているように，自然の風物を軒先に引き寄せただけの，きわめて即物的な作庭意識を基調としていた．

これに対して書院造に代表される中世住宅の庭園では，もはや儀式や宴遊が庭園などの屋外空間をも含めて行われることはなくなり，屋内だけで完結する頻度が高くなる．その理由の一端は，雨天などの天候に左右されない儀式のあり方が追求されたことにある．こうして，白砂敷きの広庭と大規模な池が一体となった庭園は不要となった．庭園は儀式や宴遊のために使われる空間から，純粋に鑑賞するための空間へと変化したわけである．屋外の晴れの場は，白砂敷きの広庭と園池とに明確に分離し，いまや池が建築に直接接するようになった．ここでは，あくまで接客を意識した見せるための庭造りが求められた（旧大乗院庭園）．

奥の庭―枯山水の流行　晴れの場だけでなく，奥向きの座敷に面する屋外の空間にも小さな庭園が造られるようになった．このような庭園には，多くの場合，枯山水が採用された．枯山水の発端は平安時代にも遡るが，中世になって広く流行したのは，京都の都心の水脈が変わり容易に豊富な水を得られなくなったからだといわれている．小さな空間に石と砂，樹木や苔だけを用いた造形が行われることによって，水の動的な勢いや静的な姿を石や砂で象徴的に表現する手法が開発された．そこには，もはや風物を軒先に移築，再配置しただけの古代の庭の性格は片鱗もない．自らの自然観を象徴的に表現しようとする，新しい中世の庭の胎動である．庭のテーマは自然観の実体的な表現にとどまらず，時には世界観や宇宙観といった抽象的な事象にまで及んだ．とりわけ禅僧の間では，斜面の露岩を掘りおこし，石を組んで自然の姿を形象化することが禅修行の一環とも認識され，やがてこうした造形活動を主たる生業とする石立僧まで登場した．西芳寺では，もともと存在した寝殿造住宅の庭園に加え，中世に園池西方の傾斜面を切り開いてダイナミックな滝石組が組まれた．同様に，慈照寺でも東求堂や観音堂を中心とする主庭園とは別に，東山麓の露岩の随所に立石を配した石組みの意匠がつけ加えられたことが，発掘調査によって明らかとなっている．

浄土庭園の爛熟　しかし，古代末期から中世前期にかけて全国各地に競って造営された浄土寺院では，寝殿造住宅庭園で完成された古代の庭づくりの技法が，なお継続して反復・採用された．浄土変相図に描く宝池は方形で切り立った岸壁であるにもかかわらず，実際の浄土伽藍の園池には，優美な曲線を描く礫敷きの州浜状汀線や，荒磯を象る立石の施された出島などが採用された．そして，法会に際しては造花や人造樹木，鳥型の置物など，臨時的に浄土世界の再現を目的とする特殊な装飾が付加された．平泉の観自在王院庭園と毛越寺庭園は，ほぼ同時代に互いに隣接する敷地に造営された浄土伽藍であるが，発掘調査によって両者の間には意匠上の違いのあることが判明している．前者がもとの住宅を後に浄土伽藍に改めたという経緯をもつがゆえに園池の意匠が簡素であるのに対し，後者は最初から浄土伽藍として造営されたもので，主要堂宇の前庭や遣水，中島，園池汀線などをすべて礫や石組で固めるなど，きわめて人工的な印象を与える意匠となっている．つまり中世における浄土庭園の盛況は，自然の写実という寝殿造住宅庭園の作庭の基調を，さらに人工的な装飾の極地にまで高めた，といってもさしつかえないのである．

中世豪族居館および城館の庭園　中世は，各地に台頭した豪族が都の文化の影響を受けつつ，多くの庭園を独自に造り出した時期でもある．福井県一乗谷朝倉氏では，奥向きの座敷に面する急傾斜面の裾部に石組みの流れや園池が造られていたのをはじめ（朝倉館跡庭園），湯殿跡庭園や諏訪館跡庭園には豪快な滝石組の園池が造られていたことが判明している．また，岐阜県江馬氏館跡や岐阜県東氏館跡，長野県高梨氏館跡では，濠や土塁で囲まれた方形の郭の内部に，主殿や会所などの接客の場に面して園池が造られ，文化的水準の高さを庭園によって誇示しようとした中世豪族層の姿を示している．そのような庭園文化の伝播には，宗長などの連歌師の力が大きく影響していたらしい．

（本中　眞）

6 樺崎寺

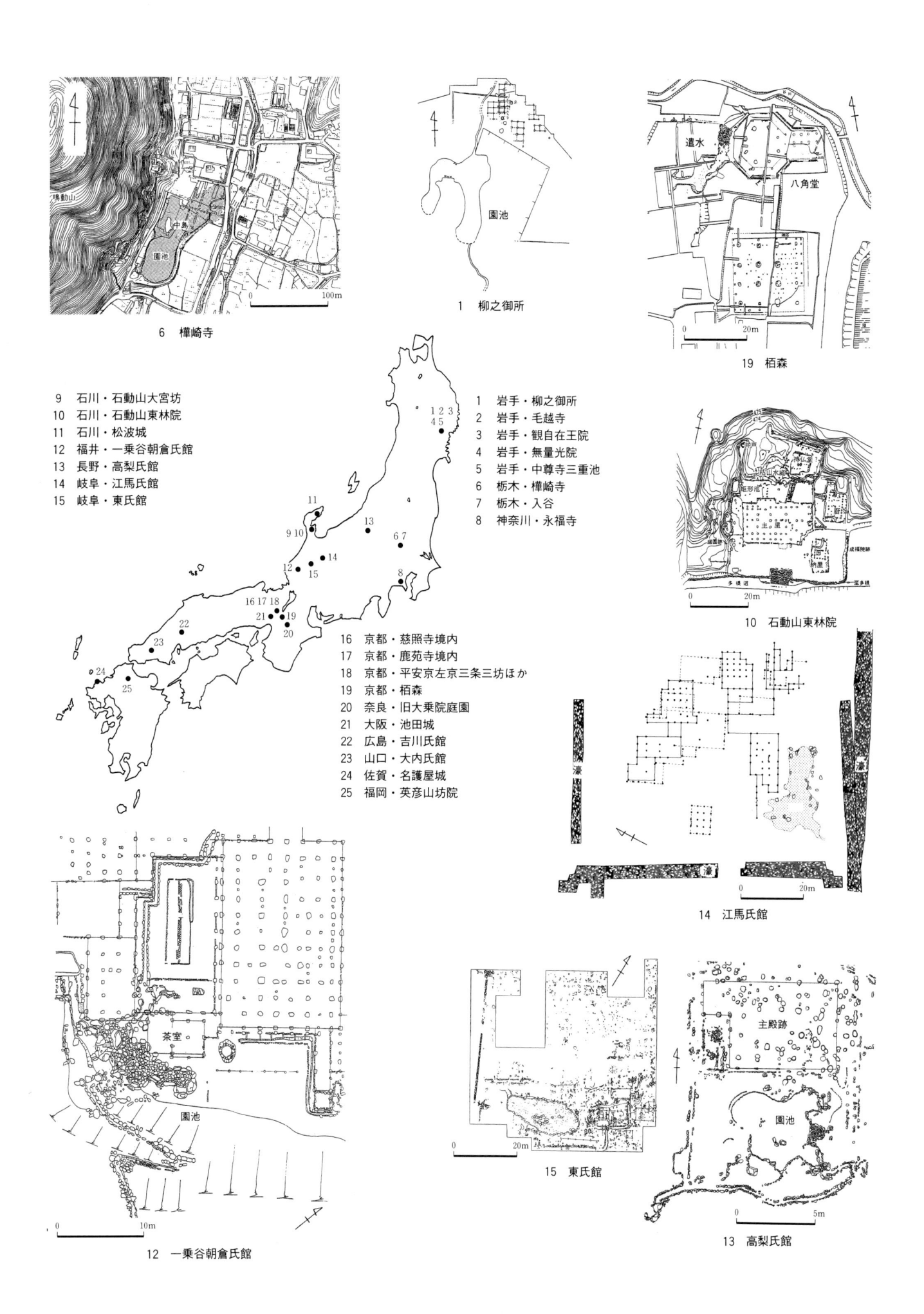

1 柳之御所

19 栢森

9	石川・石動山大宮坊
10	石川・石動山東林院
11	石川・松波城
12	福井・一乗谷朝倉氏館
13	長野・高梨氏館
14	岐阜・江馬氏館
15	岐阜・東氏館

1	岩手・柳之御所
2	岩手・毛越寺
3	岩手・観自在王院
4	岩手・無量光院
5	岩手・中尊寺三重池
6	栃木・樺崎寺
7	栃木・入谷
8	神奈川・永福寺

16	京都・慈照寺境内
17	京都・鹿苑寺境内
18	京都・平安京左京三条三坊ほか
19	京都・栢森
20	奈良・旧大乗院庭園
21	大阪・池田城
22	広島・吉川氏館
23	山口・大内氏館
24	佐賀・名護屋城
25	福岡・英彦山坊院

10 石動山東林院

14 江馬氏館

12 一乗谷朝倉氏館

15 東氏館

13 高梨氏館

発掘された庭園　245

5　トイレの変遷

　トイレ遺構は遺跡に残りにくいものだと考えられてきた．それは，平安京の崩れかけた土塀の蔭で老若男女が用を足す光景を描く『餓鬼草紙』(12世紀後半)に見られるように屋外で用を足し，また文学作品に見える清箱のように，中身のみを捨てる構造であったと考えられていたためである．トイレ遺構をはじめて確認したのは，福井県一乗谷朝倉氏遺跡の発掘で，石積土坑の中に木製の金隠が落ち込んでいたことが契機である．その後1992年の藤原京におけるトイレ遺構の発見と，そこから寄生虫卵，花粉，糞虫，食用種子を検出するという科学的分析の成功以来，各時代の多くのトイレ遺構が見つかりつつある．

　汲み取り式トイレの変遷　最古の例は，7世紀後半の藤原京で，建物に隣接する素掘りの長円形の土坑である．同様の例が中世の鎌倉，政所で発掘されている．それは1メートル間隔で東西，南北，東西と並ぶ3つの土坑で，その中からウリ，ナスの種子や小魚の骨とともに，2枚を合わせると中央に20〜30cmの六角形の穴が開く踏み板が出土している．同じ鎌倉の米町遺跡では，少なくとも3時期にわかれる9基の土坑があり，トイレの可能性が高い．このようなトイレは，『慕帰絵詞』(14世紀中頃)の寺院の片隅に建てられた粗末な厠建物の情景と共通する．中世の町屋のトイレは，基本的に石組み，甕，桶を据えた汲み取り式で，糞尿を肥料として農村に搬出していた記録を裏付ける．京都内膳司町では『洛中洛外図屏風』(16世紀中頃)に描かれるように通りに面してトイレが設けられ，外部からの利用もされていた．中世後半の都市では，家単位にトイレが設置される傾向がうかがえる．一乗谷や城下町の町屋では，裏庭の隅に位置する例が多い．滋賀県妙楽寺遺跡(15世紀末〜16世紀後半)では，母屋の裏手に石組みの枡形トイレが設けられている．兵庫県堺では，15世紀に土器製の埋甕が出現し，各地に広がる．また16世紀前半からは町屋の中に木組みの方形土坑のトイレが出現し，やがて，瓦質埋甕，土師質埋甕へと変化する．当初は1ヵ所であったが，16世紀第4四半期には，複数の土師質甕を使っており，大便槽と小便槽とが使い分けられた可能性がある．広島県吉川元春館跡(16世紀中頃〜1600年)では，土坑に木製の桶を埋め込んだ便槽が主建物の裏面に2つ並んで出土している．1590年代の佐賀県名護屋城の木村重隆陣屋跡では，茶道の影響を受けた1間(2m)×2間(1.8m)の柱建物を持つ「砂雪隠」が存在する．江戸時代の彦根城では，甕や桶を埋め込んだ便槽が複数検出されており，それぞれ時期を違えるものと理解される．同じ江戸時代の松江城，岡山城などでも解体修理の際にトイレが調査されており，共通の特徴を持つ．

　水洗式トイレの変遷　古代の水洗トイレ遺構は，藤原京や平城京で見られるように，道路側溝に堰を設け，暗渠と木樋によって流水を屋敷内に引き入れて，糞便と共に側溝に環流させる樋殿と呼ばれる建物を持つ．しかし藤原京や平城京では道路側溝に供給する水量が十分でなく，環境汚染を引き起こしていたことが容易に推測できる．同様の遺構は，長岡京でも検出されており，また，弘仁6(815)年，斉衡2(855)年の太政官符に見るように，平安京でも宅地内に水を引き込み，汚穢を環流させることがしばしば行われ，道路を汚す原因となっていた．都市内の宮内や大寺院では，基幹排水路をまたぐ，長大な「厠(川屋)式」トイレが存在したことが，藤原宮東大溝，平城宮第一次大極殿院の発掘成果や，『西大寺流記資材帳』などからわかる．樋殿式トイレは，13世紀中頃の鎌倉の北条小町邸跡に見られる．それは若宮大路東側溝に注ぐ溝の出水部に，木組を設けた施設である．鎌倉でも汲み取り式と樋殿式が併用されており，人糞の再利用が100％に至っていなかったことを示す．近年までトイレの代名詞にもなった「高野山」式トイレは，搬出が困難であった山岳部において存続する．京都府光明山寺(11世紀末から13世紀中頃)のトイレでは，境内で最も低い位置に，土塀に隣接させて石組みで溝を作り，暗渠で土塀の基壇と山門から続く道路をくぐって谷川に排水する．

　このように，鎌倉時代までは，道路側溝に糞便を垂れ流す樋殿式トイレと，土坑や木枠を利用した汲み取り式トイレとが都市で併用されていたが，室町時代には樋殿式は姿を消し，農村への屎尿リサイクルシステムが確立する．

　トイレ土壌には，食用植物の遺体や寄生虫卵が含まれる．岩手県柳之御所跡ではクワ，キイチゴ属，マタタビ，サルナシ，グミ属，イネ，雑穀，アカザ属，ヒユ属，エゴマ，シソ属，ナス，イヌホオズキ，ゴマ，ウリ類の種子やイネ属，ソバ，アカザ科-ヒユ科，アブラナ科の花粉が含まれ，一乗谷ではクワ，キイチゴ属，オオムギ，ヒユ属，ナス，ウリ類の種子，イネ科，イネ属，アカザ科-ヒユ科，ソバ，アブラナ科の草本花粉が同定された．

　寄生虫卵には，回虫卵，鞭虫卵，日本海裂頭条虫卵が代表的で，野菜やマスを生食した可能性が高い．トイレ土壌からは，中世の人々がコメ，ムギ類の穀類や，果実類，野菜類，魚類などさまざまな食物を摂っていたことが特徴となる．

(松井　章)

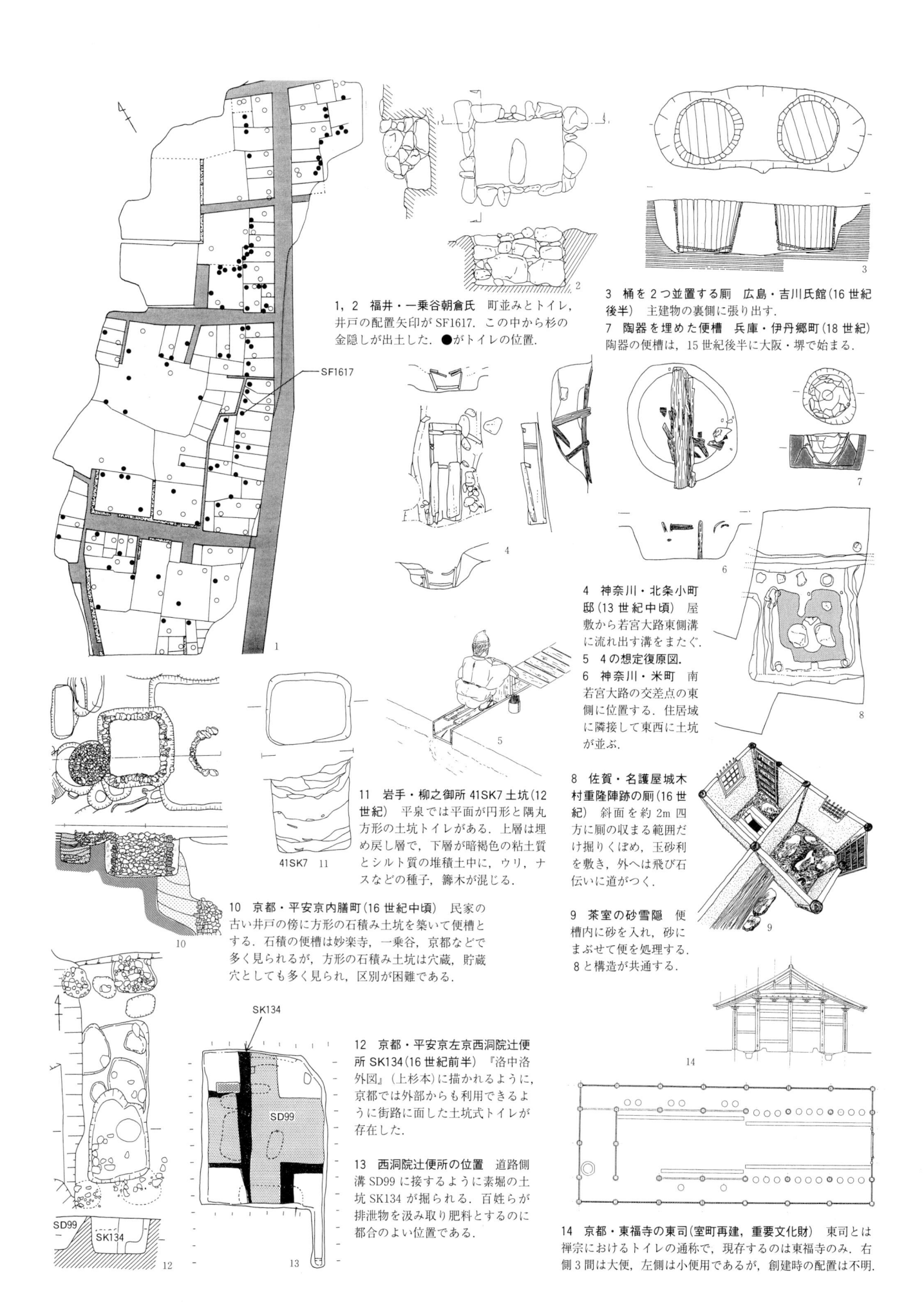

1, 2 福井・一乗谷朝倉氏 町並みとトイレ，井戸の配置矢印がSF1617．この中から杉の金隠しが出土した．●がトイレの位置．

3 桶を2つ並置する厠 広島・吉川氏館(16世紀後半) 主建物の裏側に張り出す．

7 陶器を埋めた便槽 兵庫・伊丹郷町(18世紀) 陶器の便槽は，15世紀後半に大阪・堺で始まる．

4 神奈川・北条小町邸(13世紀中頃) 屋敷から若宮大路東側溝に流れ出す溝をまたぐ．

5 4の想定復原図．

6 神奈川・米町 南若宮大路の交差点の東側に位置する．住居域に隣接して東西に土坑が並ぶ．

8 佐賀・名護屋城木村重隆陣跡の厠(16世紀) 斜面を約2m四方に厠の収まる範囲だけ掘りくぼめ，玉砂利を敷き，外へは飛び石伝いに道がつく．

9 茶室の砂雪隠 便槽内に砂を入れ，砂にまぶせて便を処理する．8と構造が共通する．

11 岩手・柳之御所41SK7土坑(12世紀) 平泉では平面が円形と隅丸方形の土坑トイレがある．上層は埋め戻し層で，下層が暗褐色の粘土質とシルト質の堆積土中に，ウリ，ナスなどの種子，籌木が混じる．

10 京都・平安京内膳町(16世紀中頃) 民家の古い井戸の傍に方形の石積み土坑を築いて便槽とする．石積の便槽は妙楽寺，一乗谷，京都などで多く見られるが，方形の石積み土坑は穴蔵，貯蔵穴としても多く見られ，区別が困難である．

12 京都・平安京左京西洞院辻便所SK134(16世紀前半) 『洛中洛外図』(上杉本)に描かれるように，京都では外部からも利用できるように街路に面した土坑式トイレが存在した．

13 西洞院辻便所の位置 道路側溝SD99に接するように素掘の土坑SK134が掘られる．百姓らが排泄物を汲み取り肥料とするのに都合のよい位置である．

14 京都・東福寺の東司(室町再建，重要文化財) 東司とは禅宗におけるトイレの通称で，現存するのは東福寺のみ．右側3間は大便，左側は小便用であるが，創建時の配置は不明．

トイレの変遷

6 人骨からの人相復元

顔の復元方法 人骨から人相が復元されるための根拠は二通りある．人骨から直接わかる土台の部分すなわち顔の形と，間接的証拠からわかる表面の部品すなわち目や眉あるいは唇などである．土台に関しては，まず第1に，頭骨自体の大きさや形による影響がもっとも大きい．そこで，元となる頭骨の正確な模型（レプリカ）を作って，その上にさまざまな構造を再建するのである．

第2には，噛むための咀嚼筋の発達具合である．筋肉の付いていた部分の大きさや凸凹を参考にして，生前の筋肉を粘土で再建する．例えば，側頭筋はコメカミの部分にある筋肉で，側頭部の上方から広く起こり，逆扇形に下方に集まって，頬骨弓の内側に入り込み，下顎骨の筋突起に着いている．その側頭筋を収容するために，側頭部には側頭窩という窪みがある．そこで，周辺の頭蓋骨の曲面を延長して側頭窩をちょうど埋めるように側頭筋を再建するのである．咬筋は頬骨と頬骨弓の下面から起こり，後下方にほぼ並行に伸びだし，下顎骨の下顎角（いわゆるエラの部分）に着いている．この咬筋は，側頭筋のように窪みに収容されているわけではないので，筋肉付着部の広さや凸凹からその発達具合を判断する．このようにして，おおまかな顔の形が決定される．

第3には，皮膚の厚さである．皮膚の厚さは，顔の部分によって違うが，実際の計測によって部分ごとの平均的な厚さがわかっているので，それに基づいて復元する．なお，皮下脂肪の発達によって皮膚の厚さは変わってしまうが，顔の上半分は皮下脂肪が薄いので，顔の復元では上半分の方が信頼性は高い．

表面の部品に関しては，それぞれ土台と関連する基本的事実がある．眼球は，眼窩が高い（上下に長い）場合には眼窩の中央からやや下方に位置し，眼窩が低い（上下に短い）場合には眼窩の中央に位置する．眉は眼窩の上縁にほぼ一致することが多いが，眼窩の上縁よりもかなり上方に位置することもある．鼻（外鼻）は頭骨の鼻の穴（梨状口）よりも外側に出っ張っているとともに，かなり下方に位置する．耳の穴も，頭骨の外耳道より軟骨の外耳道はかなり後方にある．いずれにせよ，これらの事実は日本人あるいは人間なら誰にでも共通する一般的規則であり，それがあるからこそ，顔を復元することが出来る．

縄文人の顔と渡来弥生人の顔 縄文人の顔の骨は直線的なのが特徴である．四角い輪郭，長方形の眼窩，角張った顎のライン，そして凹凸のはっきりした立体的プロフィルである．意外にも，歯が小さいので，口元は引き締まっていたはずである．このような顔の土台としての骨の特徴は，縄文人の直系子孫であるアイヌの人々に見られる．そこで，表面の部品においても，縄文人はアイヌと同じように目が大きく二重瞼で，眉や髭が濃かったと推測できる．縄文人は，いわゆる「濃い顔」だったらしい．

一方，主として北部九州や近畿で発見される（渡来）弥生人の顔の骨は，丸みを帯びているのが特徴である．すなわち，長円の輪郭，丸い眼窩，膨隆した頬骨，なめらかで平坦なプロフィルである．なお，歯が大きいので，口元はやや出っ張っている．このような特徴は，現代では関西人の骨に典型的である．したがって，弥生人の血は，関西人を代表とする倭人に濃く受け継がれているといえる．つまり，弥生人も関西人の多くと同じように目が細く一重瞼で，眉や髭が薄かったと考えられる．

中世人の人骨を調べると，平坦な顔立ちで弥生人と似ているので，表面の部品も弥生人と似ていたことだろう．つまり，目が細く瞼も一重が多かったろう．また，髭と眉はかなり薄かったと思われる．唇も薄めだったろう．

中世人の人相の実例 まず，鎌倉時代の神奈川県材木座遺跡出土男性人骨の一例を図上で復元してみると，丸顔で，鼻が低く平坦な顔立ちであり，渡来弥生人の影響の強い風貌が浮かび上がる．しかも，出っ歯の傾向がある．この人骨の個体は無名の戦士であり，顔の表面の部品に関する記録はないが，おそらく一重瞼で，眉や髭はそれほど濃くはなく，唇も厚くはなかった可能性が高い．

歴史に名をとどめた中世の人物で顔の骨が残っている例は極めて少ない．わずかに，中世末期の石田三成と伊達正宗の例がある．二人とも生きていた時代を反映して背は低いが，顔は全く違っている．池田次郎・京都大学名誉教授によると，石田三成の顔は鼻が低く出歯で華奢，どうやら渡来弥生系である．鈴木尚・東京大学名誉教授によると，伊達正宗の顔は長四角で鼻が高くがっしり，縄文系の要素がかなりある．これは，個人差だけでなく，石田は近江，伊達は山形という出身地域による違いを反映している可能性がある．

また，石田の顔が細く華奢で出歯な点は，咀嚼器官の退化が進んでいたことを示している．一方，伊達の顔がかなり頑丈だったことは，結構硬い食物を食べて育ったことを示している．それぞれの家柄とは別の，実際の生活環境が推測される．さらに，想像するなら，知将の石田と武将の伊達という雰囲気が感じられる．

（馬場悠男）

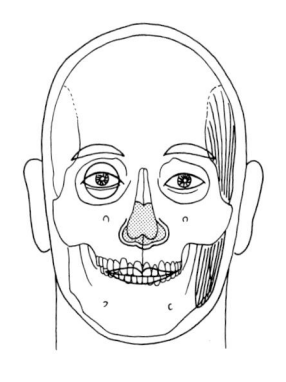

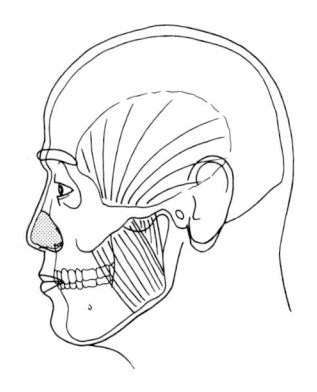

1　顔の復元方法
　骨のレプリカに粘土で側頭筋や咬筋という咀嚼筋を付け，鼻の軟骨をはめこみ，眼球を入れる．さらに皮膚を張り付ける．この図は，生きている現代人のCTデータから復元した頭骨と本人の写真との比較をもとにしている．骨に比べ，筋肉を付けると幅が増えることがわかる．なお，この個体の顔は現代人としては相当に頑丈である．

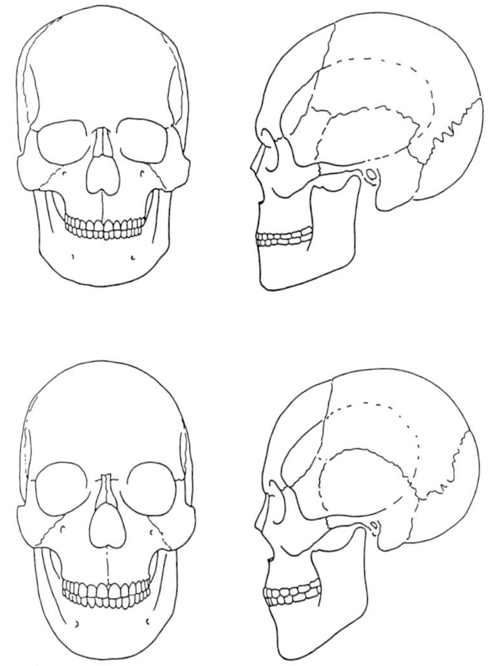

2　縄文人（上）と渡来弥生人（下）の頭骨の比較
　縄文人の顔の骨は直線的，四角く立体的である．眼窩は四角く，鼻は高い．歯が小さいので口が引き締まっている．渡来弥生人の顔の骨は曲線的，長円で平坦である．眼窩は丸く，鼻は低い．歯が大きいので口がやや出っ張り気味となる．

3　縄文人・渡来弥生人・古墳人の復元想像図
　縄文人（左）と渡来弥生人（中）との混血で古墳時代以降の日本人が形成された．中世人は古墳人（右）と似ていたが，さらに出歯の程度が高かった．画：石井礼子

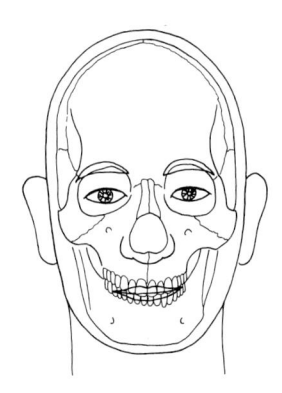

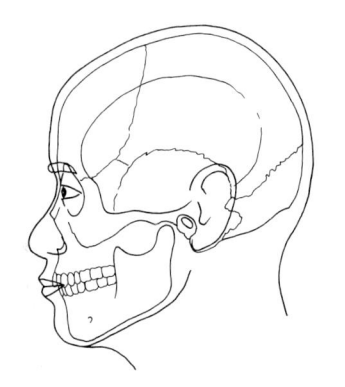

4　神奈川・材木座出土人骨とその仮想復元人相
　1と同様の手法で仮想復元した．丸顔で，鼻が低く，渡来弥生人の影響が強い．

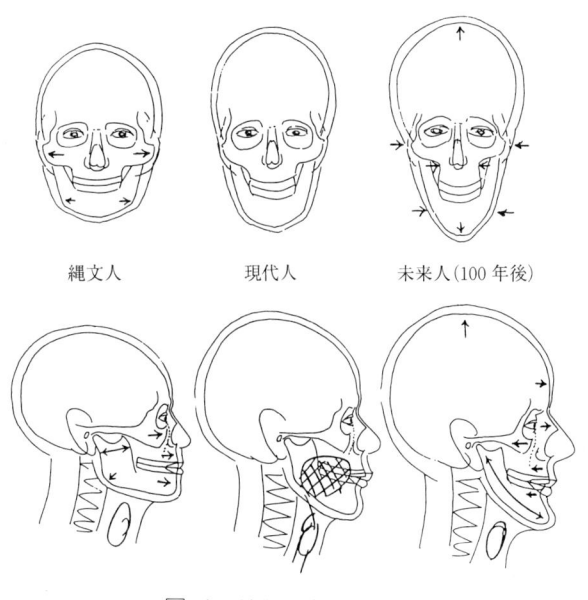

縄文人　　現代人　　未来人（100年後）

5　顔の構造の時代変化模式図
　縄文人から現代人へ，さらに未来へと幅と奥行きが少なくなる．咀嚼器官の退化の面では，中世人は縄文人と現代人の中間で現代人に近い状態である．

人骨からの人相復元

引用文献

(図版の出典は次のとおりであるが，一部改変，加筆，削除，組替え等を行った．)

頁		
3頁		八戸市教育委員会 1997『根城　史跡根城の広場環境整備事業報告書』．河原純之編 1990『古代史復元 10　古代から中世へ』講談社．
4-5		斎木秀雄他 1993『佐助ケ谷遺跡発掘調査報告書』．千葉地遺跡発掘調査団 1982『千葉地遺跡』．太田昭夫他 1991『富沢遺跡』仙台市教育委員会．加藤恵子他 1993『一の谷中世墳墓群遺跡』磐田市教育委員会．三浦謙一他 1995『柳之御所跡』岩手県文化振興事業団埋蔵文化財調査事業団報告書第228集．須田茂 1987『東田遺跡』群馬県新田町教育委員会．岩本正二他 1997『草戸千軒町遺跡発掘調査報告書V』広島県草戸千軒町遺跡調査研究所．松澤和人他 1995『水南中窯跡』瀬戸市埋蔵文化財センター．群馬県埋蔵文化財調査事業団 1991『白石大御堂』．東京都埋蔵文化財センター 1987『多摩ニュータウン遺跡　昭和60年度』東京都埋蔵文化財センター調査報告第8集．埼玉県埋蔵文化財調査事業団 1998『築道下遺跡』．鈴木正貴 1992『清洲城下町(V)』愛知県文化財船体調査報告第27集．岩田隆 1991「一乗谷朝倉氏遺跡出土遺物の組成について」『城下町遺跡出土の土器・陶磁器』．田中照久 1994「九右衛門窯焼成実験の記録」『越前古陶とその再現』出光美術館．江浦洋他 1991『池島・福万寺遺跡調査概要V』大阪文化財センター．北九州市教育文化財事業団埋蔵文化財調査室 1979『本村地下式横穴群』北九州市埋蔵文化財調査報告第29集．
11	1	上村和直 1994「第5章離宮と別業　第2節院政と白河」『平安京提要』古代学協会・古代学研究所編．内田好昭他 1995『最勝寺跡・岡崎遺跡』平成3年度京都市埋蔵文化財調査概要，京都市埋蔵文化財研究所．網伸也他 1995『成勝寺跡』平成4年度京都市埋蔵文化財調査概要，京都市埋蔵文化財研究所．これ以外は筆者オリジナル．
	2	長宗繁一他 1994「第5章離宮と別業　第3節鳥羽殿」『平安京提要』古代学協会・古代学研究所編．桜井みどり他 1996『鳥羽離宮跡第140次調査』平成8年度京都市内遺跡発掘調査概報，京都市文化市民局．前田義明他 1995『鳥羽離宮跡第138次調査』平成4年度京都市埋蔵文化財調査概要，京都市埋蔵文化財研究所．これ以外は筆者オリジナル．
12	3	前田義明他 1997『鹿苑寺(金閣寺)庭園防犯施設工事に伴う発掘調査報告書』鹿苑寺を一部改変．
	4	南孝雄他 1996『特別史跡名勝慈照寺庭園』平成5年度京都市埋蔵文化財調査概要，京都市埋蔵文化財研究所．
	5	堀内明博 1994『室町殿』平成元年度京都市埋蔵文化財調査概要，京都市埋蔵文化財研究所．
	6	堀内明博他 1996『左京二条四坊』平成5年度京都市埋蔵文化財調査概要，京都市埋蔵文化財研究所．
	7	長宗繁一他 1989『久我東町遺跡』昭和61年度京都市埋蔵文化財調査概要，京都市埋蔵文化財研究所．
	8	筆者オリジナル．
13	9	筆者オリジナル．
	10	内田好昭 1998『京都大学構内遺跡』平成8年度京都市埋蔵文化財調査概要，京都市埋蔵文化財研究所．前田義明他 1996『平安京左京一条三坊』平成5年度京都市埋蔵文化財調査概要，京都市埋蔵文化財研究所．
	11	筆者オリジナル．
	12	長戸満男他 1995『左京五条四坊』平成5年度京都市埋蔵文化財調査概要，京都市埋蔵文化財研究所．片岡肇他 1987『高倉宮・曇華院跡第4次調査』平安京跡研究調査報告第18輯，古代学協会．
	13	丸川義広他 1987『左京九条二坊』昭和59年度京都市埋蔵文化財調査概要，京都市埋蔵文化財研究所．
	14	堀内明博 1994「京都─王朝都市から中世都市へ」鎌倉考古学研究所編『中世都市鎌倉を掘る』日本エディタースクール．寺島孝一他 1984『平安京左京三条三坊十一町』平安京跡研究調査報告第14輯，古代学協会．これ以外は筆者オリジナル．
14	1	岩手県文化振興事業団埋蔵文化財センター 1996『岩手県埋蔵文化財発掘調査略報』岩手県文化振興事業団埋蔵文化財調査報告書第246集．平泉町教育委員会 1993『志羅山遺跡第13・15・16・17・18・20次発掘調査報告書』岩手県平泉町文化財調査報告書第35集．平泉町教育委員会 1993『平泉遺跡群発掘調査報告書』岩手県平泉町文化財調査報告書第34集．
15	2	蘇れ黄金・平泉祭実行委員会 1995『平泉と鎌倉』．平泉文化研究会編 1992『奥州藤原氏と柳之御所跡』吉川弘文館．
16	2	河野眞知郎 1992「鎌倉は陰陽道的都市か？」『中世都市研究第2号』中世都市研究会同人会．
	3	筆者オリジナル．
	4	河野眞知郎 1989「発掘から試算した人口」『よみがえる中世 3』平凡社．
	5	河野眞知郎 1986「神奈川県鎌倉市今小路周辺遺跡(御成小学校内)の遺構変遷」『日本考古学協会第52回総会研究発表要旨』．
	6	筆者オリジナル．
17	7	馬渕和雄他 1985『北条泰時・時頼邸跡──雪ノ下一丁目371番1地点発掘調査報告書』．鎌倉市教育委員会 1990「北条時房・顕時邸跡(No. 278)雪ノ下一丁目265番3」『鎌倉市埋蔵文化財緊急調査報告書6』．馬渕和雄他 1993「大蔵幕府周辺遺跡群──二階堂字荏柄38番1(No. 49)」『鎌倉市埋蔵文化財緊急調査報告書9』．鎌倉市教育委員会 1997『浄土庭園と寺院・記録集』．河野眞知郎 1991『巨福山建長寺境内遺跡』．河野眞知郎他 1990『今小路西遺跡(御成小学校内)発掘調査報告書』．佐藤仁彦他 1994「若宮大路周辺遺跡群(No. 242)小町一丁目325番イ外地点」『鎌倉市埋蔵文化財緊急調査報告書10』．斎木秀雄他 1993『佐助ヶ谷遺跡(鎌倉税務署用地)発掘調査報告書』．原廣志他 1993「由比ヶ浜中世集団墓地遺跡(No. 372)由比ヶ浜二丁目1034番1外地点」『鎌倉市埋蔵文化財緊急調査報告書9』．宗臺秀明他 1998「松谷寺やぐら」東国歴史考古学研究所報告第15集『中世石窟遺構

の調査Ⅱ』.

18 　古代城柵官衙遺跡検討会 1994「シンポジュウム古代地方都市の成立とその様相」『第 20 回古代城柵官衙遺跡検討会資料』. 石川俊英ほか 1991『山王遺跡』多賀城市埋蔵文化財調査センター. 大石直正・入間田宣夫編 1992『よみがえる中世 7』平凡社. 千葉孝弥ほか 1990『新田遺跡』多賀城市埋蔵文化財調査センター. 仙台市教育委員会 1994『洞ノ口遺跡現地説明会資料』.

19 　① 狭川真一 1995「大宰府の変容」『中世都市研究 2』新人物往来社.

　② 山本信夫・狭川真一 1987「鉾ノ浦遺跡(福岡県)—筑前大宰府鋳物師の解明—」『仏教芸術』174 号.

　③⑤ 狭川真一 1995「大宰府条坊研究の現状と課題」『大宰府陶磁器研究』森田勉氏遺稿集・追悼集刊行会.

　④ 山村信榮 1997「中世大宰府の展開」『中世都市研究 4』新人物往来社.

21 　①⑤ 小野正敏 1995「城戸の外のもうひとつの町」『大宰府陶磁器研究』森田勉氏遺稿集・追悼集刊行会.

　② 小野正敏 1986「中世」『福井県史　資料編 13 考古』福井県.

　③ 小野正敏 1990「生活と文化を支えた人々」『よみがえる中世 6』平凡社.

22 　⑥ 福井県立一乗谷朝倉氏遺跡資料館 1966『特別史跡一乗谷朝倉氏遺跡　環境整備報告Ⅲ』.

　⑦⑨ 小野正敏 1997『戦国城下町の考古学』講談社.

　⑧ 小野正敏 1994「戦国期の館・屋敷の空間構造とその意識」『信濃』46 巻 3 号.

23 　⑩ 朝倉氏遺跡調査研究所 1981『一乗谷』.

　⑪⑫⑬ 小野正敏 1990「生活と文化を支えた人々」『よみがえる中世 6』平凡社.

24 　① 大阪市文化財協会 1994『大坂城下町跡　Ⅰ』.

　②③ 佐久間貴士編 1989『よみがえる中世 3』平凡社.

　④ 大阪文化財センター 1993『大坂城跡の発掘調査』3.

　⑤ 大阪文化財センター 1991『大坂城跡の発掘調査』1.

25 　⑥ 大阪市文化財協会 1987『大坂城跡　3』.

　⑦ 佐久間貴士 1990「大坂城跡の発掘調査——府立婦人総合センター建設予定地」『大阪府下埋蔵文化財研究会(第 22 回)資料』.

　⑧⑨⑩ 埋蔵文化財研究会・大阪市文化財協会 1980『中世から近世のまち・むらと都市』第 4 分冊.

　⑪ 鈴木秀典 1987「発掘された豊臣期大名屋敷」『葦火』11, 大阪市文化財協会.

27 　① 福岡市教育委員会 1992『博多 32』福岡市埋蔵文化財調査報告書 287. 博多研究会 1996『博多遺跡群出土墨書資料集成』. 福岡市教育委員会 1996『博多 50』福岡市埋蔵文化財調査報告書 447. 福岡市教育委員会 1995『博多 48』福岡市埋蔵文化財調査報告書 397. 福岡市教育委員会 1989『都市計画道路博多駅築港線関係埋蔵文化財調査報告 3　博多』福岡市埋蔵文化財調査報告書 204.

28 　②③ 福岡市教育委員会 1995『博多 44』福岡市埋蔵文化財調査報告書 393. 福岡市教育委員会 1992『博多 30』福岡市埋蔵文化財調査報告書 285. 福岡市教育委員会 1991『博多 24』福岡市埋蔵文化財調査報告書 252. 大庭康時 1997「発掘調査からみた博多聖福寺と町場」『中世都市研究 4』新人物往来社. 福岡市教育委員会 1990『博多 15』福岡市埋蔵文化財調査報告書 230.

29 　① 續伸一郎 1990『堺環濠都市遺跡発掘調査報告書 SKT153 地点』堺市文化財調査報告第 51 集, 堺市教育委員会.

　②③④ 續伸一郎 1992「中世都市　堺の都市空間—町割・屋敷割を中心として—」『長岡京古文化論叢Ⅱ』中山修一先生喜寿記念事業会.

　⑤ 續伸一郎 1994「中世都市　堺　都市空間とその構造」『中世都市研究 1』新人物往来社.

31 　① 筆者オリジナル.

　② 杉本宏他 1994『平等院旧境内多宝塔推定地第 1 次発掘調査概報』宇治市教育委員会.

　③ 原茂光 1995『伊豆韮山円成寺遺跡』御所之内遺跡第 13 次調査, 韮山町教育委員会. 原茂光 1988『願成就院跡第 6 次発掘調査概報』韮山町文化財調査報告 No. 24, 韮山町教育委員会.

　④ 藤知子 1998「山科本願寺跡の発掘調査」『リーフレット京都』No. 114, 京都市埋蔵文化財研究所・京都市考古資料館. 福島克彦 1998「城郭研究から見た山科寺内町」山科本願寺・地内町研究会編『戦国の寺・城・町』. 岡田保良他 1985「山科寺内町の遺跡調査とその復原」『国立歴史民俗博物館研究報告第 8 集』.

32 　① 歌山県教育委員会編『根来寺展』の図を改変. 上田秀雄 1980『根来寺坊院跡発掘調査概報Ⅲ』和歌山県教育委員会. 和歌山県教育委員会・和歌山県文化財センター編 1994『根来寺坊院跡　広域営農団地農道整備事業伴う発掘調査』.

33 　①②③ 勝山市教育委員会 1994『よみがえる平泉寺』.

　④ 勝山市教育委員会 1991『白山平泉寺』南谷坊院跡はっくつ調査概報Ⅱ.

35 　斎木秀雄他 1993『佐助ヶ谷遺跡』佐助ヶ谷遺跡発掘調査団. 服部実喜他 1986『千葉地東遺跡』神奈川県立埋蔵文化財センター調査報告 10. 斎木秀雄 1992「鎌倉石を使用した建物について」『鎌倉考古』21. 長谷小路南遺跡発掘調査団 1992『長谷小路南遺跡』. 平良泰久他 1980-3『埋蔵文化財発掘調査概報』京都府教育委員会. 下条信行他 1983『三条西殿跡』古代学協会. 京都市文化観光局編 1989『鳥羽離宮跡発掘調査概報』. 土山健史 1991『堺環濠都市遺跡調査概要報告 SKT39 地点』堺市文化財調査概要報告第 15 冊, 堺市教育委員会. 広島県草戸千軒町遺跡調査研究所編 1994『草戸千軒町遺跡発掘調査報告Ⅱ』『PLAN』34. 大庭康時 1997「博多遺跡群における中世考古資料の分布論的検討メモ」『博多研究会誌』第 5 号.

36 　三浦謙一他 1995『柳之御所跡』岩手県文化振興財団埋蔵文化財調査報告書第 228 集, 岩手県文化振興事業団埋蔵文化財センター. 八重樫忠郎他 1994『柳之御所跡発掘調査報告書』岩手県平泉町文化財調査報告書第 38 集, 平泉町教育委員会・建設省岩手県工事事務所. 福井県教育委員会編 1988『一乗谷朝倉氏遺跡発掘調査報告Ⅱ』. 福井県教育委員会編 1993『一乗谷朝倉氏遺跡発掘調査報告Ⅳ』. 若宮大路周辺遺跡群発掘調査団編 1998『若宮大路周辺遺跡群発掘調査報告書』. 河野真知郎他 1990『今小路西遺跡(御成小学校内)発掘調査報告書』今小路西遺跡発掘調査団・鎌倉市教育委員会. 京都市埋蔵文化財研究所 1986『平安京跡発掘資料選(二)』. 平良泰久他 1980-3『平安京左京跡(内膳町)昭和 54 年度発掘調査概要』埋蔵文化財発掘調

査概報，京都府教育委員会．堺市教育委員会編 1990『堺環濠都市遺跡(SKT153)発掘調査報』．広島県草戸千軒町遺跡調査研究所編 1994「草戸千軒町遺跡発掘調査報告書Ⅱ」『PLAN』30．広島県草戸千軒町遺跡調査研究所編 1996『草戸千軒町遺跡発掘調査報告Ⅳ』．栗原和彦 1994『第 147 次調査』大宰府史跡平成 5 年度発掘調査概報，九州歴史資料館．小畑弘己 1992「博多遺跡群第 60 次発掘調査報告書」『博多 30』福岡市埋蔵文化財調査報告書 285，福岡市教育委員会．

37　岩本義雄他 1981『尻八館址発掘調査報告書』青森県郷土館．浪岡町教育委員会編 1982『浪岡城Ⅳ』昭和 55 年度浪岡城跡発掘調査報告書．浪岡町教育委員会編 1985『浪岡城Ⅶ』昭和 58 年度浪岡城跡発掘調査報告書．浪岡町教育委員会編 1986『浪岡城Ⅷ』昭和 59 年度浪岡城跡発掘調査報告書．三浦謙一他 1995『柳之御所跡』岩手県文化振興財団埋蔵文化財調査報告書第 228 集，岩手県文化振興事業団埋蔵文化財センター．若宮大路周辺遺跡群発掘調査団編 1998『若宮大路周辺遺跡群発掘調査報告書』．斎木秀雄他 1985『諏訪東遺跡』諏訪東遺跡調査会．斎木秀雄他 1993『佐助ヶ谷遺跡』佐助ヶ谷遺跡発掘調査団．長谷小路南遺跡発掘調査団 1992『長谷小路南遺跡』．長谷小路周辺遺跡発掘調査団編 1995『長谷小路周辺遺跡』．鎌倉市教育委員会編 1988『北条時房・顕時邸跡』鎌倉市埋蔵文化財緊急調査報告書．福井県立朝倉氏遺跡資料館編『特別史跡一乗谷朝倉氏遺跡』．福井県立朝倉氏遺跡資料館編 1986『特別史跡一乗谷朝倉氏遺跡ⅩⅦ』．奈良国立文化財研究所編 1985『木器集成図録近畿古代篇』奈良国立文化財研究所史料第 27 冊．續伸一郎 1990『堺環濠都市遺跡発掘調査報告書 SKT153 地点』堺市文化財調査報告第 51 集，堺市教育委員会．堺市教育委員会 1992『堺環濠都市遺跡発掘調査報告書 SKT39 地点』堺市文化財調査報告第 15 集．小畑弘己 1992「博多遺跡群第 60 次発掘調査報告書」『博多 30』福岡市埋蔵文化財調査報告書 285，福岡市教育委員会．司善彦 1992「第 6 章中世の大宰府　第 3 節中世の木製品」『太宰府市史考古資料編』太宰府市．

41　田代隆他 1988『自治医科大学周辺地区　昭和 63 年度埋蔵文化財発掘調査概報』栃木県文化振興事業団．中・近世研究班 1991「中世の竪穴遺構について」茨城県教育財団．酒井重洋 1991『中田南Ｄ遺跡発掘調査報告書』富山県埋蔵文化財センター．野洲町歴史民俗資料館 1992『中世集落を掘る—考古学による中世集落の復元』．森格也・宮下睦夫 1990『横江遺跡発掘調査報告書』滋賀県教育委員会・滋賀県文化財保護協会．中村淳磯他 1995『日置荘遺跡』大阪府教育委員会・大阪文化財センター．鋤柄俊夫 1993「中世丹南における職能民の集落遺跡—鋳造工人を中心にして—」『国立歴史民俗博物館研究報告』．岡本圭司 1995「泉州南部の中世集落の一様相」『研究紀要』3，大阪府埋蔵文化財協会．岡本圭司 1991「上町遺跡の調査」『関西近世考古学研究』Ⅰ．

43　野洲町歴史民俗資料館 1992『中世集落を掘る—考古学による中世集落の復元』．森格也・宮下睦夫 1990『横江遺跡発掘調査報告書』滋賀県教育委員会・滋賀県文化財保護協会．佐久間貴士 1985「畿内の中世集落と屋敷地」『ヒストリア』109 号．岡本圭司 1995「泉州南部の中世集落の一様相」『研究紀要』3，大阪府埋蔵文化財協会．岡本圭司 1991「上町遺跡の調査」『関西近世考古学研究』Ⅰ．早渕隆人他 1994『黒谷川宮ノ前遺跡』徳島県埋蔵文化財センター．山口県教育委員会 1980『下右田遺跡第 4 次調査概報・総括』．徳永貞紹・宮武正登 1991『本村遺跡』佐賀県教育委員会．

44　① 山口県教育委員会 1980『下右田遺跡第 4 次調査概報・総括』．
　　② 徳永貞紹・宮武正登 1991『本村遺跡』佐賀県教育委員会．

45　③ 橋本久和 1974「中世村落の考古学的研究—高槻における二・三の遺跡調査から」『大阪文化誌』1-2．原口正三 1977「古代・中世の集落」『考古学研究』92．
　　④⑤ 大阪府教育委員会 1997『総持寺遺跡発掘調査概要』．
　　⑥ 植木久他 1982『長原遺跡発掘調査報告書Ⅱ』大阪市文化財協会．
　　⑦ 亀井聡・奈加智美 1996「余部遺跡（その 2）調査の成果」『大阪府下埋蔵文化財研究会(第 34 回)資料』大阪府埋蔵文化財調査研究センター．大阪府埋蔵文化財調査研究センター 1997『余部遺跡』．大阪府教育委員会 1998『余部遺跡（その 2）発掘調査の概要Ⅰ』．

46　⑧ 野洲町歴史民俗資料館 1992『中世集落を掘る—考古学による中世集落の復元』．
　　⑨ 森格也・宮下睦夫 1990『横江遺跡発掘調査報告書』滋賀県教育委員会・滋賀県文化財保護協会．
　　⑩ 愛知県埋蔵文化財センター 1990『阿弥陀寺遺跡』．
　　⑪ 今尾文昭 1990「奈良県田原本町　法貴寺遺跡」『自然と文化——特集　中世の居館跡——』観光資源保護財団．

47　⑫ 早渕隆人他 1994『黒谷川宮ノ前遺跡』徳島県埋蔵文化財センター．
　　⑬ 石尾和仁他 1996『中島田遺跡Ⅱ』徳島県埋蔵文化財センター．
　　⑭ 佐久間貴士 1985「畿内の中世集落と屋敷地」『ヒストリア』109 号．
　　⑮ 大阪府教育委員会 1988『日根野遺跡発掘調査概要——88-6 区の調査——』．大阪府教育委員会・大阪府埋蔵文化財協会 1991『日根野発掘現地説明会資料 31』大阪文化財センター．大阪府教育委員会 1993『大阪府下埋蔵文化財研究会(第 28 回)資料』．大阪府教育委員会 1996『日根野遺跡発掘調査概要』．
　　⑯ 岡本圭司 1995「泉州南部の中世集落の一様相」『研究紀要』3，大阪府埋蔵文化財協会．岡本圭司 1991「上町遺跡の調査」『関西近世考古学研究』Ⅰ．
　　⑰ 大阪府教育委員会 1995『陶器南遺跡発掘調査概要』．大阪府教育委員会 1996『陶器南遺跡発掘調査概要Ⅱ』．

48　⑱ 岩本正二他 1997『草戸千軒町遺跡発掘調査報告書Ⅴ』広島県草戸千軒町遺跡調査研究所．

49　⑲㉑ 葛野泰樹他 1989『妙楽寺遺跡Ⅲ』滋賀県教育委員会・滋賀県文化財保護協会．
　　⑳ 葛野泰樹他 1989『妙楽寺遺跡Ⅲ』滋賀県教育委員会・滋賀県文化財保護協会．彦根市教育委員会 1987『古屋敷遺跡発掘調査報告書』．

52　① 白石太一郎 1994『考古学による日本歴史 15　家族と住まい』雄山閣．須田茂 1987『東田遺跡』群馬県新田町教育委員会．
　　② 林田利之他 1992『駒井野荒追遺跡』印旛郡市文化財センター．

53　③ 三浦圭介他 1983『浜通遺跡』青森県教育委員会．
　　④ 阿部明彦他 1993『升川遺跡調査説明資料』山形県埋蔵文化財センター．
　　⑤ 押山雄三他 1985『郡山東部Ⅴ』福島県郡山市教育委員会．大越道正他 1985『母畑地区遺跡発掘調査報告 19』福島県文化センター．
　　⑥ 北陸中世土器研究会 1993『中世北陸の家・屋敷・暮らしぶり』．
　　⑦ 福嶋宗人 1988「鎌倉街道と多摩の遺跡」『文化財の保護』東京都教育委員会．

54	⑧	酒井重洋他 1991『南中田 D 遺跡発掘調査報告書』富山県埋蔵文化財センター.
	⑨	鈴木功他 1987『国道 113 号バイパス遺跡調査報告Ⅲ』福島県文化センター.
	⑩	村田健二他 1992『桑原遺跡』埼玉県埋蔵文化財調査事業団.
55	⑪	渡辺一他 1995『竹之城・石田・皿沼下遺跡』鳩山町教育委員会.
	⑫	百瀬新治他 1990『中央自動車道長野線埋蔵文化財発掘調査報告書 8 北栗遺跡』長野県埋蔵文化財センター
	⑬	古川一明他 1986『東北横断自動車道遺跡調査報告Ⅰ』宮城県教育委員会. 鈴木真一郎他 1987『中ノ内 A 遺跡・本屋敷遺跡他』宮城県教育委員会.
56	⑭	田代隆則 1988『自治医科大学周辺地区 昭和 63 年度埋蔵文化財発掘調査概報』栃木県文化振興事業団. 和田聡他 1992『福島県営ほ場整備事業阿賀川Ⅱ期地区遺跡発掘調査報告書』福島県会津坂下町教育委員会. 加藤道男他 1980『東北新幹線関係遺跡調査報告書Ⅳ』宮城県教育委員会.
	⑮	汐見一夫 1991「由比ヶ浜中世集団墓地遺跡の調査」『第 1 回鎌倉市遺跡調査・研究発表会発表要旨』鎌倉考古学研究所. 佐藤仁彦 1994『鎌倉市埋蔵文化財緊急調査報告書 10』鎌倉市教育委員会.
57	⑯	中・近世研究班 1991「中世の堅穴遺構について」『研究ノート 創刊号』茨城県教育財団.『研究学園都市計画桜栄崎土地区画整理事業地内埋蔵文化財調査報告書(Ⅲ)』茨城県教育財団.
	⑰	阿部俊夫他 1988『母畑地区遺跡発掘調査報告 25』福島県文化センター.
	⑱	川上貞雄他 1983『馬場屋敷遺跡等発掘調査報告書』新潟県白根市教育委員会. 斎木秀雄 1992「佐助ヶ谷遺跡の調査」『第 2 回鎌倉市遺跡調査・研究発表会発表要旨』鎌倉考古学研究所.
59		岩手県文化振興事業団埋蔵文化財センター 1986『五庵Ⅱ遺跡発掘調査報告書』. 坂井秀弥 1990「出雲崎町寺前中世遺跡の調査」『新潟県考古学会第 2 回大会研究発表会 発表要旨』. 長野県教育委員会 1974『長野県中央道埋蔵文化財発掘調査報告書』(下伊那郡阿智村斜坑広場その 2). 瀬戸市教育委員会 1992『上之山』. 愛知県教育委員会・愛知県埋蔵文化財センター 1994『愛知県埋蔵文化財情報』9. 愛知県武豊町歴史民俗資料館 1994『ウスガイト遺跡』『月刊文化財発掘出土情報』7, ジャパン通信社. 宇治市教育委員会 1985『宇治市街道遺跡第 2 次発掘調査概報』. 鋤柄俊夫 1993「中世丹南における職能民の集落遺跡」『国立歴史民俗博物館研究報告第 48 集』. 泉南市教育委員会 1996『戎畑遺跡発掘調査現地説明会資料』. 香川県教育委員会 1981『西村遺跡Ⅱ』. 広島県教育委員会 1982『道照遺跡』. 山口市教育委員会 1980『小原遺跡発掘調査現地説明会資料』. 山本信夫・狭川真一 1984「鋒ノ浦遺跡梵鐘鋳造遺構発掘調査速報」『古代研究』27.
60	①	鋤柄俊夫 1993「中世丹南における職能民の集落遺跡」『国立歴史民俗博物館研究報告第 48 集』. 堺市教育委員会 1990『堺環濠都市遺跡(SKT153 地点)発掘調査報告』堺市文化財調査報告第 51 集. 大阪府教育委員会 1993『岡 2 丁目所在遺跡発掘調査概要報告書』.
61	②	新潟県中条町「奥山庄波月条絵図」. 大阪府教育委員会・大阪府埋蔵文化財協会 1988『平井遺跡発掘調査報告書』. 山口県教育委員会 1980『下右田遺跡第 4 次調査概報・総括』.
	③	浪岡町教育委員会 1986『浪岡城跡』Ⅷ. 小野正敏・水藤真編 1990『よみがえる中世 6』平凡社. 網真也・山本雅和 1996「平安京左京八条三坊の発掘調査」『日本史研究』409.
63		高橋博志他 1998『荒井猫田遺跡(Ⅲ・Ⅳ・Ⅴ区)―第 1 次～第 6 次発掘調査報告―』郡山市教育委員会. 押山雄三他 1999「荒井猫田遺跡と周辺の遺跡」『シンポジュウム荒井猫田遺跡と中世の郡山』荒井猫田遺跡を考える会. 田代隆他 1989『自治医科大学周辺地区 昭和 63 年度埋蔵文化財発掘調査概報』栃木県文化振興事業団. 岡本圭司 1995「泉州南部の中世集落の一様相」『研究紀要』3, 大阪府埋蔵文化財協会. 玉永光洋 1996「大分県釘野千軒遺跡発見の建物跡」『中世都市研究 3』新人物往来社.
64	①	高橋学他 2000『洲崎遺跡』秋田県教育委員会. 羽柴直人他『志羅山遺跡第 46・66・74 次発掘調査報告書』岩手県文化振興事業団埋蔵文化財センター. 水戸弘美 1997『塔の腰遺跡発掘調査報告書』山形県埋蔵文化財センター. 山形県埋蔵文化財センター『高館山遺跡(2 期)第 3 次調査説明資料』. 加藤道男他 1980『(3)観音沢遺跡』『東北新幹線関係遺跡調査報告書―Ⅳ―』宮城県教育委員会. 山田晃弘 1998『一本柳遺跡Ⅰ』宮城県教育委員会. 千葉孝崇 1995「中世多賀城の屋敷群について」『第 8 回大会中世の陸奥国府を考える』東北学院大学中世史研究会. 竹田幸司他 1998「仙台市大野田古墳群中世路跡」『考古学ジャーナル』430 号. 高橋博志他 1998『荒井猫田遺跡(Ⅲ・Ⅳ・Ⅴ区)―第 1 次～第 6 次発掘調査報告―』郡山市教育委員会. 押山雄三他 1999「荒井猫田遺跡と周辺の遺跡」『シンポジュウム荒井猫田遺跡と中世の郡山』荒井猫田遺跡を考える会.
65	②	笹澤正史 1999「新潟県上越市子安遺跡の道路状遺構」『発掘された中世古道 Part2』中世みちの研究会. 品田高志「10 馬場・天神腰遺跡」『中・近世の北陸』北陸中世土器研究会編. 田代隆他 1989『自治医科大学周辺地区 昭和 63 年度埋蔵文化財発掘調査概報』栃木県文化振興事業団. 小林高 1999「埼玉県寄居町赤浜天神沢遺跡の堀割状遺構」『発掘された中世古道 Part2』中世みちの研究会. 宮滝交二 1991『堂山下遺跡』埼玉県埋蔵文化財調査事業団. 柴田龍司 1994「22 鎌倉道と市―袖ヶ浦市山谷遺跡の成果から―」『研究連絡誌』第 41 号, 千葉県文化財センター. 笹生衛 1998「21 荒久遺跡」『千葉県の歴史 資料編 中世・(考古資料)』千葉県. 笹生衛 1998「22 文脇遺跡」『千葉県の歴史 資料編 中世・(考古資料)』千葉県. 後藤貴之・新開英樹 1999「町田市野津田上の原遺跡検出の道路状遺構」『発掘された中世古道 Part2』中世みちの研究会. 櫛見功一他 1997『西田町遺跡調査報告書』山梨県東八代郡一宮町教育委員会. 小林健二 1999「山梨・石橋北屋敷遺跡の中世道路跡」『発掘された中世古道 Part2』中世みちの研究会.
69		上之国教育委員会 1980～99『史跡 上之国勝山館』Ⅰ～ⅩⅩ. 別冊歴史読本 1999『最新研究 日本の城 世界の城』新人物往来社. 山武考古学研究所 1994『関越自動車道(上越線)地域埋蔵文化財発掘調査報告書柚瀬Ⅰ遺跡・柚瀬Ⅱ遺跡・柚瀬Ⅲ遺跡』. 群馬県群馬町教育委員会 1999『井出地区遺跡群』群馬町埋蔵文化財調査報告第 52 集. 静岡県菊川町教育委員会 1995『静岡県指定史跡 横地城跡―総合調査報告書―』.
71	①	桜井清彦・菊池徹夫編 1987『蓬田大館遺跡』六興出版. 岡田康博他 1990『中崎館遺跡』青森県教育委員会. 工藤清泰 1994「古代末・中世初期の北奥」『歴史評論』. 畠山昇 1998『高屋敷館遺跡』青森県教育委員会. 室野秀文他 1994『稲荷町遺跡』盛岡市教育委員会. 室野秀文 1995「厨川の中世初期居館」『岩手考古学』第 7 号. 八木光則 1989「安倍・清原氏の城柵遺跡」『岩手考古学』第 1 号. 室野秀文 1998「古代末期の囲郭集落と城柵」『中世城郭研究』第 12 号. 八重樫忠郎他 1994『柳之御所跡発掘調査報告書』平泉町教育委員会. 三浦謙一・松本建速他 1995『柳之御所跡』岩手県文化振興事業団埋蔵文化財センター.

72 ② 山田晃弘他 1998『一本柳遺跡Ⅰ』宮城県教育委員会．仙台市教育委員会 1992『王ノ壇遺跡現地説明会資料』．五十嵐康洋 1995「仙台市南小泉地区の中世城館の変遷」『中世の陸奥国府を考える』東北学院大学中世史研究会 第8回大会．菅野崇之 1998『福島市勝口前畑遺跡』『館研究』第1号．和田聡他 1997『鏡ノ町遺跡 A』塩川町教育委員会．坂井秀弥 1997「寺前遺跡」『中・近世の北陸』桂書房．荒川正夫 1998『大久保山Ⅵ』早稲田大学．笹生衛 1998「岩川館跡」『千葉県の歴史 資料編 中世Ⅰ』千葉県．国平健三 1990「渋谷庄の居館跡」『季刊 自然と文化 30 中世居館』．国平健三他 1988『宮久保遺跡Ⅱ』神奈川県立埋蔵文化財センター．国平健三 1992「奈良・平安時代の集落」『神奈川県下における集落変遷の分析』神奈川県立埋蔵文化財センター．韮山町教育委員会 1995『伊豆韮山円城寺遺跡』．塚本和弘他 1995『横地城南遺跡群発掘調査報告書』菊川町教育委員会．

73 ③ 小島芳孝 1988『寺家遺跡発掘調査報告Ⅱ』石川県立埋蔵文化財研究所．藤田邦雄 1991「加賀7 三木だいもん遺跡」『城館遺跡出土の土器・陶磁器』北陸中世土器研究会．伊乍近富 1990「大内城跡」『季刊 自然と文化 30 中世居館』．伊乍近富 1982「大内城跡発掘調査概要」『京都府埋蔵文化財情報』第3号．進藤武 1992『中世集落を掘る―考古学による中世集落の復元―』野洲町立歴史民俗資料館．広瀬和雄 1998「中世農村の考古学的研究―西日本を中心として―」『シンポジウム 中世集落と灌漑』シンポジウム実行委員会．中村淳磯 1990「日置荘遺跡」『季刊 自然と文化 30 中世居館』．中村淳磯他 1995『日置荘遺跡』大阪府教育委員会・大阪文化財センター．灰掛薫 1990「和気遺跡」『季刊 自然と文化 30 中世居館』．宮武正登「佐賀平野の村と館―中世村落の成立と変化」『中世の風景を読む 7』．小柳和宏 1994「鎮西における居館の出現と展開―豊後大友一族を中心として―」『城と館を掘る・読む 古代から中世へ』山川出版社．矢部喜多夫他 1988『松原地区Ⅰ・Ⅱ・Ⅲ遺跡』都城市教育委員会．

75 ① 滋賀県立安土城考古博物館 1995『観音寺城と佐々木六角』．岐阜市教育委員会 1990『城之内遺跡―東長良中学校建設に伴う岐阜大学跡地の緊急発掘調査―』岐阜市文化財報告．同 1999『城之内遺跡―長良公園整備事業に伴う緊急発掘調査―』岐阜市文化財報告．岐阜市教育文化振興事業団 1999『城之内遺跡―北町堀田線・宮口町高見線 街路事業に伴う緊急発掘調査―』岐阜市教育文化振興事業団報告書第3集．内堀信雄 1997「岐阜県城之内遺跡出土の竹行李」『貿易陶磁研究』NO.17．高田徹・内堀信雄 1994「美濃における一五・一六世紀代の守護所の変遷」金子拓男・前川要編『守護所から戦国城下へ―地方政治都市論の試み―』名著出版．山口市教育委員会 1981～92『大内氏館跡』Ⅰ～Ⅸ．中世都市研究会 1999『都市の求心力―城・館・寺』中世都市研究会第七回研究集会(山形大会)資料集．愛媛県埋蔵文化財調査センター 1998『湯築城跡』．神岡町教育委員会 1995～98『岐阜県吉城郡神岡町 江馬氏城館跡』神岡町埋蔵文化財調査報告Ⅰ～Ⅳ．郡山市埋蔵文化財発掘調査事業団 1993『安子島城跡』安子島地区土地改良関連発掘調査報告書．中条町教育委員会 1993～97『新潟県北蒲原郡中条町江上館』中条町埋蔵文化財調査報告Ⅰ～Ⅴ．

76 ② 皀樹原・檜下遺跡調査会 1989『皀樹原・檜下遺跡Ⅰ(阿保境の館跡)』中世編 皀樹原・檜下遺跡調査会報告書．茨城県教育財団 1986～88『屋代B遺跡』茨城県教育文化財団調査報告Ⅰ～Ⅲ．茨城県教育財団 1993『(仮称)水戸浄水場予定地内埋蔵文化財調査白石遺跡』茨城県教育文化財団調査報告．東京都練馬区 1982『練馬区史 歴史編』．大河内勉 1989「石神井城址―石神井台一丁目遺跡―」学習院大学輔仁会『奥田直榮追悼集』．齋藤慎一 1998「豊島氏と城館をめぐる諸問題」峰岸純夫他編『豊島氏とその時代―東京の中世を考える』新人物往来社．

③ 兵庫県赤穂郡上郡町教育委員会 1998『国指定史跡 赤松氏城跡 白旗城跡』上郡町文化財調査報告 2．福島県文化センター他 1994『東北横断自動車道遺跡調査報告 28 猪久保城』福島県文化財調査報告書第308集．

77 南部川村教育委員会 1996『和歌山県平須賀城跡発掘調査報告書』．丹生川村教育委員会 1993『尾崎城跡発掘調査報告書(第1・2次調査)村民公園化に伴う埋蔵文化財調査』．東員町教育委員会 1984『員弁郡東員町山田山田城跡発掘調査報告』東員町埋蔵文化財調査報告 2．

④ 青森県八戸市教育委員会 1993『根城―本丸の発掘調査―』八戸市埋蔵文化財調査報告書第54集．東総文化財センター 2000『篠本城跡・城山遺跡―ひかり工業団地内埋蔵文化財調査報告 2―』東総文化財センター発掘調査報告書第21集．横浜市ふるさと歴史財団他 1991・94・2000『茅ヶ崎城』Ⅰ～Ⅲ．

79 ① 滋賀県教育委員会 1986『滋賀県中世城郭分布調査4(旧蒲生・神埼郡の城)』．吉田町教育委員会 1981『郡山城跡千浪郭群の発掘調査』．静岡県教育委員会 1983『駿府城内埋蔵文化財調査報告』静岡県文化財調査報告書第27集．別冊歴史読本 1999『最新研究 日本の城 世界の城』新人物往来社．甲府市教育委員会 1998～2000『史跡武田氏館跡』．勝沼町教育委員会他 1975・77・78『勝沼氏館跡調査概報』Ⅰ～Ⅲ．勝沼町教育委員会 1996『史跡勝沼氏館跡平成4～7年度外郭域G地区発掘調査概報』．兵庫県教育委員会 1992『初田館跡 近畿自動車道舞鶴線関係埋蔵文化財調査報告XIX』兵庫県文化財調査報告書第116冊．

80 ② 兵庫県教育委員会 1995『三木市 加佐山城跡・慈眼寺山城跡』兵庫県文化財調査報告第144冊．佐賀県教育委員会 1979『名護屋城跡並びに陣跡発掘調査報告書 1』．佐賀県立名護屋城博物館 1998『特別史跡名護屋城跡』．湯沢町教育委員会 1971『浅貝寄居城跡 新潟県南魚沼郡湯沢町浅貝寄居城跡発掘調査報』．同 1977『浅貝址 第二次発掘調査報告書』湯沢町文化財報告第3輯．

③ 三島市教育委員会 1985・94『史跡山中城跡』Ⅰ・Ⅱ．加須市教育委員会 1982『花崎遺跡』埼玉県加須市文化財調査報告書．福島県文化センター他 1992『東北横断自動車道遺跡調査報告 15 木村館跡』福島県文化財調査報告書第282集．藤岡市 1993『藤岡市史 資料編 原始・古代・中世』．

81 八王子市教育委員会 1986『八王子市埋蔵文化財年報 平成8年度』．別冊歴史読本 1999『最新研究 日本の城 世界の城』新人物往来社．益田市教育委員会 1998『七尾城跡・三宅御土居跡―益田氏関連遺跡群発掘調査報―』．静岡県水窪町教育委員会 1994～98・2000『高根城』水窪町文化財調査報告書Ⅰ～Ⅵ．岐阜市教育委員会 1990・91『千畳敷』岐阜市文化財報告Ⅰ・Ⅱ．君津郡市文化財センター 1988『―千葉県富津市―金谷城跡―』君津郡市文化財センター発掘調査報告書第28集．長岡京市埋蔵文化財センター 1991『勝龍寺城発掘調査報告』長岡京市埋蔵文化財調査報告書第6集．

85 八重樫忠郎 1996「岩手県平泉町白山社遺跡検出梵鐘鋳造遺構について」『第5回鋳造遺跡研究会』．太田昭夫他 1991『富沢遺跡』仙台市教育委員会．川上貞雄他 1992『北沢遺跡群』豊浦町教育委員会．斎木秀雄他 1993『佐助ヶ谷遺跡』佐助ヶ谷遺跡発掘調査団．斎木秀雄他 1992『長谷小路南遺跡』長谷小路南遺跡発掘調査団．丸山陽一 1996「国指定史跡 水殿瓦窯跡」『第3回中世瓦研究会』．藤澤良祐他 1993『東海の中世窯』瀬戸市埋蔵文化財センター．宇野隆夫他 1993『珠洲・大畠窯』富山大学考古学研究室．江浦洋他 1991『池島・福万寺遺跡発掘調査概要―89―1～6調査区の概要―』大阪文化財センター．大山真充他 1988『瀬戸大橋建設に伴う埋蔵文化財調査報告Ⅴ 大浦浜遺跡』香川県教育委員会．森隆 1994「中世土器の焼成窯」『中近世土器の基礎研究 X』日本中世土器研究会．広島大学文学部考古学研究室・潮見浩他 1993『中国地方製鉄遺跡の研究』渓水社．大瀬戸町教育委員会 1980『大瀬戸町石鍋製作所跡遺跡』．

87 ① 藤沼邦彦他 1979『熊狩A窯跡発掘調査報告』東北歴史資料館．藤沼邦彦他 1984『水沼窯跡発掘調査報告』石巻市教育委員会．中川成夫他 1973『狼

沢窯址群の調査』笹神村教育委員会．石田明夫他 1993・94『会津大戸窯』会津若松市教育委員会．上野・小村 1984『加賀古陶』ニュー・サイエンス社．田中照久 1986『越前名陶展』福井県陶芸館．後藤健一他 1991『山口第 17 地点古窯跡発掘調査報告書』湖西市教育委員会．小野田勝他 1976『惣作古窯址群』田原町教育委員会．中野晴久他 1993『亀塚池古窯址群発掘調査報告書』常滑市教育委員会．杉崎章他 1989『七曲古窯址群第三次発掘調査』知多市教育委員会．楢崎彰一他 1977『世界陶磁全集 3 日本中世』小学館．中野晴久 1996「瓷器系中世陶器の生産」『古瀬戸をめぐる中世陶器の世界―その生産と流通―』瀬戸市教育委員会・瀬戸市埋蔵文化財センター．

88 ② 小松正夫他 1978『大畑窯跡発掘調査報告書』南外村教育委員会．石田明夫他 1993・94『会津大戸窯』会津若松市教育委員会．川上貞雄他 1992『北沢遺跡群』豊浦町教育委員会．吉岡康暢 1994『中世須恵器の研究』吉川弘文館．宇野隆夫他 1993『珠洲・大畠窯』富山大学考古学研究室．森田稔 1986「東播系中世須恵器生産の成立と展開」『研究紀要』第 3 号，神戸市立博物館．大村敬通他 1983『魚住古窯跡群』兵庫県教育委員会．神council勝他 1986『神出 神出古窯址群に関連する遺跡群の調査』妙見山麓遺跡調査会．松本健郎他 1980『熊本県生産遺跡基本調査報告Ⅱ』熊本県教育委員会．

89 ③ 青木修他 1995『暁窯跡―第 3・4・5 号窯跡の調査―』瀬戸市埋蔵文化財センター．

④ 田中照久 1994「越前焼の歴史」『越前古陶とその再現』出光美術館．福井県立朝倉氏遺跡資料館 1990『一乗谷と越前焼』掲載の写真を基に，氏家浩子が作図した．

90 ⑤ 松澤和人他 1995『水南中窯跡』瀬戸市埋蔵文化財センター．田中照久 1994「九右衛門窯焼成実験の記録」『越前古陶とその再現』出光美術館．

⑥ 瀬戸市埋蔵文化財センター 1993『水南中窯跡現地説明会』．

91 ⑦ 藤澤良祐他 1993『東海の中世窯』瀬戸市埋蔵文化財センター．

⑧ 伊藤嘉章 1989「瀬戸・美濃大窯の窯体構造―その変遷と意義―」『美濃の古陶』美濃古窯研究会会報 No. 3，美濃古窯研究会．藤澤良祐 1986「瀬戸大窯発掘調査報告」『研究紀要』V，瀬戸市歴史民俗資料館．井上喜久男 1985・86〜88「美濃窯の研究（一）―十五〜十六世紀の陶器生産―」『東洋陶磁』東洋陶磁学会．石村真一 1991「美濃大窯成立における外的影響について」『美濃の古陶』美濃古窯研究会会報 No. 5，美濃古窯研究会．

93-95 伊藤近富 1993「古代〜中世洛外産土師器皿の生産と流通」『中近世土器の基礎研究Ⅸ』．大阪府教育委員会・大阪府埋蔵文化財協会 1988『平井遺跡』．小長谷正治 1992「伊丹郷町発見の焙烙窯」『関西近世考古学研究Ⅱ』．角田市教育委員会 1994『田町裏遺跡』．川越俊一・井上和人 1981「瓦器碗製作技術の復原」『考古学雑誌』第 67 巻 2 号．郡山市教育委員会 1983『桜木遺跡』『河内下郷遺跡Ⅲ』．郡山市教育委員会 1983『馬場中路遺跡』『郡山東部Ⅲ』．滋賀県教育委員会・滋賀県文化財保護協会 1992『錦織遺跡』．島田貞彦 1931「山城幡枝の土器」『考古学雑誌』第 21 巻 3 号．菅原正明 1989「西日本における瓦器生産の展開」『国立歴史民俗博物館研究報告第 19 集』．中野遺跡調査団 1986「池ノ尻館」『下総国四街道地域の遺跡調査報告書』．田中琢 1967「古代中世における手工業の発達(4)畿内」『日本考古学Ⅳ 歴史時代（上）』河出書房．常滑市教育委員会 1993『亀塚池古窯址群発掘調査報告書』．橋本久和 1992『中世土器研究序論』真陽社．宮城県多賀城跡調査研究所 1984『名生館遺跡Ⅳ』多賀城関連遺跡発掘調査報告書第 9 冊．百瀬正恒 1985「平安京及びその近郊における土器の生産と消費」『中近世土器の基礎研究Ⅰ』．森隆 1994「中世土器の焼成窯」『中近世土器の基礎研究Ⅹ』．森隆 1993「土器椀の生産と流通」『中近世土器の基礎研究Ⅸ』．横田洋三 1988「中世土師器皿と生産地」『紀要 1』滋賀県埋蔵文化財保護協会．

97 つくば市教育委員会 1993『三村山極楽寺跡遺跡群』．荒川正夫 1986「大久保山遺跡（浅見山Ⅰ遺跡）」『本庄市史 通史編Ⅰ』本庄市．美里町教育委員会 1990『国指定史跡水殿瓦窯試掘調査報告』．渋谷・坂巻 1988「旗指古窯における千葉山智満寺の瓦生産」『静岡県考古学研究』22．湖西市教育委員会 1991『山口第 17 地点古窯跡発掘調査報告書』．久米・高平・清田 1967「伊良湖東大寺瓦窯群」『昭和 41 年度渥美半島埋蔵文化財調査報告』渥美町教育委員会．名古屋考古学会裏山 1 号窯調査団 1983「八事裏山 1 号窯第二次発掘調査報告」『古代人』41．枚方市文化財研究調査会 1984『楠葉瓦窯跡・粟倉瓦窯跡発掘調査報告』．藤井寺市教育委員会 1994『石川流域遺跡群発掘調査報告Ⅸ』．龍泉寺 1981『龍泉寺―坊院跡および瓦窯群の発掘調査報告書―』．明石市教育委員会・平安博物館 1985『魚住古窯跡群発掘調査報告書』．香川県教育委員会 1981『西村遺跡Ⅱ』．大阪府教育委員会 1980『西浦橋・鶴田池東遺跡発掘調査概要』．

98 平安博物館 1977『平安京古瓦図録』．大川清 1974「古瓦」『日本考古学の現状と課題』．山川一年 1993「瀬戸の瓦」『瀬戸市歴史民俗資料館研究紀要』Ⅺ．鎌倉市教育委員会 1985『鶴岡八幡宮境内発掘調査報告書』．丹治康明 1987「東播磨における瓦生産」『中近世土器の基礎研究Ⅲ』．大脇潔 1991「研究ノート・丸瓦の製作技術」『研究論集』Ⅸ，奈良国立文化財研究所．大川清 1972『日本の古代瓦』．

99 石川安司 1994「埼玉の中世瓦」『埼玉北西部地域（比企郡市）考古資料集成』③．平泉町教育委員会 1984『柳之御所跡発掘調査報告書―第 13・14・15・16 次発掘調査概報―』．金森安孝 1992「東光寺の発掘」『よみがえる中世 7』平凡社．新野一浩 1993『瑞巌寺境内遺跡試掘調査概報』瑞巌寺博物館．桑折町教育委員会 1991『下万正寺遺跡試掘調査報告書』．つくば市教育委員会 1993『三村山極楽寺跡遺跡群』．大江正行 1991「考古遺物から見た中世の高崎」『高崎市史編さんだより』第 3 号．群馬県埋蔵文化財調査事業団 1986『上野国分僧寺・尼寺中間地域』8 分冊中の第 1 分冊．日野市教育委員会ほか 1993『京王百草園の発掘調査』．鎌倉市教育委員会 1985『史跡永福寺跡―昭和 59 年度―』．鎌倉市教育委員会 1989『史跡永福寺跡―昭和 63 年度―』．鎌倉市教育委員会 1990『史跡永福寺跡―平成元年度―』．韮山町教育委員会 1971『伊豆韮山願成就院発掘調査概報』．渋谷・坂巻 1988「旗指古窯における千葉山智満寺の瓦生産」『静岡県考古学研究』22．名古屋考古学会裏山 1 号窯調査団 1981「八事裏山 1 号窯発掘調査報告」『古代人』38．久永・高平・清田 1967「伊良湖東大寺瓦窯群」『昭和 41 年度渥美半島埋蔵文化財調査報告』渥美町教育委員会．岡山県教育委員会 1980『泉瓦窯跡・万富東大寺瓦窯跡』．臼杵市教育委員会 1982『臼杵石仏群地域遺跡発掘調査報告書』．

101 今尾文昭 1990「大和・中世村落における瓦質土器」『中世土器の基礎研究Ⅵ』．濱口和弘 1991「Ⅱ興善寺跡の調査」『橿原市文化財調査概要 8』．今尾文昭 1992「花かたにやくなら火鉢・考」『考古学と生活文化』同志社大学考古学シリーズⅤ．山川均 1993『平城京右京八条三坊三坪発掘調査概報』大和郡山市文化財調査概要 28．

103 藤沼邦彦他 1984『水沼窯跡発掘調査報告』石巻市教育委員会．寺島文隆他 1982『阿武隈地区遺跡分布調査報告書（Ⅱ）』福島県文化センター．川上貞雄他 1992『北沢遺跡群』豊浦町教育委員会．赤熊浩一他 1994『金井遺跡B区』埼玉県埋蔵文化財調査事業団．広島大学文学部考古学研究室編 1993『中国地方製鉄遺跡の研究』渓水社．勢田廣行他 1992『金山・樺製鉄遺跡群調査報告書』荒尾市教育委員会．

104 ① 広島大学文学部考古学研究室編 1993『中国地方製鉄遺跡の研究』渓水社．

- ② 勢田廣行他 1992『金山・樺製鉄遺跡群調査報告書』荒尾市教育委員会. 安田稔他 1991『原町火力発電所遺跡調査報告Ⅱ』福島県文化センター. 潮見浩 1988『図解 技術の考古学』有斐閣.
- ③ 山村貴輝 1994「静岡県伊東市寺中遺跡」『日本考古学協会年報』44.

105
- ④ 川上貞雄他 1992『北沢遺跡群』豊浦町教育委員会.
- ⑤ 今村啓爾他 1987『甲斐・黒川金山〜第一次調査報告〜』黒川金山遺跡研究会. 今村啓爾他 1987『甲斐・黒川金山 第二次調査報告』黒川金山遺跡研究会・学習院大学史学部.
- ⑥ 村上伸二「嵐山町金平遺跡における鎌倉時代鋳造遺跡の調査について」『比企丘陵』第2号, 比企丘陵文化研究会. 五十川伸矢 1992「古代・中世の鋳鉄鋳物」『国立歴史民俗博物館研究報告第46集』. 潮見浩 1988『図解 技術の考古学』有斐閣.

106
- ⑦ 八重樫忠郎 1998「平泉・白山神社遺跡の梵鐘鋳造遺構」『季刊考古学』62. 五十川伸矢 1991「中世白河の鋳造工房」『京都大学埋蔵文化財調査報告Ⅳ』, 京都大学埋蔵文化財研究センター. 嶋谷和彦 1994「中世の模鋳銭生産」『考古学ジャーナル』372. 續伸一郎 1990「堺環濠都市遺跡発掘調査報告書 SKT153地点」堺市文化財調査報告第51集, 堺市教育委員会. 山本信夫 1992「中世の大宰府」太宰府市史考古資料編, 太宰府市. 山本信夫他 1987「鉾ノ浦遺跡(福岡県)—筑前大宰府鋳物師の解明—」『仏教芸術』174. 大庭康時 1997「博多遺跡群における中世考古資料の分布論的検討メモ」『博多研究会誌』第5号.

107 網伸也 1996「和鏡鋳型の復元的考察—左京八条三坊三町・六町出土例を中心に」『研究紀要』第3号, 京都市埋蔵文化財研究所. 宗台秀明 1994「鎌倉市内出土の鏡鋳型」『鎌倉考古』No.31. 宗台秀明他 1993『今小路西遺跡—由比ヶ浜一丁目213番3地点』今小路西遺跡発掘調査団. 山本信夫 1992「第5章中世の大宰府第1〜3節」『太宰府市史考古資料編』太宰府市. 狭川真一 1994「大宰府の鋳造品生産」『考古学ジャーナル』372.

110 ③ 藤沢・稲川 1992『図説 日本の文化をさぐる〔10〕うるしの文化』小峰書店の掲載図を下に, 鈴鹿八重子が作図した.

114
- ① 国井洋子 1989「石材の産地と供給圏」『よみがえる中世5』平凡社. 大河内勉他 1997『由比ヶ浜中世集団墓地遺跡発掘調査報告書——由比ヶ浜四丁目116番地(KKR鎌倉若宮荘)——』由比ヶ浜中世集団墓地遺跡発掘調査団. 福井県朝倉氏遺跡資料館 1983『県道鯖江・美山線改良工事に伴う発掘調査報告書』福井県教育委員会. 大阪府埋蔵文化財協会 1988『阪南丘陵開発工事に伴うミノバ石切場跡発掘調査報告書』. 大阪府埋蔵文化財協会 1987『阪南丘陵開発工事に伴う金剛寺遺跡発掘調査報告書』. 七尾市教育委員会 1992『七尾城下町遺跡七尾城跡シッケ地区遺跡発掘調査報告』. 朝倉氏遺跡調査研究所 1981『特別史跡一乗谷朝倉氏遺跡Ⅻ——昭和55年度発掘調査整備事業概要——』福井県教育委員会. 福井県立朝倉氏遺跡資料館 1985『特別史跡一乗谷朝倉氏遺跡ⅩⅥ——昭和59年度発掘調査整備事業概要——』. 斎木秀雄他 1985『諏訪東遺跡』諏訪東遺跡調査団. 宮田真他 1997『若宮大路周辺遺跡群発掘調査報告書——鎌倉市小町1丁目322番地点——』若宮大路周辺遺跡群発掘調査団. 神奈川県立埋蔵文化センター 1986『千葉地東遺跡』. 斎木秀雄 1994『由比ヶ浜4-6-9地点発掘調査報告書』由比ヶ浜中世集団墓地遺跡発掘調査団. 草戸千軒町遺跡調査研究所 1995『草戸千軒町遺跡発掘調査報告書Ⅲ』. 石川県立埋蔵文化財センター 1984『普正寺遺跡』. 福岡県教育委員会 1978『福岡南バイパス関係埋蔵文化財調査報告』第8集.

115
- ② 小松正夫他 1978『後城遺跡発掘調査報告書』秋田市教育委員会. 青森県埋蔵文化財センター 1987『境関遺跡発掘調査報告書』. 斎木秀雄 1994『由比ヶ浜4-6-9地点発掘調査報告書』由比ヶ浜中世集団墓地遺跡発掘調査団. 鎌倉市鶴岡八幡宮 1983『研修道場用地発掘調査報告書』研修道場用地発掘調査団. 広島県草戸千軒町遺跡調査研究所 1994『草戸千軒町遺跡発掘調査報告Ⅱ』. 斎木秀雄他 1993『佐助ヶ谷遺跡(鎌倉税務署用地)発掘調査報告書』佐助ヶ谷遺跡発掘調査団. 手塚直樹他 1999『若宮大路周辺遺跡群〈小町1丁目106番地1他地点——第1次, 小町1丁目116番4他地点——第2次〉』若宮大路遺跡群発掘調査団. 平泉町教育委員会 1997『志羅山遺跡第52次発掘調査報告書』岩手県平泉町文化財調査報告書第67集. 神奈川県立埋蔵文化財センター 1986『千葉地東遺跡』. 中山正典 1993「曲物の製作技法と形態」『食生活と民具』日本民具学会論集7, 雄山閣出版. 宮田真他 1997『若宮大路周辺遺跡群発掘調査報告書——鎌倉市小町1丁目322番地点鎌倉スポーツクラブ用地——』若宮大路周辺遺跡群発掘調査団. 宮田真 1999『若宮大路周辺遺跡群発掘調査報告書』若宮大路周辺遺跡群発掘調査団. 石川県立埋蔵文化財センター 1988『白江梯川遺跡Ⅰ』.

117 太田昭夫他 1991『富沢遺跡』仙台市教育委員会. 工楽善通他 1988『水田遺構集成』農耕文化振興研究会. 江浦洋他 1991『池島・福万寺遺跡調査概要Ⅴ』大阪文化財センター.

118
- ① 鹿田雄三他 1985『女堀』群馬県埋蔵文化財調査事業団. 峰岸純夫・能登健編 1989『よみがえる中世 5』平凡社.
- ② 太田昭夫他 1991『富沢遺跡』仙台市教育委員会.

119 ③ 斎木秀雄他 1993『佐助ヶ谷遺跡』佐助ヶ谷遺跡発掘調査団. 手塚直樹他 1982『千葉地遺跡』千葉地遺跡発掘調査団. 岩本正二他 1993〜95『草戸千軒町遺跡発掘調査報告Ⅰ〜Ⅳ』広島県草戸千軒町遺跡調査研究所. 山上雅弘他 1992『初田館跡』兵庫県教育委員会. 望月精司 1992『銭畑遺跡Ⅰ』小松市教育委員会. 森本英津子 1995「2 五社遺跡出土のコロバシについて」『埋蔵文化財年報(6)』富山県文化振興財団埋蔵文化財調査事務所.

120 ④ 鯉渕和彦他 1992『常陸那珂港関係埋蔵文化財調査報告書2 沢田遺跡』茨城県教育財団. 三重県埋蔵文化財センター 1992『池ノ上遺跡』. 山本・大平 1982「兵庫県堂山遺跡」日本考古学協会年報32. 廣山堯道 1983『日本製塩技術史の研究』雄山閣.

121
- ⑤ 鯉渕和彦他 1992『常陸那珂港関係埋蔵文化財調査報告書2 沢田遺跡』茨城県教育財団.
- ⑥ 三重県埋蔵文化財センター 1992『池ノ上遺跡』.
- ⑦ 真鍋篤行 1994「弥生時代以降の瀬戸内地方の漁業の発展に関する考古学的考察」瀬戸内海歴史民俗資料館紀要Ⅶ.
- ⑧ 中三川昇他 1995『蓼原東遺跡』横須賀市教育委員会. 岩本正二他 1993〜95『草戸千軒町遺跡発掘調査報告Ⅰ〜Ⅳ』広島県草戸千軒町遺跡調査研究所. 望月精司 1992『銭畑遺跡Ⅰ』小松市教育委員会.

123 宇田川洋 1977『北海道の考古学2』北海道出版企画センター. 大場利夫・大井晴男 1981『香深井遺跡(下)』東京大学出版会. 八幡一郎 1943「骨製針入」『古代文化』14-8. 藤田登他 1981『史跡上之国勝山館跡』Ⅱ, 上之国町教育委員会. 松崎水穂他 1983『史跡上之国勝山館跡』Ⅲ, 上之国町教育委員会. 斉藤邦典編 1990『史跡上之国勝山館跡』Ⅺ, 上之国町教育委員会. 松崎水穂編 1991・92・94『史跡上之国勝山館跡』Ⅻ・ⅩⅢ・ⅩⅤ, 上之国町教育委員会. 永井治他 1995『聖寿寺館跡発掘調査報告書』Ⅰ南部町教育委員会. 佐藤洋編 1983『今泉城跡』仙台市教育委員会. 高島好一・木幡成雄編 1993『久世原館・番匠地遺跡』第Ⅳ篇, いわき市教育委員会. 鯉渕和彦他編 1992『沢田遺跡』茨城県教育財団. 松井章 1991「南借当遺跡出

土の動物遺存体」千葉県土木部『多古町南借当遺跡』. 小林裕他編 1994『丸の内三丁目遺跡』東京都生活文化局. 中三川昇編 1995『蓼原東遺跡』横須賀市教育委員会. 手塚直樹他 1982『千葉地遺跡』千葉地遺跡発掘調査団. 服部実喜・宍戸信悟編 1986『千葉地東遺跡』神奈川県埋蔵文化財センター. 斎木秀雄他 1983『研修道場用地発掘調査報告書』研修道場用地発掘調査団. 斎木秀雄 1992『長谷小路南遺跡』長谷小路南遺跡発掘調査団. 斎木秀雄 1994『由比ヶ浜 4-6-9 地点発掘調査報告書』由比ヶ浜中世集団墓地遺跡発掘調査団. 芝田悟・垣内光次郎 1984『普正寺遺跡』石川県立埋蔵文化財センター. 森浩一編 1973『姥柳町遺跡(南蛮寺跡)調査概報』同志社大学文学部文化学科. 中尾芳治編 1988『大坂城跡』Ⅲ, 大阪市文化協会. 森村健一編 1983『堺(SKT3)』堺市文化財調査報告第 15 集, 堺市教育委員会. 森村健一他 1983『堺環濠都市遺跡発掘調査報告(SKT4)』堺市文化財調査報告第 13 集, 堺市教育委員会. 續伸一郎 1991『堺環濠都市遺跡発掘調査概要報告(SKT230)』堺市文化財調査概要報告第 14 冊, 堺市教育委員会. 増田達彦 1992『堺環濠都市遺跡発掘調査概要報告(SKT354)』堺市文化財調査概要報告第 33 冊, 堺市教育委員会. 十河良和 1993『堺環濠都市遺跡発掘調査概要報告(SKT411)』堺市文化財調査概要報告第 41 冊, 堺市教育委員会. 嶋谷和彦 1994『堺環濠都市遺跡発掘調査概要報告(SKT368)』堺市文化財調査概要報告第 47 冊, 堺市教育委員会. 村川行弘 1980『尼崎市史』第 11 巻, 尼崎市役所. 岩本正二編 1993〜95『草戸千軒町遺跡発掘調査報告』Ⅰ〜Ⅲ, 広島県教育委員会. 篠原芳秀編 1979『尾道—市街地発掘調査概要—1978』尾道市教育委員会. 小畑弘己・佐藤一郎編 1993『博多』37, 福岡市教育委員会. 加藤良彦 1995「博多 35 次調査遺物編」福岡市教育委員会『博多』47. 渡辺誠編 1990『考古資料ソフテックス写真集』第 5 集, 名古屋大学文学部考古学研究室. 下地安広編 1985『浦添城跡発掘調査報告書』浦添市教育委員会. 安里嗣淳他 1984『勝連城跡—南貝塚および二の丸北地点の発掘調査—』勝連町教育委員会. 照屋盛三他 1991『糸数城跡』玉城村教育委員会.

124 ① 手塚直樹他 1982『千葉地遺跡』千葉地遺跡発掘調査団. 加藤良彦 1995「博多 35 次調査遺物編」『博多』47, 福岡市教育委員会. 岩本正二編 1993『草戸千軒町遺跡発掘調査報告』Ⅰ, 広島県教育委員会.

② 宗臺秀明 1994「中世前期鎌倉における街形成の一端」『物質文化』57.

③ 斎木秀雄編 1992『長谷小路南遺跡』長谷小路南遺跡発掘調査団.

④ 宗臺秀明・宗臺富貴子 1994『長谷小路周辺遺跡』長谷小路周辺遺跡発掘調査団.

⑤⑥⑦⑧ 宗臺秀明・宗臺富貴子 1994『長谷小路周辺遺跡』長谷小路周辺遺跡発掘調査団. 久保和士 1995「近世大坂の骨細工」関西近世考古学研究会『近世都市と産業』. 大阪市文化財協会 1995『難波宮跡の研究』Ⅶ. 金子浩昌 1994「葛西城跡出土の動物遺体の研究」葛飾区遺跡調査会『葛西城跡』ⅩⅢ.

125 ⑩⑪⑫ 篠原芳秀編 1979『尾道—市街地発掘調査概要—1978』尾道市教育委員会. 嶋谷和彦 1994『堺環濠都市遺跡発掘調査概要報告(SKT368)』堺市教育委員会『堺市文化財調査概要報告第 47 冊』. これ以外は筆者オリジナル.

127 四柳嘉章他 1987『西川島』穴水町教育委員会. 国平健三他 1988『宮久保遺跡Ⅱ』神奈川県立埋蔵文化財センター. 岩本正二他 1993〜95『草戸千軒町遺跡発掘調査報告Ⅰ〜Ⅳ』広島県草戸千軒町遺跡調査研究所. 赤平智平他 1986『境関館遺跡』青森県教育委員会. 斎木秀雄他 1993『佐助ヶ谷遺跡』佐助ヶ谷遺跡発掘調査団. 古川利意他 1985『御前清水遺跡　金山遺跡』山都町教育委員会. 川上貞雄他 1983『馬場屋敷遺跡等発掘調査報告書』白根市教育委員会. 酒井重洋他 1995『4　石名田木舟遺跡』『埋蔵文化財年報(6)』富山県文化振興財団埋蔵文化財調査事務所. 松本建進他 1995『柳之御所跡』岩手県文化振興事業団埋蔵文化財センター. 佐々木浩一他 1993『根城—本丸の発掘調査—』八戸市教育委員会. 市川一秋 1996「長沼南古館」『長沼町史　第 2 巻　資料編 1』長沼町.

131 三浦謙一他 1995『柳之御所』岩手県文化振興事業団埋蔵文化財調査事業団報告書第 228 集. 鈴木正貴 1992『清洲城下町遺跡(Ⅴ)』愛知県文化財センター調査報告書第 27 集他. 斎木秀雄他 1993『佐助ケ谷遺跡発掘調査報告書』他. 福井県立朝倉氏遺跡資料館 1979『朝倉氏遺跡発掘調査報告Ⅰ』他. 広島県草戸千軒町遺跡調査研究所編 1993『草戸千軒町遺跡発掘調査報告Ⅰ』他.

133 三浦謙一他 1995『柳之御所』岩手県文化振興事業団埋蔵文化財調査事業団報告書第 228 集. 八重樫忠郎 1992『柳之御所跡発掘調査報告書』岩手県平泉町文化財調査報告書第 28 集. 赤熊浩一 1994『金井遺跡Ｂ区』埼玉県埋蔵文化財調査事業団報告書第 146 集. 服部実喜 1984『蔵屋敷遺跡』鎌倉駅舎改築にかかる遺跡調査会. 岩田隆 1991「一乗谷朝倉氏遺跡出土遺物の組成について」『城館遺跡出土の土器・陶磁器』第 4 回北陸中世土器研究会. 垣内光次郎 1984『普正寺遺跡』石川県立埋蔵文化財センター. 蟹江吉弘 1996『清洲城下町遺跡Ⅳ』愛知県埋蔵文化財センター調査報告書第 65 集.

134 ① 斎木秀雄他 1982『千葉地遺跡』. 斎木秀雄他 1993『佐助ケ谷遺跡発掘調査報告書』. 河野眞知郎 1995『中世都市鎌倉』講談社.

②③ 斎木秀雄他 1993『佐助ケ谷遺跡発掘調査報告書』.

135 ④ 福井県立朝倉氏遺跡資料館 1979『朝倉氏遺跡発掘調査報告Ⅰ』. 福井県立朝倉氏遺跡資料館 1990・93・95『一乗谷朝倉氏遺跡発掘調査報告Ⅲ・Ⅳ・Ⅴ』. 福井県立朝倉氏遺跡資料館 1992『一乗谷朝倉氏遺跡環境整備報告Ⅱ』. 福井県立朝倉氏遺跡資料館 1978〜88『一乗谷朝倉氏遺跡発掘調査整備概要』.

⑤ 後藤建一 1987『長谷元屋敷遺跡』湖西市教育委員会. 鎌倉市教育委員会 1983『小町 1 丁目 309 番 5 地点発掘調査報告』. 鈴木正貴 1990『清洲城下町遺跡』愛知県埋蔵文化財センター調査報告書第 17 集. 樫村宣行 1993『白石遺跡』茨城県教育財団調査報告書第 82 集. 長野県教育委員会 1990『北栗遺跡』長野県埋蔵文化財センター発掘調査報告書 8. 五十川伸矢 1992「古代・中世の鋳鉄鋳物」『国立歴史民俗博物館研究報告第 46 集』. 福井県立朝倉氏遺跡資料館 1988『特別史跡一乗谷朝倉氏遺跡発掘調査報告書Ⅱ』. 我孫子市教育委員会 1981『鹿島前遺跡　第 3 次発掘調査概報』我孫子市埋蔵文化財小報告第 5 集.

⑥ 横山和美 1996『梅原胡摩堂遺跡発掘調査報告(遺物)』富山県文化振興財団埋蔵文化財発掘調査報告第 7 集.

137 橋本久和 1984「高槻市上牧・宮田遺跡出土の中国陶磁」『貿易陶磁研究』4. 橋本久和 1980『上牧遺跡発掘調査報告書』高槻市文化財調査報告書第 13 冊. 池崎譲二 1984「博多出土陶磁器組成について」『貿易陶磁研究』4. 池崎譲二他 1984『福岡市高速鉄道関係埋蔵文化財調査報告Ⅳ　博多』福岡市埋蔵文化財調査報告第 105 集. 広島県草戸千軒町遺跡調査研究所編 1995・96『草戸千軒町遺跡発掘調査報告Ⅳ・Ⅴ』. 鋤柄俊夫 1995『日置荘遺跡』大阪文化財センター. 佐伯和也他 1994『根来寺坊院跡』和歌山県文化財センター. 上田秀夫 1984「根来寺坊院跡における陶磁器の組成と機能分担」『貿易陶磁研究』4. 菅原正明 1991「西日本における瓦器生産の展開」『国立歴史民俗博物館研究報告第 19 集』. 植山茂他 1983「三條西殿跡」『平安京跡研究調査報告第 7 輯』.

138 ① 小松茂美 1990『慕帰絵詞』続日本の絵巻 9, 中央公論社. 平良泰久他 1978「吉田近衛町遺跡発掘調査概要」『埋蔵文化財発掘調査概要』京都府教育委員会. 京都市埋蔵文化財研究所 1977『鳥羽離宮跡発掘調査概報』. 京都市埋蔵文化財研究所 1986『平安京跡発掘資料選(二)』. 京都市埋蔵文化財研究所 1985『鳥羽離宮跡発掘調査概報』. 山本輝雄 1980「長岡京跡右京第 10・28 次調査」長岡京市文化財調査報告書第 5 冊. 鋤柄俊夫 1995『日置荘遺跡』. 河野真知郎他 1990『今小路西遺跡発掘調査報告書』. 青木修 1995『暁窯跡―第 3・4・5 号窯跡』瀬戸市埋蔵文化財調査報告第 9 集. 五十川伸矢 1992「古代・中世の鋳鉄鋳物」『国立歴史民俗博物館研究報告第 46 集』. 川西宏幸他 1983「平安京左京八條三坊二町」『平安京跡研究調査報告第 6 輯』.

139 ② 愛知県教育委員会 1985『愛知県古窯跡群分布調査報告(Ⅳ)』. 愛知県教育委員会 1986『愛知県古窯跡群分布調査報告(Ⅴ)』. 滋賀県教育委員会 1986『横江遺跡発掘調査報告書』Ⅰ. 近江俊秀 1986「畿内瓦器椀に関する若干の考察」『中近世土器の基礎研究Ⅷ』. 兵庫県教育委員会 1983『魚住古窯跡群』. 平岡正宏 1993「美作の古代末から中世の土器」『中近世土器の基礎研究Ⅸ』. 九州歴史資料館 1991『大宰府史跡―平成元年度発掘調査概報―』. 広島県草戸千軒町遺跡調査研究所 1994『草戸千軒町遺跡発掘調査報告Ⅱ』. 鋤柄俊夫 1995「用途にみる土器文化の地域性」『帝京大学山梨文化財研究所所報』.

③ 広島県草戸千軒町遺跡調査研究所 1994『草戸千軒町遺跡発掘調査報告Ⅱ』. 山口県教育委員会 1991『妙徳寺古墳 妙徳寺経塚 栗遺跡』. 島根県教育委員会 1994『上久々茂土居遺跡・大峠遺跡』. 鋤柄俊夫 1988「畿内における古代末から中世の土器―模倣系土器生産の展開―」『中近世土器の基礎研究Ⅳ』. 熊本県教育委員会 1980『平原・野中遺跡』熊本県文化財調査報告第 43 集. 兵庫県教育委員会 1992『初田館遺跡』兵庫県文化財調査報告第 116 集. 奈良市教育委員会 1981『奈良市埋蔵文化財調査報告書 昭和 55 年度』. 芦屋市教育委員会 1979『三条岡山遺跡』. 兵庫県教育委員会 1991『大国山遺跡』. 堺市教育委員会 1990『堺市文化財調査報告第 34 集』. 三重県教育委員会 1985『三重県埋蔵文化財調査報告』68. 湖西市教育委員会 1987『長谷元屋敷遺跡』. 豊川市教育委員会 1993『麻生田大橋遺跡発掘調査報告書』.

141 ① 地図 水野和雄 1988「戦国城下町における「道」の復元」『朝倉氏遺跡資料館紀要 1987』福井県立朝倉氏遺跡資料館. 福井県立朝倉氏遺跡資料館編 1976, 78〜80, 84・85『特別史跡 一乗谷朝倉氏遺跡Ⅶ, Ⅸ〜Ⅺ, Ⅻ・ⅩⅣ』福井県立朝倉氏遺跡資料館. 福井県立朝倉氏遺跡資料館編 1983『県道鯖江・美山線改良工事に伴う発掘調査報告書』福井県立朝倉氏遺跡資料館.

142 ② 山口県教育委員会編 1980『下右田遺跡―4 次―』山口県埋蔵文化財調査報告第 53 集, 山口県教育委員会・建設省山口工事事務所. 高井梯三郎・葛野豊・橋本久 1971『堂坂遺跡発掘調査報告書』宝塚市文化財調査報告第 3 集, 宝塚市教育委員会. 田辺英男編 1988『草戸千軒町遺跡―第 35・36 次発掘調査概要―』草戸千軒町遺跡調査年報 1986, 広島県草戸千軒町遺跡調査研究所. 野田芳正 1984『堺環濠都市遺跡発掘調査報告―SKT21 地点―』堺市文化財調査報告第 10 集, 堺市教育委員会. 岡崎正雄他 1989『中尾城跡』兵庫県文化財調査報告書第 67 冊, 兵庫県教育委員会. 岩出町教育委員会編 1992『平成 3 年度岩出遺跡調査概要報告書(根来寺坊院の調査)1992 年』岩出町教育委員会. 續伸一郎 1987『堺環濠都市遺跡発掘調査報告―SKT47 地点―』堺市文化財調査報告第 35 集, 堺市教育委員会. 毛利哲夫 1986「三木城発掘調査」三木市埋蔵文化財調査概要―昭和 50 年度〜昭和 59 年度―, 三木市教育委員会. 岡田博 1988「山陽自動車道建設に伴う発掘調査 3―亀山遺跡―」岡山県埋蔵文化財発掘調査報告 69, 建設省岡山工事事務所・岡山県教育委員会. 菅原正明 1992「甕倉出現の意義」『国立歴史民俗博物館研究報告第 46 集』.

143 ③ 小松茂美編 1991『春日権現験記絵 上・下』続日本の絵巻 14・15, 中央公論社. 藤井直正・木下亘・中瀬史子 1982『大坂城三の丸Ⅰ』大手前女子大学史学研究所・大坂城三の丸遺跡調査研究会. 小松茂美編 1990『法然上人絵伝下』続日本の絵巻 3, 中央公論社. 角川書店編 1968『遊行上人縁起絵』新修日本絵巻物全集, 角川書店. 小松茂美編 1990『慕帰絵詞』続日本の絵巻 9, 中央公論社.

145 岩井宏實 1993「曲物の技術」『国立歴史民俗博物館研究報告第 50 集』. 南博史 1982「絵巻物による曲物の一考察」『平安博物館研究紀要第 7 輯』. 南博史 1983「いわゆる「曲物埋設遺構」について」. 西村歩 1994「天川村曲物考」『大阪府埋蔵文化財協会研究紀要 2』. 諏訪東遺跡調査会 1985『鎌倉市諏訪東遺跡』. 穴水町教育委員会 1987『西川島 能登における中世村落の発掘調査』. 福井県教育委員会 1979『特別史跡一乗谷 朝倉氏遺跡発掘調査報告Ⅰ 朝倉館跡の調査』. 千葉地東遺跡発掘調査団 1987『御成町 228 番地―2 他地点遺跡』. 愛知県埋蔵文化財センター 1992「朝日西遺跡」『愛知県埋蔵文化財センター調査報告書第 28 集』.『不動利益縁起』東京国立博物館蔵.

147 ① 石川県穴水町教育委員会編 1987『西川島』. 小林和男 1990「日野市栄町遺跡出土の三具足」『東京考古』8. 浪岡町教育委員会 1988『浪岡城跡Ⅸ』. 広島県草戸千軒町遺跡調査研究所編 1993・94『草戸千軒町遺跡発掘調査報告Ⅰ・Ⅱ』. 広島県草戸千軒町遺跡調査研究所 1991『草戸千軒町遺跡―第 42・43 次発掘調査概要』. 瀬戸市歴史民俗資料館編 1985『瀬戸市歴史民俗資料館研究紀要Ⅳ』. 井上喜久男 1985「美濃焼の研究(一)」『東洋陶磁』15・16. 愛知県埋蔵文化財センター編 1992『朝日遺跡』. 吉岡康暢 1994「資料 珠洲(系)陶器集成」『中世須恵器の研究』吉川弘文館. 山本信夫 1990「太宰府における 13 世紀中国陶磁の一群」『貿易陶磁研究』10. 今小路西遺跡発掘調査団編 1990『今小路西遺跡(御成小学校内)発掘調査報告書』. 浪岡町教育委員会編 1989『浪岡城跡Ⅹ』. 神奈川県立埋蔵文化財センター編 1986『千葉地東遺跡』. 福井県立朝倉氏遺跡資料館編 1982『特別史跡 一乗谷朝倉氏遺跡ⅩⅢ』. 佐助ヶ谷遺跡発掘調査団編 1993『佐助ヶ谷遺跡発掘調査報告書』. 工藤清泰 1989「浪岡城跡出土の瓦質土器とその考察」『浪岡城跡Ⅹ』. 福井県立朝倉氏遺跡資料館編 1982『特別史跡 一乗谷朝倉氏遺跡ⅩⅢ』. 佐賀県東背振村文化財研究会編 1980『霊仙寺跡』. 土山健史 1989「堺市環濠都市遺跡における, 15・16 世紀の在地土器」『中近世土器の基礎研究Ⅴ』. 和歌山県文化センター編 1994『根来寺坊院跡』. 千葉地遺跡発掘調査団編 1982『千葉地遺跡』. 神奈川県立埋蔵文化財センター編 1986『千葉地東遺跡』. 今小路西遺跡発掘調査団編 1990『今小路西遺跡(御成小学校内)発掘調査報告書』. 大阪文化財センター編 1988『日置荘遺跡(その 1)』. 今尾文昭 1990「大和・中世村落における瓦質土器―奈良県田原本町法貴寺遺跡出土資料」『中近世土器の基礎研究Ⅵ』. 佐助ヶ谷遺跡発掘調査団編 1993『佐助ヶ谷遺跡発掘調査報告書』. 尻八館調査委員会編 1981『尻八館調査報告書』. 広島県草戸千軒町遺跡調査研究所 1993『草戸千軒町遺跡発掘調査報告Ⅰ』. 石川県穴水町教育委員会編 1987『西川島』.

148 ② 垣内光次郎 1990「中世北陸の暖房文化」『石川県考古学研究会々誌』33. 徳永貞紹 1990「肥前における中世後期の在地土器」『中近世土器の基礎研究Ⅵ』. 中世土器研究会 1990「中世後期の瓦質土器について」『中近世土器の基礎研究Ⅵ』. 広島県草戸千軒町遺跡調査研究所 1979『草戸千軒町遺跡―第 27 次発掘調査概要―』. 広島県草戸千軒町遺跡調査研究所編 1994『草戸千軒町遺跡発掘調査報告Ⅱ』. 和歌山県文化財センター編 1994『根来寺坊院跡』. 土山健史 1989「堺市環濠都市遺跡における, 15・16 世紀の在地土器」『中近世土器の基礎研究Ⅴ』. 愛知県埋蔵文化財センター編 1990『阿弥陀寺遺跡』. 鈴木正貴 1994「戦国時代における尾張型煮沸具の歴史的様相」『考古学フォーラム』4. 栃木県文化振興事業団編 1986『自治医科大

学周辺地区—昭和60年度埋蔵文化財発掘調査概要』．群馬県埋蔵文化財調査事業団編1987『下東西遺跡』．茨城県鹿島町役場編1985『鹿島城址Ⅳ』．神奈川県立埋蔵文化財センター編1987『宮久保遺跡Ⅰ』．鶴岡八幡宮境内遺跡発掘調査団編1987『鶴岡八幡宮境内遺跡発掘調査報告Ⅱ』．神奈川県立埋蔵文化財センター編1986『千葉地東遺跡』．北区鎌倉学園内遺跡調査団編1980『光明寺裏遺跡』．河野眞知郎1993「中世鎌倉火鉢考—東国との関連において—」『考古論叢神奈川』2．清水菜穂1993「鎌倉市今小路西遺跡出土の戦国土壙一括資料」『考古論叢神奈河』2．平泉町教育委員会編1993『志羅山遺跡第13・15・16・17・18・20次発掘調査報告書』．工藤清泰1989「浪岡城跡出土の瓦質土器とその考察」『浪岡城跡Ⅹ』．坪之内徹1990「中世南都の瓦器・瓦質土器」『中近世土器の基礎研究Ⅵ』．伊野近富1989「12～13世紀の京都の土器」『中近世土器の基礎研究Ⅴ』．菅原正明1988「西日本における瓦器生産の展開」『国立歴史民俗博物館研究報告第19集』．

149 ③ 工藤清泰1989『浪岡城跡出土の瓦質土器とその考察』『浪岡城跡Ⅹ』．尻八館調査委員会編1981『尻八館調査報告書』．尾島町教育委員会編1978『長楽寺遺跡』．伊野近富1989「12～13世紀の京都の土器」『中近世土器の基礎研究Ⅴ』．坪之内徹1990「中世南都の瓦器・瓦質土器」『中近世土器の基礎研究Ⅵ』．広島県草戸千軒町遺跡調査研究所編1993・94『草戸千軒町遺跡発掘調査報告Ⅰ・Ⅱ』．中近世土器研究会編1990「中世後期の瓦質土器について」『中近世土器の基礎研究Ⅵ』．徳永貞紹1990「肥前における中世後期の在地土器」『中近世土器の基礎研究Ⅵ』．

④ 中野晴久1994「生産地における編年について」『中世常滑焼きをおって 資料集』日本福祉大学知多半島総合研究所．

⑤ 垣内光次郎1990「中世北陸の暖房文化」『石川県考古学研究会々誌』33．今尾文昭1990「大和・中世村落における瓦質土器—奈良県田原本町法貴寺遺跡出土資料」『中近世土器の基礎研究Ⅵ』．広島県草戸千軒町遺跡調査研究所編1993・94『草戸千軒町遺跡発掘調査報告Ⅰ・Ⅱ』．千葉地遺跡発掘調査団編1982『千葉地遺跡』．

⑥ 小松茂美編1977『絵師草紙』日本絵巻大成11，中央公論社．小松茂美編1985『慕帰絵詞』続日本絵巻大成11，中央公論社．小松茂美編1987『年中行事絵巻』日本の絵巻8，中央公論社．小松茂美編1988『石山寺縁起』日本の絵巻16，中央公論社．田中一松監修編1963『春日権現験記絵』日本絵巻物全集15，角川書店．古代学協会・古代学研究所編1994『平安時代史事典 資料・索引編』角川書店．

151 上ノ国町教育委員会1986『上之国勝山館跡Ⅶ』他．浪岡町教育委員会1986『浪岡城跡Ⅷ』他．水澤幸一1997『江上館跡Ⅴ』中条町埋蔵文化財調査報告第13集他．富山県埋蔵文化財センター1966『梅原胡摩堂遺跡発掘調査報告（遺物編）』富山県文化振興財団埋蔵文化財調査報告第7集．福井県立一乗谷朝倉氏遺跡資料館1995『一乗谷朝倉氏遺跡発掘調査報告』Ⅴ他．戸井晴夫1995「東京都八王子城跡御主殿出土の陶磁器」『貿易陶磁研究』15．鎌倉考古学研究所1995『集成鎌倉の発掘1 武家屋敷編(1)』他 新人物往来社．鎌倉市教育委員会他1980『極楽寺旧境内遺跡』．藤沢良祐1993『瀬戸市史 陶磁史篇四』．永田信一他1989『桃山の茶陶』．広瀬町教育委員会1982『新宮谷遺跡発掘調査報告書』．堺市教育委員会1991『堺市文化財調査概要報告』第13冊他．堺市博物館1989『堺衆—茶の湯を創った人びと—』．和歌山県教育委員会1980『根来寺坊院跡』．福岡市教育委員会1996『博多50』福岡市埋蔵文化財調査報告書第447集．福岡市教育委員会1991『博多20』福岡市埋蔵文化財調査報告書第248集．

152 ①②③ 福井県1986『福井県史 資料編2 中世』．

④ 堺市教育委員会1991『堺環濠都市遺跡調査概要報告』堺市文化財調査概要第14冊．堺市教育委員会1991『堺環濠都市遺跡調査概要報告』堺市文化財調査概要第15冊．

153 ⑤ 五島昌也1999「名護屋城跡並びに陣跡の保存整備」『日本庭園と石』日本庭園研究センター．

⑥ 沖縄県教育委員会1998『首里城跡』沖縄県文化調査報告書第132集．根津美術館1996『甦る鎌倉——遺跡発掘の成果と伝世の名品』．中条町教育委員会1993『江上館跡Ⅰ』．福井県教育委員会1979『朝倉氏遺跡発掘調査報告Ⅰ』．堺市教育委員会1990『堺市文化調査報告書34集』．

⑦ 県立近江風土記の丘資料館1987『県外出土の信楽焼』．水澤幸一1966『江上館跡Ⅳ』．横山和美1996『梅原胡摩堂遺跡発掘調査報告（遺物編）』富山県文化振興財団埋蔵文化財調査報告第7集．高橋高助1993『尾崎城跡発掘調査報告書』．

155 三浦謙一他1995『柳之御所』岩手県文化振興事業団埋蔵文化財調査事業団報告書第228集．伊藤邦弘1998『大楯遺跡』山形県埋蔵文化財調査報告書第121集．富山県埋蔵文化財センター1995『石名田舟木遺跡』．小矢部市教育委員会1982『富山県小矢部町桜町遺跡』小矢部市埋蔵文化財調査報告書第9冊．上市町教育委員会1991～1995『富山県弓庄城跡発掘調査概要』．垣内光次郎1984『普正寺遺跡』石川県立埋蔵文化財センター．福井県教育委員会1979『朝倉氏遺跡発掘調査報告Ⅰ』．上田市教育委員会1980『塩田城』．鈴木正貴1992『清洲城下町遺跡（Ⅴ）』愛知県文化財センター調査報告書第27集．愛知県埋蔵文化財センター1992『朝日西遺跡』愛知県埋蔵文化財センター調査報告書第28集．四日市市遺跡調査会1993『赤堀城跡3』四日市市遺跡調査会文化財調査報告書ⅩⅠ．京都市埋蔵文化財研究所『鳥羽離宮発掘調査概報』．兵庫県教育委員会1992『初田館遺跡』兵庫県文化財調査報告第116集．広島県草戸千軒町遺跡調査研究所編1993～95『草戸千軒町遺跡発掘調査報告Ⅰ～Ⅳ』．九州歴史資料館1975『大宰府史跡』昭和49年度発掘調査概報．水野和雄1990『将棋の流行』『古代史復元10』講談社．

156 ① 斎木秀雄他1983『研修道場用地発掘調査報告』．福井県教育委員会1979『朝倉氏遺跡発掘調査報告Ⅰ』．南洋一郎1996『飾る・遊ぶ・祈るの木製品』第9回北陸中世土器研究会．

② 斎木秀雄他1992『長谷小路南遺跡』．斎木秀雄他1993『佐助ケ谷遺跡発掘調査報告書』．小松茂美編1990『慕帰絵詞』続日本の絵巻9，中央公論社．

③ 福田真1991「（推定）北条時房・顕時邸跡出土の雙六盤」『鎌倉考古』20．宗臺富美子他1993『今小路西遺跡』．広島県草戸千軒町遺跡調査研究所編1993『草戸千軒町遺跡発掘調査報告Ⅰ』．小松茂美編1988『長谷雄草紙』日本の絵巻11，中央公論社．

157 ④ 福井県教育委員会1979『朝倉氏遺跡発掘調査報告Ⅰ』．広島県草戸千軒町遺跡調査研究所編1994『草戸千軒町遺跡発掘調査報告Ⅱ』．堺市教育委員会1991『新金岡遺跡発掘調査概要報告』．

⑤ 広島県草戸千軒町遺跡調査研究所編1995『草戸千軒町遺跡発掘調査報告Ⅳ』．斎木秀雄他1993『佐助ケ谷遺跡発掘調査報告書』．千葉地遺跡発掘調査団1982『千葉地遺跡』．宗臺富美子他1993『今小路西遺跡』．小松茂美編1990『慕帰絵詞』続日本の絵巻9，中央公論社．小松茂美編1990『西行物語絵巻』日本の絵巻19，中央公論社．

159 大庭康時編1988『都市計画道路博多駅築港線関係埋蔵文化財調査報告（Ⅱ）博多 福岡市埋蔵文化財調査報告書第184集』福岡市教育委員会．菅原計二編1993『岩手県平泉町文化財調査報告書第34集 平泉遺跡群発掘調査報告書 泉屋遺跡第8次・無量光院跡第1次・佐野原遺跡第1次・志羅山遺跡第21次』平泉町教育委員会．及川司編1992『岩手県平泉町文化財調査報告書第29集 平泉遺跡群発掘調査報告書 伽羅之御所跡第5次・花立

Ⅱ遺跡第2次・柳之御所跡第32次・33次・34次』平泉町教育委員会．八重樫忠郎編1993『岩手県平泉町文化財調査報告書第33集　平泉遺跡群範囲確認調査報告書　柳之御所跡第38次・39次・40次発掘調査』平泉町教育委員会．八重樫忠郎編1994『岩手県平泉町文化財調査報告書第38集　柳之御所跡発掘調査報告書　平泉バイパス・一関遊水池関連遺跡発掘調査』平泉町教育委員会．手塚直樹他編1982『千葉地遺跡』千葉地遺跡発掘調査団．斎木秀雄編1993『佐助ヶ谷遺跡(鎌倉税務署用地)発掘調査報告書』佐助ヶ谷遺跡発掘調査団．原廣志編1993「1．由比ガ浜中世集団墓地遺跡(No.372)　由比ガ浜二丁目1034番地1外地点」鎌倉市埋蔵文化財緊急調査報告書9(第1分冊)，鎌倉市教育委員会．服部実喜・宍戸信悟編1986『神奈川県立埋蔵文化財センター調査報告10　千葉地東遺跡　鎌倉市税事務所建設にともなう鎌倉市御成町所在遺跡の調査』神奈川県立埋蔵文化財センター．木村美代治1993『若宮大路周辺遺跡群発掘調査報告書　鎌倉市御成町868番地地点』若宮大路周辺遺跡群発掘調査団・鎌倉市教育委員会．狭川真一編1994『太宰府市の文化財第23集　太宰府条坊内Ⅵ　第138次調査』太宰府市教育委員会．田代隆他編1989『栃木県埋蔵文化財調査報告第104集　自治医科大学周辺地区　昭和63年度埋蔵文化財発掘調査概報』栃木県文化振興事業団．草戸千軒町遺跡調査研究所編1993～95『草戸千軒町遺跡発掘調査報告Ⅰ～Ⅲ』広島県草戸町千軒町遺跡調査研究所．大庭康時編1990『博多15　博多遺跡第40次調査の概要　福岡市埋蔵文化財調査報告書第230集』福岡市教育委員会．大庭康時編1989『都市計画道路博多駅築港線関係埋蔵文化財調査報告(Ⅲ)博多　福岡市埋蔵文化財調査報告書第204集』福岡市教育委員会．菅波正人編1991『博多24　博多遺跡群61次発掘調査報告　福岡市埋蔵文化財調査報告書第252集』福岡市教育委員会．野田芳正1984「堺環濠都市遺跡発掘調査報告　市之町東4丁SKT19地点」『堺市文化財調査報告　第二十集』堺市教育委員会．森村健一編1983『堺市文化財調査報告　第十五集』(SKT3地点)堺市教育委員会．朝倉氏遺跡資料館編1979『特別史跡一乗谷　朝倉氏遺跡発掘調査報告Ⅰ　朝倉館跡の調査』福井県教育委員会．朝倉氏遺跡資料館1991『特別史跡　一乗谷朝倉氏遺跡　平成3年度発掘調査概要』福井県立朝倉氏遺跡資料館．朝倉氏遺跡資料館編1988『特別史跡　一乗谷朝倉氏遺跡発掘調査報告Ⅱ　第10・11次，第54次調査』福井県教育委員会・福井県立朝倉氏遺跡資料館．朝倉氏遺跡資料館編1993『特別史跡　一乗谷朝倉氏遺跡発掘調査報告Ⅳ　第15・25次，第24次調査』福井県立一乗谷朝倉氏遺跡資料館．小松茂美編1992『男衾三郎絵詞　伊勢新名所絵歌合』続日本の絵巻18，中央公論社．小松茂美編1988『石山寺縁起』日本の絵巻16，中央公論社．澁澤敬三・神奈川大学日本常民文化研究所編1984『新版絵巻物による日本常民生活絵引』平凡社．

161　工藤清泰1982『浪岡城跡Ⅳ』浪岡町教育委員会．佐々木浩一1993『根城』八戸市埋蔵文化財第54集．菊川泉1991「鎌倉出土の武具・馬具」『中世都市研究』第1号．鈴木敏中他1985『史跡山中城』三島市教育委員会．鈴木敏中他1994『史跡山中城Ⅱ』三島市教育委員会．片岡肇他1984『法住寺殿跡』平安京跡研究調査報告第13輯．村上勇他1977『富田川河床遺跡』富田川河床遺跡調査団．福島政文1995『草戸千軒町遺跡発掘調査報告書Ⅲ・Ⅳ』広島県草戸千軒町遺跡調査研究所．中島博文他1983『瀬戸内海大橋関連遺跡埋蔵文化財調査報告書Ⅲ(見近島城跡)』愛媛県埋蔵文化財調査センター．山田清朝他1992『初田館跡』兵庫県文化財調査報告第116冊．小林昭彦他1988『安岐城跡　下原古墳』大分県文化財調査報告書第76輯．

163　西本豊弘1982・1983「動物遺存体」『史跡上之国勝山館跡Ⅲ・Ⅳ』上ノ国町教育委員会．西本豊弘・新美倫子1992「動物遺体・貝製品・骨製品」『史跡上之国勝山館跡ⅩⅢ』上ノ国町教育委員会．松谷暁子1992「勝山館跡出土植物遺残の識別」『史跡上之国勝山館跡ⅩⅢ』上ノ国町教育委員会．小林和彦ほか1985～1990『史跡根城跡発掘調査報告書Ⅶ～Ⅻ』八戸市教育委員会．佐藤洋1983「植物遺体」『今泉城跡』仙台市教育委員会．佐藤敏也1989「八王子城跡御主殿出土の穀類」『八王子城跡Ⅹ』八王子市教育委員会．戸井晴夫1992「炭化穀物について」『八王子城跡ⅩⅡ』八王子市教育委員会．渡辺誠1983「新作小高台遺跡の木製品・自然遺物」『新作小高台遺跡発掘調査報告書』川崎市教育委員会．宗臺秀明1992「動物遺存体」『下馬周辺遺跡』下馬周辺遺跡発掘調査団．宗臺秀明・宗臺富貴子1994『長谷小路周辺遺跡』長谷小路周辺遺跡発掘調査団．金子浩昌1983「鶴岡八幡宮境内武徳殿建設予定地内発掘調査出土の脊椎動物遺体」『研修道場用地発掘調査報告書—鶴岡八幡宮境内の中世遺跡発掘調査報告書』鎌倉市鶴岡八幡宮．金子浩昌1984「蔵屋敷遺跡出土の動物遺体」『蔵屋敷遺跡』鎌倉駅舎改築にかかる遺跡調査会．金子浩昌1986「千葉地東遺跡の動物遺存体」『千葉地東遺跡』神奈川県立埋蔵文化財センター．金子浩昌1988「中世遺跡における動物遺体—鎌倉市内遺跡の調査例を中心として—」『鎌木義昌先生古稀記念論集—考古学と関連科学』岡山理科大学人類学教室．古川俊江1988「高蔵遺跡第3次調査における動物遺体」『高蔵遺跡第3次発掘調査報告書』名古屋市教育委員会．南木睦彦1989「水白モンショ遺跡の大型植物化石」『水白モンショ遺跡』石川県立埋蔵文化財センター．笠原安夫・藤沢浅1988「佐々木アサバタケ遺跡(平安～中世)より出土の植物種実の同定」『佐々木アサバタケ遺跡Ⅱ』石川県立埋蔵文化財センター．辻村純代1983「自然遺物」『三條西殿跡』古代学協会．中尾芳治1987「大阪城跡」木簡研究9．渡辺誠・久保和士1991「堺環濠都市遺跡(SKT200地点)出土の魚骨について」堺市文化財調査概要報告13，堺市教育委員会．茂原信生ほか1989「百間川米田遺跡(中世)出土の獣骨」『百間川米田遺跡(旧当麻遺跡)3』岡山県教育委員会．福島政文1993・1994「植物遺体」『草戸千軒町遺跡発掘調査報告Ⅰ・Ⅱ』広島県教育委員会．松井章1994「草戸千軒町第36次調査出土の動物遺存体」『草戸千軒町遺跡発掘調査報告Ⅱ』広島県教育委員会．広島県教育委員会・草戸千軒町遺跡調査研究所1973～1990『草戸千軒町遺跡—第9次～第45次発掘調査概要—』広島県文化財協会・広島考古学研究会・草戸千軒町遺跡調査研究所．小畑弘己1992「自然遺物」『博多30』福岡市教育委員会．菊池泰二1978「高橋南貝塚出土の貝類について」『高橋南貝塚』熊本県教育委員会．木村幾太郎1978「高橋南貝塚出土の動物遺存体」『高橋南貝塚』熊本県教育委員会．

167　韓国国立海洋遺物展示館1998『展示図録』．

169　中世土器研究会編1995『概説　中世の土器・陶磁器』真陽社．吉岡康暢1994『中世須恵器の研究』吉川弘文館．日本福祉大学知多半島総合研究所編1994『全国シンポジウム　中世常滑焼をおって』．瀬戸市埋蔵文化財センター1997『古瀬戸をめぐる中世陶器の世界～その生産と流通～』瀬戸市埋蔵文化財センター研究紀要第5輯．

170 ① 吉岡康暢1994『中世須恵器の研究』吉川弘文館．水の子岩学術調査団1978『海底の古備前　水の子岩学術調査報告』．吉崎伸2000「早崎水中遺跡の調査」『前近代東アジアにおける海域交流成立条件に関する基礎的研究』．西山要一1974「紀淡海峡海底採集の中国陶磁器」『古代研究』5．石原渉1998「鷹島町神崎地区潜水調査：1996年度調査と採取遺物」九州・沖縄水中考古学協会会報13号．宇検村教育委員会1999『倉木崎海底遺跡発掘調査報告書』宇検村文化財調査報告書第2集．沖縄県立博物館1982『沖縄出土の中国陶磁(上)』先島編．韓国文化広報部・文化財管理局1988『新安海底遺物』綜合編．

171 ② 吉岡康暢1994『中世須恵器の研究』吉川弘文館．中世土器研究会編1995『概説　中世の土器・陶磁器』真陽社．

	③ 森隆 1992「中世土器の生産にみる地域型の提唱と工人集団の系譜について」『中近世土器の基礎研究Ⅷ』.
	④ 服部実喜 1999「戦国都市小田原と北条領国の土師質土器」『中近世土器の基礎研究 XIV』.
172	⑤ 数値資料は, 日本貿易陶磁研究会 1999『相模国・鎌倉市街地における中世前期の貿易陶磁の出土様相』鎌倉大会資料集による.
	⑥ 小野正敏 1997『戦国城下町の考古学』講談社.
173	⑦ 小野正敏 1997『戦国城下町の考古学』講談社.
175	由比ヶ浜中世集団墓地遺跡発掘調査団 1997 年『由比ヶ浜中世集団墓地遺跡発掘調査報告書――由比ヶ浜四丁目 1136 番地点(KKR 鎌倉若宮荘)――〈第一次調査〉(第 2 分冊・中世編)』. 今小路西遺跡発掘調査団 1990 年『今小路西遺跡(御成小学校内)発掘調査報告書』鎌倉市教育委員会. 北陸中世考古学研究会 1999 年『第 12 回北陸中世考古学研究会資料集　中世北陸の石文化Ⅰ』. 岩手県文化振興事業団 1997 年『泉屋遺跡第 10・11・13・15 次発掘調査報告書　一関遊水池地業関連遺跡発掘調査』岩手県文化振興事業団埋蔵文化財調査報告書第 247 集. 米町遺跡発掘調査団 1999 年『米町遺跡発掘調査報告書――鎌倉市大町 2 丁目 2338 番 1――』.
177	① 浪岡町教育委員会 1986『浪岡城跡Ⅷ』. 植木弘 1983「嵐山町山根遺跡の調査」第 16 回遺跡発掘調査報告会発表要旨, 埼玉県考古学会ほか. 千葉県文化財センター 1987『八千代市井戸向遺跡―萱田地区埋蔵文化財調査報告書Ⅳ―』. 東京都埋蔵文化財センター 1984『多摩ニュータウン遺跡　昭和 58 年度(3 分冊)』. 湯沢町教育委員会 1976『伝・泉福寺遺跡―石白中世備蓄古銭の報告―』. 松本市教育委員会 1993『松本市小原遺跡Ⅱ』. 芝田悟 1989「鶴来別院境内出土の古銭」『鶴来町史　歴史篇』. 京都文化財団 1988『平安京左京八条三坊七町』. 宝塚市教育委員会 1971『堂坂遺跡発掘調査報告書』. 兵庫県教育委員会 1988『青野ダム建設に伴う発掘調査報告書(2)』. 広島県教育委員会 1994『草戸千軒町遺跡発掘調査報告Ⅱ』. 壱岐島後教育委員会 1984『宮尾遺跡発掘調査概報』. 山口県教育委員会 1980『下右田遺跡第 4 次調査概報』. 太宰府市教育委員会 1994『遺跡だより』No28.
178	② 小宮山隆 1996「小和田館出土銭」『出土銭貨』No5, 出土銭貨研究会. 広島県教育委員会 1994『草戸千軒町遺跡発掘調査報告Ⅱ』.
	③ 岡山県教育委員会 1994『山陽自動車道建設に伴う発掘調査 9　三手遺跡・津寺遺跡』. 栃木県教育委員会・栃木県文化振興事業団 1993『谷館野東・谷館野西・上芝遺跡』. 浪岡町教育委員会 1989『史跡浪岡城跡環境整備報告書Ⅰ』.
179	⑤ 西宮市教育委員会 1994『石在町出土銭と公智神社出土銭』.
183	鎌倉考古学研究所編 1997『浄土庭園と寺院』. 石川県穴水町教育委員会 1987『西川島――能登における中世村落の発掘調査』. 山形県教育委員会編 1989『大楢遺跡――第 2 次発掘調査報告書』山形県埋蔵文化財調査報告書第 139 集. 山形県遊佐町教育委員会編 1991『大楢遺跡――第 3・4 次発掘調査報告書』. 福田誠他 1997『永福寺跡――平成 8 年度』. 斎木秀雄他 1983『研修道場用地発掘調査報告書』鶴岡八幡宮. 手塚直樹他 1984『千葉地遺跡』. 埼玉県埋蔵文化財調査事業団 1996『広木上宿遺跡』. 広島県草戸千軒町遺跡調査研究所 1993『草戸千軒町遺跡発掘調査報告Ⅰ』. 斎木秀雄他 1993『佐助ヶ谷遺跡(鎌倉税務署用地)発掘調査報告書』. 田代郁夫他 1985『海光山慈照院長谷寺』. 馬渕和雄他 1986『番場ヶ谷やぐら群発掘調査報告書』. 宮田真他 1993『今小路西遺跡発掘調査報告書(社会福祉センター用地)』.
185	新潟県白根市教育委員会 1983『馬場屋敷遺跡等発掘調査報告書』. 石川県穴水町教育委員会 1987『西川島――能登における中世村落の発掘調査』. 三浦謙一他 1995『柳之御所』岩手県文化振興事業団埋蔵文化財調査事業団報告書第 228 集. 斎木秀雄他 1993『佐助ヶ谷遺跡(鎌倉税務署用地)発掘調査報告書』. 服部実喜他 1986『千葉地東遺跡』神奈川県埋蔵文化財センター調査報告 10. 鎌倉市教育委員会 1985『鶴岡八幡宮境内発掘調査報告書(鎌倉国宝館収蔵庫建設に伴う緊急調査)』. 広島県草戸千軒町遺跡調査研究所 1993『草戸千軒町遺跡発掘調査報告Ⅰ』. 博多研究会 1996『博多遺跡群出土墨書資料集成』.
186	① 今小路西遺跡発掘調査団 1990『今小路西遺跡(御成小学校内)発掘調査報告書』. 佐藤仁彦・原廣志 1996「宇津宮辻子幕府跡(No. 239)小町二丁目 389 番 1 地点」『鎌倉市埋蔵文化財緊急調査報告書 12(第 1 分冊)』. 佐藤仁彦他 1994「若宮大路周辺遺跡群(No. 242)小町一丁目 325 番イ外地点」『鎌倉市埋蔵文化財緊急調査報告書 10(第 3 分冊)』. 由比ヶ浜中世集団墓地遺跡発掘調査団 1996『由比ヶ浜中世集団墓地遺跡発掘調査報告書――由比ヶ浜四丁目 4 番地 30 号地点』.
187	② 広島県埋蔵文化財調査センター 1994『山崎遺跡』. 石川県穴水町教育委員会 1987『西川島――能登における中世村落の発掘調査』. 新潟県白根市教育委員会 1983『馬場屋敷遺跡等発掘調査報告書』.
188	③ 斎木秀雄他 1993『佐助ヶ谷遺跡(鎌倉税務署用地)発掘調査報告書』. 服部実喜他 1986『千葉地東遺跡』神奈川県埋蔵文化財センター調査報告 10. 手塚直樹他 1984『千葉地遺跡』. 馬渕和雄他 1990「若宮大路周辺遺跡群・雪ノ下一丁目 210 番他地点」『鎌倉市埋蔵文化財緊急調査報告書 6』. 佐藤仁彦他 1994「若宮大路周辺遺跡群(No. 242)小町一丁目 325 番イ外地点」『鎌倉市埋蔵文化財緊急調査報告書 10(第 3 分冊)』. 斎木秀雄他 1980『光明寺裏遺跡』. 斎木秀雄他 1985『諏訪東遺跡』. 菊川英政他 1991「横小路周辺遺跡発掘調査報告――二階堂字荏柄 9 番 1 地点――」. 原廣志他 1993「由比ヶ浜中世集団墓地遺跡(No. 372)由比ヶ浜二丁目 1034 番 1 外地点」『鎌倉市埋蔵文化財緊急調査報告書 9』. 福井県教育委員会 1979『朝倉氏遺跡発掘調査報告Ⅰ』. 石川県穴水町教育委員会 1987『西川島――能登における中世村落の発掘調査』. 山口和夫 1984「小川城跡」第 4 回中世遺跡研究集会『中世の呪術資料』. 広島県草戸千軒町遺跡調査研究所 1993『草戸千軒町遺跡発掘調査報告Ⅰ』. 九州歴史資料館 1983『大宰府史跡　昭和 57 年度発掘調査概報』.
189	④ 瀬田哲夫他 1991「北条泰時・時頼邸跡(No. 282)雪ノ下一丁目 369 番地点」『鎌倉市埋蔵文化財緊急調査報告書 7』. 馬渕和雄他 1990「若宮大路周辺遺跡群・雪ノ下一丁目 210 番他地点」『鎌倉市埋蔵文化財緊急調査報告書 6』. 斎木秀雄他 1993『佐助ヶ谷遺跡(鎌倉税務署用地)発掘調査報告書』. 服部実喜他 1986『千葉地東遺跡』神奈川県埋蔵文化財センター調査報告 10. 手塚直樹他 1984『千葉地遺跡』. 山口和夫 1984「道場田遺跡」「小川城跡」第 4 回中世遺跡研究集会『中世の呪術資料』. 福井県教育委員会 1979『朝倉氏遺跡発掘調査報告Ⅰ』. 元興寺文化財研究所 1977『日本仏教民俗基礎資料集成四』. 四条畷市教育委員会 1983『忍ヶ丘駅前遺跡発掘調査概要』. 岡田博 1984「百間川原尾島遺跡」第 4 回中世遺跡研究集会『中世の呪術資料』. 馬場昌一 1984「助三畑遺跡」第 4 回中世遺跡研究集会『中世の呪術資料』. 広島県草戸千軒町遺跡調査研究所 1993『草戸千軒町遺跡発掘調査報告Ⅰ』. 尾道市教育委員会 1979『尾道――市街地発掘調査概要――1978』. 博多研究会 1996『博多遺跡群出土墨書資料集成』. 九州歴史資料館 1983『大宰府史跡　昭和 57 年度発掘調査概報』. 西口陽一 1986「大阪・西ノ辻遺跡」『木簡研究』第 8 号. 大阪府教育委員会 1986『松原市観音寺遺跡第 2 次発掘調査概要』. 山本三郎 1986「兵庫・玉津田中遺跡」『木簡研究』第 8 号. 豊津町教育委員会 1985『豊前国府』.

190	⑤	史跡若宮大路遺跡発掘調査団 1991『国指定史跡若宮大路遺跡発掘調査報告書・Ⅴ』．山王堂跡発掘調査団 1990『名越・山王堂跡発掘調査報告書』．光明寺境内遺跡発掘調査団 1986『浄土宗大本山天照山蓮華院光明寺』．神奈川県立埋蔵文化財センター 1984『裏八幡西谷遺跡』．笹目遺跡発掘調査団 1991『笹目遺跡発掘調査報告書』．
191		研修道場用地発掘調査団 1983『研修道場用地発掘調査報告書』および鎌倉市教育委員会 1985『鶴岡八幡宮境内発掘調査報告書（鎌倉国宝館収蔵庫建設に伴う緊急調査）』．
	⑥	石川県穴水町教育委員会 1987『西川島――能登における中世村落の発掘調査』．埼玉県埋蔵文化財調査事業団 1996『広木上宿遺跡――Ⅰ　古代・中世編』．埼玉県大井町遺跡調査会『本村遺跡（第 8 地点）』．
193	①	松井章 1993「鹿田遺跡第 5 次調査(医学部付属病院棟新営に伴う発掘調査)出土のウシ」『鹿田遺跡 3』岡山大学埋蔵文化財調査研究センター．大林達夫・吉瀬勝康 1993『周防国府跡』周防国府調査会・防府市教育委員会．
	②	松井章 1994「草戸千軒町第 36 次調査出土の動物遺存体」『草戸千軒町遺跡発掘調査報告 2―北半地域南半部の調査』広島県草戸千軒町遺跡調査研究所．
	③	松井章 1993「マミヤク遺跡出土ウマについて」『小浜遺跡群Ⅴ』君津郡市文化財センター．
	④	松井章 1995「池島・福万寺遺跡出土の動物遺存体」『池島・福万寺遺跡発掘調査報告 11―90～3 調査区(1992 年度)の概要』大阪文化財センター．松井章 1990「2C 地区出土のウマの頭蓋骨」『綾羅木川下流の地域開発史』下関市教育委員会．
195	①	本中真 1994『日本古代の庭園と景観』吉川弘文館．福田誠 1994『永福寺の調査』『浄土庭園と寺院―永福寺跡の発掘調査を中心として』永福寺創建 800 年記念シンポジュウム資料，鎌倉市教育委員会．鎌倉市教育委員会編 1989・91・93・94『永福寺跡』昭和 63 年度・平成 2 年度・平成 4 年度・平成 5 年度．
	②	建長寺境内遺跡発掘調査団編 1991『巨福山建長寺境内遺跡』．
196	③	和歌山県教育委員会編 1980・86～88『根来寺坊遺跡』．
	④	石川県鹿島町教育委員会編 1992『国指定史跡石動山環境整備事業報告書』．
197	⑤	福井県立一乗谷朝倉氏遺跡資料館編 1994『一乗谷』．岩田隆 1994「一乗谷朝倉氏遺跡西光寺跡」『中世北陸の寺院と墓地』北陸中世土器研究会編．岩田隆 1994「一乗谷朝倉氏遺跡第 40 次調査地区寺院」北陸中世土器研究会編『中世北陸の寺院と墓地』．大阪府教育委員会編 1988『日置荘遺跡―調査の概要―(その 2)』．鋤柄俊夫 1995「畿内における土器・陶磁器の定量分析」貿易陶磁研究 15．金丸義一 1986「上行寺東遺跡について」『神奈川地域史研究』第 3・4 合併号．東京都埋蔵文化財センター編 1989「No. 692 遺跡」『多摩ニュータウン遺跡―昭和 61 年度―第 2 分冊』．
198	⑥	森毅・西畑佳恵 1987「喜連東遺跡「廟堂」の調査」『大阪市文化財情報　葦火 9 号』大阪市文化財協会編．栃木県教育委員会編 1989『下古館遺跡』栃木県埋蔵文化財保護行政年報―昭和 63 年度．一宮市博物館編 1995『企画展　田所遺跡と光明寺―大溝と墳墓宝―』．山形県教育委員会編 1989『大楢遺跡―第 2 次発掘調査報告書』山形県埋蔵文化財調査報告書第 139 集．山形県遊佐町教育委員会編 1991『大楢遺跡―第 3・4 次発掘調査報告書』．
	⑦	石川県立埋蔵文化財センター編 1988『津幡町刈安野々宮遺跡』．五段田遺跡調査会編 1991『五段田遺跡Ⅱ』．茨城県教育委員会編 1993『(仮称) 水戸浄水場予定地内埋蔵文化財調査報告書―白石遺跡』茨城県教育財団調査報告第 82 集．
	⑧	小松茂美編 1988『一遍上人絵伝』日本の絵巻 20, 中央公論社．
199	⑨	市浦町教育委員会編 1987『青森県北津軽郡市浦町山王坊跡』．福井県教育委員会編 1979『特別史跡一乗谷朝倉氏遺跡発掘調査報告Ⅰ―朝倉館跡の調査』．福井県立一乗谷朝倉氏遺跡資料館編 1994『一乗谷』．石川県立埋蔵文化財センター編 1988『白江梯川遺跡Ⅰ』．岩手県平泉町教育委員会編 1993『衣関遺跡第 1 次発掘調査報告書』．
	⑩	小松茂美編 1988『一遍上人絵伝』日本の絵巻 20, 中央公論社．
201		群馬県埋蔵文化財調査事業団 1991『白石大御堂』．中山誠二 1993「中世社会と墳墓」『帝京大学山梨文化財研究所シンポジウム報告書』名著出版．八戸市教育委員会 1983『根城跡発掘調査報告書Ⅴ』．千葉県埋蔵文化財センター 1986『千葉都市モノレール関係埋蔵文化財調査報告書　五味ノ木遺跡・殿山堀込遺跡・廿五里城跡・根城遺跡・京願台遺跡・柳沢遺跡』．古代学協会 1985『平安京左京八條三坊二町―第 2 次調査―』平安京跡研究調査報告第 16 輯．大庭康時 1986『博多Ⅵ　博多遺跡群第 26 次調査の概要』福岡市埋蔵文化財調査報告書第 144 号．北九州市教育文化事業団埋蔵文化財調査室 1979『本村地下式横穴群』北九州市埋蔵文化財調査報告書第 29 集．長野県埋蔵文化財センター 1989『中央自動車道長野線埋蔵文化財発掘調査報告書 10』長野県埋蔵文化財センター発掘調査報告書 10．名取市教育委員会 1988『大門山遺跡発掘調査報告書』名取市文化財調査報告書第 22 集．
202	①	田畑佐和子 1991「やぐらの研究(1)」『中世都市研究第 1 号』新人物往来社．鎌倉市教育委員会 1993『鎌倉市埋蔵文化財緊急調査報告書』9．原廣志他 1988『新善光寺跡内やぐら発掘調査報告』．田代郁夫他 1991『佐助ケ谷遺跡内やぐら』．
	②	広島県草戸千軒町遺跡調査研究所編 1994～96『草戸千軒町遺跡発掘調査報告Ⅱ・Ⅲ・Ⅴ』．
	③	高知県教育委員会 1986『田村遺跡群』第 10 冊．三重県教育委員会 1985『丹生川上城跡発掘調査報告』．
	④	川島雅人 1996『多摩ニュータウン遺跡― No. 457 遺跡』東京都埋蔵文化財センター調査報告第 35 集．
203	⑤	加藤恵子他 1993『一の谷中世墳墓群遺跡』磐田市教育委員会．
205		名取市教育委員会 1988『大門山遺跡発掘調査報告書』名取市文化財調査報告書第 22 集．三春町教育委員会 1997『斎藤舘跡』三春町調査報告書第 24 集．新発田市教育委員会 1990『三光館跡・宝積寺館跡』新発田市埋蔵文化財調査報告書第 13．桜井甚一他 1970『普正寺』石川考古学会．埼玉県埋蔵文化財調査事業団 1998『築造下遺跡』．清水長明 1984『下総板碑』．生駒市教育委員会 1996『生駒市石造遺物調査報告書』．摂河泉地域史研究会 1995『淡輪別院中世墓地実測調査報告書』．徳島市教育委員会 1989『徳島市の石造文化財』．福岡市教育委員会 1991『福岡市の板碑』．北九州市教育文化事業団 1985『白岩西遺跡』北九州市埋蔵文化財調査報告書第 43 集．佐藤誠 1989『九州の石塔調査資料集』．
206	①	東京都埋蔵文化財センター 1987『多摩ニュータウン遺跡　昭和 60 年度』東京都埋蔵文化財センター調査報告第 8 集．
	②	名取市教育委員会 1988『大門山遺跡発掘調査報告書』名取市文化財調査報告書第 22 集．

- ④ 栗岡真理子 1999『比企の中世石造物』比企歴史の丘シンポジウム.
- ⑤ 松岡史 1978『山鹿城址の中世火葬墓』.
- ⑥ 北九州市教育文化事業団 1985『白岩西遺跡』北九州市埋蔵文化財調査報告書第43集.

207
- ⑦ 斎木秀雄他 1992『長谷小路南遺跡』.馬渕和雄 1990『若宮大路周辺遺跡群——雪ノ下一丁目210番他地点』『鎌倉市埋蔵文化財緊急調査報告書6』.原廣志他 1993「由比ヶ浜中世集団墓地遺跡(No. 372)由比ヶ浜二丁目1034番1外他地点」『鎌倉市埋蔵文化財緊急調査報告書9』.手塚直樹他 1982『千葉地遺跡』.狭川真一「平泉型宝塔について」『岩手考古学』第7号.
- ⑧ 服部実喜他 1986『千葉地東遺跡』神奈川県埋蔵文化財センター.斎木秀雄他 1987『鶴岡八幡宮境内遺跡発掘調査報告Ⅱ——鶴岡文庫建設に伴う鶴岡八幡宮二十五坊の調査』.斎木秀雄他 1983『小町1丁目309番5地点発掘調査報告』.狭川真一「平泉型宝塔について」『岩手考古学』第7号.
- ⑨ 手塚直樹他 1982『千葉地遺跡』.斎木秀雄他 1993『佐助ヶ谷遺跡』.服部実喜他 1986『千葉地東遺跡』神奈川県埋蔵文化財センター.手塚直樹他 1992「無量寺跡(No. 196)御成町39番6地点」『鎌倉市埋蔵文化財緊急調査報告書8』.斎木秀雄他 1987『鶴岡八幡宮境内遺跡発掘調査報告Ⅱ——鶴岡文庫建設に伴う鶴岡八幡宮二十五坊の調査』.手塚直樹他 1989『浄明寺釈迦堂ヶ谷遺跡』.狭川真一「平泉型宝塔について」『岩手考古学』第7号.
- ⑩ 広島県草戸千軒町遺跡調査研究所 1993『草戸千軒町遺跡発掘調査報告Ⅰ』.福井県教育委員会 1979『朝倉氏遺跡発掘調査報告Ⅰ』.九州歴史資料館 1983『大宰府史跡 昭和57年度発掘調査概要』.広島県草戸千軒町遺跡調査研究所 1984『第4回中世遺跡研究集会 中世の呪術資料』.山村信栄「中世大宰府の展開」『中世都市研究会第4回研究集会資料』.浪岡町教育委員会 1986『浪岡城遺跡Ⅷ』.

211
- ① 小樽市教育委員会 1992『蘭島遺跡D地点』.余市町教育委員会 1990『1989年度大川遺跡発掘調査概報』.余市町教育委員会 1993『1992年度大川遺跡発掘調査概報』.枝幸町教育委員会 1994『目梨泊遺跡』.
- ② 五所川原市 1993『五所川原市史 史料編Ⅰ』.平取町教育委員会 1996『カンカン2遺跡』.余市町教育委員会 1994『1993年度大川遺跡発掘調査概報』.北海道埋蔵文化財センター 1993『美沢川流域の遺跡群ⅩⅥ』.

212
- ③ 櫻井清彦・菊池徹夫編 1987『蓬田大館遺跡』.浪岡町教育委員会 1986『浪岡城遺跡Ⅷ』.青森県教育委員会 1998『高屋敷館遺跡』.岩手県文化振興事業団埋蔵文化財センター 1995『柳之御所跡』.宇田川洋 1977『北海道の考古学』2.菊池徹夫他 1963「北海道七飯町出土の内耳を有する土器について」『考古学雑誌』48-1.八幡一郎 1967『北海道根室の先史遺跡』.釧路市教育委員会 1989『釧路市材木町5遺跡調査報告書』.
- ④ 岩手県文化振興事業団埋蔵文化財センター提供.上越市教育委員会提供.北海道埋蔵文化財センター 1994『オサットー1遺跡・キウス7遺跡』.根室市教育委員会 1981『別当賀一番沢川遺跡発掘調査報告書』.釧路市教育委員会 1994『幣舞遺跡調査報告書Ⅱ』.北海道埋蔵文化財センター 1993『ユカンボシE5遺跡』.

213
- ⑤ 吉崎昌一・森田友忠 1973『函館志海苔古銭』市立函館博物館.函館市教育委員会 1986『史跡志苔館跡』.
- ⑥ 上ノ国町教育委員会 1980〜98『史跡上之国勝山館跡』Ⅰ〜ⅩⅣ.上ノ国町教育委員会 1984『夷王山墳墓群』.

214
- ⑦ 葛西知義ほか 1992「深川市納内遺跡出土の遺物について」『北海道考古学』第28輯.上ノ国町教育委員会 1981『史跡上之国勝山館跡』Ⅱ.千歳市教育委員会 1981『末広遺跡における考古学的調査(上)』.寿都町教育委員会 1963『寿都遺跡』.福島町教育委員会 1986『穏内館遺跡』.
- ⑧ 宇田川洋ほか 1980『ライトコロ川口遺跡』東京大学文学部.瀬棚町教育委員会 1985『南川2遺跡』.上ノ国町教育委員会 1991『史跡上之国勝山館跡』ⅩⅡ.北海道埋蔵文化財センター 1986『ユオイチャシ跡・ポロモイチャシ跡・二風谷遺跡』.

215
- ⑨ 知里真志保 1956『アイヌ語地名小辞典』.後藤秀彦 1983「チャシの型式分類に関する予察」十勝考古 第6号.北海道教育委員会編 1983『北海道のチャシ』.北海道埋蔵文化財センター 1986『ユオイチャシ跡・ポロモイチャシ跡・二風谷遺跡』.

216
- ⑩ 平取町二風谷アイヌ文化博物館編 1994『沙流川流域の遺跡群』展示目録.北海道埋蔵文化財センター 1986『ユオイチャシ跡・ポロモイチャシ跡・二風谷遺跡』.平取町遺跡調査会 1989『イルエカシ遺跡』.

217
- ⑪ 北海道埋蔵文化財センター 1992・93『美沢川流域の遺跡群』ⅩⅤ・ⅩⅥ.北海道埋蔵文化財センター 1986『ユオイチャシ跡・ポロモイチャシ跡・二風谷遺跡』.瀬棚町教育委員会 1985『南川2遺跡』.佐藤一夫 1979「ママチ川丸木船遺跡発掘調査報告」『続千歳遺跡』千歳市教育委員会.平取町遺跡調査会 1989『イルエカシ遺跡』.谷元旦 1799『蝦夷器具図式』大塚和義監修 1991 による.萱野茂 1978『アイヌの民具』アイヌ語名称は本書によった.

219
伊仙町教育委員会 1985『カムィヤキ古窯跡群Ⅱ』伊仙町埋蔵文化財発掘調査報告書5.石垣市教育委員会 1983『ビロースク遺跡』石垣市文化財調査報告書6号.石垣市教育委員会 1993『石垣貝塚』石垣市文化財調査報告書17号.石垣市教育委員会 1993『平川貝塚』石垣市文化財調査報告書18号.那覇市教育委員会 1997『銘苅原遺跡』那覇市文化財調査報告書第35集.

220
- ① 安里進 1990『考古学からみた琉球史 上』ひるぎ社.

221
- ② 安里進 1990『考古学からみた琉球史 上』ひるぎ社.
- ③ 沖縄県立博物館 1992『城 グスク』.
- ④ 勝連町教育委員会 1986『勝連城跡 環境整備事業報告書1』.
- ⑤ 沖縄県教育委員会 1998『首里城跡 京の内跡発掘調査報告書1』沖縄県文化財調査報告書第132集.

222 ⑥⑦⑧⑨ 安里進 1991「沖縄一六・七世紀の村落——シマ・マキヨから近世村へ」『神・村・人——琉球弧論叢』第一書房.

223
- ⑪ 石垣市教育委員会 1984『フルスト原遺跡発掘調査報告書』石垣市文化財調査報告書7号.
- ⑬⑮ 小野正敏 1999「密林に隠された中世八重山の村」国立歴史民俗博物館編『村が語る沖縄の歴史』新人物往来社.
- ⑭ 仲盛敦 1999「花城村跡遺跡発掘調査の概要」国立歴史民俗博物館編『村が語る沖縄の歴史』新人物往来社.小野正敏 1997「村が語る八重山の中世」『大航海』14号,新書館.
- ⑯ 沖縄県教育委員会 1990『ぐすく』グスク分布調査報告書Ⅱ 宮古諸島.

227 坂口豊 1995「過去1万3000年間の気候の変化と人間の歴史」『講座文明と環境 第6巻』朝倉書店.高橋学 1995「臨海平野における地形環境の変貌と土地開発」日下雅義編『古代の環境と考古学』古今書院.福田仁之・安田喜憲 1995「水月湖の細粒堆積物で検出された過去2000年間の気候変動」

『講座文明と環境 第6巻』朝倉書店．三上岳彦 1991「小氷期——気候の数百年変動」『科学』61-10，岩波書店．北川浩之 1995「屋久杉に刻まれた歴史時代の気候変動」『講座文明と環境 第6巻』朝倉書店．

229 奈良県立橿原考古学研究所 1989『北葛城郡箸尾遺跡第6次発掘調査概報』奈良県遺跡調査概報 1988年度．奈良県立橿原考古学研究所 1992『北葛城郡箸尾遺跡第10・11次発掘調査概報』奈良県遺跡調査概報 1992年度．金原正明他 1998「池島・福万寺遺跡 IFJ95-2 調査区の花粉層序と植生と環境の検討」『池島・福万寺発掘調査概要 XXI』大阪府文化財調査センター．金原正明・金原正子 1997「鬼虎川遺跡第35次調査地点における古植生および古環境の検討」『鬼虎川遺跡第35-1次発掘調査概要』東大阪市文化財協会．

231 渡部忠世編 1987『稲のアジア史 3』小学館．金田章裕 1993『微地形と中世村落』吉川弘文館．奈良県史編集委員会編 1986『奈良県史 1』名著出版．

233 ① 赤木三郎 1991『砂丘のひみつ』地球の歴史をさぐる 9，青木書店．豊島吉則・赤木三郎 1964「気高町宝木高浜砂丘の形成」『鳥取大学学芸部研究報告（自然科学）』15．鳥取市編 1983『新修鳥取市史　第1巻古代・中世篇』鳥取市．および各遺跡報告書より作成．

② 川上稔ほか 1996『上長浜貝塚』出雲市教育委員会．

③ 地形復元図は，中村唯史 1996「島根県東部の完新世環境変遷と低湿地遺跡」『島根県地学会誌』11．および林正久 1996「荒神谷遺跡周辺の地形環境」『古代文化研究』4 をもとに，下記文献および遺跡分布状況を参考に作成．徳岡隆夫ほか 1990「中海・宍道湖の地史と環境変化」『地質学論集』36．TOKUOKA, T. et al. 1998 Improving Lagoonal Environments for Future Generation. "LAGUNA（汽水域研究）" 5．大西郁夫ほか 1990「出雲平野西部の自然史」『山陰地域研究』6．加藤義成 1957『修訂出雲国風土記参究』松江今井書店（1992年改訂4版）．遺物図は，川上稔・湯村功ほか 1996『上長浜貝塚』出雲市教育委員会．および西尾克己 1981『大社・中分貝塚』島根県埋蔵文化財調査報告書 8, 島根県教育委員会．

④ 牧本哲雄ほか編 1999『長瀬高浜遺跡 VIII・園第6遺跡』鳥取県教育文化財団・建設省倉吉工事事務所．

⑤ 貞方昇 1996『中国地方における鉄穴流しによる地形環境変貌』渓水社．

235 ⑤ 小西正泰・堀尾尚志・岡光夫 1977『日本農書全集 15』農山漁村文化協会．

⑥ 小山田宏一 1989『池島遺跡発掘調査概要 IV』大阪府教育委員会．

237 ① 久保純子 1994「東京低地の水域・地形の変遷と人間活動」大矢雅彦編『防災と環境保全のための応用地理学』古今書院．

239 森達也 1994「南広間地遺跡」『日野市史　通史編二（上）中世編．森達也 1992「多摩川中流域の開発と中世村落」『あるく中世 No. 2』あるく中世の会．日野市教育委員会 1993『(仮称)浅川公会堂建設予定地埋蔵文化財発掘調査報告書』日野市埋蔵文化財報告 16．

241 ① 寒川旭 1992『地震考古学』中央公論社．

② 寒川旭 1997『揺れる大地』同朋舎出版．

③ 田中琢・佐原眞編 1994『発掘を科学する』岩波書店．

④ 宇佐美龍夫 1996『新編日本被害地震総覧』東京大学出版会．

243 金田章裕 1993『微地形と中世村落』吉川弘文館．香川県埋蔵文化財センター 1998『西打遺跡発掘調査概報』．

247 小野正敏 1987「越前一乗谷における町屋について」『城下町の地域構造』名著出版．朝倉氏遺跡調査研究所編 1981『特別史跡一乗谷朝倉氏遺跡 VII——昭和55年度発掘調査整備事業概報』．広島県教育委員会中世遺跡調査班編 1997『吉川元春館跡——第2次発掘調査概要』．馬淵和雄ほか 1996『北条小町邸跡　雪ノ下一丁目 377番7地点』鎌倉市埋蔵文化財緊急調査報告書 12，鎌倉市教委．大田区立郷土博物館編 1997『トイレの考古学』東京堂．政所跡発掘調査団 1991『神奈川県鎌倉市政所跡』鎌倉市教委．川口宏海 1992「中・近世都市における便所遺構の諸様相」『関西近世考古学研究』，III，関西近世考古学研究会．堀苑孝志 1995『特別史跡　片桐勝元陣跡　木村重隆陣跡』鎮西町教育委員会．光藤俊夫・中山繁信 1984「住まいの火と水／台所・浴室・便所の歴史」による．平良泰久・伊野近冨・塩沢珠代 1979『平安京内膳町跡発掘調査概要』埋蔵文化財発掘調査報告 1979，京都府教育委員会．岩手県埋蔵文化財センター編 1995『柳之御所跡』．伊野近冨 1989『平安京(左京近衛・西洞院辻)発掘調査概要』京都府遺跡調査概報 33，京都府埋蔵文化財調査研究センター．京都府教育委員会編 1978『東福寺東司修理報告書』より．

249 ③ 監修・馬場悠男／埴原和郎 1999『日本人の顔』講談社．

絵巻物，絵図関係の写真協力(50音順・敬称略)

愛知県武豊町，石山寺，永青文庫，角川書店，宮内庁三の丸尚蔵館，金光寺，清浄華院，清浄光寺，田中家，知恩院，東京国立博物館，新潟県中条町，本願寺，萬野美術館

遺跡索引

あ

暁窯(愛知)　89
赤浜天神沢・六大塚(埼玉)　65
赤堀城(三重)　155
安岐城(大分)　161
上土(静岡)　241
安慶名(沖縄)　220
安子島城(福島)　75
浅貝寄居城(新潟)　80
朝日西(愛知)　145, 147, 148, 155
安座真(沖縄)　220
浅見山Ⅰ(埼玉)　97
アゾノ(高知)　241
安土城(滋賀)　79
アッテウシチャシ(北海道)　215
渥美窯(愛知)　87, 134, 169
穴弘法窯(愛知)　147
阿弥陀寺(愛知)　46, 148
阿保境館(埼玉)　76
余部(大阪)　45
荒井猫田(福島)　63, 64
荒久(千葉)　65
荒小路(福島)　53
粟飯窯(大阪)　97

い

上御願(沖縄)　222
井口城(富山)　109
池子(神奈川)　172
池島・福万寺(大阪)　85, 117, 193, 229, 235, 241
池田城(大阪)　245
池ノ上(三重)　120, 121
池ノ尻館(千葉)　93-95
石垣貝塚(沖縄)　219
伊敷索(沖縄)　220
石田(埼玉)　55
石名田木舟(富山)　127, 155
石橋北屋敷(山梨)　65
泉屋(岩手)　175
石動山(石川)　196
　──大宮坊　245
　──山東林院　245
伊祖(沖縄)　220
伊丹郷町(兵庫)　247
一乗谷朝倉氏(福井)　9, 21-23, 36, 37, 61, 111, 113-115, 131, 133, 135, 141, 145, 147-149, 151-153, 155-157, 159, 161, 179, 188, 189, 197, 199, 207, 245, 247
一の谷中世墳墓群(静岡)　203
一之口(新潟)　111
一升水(福岡)　93, 95
一本柳(宮城)　64, 72
糸数城(沖縄)　123, 220
井戸向(千葉)　177
稲葉崎オゴンツ(鹿児島)　205
稲福殿(沖縄)　222
伊波(沖縄)　220
稲荷前(埼玉)　51
稲荷町(岩手)　71
伊平(静岡)　72
今泉城(宮城)　123, 163
今小路西(神奈川)　16, 17, 36, 107, 147, 148, 153, 156, 175, 183, 186, 189
伊良湖東大寺瓦窯(愛知)　97, 99
入谷(栃木)　245
イルエカシ(北海道)　216
岩川(神奈川)　172
岩川館(千葉)　72
石津太神社(大阪)　241
窟堂南(神奈川)　188, 189, 207

う

上芝(栃木)　178
上町(大阪)　41, 43, 47
魚住窯(兵庫)　85, 97
後城(秋田)　115
ウスガイト(愛知)　59
臼杵石仏群地域(大分)　99
内里八丁(大阪)　241
宇都宮辻子幕府跡(神奈川)　186
ウニシ(沖縄)　220
姥柳町(京都)　123
梅原胡摩堂(富山)　135, 151, 153
浦添城(沖縄)　123
裏八幡西谷(神奈川)　190

え

江上館(新潟)　75, 151, 153
枝広館(岐阜)　75
越前窯(福井)　87, 169
戎畑(大阪)　59, 61
江馬氏館(岐阜)　75, 245
延行条里(山口)　193
円成寺(静岡)　31, 72

お

王ノ壇(宮城)　64, 72
大浦浜(香川)　85, 120
大内氏館(山口)　75, 245
大内城(京都)　73
狼沢窯(新潟)　87
大川(北海道)　51, 211
大久保山(埼玉)　72
大倉幕府周辺(神奈川)　17
大坂(大阪)　9, 24, 25, 123, 124
　──城　24, 125, 151
　──城下町　163
　──城三の丸　111, 143
大楯(山形)　155, 183, 198
大戸窯(福島)　87, 88
大鳥井山(秋田)　71
大野田・王ノ壇(宮城)　64
大御堂(群馬)　201
大矢(広島)　85, 103, 104
オカ(石川)　109
岡2丁目所在(大阪)　60
岡ノ前(大分)　73
小川城(静岡)　188, 189
沖ノ店1号窯(岡山)　85, 93, 95
尾崎城(岐阜)　77, 153
オサットー1(北海道)　212
小田原城(神奈川)　111
御成町625番3地点(神奈川)　35
尾道(広島)　123, 125, 189
大畑窯(秋田)　88
小原(長野)　177, 179
小原(山口)　59
小部(大分)　93-95
御前清水(福島)　127
和蘭商館(長崎)　123
小脇館(滋賀)　75
尾張国府跡(愛知)　241
御館(石川)　145
穏内(北海道)　214
女堀(群馬)　118

か

開城(朝鮮)　9
街道(京都)　59
開封(中国)　9
加賀窯(石川)　87
香川6(北海道)　211

垣ノ花(沖縄)　220
葛西城(東京)　111, 124, 155
加佐山城(兵庫)　80
柏原 K(福岡)　73
鹿島城(茨城)　148
鹿島前(千葉)　135
春日山瓦窯(大阪)　97
片岡天神(兵庫)　63
勝沼館(山梨)　79
勝山館(北海道)　69, 123, 151, 153, 163, 213, 214
勝連城(沖縄)　123, 221
門間沼(愛知)　241
金井(埼玉)　103, 133
金谷城(千葉)　81
金平(埼玉)　105
樺崎寺(栃木)　245
香深井 A(北海道)　123
鎌倉(神奈川)　9, 35-37, 107, 114, 123, 124, 131,
　　135, 151, 159, 161, 163, 172, 185
ガマノマガリ(石川)　111
上長浜貝塚(島根)　233
上八万(徳島)　205
上浜田(神奈川)　72
上芳池古窯(愛知)　149
カムイ窯(鹿児島)　88, 169, 219
亀塚池窯(愛知)　93
亀山(岡山)　134, 142
亀山殿(京都)　31
鴨(滋賀)　111
栢森(京都)　245
勝口・前畑(福島)　72
刈安野々宮(石川)　198
川合(静岡)　117, 241
川辺(大阪)　241
河股城(福島)　125
カンカン 2(北海道)　211
元興寺(奈良)　189
観自在王院(岩手)　245
願成就院(静岡)　31, 99
観世音寺(福岡)　19
神出窯(兵庫)　88
観音寺(大阪)　189
観音沢(宮城)　56, 64
上牧(大阪)　137
神宅(徳島)　241

き

北浦(佐賀)　148, 149
北栗(長野)　55
北沢(新潟)　85, 88, 103, 105
北殿(京都)　11
北中(長野)　201
吉川氏館(広島)　245, 247

鬼虎川(大阪)　229
木津川河床(京都)　241
狐谷(熊本)　103, 104
喜連東(大阪)　198
机場(大阪)　47
岐阜城(岐阜)　81
木村館(福島)　80
旧大乗院庭園(奈良)　245
京都大学構内(京都)　13, 105, 106
清洲城下町(愛知)　111, 131, 133, 148, 151, 155

く

釘野千軒(大分)　63
草戸千軒町(広島)　35, 36, 48, 109, 111, 114, 115,
　　119, 121, 123-125, 127, 131, 137, 139, 142, 145,
　　147-149, 155-157, 159, 161, 163, 177-179, 183,
　　185, 188, 189, 193, 202, 207
樟葉野田(大阪)　241
久世原館(福島)　123
久間原御嶽(沖縄)　223
クマーラ・ハナスク村(沖縄)　223
熊狩 A(宮城)　87
熊野堂(群馬)　117
久米島具志川(沖縄)　220
倉木崎(鹿児島)　170
黒川(山梨)　105
黒谷川郡頭(徳島)　241
黒谷川古城(徳島)　241
黒谷川宮ノ前(徳島)　43, 47, 241
桑原(埼玉)　54

け

迎福寺(千葉)　205
建長寺(神奈川)　17, 195

こ

五庵 II(岩手)　59
小路(佐賀)　148
上野国分僧寺・尼寺中間地域(群馬)　99
高蔵(愛知)　163
光明寺裏(神奈川)　148, 188
光明寺境内(神奈川)　190
郡山城(広島)　79
久我東町(京都)　12
湖西窯(静岡)　87, 91
小阪邸跡(兵庫)　241
五社(富山)　119
小重(新潟)　178
御所ノ内(福岡)　19
御所之内(静岡)　31
五段田(東京)　198
御殿川流域(静岡)　110, 111
御殿二之宮(静岡)　241

小沼耕地(神奈川)　172
駒井野荒追(千葉)　52
小町 1 丁目 891 番地点(神奈川)　35
米町(神奈川)　175, 247
子安(新潟)　65, 212
衣関(岩手)　199
小和田館(山梨)　178
金剛寺(大阪)　113
金剛心院(京都)　11

さ

サイゴー寺・西光寺(福井)　23, 197
最勝寺(京都)　11
西条岩船(長野)　178
斎藤館(福島)　205
材木座(神奈川)　249
材木町 5(北海道)　212
境ノ町 A(福島)　72
境関館(青森)　115, 127
堺(大阪)　9, 29, 35-37, 106, 123, 125, 137, 142,
　　147, 148, 151-153, 159, 163
栄浦 A(北海道)　123
栄町(東京)　147
坂尻(静岡)　241
栄根(大阪)　241
座喜味(沖縄)　220, 221
桜町(富山)　155
桜木(福島)　94, 95
佐々木アサバタケ(石川)　163
笹間館(岩手)　178
笹目(神奈川)　190, 207
篠本城(千葉)　77
佐助ヶ谷(神奈川)　17, 57, 85, 109-111, 115, 119,
　　127, 133, 134, 147, 156, 157, 183, 188, 189, 202,
　　207
札前(北海道)　211
狭山池(大阪)　241
沢田(茨城)　120, 121, 123
山王坊(青森)　199
三貫地(福島)　54
三条西殿(京都)　35, 163
山王(宮城)　18, 64
山谷(千葉)　65

し

塩田城(長野)　155
塩原(沖縄)　220
志賀島(福岡)　205
鹿田(岡山)　193
信楽窯(滋賀)　87
志喜屋(沖縄)　220
鹿谷(京都)　241
寺家(石川)　73

268　遺跡索引

猪久保城(福島)　76
慈照寺(京都)　12, 245
地蔵越(愛知)　241
シタダル(沖縄)　170
寺中(静岡)　104
至徳寺(新潟)　153
忍ヶ岡(大阪)　189
志苔館(北海道)　213
柴崎(茨城)　41, 51, 57
芝野(千葉)　51
志水町(京都)　241
下川津(香川)　111
下河端(福井)　201
下佐野(群馬)　179
下東西(群馬)　148
下内膳(兵庫)　241
下古館(栃木)　41, 51, 56, 63, 65, 148, 159, 198
下万正寺(福島)　99
下右田(山口)　43, 44, 61, 142, 177, 179
釈迦堂(神奈川)　207
石神井城(東京)　76
朱太川右岸(北海道)　214
首里城(沖縄)　153, 220
勝龍寺城(京都)　81
将監塚(埼玉)　135
上行寺東(神奈川)　197
石白(新潟)　177, 178
白江梯川(石川)　115, 148, 149, 199
白河(京都)　11
白子(埼玉)　178
白旗城(兵庫)　76
志羅山(岩手)　14, 113, 115, 148
尻八館(青森)　37, 147, 149
白岩西(福岡)　205, 206
白石(茨城)　76, 135, 198
新安沖沈船(韓国)　101, 155, 170
新金岡更池(大阪)　157
神宮寺(徳島)　93, 95
新作小高台(神奈川)　163
新里西村(沖縄)　223
新善光寺(神奈川)　183, 202
神積寺(兵庫)　205
真福寺(大阪)　60
新宮谷(島根)　151

す

瑞巌寺境内(宮城)　99
水殿瓦窯(埼玉)　85, 97
水南中窯(愛知)　90
末広(北海道)　214
陶器南(大阪)　47
杉ノ木平(長野)　59
助三畑(岡山)　189, 207

洲崎(秋田)　64
筋違橋東(神奈川)　207
珠洲窯(石川)　85, 88, 169
周防国府跡(山口)　193
住友銅吹所(大阪)　124
諏訪東(神奈川)　35, 188
駿府館(静岡)　79

せ

成勝寺(京都)　11
聖寿館(青森)　123
石在町(兵庫)　179
瀬田内川口(北海道)　212
瀬戸(愛知)　85, 134, 147, 169
銭神G(福島)　103
銭畑(石川)　119, 121
泉州(中国)　9
仙台前(福島)　135

そ

総持寺(大阪)　43, 45
蘇州(中国)　9
外箕輪(千葉)　172
杣瀬III(群馬)　69
尊勝寺(京都)　11

た

大極殿跡(京都)　98
田井中(大阪)　241
台ノ前A(福島)　111
大門山(宮城)　205
大門南(宮城)　206
鷹島海底(長崎)　170
多賀城(宮城)　18
高瀬山(山形)　64
高梨氏館(長野)　153, 245
高根城(静岡)　81
高橋南(熊本)　163
高屋敷(青森)　71, 212
滝山城(東京)　81
武田氏館(山梨)　79, 153
大宰府(福岡)　19, 36, 37, 106, 107, 111, 114, 147, 155, 159, 177-179, 188, 189, 207
田尻シンペイダ(石川)　111
辰巳(兵庫)　123
蓼原東(神奈川)　121, 123, 172
館前(宮城)　18
田所(愛知)　198, 241
田中殿(京都)　11
田能高田(兵庫)　241
タブ山チャシ(北海道)　215
田町裏(宮城)　93-95
玉津田中(兵庫)　189

多摩ニュータウン遺跡群(東京)　239
　——No.405　53
　——No.457　202
　——No.484　177, 179
　——No.513　206
　——No.692　197
玉貫(岩手)　212
田村(高知)　202

ち

茅ヶ崎城(神奈川)　77
知念(沖縄)　220
　——森　220
千葉地(神奈川)　119, 147, 149, 155, 183, 188, 189, 207
　——東　35, 114, 115, 145, 147, 148, 188, 189, 207
中尊寺(岩手)　245
長楽寺(群馬)　149
長勝寺(神奈川)　148

つ

築道下(埼玉)　205
佃(兵庫)　241
ツゲノ(大阪)　94
辻(富山)　110, 111
津寺(岡山)　178
坪井(大阪)　61
鶴岡八幡宮境内(神奈川)　98, 115, 148, 156, 183, 191
鶴来別院境内(石川)　177
鶴田池東(大阪)　97
鶴松(静岡)　241

て

寺前(新潟)　59, 72
天神山石切場(群馬)　113

と

曇華院4次(京都)　13
東光寺(宮城)　99
堂坂(兵庫)　142, 177
堂山下(埼玉)　65
東氏館(岐阜)　245
道照(広島)　59
洞ノ口(宮城)　18
塔の腰(山形)　64
東播窯(兵庫)　134, 169
東福寺(京都)　247
堂山(兵庫)　120
常滑窯(愛知)　85, 87, 134, 169
トコロチャシ南尾根(北海道)　211
富田川河床(島根)　111, 161

鳥羽(京都)　11
　──離宮　35, 36, 111, 155
富沢(宮城)　51, 85, 117, 118
友ヶ島(和歌山)　170
樋田(新潟)　53

な

中尾城(兵庫)　142
中城(沖縄)　220
中崎館(青森)　71
中島田(徳島)　47, 241
長瀬高浜(鳥取)　233
長原(大阪)　45
名越山王堂(神奈川)　190
名護屋城(佐賀)　80, 153, 245, 247
名立沖(新潟)　170
名取熊野三山(宮城)　18
七尾城(石川)　110, 111, 114
七尾城(島根)　81
名場越後田(佐賀)　148
浪岡城(青森)　37, 61, 111, 147-149, 151, 153, 161, 177-179, 207, 212
双ヶ岡(京都)　95

に

新戸(神奈川)　172
西打(香川)　243
西川島(石川)　109-111, 127, 147-149, 183, 185, 187, 188, 191
錦織(滋賀)　93-95
西鴻池(大阪)　241
西三荘・八雲東(大阪)　241
西田井(滋賀)　41, 43, 46
西田町(山梨)　65
西月ヶ岡(北海道)　212
西ノ辻(大阪)　189
西洞院(京都)　13
西村(香川)　59, 97
西求女塚古墳(兵庫)　241
廿五坊(神奈川)　207
廿五里城(千葉)　201
新田(宮城)　18, 145
二風谷(北海道)　214, 216
二本柳(山梨)　111, 201
丹生川上城(三重)　201

ね

根来寺(和歌山)　32, 137, 142, 147, 148, 151, 196
根城(青森)　77, 127, 153, 161, 163, 201
根室弁天島(北海道)　123

の

納内(北海道)　211, 214

野津田上の原(神奈川)　65

は

博多(福岡)　9, 27, 28, 35-37, 106, 114, 123, 124, 137, 148, 151, 159, 163, 185, 189, 201
白山(石川)　110
白山社(岩手)　85, 106
箱作ミノバ石切場(大阪)　113, 114
箸尾(奈良)　229, 241
長谷小路(神奈川)　183
　──周辺　124, 241
　──南　35, 85, 124, 156
長谷寺(神奈川)　183
長谷元屋敷(静岡)　135
旗指古窯(静岡)　97, 99
八王子城(東京)　151, 153, 163
八大龍王薬師の滝(奈良)　205
初田館(兵庫)　79, 119, 139, 155, 161
花城御嶽(沖縄)　223
花蔵寺館(群馬)　69
花崎城(埼玉)　80
花立 II(岩手)　14
馬場・天神腰(新潟)　65
馬場中路(福島)　93-95
馬場殿・経蔵(京都)　11
馬場屋敷(新潟)　51, 57, 127, 185, 187
浜川北(群馬)　99
浜通(青森)　53
早崎沖(香川)　167
原川(静岡)　241
番場(新潟)　111
番場ヶ谷(神奈川)　183

ひ

日置荘(大阪)　41, 59, 60, 73, 137, 147, 197
東庄内 B(三重)　201
東殿(京都)　11
東田(群馬)　52
東畑廃寺(愛知)　241
菱木下(大阪)　43, 47
備前窯(岡山)　134, 169
日根野(大阪)　47
日の宮(富山)　111
百間川原尾島(岡山)　189
百間川米田(岡山)　163
兵庫津(兵庫)　241
平等院(京都)　31
屏賀坂(福岡)　93-95
平井(大阪)　61, 93, 95
平井金山城(群馬)　80
平泉(岩手)　9, 14, 64, 159, 212
平形(山形)　51
平川貝塚(沖縄)　219

平須賀城(和歌山)　77
ビロースク(沖縄)　219
広木上宿(埼玉)　183, 191
広久手 7・17 号窯(愛知)　59

ふ

フージャヌクミ村(沖縄)　223
福枝 1 号瓦窯(京都)　98
袋井宿(静岡)　241
藤並(和歌山)　241
武者野(福井)　201
普正寺(石川)　114, 123, 133, 148, 155, 205
豊前国府(福岡)　189
船越(沖縄)　220
船戸(高知)　241
文脇(千葉)　65
古城(徳島)　241
フルストバル村(沖縄)　223
古館(福島)　56
古屋敷(石川)　111
古屋敷(奈良)　49
古宿(福島)　57

へ

平安京(京都)　35-37
　──左京一条三坊九町　13
　──左京九条二坊十三町　13
　──左京五条四坊二町　13
　──左京三条三坊　245
　──左京三条三坊十一町　13
　──左京三条三坊東南部・同四坊西南部　13
　──左京七条町・八条院町　107
　──左京内膳町　35, 36, 247
　──左京西洞院　247
　──左京二条四坊十一町　12
　──左京八条三坊　61
　──左京八条三坊三・六・十一町　107
　──左京八条三坊七町　177, 178
　──左京八条三坊二町　201
平城京(奈良)　149
　──右京八条三坊　101
平泉寺(福井)　33
別当賀一番沢川(北海道)　212
幣舞(北海道)　212

ほ

坊ヶ塚(兵庫)　241
法貴寺(奈良)　46, 101, 147, 149
法住寺殿(京都)　12, 149, 161
北条時房・顕時邸跡(神奈川)　156
北条小町邸(神奈川)　247
宝積寺(新潟)　205
淡輪別所中世墓跡(大阪)　205

鉾ノ浦(福岡)　19, 59
ホッゲット製作跡(長崎)　85, 219
ホロナイポ(北海道)　211
ポロモイチャシ(北海道)　215
本覚寺境内(神奈川)　35
ポンチャシ(北海道)　215
本村(埼玉)　191
本村(佐賀)　43, 44

ま

升川(山形)　53
松波城(石川)　245
松原観音寺(大阪)　73
松原地区第I(宮崎)　73
マミヤク(千葉)　193
丸の内三丁目(東京)　123
万富東大寺瓦窯(岡山)　99

み

御笠川南条院(福岡)　107
見近島城(愛媛)　161
三木城(兵庫)　142
三木だいもん(石川)　73
水白モンショ(石川)　163
水沼窯(宮城)　87, 103
水の子岩(岡山)　170
水走(大阪)　241
道場田(静岡)　189, 207
三日市(広島)　63
南古館(福島)　127
南御門(神奈川)　207
南借当(千葉)　123
南小泉(宮城)　72
南川(北海道)　214
南台(兵庫)　177-179
南中田D(富山)　41, 51, 54
南殿(京都)　11
南方釜田(岡山)　117
耳原(大阪)　241
美濃窯(岐阜)　134
美々8(北海道)　211
三村山極楽寺(茨城)　97, 99
宮尾(島根)　177-179
宮久保(神奈川)　72, 127, 148

宮田(大阪)　45
宮長竹ヶ島(鳥取)　111
宮ノ前(徳島)　241
名生館(宮城)　95
妙楽寺(奈良)　49

む

ムイヅマ村(沖縄)　223
無量光院(岩手)　245
無量寺(神奈川)　156, 207
室町殿(京都)　12

め

銘苅原(沖縄)　219
目梨泊(北海道)　211

も

毛越寺(岩手)　207, 245
百草園内(東京)　99
本佐倉城(千葉)　153
本村地下式横穴墓群(福岡)　201
本屋敷(宮城)　55
モヨロ(北海道)　123

や

ヤグ村(沖縄)　223
八事裏山窯(愛知)　97, 99
屋代B(茨城)　76
柳田村(石川)　147
柳之御所(岩手)　15, 36, 37, 71, 99, 109, 111, 115,
　　127, 131, 133, 155, 185, 212, 229, 245, 247
八幡チャシ(北海道)　215
山口第17地点古窯(静岡)　97
山科本願寺寺内町(京都)　31
山鹿城址中世墓(福岡)　206
山崎(広島)　187
山田城(三重)　77
山中城(静岡)　80, 161
山根(埼玉)　177, 179
屋良座森(沖縄)　220

ゆ

由比ヶ浜中世集団墓地(神奈川)　17, 56, 113,
　　114, 175, 183, 186, 188, 202, 207

ユカンボシE5(北海道)　212
ユクエピラチャシ(北海道)　215
湯築城(愛媛)　75
弓庄城(富山)　155

よ

永福寺(神奈川)　17, 99, 183, 195, 245
横江(滋賀)　41, 43, 46, 73
横大路(神奈川)　188, 207
横武四本黒木(佐賀)　148
横地氏関連(静岡)　69
吉野(大阪)　178, 179
米光萬福寺(石川)　175
蓬田大館(青森)　71, 212

ら

ライトコロ川口(北海道)　214
洛中(京都)　151
蘭島D地点(北海道)　211

り

六勝寺(京都)　36
龍泉寺瓦窯(大阪)　97
緑風台窯(兵庫)　87

れ

霊泉寺(佐賀)　147
礼文重兵衛沢(北海道)　123

ろ

鹿苑寺(京都)　12, 245
六地蔵(神奈川)　207

わ

若江城(奈良)　149
若槻庄(奈良)　73
若宮大路(神奈川)　17
　――周辺　17, 36, 56, 115, 186
　――の鳥居　190
　――東　188, 189, 207
和気(大阪)　73

『図解・日本の中世遺跡』
執筆分担（＊は共著）（所属は初版刊行時）

浅野　晴樹	(埼玉県教育委員会)	総論―中世と考古学＊，Ⅴ概説，1生活用具の組合せ1)東国の生活用具，2)西国の生活用具，3茶・花・香・座敷飾り，6武器と武具，Ⅵ－1焼物の流通・消費＊，Ⅶ－4墓葬と供養1)墓の諸形態，2)供養の諸形態＊
荒川　正夫	(早稲田大学本庄考古資料館)	Ⅴ－2明かりと暖房，Ⅶ－3中世寺院の様態
飯村　　均	(福島県文化振興事業団)	Ⅰ－1政権都市4)多賀城，Ⅱ－2東国の集落，4街道集落，Ⅲ－1平安期・鎌倉期の城館，Ⅳ概説，1焼物の生産1)陶器の生産，2さまざまな生産1)金属の生産＊，4)食料の生産，3生産の用具
井上　智博	(大阪府文化財センター)	Ⅸ－3中世的景観の変遷2)河内平野の水田開発
今尾　文昭	(奈良県立橿原考古学研究所)	Ⅳ－1焼物の生産4)奈良火鉢の生産と粘土採掘
大庭　康時	(福岡市教育委員会)	Ⅰ－3港湾都市1)博多
荻野　繁春	(福井工業高等専門学校)	Ⅴ－1生活用具の組合せ3)貯蔵具
小野　正敏	(国立歴史民俗博物館)	総論 概説，中世と考古学＊，Ⅰ－2城下町1)一乗谷，4宗教都市3)平泉寺，Ⅵ概説，Ⅵ－1焼物の流通・消費＊，Ⅷ－2南方の島々
垣内光次郎	(石川県教育委員会)	Ⅳ－2さまざまな生産3)石や木の加工
金原　正明	(奈良教育大学教育学部)	Ⅸ概説＊，Ⅸ－1自然科学分析と中世考古学
河野眞知郎	(鶴見大学文学部)	Ⅰ－1政権都市3)鎌倉，Ⅶ概説，1さまざまな祭祀・呪術，4墓葬と供養2)供養の諸形態＊
金田　章裕	(京都大学大学院文学研究科)	Ⅸ－2歴史地理学と中世考古学，3中世的景観の変遷6)発掘された荘園
久保　純子	(早稲田大学教育学部)	Ⅸ－3中世的景観の変遷3)東京低地の開発＊
久保　和士	(大阪府文化財センター・1999年5月没)	Ⅳ－2さまざまな生産5)角・骨・皮に関する生産＊
越田賢一郎	(北海道埋蔵文化財センター)	Ⅷ－1北方の世界
小林　康幸	(鎌倉市教育委員会)	Ⅳ－1焼物の生産3)瓦の生産
齋藤　慎一	(東京都江戸東京博物館)	Ⅲ概説，2南北朝・室町期の城館，3戦国期・織豊期の城館
狭川　真一	(元興寺文化財研究所)	Ⅰ－1政権都市5)大宰府
佐久間貴士	(大阪樟蔭女子大学学芸学部)	Ⅰ－2城下町2)大坂，Ⅱ概説，1西国の集落
佐藤　仁彦	(逗子市教育委員会)	Ⅴ－5化粧と装身
寒川　　旭	(産業技術総合研究所)	Ⅸ－3中世的景観の変遷5)地震と遺跡
汐見　一夫	(鎌倉考古学研究所)	Ⅵ－2石製品の流通
志田原重人	(比治山大学短期大学部)	Ⅴ－4遊戯具＊
嶋谷　和彦	(堺市立埋蔵文化財センター)	Ⅵ－3銭貨の流布
下津間康夫	(広島県埋蔵文化財調査センター)	Ⅴ－4遊戯具＊
鋤柄　俊夫	(同志社大学歴史資料館)	Ⅱ－3職能集落
竹広　文明	(広島大学大学院文学研究科)	Ⅸ－3中世的景観の変遷1)山陰砂丘の形成と人間活動
谷口　　榮	(葛飾区郷土と天文の博物館)	Ⅸ－3中世的景観の変遷3)東京低地の開発＊
續　伸一郎	(堺市教育委員会)	Ⅰ－3港湾都市2)堺
樋泉　岳二	(早稲田大学)	Ⅴ－7食物
中山　雅弘	(いわき市教育文化事業団)	Ⅳ－1焼物の生産2)瓦器・かわらけの生産
馬場　悠男	(国立科学博物館)	Ⅸ－6人骨からの人相復元
堀内　明博	(古代学協会)	Ⅰ概説，1政権都市 概説，1)京都，2城下町 概説，3港湾都市 概説，4宗教都市 概説，1)寺院を中核とした地割，2)根来寺，5都市の機能と住民 概説，1)収納坑，2)井戸，3)はかり，Ⅳ－2さまざまな生産1)金属の生産＊
本沢　慎輔	(平泉町教育委員会)	Ⅰ－1政権都市2)平泉
松井　　章	(奈良文化財研究所)	Ⅳ－2さまざまな生産5)角・骨・皮に関する生産＊，Ⅶ－2動物祭祀，Ⅸ概説＊，5トイレの変遷
水口由紀子	(埼玉県立歴史資料館)	Ⅴ－1生活用具の組合せ4)住まいの用具
本中　　眞	(文化庁文化財保護部記念物課)	Ⅸ－4発掘された庭園
森　　達也	(愛知県陶磁資料館)	Ⅸ－3中世的景観の変遷4)多摩川中流域の開発
四柳　嘉章	(漆器文化財科学研究所)	Ⅳ－2さまざまな生産2)漆器の生産

作図およびトレースは各執筆者が担当したが，ほかに下記の方々のご助力を得た．
　石鍋由美子／石元道子／川上　稔／鈴鹿八重子／高安克巳／田中義昭／野口達郎／兵ゆり子／本田光子／山上清子／山下かず子／山村信榮／吉留秀敏

編集代表者略歴

1947 年　横浜生まれ．
1970 年　明治大学文学部史学地理学科卒業．
1972 年　福井県一乗谷朝倉氏遺跡調査研究所・文化財
　　　　　調査員．
現　在　国立歴史民俗博物館考古研究部教授．

図解・日本の中世遺跡

2001 年 3 月 27 日　初　版
2009 年 9 月 30 日　第 4 刷

[検印廃止]

編集代表　小野　正敏
発行所　財団法人　東京大学出版会
　　　　代表者　長谷川　寿一
　　　　113-8654 東京都文京区本郷 7-3-1 東大構内
　　　　電話 03-3811-8814・振替 00160-6-59964
印刷所　株式会社平文社
製本所　誠製本株式会社

Ⓒ 2001　Masatoshi Ono, as chairman of the Editorial Committee
ISBN 978-4-13-026058-9　Printed in Japan

Ⓡ〈日本複写権センター委託出版物〉
本書の全部または一部を無断で複写複製（コピー）することは，
著作権法上での例外を除き，禁じられています．本書からの複
写を希望される場合は，日本複写権センター(03-3401-2382)に
ご連絡ください．

日本第四紀学会 編 小野・春成・小田	図解・日本の人類遺跡	A4・256頁 6800円
小野　昭著	打製骨器論	B5・324頁 12000円
佐原　真著	銅鐸の考古学	B5・432頁 13000円
鈴木　公雄著	出土銭貨の研究	A5・296頁 5400円
飯村　均著	中世奥羽のムラとマチ	A5・392頁 7000円
千田　嘉博著	織豊系城郭の形成	A5・328頁 6400円
藤本　強著	考古学の方法	A5・240頁 2700円
鈴木　公雄著	考古学入門	A5・220頁 2200円
佐原　真著	食の考古学	四六・272頁 1800円
馬淵久夫・富永健 編	考古学のための化学10章	四六・238頁 2400円
馬淵久夫・富永健 編	続考古学のための化学10章	四六・260頁 2400円
馬淵久夫・富永健 編	考古学と化学をむすぶ	四六・308頁 2400円

戸沢充則・佐原真・藤本強監修

UP考古学選書〈全13巻完結〉　　A5・平均138頁

1	日本考古学史	勅使河原彰	品切
2	もう二つの日本文化	藤本　強	2800円
3	島の考古学	橋口　尚武	1800円
4	三角縁神獣鏡	近藤　喬一	2800円
5	貝塚の考古学	鈴木　公雄	品切
6	斧の文化史	佐原　真	2600円
7	旧石器時代の石槍	白石　浩之	1800円
8	イオマンテの考古学	宇田川　洋	1800円
9	弥生の布を織る	竹内　晶子	品切
10	積石塚と渡来人	桐原　健	1800円
11	弥生時代の始まり	春成　秀爾	2800円
12	水田の考古学	工楽　善通	品切
13	縄文の生態史観	西田　正規	2800円

ここに表示された定価は本体価格です．御購入の際には消費税が加算されますので御了承下さい．